라틴
아메리카의
역사

A HISTORY OF LATIN AMERICA

A History of Latin America (ISE),
Ninth Edition

Benjamin Keen
Keith Haynes

Original edition © 2013 Wadsworth, a part of Cengage Learning.
A History of Latin America (ISE), 9th Edition by Benjamin Keen and Keith Haynes
ISBN: 9781111841423

This edition is translated by license from Wadsworth, a part of Cengage Learning, for sale in Korea only.

ISBN: 978-89-7682-531-5

Cengage Learning Korea Ltd.
14F YTN Newsquare 76 Sangamsan-ro
Mapo-gu Seoul 03926 Korea

Printed in Korea
Print Number: 04 Print Year: 2023

9th edition

라틴 아메리카의 역사 상

A HISTORY OF LATIN AMERICA

벤자민 킨 Benjamin Keen, 키스 헤인즈 Keith Haynes 지음

김원중, 이성훈 옮김

그린비

Cengage

Australia • Brazil • Canada • Mexico • Singapore • United Kingdom • United States

| 일러두기 |

1 이 책은 Benjamin Keen과 Keith Haynes의 *A History of Latin America*(9th edition, Wadsworth, Cengage Learning, 2013)를 완역한 것이다. 영어판에서는 본래 한 권으로 나왔던 책을 한국어판에서는 상·하 두 권으로 나누어 출간했다. 한국어판의 상권은 영어판의 1부와 2부(1~11장)를 하권은 영어판의 3부(12~22장)를 나누어 실었다.

2 본문 중에 독자의 이해를 돕기 위하여 옮긴이가 추가한 내용은 '—옮긴이'라고 표시했다.

3 단행본·정기간행물은 겹낫표(『』)로, 단편·기사·회화·노래 등의 제목은 낫표(「」)로 표시했다.

4 인명·지명 등 외국어 고유명사는 2002년 국립국어원에서 펴낸 외래어 표기법을 따라 표기했다.

서문

이 『라틴아메리카의 역사』는 라틴아메리카사에 관심을 가진 교사들과 학생들에게 경제학, 인류학, 사회학 등 인접 사회과학 분야로부터 가져온 자료와 개념으로 풍부해진, 최근의 학문성과에 기반을 둔 텍스트를 제공하고자 한다. 또한 이 책은 라틴아메리카 문명civilization에 관한 역사서이므로 라틴아메리카 지역 역사의 각 시기에 채용된 삶의 방식에 상당한 지면을 할당하고자 한다.

이 목표를 달성하기 위해 이 책은 종속이론에 기반을 둔 폭넓은 해석틀 속에 라틴아메리카 역사를 위치시킨다. 종속이론은 라틴아메리카를 이해하는 데 관심을 가진 사회과학자들에게 가장 영향력 있는 이론적 모델이다. 이 이론의 지지자들 모두가 그것을 같은 방식으로 이해하지는 않는다. 그러나 아마도 대부분은 브라질 학자 테오토니우 두스 산투스Theotonio dos Santos가 종속이론에 대해 내리고 있는 다음과 같은 정의에 동의할 것이다. "어떤 나라의 경제가 다른 나라의 경제(여기에 전자가 구속된다)의 발전과 성장에 의해 결정되는 상황."

종속이론가들은 우리가 이 텍스트에서 사용하는 몇 가지 표준적인 용어들, 예를 들면 신식민주의neocolonialism, 신자유주의neoliberalism, 중심부

center, 주변부periphery 같은 용어를 즐겨 사용한다. 신식민주의는 형식적으로 정치적 독립을 향유하는 국가들의 종속적 상태를 지칭한다. 신자유주의는 종속적 국가들의 정부들이 투자, 차관, 혹은 국제통화기금IMF이나 세계은행World Bank에 의한 부채 감면의 한 조건으로서 자발적 혹은 강제적으로 받아들이지 않으면 안 되는 민영화, 긴축 예산, 무역자유화 등의 정책 등을 가리킨다(국제통화기금이나 세계은행은 그런 정책들에 '구조조정 계획'이라는 그럴 듯한 이름을 붙여 놓고 있다). 중심부라는 용어는 선진 자본주의 국가들의 지배 집단을 의미하며, 주변부는 저개발국 혹은 종속적 국가들을 가리킨다.

종속이론은 그것이 21세기 세계적 맥락에서, 발전을 위한 라틴아메리카의 역사적 투쟁을 기술하는 데 적합하지 않다고 생각하는 학자들에 의해 지난 70년 동안 간헐적으로 비판의 대상이 되어 왔다. 종속이론에 반대하는 사람들은 대개 발전을 위한 라틴아메리카의 역사적 투쟁을 설명하기 위한 다른 여러 패러다임들 가운데 하나를 선호하는 경향이 있다. 특히 제2차 세계대전이 끝나고 나서 20여 년 동안 근대화이론이 미국과 서유럽에서의 논쟁을 활성화하고 지배했다. 근대화이론을 지지하는 학자들은 그들 자신들의 전후 국가 경험에 의거하여, '저개발'underdevelopment과 '경제적 후진성'economic backwardness은 모든 사회가 발전해 가는 과정에서 언젠가 직면하게 되는 공통의 조건이라고 생각한다. 이 학자들에게 발전의 미스터리를 여는 열쇠는 발전된 국가들의 조건과 저개발 지역들의 그것을 대조하는 것이었다. 이것은 모든 국가들에 근대성의 혜택을 가져다주고자 하는 사회적·정치적·문화적·경제적 변화를 위한 처방을 만들어 냈다. 근대화주의자들은 저개발 세계는 개인적 자유의 결여, 지나친 정부규제, 고도로 정치화된 국가, 취약한 시민사회, 그리고 경쟁적이고 개인주의적인 가치보다는 집단주의적이고corporative 공동체적인 가치를 강조하는 강력한 반反근대적 문화 전통의 존속 때문에 발전을 만들어 내지 못한 것이라고 결론을 내렸다.

근대화이론가들이 볼 때 라틴아메리카가 발전에 실패한 것은 대체로 라틴아메리카 자체의 내부적 문제와, 서유럽과 미국으로부터 발산되어 나오는 근대성의 힘에 자신을 개방하지 않았기 때문이었다. 일부 학자들은 심지어 이 실패가 군사주의, 지역의 정치적 보스들caudillaje, 원주민들의 공동체주의, 그리고 이베리아의 도서적島嶼的인 가톨릭 문화라는 역사적 유산에 의해 형성된 라틴아메리카의 독특한 전통의 산물이라고 말하기도 했다. 근대화주의자들은 라틴아메리카의 발전 경험에서 나타난 이러한 '결함'을 척결하기 위해 국가 관료제 폐지, 예산 적자 축소, 사회적 서비스에 들어가는 지출 감축, 민간 기업에 대한 규제 철폐, 국가 재원의 사유화, 외국 투자가들에 대한 인센티브 제공, 자유무역의 장려, 기업가 정신에 대한 교육 장려, 이른바 반근대적인 사회집단들의 정치적 힘의 축소 등 대체로 신자유주의적 권고를 반영하는 쓰디 쓴 약을 처방했다.

라틴아메리카의 문제에 10년 이상 동안 이 신자유주의적 치료법을 적용한 것이 가져온 결과에 대한 고찰은, 모든 필수적 측면들에서 라틴아메리카 지역의 경제적 혹은 사회적 위기는 전보다 더 악화되었고, 중심부 자본주의 국가들에 대한 라틴아메리카의 종속은 더 심화되었음을 보여준다. 이 책에서 우리는 이 두 지적 전통의 비판적 종합을 시도하고자 하며, 발전을 위한 라틴아메리카의 역사적 투쟁을 형성해 온 내적·외적 요인 모두를 강조하려고 한다. 우리는 모든 국가들이 그들의 역사적 과거에 똑같이 저개발된 상태에 있었고, 선진 국가들은 개인적 자유, 자유무역, 외국인들의 자유로운 직접 투자를 장려함으로써 근대성을 획득하게 되었다는 발전론자들의 주장에 반론을 제기할 것이다. 본 텍스트는 유럽과 미국의 근대성은 야만적인 정복, 노예화, 착취, 그리고 군사적 강제 혹은 시장 강제에 의해 번갈아 가며 강요된 불평등 무역이라는 5세기에 걸친 유산에 의존하였음을 분명히 보여 준다. 또한 이 텍스트는 외견상 모든 형태의 민중 저항을 대수롭지 않게 만드는 것처럼 보이는 초국가적 사회 요인과 제도적 권력 구조를 강조하는 고전적인 종속이론과 달리, 내부의 계급투쟁, 인종투쟁, 젠더투쟁, 종족투쟁, 그리고 이익집단투쟁이 라틴아메리카 지역의 발전을 만들어 나가는 과정에서 수행한 중대한 역할을 증거를 통해 보여 줄 것이다.

고전적 종속이론과 근대화주의자들의 주장과는 달리 이 텍스트의 수정주의적 종속이론은 여성을 '최후의 식민지'로 간주하는 최근의 페미니스트 이론을 취하고 있다. 페미니스트 학자 크리스틴 보스Christine Bose와 엔다 아코스타-벨렌Enda Acosta-Belén에 따르면, 여성들의 공유된 경험은 무임금 혹은 저임금 노동, 극도의 빈곤 그리고 "구조적인 예속과 종속"을 포함한다. 그러나 여성들은 식민지 일반인들과 마찬가지로 발전 과정에서 수동적인 희생자가 아니었다. 그들은 생산과 재생산 모두의 영역에서 적극적인 역할을 수행해 왔다. 여성들은 라틴아메리카에서 물질적 부의 생산자로서 중요한 역할을 수행해 왔다(그러나 그것은 대개 무시되었다). 그리고 그들은 사적 자본 축적의 필수적 원천이었던 가정 내 활동에 무임금 노동을 하루 종일 쉬지 않고 수행해야 했다. 예를 들어, 비효율적인 식민지 노동 인구도 하루하루 자신의 노동력을 재생산하기 위해 모종의 가정 내 서비스(쇼핑, 요리, 청소, 응급치료, 육아, 세탁, 노약자 간호 등)를 필요로 한다. 만약 라틴아메리카의 저임금 남성 노동자들이 여성들(아내와 딸들)이 무료로 제공하는 이런 서비스들에 대해 돈을 지불해야 한다면 그들은 보다 많은 임금을 요구해야 했을 것이고, 고용주들은 이익 중에서 더 많은 비용을 지불해야 했을 것이다.

역사적으로, 남자들은 대개 여성들을 가정에 머물러 있게 했고, 거기에서 여성들은 재생산—즉 후속 세대의 양육과 교육—을 책임졌다. 그러나 여성들이 이 구속에서 벗어나 고용을 위해 시장에 뛰어들게 되자 많은 노동 계급 여성들은 이중의 착취를 경험해야 했으니, 첫째는, 가정 밖의 집단적 중노동에 종사하는 저임금 노동자로서이고(그녀들은 큰 가치를 생산하여 고용주들을 부유하게 하는 데 기여했다), 두번째는 고전적 자본축적의 기반으로서 노동 계급의 가정을 유지하는 전통적인 무임금 가사 노동자로서였다. 이 텍스트는 라틴아메리카 여성들의 역할 변화에 대해서 주목하고 있고, 아울러 생산과 재생산의 주요 영역들에서 여성들이 자신들의 발전적 기여를 수호하기 위해 제시한 시장활동에 대한 국가 규제 요구를 언급하고 있다.

마지막으로, 우리는 애초에 세계 시장global markets을 라틴아메리카가 겪고 있는 빈곤의 원인 제공자라며 비난했던, 그리고 사회주의의 도입 없이는 라틴아메리카 지역의 발전이 어렵다고 생각한 고전적 종속이론가들과 마찬가지로 시장의 확대가 발전development을 희생시키는 가운데 경제성장economic growth을 만들어 내곤 했다는 결론을 내릴 것이다. 그러나 이들 고전적 종속이론가들과 달리 우리는 시장을 순화시키고, 시장의 규제되지 않은 활동이 만들어 내는 불평등을 억제하고, 그것들을 발전의 에이전트로 바꾸는 데 대중 사회 운동이 수행한 역할을 강조하기도 할 것이다. 시장의 확대가 발전의 열쇠라고 주장하는 근대화주의자들과는 달리 시장 자체보다는 그것들이 어떻게 규제되느냐가 더 중요하다는 것을 보여 줄 것이다. 그리고 역사적 갈등이 이 규제의 특정한 성격을 형성했다는 것도 함께 보여 줄 것이다. 예를 들어 사회주의 국가 쿠바에서는 소련과 그 소련의 무역 파트너들의 붕괴 이후, 시장활동의 증가가 아르헨티나나 페루 같은 신자유주의 국가들에 미친 것과는 전혀 다른 발전적 영향을 미쳤다. 마찬가지로 브라질, 칠레 그리고 베네수엘라는 세계 시장을 서로 다르게 규제했고, 그것은 서로 다른 발전적 영향을 미쳤다.

좀더 적절한 사례로, 2002년 이후 라틴아메리카는 아르헨티나, 볼리비아, 브라질, 칠레, 에콰도르, 니카라과, 파라과이, 우루과이, 그리고 베네수엘라 등에서 일련의 진보적인 민족주의적 정부를 선택했다. '분홍 물결'이라는 이름으로 알려진, 이들 민주적으로 선출된 정부들은 서로간의 많은 차이에도 불구하고 신자유주의에 반대하고 시장 요인에 대한 국가의 통제를 확대하기 위해 집단적 협력을 공유했다. 그로 인해 나타난 국가 규제, 노골적인 민족주의화, 증대된 지역적 통합, 증가한 중국의 시장 수요, 상대적으로 높은 국제 수출가, 국가 반反빈곤 프로그램의 의미 있는 확대 등의 결합은 1990년대 신자유주의 시기 동안 경험한 사회적 손실을 점진적으로 거꾸로 되돌리기 시작했다. 본 텍스트는 신자유주의 혹은 근대화주의 모델의 보편적 붕괴를 강조하고, 동시에 우리의 수정주의적 종속이론의 관점을 강화하면서, 이런 결론을 역사적인 맥락에서 고찰할 것이다.

재편과 수정

이 『라틴아메리카의 역사』는 단권으로도 출간되었지만 두 권짜리로도 출간되었다. 그 중 제1권은 고대시대부터 1910년까지의 라틴아메리카 역사를, 그리고 제2권은 독립 이후 지금까지의 라틴아메리카 역사를 다루고 있다(한국어판은 1900년까지를 다루고 있는 1부와 2부를 '상권'으로, 그 이후를 다루고 있는 3부를 '하권'으로 나누어 출간한다—옮긴이).

본 텍스트는 학생들과 교사들이 준 귀중한 의견에 대한 응답 속에서 발전해 왔다. 일찌감치 우리는 20개에 이르는 라틴아메리카 공화국의 독립의 역사를 자세히 다루지는 않기로 했으며, 대통령궁을 거쳐 간 모든 장군들 개개인의 성향을 일일이 분류하지는 않기로 했다. 대부분의 교사들은 그런 내용이 학생들을 지루한 사실들의 늪에 빠뜨림으로써 그들의 기를 꺾어 놓을 수 있다는 데 동의할 것이다. 그러므로 이 텍스트는 19세기 민족주의 시기에 관한 기술을 아르헨티나, 브라질, 칠레, 멕시코에 제한하였는데, 이들 나라들의 역사는 그 시기의 주요 이슈와 추세를 잘 설명해 줄 것이다. 이 네 나라를 커버하는 것 외에 20세기에 관한 개관은 후에 확대하여 안데스 지역을 포함시켰으며, 그중에서도 범대륙적 반향을 울린 사회주의 혁명의 무대인 페루와 쿠바에 관심을 집중하였다.

두번째 판본second edition은 중아메리카에 관한 장章 하나를 첨가했는데, 이 지역에서는 혁명의 소용돌이가 니카라과에서는 미국의 지원을 받지 못한 소모사 독재정권을 무너뜨렸고, 과테말라와 엘살바도르에서는 과두적이고 군사적인 지배의 허약한 구조를 위협했다. 네번째 판본에서는 콜롬비아와 베네수엘라의 근현대사에 대한 장을 포함시킴으로써 이 두 나라에서 볼리바르의 영토가 가진 정치적·경제적 중요성을 고려했다. 일곱번째 판본에서는 안데스와 중아메리카 지역, 볼리바르의 공화국들, 그리고 쿠바에 관한 논의를 텍스트의 원래 구도에 좀더 완전하게 통합시켰다. 교사들이 모든 라틴아메리카 국가들을 그들의 개론적 수업에서 다 다룰 수 없기 때문에, 이런 편제는 가르치는 사람이 학생들이 집중적으로 공부해야 하는 국가들을 선택할 수 있고, 그럼으로써 역사적 연속성을 희생시키지 않으면서도 좀더 많은 융통성을 가질 수 있을 것으로 생각한다. 이

번 아홉번째 판본은 이런 세부사항들을 그대로 유지할 것이다(그것은 사례별 공부 방법을 위한 토대를 제공해 줄 것이다). 그렇지만 이번에 반영된 수정사항은 비교사적 혹은 주제별 연구에 관심을 가진 교사들의 요구에 부응하기 위한 것이다.

독자들의 의견을 반영하여 우리는 사례별 공부와 비교 고찰 모두를 고려하는 수업과정 디자인course designs에서 이 텍스트의 이용을 쉽게 하기 위해 여덟번째 판본에 많은 변화를 주었다. 2부는 19세기 라틴아메리카에 관한 장들에서 다루고 있는 주요 주제들을 부각시킬 수 있는 보다 상세한 개관을 포함시켰다. 또한 식민 시대 이후에 나타난 독립적인 국가정체성 추구를 만들어 나감에 있어서 노예제와 노예해방이 수행한 역할에 관한 새로운 장 하나를 첨가함으로써 다루는 범위를 확대하기도 했다. 이 텍스트의 베테랑 독자들은 이 텍스트에 첨가된 여러 가지 웹사이트에 적시된 19, 20세기의 문화 발전을 반영하는 문학적 전통에 관한 자료들을 발견했다. 3부는 마찬가지로 각국의 국가적 발전을 구분해 주는 고유한 역사적 세부사항을 희생시키지 않은 가운데, 보다 큰 비교사적 통일성을 제공하려고 했다.

본 텍스트는 20세기 라틴아메리카 역사의 주요 주제를 소개하는 좀 더 탄탄한 개관을 제공하고 나서 안데스 지역 공화국들, 아르헨티나, 브라질, 중아메리카, 칠레, 쿠바, 콜롬비아, 멕시코, 베네수엘라의 자유주의와 포퓰리즘의 역사를 다루는 일련의 장들을 제공하고 있다. 12장은 20세기 최초의 사회혁명인 멕시코혁명에 초점을 맞추고 있는데, 이 사건은 멕시코의 통일된 국가정체성의 탐색을 결정적으로 형성하고, 나중에는 다양한 제도·이데올로기·관심을 유증遺贈하여 다른 지역 포퓰리즘에도 많은 영향을 주었다. 13장은 브라질의 제툴리우 바르가스와, 1930년 혁명에 의해 촉발된 포퓰리즘 운동, 그리고 그것의 역사적 선례와 유산을 고찰하고 있다. 14장은 후안 도밍고 페론과 카리스마 넘치는 그의 아내 에비타 치하의 아르헨티나에서 나타난 전후 포퓰리즘 경험의 기원과 발전 과정을 탐색한다.

15장은 1959년의 쿠바혁명, 그것의 원인과 결과를 분석하여 그 혁명이 어떻게 포퓰리즘의 한계를 극복하고 진정한 의미의 독립적 국가 발전을 추진했는가를 설명하고 있다. 16장은 포퓰리즘의 실패와 쿠바혁명 모두에 대한 대안으로서 안데스 지역의 군부 사회주의 경험과, 1968년 페루의 '위로부터의 혁명'에서 군부가 수행한 역할을 논한다. 17장은 포퓰리즘 경험과 그것이 1970년 라틴아메리카 지역에서는 처음으로 민주적으로 선출된 사회주의자 대통령 살바도르 아옌데 치하에서 독특한 국가 발전 경로를 만들어 감에 있어서 수행한 역할에 초점을 맞추고 있다. 18장은 1980년대 동안 중아메리카에서 국가 자유화national liberation를 추진하는 과정에서 역사적으로 독특한 투쟁으로서의 무장혁명과 장기의 민중전쟁이 수행한 역할을 논하고 있다. 19장은 1990년대 베네수엘라에서 나타난 볼리바르의 혁명에 관한 역사적 배경에 관심을 집중시키고 있으며, 이것을 콜롬비아에서 일어난 오랜 게릴라 전쟁과 대조시키면서, 이 두 사건이 파악하기 어려운 통합된 국가 발전을 확보하기 위한 서로 다른 전술을 제공했다고 결론짓고 있다. 실패한 포퓰리즘의 한계를 극복하기 위한 또 하나의 전술인 신자유주의가 20장과 21장의 초점인데, 이 장들은 각각 그것의 역사적 발전과 1990년대와 그 이후의 공통의 경험에 대해 고찰하고 있다. 마지막으로 22장은 미국의 역사적 역할, 미국의 지역적 혹은 세계적 목적, 그리고 미국의 해외정책이 라틴아메리카의 국가 발전에 미친 영향을 탐색하고 있다.

이 아홉번째 판본은 여덟번째 판본에서 시작된 텍스트의 재편을 계속 이어받고 있으며, 2008년 이후 라틴아메리카 지역의 역사를 업데이트 하고 있고, 특히 2009년 세계적 경제위기로부터 라틴아메리카가 회복되는 과정에서 라틴아메리카의 지역 통합과 중국 시장市場이 수행한 역할을 강조하고 있다. 이 판본에서 논의되는 모든 나라들의 역사가 업데이트 되었으며, 책 나머지 부분은 최근의 연구 성과, 특히 라틴아메리카 지역의 역사 발전에서 인종, 계급, 젠더 등이 각각 수행한 역할을 반영하여 상당 부분을 수정했다. 이 판본은 특히 신자유주의 경제정책의 충격, 그에 대항해 집결한 반대 세력, 북미자유무역협정의 영향, 시급성을 더해 가고 있는 환경 문제, 점차 가시화되어 가는 여성운동, 그리고 민중 문화의 중요성 같은 주제를 강조한다.

웹사이트 자료

제9판으로 새롭게 이용할 수 있게 된 것으로 본서를 보조하는 쌍방적 학습, 연구, 시험 준비에 유용한 도구인 '센게이지러닝 역사 코스메이트 웹사이트'Cengage Learning's History CourseMate website가 있다. 이 웹사이트에는 통합 전자책, 원사료, 퀴즈, 플래시 카드(그림, 글자 등이 있는 학습용 카드—옮긴이), 주요 어휘풀이, 그리고 인게이지먼트 트래커Engagement Tracker(학습과정에 참여하는 학생들을 모니터하는 도구로서 이런 류의 것으로는 최초의 것이다) 등이 포함되어 있다. 또한 특정 장들을 이해하는 데 도움을 줄 수 있는 컬러판 지도 모음과 비디오 화면들도 포함되어 있다. 센게이지브레인 웹사이트www.cengagebrain.com를 통해 더 많은 내용을 참고하기 바란다. '교사용 자료 매뉴얼'Instructor's Resource Manual의 온라인 판과 테스트 뱅크는 해당 사이트 내 인스트럭터 웹사이트Instructor website에서 이용할 수 있다.

감사의 말

나의 친구이자 동료인 벤자민 킨 선생이 이미 10년 이상 동안 이 책의 수정에 물리적으로 참여하지는 못하고 계시지만 이 책의 아이디어와 해석 속에는 늘 그의 정신이 함께하고 있다. 이 책은 영원히 그의 것이다. 이 아홉번째 판본은 라틴아메리카사를 연구하는 동료 교수들, 즉 킨 대학의 프랭크 아르고트-프레이어Frank Argote-Freyre, 로스앤젤레스 캘리포니아 주립대학의 에일린 포드Eileen Ford, 샌프란시스코시티 칼리지의 그레그 랜도Greg Landau, 로스앤젤레스 캘리포니아 주립대학의 안젤라 베르가라Angela Vergara 등 여러 교수들께서 여덟번째 판본을 꼼꼼히 검토해 주신 덕에 힘입은 바가 크다. 아순시온 라브린Asunción Lavrín 교수께도 특별한 감사의 말씀을 드리지 않을 수 없는데, 관대하게도 그는 라틴아메리카 페미니즘과 관련하여 소장하고 계신 사진을 사용할 수 있도록 허락해 주셨다. 럿거스 대학의 짐 리빙스턴Jim Livingston 교수와, 세인트로즈 칼리지의 칼 스위도르스키Karl Swidorski 교수께서는 특별히 유익한 조언과 지지를 보내 주셨다. 우리는 또한 수업 중의 토론과, 보고서와 소논문에 관한 토론을 통해 라틴아메리카 역사에 대한 우리의 견해를 정립하는 데 많은 도움을 준 많은 대학생 혹은 대학원생들에게도 고마움을 표하고 싶다.

벤자민 킨
케이스 헤인즈

차례

지도 차례

〈 하권 차례 〉

서론 _ 라틴아메리카 역사의 지리적 배경

물리적 대조성對照性이 극심한 라틴아메리카는 남북으로는 미국-멕시코 간 국경에서 티에라델푸에고Tierra del Fuego의 남단 케이프혼Cape Horn에 이르는 약 13,000km, 동서로는 브라질에서 페루에 이르는 약 5,000km에 걸쳐 펼쳐져 있는 거대한 대륙이다. 다양한 지형과 뚜렷한 구분선을 가지고 있는 라틴아메리카의 지리적 환경은 대륙 내 여러 나라가 각기 독자적인 발전경로를 걷게 되는 주요 요인이 되었다.

이 대륙은 거대한 산맥과 방대한 강변 지대라는 두 가지 두드러진 물리적 특징을 가지고 있다. 1년 중 대부분이 눈으로 덮여 있고 가끔 화산을 분출하곤 하는 산맥들, 즉 멕시코에 있는 세 개의 시에라마드레Sierra Madre 산맥과, 베네수엘라에서 티에라델푸에고까지 남아메리카 서쪽 등뼈를 이루는 7,000km의 안데스 산맥은 남아메리카 대륙의 허리를 이루고 있다. 6,500m가 넘는 수많은 산들로 이루어진 이 산맥들은 거의 대부분 지역에서 인간의 통행을 가로막고 있을 뿐 아니라, 멕시코와 남아메리카 여러 나라에서 교역과 통신을 방해하는 극복하기 어려운 장애물이 되어 왔다. 산맥들은 국가와 국가를 나눌 뿐 아니라 각국의 지역과 지역을 가르고 있다.

큰 강들은 대개 인구밀도가 낮은 지역을 흐른다. 아마존 강, 오리노코

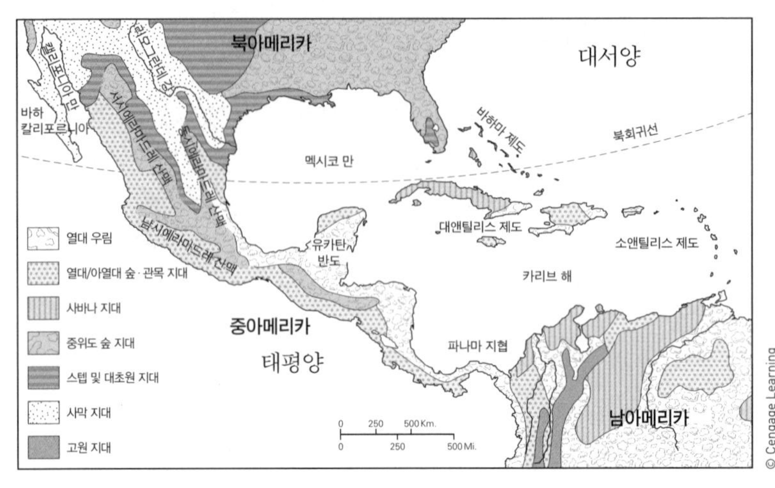

이 두 페이지의 지도는 라틴아메리카의 자연지리적 특징의 전반적인 모습을 보여 준다. 위의 지도는 멕시코, 중아메리카, 카리브 지역으로 이루어진 중앙아메리카의 모습이고, 다음 쪽의 지도는 남아메리카의 모습이다.

강, 리오데라플라타 강이라는 세 개의 거대한 강 유역은 안데스 산맥 동쪽 남미 대륙 전역에 광활하게 펼쳐져 있다. 세계 최대 규모를 자랑하는 아마존 강 유역과 주변 열대 우림은 비록 그중 일부는 장거리 선박 운행이 가능하지만, 운송과 인간의 정주定住를 가로 막는 또 하나의 거대한 장벽이 되어 왔다. 지리적 고립은 철도, 전신, 전화, 도로, 항공 등 현대 기술 문명이 도래하고 나서야 얼마간 극복될 수 있게 되었으며, 이는 다른 한편으로 시장과 독립국가 형성에 기여하기도 했다.

라틴아메리카는 고산 지대, 열대 밀림 지대, 사막, 온대 해안평야 지대, 온대 고원 지대라는 다섯 개 기후대를 가지고 있는데, 앞의 세 지대는 인구가 희박하고, 뒤의 두 지대는 조밀하다. 마야 문명을 제외한 모든 위대한 고대 문명들이 안데스 산맥과 멕시코 고원 지대에서 발흥했다.

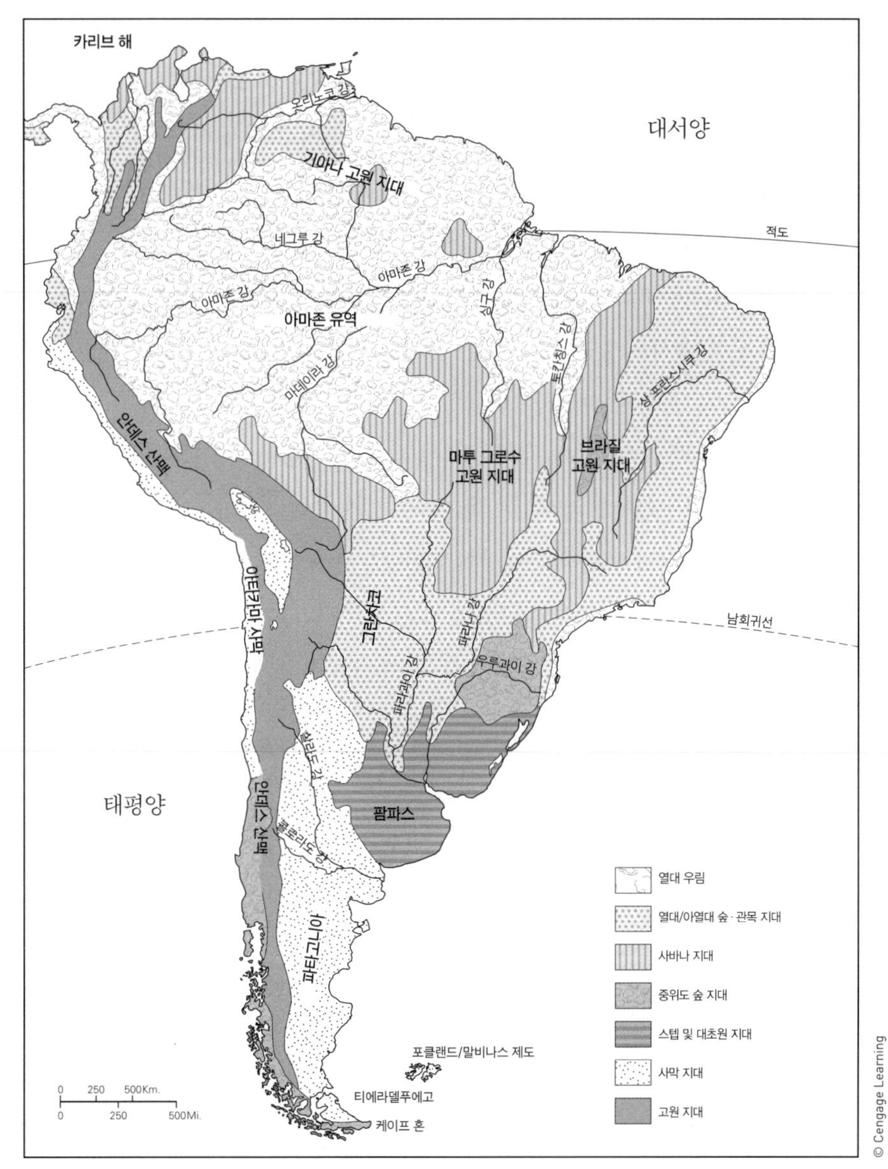

카리브 해
오리노코 강
대서양
기아나 고원 지대
적도
네그루 강
아마존 강
아마존 강
싱구 강
아마존 유역
토칸칭스 강
마데이라 강
상 프란시스쿠 강
안데스 산맥
브라질
고원 지대
마투 그로수
고원 지대
아타카마 사막
그란차코
파라나 강
남회귀선
파라과이 강
우루과이 강
콜로라도 강
태평양
안데스 산맥
팜파스
파타고니아
열대 우림
열대/아열대 숲 · 관목 지대
사바나 지대
중위도 숲 지대
스텝 및 대초원 지대
사막 지대
고원 지대
포클랜드/말비나스 제도
티에라델푸에고
케이프 혼
0 250 500Km.
0 250 500Mi.

남아메리카, 멕시코, 중아메리카Central America*의 다양한 기후와 지형은 이처럼 매우 불균등한 인구분포를 만들어 내는 주요인이 되었다. 두드러진 세 지역, 그러니까 푹푹 찌는 열대우림과 사바나(평원)가 대부분인 거대한 아마존 지역, 아르헨티나 남부 광활한 파타고니아 사막 지역, 멕시코 북부 황무지에는 사람이 거의 살지 않는다. 이 황량한 지역들과 대조적으로 브라질의 가는 띠 모양의 해안 지역, 아르헨티나 리오데라플라타 강어귀 평야 지역, 멕시코 중앙고원 지대는 각국 국민들 대부분이 모여 산다. 따라서 이 나라들은 인구 과밀국이면서 동시에 인구 희박국이기도 하다.

남아메리카 서부 지역은 인구가 내륙 고원 지역에 집중되어 있다. 주요 도시들(칠레의 산티아고, 페루의 리마, 에콰도르의 키토, 콜롬비아의 보고타와 메데인)은 항구가 아니다. 태평양쪽 해안에는 천혜의 항구가 거의 없다. 그에 반해 남아메리카 동부의 주요 도시들(아르헨티나의 부에노스아이레스, 우루과이의 몬테비데오, 브라질의 상파울루, 리우데자네이루, 바이아, 헤시피 등)은 대서양 해안 지역에 위치해 있다. 아르헨티나, 브라질, 우루과이의 인구 가운데 대부분은 해안 평야 지역에 집중되어 있다. 반면에 멕시코시티, 과달라하라, 몬테레이 등 멕시코 주요 도시들은 내륙에 위치해 있고, 이 도시들은 모두 100만 명 이상의 인구를 가지고 있으며, 그중에서도 가장 큰 도시인 멕시코시티는 2,000만 명이 넘는 인구가 살고 있다.

하천의 수와 강수량은 지역별로 뚜렷이 차이가 나, 멕시코에는 큰 강

---

* 이 책에서는 'Central' America는 중아메리카로, 'Middle' America는 중앙아메리카로 번역했다. 중아메리카(Central America)는 북아메리카와 남아메리카를 잇는 지역으로, 보통 벨리즈, 코스타리카, 엘살바도르, 과테말라, 온두라스, 니카라과, 파나마가 여기에 포함된다. 그에 비해 중앙아메리카(Middle America)는 아메리카 대륙의 중간 위도에 해당하는 지역으로, 보통 중아메리카(Central America)에 멕시코와 서인도 제도가 포함되며 가끔은 콜롬비아와 베네수엘라가 포함되기도 하고, 경우에 따라서는 서인도 제도가 배제되기도 한다. — 옮긴이

이 없는 반면에 브라질은 거대한 아마존 강 유역을 가지고 있다. 많은 지역에서 강수량이 부족하고 관개할 수 있는 강이 없어서 농사를 지을 수가 없다. 멕시코는 경작이 가능한 땅이 전체 면적의 10%에 불과하고, 일부 경작지의 경우 강우량이 일정치 않아 자주 가뭄 피해를 입으며, 가끔은 가뭄이 몇 년씩 가기도 한다. 물이 너무 적은 멕시코는 물이 너무 많은 브라질과 좋은 대조를 이룬다. 그러나 광활한 브라질 영토의 대부분도 열대성 토양이 강한 산성을 띠고 있는 데다가 너무나 척박하여 경작이 불가능하기는 마찬가지이다.

한편, 라틴아메리카는 경제 발전에 필요한 천연자원을 매우 풍부하게 가지고 있다. 멕시코와 베네수엘라는 세계 최대의 산유국에 속하며, 특히 멕시코의 원유 매장량은 사우디아라비아 다음으로 많은 것으로 추산되고 있다. 볼리비아, 에콰도르, 콜롬비아, 페루에서도 석유가 생산된다. 수 세기 동안 라틴아메리카는 구리(멕시코, 칠레), 초석(칠레), 은(페루, 멕시코), 금(브라질), 다이아몬드(브라질), 주석(볼리비아) 등 광물의 주산지였으며, 세계 커피의 대부분이 중아메리카, 콜롬비아, 브라질의 비옥한 고원 지대에서 재배된다. 세계 소牛의 상당 부분이 멕시코 북부, 브라질 남부, 아르헨티나 중부 평원 지역에서 사육된다. 특히 아르헨티나의 거대한 팜파 pampas(평원지역)는 지구상에서 가장 비옥한 지역 가운데 하나로, 소와 양뿐 아니라 다량의 밀과 콩이 생산된다. 지난 500년 동안 브라질 해안 평야 지역은 막대한 양의 설탕을 생산해 왔다. 또한 인간의 창의성은 지리적 장애물을 삶의 자산으로 바꾸어 왔다. 몇몇 큰 강은 멕시코 건조 지역에서 볼 수 있듯이, 수력발전을 위한 잠재력을 가지고 있으며, 관개에 필요한 물을 제공해 주었다.

역사적 기록에서 알 수 있듯이, 라틴아메리카의 풍부한 자원은 유럽과 북아메리카의 경제와 정치 발전에도 중대한 영향을 끼쳤다. 신세계 제국의 금과 은은 네 세기 동안 에스파냐가 유럽에서 벌인 전쟁과 외교의 자금줄이 되어 주었다. 많은 학자들은 영국과 네덜란드에서 일어난 산업혁명의 기원을 에스파냐와 포르투갈 같은 식민 제국이 라틴아메리카에서 뽑아 낸 자원에서 구하고 있다.

이렇게 라틴아메리카의 자원은 (라틴아메리카가 아닌) 다른 지역의 경제 발전에도 큰 영향을 미쳤다. 그런데 이 자원이 어떻게, 누구에 의해, 어떤 식으로 개발되었는가는 이 라틴아메리카 대륙 각국의 역사를 크게 바꾸어 놓았다. 아마도 지리는 라틴아메리카에서 여러 역사적 가능성들을 제한한 것으로 보인다. 그러나 각국의 발전 과정을 결정한 것은 각국 국민의 결정이었다. 에스파냐와 포르투갈의 식민지배 시대로 거슬러 올라가면, 라틴아메리카 역사는 사람과 자연자원의 착취로 특징지어진다. 땅을 정복하고 금과 은을 비롯한 자원을 약탈해 가는 에스파냐 제국의 정책은 이후의 착취자들에게 하나의 지배적 양상으로 자리 잡았다. 유럽의 지배와 함께 원주민들을 복속시키고, 그들을 광산이나 대농장에서 비인간적인 강제 노동에 종사케 하는 결정이 나타났으며, 그 작업장들에서 수많은 원주민이 죽어나갔다. 보다 최근에는 외부의 시장 수요가 외국 회사들과 지역 생산자들로 하여금 해안 평야 지대에서 곡물을 비롯한 주요 작물 대신 바나나 농사를 짓게 만들었는데, 이는 전보다 많은 수출 이익을 가져다주기는 했으나 그 이익의 대부분이 미국인에게 돌아가게 했으며, 또 이런 토지 이용은 과테말라 인을 비롯하여 수많은 사람들이 식량 부족에 시달리게 만들었다. 한편 라틴아메리카 지역의 무분별한 자본주의의 팽창은 생태계의 위기, 즉 대규모의 삼림파괴, 심각한 토양고갈, 계속되는 농업과 산업 오염 등을 가져왔다. 이러한 경향은 재생 자원의 급속한 소모, 깨끗한

물과 공기의 부족, 전염병을 비롯한 심각한 보건상의 문제를 야기했다.

이 책은 착취와 억압을 당하기는 했지만 사회정의를 위해서 꿋꿋이 저항하고 싸워 온 보통 사람들의 관점에서 바라본 라틴아메리카의 경제, 정치, 사회의 역사이다. 그리고 그로부터 라틴아메리카 인들이 자신들의 세계를 창출한 새로운 대안을 만들어 낸 사건들과 요인들에 관한 이야기이다.

1부 라틴아메리카의 식민 잔재

1부
라틴아메리카의 식민 잔재

대부분의 북아메리카 인들에게는 과거 식민 시대가 현재의 삶의 방식과 거의 관계가 없는 먼 과거사처럼 여겨질 것이다. 그러나 라틴아메리카에서는 사정이 전혀 다르다. 역사가 우드로 보라Woodrow Borah의 말처럼 "별 생각 없이 라틴아메리카를 방문한 사람은 명백히 식민 시대의 제도와 특징이 아직도 존속하고 있음을 깨닫고 충격을 받게 된다." 이 식민 시대 잔재의 목록에는 일상의 수많은 규칙과 관행, 토지 이용과 노동 시스템, 다양한 사회적 관계와 태도들이 포함되어 있다.

라틴아메리카 풍광의 특징은 식민 시대의 요소와 근현대적 요소의 공존 및 뒤섞임에 있다. 땅파기용 막대기, 구멍뚫기용 막대기, 수동 베틀이 트랙터, 컨베이어벨트, 컴퓨터, 휴대폰과 공존한다. 라틴아메리카에서는 과거 식민 시대가 향수鄕愁의 대상이나 유년의 먼 기억이 아니라 현재의 가혹한 현실이다. 그것은 경제적 낙후, 정치적 전횡, 부패, 족벌주의, 대중에 대한 엘리트층의 우월감 혹은 경멸감이 담겨 있는 위계적 사회질서를 의미한다.

고대 아메리카에 대한 간략한 설명으로 식민 시대 라틴아메리카 역사에 대한 고찰을 시작해 보자. 고대 아메리카란 아메리카 원주민들이 사실

1945년 디에고 리베라가 그린 「테노치티틀란 시」의 일부. 멕시코시티 대통령궁의 벽화.

상 구세계와 단절된 상태로 자신들의 문화를 발전시켜 온 오랜 세월을 지칭하는 말이다. 이 과거는 식민 시대의 성격에 중대한 영향을 미쳤다. 아메리카에 건설된 에스파냐 제국의 주요 도시들이 옛 선주민들의 핵심지역(멕시코와 페루 지역), 그러니까 지배층을 위한 노역 제공을 자연스럽게 여기는 수백만 명의 근면한 선주민들의 고향에 터전을 잡은 것은 결코 우연이 아니었다. 에스파냐 인들은 이 선주민들이야말로 인디아스가 가진 진정한 부의 원천임을 잘 알고 있었다. 선주민이 많이 거주하지 않는 지역은 에스파냐 인들의 식민 계획에서 고려 대상이 되지 못했다.

마찬가지로 식민 시대의 성격 형성에서 결정적인 요인으로 작용한 것이 에스파냐적 배경이다. 정복자들은 7세기에 걸친 무슬림과의 싸움으로 전쟁이 일상화되다시피 하고, 육체노동에 대해 경멸적 태도를 가진 대규모의 이달고hidalgo 계층을 만들어 낸 에스파냐에서 건너온 사람들이었다. 에스파냐의 연대기 작가 프란시스코 로페스 데 고마라Francisco López de Gómara는 "에스파냐 인들은 항상 이교도들과 싸워 왔으므로 인디아스 정

BCE 7000~2300	옥수수, 콩, 호박의 재배.
BCE 1500~400	올메카, 사포테카, 차빈의 선고전기(Preclassic) 문화 발전.
CE 250~AD 900	고전기 테오티우아칸, 마야, 모치카 문명 발전.
1100~1531	후고전기 멕시카*(혹은 '아스테카') 문명, 잉카 문명 발전.
1479	알카소바스(Alcaçovas) 조약으로 카스티야와 아라곤 연합왕국의 결합, 아프리카를 회항하는 동인도 무역에 대한 기독교도 측 독점권을 포르투갈이 갖는다는 것으로 합의를 보다.
1492	무슬림의 그라나다 지배 종식, 콜럼버스의 첫번째 항해 성공.
1519~1532	에스파냐 인들, 아스테카 제국과 잉카 제국 정복.
1542	엔코미엔다 제도 폐지, 아프리카 인 노예를 허용하는 '인디아스 신법'이 제정되다.
1580	에스파냐와 포르투갈의 합병, 대서양 횡단 노예무역의 극적인 팽창이 시작되다.
1603~1694	브라질에서 포르투갈 인들의 노예화를 피해 도망쳐 나온 아프리카 인들과 그 후손들의 피난처인 팔마레스(Palmares) 독립 왕국 건설.
1700~1713	에스파냐 왕위계승전쟁과, 에스파냐 부르봉 왕가의 등장.
1780	투팍 아마루의 봉기, 안데스 세계에서 에스파냐의 식민 지배에 대항한 민중 저항이 시작되다.
1791~1803	아이티혁명, 노예제 폐지, 프랑스로부터의 독립 선언.
1808	나폴레옹, 에스파냐와 포르투갈에 침입하다. 나폴레옹이 부르봉 왕을 폐위하고 자신의 형 조제프를 에스파냐 왕(호세 1세)에 앉히다. 에스파냐령 아메리카에서 크리오요 귀족들을 소외시키다.
1810	미겔 이달고·호세 마리아 모렐로스가 주도한 반란, 노예제 폐지, 에스파냐로부터의 독립을 선언하다.
1815~1823	시몬 볼리바르·호세 데 산 마르틴·아구스틴 이투르비데가 주도한 반란. 남아메리카 대륙 전역의 에스파냐령 아메리카의 정치적 독립 선언과 노예제 폐지를 요구하다. 그러나 식민지 사회의 다른 제도들은 손대지 않다.

복은 무어 인과의 싸움이 끝나자마자 시작되어야 했다"라고 말했다. 대부분의 에스파냐 인들의 신분상승 혹은 남부럽지 않은 삶의 기회를 심하게 제한해 온 에스파냐의 경제적 후진성과 엄청난 부의 불균형은 정복자들의 자포자기적 용기와, 타인과의 관계에서 그들이 보여 준 폭력적인 태도를 이해하는 데 도움을 준다. 코르테스, 피사로, 발디비아, 발보아 등 정복사업에서 중요한 성과를 낸 대장隊長들 가운데 다수가 에스파냐에서 가장 가난한 에스트레마두라 지역의 척박한 땅에서 태어나고 성장했다는 사실은 그 점에서 의미심장하다.

유별나게 잔혹하고 약탈적이었던 아메리카 정복의 성격을 설명하는 데 도움을 줄 수 있는 또 다른 요인은 당대 에스파냐가 갖고 있던 폭력적인 분위기인데, 이는 분명 레콩키스타Reconquista(재정복 운동)와 그것의 사회적 조건 및 가치의 산물이었다. 바르톨로메 벤나사르Bartolomé Bennasar는 자신의 책 『에스파냐 인들의 특성 : 16~19세기 동안의 태도와 사고방식』*Spanish Character : Attitudes and Mentalities from the Sixteenth to the Nineteenth Century*에서 신분이 낮은 사람을 살해한 대가로 소액의 핏값을 지불하기만 하면 사면장을 내주는 오랜 관행이 있었고, 그 때문에 살인행위가 급속히 증가했다고 기술했다. 그러나 이런 역사적 배경이 폭력성을 만들어 냈다는 것을 인정한다고 해서 그것이 에스파냐 인들이 다른 나라 사람들에 비해 유난히 잔인하고 극악했다는 것을 인정하는 것은 결코 아니다. 모든 식민지 전쟁, 제국주의 전쟁, 내전은 온갖 종류의 잔혹행위와 가공할 폭력적 행동으로 넘쳐났다는 것을 우리는 익히 알고 있다. 오히려 에스파냐가 다른

---

* '멕시카'는 '메시카'로도 발음되며, 19세기 역사학자들은 처음에 이들이 거주했던 도시로 추정되는 아스틀란의 이름을 따서 아스테카족으로 부르기 시작했다.

식민지 열강들과 달랐던 점은 에스파냐에는 비록 소수기는 하지만 자기 동포들의 잘못을 세상 사람들에게 고발하고, 바르톨로메 데 라스 카사스 Bartolomé de las Casas가 "인디아스의 파괴"라고 명명한 행위를 중단시키기 위해 최선을 다한 사람들이 존재했다는 사실일 것이다.

16세기부터 오늘날에 이르기까지 에스파냐 식민 지배의 전력前歷을 옹호하는 사람들은 라스 카사스를 비롯한 비판자들이 과장과 편견으로 사실을 왜곡했다고 비난하면서, 그들이 '에스파냐 인은 잔인하고 편협하다'는 이른바 '흑색전설'Leyenda Negra을 만들어 냈다고 주장한다. 사실 모든 식민지 제국들은 자신들만의 '흑색전설'을 가지고 있는데, 그것은 대개 '전설'이 아니라 끔찍하기 그지없는 '사실'이었다. 라틴아메리카 정복에서 에스파냐 인들이 보여 준 광폭성狂暴性은 미국의 장군이자 후에 대통령이 된 앤드류 잭슨Andrew Jackson 같은 미국 영웅들이 지휘한 제노사이드적인 '대인디언 전쟁들'과 짝을 이루는데, 잭슨은 인디언의 시신 수를 집계하고 그 증거를 보존하기 위해 인디언들의 코를 잘라 챙기는 방식으로 800명 가량의 크리크 족 인디언의 시신 훼손을 주도한 바 있다. 또한 1899~1902년 미국의 식민 지배에 대항해 들고 일어난 필리핀 인들의 봉기는 대학살, '물고문', 민간인의 포로수용소 수용 등을 통해 잔인하게 진압되었다. 이 진압에 참여한 프랭클린 벨J. Franklin Bell 장군은 루손 섬에서만 60만 명 이상이 피살이나 전쟁 중 역병으로 목숨을 잃은 것으로 추산했다.

에스파냐는 고대 인디오 사회의 폐허 위에서 새 식민지 체제의 토대를 구축했다. 이 체제는 세 가지 중요한 특징을 가지고 있었는데, 첫째는 이 체제의 경제 구조, 사회 조직, 이데올로기가 대단히 봉건적이었다는 점이다. 이 봉건적 성격은 에스파냐의 대'인디오' 정책에서 명백히 드러나 있는데, 그것은 인디오들이 유럽 인 주인들에게 현물, 현금, 노동으로 공납을 바치도록 강요하고, 유럽 인을 상대로 불리한 거래를 하게 하는, 항구적으로 예속적인 신분의 사람들로 만드는 것이었다. 그 봉건적 원칙은 유럽인, 카스타castas(혼혈인), 흑인에게 각기 다른 법적 지위를 부여하고, 각 인종 집단의 행동과 생활양식을 규제했다. 이 봉건적 성격은 몇몇 자본주의적 요소와 결합하여, 에스파냐(그리고 포르투갈)가 (후에) 독립한 라틴아메리카 국가들에 남긴 유산의 일부가 되었다.

두번째는 외적으로 귀금속, 설탕, 카카오, 담배, 짐승 가죽 같은 주요 산물의 수출에 의존했던 식민지 경제가 17~18세기 북서 유럽에서 발흥한 새로운 자본주의 질서 속에 점차 편입되어 갔다는 것이다. 그 자신이 북서 유럽 자본주의 경제에 점차 의존적으로 되어 갔던 에스파냐는 밀무역, 해적 행위, 에스파냐 상관商館의 경영권 인수 등을 통해 식민지의 귀금속과 상품이 라이벌 국가들에 흘러들어가는 것을 막을 힘이 없었다. 유럽 자본주의 체제로 편입되어 가는 과정에서 봉건적인 식민지 경제는 몇몇 자본주의적 특징을 갖게 되었다. 그로 인해 유럽에서는 상대적으로 가부장적인 특징을 가지고 있었던 노예제가 카리브 지역 식민지에서는 극도로 잔인한 성격만을 띠게 되었으며, 칼 맑스는 그것을 "중노동이라는 문명화된 공포civilized horros가 노예제의 야만적 공포와 접목되었다"라고 표현한 바 있다.

셋째는, 에스파냐의 식민 체제가 에스파냐 국왕과 정복자들(혹은 그들의 후손들) 간의 갈등에 뿌리를 두고 있다는 점이다. 국왕은 식민지에 영주 계층이 성장하는 것을 우려하여 식민자(백인 정주자)들의 야심을 제어하려고 했다. 그러나 다른 한편으로 국왕은 내외의 위협에 대한 안전판 확보를 위해 식민자들에게 의존하지 않으면 안 되었으며, 그것은 국왕이 식민자들에게 여러 중요한 양보를 하지 않으면 안 되게 만들었다. 이런 배경

하에서 에스파냐 왕실과 정복자들(혹은 그 후손들) 간에는 원주민 노동력 혹은 그들이 바치는 공납을 둘러싸고 지속적이고도 가끔은 노골적인 갈등이 나타났다. 이 갈등에서 점차 우위를 점해 간 것은 식민자들과 그 후손들이었다.

17세기 에스파냐의 쇠퇴는 세력 균형의 추가 아메리카 식민자들에 유리한 쪽으로 기울게 하는 데 일조했다. 16~17세기에 넓은 토지와 다수의 페온peon(날품팔이 노동자)들을 거느린 세습적인 식민지 귀족의 출현은 국왕의 패배, 그리고 국왕이 보호하려고 했던(비록 그것이 미약하기는 했지만) 원주민 공동체들의 패배를 의미했다. 18세기 말 에스파냐 왕들이 식민지에 대한 통제를 강화하고, 크리오요들criollos(아메리카에서 태어난 에스파냐 인)을 고위 공직에서 배제하고, 그들의 기득권을 제어하는 제도 개혁을 추진했지만 그것은 이미 소 잃고 외양간 고치는 격이었다. 이 정책들은 이제 막 생겨나기 시작한, 국민의식을 갖게 되고 외부 세계와의 자유로운 무역이 가져다 줄 이익을 기대하고 있던 유력한 식민지 엘리트들을 에스파냐로부터 멀어지게 하는 결과만을 가져왔을 뿐이다.

같은 시기에 그와 유사한 발전이 포르투갈과 브라질의 관계에서도 나타났다. 1810년부터 1822년 사이에 아메리카의 엘리트들은 에스파냐와 포르투갈의 어려운 상황을 틈타 라틴아메리카와 브라질 대부분 지역에서 권력을 장악했다. 이 귀족 반란자들은 급격한 사회적·경제적 변화를 원치 않았다. 서유럽에 대한 수출용 작물의 생산자로서의 그들의 이익은 페온들과 노예들이 경작하는 대농장 체제의 지속을 필요로 했다. 그 결과, 독립 후 라틴아메리카는 자본과 완제품을 외국에 의존하는 대외의존적인 경제와 엄격히 계층화된 사회라는 유산을 고스란히 물려받게 된다.

1장 _ 고대 아메리카

콜럼버스가 도착했을 당시 아메리카에는 서로 다른 언어를 말하고, 전혀 다른 생활 방식을 가진 수많은 원주민 집단이 살고 있었다. 유럽 인들의 아메리카 정복 이전과 이후 수많은 원주민 부족들이 겪은 역사적 경험을 고찰해 보면 인류 발전의 형성에서 내적 혹은 외적 요인이 수행한 역할에 대한 흥미로운 통찰을 얻을 수 있다. 지금까지 라틴아메리카에서 활동해 온 원주민 인권 운동가들은 이 점을 어렵지 않게 인식할 수 있었다. 적어도 만년 동안 이 신세계는 구세계와 사실상 단절된 채 존재해 오고 있었다. 아메리카와 아시아 간에 산발적이고 일시적인 접촉이 있었으리라는 데에는 의심의 여지가 없는데, 아마도 태평양을 사이에 두고 주로 장신구

이 장의 핵심 문제

- 서로 다른 지역적 환경이 고대 아메리카의 문화 발전에 어떤 영향을 미쳤는가?
- 형성기, 고전기, 후고전기의 특징은 각각 무엇인가?
- 마야 사회는 어떻게 조직되었으며, 900년경 마야 문명이 붕괴된 이유는 무엇인가?
- 아스테카 사회는 어떻게 조직되었으며, 그 지배자들은 제국을 어떻게 통치했는가?
- 잉카 사회는 어떻게 조직되었으며, 잉카 제국은 아스테카 제국과 어떻게 달랐는가?
- '젠더 평행주의'(gender parallelism)란 무엇이고, 고대 아메리카에서의 여성의 역할과 유럽에서의 여성의 역할은 어떻게 달랐는가?

BCE 9000	빙하의 퇴각과 수렵 경제의 위기.
BCE 7000~2300	생존 식물의 재배와 사냥·채집·농사를 포함하는 상고기(Archaic stage)로의 전환.
BCE 2500~1500	메소아메리카 해안 지역에서 나타난 농업과, 올메카(Olmeca) 문명 같은 정주 문명들을 포함하는 형성기(formative stage) 혹은 선고전기(preclassic stage)의 발전.
BCE 1000	멕시코 계곡의 정주와 옥수수·콩·호박의 경작.
BCE 900~500	페루 해안과 안데스 고원 지대에서 선고전기의 차빈 문명 발전.
CE 0~1000	메소아메리카에 테오티와칸과 마야 같은, 그리고 페루의 나스카, 모치카, 티아완코 같은 고전기 문명의 발전.
700~1000	메소아메리카의 혼란기.
1000~1500	톨테카, 아스테카, 치무, 잉카 같은 후고전기 문명의 발전.
1418~1472	네자와코요틀 왕 하에서 텍스코코 문명이 전성기에 도달하다.
1430	이츠코아틀 왕 하에서 아스테카의 제국적 팽창. 텍스코코, 테노치티틀란, 틀라코판을 포함하는 삼자동맹이 결성되다.
1438	파차쿠티 잉카 치하에서 잉카 제국 확대.
1502	아스테카의 황제 목테수마 2세의 즉위, 아스테카 제국의 쇠퇴.

류 중심의 문화적 교류가 이루어졌던 것으로 보인다. 그러나 원주민 아메리카의 문화적 발전은 무엇보다도 각 원주민 공동체 내의 관계, 다른 원주민 공동체들과의 (대개는 갈등으로 점철된) 관계, 그리고 물리적 환경과의 상호작용의 산물이었다.

고대 아메리카의 환경과 문화

외부 세계와 단절되어 지낸 수천 년 동안 아메리카는 원주민들이 독특한 환경에 다양한 방식으로 적응하면서 자신의 운명을 개척해 간 흥미로운 사회적 실험장이었다. 1492년경 이 과정은 초기 인류의 문화적 발전 양상이 기본에 있어서는 다른 세계와 크게 다르지 않음을 말해 주는 결과를 만들어 냈다. 신대륙에 첫발을 내디딘 유럽 인들은 원주민 집단들이 구세계의 여러 지역이 경험한 바 있는 문화적 발전과 같은 단계에 있음을 발견했다. 그곳에서 그들은 구석기 시대의 수렵채집인, 신석기 시대의 농부, 청동기 시대의 이집트나 메소포타미아와 비슷한 복잡한 제국, 모두를 발견할 수 있었다.

고대 아메리카 원주민들은 아시아인의 신체적 특징을 여럿 가지고 있다. 검은 눈동자, 검은색의 직모 혹은 곱슬머리, 황색 혹은 구릿빛 피부 등이 그것이다. 아메리카 원주민의 먼 조상은 아마도 4만 년 전에 시작되어 기원전 1만 년경까지 계속된 이주 물결 속에서 베링 해협을 건너 아시아로부터 이곳으로 온 것으로 보인다. 그러나 언제부터 아메리카에 인간이 거주했는가의 문제는 많은 논쟁거리가 되고 있다. 몇몇 고고학자는 남북아메리카 전역에서 발견되는 폴섬Folsom 석기문화의 연대 추정치를 근거로 1만 2,000년 전에 이곳에서 인간의 거주가 시작되었다는 전통적 견해를 반박할 아무런 증거가 없다고 주장한다. 반면에 수정주의자들은 최근 칠레와 브라질을 중심으로 발견된 유적을 바탕으로 이 지역에 그보다 훨씬 전부터 사람이 거주했다고 주장한다. 좀더 최근에는 고대 아메리카에서 사용된 많은 언어가 형성되기 위해서는 엄청나게 긴 시간이 필요했을 것이라는 점을 강조하는 언어학적 증거를 가지고 후자의 입장을 뒷받침하는 주장이 강화되어 왔다.

두 차례에 걸쳐 이주移住 물결이 일어났던 것으로 보인다. 첫번째 이주에서는 야생 과일의 채취, 어로, 작은 짐승의 사냥에 의존해 살아가는 대단히 원시적인 부족들이 아메리카로 건너왔다. 최근의 고고학적 발굴은 이들 원시적인 수렵채집인들이 약 2만 2,000년 전 페루를 통과했음을 말해 준다. 두번째 이주에서는 큰 동물을 사냥하는 사냥꾼들이 아메리카로 유입되었는데, 이들은 이전 이주자들과는 달리 대륙 전체로 확산되었다. 이 아시아의 침입자들 혹은 그 후손들은 기원전 9000년경 아메리카 대륙 남단 파타고니아에 도달했다.

이 아메리카 최초의 식민화는 홍적세Pleistocene로 알려진 대 지질학 시기 말기에 나타났으며, 이 시기는 지구에 중대한 기후 변화가 나타난 때였다. 구대륙과 신대륙의 대부분이 얼음으로 덮인 빙하기와, 기온이 거의 오늘날의 수준까지 상승한 해빙기가 교대로 나타났다. 빙하기 동안에도 얼음이 덮이지 않은 지역에서는 강수량이 충분하여 수많은 사냥감들을 먹여 살릴 수 있는 초지가 발달하고 삼림이 우거졌다. 그리하여 이 시기 아메리카의 넓은 지역이 사냥꾼들의 천국이 되었다. 평원과 숲에서는 덩치 큰 선사시대 동물들이 어슬렁거리며 돌아다녔다. 아메리카 대륙 전역에서 선사시대 사냥꾼들의 날카로운 돌창의 촉이 덩치 큰 짐승들의 유골과 함께 발견되었다.

기원전 9000년경 급격한 기후 변화를 동반한 마지막 대 빙하기(위스컨신)의 퇴조는 수렵경제를 위기에 빠뜨렸다. 더 따뜻하고 더 건조한 기후가 넓은 지역에 내려앉았다. 그로 인해 초원이 줄고, 초원에 의지해 살던 덩치 큰 동물들도 사라져 갔다. 홍적세 말기의 개선된 수렵기술도 이 과정에 기여한 것으로 보인다. 수렵인들은 이제 변화하는 환경에 적응하든가 아니면 자신들을 먹여 살려 온 동물들과 함께 소멸할 수밖에 없는 처지에 놓이게 되었다.

미국 남서부와 멕시코 북부, 그리고 기타 여러 지역의 고고학적 증거는 그들이 새로운 환경에 성공적으로 적응했음을 보여 준다. 이 지역들에서 인간은 점차 사슴이나 산토끼처럼 작은 동물과 야생 식용식물, 그중에서도 분말로 만들어 입에 맞는 먹거리로 만들 수 있는 씨앗에 의존해 살아가는 방법을 익히게 되었다. 이 새로운 생활방식은 농업 발전으로 이어졌다. 처음에는 농업이 단순히 수렵과 식량채집을 대체했을 뿐이고, 아직 '농업혁명'에 이르지는 못했다. 식량의 채집에서 생산으로의 전환은 점차 야생 식용식물을 대체해 간 재배 가능한 식물들의 점진적 축적의 결과라 할 수 있었다. 오랜 세월을 거치면서 전에는 수렵과 식물채집에 바쳐지던 시간과 에너지가 이제 땅을 고르고 씨를 뿌리고 잡초를 뽑고 가꾸어 수확한 뒤 음식으로 만드는 여러 가지 농업활동에 바쳐지는 것으로 바뀌었다. 그러나 결국 농업이 구세계와 마찬가지로 신세계에서도 혁명적인 결과를 가져다주었다. 사람들은 규율에 기반을 둔 정착생활을 하기 시작했고, 식량공급의 증대와 함께 인구가 늘어 노동의 분화가 가능해졌다.

고고학자들은 멕시코 고원 지대의 동굴에서 인디오들이 처음 재배하기 시작한 야생 식물들을 발견했는데, 그 가운데 가장 중요한 것이 호박, 콩, 옥수수였다. 이 작물들의 재배로의 전환은 기원전 7000년에서 2300년 사이에 이루어진 것으로 보인다. 이렇게 재배 작물로 전환된 식물 중에서 가장 중요한 것은 고대 아메리카 문명의 토대인 옥수수였다. 마니옥(열대 지역에서 주식으로 재배된 전분이 많은 뿌리 작물)과 감자(페루에서 주로 재배되었다)도 기원전 5000년에서 기원전 1000년 사이에 주요 재배 작물에 포함되었다.

농업은 발상지로부터 아메리카 대륙 곳곳으로 급속하게 퍼져 나갔다. 1492년경 옥수수는 오늘날의 미국 북부로부터 칠레에 이르기까지 넓은 지역에서 경작되었다. 그러나 모든 인디오들이 농업을 삶의 기반으로 삼은 것은 아니었다. 대륙 남단 티에라델푸에고의 황무지에 사는 인디오들은 열악한 기후조건 때문에 농사를 짓지 못한 탓에 여전히 수렵과 채집에 의존해 살아야 했다. 태평양 북서부 해안에 정착한 사람들 역시 어류가 풍부한 바다와 강, 짐승들이 넘쳐나는 숲만으로도 풍요로운 생활을 영위할 수 있었기 때문에 굳이 좋은 생활조건을 포기하고 농업에 매달릴 이유가 없었다.

농업을 주요 경제활동으로 삼은 곳에서는 토질과 기후라는 자연적 요인과 농업기술에 따라 수확량이 달랐다. 숲에 사는 부족들은 대개 베어 내고 태우는 화전식 농법을 사용했다. 즉 나무와 덤불을 베어 내고 불로 태운 뒤 막대기 괭이로 땅을 고른 다음 옥수수 등의 주요 작물을 심는 것이었다. 그러나 이 방식은 지력을 곧 고갈시켰으므로 얼마 가지 않아 그 땅을 포기하고 다시 그런 식으로 새 농지를 마련해야 했다. 이런 과정을 상당 기간 지속하고 나면 마을 전체가 새로운 지역으로 옮겨가거나 아니면 각 가족 집단이 살아가기에 충분한 땅을 제공할 수 있게 넓은 지역에 분산된 정주 형태를 택해야 했다. 화전농법은 이 같은 구조적인 약점을 가지고 있어서 이를 생활기반으로 삼는 원주민들의 문화는 그 발전이 크게 제한될 수밖에 없었다. 그러나 통제적 권위가 강력한 곳에서는 일시적으로 이 화전농법의 결점이 극복될 수도 있었다는 점을 우리는 마야 문명의 예에서 찾아볼 수 있다. 이곳에서는 화전농법을 기반으로 열대 삼림 지역에서 강력한 사제 집단이 주도하는 빛나는 문명이 발전했다. 그러나 여기에서도 매우 이른 시기부터 화전농법이 보다 집약적인 농법에 의해 보완되었음을 보여 주는 증거가 많이 나타나고 있다.

보다 생산적인 농사 방식이 중앙아메리카Middle America의 험준한 고원지대, 안데스 고원 지대, 페루 해안 건조 지대에서 발전했다. 이 지역들은 건조 혹은 반半건조 지대였으나 토질이 비옥하고 기후가 온화하여 경작이 용이했으며, 막대기 괭이의 사용으로 비옥한 토질이 오래 유지될 수 있었다. 더 중요한 것은 관개시설의 도움으로 식량생산이 크게 증가하고, 그것이 인구 증가와 대규모의 노동 분화를 가져왔다는 점이다. 관개사업에서 요구되는 협동과 규율의 필요성은 강력한 중앙집권적 정부의 출현을 낳고, 그 정부 권위의 넓은 지역으로의 확산을 가져왔다. 아스테카 제국과 잉카 제국은 이 같은 자연적 배경 속에서 탄생했다.

결국 에스파냐의 정복이 있기 직전 아메리카 대륙에는 다양한 인간 집단이 살고 있었고, 그들의 생존기반은 대체로 그들의 사회 조직의 복잡성을 결정하였으며, 그것은 '부족'tribe, '부족국가'chiefdom, '국가'state라는 세 단계 혹은 범주로 분류될 수 있다. 이 범주는 일반적인 문화 발전 단계에 해당한다. 가장 단순하고 원시적인 형태인 '무리'band 혹은 '부족'의 단계는 대개 생산성을 크게 제한하는 매우 열악한 환경(밀림과 평원, 혹은 지나치게 습하거나 건조하거나 추운 지역)과 연관된다. 이 사회는 수렵·어로·약탈·이동식 농업 혹은 이런 활동들의 결합에 의존하는 소규모 평등지향적인 집단들을 그 특징으로 갖는다. 수렵과 채집에 의존하는 집단들은 대부분 유목적 성격을 띠며, 사냥감과 식용식물의 계절 주기에 따라 일정 지역 내에서 순환적으로 이동한다. 수렵, 어로, 채집을 화전농법으로 보완해야 했던 집단들은 반半정주적 성격을 띠었다. 이런 취약한 생존기반은 무리 혹은 부족의 인구밀도를 낮은 수준으로 유지시키고, 노동 분화의 진전을 방해하는 경향성을 가졌다. 이 단계의 사회 단위는 자치적 무리 혹은 마을이었다. 사실이든 허구든 인척관계를 통해 연계된 무리 혹은 마을들의 느슨한 연합체가 부족을 형성했다. 이 사회의 계층화에 대해서는 알려진 바가 없다. 부족의 모든 성원은 사냥터에서 사냥을, 하천에서 물고기를 잡을 수 있었다. 마을이나 부족 지도자들의 권위는 전쟁터에서의 리더십 등 다른 두드러진 자질에서 유래했다. 그리고 그 권위의 행사는 사냥과 전투 기간 혹은 그 외 몇몇 공동체활동에 국한되었다.

이러한 평등주의 사회의 전형적인 예를 우리는 아마존 유역의 여러 브라질 부족에게서 발견할 수 있다. 그들의 생활 방식의 특징은 포로를 잡기 위해 부족 간에 벌어지는 빈번한 전투였다. 포로가 된 전사는 몇 주 혹은 몇 달 후 의식에 따라 처형되었고, 부족 구성원들은 주술적 힘을 얻기 위해 혹은 그 부족과의 반목을 영속화하기 위해 처형된 전사의 인육人肉을 먹었다. 여행기를 통해 그들의 관습에 대해 읽은 바 있고, 프랑스로 끌려온 몇몇 브라질 인디오를 만나기도 했던 16세기 프랑스 철학자 미셸 드 몽테뉴는 그들의 민주적 정신과, 유럽에서는 흔한 극단적 빈부격차가 그들에게는 없다는 점을 높게 평가했다. 그 같은 인상을 바탕으로 그는 문명의 해악에 물들지 않은 도덕적으로 완벽한 고귀한 야만인, 순진무구한 식인종이라는 영향력 있는 문학적 인물상을 만들어 냈다.

인디오 사회 조직의 두번째 범주인 '부족국가'는 중간 단계에 해당했다. 부족국가의 생존기반은 일반적으로 큰 마을에 거주하는 밀집된 인구를 먹여 살리는 집약적 경작이었다. 이 마을은 자치권을 박탈당한 채 '대부족장'이라는 엘리트 중심인물 한 명의 지배를 받았으며, 이 대부족장은 휘하 여러 부족장의 도움을 받았다. 서열은 부족국가에서 중요한 요소였으며, 대개 그것은 친인척관계에 따라 결정되었다. 개인의 서열은 혈통적으로 대부족장과 얼마나 가까운가에 의해 결정되었고, 대부족장은 대개 성스러운 성격을 부여받았으며, 대규모의 측근과 하인들의 섬김을 받았다. 대부족장은 부족 구성원들에게 공납과 강제 기부를 요구함으로써 그 집단의 잉여 생산을 흡수하였다. 그는 이 잉여 가운데 상당 부분을 관리,

가신, 전사들에게 선택적으로 배분함으로써 자신의 권력을 강화했다. 부족국가들 간에는 전쟁이 빈번했고, 아마도 그것은 이웃 마을들의 흡수를 통해 그 부족국가를 만들어 내고 확대시키는 데 결정적인 역할을 한 것으로 보인다. 전쟁은 또한 포로를 만들어 내고, 그 포로는 노예가 되고 주인을 위해 일해야 하는 존재가 됨으로써, 초창기 사회적 계층화의 진전에 일조했다.

에스파냐의 정복이 있기 직전 아메리카 대륙에는 수많은 부족국가가 존재했는데, 특히 환 카리브 지역(파나마, 코스타리카, 콜롬비아 북부, 베네수엘라, 아이티와 도미니카공화국으로 구성된 히스파니올라 섬, 자메이카, 푸에르토리코, 쿠바 등이 여기에 포함되었다)에 가장 많았다. 콜롬비아의 카우카 계곡 한 곳에서만 적어도 80개의 부족국가가 있었다.

콜롬비아 동부 고원 지대에 자리 잡고 있으면서 복잡한 사회 구조와 밀집된 인구를 가지고 있었던 칩차Chibcha와 무이스카Muisca 부족국가는 이 단계에서 이루어진 사회적·정치적 통합을 잘 설명해 준다. 이 부족국가들은 집약적 농업과 어로에 생존기반을 두고 있었으며, 수렵은 중요한 보완적 활동이었다. 농업기술에서는 화전 외에도 계단 모양에 둑을 가진 밭을 가지고 있었다. 이 부족국가들은 옥수수뿐만 아니라 감자, 키노아(메밀과 비슷한 딱딱한 곡물) 등 다양한 작물을 재배했다. 또한 상당히 발전된 토기 제조, 직조 및 금속가공 기술을 가지고 있었으며, 특히 금세공 기술은 고대 아메리카 대륙에서 최고 수준을 자랑했다.

에스파냐의 정복이 시작될 무렵, 무이스카 영토의 대부분은 각각 보고타와 툰하Tunja에 거점을 둔 적대적인 두 부족국가에 의해 지배되고 있었다. 이 지역의 인구는 150만 명 정도였던 것으로 추정된다. 무이스카 주민들은 수백 명에서 수천 명의 인구를 가진 큰 마을들에서 살았다. 각 마을은 여러 채의 초가집으로 이루어져 있었고, 마을 둘레에는 울타리가 쳐져 있었다. 사회는 일반인과 지배층으로 나뉘었으며, 그 두 집단의 구성원들은 각기 다른 의무와 권리를 가지고 있었다. 일반인들은 부족장과 지배층의 부양을 위해 현물과 노동으로 공납을 바쳐야 했으며, 지배층은 잉여 생산물의 분배와 소비를 통제했다.

부족국가는 다음 단계이자 최고 단계의 조직으로 이행하기 위한 과도기적 형태였는데, 이 최고 단계는 '문명'이라 부르기도 하고, 그냥 '국가'라고 부르기도 하며, 사회적·정치적으로 최고 수준의 통합이 이루어진 단계이다. 부족국가와 국가의 구분, 특히 크고 복잡한 부족국가와의 구분은 쉽지 않은데, 왜냐하면 국가는 부족국가에서 이미 나타난 경향들의 확대와 심화를 의미했기 때문이다. 국가 단계에서는 이미 노동의 분화와 전문화가 이루어져 농업에 종사하지 않는 장인 집단, 종교 및 지적 활동에 전념하는 성직자 집단, 전문적인 전사 계급, 국가 행정을 담당하는 관료조직이 출현했다. 이 같은 변화와 더불어 사회적 계층화가 심화되고, 그것은 또한 실제로도 그렇고 이론적으로도 그렇고 대부족장과 엘리트들을 평민들과 연결시켜 온 혈연에 바탕을 둔 유대를 약화 혹은 해체시켰다. 그 후로 평민들과는 다른 기원을 가졌다고 주장하는 지배 집단을 가진 진정한 의미의 계급적 구조가 나타났다. 국가의 정점에는 대개 신의 권능을 부여받았다고 주장하는 사제 겸 왕이나 황제가 나타났다.

국가 수준의 조직은 높은 생산성을 가진 기술적 토대를 요하였는데, 대개는 관개시설과 계단식 농법, 그리고 그 외 여러 선진 기술을 두루 사용하는 집약적 농업이 그것이었다. 국가는 더 큰 규모와 더 많은 인구, 지역 간 상품 교환의 증대(가끔은 전문적인 상인계급이 출현하기도 했다), 진정한 의미의 도시 출현이라는 점에서 부족국가와 달랐다. 이 도시들은 인구의 중심, 행정과 산업의 중심이었을 뿐만 아니라 부족국가에서는 볼 수 없는 거대한 건축물을 가진 종교적 중심이기도 했다. 아스테카, 마야, 잉카 사회는 국가 수준 조직의 가장 잘 알려진 예들이다.

그렇다면 고대 아메리카에서 부족국가에서 국가로 질적 도약이 나타나게 만든 결정적인 요인은 무엇일까? 이 물음에 대한 학자들의 견해는 일치하지 않는다. 일부 학자들은 영토 정복을 위한 전쟁을 가장 중요한 요인으로 여기는 데 비해, 다른 이들은 무엇보다도 경제적으로 계서화된 계층들 간의 내적 갈등을 해결하기 위한 강제적 메커니즘으로 국가가 출현한 것으로 생각한다. 또 다른 이들은 주민들과 그들의 자원에 대한 엘리트들의 중앙집권적 지배를 강화하는 과정에서 종교적 이데올로기가 수행한 역할을 강조하기도 한다. 이 모든 요소들이 국가 형성 과정에서 나름의 역할을 담당했을 것이다.

몇 가지 환경적 조건이 초기 국가의 형성에서, 특히 그중 최고의 형태인 제국의 형성에서 다른 환경 조건보다 더 유리하게 작용했다. 사실 인디오들의 나무괭이로는 경작이 거의 불가능한 북아메리카의 거친 초원 지대나, 일시적인 화전 외에는 농사를 거의 지을 수 없는 것으로 여겨지는 아마존 열대우림 지대에서 그런 국가들이 생겨날 수 있었을지는 심히 의심스럽다.* 이 분야의 전문가들은 가끔 '핵심부 아메리카'Nuclear America 같은, 국가나 제국의 형성에 꼭 필요한 환경 조건을 모두 갖추고 있는 유리한 지역을 언급하기도 한다.

* 최근 고고학자들은 아마존 강 유역에서 정교한 도기, 올린 밭, 거대한 족장들의 상을 가진 복잡한 사회들이 존재했음을 말해 주는 증거들을 발견했다. 그러나 이들 고대 아마존 사회들 가운데 어느 것도 부족국가 이상의 수준에는 이르지 못한 것으로 보이며, 이 사회들의 기원과 인구 규모 등은 여전히 논란거리로 남아 있다.

1492년의 인디오 인구

오늘날 인류학자들과 역사학자들의 연구로 고대 아메리카에 대한 정보는 급속하게 증가하고 있으며, 이 복잡한 아메리카 고대 문명들과 고대 이집트나 메소포타미아 같은 구세계 선진 문화들 간의 비교 또한 더욱 빈번하게 이루어지고 있다. 최근의 고대 아메리카 인구사 연구는 고대 아메리카의 문화적 성취에 대해 경외감을 갖게 하는 데 기여했다. 많은 사회과학자들이 주장하는 것처럼 인구밀도가 그 사회의 기술 및 문화 수준과 밀접하게 연관되어 있다면 1492년경 인디오 인구의 높은 추정치는 어느 면에서는 고대 인디오 사회와, 그 폐허 위에 건설된 식민 사회의 사회적 업적에 대한 평가라고 할 수 있다.

그러나 '정복 이전 아메리카 인구가 어느 정도였는가'라는 주제는 학자들 사이에 격렬하고도 가끔은 날선 논쟁을 불러일으켰다. 신세계에 첫 발을 디딘 에스파냐 인들은 그곳의 인구가 매우 많다는 기록을 많이 남겼다. 히스파니올라 섬(오늘날의 아이티와 도미니카공화국) 원주민 인구에 대한 몇몇 초창기 추정치는 200만에서 400만 사이를 오갈 정도로 높다. 1524년 멕시코에 도착한 모톨리니아Motolinía라는 유명한 선교사는 정확한 수치를 언급하지는 않았지만 인디오들이 "초원의 풀잎"처럼 많았다고 기록하고 있다. 잉카 제국과 중아메리카의 인구가 매우 많았다는 언급도 드물지 않다. 20세기 들어 이 초창기 기록들을 면밀히 검토한 학자들의 입장은 대체로 둘로 나뉜다. 한 쪽은 이 언급들이 대체로 신빙성이 있다고 보는 입장인데, 1920년대 미국 고고학자 스핀든H. J. Spinden과 독일 고고학자 칼 자퍼Karl Sapper는 인디오들의 기술력과 자원을 근거로 신대륙 전체 인구를 4천만 내지 5천만으로 추산했다. 반면에 미국 인류학자 크뢰버A. L. Kroeber와 아르헨티나의 앙헬 로센블라트Ángel Rosenblat 등은 인디오의 기술

수준이 초창기 기록에 나타나는 거대한 인구를 부양할 수 있을 만큼 높지 않았으며, 높은 수치는 대개 정복자나 선교사였던 초창기 에스파냐 인들이 자신들의 업적을 과장하기 위해 의식적·무의식적으로 인디오 수를 늘려서 기록한 것이라고 결론지었다. 크뢰버는 남미 대륙의 인구를 840만으로 추정했고, 로센블라트는 그보다 약간 높은 수치인 1,340만 명을 제시했다.

1940년대 초 캘리포니아 대학에 근무하던 세 교수—우드로 보라, 쉐르번 쿡Sherburne Cook, 레슬리 심슨Lesley B. Simpson—는 고대 아메리카 인구사에 새로운 연구방법을 도입하여 고대 멕시코에 초점을 맞춘 탁월한 성과를 일구어 냈다. 이 이른바 이 '버클리 학파'는 다양한 자료와 정교한 통계학 방법론을 이용하고, 에스파냐 인들이 세금을 거둘 목적으로 산출한 수치를 이전 시대로 역추산하여, 정복 직전 중부 멕시코 지역의 인구가 2,530만 명 정도였다는 결론에 도달했다.

그 뒤 쿡과 보라는 연구대상을 다른 지역으로 확대하였다. 특히 1492년 당시 히스파니올라 섬에 대한 그들의 결론은 놀라운 것이었다. 이전까지 이 섬의 인구는 가장 적게는 60만에서 가장 많게는 300만~400만으로 추정되었다. 이 300만~400만이라는 가장 높은 추정치는 16세기 에스파냐 신부 바르톨로메 데 라스 카사스가 제시한 것이었는데, 그러나 이 수치는 오랫동안 '흑색전설'의 주창자(라스 카사스)의 허풍으로만 여겨져 왔다. 그러나 쿡과 보라는 1492년에서 1520년 사이에 작성된 히스파니올라 섬 인구에 대한 수많은 기록들을 면밀히 분석한 뒤, 라스 카사스 신부가 제시한 수치의 신빙성을 확인했을 뿐 아니라 이 섬의 인구가 라스 카사스의 수치보다 훨씬 많은 700만~800만 명이었을 것이라고 추정했다.

1964년에 보라가 1492년경 아메리카 대륙의 인구가 "1억 명이 넘었을 것"이라는 추정치를 제시한 것을 제외하면 버클리 학파는 정복 이전 대륙 전체 인구의 추정치를 내놓지 않았다. 이 문제에 대한 체계적인 연구는 미국 인류학자 헨리 도빈스Henry Dobyns에 의해 시도되었는데, 그는 면역체계를 갖지 못한 인디오들이 유럽 인과의 접촉에 의한 역병 때문에 인구의 약 95퍼센트가 감소했을 것이라는 가정 하에, 정복 이전 대륙의 전체 인구를 9,000만 명에서 1억 1,200만 명 사이로, 그리고 중부 멕시코 지역과 페루에는 각각 3,000만 명 정도가 살았을 것이라고 추정했다.

버클리 학파와 도빈스의 연구결과 및 방법론은 강한 반대 의견을 불러일으켰다. 이들의 높은 추정치에 이의를 제기한 두 명의 두드러진 연구자는 윌리엄 샌더스William T. Sanders와 데이비드 헤니지David Henige였다. 그러나 일반적으로 이 분야에서 최근 반세기 동안 이루어진 연구 성과는 매우 일관되게 과거에 받아들여졌던 것보다 훨씬 높은 수치를 제시하고 있다. 버클리 학파와, 그들에 대해 비판적 입장에 서 있는 사람들의 연구 성과, 둘 다를 고려하여 일반화를 시도하고 있는 학자 가운데 한 사람이 윌리엄 디너반William T. Denevan인데, 그는 정복 이전 아메리카 대륙의 전체 인구가 5,730만 명이었다는 입장을 견지했다. 이 수치는 1939년 크로버가 추정한 840만 명과는 큰 차이가 있다.

학자들은 또한 고대 아메리카 인구의 장기적인 추세를 파악하는 데 노력을 기울여 왔다. 우드로 보라에 의하면, 전체적으로 연구자들은 정복 이전의 "아메리카 인디오들은 상대적으로 질병을 적게 가지고 있었고, 흉작을 초래하는 홍수나 가뭄 같은 자연재해의 시기를 제외하고는 매우 양호한 건강을 유지했던 것으로 보인다"는 의견에 동의하고 있다. 1492년까지 신세계가 구세계와 물리적으로 단절되어 있었던 것이 르네상스 시기 구세계에 형성되어 있던 천연두, 홍역, 발진티푸스 같은 전염병 풀로부터 아메리카 인디오들을 보호해 주었다. 유럽 인에 의한 전염병의 유입이 라는 요소를 무시하면 인디오의 인구 감소를 설명해 낼 수 없다. 많은 지역에서 인디오들은 수렵채집과 화전농법을 결합한, 대개는 옥수수, 콩, 호박이라는 세 주요 품목을 중심으로 하는 농업 체계를 발전시켰으며, 그것은 지속가능하고 생태계에 큰 해를 입히지 않았다. 서인도 제도의 타이노 Taino족은 코누코스conucos라는 무릎 높이의 이랑으로 된 항구적인 밭에 기반을 둔 세련된 농사법을 개발했는데, 거기에 그들은 카사바(마니옥이라고도 부름)와 고구마, 다양한 콩과 호박을 재배했다. 이 농사법은 지력 고갈을 늦추고, 역사지리학자 칼 사우어Carl Sauer에 의하면, "가장 단순한 도구와 최소한의 노동만으로도 많은 식량을 지속적으로 생산하게 해주었다". 이 지역에서는 식량 부족으로 인구 압박이 발생했다는 증거가 나타나지 않는다. 반면에 역사인구학자들은 아스테카 제국에 위기가 닥쳐오고 있었음을 말해 주는 증거를 발견해 왔다. 보라는 우울한 어조로 "15세기가 끝날 무렵 중부 멕시코 주민들은 유럽 인의 정복이 없었더라도 몰락할 수밖에 없는 운명에 처해 있었다"라고 말했다. 더 나아가 학자들은 오늘날 식량 부족에 의해 야기된 인구 압박이 중아메리카 마야 문명의 붕괴를 가져온 주요 원인이었을 것이라고 생각한다. 즉 만성적인 영양실조와 높은 유아사망률의 존재를 말해 주는 증거, 그리고 150년의 기간 동안에 약 1,200만 명 정도이던 인구가 180만 명으로 줄었다는 증거가 나타나기도 했다. 이 인구 위기는 다른 요인들과 더불어 삼림의 황폐화, 지표면의 물 부족, 과도한 경작으로 인한 지력 고갈 등과 긴밀하게 연결되어 있었다.

핵심부 아메리카(Nuclear America)

멕시코와 페루는 중부와 남부 멕시코, 중아메리카, 남아메리카의 안데스 지역을 포함하는 광범위한 선진 문화 지역이었다. 이 지역은 고대 아메리카의 심장부였으며, 아메리카의 첫 농경 문명의 본거지이다. 이 초기 마을 사람들의 생활과, 문명의 기본적인 기술의 고고학적 증거가 이 지역 거의 모든 곳에서 발견되었다.

지난 수십 년간 이 지역에서 중요한 고고학적 발굴이 이루어졌다. 멕시코 계곡, 남부 멕시코, 남부 멕시코 만 해안지역, 볼리비아 고원 지대, 페루 해안 사막 지대에서 호화스런 사원, 웅장한 요새, 대도시의 유적과 함께 뛰어난 기술로 만들어진 토기와 옷감이 발굴되었다. 전문가들은 이런 발굴의 증거물들과 역사적 설명이 제공하는 증거들을 결합하여 '핵심부 아메리카'의 역사를 복원해 내려고 노력해 왔다. 이 노력을 위한 틀은 각 시기의 기술, 사회적·정치적 조직, 종교, 예술 등에 기반을 둔 일련의 발전 단계들이다. 전문가들은 이 발전 단계들에 상고기Archaic, 형성기Formative/선고전기Preclassic, 고전기Classic, 후고전기Postclassic라는 이름을 붙였다. 이 구분은 각 단계들 간에 시간상의 중첩이 나타나고, 지역별로 각 단계의 지속 기간에 상당한 차이가 있는 등, 세부적인 점에서는 최종적인 것이라기보다는 시험적 성격을 갖고 있다.

상고기는 아메리카 핵심 지역의 상당 부분에서 수렵채집생활이 농경생활로 서서히 바뀌어 간 기원전 9000년경에 시작되었다. 그러나 이 초기 농경이 인디오 사회에 혁명적인 변화를 가져오지는 않았다. 수천 년 간 사람들은 그 이전과 마찬가지로 원시적인 방식으로 살았다. 사회 집단들은 규모가 작고 완전히 정착하지 않은 채, 반半유목생활을 한 것으로 보인다. 직조기술은 아직 나타나지 않았지만 간단한 토기는 이 시기가 끝날 무렵 몇몇 지역에서 나타났다.

기원전 2500년에서 1500년 사이에 핵심부 아메리카의 여러 곳에서 중요한 문화적 진보가 나타나면서 '형성기' 혹은 선고전기가 시작되었다. 수백 년 동안 우발적으로 이루어진 작물 재배 실험을 통해서 개선이 이루어지고 다수확 품종이 선별되었으며, 이 같은 진보는 궁극적으로 농업과 마을 정착생활에 확고하게 기반을 둔 경제를 탄생시켰다. 옥수수를 비롯한 몇몇 주요 작물이 대규모로 재배되었고, 일부 지역에서는 관개기술이 도입되었으며, 몇몇 동물의 가축화가 이루어졌다. 이 형성기 말기에 토기 제작과 직조에서 상당한 발전이 나타났으며, 식량 생산의 증가는 사람과 신 사이를 중재하는 사제 계급을 마을 사람들이 부양할 수 있게 만들었다. 풍부해진 식량은 또한 노동력 가운데 일부를 자유롭게 만들어 성소聖所, 즉 꼭대기에 나무나 억새로 된 신전이 있는 흙 언덕을 세울 수 있도록 해주었다.

'형성기'의 사회적 단위는 하나 혹은 두세 개의 친족 집단으로 이루어진 마을 공동체였으나, 이 시기 말기에는 여러 마을이 통합된 작은 부족국가가 나타났다. 식량과 토지가 비교적 풍부하고 인구가 적었으므로 전쟁이 빈번하게 일어나지는 않았다. 종교는 물과 다산多産을 관장하는 신에 대한 숭배가 중심이었으며, 인신공희는 없거나 매우 드물었던 것으로 보인다.

형성기에 이루어진 진보는 서기西紀 0년 전후로 시작되어 1000년경까지 지속된 '고전기'에서 절정을 이루었다. '고전'이란 용어는 이 시기를 특징지을 수 있는 물질적·지적·예술적 개화를 일컫는다. 농업기술의 측면에서 근본적인 변화는 나타나지 않았으나 일부 지역에서는 관개시설의 확충으로 식량 생산이 증가했고, 그것은 노동력 가운데 일부를 자유롭게 하여 건축이나 기술적인 일에 사용될 수 있게 했다. 인구도 증가하여 일부 지역에서 진짜 도시라 할 만한 것들이 출현했다. 건축, 도기 제작, 직조도

양식 면에서 상당한 수준에 이르렀다. 페루에서는 야금술이 발전하고, 메소아메리카Mesoamerica(멕시코 중부와 남부, 그리고 그에 인접한 중아메리카 지역)에서는 천문학, 수학, 문자가 발달했다. 초창기 흙으로 쌓아 만든 제단은 이제 돌로 만든 피라미드로 대체되었으며, 그 피라미드 꼭대기에는 정교한 장식품들을 소장한 대규모의 신전이 자리 잡았다. 그리고 종교적 중심지는 근처에 왕궁과 다른 관청을 배치함으로써 한 명의 사제 겸 왕이 다스리는 국가의 행정적 수도로 발전했다. 사회의 계층 분화도 충분히 진행되어 성직자들이 주요 지배층으로 자리 잡았다. 그러나 고전기 말기에 전쟁이 잦아지면서(아마 인구 압박으로 토지와 수자원에 대한 경쟁이 치열해졌기 때문일 것이다) 승리한 전사들이 인정받고 우대받았다. 종교는 대규모의 성직자 계층이 주관하는 다신교였다.

고전기 문화의 전형적인 예는 중부 멕시코의 테오티우아칸Teotihuacán 문명, 남서부 멕시코의 몬테알반Monte Albán 문명, 유카탄 반도 남부와 과테말라 북부 저지대의 마야 문명에서 찾아 볼 수 있다. 멕시코 만 저지대의 올메카Olmeca 문명은 몇 가지 점에서 고전기의 특징을 보여 주지만 시기적으로는 형성기에 해당한다. 페루의 고전기는 해안 지방의 빛나는 나스카Nazca 문명과 모치카Mochica 문명에서 가장 잘 나타난다. 지금까지 밝혀진 증거에 따르면, 고전기는 메소아메리카, 안데스 중부 지역(페루, 볼리비아의 고원과 해안), 에콰도르 해안 지역에 국한되어 있었다.

고전기는 핵심부 아메리카 남단과 북단에서 동시에 갑작스런 종말을 맞았다. 1000년을 전후하여 메소아메리카와 페루에 있던 대부분의 고전 문명 중심지들은 방치되거나 내전이나 외침으로 파괴되었다. 이 같은 고전문명의 붕괴가 장기간에 걸친 쇠락의 결과라는 것은 거의 확실하다. 인구 압박, 토양 침식, 과도한 공납 요구로 인한 농민 반란도 고전기의 주요 왕국이나 도시 국가의 붕괴에 일조한 요인이었다.

이 같은 재난에 이어 암울한 갈등과 이주로 점철된 혼란의 시대가 나타났다. 그러고 나서 옛 문명의 폐허 위에서 새 문명들이 생겨났다. 1000년에서 1500년 사이에 나타난 '후고전기'는 그 전 시기의 흥망성쇠의 양상을 보다 크고 복잡한 규모로 되풀이한 것으로 보인다. 수많은 성채와 요새화된 마을들에서 볼 수 있는 만성적인 전쟁과 도시적 삶의 확대가 이 단계의 뚜렷한 특징이었다. 또 다른 특징은 하나의 유력한 국가가 여러 국가들을 복속시킨 형태인 제국이 출현했다는 점이다. 이 제국은 피정복민의 생산물 가운데 일부를 전유했고, 그것을 대개 지배층의 몫으로 만들었다. 아스테카 제국과 잉카 제국이 이 시기를 대표한다.

후고전기에 중요한 기술적 진보는 나타나지 않았으며, 다만 일부 지역에서 관개시설망의 확충이 있었을 뿐이다. 계속되는 전쟁과 교역의 증가로 귀족과 평민 간, 부자와 빈자 간 경제적 괴리가 심해졌다. 전사 계급이 성직자를 제치고 주요 지배 계급이 되었으며, 제국주의는 종교의 성격에도 영향을 미쳐 전쟁의 신과 인신공희의 중요성이 크게 증대되었다. 미술과 공예는 고전기에 비해 약간 쇠퇴하여 일부지역을 중심으로 옷감류와 도기의 표준화, 그리고 대량생산 경향이 나타났다.

고전기 국가들이 그랬던 것처럼 이 제국들도 전성기에 이른 다음 해체되기 시작했다. 페루의 티와나쿠Tiwanaku 혹은 티아우아나코Tiahuanaco 문명과 잉카 문명은 제국의 성쇠 과정을 분명히 보여 주고 있는 반면, 멕시코 최초의 진정한 제국이었던 아스테카 문명은 에스파냐 인들이 아메리카를 정복할 때까지도 존속하고 있었다.

세 개의 선진 문명, 즉 멕시코의 아스테카 문명, 중아메리카의 마야 문명, 페루의 잉카 문명만 세간의 관심의 초점이 되었을 뿐 그 외 다른 문명들은 관심을 끌지 못했다. 이런 관심의 편중이 이해되지 않는 것은 아니다. 우리는 이곳 주민들과 그들의 삶의 방식에 대해 다른 지역 문명들보다 훨씬 더 많이 알고 있다. 아스테카와 잉카 문명은 에스파냐 인이 아메리카에 도착했을 당시에도 여전히 번성한 상태였고, 백인 정복자들은 자신들이 목격한 것에 대해 생생한 설명을 남겼다. 멕시코와 페루 정복에 관한 흥미진진한 이야기와, 두 제국의 황제 목테수마Moctezuma(몬테수마Montezuma라고도 불렸다)와 아타우알파Atahualpa의 비극적 운명도 문학적·역사적 관심이 이 두 문명에 집중되게 하는 데 일조했다. 그러나 불행히도 이 두 민족을 둘러싼 평판과 매력이 마야 인, 아스테카 인, 잉카 인이 건설한 문화의 토대를 구축한 그들의 선조들의 업적을 가려 왔다.

초기 아메리카 문명들

이미 기원전 1000년경 멕시코 계곡의 주민들은 옥수수, 콩, 호박 밭 사이에 자리 잡은 작은 마을들에서 살았다. 그들은 화전 방식으로 땅을 경작했고, 단순하지만 수준 높은 도기를 생산했으며, 풍요의 여신을 숭배했음을 말해 주는 수많은 진흙 인물상을 만들었다. 구대륙에서 예수가 탄생할 무렵 이곳에서는 위를 편평하게 다듬은 거대한 흙더미가 나타났으니, 이는 형식을 갖춘 종교와 사회를 지배하는 성직자 집단의 존재를 말해 주는 증거라 할 수 있다.

이보다 훨씬 전에(아마도 기원전 1500년~기원전 400년쯤에) 멕시코만 해안 저지대에서 조숙하고 신비스런 올메카 문명이 탄생하여 중부 멕시코 고원과 중아메리카 전 지역에 영향을 끼쳤다. 올메카 문명의 기원, 발전과정, 소멸은 아직도 미스터리로 남아 있다.

이 올메카 문명의 중요한 요소는 제의祭儀지구, 거대한 석상과 조각,

상형문자, 역법 체계 등이며, 주요 유적은 오늘날 베라크루스 주에 있는 라 벤타La Venta와 트레스사포테스Tres Zapotes 지구이다. 올메카 문화와 그 예술 양식이 널리 확산되었다는 증거가 발견됨으로써 마야 문명이 메소아메리카에서 나타난 최초의 문명이었다는 기존의 관점은 무너졌다. 메소아메리카 문명의 모체는 올메카 문화였던 것으로 보인다.

형성기에 이룬 기술, 예술, 과학의 진보 덕분에 고전기에 최고의 문화적 성취가 이루어질 수 있었다. 멕시코 중부 고원 지대에서 고전기는 눈부신 발전을 이루었다. 기원을 전후한 시기, 멕시코시티에서 약 45km 떨어진 테오티우아칸에서는 나중에 태양과 달이라는 이름이 붙여진 거대한 피라미드들이 부근의 당당한 사원들과 그 외 건물들 위로 높이 세워졌다. 사원 장식에 사용된 석조 조각, 놀라울 정도로 우아하고 정교한 접합 공사, 프레스코 회화는 테오티우아칸 인들의 높은 기술을 증명해 준다. 후에 아스테카 인들의 최고신은 틀랄록Tlaloc이란 이름으로 알려진 물의 신이었던 것 같다. 그러나 나중에 케찰코아틀Quetzalcóatl로 알려진, 재규어 이빨에 깃털 달린 뱀의 모습을 한 신 역시 물과 풍요의 상징으로 대사원에 많이 나타난다. 그러나 이 문명의 후반까지 전쟁이나 인신공희가 있었다는 증거는 나타나지 않고 있다. 몸에 그들이 숭배하는 신의 상징물을 지닌 온화한 모습의 성직자들이 벽화에 가장 많이 나타난다.

테오티우아칸의 거대한 사원지구는 성소聖所였으며, 이곳에는 사제 귀족들과 그 시종들만 살았던 것으로 보인다. 사원지구 밖에 관리, 장인, 상인들이 거주하는 주거 지역이 있었다. 테오티우아칸의 인구는 적어도 12만 5,000명은 되었을 것으로 보인다. 도시는 약 18km²에 이르렀으며, 외곽 지역에는 도시에 식량을 공급하는 다수의 농민이 살았다. 관개수로를 이용한 집약적 농업과 산비탈을 깎아 만든 계단식 농법이 테오티우아

© Richard A. Cooke/Corbis

대규모의 도시-국가였던 테오티와칸의 제의지구에서 '사자(死者)들의 거리'는 '성채'(왕궁 단지)와 '해와 달의 피라미드'를 연결해 준다. 12만 5,000명에서 20만 명의 인구가 살았을 것으로 보이는 이 도시-국가는 600년경 세계에서 여섯번째로 큰 도시였다.

칸 문명의 경제적 기반이었다. 테오티우아칸은 종교와 예술에서 매우 평화로운 모습을 가지고 있었음에도 불구하고 무역의 중심지였을 뿐만 아니라 멀리 과테말라 고원 지대까지 직접 통치하는 군사 국가였던 것으로 보인다.

테오티우아칸의 그늘에 가려 있기는 하지만 메소아메리카의 고전기에 다른 문화 중심지들도 번성했다. 사포테카 족the Zapotecs은 남서쪽 오아하카Oaxaca의 거친 산속에 위치한 몬테알반에 거대한 제의지구를 건설했다. 이 지구는 진정한 의미의 도시이기도 했다. 그들이 이룬 업적 가운데 하나는 복잡한 상형문자 체계인데, 이는 아마도 올메카 문화에 뿌리를 두고 있었던 것으로 보인다. 같은 시기 과테말라 북부의 페텐Petén 지역에서는 고전기 마야 문명이 번창하고 있었다.

정복 이전 메소아메리카 문화의 주요 거점

중아메리카의 마야 문명

고대 아메리카 문명들 가운데 마야 문명은 문화적 성취에서 두드러진다. 그 어떤 다른 집단도 건축, 조각, 회화, 수학, 천문학 분야에서 마야 인들만큼 놀라운 능력을 보여 주지는 못했다. 마야 문명은 지금의 멕시코 남동부, 과테말라 거의 전부, 온두라스 서부, 벨리즈 전부, 엘살바도르 서쪽 반 지역을 무대로 발전했으며, 그 중에서도 유카탄 반도 남쪽에 위치한 과테말라 페텐 지역을 비롯한 열대 저지 밀림 지역에서 최고의 발전을 이루었다. 이곳이 250~900년경 사이에 발전한 고전기 마야 문명의 중핵이었다.* 이 지역은 사냥감과 건축 재료(석회암과 양질의 단단한 나무)가 풍부했으나 그 외 다른 모든 점에서는 이 지역의 자연 조건이 고급문화 형성에 심각한 장애 요인이었다. 경작을 위해 당시 원주민들이 가지고 있던 원시적인 도구만으로 울창한 삼림을 개간하고 잡초를 제거하기란 극히 어려운 일이었다. 금속제 도구도 없었고 물 공급은 불안정했으며 교통수단은 빈약했다. 그럼에도 불구하고 마야 인들은 바로 이곳에서 가장 거대한 제의지구를 건설했다.

열악한 환경과 마야 인들의 위대한 성취 간의 뚜렷한 대조성 때문에 일부 학자들은 마야 문명이 보다 좋은 환경을 가진 다른 지역에서 발전한 문명이 이곳으로 이식된 것일지 모른다고 생각했다. 그러나 이 견해는 저

---

* 그러나 최근의 고고학적 발견은 전통적으로 마야 고전기에 해당하는 것으로 여겨져 온 시기를 근본적으로 바꾸어 놓고 있다. 과테말라 북쪽 열대우림 지역에서 새로 발견되고, 다수의 석조 기념물과 신전들을 가지고 있는 도시 나크베(Nakbé)의 연대는 기원전 600년에서 기원전 400년 사이로 추정되는데, 그렇다면 이곳의 고전기는 보통 형성기 혹은 선고전기로 간주되는 시기로 거슬러 올라가는 셈이 된다.

지대에서 오래된 선고전기 유적이 발견되면서 폐기되었다. 언어학적 혹은 풍부한 고고학적 증거를 통해 저지대 마야 인들이 기원전 1000년 이전부터 올메카 지역 내에서 혹은 인근에서 살았던 사람들의 후손이며, 그 조상들이 이곳으로 오면서 메소아메리카 문명의 핵심적 요소들을 가지고 왔음이 밝혀졌다. 시간이 흐르면서 그들은 이 요소들을 융합하여 과학, 예술, 건축 등에서 자신들만의 고유한 성취를 이루어 냈던 것이다.

이런 열악한 환경에서 저지대 마야 문명이 발흥한 것 못지않게 수수께끼로 남아 있는 것이 이 문명의 갑작스런 몰락인데, 서기 800년 이후 건축활동이 서서히 감소하고, 결국 제의지구는 방치되기에 이른다. 이렇게 갑자기 몰락한 원인에 대해서 전문가들은 화전농법에 따른 지력 고갈, 역시 화전경작으로 인한 옥수수밭의 초지草地화, 물 부족, 사제 지배 계급에 대항한 농민 반란, 마야 지역과 정치적·경제적으로 밀접한 관계를 유지했던 테오티우아칸의 몰락이 가져온 파장 등 다양한 주장을 제기해 왔다. 그러나 이 가운데 어느 한 가지만으로 이들의 몰락을 만족스럽게 설명할 수는 없다.

최근 고전기 마야 문명의 몰락에 대한 보다 종합적인 설명이 제시되었다. 이 이론에 따르면, 서기 550년 이후 테오티우아칸과의 정치적·경제적 단절이 나타나면서 남부 저지대에서 가장 크고 중요한 제의지구인 티칼Tikal을 중심으로 유지되던 중앙집권적 권위체가 붕괴되고 지방 엘리트들의 자치가 증대되었다. 이 지방 엘리트들은 더욱 웅장한 제의지구를 건설함으로써 자신들의 권위와 권력을 과시했으며, 이는 일반인들의 부담을 한층 가중시켰다. 늘어나는 인구와 인구밀도는 식량 부족을 초래하고, 보다 집약적인 농법의 채택을 불가피하게 만들었다. 이는 다시 토지를 차지하기 위한 경쟁을 증대시켰으며, 그것은 빈번한 전쟁과 호전적인 분위기

조성으로 이어졌다. 한때 농업 생산의 개선으로 인구 압박이 완화되어 600년에서 800년 사이에 후기 고전기 문명을 꽃피웠으며, 이때 다시 한 번 제의지구가 건설되고 건축과 예술이 부흥하기도 했다. 그러나 그것도 잠시뿐, 다시 나타난 인구 압박, 식량 부족, 외부 침입으로 악화된 것으로 보이는 지역 중심들 간의 전쟁은 고전기 마지막 세기에 심각한 문화적·사회적 쇠퇴를 초래했다. 앞에서 말한 이론에 의하면 이러한 압박의 증대는 인류학자 노먼 해먼드Norman Hammond가 "신속하고 파괴적인 문명의 붕괴를 초래했고, 거기에는 전쟁, 식량 부족, 재난에 의한 광범한 인구 감소가 수반되었으며, 그 같은 상황은 재난에서 살아남은 사람들이 전보다 훨씬 낮은 수준의 인구밀도와 사회조직을 가지고 다시 안정된 농업 사회를 만들어 낼 때까지 계속되었다"고 말한 현상을 만들어 냈다.

그러나 이러한 쇠퇴가 북부 유카탄(이 지역은 대부분 가시덤불 숲으로 덮여 있는 석회석 평야 지대이다)에서는 나타나지 않았다. 비록 남부 지역처럼 인상적인 문화적 성취를 이루지는 못했지만 남부 지역과 비슷한 수의 마야 인이 거주하고 있었던 이 북쪽 지역 역시 높이 솟은 피라미드, 다층으로 만들어진 궁전, 대규모 장방형 구역들로 가득 찬 거대한 제의지구였다. 대략 900년경 이 지역에 중부 멕시코 고원 지대에서 침입자들이 쏟아져 들어왔으니, 이들은 아마도 분쟁이 끊이지 않던 툴라Tula에서 쫓겨난 톨테카의 유민이었던 것으로 보인다. 톨테카의 군대는 유카탄 반도 북부를 휩쓸고, 신전 도시 치첸이차Chichén Itzá를 중심으로 마야 인에 대한 지배체제를 확립했다. 이 정복자들은 예술, 열주식 건물로 대표되는 건축 양식, 군대 조직, 그리고 차크 몰Chac Mols이라는 비스듬히 기댄 모양의 석상 등 톨테카의 문화 양식을 들여왔다. 또한 톨테카의 영향은 증대되어 간 인신공희에 대한 과도한 몰두에서도 찾아볼 수 있다. 1200년 이후 마야의 문화적·정치적 영향력이 치첸이차의 유기abandonment와 함께 다시 부활했고, 권력은 마야판Mayapan이라는 도시국가로 이동했다. 벽으로 둘러싸인 이 거대한 도시에서 마야의 지배 집단은 유카탄 반도 대부분을 장악하고 주변 부족의 족장과 그 가족을 인질로 삼아 공납을 강요했다. 그러나 15세기에 모든 중앙집권적 통치가 사실상 사라졌다. 계속되는 반란과 소요로 마야판의 전제적 통치가 무너지고, 1441년에는 도시 자체가 파괴되었다. 이 무렵부터 마야 문명은 돌이킬 수 없는 쇠락의 길로 접어들었으며, 에스파냐 인들이 도착할 무렵이면 이 지역의 모든 정치적 통일성과 제국적 조직은 사라진 지 이미 오래였다.

마야의 경제와 사회

지난 30년간의 고고학적 발굴은 고대 마야 문명의 생존 기반에 대해 우리가 갖고 있던 개념을 근본적으로 바꾸어 놓았다. 얼마 전까지 견지되어 온 견해는 마야 인의 식단에서 옥수수가 차지하는 비중이 절대적이었고, 거의 전적으로 화전농법에 의존하고 있었다는 것이다. 그러나 이런 시스템이 테오티우아칸이나 그 외 메소아메리카에서 나타나는 고전기 혹은 후고전기 도시들에서 발견되는 인구 밀집을 설명하지 못하기 때문에 전통적 해석은 그들의 가옥(하나의 방과 기둥과 억새로 만들어진 구조가 전형적이었다)이 제의지구와 행정 중심 사이의 농촌 지역에 분산되어 있거나 아니면 작은 마을 단위로 무리를 지어 형성된, 넓은 지역에 분산된 농민들이 중심을 이루었을 것으로 생각했다. 이런 제의 중심지들은 사원, 피라미드, 제무장祭舞場 등 다양한 시설물들을 가지고는 있었지만 진정한 의미의 '도시'는 아니었다. 학자들은 마야 사회의 엘리트들만—소수의 사제, 귀족, 관리와 그들의 시종들— 거기에서 살았으며, 주로 외곽의 밀파milpas(밭)

에 거주하는 농민들은 종교 축제나 그 외 특별한 경우에만 이곳을 찾았을 것으로 생각했다.

이런 전통적 시각은 1950년대 후반부터 바뀌기 시작했는데, 이때 제의 중심지 가운데 하나였던 티칼과 그 주변 지역에 대한 상세한 지도가 만들어지면서 티칼 주변에 밀집된 인구를 가진 교외 지역이 수마일에 이를 정도로 넓게 퍼져 있었음이 입증되었다. 그리고 그와 유사한 높은 인구밀도를 가진 촌락이 고전기의 크고 작은 다른 중심지들에서 발견되었다. 노먼 해먼드에 의하면, "넓은 지역에 산재한 목가적인 농민들로 채워져 있던 마야 문명 중심지들 간의 넓은 공간이 갑자기 조밀한 인구와 굶주린 교외 거주자들로 채워지게 되었다".

고전기 마야 문명 정주지의 규모와 인구밀도가 이렇게 새롭게 밝혀지면서, 이 마야 인들을 먹여 살린 경제 체제에 대한 재평가도 불가피하게 되었다. 마야 인들이 화전농법 외에도 집약적이고 항구적인 농법을 사용했으며, 여기에는 그들이 주식으로 이용한 뿌리작물, 수목 재배, 계단식 경작, 그리고 올린 밭(낮은 지역으로부터 쌓아 올린 흙으로 된 밭) 등 생산성 높은 채마밭이 포함되어 있었다는 것이 분명한 사실로 인정되고 있다.

티칼 같은 제의단지 주변에 밀집된 교외 거주 인구가 있었다는 사실은 마야의 저지대에서 나타나고 있던 도시화가 어느 정도나 이루어졌는가에 관하여 논쟁을 불러 일으켰다. 고전기 마야 문명 중심부의 인구밀도가 1년 중 대부분 기간 동안 매우 낮았다는 전통적인 견해는 설득력을 잃게 되었다. 그러나 그것들이 정말 테오티우아칸 정도의 도시를 이루었는가에 대해서는 아직 합의에 이르지 못하고 있다. 페텐의 중심에 있던 티칼이 약 5만 명의 인구를 가진 대도시였고, 크기가 약 130km²쯤 되었으며, 도시 주변 지역에 많은 인구가 살고 있었다는 것은 확실하다. 또한 후고전기에 유카탄 반도 북부에 진정한 의미의 도시가 여러 개 존재했다는 증거도 있으며, 이 도시들은 아마도 톨테카의 영향을 받았고, 요새화가 가능한 지점을 도시로 발전시키는 경향의 산물이었던 것으로 보인다. 오래전부터 존재했던 고전기의 제의단지 치첸이차는 톨테카의 영향 아래 규모가 매우 커진 데 반해, 정치와 군사 중심지로서 치첸이차를 계승한 마야판은 커다란 성벽으로 둘러싸인 거대한 도시 권역을 형성하고 있었다.

고전기 마야 왕국에 인구가 매우 많았고 인구밀도가 높았으며, 그들의 농업이 집약적이었다는 사실, 그리고 그런 복잡한 조건에 부응하기 위해 엄격한 사회적 통제가 이루어졌다는 사실이 알려짐으로써 마야 문명의 사회 조직에 대한 재평가도 불가피하게 되었다. 학자들은 1년 중 대부분 기간 동안 텅 비어 있는 제의단지에 머물면서 넓은 지역에 분산된 상태로 거주하는 농민들을 지배하는 소수의 신정주의적 엘리트들이 사회의 지배층이었다는 기존의 관점을 폐기했다. 고전기 마야의 제의지구에 주기적으로 세워진 스텔라stelae라는 기념물에 새겨진 그림문자를 해독하는 능력이 점점 향상되면서 마야의 사회질서를 좀더 잘 파악할 수 있게 되었다. 전에는 이 그림문자들이 종교적이거나 천문학적인 내용만 담고 있을 것이라고 생각했으나 최근에는 이 기념물이나 건물의 상인방, 혹은 그 외 다른 기념물에 새겨진 많은 상형문자가 세속적 통치자들의 일생에서 일어난 중요한 일들, 즉 왕위 계승이나 전쟁을 비롯한 중요한 사건 등의 내용을 담고 있다는 증거가 축적되고 있다.

새로운 해석에 따르면, 마야 사회는 계급 간 차이가 상당히 큰 매우 복잡한 사회구조를 가지고 있었다. 사회적 피라미드의 정점에는 국가의 정치적·군사적·종교적 권위를 독점한 통치자가 있었고, 그의 지위는 세습되었다. 이 통치자 주변에 귀족들이 있었으며, 이들이 행정 관리 집단을 이루었다. 건축가, 사제, 서기와 같은 전문 직업인들이 또 하나의 사회계층을 이루었던 것 같다. 이들의 밑에는 도공, 조각가, 석공, 화공 등 다양한 종류의 장인들이 있었으며, 이들은 성전聖殿이나 세속 건물 건축에 종사했다. 사회적 피라미드의 바닥에는 이 거대한 상부구조를 먹여 살리기 위해 일하고 식량을 생산하는 일반 노동자와 농민이 있었다. 이들의 부담은 후대로 갈수록 무거워져 견딜 수 없을 정도가 되었고, 그로 인한 사회적 불만은 봉기로 이어졌으며, 그것은 결국 저지대 마야 문명의 붕괴를 가져온 것으로 보인다.

또한 고고학적 연구를 통해 고전기 마야 문명의 가족 혹은 정주 형태에 대한 여러 가지 새로운 사실들이 밝혀졌다. 마야 인들의 집터가 대부분 서너 채가 한데 모여 있는 모습으로 나타난다는 사실은 마야의 가족구조가 핵가족이 아니라 대가족이었음을 말해 준다. 또한 남성의 무덤이 훨씬 훌륭하게 장식되고 예술 작품에도 남성이 압도적으로 많은 것을 보면 남성우위 사회이자 아버지에게서 아들로 이어지는 부계사회였던 것으로 보인다. 마야 인의 의복과 음식은 가옥과 마찬가지로 계급에 따른 차이가 뚜렷했다. 마야 인의 옷은 전형적으로 메소아메리카적 특징을 반영하고 있었다. 남자들은 면으로 된 로인클로스(허리에 두르는 간단한 옷), 가죽 샌들, 그리고 가끔은 어깨 쪽에 매듭을 지은 망토를 착용했고, 여자들은 몸 전체를 감싼 면으로 된 치마, 머리와 팔에 구멍을 낸 블라우스를 입었다. 상층 계급 역시 같은 종류의 의복을 입었으나 훨씬 세련된 장식이 가미되었다.

마야의 종교와 교육

마야 종교의 최대 목적은 에스파냐의 디에고 데 란다Diego de Landa 주교가 간명하게 표현했듯이, "신들이 마야 인에게 건강과 생명, 일용할 양식을 가져다주게 하는" 것이었다. 마야의 주요 신들은 인간의 물질적 행복에 직접적인 영향을 주는 자연의 힘과 권능을 대변했다. 마야의 최고신은 이참나Itzam Na라는 창조의 신으로서, 다른 많은 신들의 속성을 포함하고 있었다. 그는 창조뿐만 아니라 불, 비, 수확, 토지까지도 주관하였다. 다른 주요 신으로는 태양신, 달의 여신, 비의 신, 옥수수의 신, 그리고 공포의 대상이 되었던 죽음의 신이 있었다. 마야 인은 여러 세계가 순차적으로 생성되었다가 파괴되며, 지금의 세계 역시 언젠가 재난으로 소멸될 것으로 믿었다.

마야 인은 사후세계를 믿었다. 그들은 13층으로 이루어진 천상세계와 9층으로 이루어진 지하세계가 존재하며, 각 층에는 그 층을 주관하는 신이 있고, 죽음의 신 아 푸치Ah Puch가 지하세계 맨 아래층을 지배한다고 생각했다. 아스테카 인 및 다른 중아메리카 주민들과 마찬가지로 마야 인도 단식, 방혈放血고행, 분향, 인신공희 등 다양한 의식을 통해 신들을 경배하고 그들의 노여움을 달랬다. 대규모의 인신공희는 정치적으로 혼란스럽고 저지대 마야 국가들 간에 분쟁이 심했던 고전기 말기에 이미 존재했으나 톨테카의 영향으로 후고전기에 더욱 성행한 것으로 보인다.

마야의 사제들은 시간에 집착했고, 여기에 비의적이고 마술적인 의미를 부여했다. 그들은 태양년의 길이를 산정함에 있어서 우리가 사용하고 있는 것(그레고리우스력)보다 더 정확한 달력을 개발했다. 마야의 신학자들은 시간을 신들이 등에 지고 다니는 짐이라고 생각했다. 한 시기가 끝날 무렵 한 신이 자신이 지고 있던 짐을 다른 신에게 넘겨주면 그 다른 신이 다시 그 짐을 짊어지고 시간 여행을 계속한다는 것이다. 그리고 어떤 날 혹은 어떤 해의 행·불행은 그 당시 시간을 짊어진 신이 자애로운가 그렇지 않은가에 달려 있다고 믿었다. 그러므로 마야 인의 달력은 본질적으로 예언적 성격을 지니며, 특정 시기의 운세를 예측하는 용도로 사용되었다.

마야 인은 두 종류의 달력을 가지고 있었다. 하나는 종교 생활의 양상을 규정하는 260일을 1년으로 하는 달력이다. 이 달력은 길이가 다른 서로 맞물리고 되풀이되는 두 개의 주기로 이루어져 있다. 그중 하나는 숫자로 표기되는 13일의 주기이며, 다른 하나는 이름이 붙여진 20일 주기이다. 후자의 열네번째 날 이름은 13일 주기의 첫번째 이름과 다시 조합된다. 또 하나의 주기는 365일로 이루어진 태양력으로 20일이 한 달이고 18개월이 1년이다. 여기에 마지막에 불길한 5일이 더해지는데, 이 5일 동안은 모든 불필요한 활동이 금지된다. 이 두 주기의 완결이 52년마다 일치한다. 날짜 그리고 그 외 달력과 관련된 다른 정보(달의 모양이나 금성의 위치 같은)를 기록한 상형문자로 된 텍스트를 담고 있는 기념물이 이 52년 주기 마지막 해에 세워지는 경우가 많았다.

마야 인들은 중아메리카의 다른 이웃 주민들보다 훨씬 발달된 수학 체계를 가지고 있었다. 수의 기본 단위는 1, 5, 20이었으며, 1은 점으로, 5는 막대로, 20이나 20의 배수는 점과 막대의 위치로 표기했다. 0을 가리키는 부호를 중심으로 하는, 기호의 위치에 기초한 숫자 표기법Place-value numeration은 고대 아메리카의 가장 위대한 지적 발전 가운데 하나일 것이다. 이 체계에서는 한 수의 위치가 그 가치를 결정하며, 제한된 수의 상징으로 모든 수의 표현이 가능했다. 이 단순한 수 체계는 상급 단위마다 서로 다른 기호를 가진 번거로운 로마식 수 체계를 이용하고 있던 당시 서유럽 세계의 수 체계보다 훨씬 우수했다. 이와 유사한 수 체계는 오직 인도에만 있었으며, 아랍 인들이 이 수 체계를 인도에서 들여와 유럽에 전해주었다. 그러나 마야의 수학은 주로 날짜나 천문학과 관련된 계산에 이용되었던 것으로 보이며, 사람이나 사물의 수를 나타내는 데 사용되지는 않은 것으로 보인다.

최근까지 학자들은 마야의 상형문자 기록이 숫자 표기와 마찬가지로 실용적인 목적보다는 주로 종교적인 목적이나 예언을 위한 용도로 사용되었다고 믿어 왔다. 그러나 오늘날 우리는 기념물에 쓰인 상형문자 기록이 역사적인 용도, 즉 마야 통치자의 일생에서 기념이 될 만한 사건들을 기록하기도 했다는 증거를 풍부하게 가지고 있다. 석조 기념물, 상인방, 계단, 그리고 그 외 다른 기념비적 유물에 쓰여진 글귀 외에도 마야 인들은 수많은 경전과 법전을 만들어 가지고 있었으나 21세기까지 남아 있는 것은 그 중 세 권뿐이다. 이 책들은 나무껍질로 된 천연제지로 만든 병풍식 패널 위에 글씨나 그림이 그려져 있는 형태로 되어 있다. 주로 천문학과 예언, 그리고 기타 관련 주제들에 관한 내용으로 되어 있는 이 책들은 마야의 천문학자들이 놀라울 정도로 정확한 관찰과 계산을 하고 있었음을 보여 준다.

마야 인들은 엄격히 말해 알파벳을 가지고 있지 않았다. 그들이 사용한 기호characters는 대부분 소리보다는 개념이나 사물을 표현한다. 그러나 마야의 글쓰기는 짜맞추기 글쓰기rebus writing를 통하여 표음syllabic phonetics의 단계에 이르렀다. 즉 한 단어의 소리가 사물의 이미지나 형상의 조립을 통해 표현되고, 그 사물의 구두명spoken names은 만들어지는 단어의 소리값과 유사하다. 예를 들어 가뭄을 뜻하는 마야 어는 킨툰야빌Kintunyaabil인데, 이 단어는 4개의 문자, 즉 태양 또는 날day을 뜻하는 '킨'kin, 돌이나 360일의 시간 주기를 뜻하는 '툰'tun, 태양력의 한 해를 나타내는 '하브'haab, 그리고 접미사 '일'il로 이루어졌다. 1950년대에 어느 러시아 학자는 마야의 표기법이 완전한 음절식이며 현대 마야 어에서 가장 자주 쓰이는 음가를 고대 표기에서 가장 빈번하게 쓰이는 기호와 매치시키고 컴퓨터를 이용해 처리속도를 빨리 하면 고대문자를 해독할 수 있다는 학설을 내놓기도 했다. 오늘날 학자들은 일반적으로 마야 어 글자에 순수하게 표음적인 phonetic 상형문자가 있었다는 점을 인정하고 있으나 지금까지 해독된 자료에서는 그런 문자가 비교적 드문 것으로 보인다.

마야의 글쓰기는 문학 작품을 기록하기 위해 사용되는 내러티브가 아니라 구전으로 대대로 내려오는 마야의 신화, 전설, 시, 전통적 역사의 집합체였다. 그 예를 우리는 과테말라 키체 마야Quiché Maya족의 성경이라 일컬어지는 『포폴 부』*Popol Vuh*에서 찾을 수 있는데, 이 책에는 다른 내용과 함께 공훈을 세운 후 하늘로 올라가 해와 달이 된 영웅 쌍둥이 형제 우나푸Hunahpu 와 스발랑케Xbalanque의 모험담이 포함되어 있다. 이 책은 에스파냐 정복 후에 어느 마야 인이 자기 부족의 구전을 모아 마야 인들의 생활에 관하여 에스파냐 어 알파벳으로 기록한 것이다.

마야 인은 몇몇 예술 분야에서 중아메리카의 어떤 원주민들보다도 뛰어난 능력을 보여 주었다. 테오티우아칸과 테노치티틀란의 사원과 피라미드는 마야의 것보다 규모는 더 크지만 우아미와 창의성에서는 그에 미치지 못한다. 마야 건축의 뚜렷한 특징은 받침대로 지지되는 볼트 혹은 유사 아치이다. 다른 중아메리카 원주민들은 입구와 입구를 연결하기 위해 나무로 된 수평 기둥을 사용함으로써 전체적으로 건물이 육중하고 각이 진 느낌을 주는 데 비해 마야 인들은 가운데 열린 공간의 양쪽을 각각 내부로 향하게 돌로 쌓은 뒤 그 위에 갓돌을 놓아 연결하는 것으로 이 문제를 해결했다. 마야 건축 양식의 또 다른 특징은 신전이나 궁전 건축에서 조각된 석재로 화려하게 장식한 커다란 파사드(건물 앞부분)와, 장식이 풍부한 지붕 덮개를 가지고 있다는 것이다. 내부 벽에는 대개 그림이 그려졌는데, 그 중 일부는 21세기까지도 남아 있다. 현존하는 그림들 가운데 가장 유명한

e.t. archive, London/The Art Archive

보남팍(Bonampak) 아크로폴리스에 그려져 있는 고대시대 벽화. 역사, 음악, 춤을 한데 합쳐놓은 마야의 문화 의식을 묘사하고 있다. 여기에서는 세자의 왕위 즉위식에서 바다가재, 새, 악어 등의 복장을 한 무희들이 북, 호리병박 마라카스(흔들어 소리를 내는 리듬 악기), 나팔을 연주하는 악사들의 연주에 맞추어 춤을 추고 있다.

것이 1946년 멕시코 치아파스 주 동북부 열대우림 외딴 곳에 위치한 보남팍에서 발견된 프레스코화인데, AD 800년경에 그려진 이 프레스코화는 세 개의 방으로 이루어진 작은 건물 내벽을 빼곡히 채우고 있다. 벽화는 제의무祭儀舞에서 시작하여 인신공희에 바칠 포로를 구하기 위한 원정과 전투 장면에 이어, 인신공희 장면, 의식, 춤으로 마무리되는 일련의 서사를 표현하고 있다. 매우 관습적이고 정적인 스타일에다가 원근법과 명암법의 부재, 인체 표현의 명백한 오류에도 불구하고 이 그림들은 다른 메소아메리카 예술이 지니지 못한 리얼리즘의 효과를 보여 준다.

마야 연구자들은 매우 한정된 기술과 열악하기 그지없는 환경에서 가장 뛰어난 고전 문화 전통 중 하나를 이룩한 마야 인의 경이로운 자질에 대해 자주 증언해 왔다. 27권의 마야 경전을 "악마의 책"이라는 딱지를 붙여 불에 태워 버린 디에고 데 란다 주교조차도 마야 인들이 매우 관대하고 친절한 민족이라고 생각했다. "마야 인들은 누군가를 집에 들이기 전에 반드시 음식과 음료를 대접한다"라고 이 에스파냐 주교는 적고 있다.

마야 문명의 몰락과 메소아메리카의 변화

AD 800년경 한 고전기 문명의 중심에서 다른 곳으로 확산되어 간 것으로 보이는 위기로 인해 메소아메리카 세계는 뿌리째 흔들리게 되었다. 이 메소아메리카 세계의 중심이었던 테오티우아칸은 침략자들의 손에 멸망했는데, 650~800년 사이에 침략자들은 이 도시를 잿더미로 만들었다. 800년경 몬테알반의 대大제의지구의 주민들은 그곳을 버리고 다른 곳으로 옮겨 갔다. 800년경 이 폐허화 과정은 남부 유카탄과 북부 과테말라의 고전기 마야 문명의 중심에까지 이르렀고, 그렇게 해서 버려진 중심지들은 하나하나 덤불숲으로 변했다.

약 700년경에 시작되어 1000년경에 끝난 이 메소아메리카의 '환란기'로부터 후고전기의 새로운 질서가 나타났다. 정확히 말해 그것은 군사적인 질서였다. 고전기에는 사제들과 인자한 자연신들이 메소아메리카 사회를 지배했다면 이 고전 세계의 폐허에서 발흥한 국가들을 지배한 것은 전사들과 잔혹한 전쟁의 신들이었다. 멕시코 중부 지역에서는 무엇보다도 문화적·경제적 우위에 기반을 두고 있었던 것으로 보이는 테오티우아칸의 지배가 땅, 물, 공납을 둘러싸고 상쟁하는 새로운 국가들 간의 싸움에 주도권을 내주었다.

이 중 가장 중요한 국가, 즉 테오티우아칸의 계승자가 된 것이 톨테카 '제국'이었으며, 이 제국은 오늘날의 멕시코시티에서 약 80km 정도 떨어진 툴라Tula에 수도를 두고 있었다. 멕시코 계곡 외곽에 위치한 툴라는 원래 북쪽 건조 지대에 살고 있던 수렵 부족들의 공격을 막기 위해 세워진 테오티우아칸의 한 전초기지였던 것으로 보인다. 테오티우아칸이 붕괴되자 그 수렵 부족 가운데 하나인 톨테카 족이 북쪽에서 내려와 멕시코 계곡으로 들어온 다음 몰락한 테오티우아칸의 생존자들을 복속시켰다.

톨테카의 세력과 번영은 토필친Topiltzin이라는 이름을 가진 지배자 하에서 절정에 이르렀는데, 그가 980년경 수도를 툴라로 옮긴 왕이다. 테오티우아칸 사람들이 숭배한 고대 신을 모시는 대사제라는 권위를 등에 업고 케찰코아틀이라고 이름을 바꾼 토필친-케찰코아틀은 19년 동안 놀라운 선정을 베풀었기 때문에 그와 그의 도시는 후세에 전설적인 존재가 되었다. '케찰코아틀의 노래'는 툴라의 경이로운 모습을 찬양하고 있는데, 여기에서 툴라는 색색의 목화가 자라고, 대지의 수확은 어찌나 풍성한지 크기가 작은 옥수수는 한증탕용 연료로 사용될 정도인 그야말로 지상낙원으로 그려지고 있다. 고대 멕시코의 전설은 톨테카 인들을 초인적 힘과 재능을 가진 뛰어난 명장들이자 문화의 창조자로 묘사하고 있다. 이 황금시대를 다스린 이가 대제사장이자 군주인 케찰코아틀이며, 그는 테오티우아칸의 영광을 부활시켰다.

케찰코아틀의 치세 말년에 툴라는 두 종교 전통 간의 암울한 각축장이 되었던 것으로 보인다. 그중 한 전통은 톨테카 인들의 부족 신이면서 전지전능하고 인신공희를 요구하는 변덕스런 신으로 알려져 있던 테스카틀리포카Tezcatlipoca 신 숭배와 관련되어 있었으며, 다른 한 전통은 인간에게 옥수수와 지식 그리고 예술을 가져다 준 고대 신 케찰코아틀에 대한 숭배와 관련된 것이었다. 정복 이후 기독교의 영향을 반영하는 것으로 보이는 케찰코아틀 전설의 한 판본에서 (케찰코아틀) 신은 사람들에게 (인신공희 대신) 옥玉, 뱀, 나비 등 비폭력적인 제물만을 요구한 것으로 나타난다. 이 두 종교 전통 간의 갈등은 마법사 테스카틀리포카의 흑마술이 어떻게 신성한 사제 겸 왕인 케찰코아틀을 영광의 자리에서 끌어내리고, 그를 툴라에서 추방시켰는지에 대해 이야기하고 있는 한 원주민 전설에서 환상적으로 표현되고 있다.

실제 기반이 어떠하든 간에 한 신비로운 구세주가 언젠가 돌아와 자신의 왕국을 되찾을 것이라는 약속이 포함된 케찰코아틀 전설은 고대 멕시코 주민들에게 깊은 인상을 남겼고, 후에 메소아메리카 세계의 파괴에도 한몫을 담당하게 된다. 기이한 우연의 일치인지 모르지만 케찰코아틀이 돌아오겠다고 약속한 바로 그 해에 코르테스Hernán Cortés가 베라크루스에 도착했다. 이 전설에 대한 아스테카 인들의 믿음이 적어도 정복 초기 단계에는 원주민들의 저항을 무력화시키는 데 한몫을 담당한 것으로 보인다.

토필친-케찰코아틀을 승계한 왕들은 자질이 떨어졌다. 이들은 점점 심각해져 가는 톨테카의 위기를 해결하려고 노력은 하였으나 큰 성과를 거두지는 못했다. 이 위기의 원인은 분명치 않다. 대규모 가뭄이 흉작과 기근을 유발했을 수도 있고, 톨테카 인들이 농업을 등한시하고 피정복민으로부터 공납을 수취하는 데만 몰두하는 바람에 사태가 악화되었을 수도 있다. 일련의 혁명은 톨테카 인들이 처한 정치적·사회적 곤경을 반영하였다. 톨테카 인들의 마지막 왕 우에막Huemac은 1174년경 자살한 것으로 보이며, 그와 함께 톨테카 국가도 사라졌다. 이듬해에 톨테카 인들은 뿔뿔이 흩어지거나 집단 이주를 한 것으로 보이며, 툴라는 1224년경 야만인들의 수중에 들어갔다.

멕시코 계곡 변경에 위치한 툴라의 몰락은 나우아 어Nahuatl를 사용하는 북쪽 부족들이 멕시코 계곡에 총 공세를 퍼부을 수 있는 길을 열어 놓았다. 치치메카 족이라는 이름의 이 새 이주민은 쓰러져 가는 로마 제국을 침공한 게르만 족에 비유될 수 있다. 게르만 족이 그랬던 것처럼 치치메카 족 지도자들도 추방된 민족의 우수한 문화를 존중하고 그것을 흡수하려고 노력했다. 그들은 또한 살아남은 톨테카 왕족이나 귀족들과의 결혼을 열망하였다.

이들 침입자들은 멕시코 계곡 저지대의 호수 지대에 여러 개의 국가를 세웠다. 그것이 정당한 것이든 그렇지 않든 간에 이들 국가들의 통치자들은 하나같이 톨테카의 후손임을 주장했다. 그중 1260년에 세워진 텍스코코 왕국이 예술 혹은 산업에서 다른 이웃 국가들보다 월등히 앞섰다. 텍스코코 문명은 2세기 후 네사우알코요틀Nezahualcoyotl 왕 치세(1418~1472)에 전성기를 맞게 되는데, 이 왕은 뛰어난 시인이며 철학자이자 입법자였고, 아마도 고대 아메리카에서 가장 걸출한 인물이었던 것으로 보인다.

멕시코의 아스테카 인

멕시코 계곡에 도착한 치치메카 부족들 가운데 가장 늦게 도착한 부족 중에 아스테카 족(혹은 메시카 족, '메시카'가 그들이 스스로를 지칭하는 이름이었다)이 있었다. 그들이 북쪽에서 남쪽으로 출발한 시점은 대략 1111년경이었다. 그들은 위칠로포치틀리Huitzilopochtli라는 부족신의 영靈을 담은 약 꾸러미를 가진 네 명의 사제와 한 여인의 인도하에 천신만고의 방랑 끝에 1218년경 멕시코 계곡에 도착했다. 그들이 농업에 대해 약간은 알고 있었고, '반쯤 문명화' 되어 있었지만 본질적으로는 수렵채집인이었다는 전통적인 관점에 몇몇 학자들은 의문을 제기했다. 이 학자들은 아스테카 인들이 멕시코에 도착할 당시 문화, 종교, 경제적·사회적 조직에서 이미 전형적인 메소아메리카 인이었다고 주장했다. 다른 부족들이 이미 좋은 곳을 다 차지하고 난 뒤여서 아스테카 족은 텍스코코 호수 근처 습지에 살 곳을 마련해야 했으며, 1344년 혹은 1345년부터 그곳에 테노치티틀란

Tenochtitlán이라는 도시를 건설하기 시작했다. 당시 아스테카 사회는 몇 개의 칼푸이calpulli(친척 혹은 토지보유 집단)로 이루어져 있었다.

아스테카의 영토 가운데 얼마 되지 않는 육지 땅은 점차 등나무 줄기와 갈대를 엮어 만든 오두막집들로 뒤덮이고, 나중에는 뗏장과 진흙벽돌, 그리고 가벼운 돌로 지은 좀더 견고한 집들이 나타났다. 인구 증가와 함께 더 많은 경작지가 필요하게 되었으며, 아스테카 인들은 이웃 부족들로부터 치남파Chinampa(흙과 호수바닥에서 퍼 올린 퇴적물로 만들고, 버들가지로 된 모판으로 고정시킨 인공 채마밭)를 만드는 기술을 습득했다. 아스테카 인들은 이 치남파에 옥수수와 콩 및 다른 작물을 재배했다.

아스테카의 제국주의적 팽창

14세기 후반과 15세기 초, 이 호수 근처에서 지배적인 세력은 근처 아스카포찰코Azcapotzalco에 있던 나라들이었으며, 아스테카 족은 오랫동안 이 나라들에 예속되어 있었다. 아스테카 역사의 전환점이 1428년에 찾아왔다. 그들은 무장武將 이츠코아틀Itzcoatl의 영도 하에 텍스코코라는 도시 국가와 틀라코판Tlacopan이라는 더 작은 도시와 힘을 합쳐 반란을 일으켜 아스카포찰코의 전제적 지배 체제를 무너뜨렸다. 힘을 합쳐 거둔 이 승리(1430)는 세 나라의 '삼자동맹'으로 이어졌으며, 이 동맹은 멕시코 계곡과 중앙아메리카 대부분을 정복하기에 이르렀다. 그 후 이 세 국가 간의 힘의 균형은 공격적인 아스테카 왕국 쪽으로 기울어 텍스코코는 종속적 협력자로, 틀라코판은 위성국가로 전락했다. 섬이라는 지리적 이점을 가진 튼튼한 요새, 동맹 형성에서 보여 준 기민한 전술, 전략적으로 중요한 육상 도시들(이 도시들은 아스테카 인들에 의해 지배된다)과의 전리품 분배 등은 아스테카 족이 멕시코 계곡을 정복하는 데 성공할 수 있었던 이유를 설명하는 데 도움을 준다. 멕시코 계곡 정복은 중앙아메리카 정복의 길을 열어 주었다. 멕시코 계곡은 짧은 내부 교통망이라는 이점을 가지고 있었고, 산으로 둘러 싸여 있어 방어에 용이했다. 또한 동서남북 사방으로 길이 열려 있어 아스테카 전사들이 인근 계곡으로 쉽게 진출할 수 있었다.

아스카포찰코의 정복은 아스테카 인들에게 호숫가에 생겨나게 되는 여러 거점들 가운데 최초의 것이 되었다. 정복된 땅과 거기 살던 농민들은 두드러진 전공을 세운 전사-귀족들에게 배분되었다. 원래 이 땅은 그 귀족이 살아 있는 동안만 점유권이 인정되는 것이 원칙이었으나, 점차 상속 가능한 봉토로 바뀌어 갔다. 이런 식으로 전쟁은 아스테카 사회에 새로운 경제적·사회적 분열을 야기했다. 이 과정에서 원래 혈족적 성격을 가졌던 '칼푸이'의 기반이 약화되었다. 적어도 멕시코 계곡에서는 그것이 갖고 있던 자치적 성격이 상당히 약화되었으며, 무엇보다도 사회적 혹은 영토적 행정단위로 되어 갔다. 아스테카 국가에 공납·부역·군역을 제공하는 마세우알틴Macehualtin(평민)들로 이루어지는 칼푸이는 계속해서 세습적 엘리트 가문들의 지배를 받았고, 이 가문들은 상급 아스테카 관리들에게 완전히 종속된 채 그 관리들이 내리는 명령을 집행해야 했다.

멕시코 계곡과 그 외 다른 선진 지역에서 전에는 칼푸이와 연계되고 있던 공동체적 소유가 점증해 간 인구 압박(그로 인해 구성원 중 일부는 떠나야 했다), 내부에서 나타난 경제적 차별화, 기근 등 위기 시 공동체의 토지를 매각 혹은 임대해야 하는 상황 등으로 역시 난관에 봉착하게 되었다. 원래의 친족적이고 하나의 토지 소유 방식으로서의 칼푸이는 계급 분화와 국가 형성 과정이 덜 진전된 곳에서는 좀더 오래 존속하였다. 그러나 에스파냐의 정복이 시작될 즈음이면 무토지 농민과 소작농이 중앙멕시코 전역에서 지배적이었으며, 마예케 농노mayeque(농노 비슷한 농민)들이 아스테카 인구의 다수를 이루고 있었던 것으로 보인다. 이 부자유 농민들은 단지 토지의 사용권만을 가졌으며 주인인 귀족에게 공납과 부역을 바쳐야 했다. 최근의 연구를 통해 그려 볼 수 있는 이때의 사회상은 역사가 릭 호에크스트라Rik Hoekstra에 따르면, "매우 복잡하고, 지역적으로 다양한 중세 유럽 같은" 사회였다. 점점 심화되어 간 평민과 귀족 간의 분열은 아스테카 귀족이 평민과 달리 신으로부터(즉 케찰코아틀 신으로부터) 유래했다는 기원 신화에서 그 이념적 표현을 발견하였다.

다른 이데올로기상의 변화로는 아스테카의 부족 신 위칠로포치틀리가 전통적으로 멕시코 계곡에서 숭배되던 위대한 자연신들과 동등하거나 더 높은 신으로 신분상승한 것, 아스테카 인을 경시한다는 이유로 고대 상형문자로 쓰인 책들이 불속에 던져진 것, 아스테카 인의 위대함을 인정하는 새로운 역사서가 만들어진 것 등이 있었다. 이런 변화들은 우주의 영속성을 보장하기 위해 아스테카 신들의 제단에 제물로 바칠 전쟁 포로의 확보가 중시되게 만들었다.*

이츠코아틀의 후예들(아스테카 족)은 — 때로는 독자적으로, 때로는 텍스코코와 연합하여 — 아스테카의 지배권을 멕시코 계곡 너머로까지 확대시켰다. 목테수마 2세Moctezuma II가 지배자가 되는 1502년경이면 삼자동맹은 건조한 북부 고원 변경 지역에서 테우안테펙Tehuantepec의 저

---

* 일부 사회과학자들은 아스테카 인들의 대규모 인신공희와 그에 수반한 의식적(儀式的) 식인 관행을 아스테카 식단의 단백질 부족으로 설명했다. 그렇지만 이 이론은 아스테카 인들이 많은 동물들을 식용으로 사용했다는 점과, 인디오나 에스파냐 인의 어떤 기록에서도 에스파냐의 정복에 대한 아스테카의 저항의 종식을 재촉한 대기근 시기에 이런 식인 행위가 나타났다는 증거를 찾아볼 수 없다는 사실과 모순된다. 다른 사회과학자들은 이 신성한 축제를 매우 단순한 것으로 여겼다. 즉 그것은 축제 참가자들이 희생제물을 가납(加納)한 신의 축복을 공유하기 위한 것이었다는 것이다. 그리고 포로를 사로잡은 사람은 포로를 먹을 수 없었는데, 왜냐하면 그들 사이에 어떤 신비로운 육친관계가 있다고 믿었기 때문이다.

지대에 이르는, 대서양에서 태평양에 이르는, 수많은 크고 작은 도시들로부터 공납을 수취하고 있었다. 이 방대한 지역 내에서 호전적인 타라스코 Tarasco 족의 국가나 도시국가인 틀락스칼라Tlaxcala 같은 몇몇 국가 혹은 왕국만이 완전한 독립을 유지하고 있었다. 촐룰라Cholula 같은 일부 국가는 아스테카에 협력하거나 우호적 중립관계를 통해 평화를 유지했다. 논란의 소지가 없지는 않지만 몇몇 추정치에 따르면 아스테카와 그 동맹국들은 약 2,500만 명의 인구를 지배했다.

아스테카는 특별한 이유 없이도 전쟁을 했다. 아스테카의 지배자에게 공납을 거부하는 것은 물론이고 아스테카의 상인을 다치게 하는 것도 침략의 정당한 구실이 되었다. 아스테카의 상인들은 장사를 하며 돌아다니는 지역의 자원이나 방어시설에 관해 보고하는 것으로 정복사업에 참여하였으며, 또 가끔은 적지에서 스파이 노릇도 했다. 이 용감한 상인들이 무사히 돌아오면 황제는 호박琥珀 입술장식 등의 선물로 그들을 격려했다. 그러나 스파이 활동을 하다가 적들에게 붙잡히면 그 결과는 참혹했다. 한 원주민 기록에 의하면 "그들은 살해되어 고추소스에 발라져 먹힘을 당했다"고 한다.

전쟁의 승리는 언제나 같은 결과를 불러왔다. 긴 행렬을 이룬 포로들이 테노치티틀란으로 끌려왔고, 거기에서 아스테카 인들은 그들을 신전 제단 위에서 희생제물로 바쳤다. 또한 피정복민들은 각 지역의 지형과 자원에 따라 옥수수, 면직물, 카카오 콩 등의 생산물을 정기 공납 형식으로 아스테카 인들에게 바쳐야 했다. 어떤 피정복민은 특정의 땅을 경작하여 그 수확물을 아스테카 왕실, 사제, 국가 관리, 전공을 세운 전사들에게 바쳐야 했다. 대개 집사 혹은 공납징수인이 정복당한 도시에 머물렀으며, 상주 수비대가 그들을 보호했다. 그 밖의 다른 점에서 피정복민들은 행정, 문

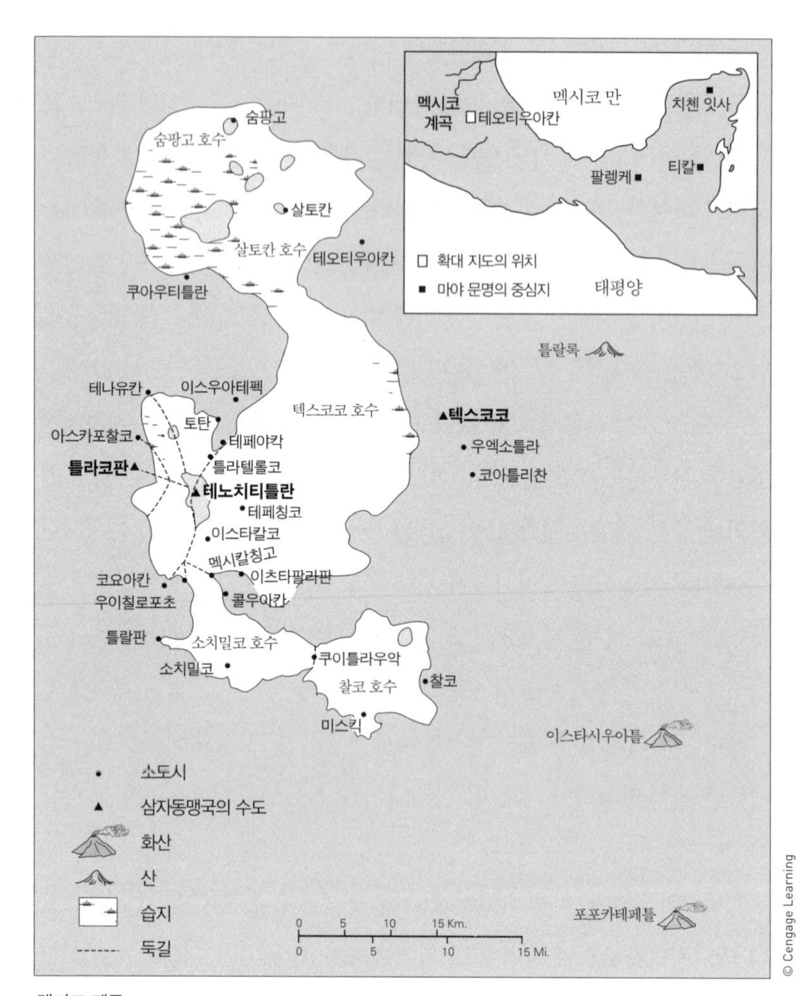

멕시코 계곡

화, 관습 등에서 계속 자치권을 향유했다.

피정복민이 누렸던 상대적으로 큰 자치와, 정복된 지역에서 아스테카인들의 정치적·군사적 존재감이 그리 크지 않았던 점에서 나타나고 있는 (아스테카 제국의) 비통합적 성격 때문에 이 제국이 전통적으로 중앙집권적 통치 구조, 상비군, 대규모 인구 이동, 그리고 그 외 통합적 정책을 특징으로 가지고 있던 잉카 제국과 비교하여 그 지배권이 분명치 않고 불완전한 정치 조직이었다고 간주되는 경향이 있었다. 그러나 최근에 학자들은 아스테카 제국의 체제가 열등한 것이 아니라 최소의 행정적·군사적 비용으로 피정복민의 잉여를 추출해 내는 또 다른 형태의—잉카 제국에 비해 결코 효율성에서 떨어지지 않는—문제 해결 방식이었다고 주장한다. 아스테카의 군대는 반란 진압이나 다른 정복사업이 있을 때만 동원되었다. 아스테카 국가는 피정복민들의 정치 체제를 그대로 놔두고 직접적인 영토 지배를 피함으로써 지방행정, 상비군, 주둔군 및 요새 축성에 들어가는 비용(이런 비용은 보다 통합된 제국에서는 필수적이었다)을 절감할 수 있었다는 것이다.

아스테카의 문화와 사회

아스테카의 수도 테노치티틀란은 대략 15만~20만 명의 인구를 가지고 있었던 것으로 추정된다. 이 도시는 베네치아처럼 타원형의 섬으로 되어 있었고, 육지와는 세 개의 둑길로 연결되었으며, 이 둑길들은 도시의 중심으로 집결되었고, 교통의 요충 역할을 했다. 도시에는 거리가 거의 없는 대신 수많은 운하들이 만들어져 있어서 카누들이 들락날락 했으며, 운하 양편에는 좁은 길들이 나 있어 그 길들을 통해 운하 양편에 도열해 있는 수많은 가옥들로 들어갈 수 있었다. 석재로 제작된 견고한 상수관을 통해 차풀테펙Chapultepec의 산에서 식수로 쓸 물을 섬으로 끌어왔다.

아스테카 농부들은 도시 외곽의 치남파 위에 나뭇가지에 진흙을 발라 만든 벽에 초가지붕을 얹어 만든 오두막에 살면서 카누를 이용해 생산물을 시장에 내다 팔아 생활했다. 오두막 안에는 발이 세 개 달린 메타테metate(맷돌), 침대나 깔개로 사용되는 매트 몇 개, 그리고 몇 점의 도기가 있었다. 그러나 인구의 대다수──장인匠人, 사제, 관리, 전사, 예능인──는 그보다 좋은 집에서 살았다. 진흙 벽돌이나 붉은색의 테손틀리Tezontli 화산암으로 지어진 그들의 집은 언제나 석회 도료를 칠하고 그 위에 색칠이 되어 있어서 대체로 말쑥한 모습을 하고 있었다. 칼푸이의 지도자, 상인 및 귀족의 주택은 그보다 훨씬 더 화려했다.

주택과 마찬가지로, 아스테카 인의 의상도 각자의 경제적·사회적 지위에 따라 달랐다. 남자들의 주요 복장은 앞과 뒤에 널찍한 펄럭이는 천이 붙어 있는 로인클로스였으며, 그것은 대개 장식용 술과 자수로 치장되어 있었다. 거기에 가로 세로 1m 80cm, 1m 가량의 담요를 왼팔 아래로 늘어뜨리며 매듭을 만들어 오른쪽 어깨 위에 걸쳤다. 평민들은 용설란 섬유질이나 조잡한 면화로 짠 천 덮개를 걸쳤고, 부유한 상인이나 귀족은 상징적인 문양이 정교하게 새겨진 면직 망토를 걸쳤다. 여자들은 면으로 만든 헐렁한 흰색 치마를 입고 가는 천으로 벨트를 했으며, 거기에 느슨하고 소매가 짧은 튜닉을 걸쳤다. 이 치마와 튜닉은 공들여 만든 자수로 장식되었다. 남자들은 가죽이나 용설란 섬유로 만든 샌들을 신었고, 여자들은 대개 맨발이었다.

옷과 마찬가지로 음식도 각자의 부와 사회적 지위에 따라서 그 양과 질이 달랐다. 평범한 아스테카 인의 음식은 옥수수 가루와 콩, 그리고 고추소스로 요리된 야채였다. 평민의 식탁에서는 고기를 거의 찾아볼 수 없었으며 축제일이나 되어야 개고기를 맛볼 수 있었다. 그러나 귀족들은 달랐다. 기록에 의하면 귀족들의 음식에는 매우 다양한 종류의 토르티야tortilla(옥수수 가루를 반죽하여 둥글고 얇게 구운 것)와 타말tamales(옥수수가루, 다진 고기, 고추로 만든다), 칠면조 구이, 메추라기 구이, 작은 고추와 토마토, 호박씨 가루로 만든 소스를 끼얹은 칠면조, 위에 씨를 뿌린 사슴고기, 각종 생선과 과일, 작은고추소스를 끼얹은 용설란 굼벵이 요리, 향내나는 허브를 곁들인 날개 달린 개미 요리, 소스를 뿌린 쥐고기 등의 별미식이 있었다. 또 그들은 후식으로 평민들에게는 허용되지 않는 신성한 음료인 초콜릿을 마셨다.

아스테카 인들의 교육은 대단히 의례적이었으며, 소년 소녀들에게 세상에서 그들이 해야 할 의무를 잘 수행하도록 준비시키고, 그들에게 아스테카의 이상을 주입하는, 두 가지 목적을 지향하였다. 남자아이는 10세나 12세부터 학교에 다니기 시작했다. 평민, 상인, 장인의 자녀는 텔포치칼리Telpochcalli('아이들의 집')에 다녔으며, 종교·미풍양속·전쟁기술 등을 배웠다. 칼메칵Calmecac('사제들의 집')은 고등교육 기관으로서 원칙적으로 귀족의 자녀들만 다닐 수 있었으나 가끔은 상인과 평민 자녀도 입학이 허용되곤 했다. 여기서 아이들은 일반적인 교육 외에 성직자, 공무원, 군사지도자가 되기 위한 교육을 받았다. 교과 과정에는 오늘날 수사학이라고 부를 수 있는 것(즉 고상하게 말하는 법), 성스러운 책에 들어 있는 찬송가에 나타나는 종교적·철학적 교리 공부, 연대기와 천문학 관련 기술, 시우아마틀Xiuhamatl('연대기')을 통해 배우는 역사 공부 등이 포함되어 있다. 아스테카 학교에서 학생들을 가르치는 선생, 즉 틀라마티니메tlamatinime('현인')들은 또한 '진정한 얼굴과 마음'을 형성하는 데도 관심을 가지고 있었는데, 이 말은 개성個性을 의미하는 놀라운 나와어식 은유라 할 수 있다. 아스테카의 교사들은 절제, 중용, 의무에 헌신하는 자세, "인생은 짧고 고난으로 가득하며, 모든 것에는 끝이 있다"는 스토아적 깨달음, 예의, 겸손을 학생들에게 주입하고자 노력했다.

여자 아이들은 특수학교에서 청소, 밤에 세 번 향 피우는 법, 성상에 바치는 음식 준비 등 신전에서 수행해야 할 의무를 배웠고, 그 외에도 베 짜기 등 여자들이 해야 할 일과 결혼생활에 필요한 일반적인 것들을 배웠다. 남자들의 교육은 20~22세에, 여자들의 교육은 16~17세에 끝났는데, 이때가 그들의 결혼적령기였다. 아스테카 사회의 군국주의의 발전은 여성의 지위를 하락하게 만든 이유 가운데 하나였던 것으로 보이며, 아스테카 '장로들의 말씀'은 아내들에게 "너의 남편에게 복종하지 않으면 안 된다. 남편을 위해 음료와 음식, 셔츠, 망토, 바지를 만들어야 한다"라고 경고한다. 이상적인 아내는 주부로서 부지런하고, 어머니로서 자녀 양육에 헌신하는 아내였다. 그러나 몇 가지 점에서 아스테카 여성의 지위는 남자에게 종속적이라기보다는 상호보완적이었다. 예를 들어 출산은 상징적으로 전쟁에 비유되었다. 성공적인 출산은 포로 한 명의 획득과 동일시되고, 출산 중에 죽는 것은 전쟁터에서 전사한 것으로 간주되었다. 아스테카의 여성들은 의녀醫女, 장인, 상인, 사제 등으로 일하기도 했다.

이같이 복잡한 경제적·사회적 삶에서 분쟁과 침해가 일어나는 것은 불가피했고, 그것은 정교한 법전의 발전을 가져왔다. 사법 제도의 정점에는 테노치티틀란 왕궁에서 열리는 두 개의 고등재판소가 있었다. 아스테카 인들의 징벌은 엄격했다. 살인, 반란, 이성異性 의상 착용, 간통은 사형으로 다스렸으며, 절도죄는 초범은 노예형, 재범은 교수형에 처해졌다.

아스테카 멕시코의 경제생활은 집약적 혹은 조방적 농업을 기반으로 하였다. 수자원이 풍부한 곳에서는 집약적 관개농업이 행해졌는데, 그 대표적인 형태가 치남파 농업이었다. 물이 풍부하지 않은 곳에서는 땅을 바꿔 가며 하는 화전식 농업이 일반적이었다. 그러나 거의 모든 지역에서 옥수수와 콩은 가장 중요한 작물이었다. 거름을 생산하는 덩치 큰 가축이 없었기 때문에 멕시코 계곡의 치남파에서는 '밤의 토양'(인분)이 비료로 널리 이용되었다. 멕시코 계곡의 두 담수호로 염호鹽湖의 물이 유입되어 치남파 농사를 망치는 것을 막고, 치남파 농업에 필요한 일정한 수심을 유지하기 위해 이츠코아틀 왕의 치세에 정교한 운하, 제방, 수로 체계가 구축되기 시작했다. 이로 인해 거대한 치남파 농업지역이 형성되었으며, 그것은 테노치티틀란 주민들에게 식량을 공급해 주었다. 그러나 이 치남파 지역의 높은 생산성에도 불구하고 이곳에서 생산되는 식량은 테노치티틀란 주민들이 필요로 하는 양의 5%밖에 충당하지 못했으며, 농지 확대는 그 외 다른 호수들이 염호였기 때문에 한계가 있었다. 따라서 테노치티틀란은 부족한 식량을 충당하기 위해 공납과 교역을 통한 외부로부터의 유입에 의존하지 않으면 안 되었다. 각 지역과 수도의 시장市場에 기반을 둔 정교하고 국가의 통제를 받는 교역과 운송 네트워크, 틀라메메tlameme(직업적 짐꾼) 운송 체계, 멕시코 계곡의 모든 호수들을 이어 주는 효과적인 카누 교통 등을 통해 엄청난 양의 식량과 덩치 큰 화물들이 테노치티틀란으로 유입되었다. 그에 비해 제조업 제품은 테노치티틀란에서 주변 지역으로 수출되었고, 그를 통해 핵심-주변부의 관계가 이미 나타나고 있었다.

테노치티틀란의 중앙 시장에서 이루어지는 엄청난 규모의 상품과 서비스의 거래는 정복자 코르테스에게 깊은 인상을 남겼으며, 그는 그 시장의 모습을 상세하게 설명해 놓았다. "각 상품은 정해진 거리에서만 거래된다. 따라서 그것들은 서로 섞이지 않으며 완벽한 질서를 유지한다." 아스테카에는 단일 통화 체제가 없었으나 카카오 콩, 면으로 된 망토, 사금을 채운 갈대 줄기, 작은 구리 도끼 등이 표준 가치를 지녀 물물교환 방식을 보완했다. 아스테카 인들은 저울을 갖고 있지 않아서 물건은 개수와 크기로 팔렸다. 관리들이 시장을 순찰하며 공정한 거래가 이루어지는지 감독했고, 상인들의 법정이 있어 구매자와 판매자 간 분쟁을 해결했다.

위에서 암시하고 있듯이, 에스파냐 인들이 정복할 당시 아스테카의 노동 분화는 이미 상당히 진척되어 있어서 다수의 장인 계층은 더 이상 농업에 종사하지 않았다. 장인 계층에는 목수, 도공陶工, 석공, 은세공인, 깃털 세공인 등이 있었으며, 어부, 사냥꾼, 무용가, 음악가 등 전문 직업인들도 장인 계층의 일부를 이루었다. 이들 전문 직업인들은 모두 동업조합을 가지고 있었으며, 각 조합은 자신의 건물과 수호신을 두고 있었다. 이들의 직업은 아마도 아버지에게서 아들로 세습되었던 것으로 보인다. 예술가와 장인들은 아스테카 사회에서 상당히 높은 지위를 누렸으며 그만큼 책임도 컸다. 아스테카 인들은 자신들의 모든 예술과 기술의 기원을 톨테카 시대에 돌렸고, 그리하여 그림·노래·도기제작·조각 등의 거장들에게는 '톨테카'라는 호칭을 부여했다.

노동의 지역적 분화의 진전과 사치품 시장의 확대도 상인 계층의 출현에 기여했으며, 상인들은 매우 강력한 동업조합으로 조직되어 있었다. 상인들이 가진 부와, 그들이 아스테카 국가에서 수행한 중요한 군사적·외교적 역할은 그들을 전사 귀족과 사제 계층에 이어 아스테카 사회 내 제3의 세력으로 만들어 놓았다. 그러나 그들의 부는 종종 아스테카 지배자와 귀족들의 불신과 적대감을 불러 일으켰다. 상인들에 대한 광범위한 적대감은 한 원주민의 다음과 같은 이야기에 잘 나타난다. "상인은 많은 것을 가지고 있고 부자들이다. 탐욕스럽고 좋은 음식을 먹으며 인색하고 구두쇠이며 재산과 가족을 통제하는 사람이다. …… 그들은 비열하고 이기적이다."

사제 계층은 아스테카 사회 통합의 주축이었다. 그들은 농사짓기를 규제하는 성스러운 책력冊曆을 가지고 백성들의 삶에서 핵심적인 역할을 수행했다. 사제 계층은 또한 아스테카 족의 축적된 전승과 역사의 담지자였다. 그들은 신과의 교감, 지식, 지혜를 가지고 아스테카 인의 모든 개인적·집단적 위기에 개입할 권리를 가졌다. 독신을 지키고 엄격하고 끊임없는 방혈放血고행에 참여했던 사제들은 아스테카 백성들에 대해 막대한 영향력을 행사했다.

사제 계층은 전쟁과 정치적 중앙집권화를 통해 권력을 획득한 귀족과 더불어 권력과 권위를 나누어가졌다. 귀족 집단에는 전사 외에도 세리, 재판관, 외교관 등으로 구성된 다수의 관료들이 포함되어 있었다. 이 관료들은 그들을 부양하기 위해 따로 할당된 공유지에서 얻어지는 수입으로 봉사에 대한 대가를 수취했다. 그들의 직책은 원래는 세습제가 아니었지만 아버지로부터 아들로 전해지는 것이 일반적이었다.

전사귀족의 경제적 기반은 토지재산이었다. 원래 종신제로 소유권이 주어졌던 이 땅이 후에는 사유 영지로 바뀌어 세습, 교환, 매매되었다. 원래 자유농이었던 이 땅에서 일하는 농민들은 후에 마예케, 농장노동자 혹은 토지에 결박된 소작농으로 전락했다. 아스테카 제국의 팽창과 함께 사유 영지의 수도 꾸준히 증가했다.

아스테카 사회의 밑바닥에는 거대한 노예 계층이 있었다. 노예는 채무불이행을 포함한 다양한 종류의 죄에 대한 징벌로서 발생하는 것이 일반적이었지만 그중에는 음식을 얻기 위해서 스스로 노예가 된 사람도 있었다. 노예 소유주는 자신의 노예들을 아스카포찰코에 있는 대 시장으로 데리고 가 부유한 상인이나 귀족들에게 매각하곤 하였는데, 상인이나 귀족들은 이 노예를 구입하여 집안에서 부리거나 혹은 신에게 희생제물로 바쳤다.

아스테카의 정치 체제는 국왕 전제정과 신정주의의 혼합체였다. 정치 권력은 성직자와 귀족으로 이루어진 지배층에 집중되었고, 그 위에 절대

군주가 군림했다. 군주는 처음에는 아스테카 전체 공동체에 의해 선출되었으나 후에는 왕의 가까운 친척들을 포함하여 최고위 사제, 관리, 전사들로 구성되는 위원회 혹은 선거인단에 의해 결정되었다. 위원회는 텍스코코와 틀라코판의 왕들과 협의하여 선왕의 형제, 아들, 조카 중에서 새 왕을 선출하고, 4명의 대귀족으로 이루어진 평의회가 새 군주를 보좌했다. 에스파냐의 정복 당시 아스테카의 군주는 숙부 아위초틀Ahuitzotl을 계승한 불운한 목테수마 2세였다.

화려하고 복잡한 전례가 목테수마의 궁정을 지배했다. 대귀족들도 왕을 알현할 때는 화려한 깃털, 옥, 금 등의 장식물을 떼고, 맨발에다 시선은 땅으로 향한 채 왕의 옥좌가 있는 곳으로 다가가야 했다. 목테수마는 식사 때도 시중드는 사람들이나 항상 동행하는 4명의 대귀족들과는 나무 칸막이를 사이에 두고 혼자 고고한 분위기 속에서 음식을 먹었다.

이런 부와 사치, 그리고 화려한 의식은 불과 2세기 전 살 곳을 찾아 텍스코코 호수 유역에 도착한, 수도 얼마 되지 않고 다른 부족들의 경멸의 대상이었던 아스테카 족에게 일어난 엄청난 사회적·경제적 변화를 말해준다. 아스테카 제국은 이제 자부심과 권력에서 정점에 달해 있었다. 그러나 아스테카의 지배자들은 두려움 속에서 살았고, 아스테카의 연대기들은 그 사실을 입증하고 있다. 아스테카 공납 징수자들의 점증하는 요구는 공납을 바쳐야 했던 도시들의 반란을 불러일으켰다. 그때마다 진압이 되기는 했지만 반란은 다시 재발하곤 했다. 강박관념에 사로잡힌 아스테카인들의 상상은 지상과 공중에서 불길한 징후를 보곤 했다. 머리가 둘 달린 아이가 태어나는가 하면, 포포카테페틀Popocatepetl 화산의 활동이 갑자기 활발해졌으며, 혜성이 하늘을 가로지르기도 했다. 이윽고 아스테카의 전승에 따르면 수세기 전 악의 세력에 의해 쫓겨난 신 겸 왕 케찰코아틀이 왕국을 되찾기 위해 돌아온다고 한 1519년이 찾아 왔다.

페루의 잉카 족

14세기 중반 오늘날의 페루 고원 지대에서 한 작고 보잘것없는 부족이 발전을 시작하여 1500년경이면 고대 아메리카에서 가장 강력한 제국을 건설하기에 이르렀다. 잉카 인들이 이루어 낸 정치 및 사회 조직은 피사로의 페루 정복 이래 많은 이들의 깊은 관심의 대상이 되어 왔다. 정복 직후부터 잉카 사회의 성격에 대한 논란이 시작되어 20세기 후반까지 계속되었다. 잉카 사회를 '사회주의 제국'으로 보는 사람이 있는가 하면, 현대 '복지국가'의 선구로 보는 사람도 있고, 또 한쪽에서는 잉카 왕국을 20세기 전체주의 체제의 원형으로 보기도 했다. 최근에야 식민 시대 지역 기록들—공식적인 경제적·사회적 조사, 소송, 유언 등—에 대한 보다 면밀한 연구가 이루어져 잉카 사회에 대해 보다 정확한 그림이 그려지게 되었으며 전통적인 설명들을 추방할 수 있게 되었다.

중앙 안데스 지역의 물리적 환경은 이 지역의 놀라운 문화 발전을 설명하는 열쇠를 제공해 준다. 페루에서는 높은 산맥이 바다로부터 급경사를 이루며 솟아오르고, 해안의 평지는 매우 좁고 거의 사막이나 다름없다. 또한 훔볼트 해류가 남극으로부터 해안을 따라 북쪽으로 흐르는데, 그것은 바다를 육지보다 더 차게 만들어 주로 바다에 비를 뿌린다. 그러나 부족한 강우량을 고산 설원에서 급류로 흘러내리는 작은 강들이 보충해 준다. 이 강들은 해안을 따라 군데군데 오아시스를 형성하며, 오아시스는 관개용 물을 제공해 준다. 그리고 건조한 기후는 비옥한 토질을 보전해 준다(폭우가 쏟아지는 지역에서는 그 토양이 비에 쓸려 내려간다). 페루 연안은 어족이 풍부하며, 잉카 시대에는 인근 섬들에 엄청난 양의 구아노guano(새의 배설물이 돌처럼 굳어져 만들어진 것으로 비료로 쓰임—옮긴이)가 쌓여 있어 고갈되지 않는 농업용 비료원이 되어 주었다.

오늘날의 페루와 볼리비아의 거친 고원 지대는 상대적으로 경작지가 많지 않다. 그러나 계곡들은 비옥하고 물이 풍부해 다양한 작물 재배가 가능하다. 옥수수는 해발고도가 낮은 지역에서(대략 3,400m까지 재배가 가능하다), 감자와 키노아(키누아)는 좀더 높은 지역에서 생산된다. 농업지대보다 높은 지역, 즉 푸나puna(고원 지대)는 야마와 알파카 무리의 사료를 제공해 주었는데, 이들은 낙타과에 속하는 가축으로서 잉카 시대에는 옷감의 재료 및 식용으로 중요했다. 잠재적으로 이런 환경이 대규모 식량 생산과 밀집된 인구를 위한 기반을 제공해 주었다.

잉카 문화의 기원

고대 멕시코의 아스테카 인들과 마찬가지로 페루의 잉카 인들도 위대한 고대의 문화적 전통의 계승자였다. 이 전통은 고원 지대가 아닌 해안 지역에 그 기원을 두고 있었다. 기원전 2500년경 주로 어로와 식량 채집에 기반을 두고 호박과 리마 콩, 그리고 그 외 몇몇 작물이 보완하는 촌락이 해안 지역 강 입구에 출현했다. 기원전 1500년경 페루에 도입된 옥수수는 그 후 수세기가 더 흐르고 나서야 주요 작물로 등장했다.

페루의 경우, 상고기에서 선고전기로의 이행이 메소아메리카보다 더 나중에, 더 급속도로 진행된 것으로 보인다. 앞에서 말한 작은 촌락 생활이 수세기 동안 더 유지되다가 기원전 900년경 해안 지역에서 강력한 농업 발전이 시작되었다. 이 발전은 농업에서 나타난 발전, 특히 옥수수의 대규모 이용과, 인구 압박의 결과로 보이는 해안 지역으로부터 강 계곡으로의 인구 이동과 밀접한 관계가 있었던 것으로 보인다. 기원전 900년에서 기원전 500년 사이에 차빈Chavín(1946년에 발견된 대규모 제의도시의 이름에서 따온 명칭이다)으로 알려진 건축, 미술, 도기, 직물을 중심으로 나타난 독특한 양식이 해안 지역뿐만 아니라 고원 지대까지 확산되었다. 차빈 양식의 가장 큰 특징은 예술 양식이었는데 고양이과 동물 형상을 특징으로 가지고 있었다. 그 고양이과 동물은 아마도 신이었던 것으로 보이며, 이 동물숭배는 차빈 양식의 영향을 받은 지역 전체로 확산되었다.

구세계의 서기西紀 시대 초 혹은 그 직전에 페루에서 출현한 고전기(즉 개화기)는 농업에서 나타난 계속적인 발전, 특히 관개와 비료 사용에서의 발전을 반영하였다. 이 시기에 남부 페루 해안과 고원 지역에서 나스카Nazca라는 이름의 빛나는 문화가 차빈 문화를 대체했다. 나스카의 도기는 독특한 색채의 사용을 특징으로 하고 있었는데, 어떤 도기는 열한 가지의 부드러운 파스텔 톤의 색깔을 가지고 있기도 하다. 아름다운 나스카의 옷감 역시 대단히 다양한 색깔을 보여 준다.

더욱 놀라운 것은 페루 북부 해안의 모치카Mochica 문명이다. 모치카인들은 피라미드, 사원, 도로, 대규모 관개수로를 건설했고, 사회를 지도 감독하는 사제 계층과 강력한 사제 겸 왕을 둔 복잡하고 고도로 계층화된 사회를 발전시켰다. 야금술이 발달하여 구리로 만든 무기와 도구가 널리 사용되었고, 금·구리·은의 합금이 나타나기도 했다. 그러나 기술자 혹은 예술가로서의 모치카 인들의 명성을 가장 드높여 준 것은 적색과 흑색의 도기陶器인데, 이 도기의 사실주의적 완벽성은 타의 추종을 불허했다. 이 '초상肖像 도자기'에 그려진 그림은 실제 인물들을 묘사하고 있는 것으로 보이며, 모치카 사실주의의 절정을 보여 준다. 도기들은 또한 다양하기 그지없는 사실주의적 그림들로 장식되어 있는데, 그중에는 에로틱한 것들도 많이 있어 21세기 수집가들의 애호품이 되고 있다. 도기들은 자주 전쟁 장면들을 묘사하고 있기도 한데, 이를 통해 제한된 경작지와 수원水源을 두고 만성적인 갈등이 상존하였음을 알 수 있다. 호전적인 모치카 인들은 결국 침략자들에 의해 정복되었고, 침략자들은 그 땅을 황폐화하였으며, 이어 북부 페루 지역은 혼란과 문화적 침체기로 접어들게 된다.

서기 600년경 안데스 문명의 중심은 해안에서 고원 지대로 옮겨갔다. 볼리비아 고원에 위치한 티티카카Titicaca 호수 남쪽 티와나쿠 지역에 대규모의 제의도시가 생겨났는데, 이곳은 완벽하게 짜 맞춘 거대한 사각형 석재로 건설한 거석 건축물과 거대한 인물상들로 유명하다. 티와나쿠는 후에 아레키파Arequipa 남쪽에서 볼리비아와 칠레 고원 지대에 이르는 페루 남부 지역 전체를 지배하게 되는 한 군사국가의 수도였던 것으로 보인다.

또 다른 부족인 우아리Huari 족은 지금의 아야쿠초Ayacucho 근처 본거지에서 정복활동을 시작하여, 후에 그 영토가 북으로 카하마르카Cajamarca에, 남으로 티아우아나코Tiahuanaco 경계에 이르는 해안과 고원 지역 모두를 아우르게 된다. 수백 년간 유지되던 우아리 제국은 서기 1000년경 멸망했고, 비슷한 시기에 티아우아나코의 영향력도 종말을 고했다. 이 제국들이 붕괴된 뒤 안데스 남부 지역은 정치적으로나 예술적으로나 지역할거 시대로 돌아갔다.

서기 1000년경, 규모 면에서 이전 국가들보다 훨씬 컸던 다수의 후고전기 국가들이 페루 북부 해안 넓은 지역에 나타났다. 이 국가들의 흥기는 도시의 성장을 수반했다. 강 계곡들마다 도시가 생겨났고, 확대된 관개망은 대규모 인구 부양을 가능케 했다. 이 새 국가들 가운데 가장 큰 왕국이 치무Chimu 왕국이었다. 이 왕국의 수도 찬찬Chanchan은 약 21km²에 이르는 큰 도시였으며, 커다란 진흙벽돌로 지은 집들이 모여 하나의 도시를 형성했다. 치무 왕국은 15세기 중반까지 존속하다가 잉카 족에게 정복되었다.

잉카의 경제와 사회

한편 주거 환경이 더 열악한 고원 지대에서도 새로운 세력이 나타났다. 잉카 인(이 이름이 나중에 그들 왕조의 이름이 된다)들은 안데스 고원 쿠스코 지역에 거주하면서 땅과 물을 두고 다른 부족들과 다퉜던 여러 약소 부족 가운데 하나로 조용히 역사 무대에 등장했다. 쿠스코 계곡의 유리한 전략적 위치와, 이웃 국가들보다 다소 우월한 문화 수준은 잉카 인들이 정복활동을 시작할 때 유리하게 작용했다. 우아리, 티와나쿠, 치무 같은 이전 제국들이 잉카 인에게 다양한 정치적·사회경제적 기술을 전수해 줌으로써 정복과 그 정복의 공고화를 위한 교훈적 선례를 제공해 주었을 것이라는 점에는 의심의 여지가 없다. 고대의 다른 제국들과 마찬가지로 잉카 인들은 지배자들에게는 신적神的 기원을 부여하고, 전사들에게는 신의 호의와 보호라는 위안을 보장하는 일련의 신화와 전설을 가지고 있었다.

진정한 의미에서 잉카의 제국적 팽창은 15세기 2사분기, 즉 1438년 제위에 오른 파차쿠티Pachacuti 잉카(잉카 인들은 자신의 나라를 '타완틴수유'라 불렀고, 잉카는 원래 군주 혹은 왕족을 가리키는 말이다—옮긴이)의 치세에 시작되었던 것 같다. 역시 위대한 정복자였던 그의 아들 토파 잉카Topa Inca와 더불어 파차쿠티는 신의 지지를 받고 있다는 주장, 공정한 약속, 위협과 협박 등을 효과적으로 사용함으로써 많은 지역의 복속을 이끌어냈다. 뛰어난 전사이기도 했지만 위대한 행정가이기도 했던 파차쿠티는 잉카 제국을 잘 돌아가게 만든 행정 개혁과 정교한 관료제 확립을 포함하여 많은 개혁과 쇄신을 단행한 것으로 알려져 있다. 1527년경이면 '태양

Lordprice Collection/Alamy

파차쿠티 잉카(원래 이름은 쿠시 유팡키이다). 그의 이름은 '세상의 구세주'를 의미했으며, 부왕(父王) 잉카 비라코차에 이어 제9대 쿠스코 제국 황제로 재위했다.

의 아들들'의 경계는 북으로는 오늘날의 에콰도르와 콜롬비아를 가르는 국경 지역에, 남으로는 칠레의 마울레Maule 강에 이르렀다. 제국의 인구는 약 900만 명이었으며, 모두가 잉카에게 충성을 맹세했다. 에스파냐 인들이 도착했을 당시, 잉카의 지배자는 우아스카르Huascar라는 이복형제를 물리치고 제위에 오른 지 얼마 안 된 아타우알파Atahualpa였다.

잉카 인들은 케추아Quechua 어를 제국 공용어로 사용하고(안데스 중부 지역 인디오 중 6분의 5가 아직도 이 언어를 사용한다), 통일적인 국가 종교를 강요하고, 피정복 지역 수장들을 중앙 관료제로 통합하는 영리한 정책 등이 포함된 여러 가지 방식을 통해 권위를 유지했다. 잉카 제국 통합 계획에서 중요한 한 가지 요소는 재정주再定住, 즉 식민화 정책이었다. 이 정책은 체제에 적대적인 주민을 다른 곳으로 이주시키고 대신 그곳에 제국에 편입된 지 오래된 지역의 충성심이 강한 미티마에mitimae('식민자')들을 입식하는 것이었다. 우수한 도로망은 행정 중심지들을 연결하고, 군대와 사자使者들의 제국 내 신속한 이동을 가능케 했다. 포장된 도로도 있었고, 바위를 깎아 만든 도로도 있었다. 늪지인 곳은 둑길을 쌓아 도로를 만들고, 협곡에는 구름다리를 놓았으며, 강에는 갈대로 부교를 설치했다. 잉카 인들은 문자 체계를 갖지는 못했으나 키푸quipu라고 하는, 기록을 기억 장치 속에 간직하는 매우 효과적인

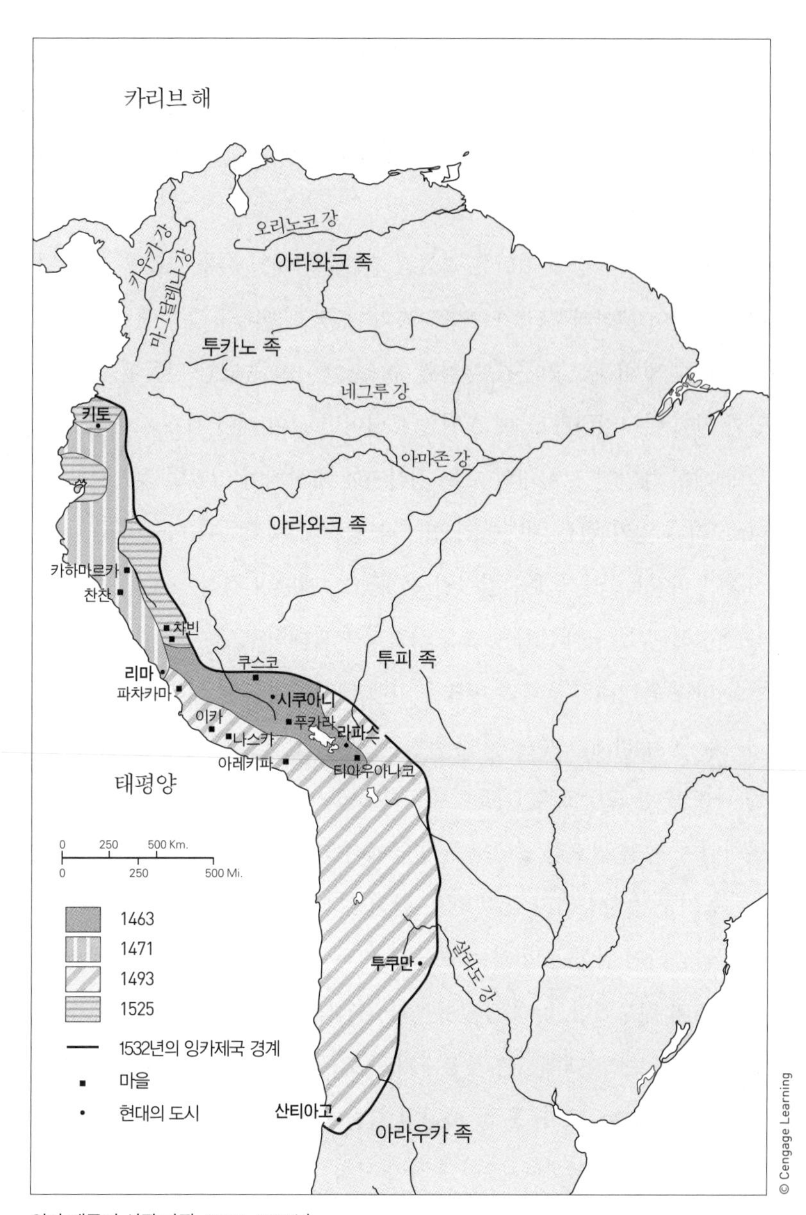

잉카 제국의 성장 과정, 1460~1532년

수단을 가지고 있었는데, 이것은 막대기나 끈에 여러 개의 매듭을 감은 실을 매다는 것이었다. 다양한 색을 가진 끈은 각기 다른 사물, 사람, 지역을 나타내고, 끈에 달린 매듭은 위치에 따라 일 단위, 십 단위, 백 단위, 천 단위 등의 수를 의미했다.

잉카 제국의 경제 기반은 집약적 관개농업이었으며, 그것을 통해 별 어려움 없이 생산자뿐만 아니라 잉카의 대규모 군대와 행정 관료를 비롯하여 다수의 비생산 인구를 부양할 수 있었다. 이 농법을 만들어 낸 것은 잉카 인이 아니었다. 그들이 흥기할 무렵이면 이미 해안 관개 시스템의 원형이 페루 해안과 고지대의 모든 경작지에 확산되어 있었던 것으로 보인다. 그러나 잉카 인은 자신들의 정치적·종교적 제도들과 더불어 좀더 원시적인 피정복민들에게 선진적인 관개농법, 계단식 경작, 비료 사용법 등을 전수해 주었다. 계단식 농법은 경작지를 확대하고, 우기에 가파른 산비탈을 따라 흘러내린 급류가 비좁은 안데스 계곡에 모여 있는 경작지와 주거지를 덮쳐 피해를 주는 것을 막기 위해 널리 도입되었다. 관개용 수로들―단순한 도랑도 있었고 석재로 정교하게 만든 운하도 있었다―은 밭이나 초지 등 필요한 곳에 물을 공급해 주었다.

농기구는 다양하지 않고 매우 단순했다. 농기구라고 해봐야 땅을 일구고 파종하기 위한 구멍 파는 도구와 경작에 두루 사용되는 청동 날의 괭이가 거의 전부였다. 앞서도 말했듯이 고지대에서는 감자와 키노아가, 그보다 조금 낮은 지대에서는 옥수수가 주로 경작되었으며, 더 낮고 따뜻한 계곡에서는 면화, 코카, 콩 등 다양한 작물이 재배되었다. 잉카 국가의 주요 기능은 주로 공납 징수 그리고 잉카 사회 내 다양한 집단들에 재분배하는 방식을 통해 각기 다른 환경에서 재배된 여러 작물의 교환을 통제하고 조정하는 것이었다. 또한 잉카 국가는 각 공동체 구성원들이 '수직적으로'

조직된 안데스 경제의 서로 다른 고도高度의 재원을 이용할 수 있게 함으로써 자급자족을 촉진하였다.

잉카 사회 조직의 기본 단위는 공동의 조상으로부터 유래했다고 주장되고 족내혼을 하는 친족집단 아이유ayllu였다. 역사가 캐런 스팰딩Karen Spalding에 따르면, 혼인을 통한 두 사람의 결합은 두 배우자의 친족의 결합을 의미했으며, "차후 두 집단은 서로 형제자매처럼 지낼 것이 기대되었다." 같은 부모에게서 태어난 형제자매뿐만 아니라 사촌, 육촌, 팔촌까지(즉 같은 증조부를 둔 후손들 모두)도 형제자매로 간주되었으며, 그러므로 혼인은 거대하게 확대된 친족 집단을 만들어 냈다. 이 집단의 성원들은 한 가정의 능력 범위를 벗어나는 일이 발생하면 서로 도와야 했다.

하나의 촌락 공동체는 보통 대여섯 개의 아이유로 이루어졌다. 각 아이유는 자신의 토지를 소유했고, 이 토지는 추첨을 통해 각 가구에 할당되었다. 가장에게는 그 토지를 이용하고 후손들에게 물려줄 권리가 있었지만 매각하거나 처분할 수는 없었다. 마을 주민들은 농사, 집짓기, 그리고 그 외 사적·공적 프로젝트에서 협력하고 상부상조하였다. 잉카의 지배자는 코르베corvée(무급의 강제 노동)의 형태로 주민들을 자신의 목적을 위해 동원했다. 인류학자 나탕 바흐텔Nathan Wachtel에 의하면, "잉카 제국의 생산양식은 고대의 공동생산양식에 기반을 두면서 지배를 정당화하기 위해 상호성의 원칙을 내세웠다."

친족집단 아이유와, 이데올로기에서 젠더 간 평행주의gender parallelism는 핵심적인 역할을 담당했다. 여성들은 스스로를 여계女系의 어머니를 통해 내려오는 후손이라고 생각했고, 남성들은 남계男系를 통해 아버지로부터 내려오는 것으로 생각했다. 아이린 실버블래트Irene Silverblatt는 안데스 사회의 젠더 관계에 대한 탁월한 연구 『해, 달 그리고 마녀』*Sun, Moon, and*

*Witches*에서 "평행적 세습을 통해서 이루어지는 이런 젠더 관계와 친족 유대의 조직화는 안데스인들이 그들의 사회적 존재를 창조 혹은 재창조하는 방식에서 독특한 것이었다"고 주장했다. 젠더 평행주의의 가치와 내용은 그를 통해 그들이 삶을 구축하고 경험해 간 실제 행동 속에서 계속 강화되어 갔다.

평행 세습은 여성이 자신의 어머니를 통해 토지, 가축, 물, 그리고 그 외 여러 가지 재원에 접근하는 것을 보장해 주었다. 젠더 간 평행주의는 안데스 사회의 노동 구분을 규정해 주기도 하여, 어떤 활동은 남성에게, 어떤 활동은 여성에게 더 적합한 것으로 간주되었다. 안데스 지역의 관습에서는 베짜기와 물레질은 여성의 일로, 농사와 전쟁은 남성의 일로 간주되었다. 그러나 이 모든 활동은 상호보완적이며 똑같이 중요한 것으로 생각되었다.

실버블래트는 또한 잉카의 정복이 있고 나서는 "안데스 남성의 제국주의적 이상이 표준이 되었다"고 말한다. 보통의 남성이 결혼을 해서 제국 인구 조사 명부에 기록될 때 그에게는 '병사'라는 칭호가, 그의 아내에게는 '병사의 아내'라는 칭호가 부여되었다. 잉카 정복 이전에는 간혹 여성이 어머니로부터 권리를 상속받아 아이유 차원에서 지도적 지위를 가지고 있기도 했다는 증거가 있다. 그러나 "제국이 확대되어 가면서 남성성을 정치권력 혹은 정복과 결부시키는 잉카 제국의 규범은 젠더 관계의 균형을 무너뜨렸고, 잉카의 행정과 군대의 요직은 모두 남성에게 돌아가고, 비슷한 사회적 지위를 가진 여성은 그런 자리를 차지할 수 없게 되었다." 그러나 평행 세습이라는 안데스 사회의 전통이 완전히 없어지지는 않아서 잉카 귀족 여성이 자신의 재산을 주장하고, 쿠스코 지역에서 귀족 여성이 귀족 여성에게 토지를 상속하는 것은 여전히 가능했다.

잉카 정복 이전에는 아이유가 원로회의 도움을 받은 쿠라카들curacas (세습 족장들)에 의해 지배되었고, 전체 부족, 즉 국가를 다스리는 한 명의 하툰 쿠라카jatun curaca가 있었다. 그러나 잉카의 지배 하에서 아이유 조직의 친족 기반은 계획적으로 그 구성원 가운데 일부를 제거하고 그 자리를 외부인들로 채우는 방식(미티마에 체제)으로 인해 약화되었다. 다양한 규모의 토지가 마을에서 탈취되어 잉카 국가나 국가 사원에 귀속되었다. 아이유 구성원들은 자신의 땅과 쿠라카의 땅 외에도 잉카 국가나 사원 토지도 경작해야 했다. 잉카 정부는 또한 마을 주민들의 강제 노동을 이용하여 산비탈을 개간하거나 계단식 밭을 일구어 새 경작지를 만들었고, 이 새 경작지는 대개 쿠라카나 잉카의 군사 지도자들 혹은 잉카 국가에 공을 세운 귀족들에게 돌아갔다. 잉카 자신도 사유지를 가지고 있었으며, 죽은 황제의 후손들도 영지를 소유하면서 거기서 나오는 수입으로 죽은 황제에게 바치는 제사를 지냈다. 이 사유지들은 아이유 구성원들에 의해서가 아니라 야나코나yanacona*라는 새로운 노예 계층에 의해 경작되었다. 에스파냐인들은 이들을 '영원한 하인'으로 분류하였다. 아이유는 이런 하인과 가신들을 잉카 지배층에 보내야 했으며, 이들은 잉카의 사원이나 궁궐에서 일하거나 개인적인 봉사를 수행했다.

아이유의 구성원들은 농사 외에도 미타mita라는 제도 하에서 길을 닦고 관개용 운하나 성채 건설에 동원되고, 광산에서 일해야 했으며, 후에 에스파냐 인들은 이 미타 제도를 자신들의 목적을 위해 이용하게 된다. 아이유들은 또한 병사들이나 가신들에게 입힐 일정량의 옷을 생산하여 국가에 바칠 의무가 있었다. 또한 신체 건강한 일반인들은 모두 일정한 연령대

* 케추아 어로는 복수이지만 에스파냐 사람들은 이 용어를 단수로 취급했다.

에 군복무를 해야 했다.

이런 통치방식에서 사회주의나 복지국가의 흔적을 찾아볼 수는 없다. 그것은 평민이 아닌 잉카 왕조, 귀족, 사제, 전사, 관리를 우대하는 방식이었다. 잉카 국가의 복지정책 혹은 선정을 입증하는 것으로 언급되어 온 활동 가운데 많은 것이 사실은 마을 혹은 아이유들이 전통적으로 수행해 온 기능이었다. 그런 활동 가운데 한 가지가 각 공동체가 흉년에 대비해 곡물이나 옷가지를 모아 보관하는 창고를 유지하는 것이었다. 그러나 여기에서 잉카 국가가 한 일은 국가가 전에 공동의 목적을 위해 협력 노동의 원칙을 받아들였듯이, 이 원칙을 수용하여 국가 땅이나 사원의 땅에서 농민들의 강제 노동으로 생산된 물건을 보관하는 창고를 세우는 것뿐이었다. 이 창고에 보관된 옷과 곡식은 주로 군대, 왕을 위해 일하는 수공업자, 공공사업을 위해 징모된 노동자, 쿠스코와 그 외 도시에 거주하는 관리들을 입히고 먹이기 위한 것이었다.

잉카와 농민의 관계는 상호주의 원칙에 바탕을 두고 있었으며, 그것은 선물과 그 선물에 대한 보답이라는 정교한 제도로 나타났다. 농민들은 잉카의 땅을 경작하고, 그의 양모와 면으로 옷감을 만들었으며, 그 외에도 그를 위해 다양한 종류의 일을 했다. 대신 잉카—신성하고 보편적인 주군—는 농민들이 공유지를 경작할 수 있게 해주고, 흉년에는 창고에 보관 중인 잉여 곡물을 풀어 나누어주었다. 그런데 황제의 선물 역시 농민 노동의 산물이기 때문에 이 '상호성'은 결국 잉카의 지배자나 귀족이 평민을 가혹하게 착취한 것에 지나지 않았다. 그렇기는 하지만 이 이데올로기의 유지를 과소평가하지는 말아야 하는데, 그것은 잉카 농민들의 사고에서 잉카를 우주의 질서와, 그 존재 자체를 수호하는 존재로 간주하는 종교적 세계관에 의해 지탱되었기 때문이다.

정복기 동안에 노동으로 시달리고 통제에 구속되는 평민들의 삶과, 사치스런 잉카 귀족의 삶 간에 커다란 괴리가 나타났다. 사회적 피라미드의 정점에는 잉카와 그의 친족이 있었는데, 친족은 열두 가문으로 이루어져 있었으며, 이 열두 가문의 구성원들은 귀를 뚫고, 큰 장식물로 귀 볼을 넓힐 수 있는 특권을 가졌다. 그래서 에스파냐 인들은 잉카의 친척들에게 오레혼orejones('큰 귀')이라는 이름을 붙여 주었다. 오레혼들은 부역과 군역을 면제받았는데, 한때는 이 특권이 족장의 지위를 누렸던 쿠라카들과 다수의 전문가 계층—궁정 하인, 가신, 키푸 관리인, 그 외 관리, 예능인 등—에게도 주어졌다. 농민들의 잉여 생산을 고갈시키고, 지역 간 상품 교환을 규제하고, 방대한 공공사업을 이끄는 잉카 국가와 더불어 잉카 귀족과 쿠라카들을 중심으로 초기 형태의 봉건제가 나타났다. 잉카에 대한 그들의 충성과 봉사는 땅, 야마, 야나코나 같은 값비싼 선물로 보답 받았다. 귀족과 쿠라카들은 점차 늘어나는 재산을 가지고 그들 자신들의 지역 도당을 만들고, 왕으로부터 모종의 상대적 독립을 획득하였으며, 황제가 죽은 후에 나타나곤 했던 왕위 계승 다툼에서 중요한 역할을 수행했다.

농민 대중에 대한 잉카의 지배는 대체로 지역 추장들을 통해 간접적으로 이루어졌다. 그의 지배가 마을에서 벌어지는 일상생활의 순환에는 별 다른 영향을 미치지 못했을 것이다. 고지대의 전형적인 농가는 밭돌이나 진흙 벽돌로 된 벽에, 풀로 이엉을 얹은 박공지붕을 가진 작은 오두막이었다. 가구라고 해 봐야 한 쪽에 불쑥 솟은 침상과 진흙으로 만든 난로, 그리고 역시 진흙으로 빚은 몇 개의 항아리와 접시가 전부였다. 남자의 복장은 치부를 겨우 가릴 수 있는 바지, 소매 없는 튜닉, 앞 쪽 두 지점을 고정시킨 어깨에 걸치는 넉넉한 외투로 이루어져 있었고, 옷감과 장식의 질은 물론 착용자의 사회적 지위에 따라 달랐다. 여성의 복장은 길이가 양팔

아래에서 발목에 이르고, 양쪽 끝 부분을 어깨로 끌어 올려 핀으로 고정시킨 옷이 대표적이었으며, 거기에 장식이 포함된 띠를 허리에 두르고 망토를 어깨에 걸치는 것으로 완성되었다. 남자는 귀마개와 팔찌로, 여자는 목걸이와 망토에 꽂는 핀으로 치장했다.

에스파냐의 정복이 있기 직전 잉카 국가는 모든 면에서 막강한 존재인 것처럼 비쳤다. 그러나 아스테카 제국과 마찬가지로 이 국가도 심각한 대립으로 분열되어 있었다. 피정복민들의 잦은 반란은 잔인하게 진압되었다. 외견상 충성스러워 보였던 쿠라카들, 즉 예전에는 독립적인 국가의 수장이었던 그들도 잉카의 철저한 통치에 절치부심하였고, 잃어버린 자유와 독립을 회복하려는 꿈을 버리지 않고 있었다.

잉카의 종교와 지식

잉카의 국가 종교는 훨씬 오래된 조상숭배와, 무수한 우아카huaca(지역에서 신성시하는 물건이나 장소)들에 대한 숭배와 공존했다. 잉카 제국에서 가장 중요한 신은 비라코차Viracocha 혹은 파차야차칙Pachayachachic('세계의 주군, 교사')이라 불린 창조주였다. 이 신에 대한 숭배는 대체로 사제 계층과 귀족에 국한된 철학적 성격을 가진 종교였던 것 같다. 비라코차 다음으로 중요한 신은 잉카 왕족이 자신들의 조상이라고 주장한 태양신이었다. 그 외의 중요한 신으로는 생명의 비를 내려주는 천둥신, 태양신의 아내이며 잉카 인의 축제력祝祭曆 결정에서 중요한 역할을 하는 달의 신이었다. 무수한 신전에 잉카의 상이 모셔졌고, 사제들은 기도, 인신공희, 고해, 예언 의식이 포함되는 예식을 주관했다. 사제의 또 다른 기능은 주술의 힘으로 병을 치료하는 것이었다. 사제들은 종교적 의무를 수행할 때 영원히 순결을 지키기로 맹세한 마마쿠나mamacuna('신성한 여인들') 계층의 도움을 받았다. 중요한 전쟁의 승리나 대규모 자연재해 같은 매우 중요한 일이 있을 때는 인신공희가 열리기도 했다.

잉카 예술의 특징은 기술면에서 탁월했다는 것이다. 건축은 견고함과 기능을 중시하였고, 아름다움보다는 큰 규모가 특징이었다. 해안보다 고지대에서 많이 발견되는 석조 건축물은 육중하고 엄숙하다는 평가를 받는다. 잉카 직조공이 제작한 태피스트리는 직조기술이 너무나 정교하고 복잡하여 세계 최고의 걸작 가운데 하나로 손꼽힌다. 잉카의 수도인 쿠스코에는 금 공예품이 풍부했다. 왕궁에는 금으로 된 장식용 벽과 금은金銀으로 만든 패널들이 있었으며, 태양신을 모시는 신전에는 실제 모습과 똑같지만 모두 금으로 만들어진 동물과 식물들의 복제품을 가진 정원이 있었다.

잉카 인은 문자 체계를 가지고 있지 않았으며, 그러므로 기록으로 남은 문학 작품도 없지만 그들의 서사시, 기도문, 민담은 대대로 구비 전승되었다. 지금까지 보존된 찬가와 기도문은 거기에 담긴 고매한 생각과 아름다운 표현으로 관심의 대상이 되고 있다. 잉카의 신화, 전설, 역사를 다루고 있는 장문의 서사시는 그 요약본만 에스파냐 어 산문으로 남아 있다.

잉카의 전통적인 사랑 노래 가운데 많은 것에는 우수와 애환이 배어 있고, 지금까지 내려오는 몇 안 되는 음악 작품도 애절함을 특징으로 하고 있다. 다섯 음계로 이루어진 이 음악은 피리, 나팔, 휘파람, 징과 종, 딸랑이, 그리고 여러 종류의 북과 탬버린이 뒤섞인 합주 형식으로 연주되었다. 음악에 따른 춤도 원초적 형태의 드라마였다.

에스파냐 정복자들은 잉카의 정치 조직을 파괴하고 잉카 문명의 모든 요소에 치명적인 타격을 가했지만, 이 문화의 몇몇 요소는 아직도 중앙 안데스 지역 도처에 남아 있다. 유형무형의 이 유산 중에는 케추아 어,

수많은 원주민 공동체, 아직도 부분적으로 협력의 원칙에 기반을 두고 있는 아이유 등이 포함되어 있고, 삭사우아만Sacsahuaman, 오얀타이탐보Ollantaytambo, 마추피추Machu Picchu, 피삭Pisac, 쿠스코 등에 남아 있는 기념비적인 유적들도 물론 그 일부이다. 잉카 문명은 또한 페루의 역사가, 소설가, 정치가들의 저술 속에도 살아남아 있다. 이들은 사라진 잉카 문명의 위대함을 계속 환기시키면서 옛 잉카 인의 미덕을 찬양한다. 많은 페루 인에게 잉카 인의 위대한 기술적 성취와, 모든 사람들에게 적절한 복지를 제공한 그들의 사회적 활동은 원주민의 고유한 능력을 보여 주는 증거이며, 가난에 찌들고 분쟁으로 사분오열된 오늘날의 페루가 가야 할 미래를 보여준다.

2장 _ 에스파냐적 배경

매우 오래전부터 정복은 이베리아 반도 역사의 중요한 화두였다. 반도 내 선사시대 주민들—이 시기의 이름 없는 예술가들은 경탄을 금치 못하게 하는 알타미라 동굴 벽화를 남겼다—은 막연하게 이베리아 족Iberians이라 불렸던 부족들과 켈트 족Celts에게 정복되었는데, 이들은 아마도 기원전 1000년 이전에 북아프리카와 중부 유럽에서 각각 유입된 것으로 추정된다. 이어 새로운 정복의 물결을 타고 페니키아 인, 그리스 인, 카르타고 인이 반도에 들어왔으며, 이들은 주로 해안 지방에 무역거점과 도시를 건설한 상업 민족들로서 내륙의 지배는 시도하지 않았다. 그 후 이베리아 반도는 로마와 카르타고 간 상업적 지배권을 둘러싼 대규모 전쟁에서 제국의

이 장의 핵심 문제

- 정복은 구세계 이베리아 반도의 발전에 어떤 영향을 미쳤는가?
- 라틴아메리카의 미래를 형성하는 데 기여한 카스티야의 제도, 전통, 가치는 무엇인가?
- 레콩키스타(Reconquista)는 카스티야의 경제적·사회적·정치적 구조 형성에 어떻게 기여했는가?
- 페르난도와 이사벨 시대의 긍정적·부정적 측면은 어떤 것인가?
- 합스부르크 왕조의 정책은 어떤 것이고, 그것이 제국의 몰락에 미친 영향은 어떤 것인가?
- 코무네로스(Comuneros) 봉기의 원인은 무엇이고, 그 의미는 무엇인가?

BCE 201	로마가 카르타고를 격파하고 6세기 동안 이베리아 반도를 지배.
CE 484	비시고트족이 침입하여 톨레도에 수도를 정함.
711	위마야드 조 이슬람인들이 이베리아 반도에 침입하여 점령함.
1212~1248	기독교도들의 레콩키스타로 코르도바, 세비야 등 안달루시아 지역의 상당 부분이 점령됨.
1479	알카소바스 조약 체결로 이사벨 여왕과 페르난도 왕 하에서 카스티야와 아라곤 왕국이 병합됨.
1492	'가톨릭 공동왕', 무슬림의 마지막 남은 왕국 그라나다를 정복하고 크리스토퍼 콜럼버스의 첫번째 아메리카 항해를 허락함.
1504	이사벨 여왕이 서거하고, 12년 후에는 페르난도가 눈을 감음.
1519~1556	합스부르크 왕조의 첫번째 왕 카를 5세(카를로스 1세)가 카스티야와 아라곤 왕국의 왕으로 즉위하여 재위.
1520~1521	코무네로 반란, 합스부르크의 지배에 도전.
1556~1598	카를 5세의 아들 펠리페 2세, 카스티야와 아라곤 왕으로 즉위하여 재위.
1580	포르투갈이 카스티야와 아라곤 연합 왕국에 합병됨.
1700	합스부르크 왕조의 마지막 왕 카를로스 2세가 서거하였고, 이것이 에스파냐 왕위계승전쟁의 발단이 됨.

먹잇감이 되었다. 이 전쟁에서 카르타고는 기원전 201년 결정적인 패배를 당하였고, 그 후 6세기 동안 로마는 이 지역의 지배 세력으로 군림했다.

이전 침입자들과 달리 로마 인들은 영토를 점령하고 원주민들에게 자신들의 권위를 주장하려 했다. 그들은 원주민들에게 자신의 언어, 통치기구, 심지어는 히스파니아Hispania라는 지명까지 강요했다. 공식 언어가 된 라틴 어에서 다양한 지역어와 언어들이 파생되어 나왔고, 그것들은 지금까지도 히스파니아 주민들에 의해 사용되고 있다. 로마법이 켈트 족, 이베리아 족 및 다른 토착민들의 관습법을 대체했다. 강제적 주거지 이동, 도시에의 인구 집중, 평화 회복과 동화同化의 대리자 역할을 한 로마 식민지 설치 등에 의해 부족 형태의 원주민 조직은 파괴되었다. 농업, 공업, 제조업이 발전했으며, 이들 로마 식민지들은 이탈리아를 상대로 밀, 포도주, 올리브유를 중심으로 활발한 교역을 했다. 로마의 기술자들은 대규모의 공로公路와 수도교를 건설했으며, 그중 일부는 지금까지도 이용되고 있다. 또한 로마의 교육 체계와 문화가 에스파냐에 이식되어 풍자시인 마르시알Martial, 서사시인 루카노Lucan, 철학자 세네카Séneca 등 에스파냐에서 태어나거나 살았던 다수의 로마 인들이 라틴 문학에 뚜렷한 자취를 남겼다.

5세기 초 로마의 군사력이 약화되면서 게르만적 기원을 가진 다수의 야만인 부족이 이베리아 반도에 침입했다. 5세기 후반에는 침입자들 중 하나인 비시고트 족(서고트 족)이 반도 대부분을 지배하게 되었다. 로마 제국과의 오랜 접촉으로 비시고트 족은 이미 로마 문화를 상당히 받아들이고 있었으며, 그 과정은 히스파노-로마 인과의 접촉을 통해 그후로도 계속되었다. 비시고트 족 왕은 기독교도였고, 그들의 언어는 게르만 어가 약간 섞인 라틴 어였으며, 행정에서도 로마의 모델을 따랐다. 그러나 왕위 계승은 게르만 전통에 따라 선출제였으며, 이는 잦은 내분의 원인이 되었다.

이베리아 기독교 왕국들의 중세적 유산

왕권 다툼으로 촉발된 고트 인들 간의 내분은 아라비아 반도에서 출현하여 일거에 북아프리카 평원을 휩쓴 신흥 무슬림 세력에 유리한 환경을 제공해 주었다. 711년 위마야드 칼리프 국의 군대가 지브롤터 해협을 건너와 고트 족의 마지막 왕 로드리고Rodrigo, Roderic를 결정적으로 무너뜨렸으며, 그 후 불과 수년 만에 칸타브리아 산맥 북쪽 변경 지대를 제외한 이베리아 반도 전체가 무슬림의 수중에 들어갔다. 그러나 북쪽 기독교 왕국들 가운데 하나였던 카스티야Castilla 왕국의 황량한 고원 지대에 대한 무슬림의 지배는 결코 확고하지 못했다. 무슬림들은 남부 에스파냐의 비옥한 평야와 온화한 기후를 선호했으며, 이 남부 지역을 그들은 알-안달루스Al-Andalus('안달루시아의 땅')라 불렀다.

고대 지중해와 아시아 세계의 축적된 문화 자산을 상속하고 있었던 위마야드 왕조는 과학, 예술, 문학에 대한 자신들의 귀중한 기여를 통해 이 유산을 더욱 풍요롭게 했다. 코르도바Córdoba에 수도를 둔 위마야드 왕조는 이베리아 세계를 새로운 지식과 이념이 그로부터 흘러나와 서유럽 기독교 세계를 적시는 경제적·지적 전당으로 바꾸어 놓았다. 농업에서는 새로운 관개시설과 양수揚水 장비, 그리고 사탕수수·사프란·면화·비단·밀감류 과일 등 새 작물의 도입으로 큰 발전이 나타났다. 제조업도 그때까지 유럽에 알려지지 않았던 종이와 유리 같은 제품의 도입을 통해 분야가 확대되었다. 이슬람 인들의 금속세공품, 도기, 비단, 피혁 제품은 유럽 전역에서 선호되었다. 많은 무슬림 지배자가 문학과 지식의 보호자였으며, 학자 출신인 알-하켐 2세Al-Haquem II는 40만 권이 넘는 책을 소장했다고 전해지는 도서관을 지었다.

대체로 위마야드 왕조의 정복자들은 정복당한 기독교들에게 이슬람교로 개종할 것을 강요하지 않고, 그들에게 이슬람 신앙의 수용과 특별 인두세 납부 중에서 택일하게 했다. 이처럼 상대적으로 관용적이었던 무슬림의 지배는 경제와 문화 발전에 유리한 여건을 제공해 주었다. 기독교 비시고트 치하에서 심한 박해의 대상이 되었던 유대인들은 공식적인 보호

Biblioteca Monasterio del Escorial, Madrid, Spain/Index/Bridgemen Art Library, London, New York

이슬람 세력은 기독교도 왕들의 탄압을 받던 이베리아 유대인들의 도움에 힘입어 8세기에 반도를 정복하고 평화적 공존의 시기를 열었다. 그리고 그 경험은 기독교도들의 재정복 이후에도 에스파냐 예술, 건축, 음악, 문학에 다문화적 흔적을 오랫동안 남겼다. 『성모 마리아 찬가』에서 발췌한 '찬가 46'에 딸린 삽화들 '한 무어인의 개종'.

를 받았으며, 의학·철학·탈무드 연구 등에 크게 기여했다. 농민의 상황도 개선되었다. 정복자들은 비시고트 영주들의 방대한 영지를 몰수하여 농노들에게 나누어주었고, 농노들은 생산물 가운데 소정의 몫을 무슬림 영주들에게 바치고 나머지는 자신들이 차지했다. 그러나 후에 알모라비데 족 점령기 동안 이 추세는 역전되었다. 대토지 영지가 다시 늘어나고, 세금이 증가하고, 유대인과 모사라베Mozárabe(아랍의 언어와 관습을 받아들인 기독교도)에 대한 박해가 나타나 많은 사람들이 북쪽 기독교 영토로 이주했다.

고귀한 업적에도 불구하고 위마야드 왕조의 토대는 불안정했다. 첫째, 칼리프 국가caliphate가 영토 팽창에서 거둔 예외적인 성공은 상상하기 어려울 정도로 심한 갈등을 불러일으켰고, 그것은 10세기 이후 얼마 되지 않은 자원을 고갈시키고, 왕조의 제국으로의 발전을 방해했다. 둘째, 무슬림 세계는 제국 지배권을 둘러싼 치열한 정치적·종교적 분쟁으로 사분오열되었다. 일부 무슬림들은 위마야드 왕조에 대해 "신의 사자使者들"의 명령에 순종하지 않고, 권력을 왕의 수중에 집중시키려 한다면서 그들을 신성모독자라고 비난했다. 이베리아 반도에서는 이 내분이 위마야드 왕조 지배자들과 알모라비데 족 간의 갈등으로 더 복잡해졌는데, 알모라비데 족은 얼마 전 이슬람으로 개종한 북아프리카의 베르베르 인으로서 자신들에게 이슬람교를 전해 준 아랍 인들보다 더 광적으로 이슬람교를 신봉하는 사람들이었다. 11세기 중반이면 코르도바 칼리프 국가는 여러 개의 타이파taifa(소왕국)로 쪼개져 있었으며, 자기들끼리 끊임없이 치고받고 싸웠다. 이런 이슬람 세계의 불화 덕분에 북쪽에서 생겨난 작은 기독교 왕국들은 살아남고 강해지고 결국 무슬림들에 대해 보편적인 도전을 시작할 수 있었다. 서쪽에서는 12세기 중엽 카스티야로부터 독립해 나온 포르투갈 왕국이 2세기 후쯤이면 대체로 오늘날의 영토를 갖게 된다. 가운데 지역에서는 카스티야와 레온León의 연합왕국이 세력을 넓혀 갔고, 동쪽에서는 아라곤Aragón 왕국이 무슬림 세력의 분열을 틈타 꾸준히 영토를 팽창해 나갔다.

레콩키스타Reconquista(재정복 운동)는 기독교도 왕들과 귀족들이 잃어버린 자신들의 땅과 농노들을 되찾기 위한 싸움으로 시작되었으나 후에는 종교적 십자군의 성격을 띠게 되었다. 9세기 초에는 반도 북서부 지역에서 발견되었다고 전해지는 사도 야곱의 무덤이 유명한 산티아고데콤포

스텔라Santiago de Compostela 순례지의 중심이 되고, 기독교 왕국들에게 레콩키스타와, 후에 신세계 정복에서 중요한 존재로 부각되는 한 전사 수호성인(산티아고)을 제공해 주었다. 그러나 유명한 시드Cid(본명은 루이 디아스 데 비바르Ruy Díaz de Vivar. 무슬림 병사들이 그에게 '시드'['주군' 혹은 '영주'] 라는 칭호를 붙여 주었다)의 이력은 레콩키스타 초기만 해도 이 땅에 종교적 광신주의가 존재하지 않았음을 말해 준다. 당대의 이상에 충실했던 시드는 종교적 충성보다는 봉건적 충성을 더 우선시했고, 사라고사Zaragoza와 발렌시아Valencia 무슬림 왕들의 봉신으로서 싸울 때 그는 무슬림 적과 기독교도 적을 구별하지 않았다. 1094년 발렌시아를 점령했을 때는 이슬람교도들에게 신앙의 자유와 재산권을 인정했으며, 쿠란이 정한 공납만을 요구했다.

위마야드 왕조는 얼마 전 이슬람으로 개종하고 종교적으로 광신적 성향을 가진 북아프리카의 알모라비데 족을 끌어들여 기독교 세력의 남진을 저지하려 했으나 성공하지 못했다. 1212년 안달루시아 지역 기독교도들이 알모라비데 족 대군에 맞서 승리를 거둔 라스나바스데톨로사Las Navas de Tolosa 전투는 레콩키스타 역사에서 하나의 분수령이었다. 카스티야의 페르난도 3세Fernando III는 1236년 무슬림 이베리아의 보석과도 같은 도시 코르도바를 점령했고, 1248년 세비야의 항복은 그에게 과달키비르 강 하구의 지배권과 바다로 나가는 관문을 제공해 주었다. 1252년 그가 사망할 무렵이면 무슬림 영토는 그라나다 타이파 하나만 남게 되었다. 그라나다는 가파른 산맥과 깊은 협곡에 의해 보호되는 지형적 이점과 기독교도 진영의 내분 덕분에 그후로도 2세기 반 이상 독립국가로 존속할 수 있었다.

카스티야

프란시스코 프랑코 치하에서 20세기 에스파냐 파시스트들은 15세기 선조들의 역사적 업적과 자신들을 일치시키는 것으로 자신들의 부당한 정권 탈취를 정당화하려 했지만 비교적 최근까지 에스파냐라는 이름의 통일된 국민국가는 존재하지 않았다. 대신 그것은 다소간 독립적 성격을 가진 여러 개의 기독교 왕국으로 이뤄져 있었다. 이 기독교 왕국들은 먼저 지중해 세계를 지배하기 위해, 이어 바다 너머에 있는 세계를 장악하기 위해 자기들끼리 혹은 무슬림 정복자들을 상대로 치열하게 싸웠다. 이 왕국들 가운데 결국 가장 크고 가장 강력한 존재가 되는 카스티야는 레콩키스타에서 주도적 역할을 수행했다. 이 거대한 운동은 카스티야 왕국의 성격에 지울 수 없는 흔적을 남겼다. 무슬림 정복자들과의 수세기에 걸친 싸움은 전쟁을 카스티야 인들의 중요한 삶의 방식 가운데 하나로 만들었고, 육체노동을 경멸하는 대규모의 전사-귀족층을 만들어 냈다. 카스티야 인들의 가치관에서는 용기, 인내, 명예라는 군사적 가치가 무엇보다 중요했으며, 귀족과 평민에 관계없이 모두 이 가치를 받아들였다. 전리품, 땅, 그리고 그 외 여러 가지 보상의 유혹은 농민과 수공업자들을 레콩키스타로 끌어들이고, 군사적·귀족적 이상을 카스티야 사회 전반에 확산시켰다. 이 이상에다 레콩키스타의 십자군 정신은 종교적 우월성과 전교傳教에 대한 강한 열정을 더해 주었는데, 그런 경향은 레콩키스타 후반기에 특히 강하게 나타났다.

레콩키스타는 카스티야의 경제적 성격 형성에도 중요한 영향을 미쳤다. 무슬림이 후퇴하면서 방대한 규모의 토지가 왕실 소유로 되었고, 왕들은 이 땅 가운데 가장 큰 몫을 귀족, 교회, 그리고 칼라트라바Calatrava·알칸타라Alcántara·산티아고Santiago라는 세 종교기사단에 하사했다. 그 결과 카스티야, 특히 톨레도Toledo 남부 카스티야누에바Castilla Nueva 지역은 거대한 영지들의 지역, 매우 부유하고 유력한 귀족들의 땅이 되었다.

레콩키스타는 또한 카스티야에서 농업에 대한 목양牧羊의 상대적 우위를 보장해 주었다. 끊임없는 전쟁, 침략과 반격의 시대에 이동성을 가진 양羊은 토지에 비해 훨씬 안전하고 가치 있는 재산이었다. 기독교 왕국들의 국경이 남하하면서 방대한 새로운 영토—대개 농사를 짓기에는 너무 메마른 땅이었다—가 목양업에 개방되었다. 1300년경 북아프리카에서 들어온 메리노 양은 북유럽에서 나타난 양모 수요의 급증과 맞물려 카스티야 목양업의 발전을 크게 자극했다. 13세기 말에는 목양업자들의 강력한 이익단체인 메스타Mesta가 출현했다. 이 조직은 국왕에게 거액의 부조를 제공하는 대신 여러 가지 중요한 특권을 얻어냈는데, 그중에는 거대한 양떼를 북쪽 하절기 초지와 남쪽 동절기 초지를 오가며 방목할 수 있는 권리도 포함되어 있었다. 이런 대규모 이동 목양은 농지와 삼림에 큰 피해를 주곤 하였다. 대귀족들은 농업뿐만 아니라 목양업도 지배했다. 거액의 지대 수취와 양모 판매에서 얻어지는 수입은 그들에게 왕권을 위협할 정도로 강력한 경제적·사회적·군사적 힘을 안겨주었다.

카스티야 도시들은 이 귀족들에 대항할 수 있는 유일한 세력이었다. 레콩키스타의 진전과, 그로부터 얻어진 성과물을 확실하게 해야 할 필요성이 도시 발전을 자극했다. 새로 정복된 땅에 정주할 사람들을 끌어들이기 위해 왕은 새로 생겨나는 도시들에 폭넓은 자치를 허용하는 푸에로fueros(자유 특허장)를 하사했다. 이 푸에로는 도시들에 행정상의 자유와, 주변 농촌 지역까지 사법권이 미치는 넓은 땅을 제공해 주었다. 도시들은 알칼데alcaldes라는 사법 기능을 가진 관리, 레히도르regidores라는 시 참사회town council 구성원들에 의해 지배되었다. 무엇보다도 13, 14세기 경제 성장과 양모 무역의 발전이 카스티야 도시들을 분주한 산업과 상업의 중심지로 만들었다. 도시들의 부는 그 도시들이 코르테스Cortes라는 협의체

(혹은 신분의회)에서 중요한 역할을 맡아보게 만들었다. 귀족과 사제들은 세금에서 면제되었기 때문에 왕은 도시 대표들에게 기부금을 요청해야 했고, 도시 대표들은 세금에 동의하는 대신 청원의 형태로 왕에게 자신들의 불만에 대한 시정 조치를 요구할 수 있었다. 역사가 오켈러헌Joseph F. O'Callaghan에 의하면 "왕이나 왕의 대리인이 올바로 통치하겠다고 약속하지 않으면 코르테스는 세금 징수에 쉽게 동의하지 않았다."

카스티야의 도시들은 한때 전성기를 구가하기도 했지만 결국 중간 계층은 취약한 소수 집단으로 남았고, 대귀족의 엄청난 힘에 압도되었다. 자신들의 취약함을 잘 알고 있었던 도시들은 귀족들, 그리고 가끔은 왕의 공격에 맞서기 위한 군사 조직인 '형제단'hermandades을 결성하여 힘을 결집했다. 그러나 본질적으로 도시들의 태도는 방어적이었으며, 왕의 도움 없이는 귀족들에 맞서 자신들의 뜻을 관철시킬 수 없었다.

무슬림의 힘이 약화되면서 대귀족들은 투쟁 대상을 이교도에서 왕과 도시로, 그리고 다른 귀족으로 바꾸었다. 14, 15세기에 귀족들은 왕과의 싸움에서 우위를 점하게 되어 왕의 땅과 수입을 탈취하고, 왕을 자신들의 볼모로 만든 때도 있었다. 왕권의 쇠락은 엔리케 4세Enrique IV(재위 1454~1474) 때 정점에 이르렀는데, 이때 중앙 정부와 공적 질서는 거의 완전히 붕괴되었다. 그러나 이런 무정부 상태에서도 경제생활의 지속적 성장은 평화와 질서를 가져다 줄 강력한 왕정을 요구하는 목소리를 점점 더 크게 만들었다.

아라곤

인구와 영토가 카스티야보다 훨씬 적고 작았던 아라곤 연합왕국의 중세사는 카스티야와는 여러모로 다르게 전개되었다. 아라곤 연합왕국의 왕은 각각 독립 왕국reino으로 간주되고 자신의 코르테스를 가지고 있었던 세 개의 개별 국가, 즉 아라곤Aragón, 발렌시아Valencia, 카탈루냐Cataluña를 다스렸다. 고지대에 위치한 아라곤 왕국은 세 국가 가운데 가장 가난하고 낙후된 곳이었으며, 발렌시아는 기독교도 토지 귀족의 지배를 받는 수많은 무슬림 농민들의 고향이었다. 이 연합왕국의 지배자 역할은 카탈루냐와 그 수도 바르셀로나가 맡아보았는데, 카탈루냐와 바르셀로나가 아라곤 연합왕국에 왕조王朝와 수입收入의 대부분을 제공해 주었다. 번창하는 산업과 강력한 함대는 바르셀로나를 직물류 수출에 기반한 상업제국의 수도로 만들었다. 카탈루냐의 군대는 또한 아라곤 연합왕국에 사르디니아와 시칠리아를 안겨 주었다. 그러므로 아라곤 연합왕국에서 지배 계층은 상대적으로 가난한 토지 귀족이 아니라 바르셀로나의 상업 혹은 제조업 엘리트들이었다. 아라곤 연합왕국의 입헌주의적 지배 구조는 카탈루냐의 코르테스에 입법권을 부여하고, 코르테스에 속한 한 특별 감시위원회(이 기구는 신민들의 권리와 자유가 침해되지 않는지 감시했다)를 제공함으로써 이 계층의 우위를 반영하였다.

바르셀로나의 번영은 14, 15세기 흑사병의 창궐, 카탈루냐 농민 반란, 바르셀로나 상인 과두 엘리트층과 평민층의 갈등, 그리고 무엇보다도 전통적인 카탈루냐 시장市場을 제노바의 경쟁자들에게 상실한 것에 의해 종식되었다. 이 경제적 쇠퇴는 카탈루냐의 내적 갈등을 첨예하게 만들었고, 그 갈등에서 왕은 민중의 편에 섰다. 그 결과 1462~1472년에 내전이 일어났으며, 이 내전은 국왕 후안 2세의 정당한 승리로 끝났으나 이 과정에서 카탈루냐는 결정적으로 쇠락하였다. 카스티야와의 합병 직전에 나타난 아라곤 연합왕국의 이러한 약화는 통합 왕국의 주도권이 카스티야에 넘어가게 만들었다.

카스티야와 아라곤 연합왕국의 통합으로 귀결되는 일련의 사건들은 1469년 카스티야의 엔리케 4세의 누이동생 이사벨과 아라곤의 후안 2세의 아들 페르난도 간 비밀 결혼으로 시작되었다. 이 혼인은 젊은 두 배우자의 개인적 야심, 다수 카스티야 귀족들이 왕(엔리케 4세)에 대해 갖고 있던 반감, 아들 페르난도에게 카스티야를 상속받게 하고 싶어 한 (아라곤 연합왕국의) 후안 2세의 욕심, 이 모든 것이 나름의 역할을 한 복잡한 음모의 산물이었다. 1474년 엔리케 4세가 사망하자 이사벨은 카스티야 귀족들과 도시들로 이루어진 강력한 지지 세력을 등에 업고 스스로를 카스티야 여왕으로 선언했다. 이사벨의 지지자들은 엔리케의 딸 후아나Juana가 적법한 자식이 아니라고 주장했다. 이사벨의 이 선언은 왕위계승 전쟁으로 이어졌으며, 여기에서 포르투갈은 후아나의 계승권을 주장했다. 1479년 전쟁은 이사벨의 승리로 끝났고, 또 이 해에 아라곤의 후안 2세가 죽자 페르난도가 그를 승계했다. 페르난도와 이사벨은 이제 아라곤과 카스티야의 공동왕이 되었다. 그러나 이들의 결혼 계약 조건은 주의 깊게 카스티야 통치에서 페르난도를 이사벨의 하위에 위치시켰고, 아라곤의 통치에서는 이사벨을 배제하였다. 그럼에도 불구하고 카스티야의 주도하에 카스티야와 아라곤이 통합된 것은 에스파냐의 내적인 발전과 제국적 팽창에 결정적인 계기를 제공해 주었다.

이사벨과 페르난도 : 가톨릭 공동왕

질서의 회복

두 젊은 군주는 각자의 왕국에서 평화와 질서의 회복이라는 시급한 문제에 직면하게 되었다. 카탈루냐는 봉건영주들과, 법적 예속을 끝장내기 위한 결의를 굳게 다지고 있던 농노들 간의 갈등으로 여전히 혼란에 빠져 있었다. 페르난도는 여기에 개입하여 농민들에게 비교적 유리한 해결책을 제시했다. 그의 '과달루페 선언'(1486)('여섯 가지 봉건적 해악'의 일소를 천명한 것으로 장원에 예속된 농민들에게 토지를 분배해 주는 대신 반란에 대한 징벌로 매우 높은 세금을 부과했다—옮긴이)으로 카탈루냐에서 농노제가 폐지되어 5만 명의 농민이 소토지 소유자가 되었다. 그러나 그는 왕권을 심하게 제약하는 아라곤의 구래의 입헌주의 체제를 개혁하여 왕권을 강화하려는 노력은 전혀 시도하지 않았다. 그로 인해 카스티야와 아라곤은 통합에도 불구하고 계속 서로 다른 정치 노선을 견지했다.

Reunion des Musées Nationaux/Art Resource, New York

이사벨과 페르난도는 에스파냐를 15세기 유럽의 가장 강력한 왕국 가운데 하나로 만들었다.

질서 회복은 카스티야에서 더 심각한 문제였다. 엔리케 4세 치하의 대혼란기는 도시들을 전쟁터로 만들고, 농촌 지역을 황폐하게 만들었다. 산적 떼의 행패와 봉건적 폭력을 근절하기 위해 이사벨은 무엇보다도 도시와 중간 계층의 지지에 의존했다. 마드리갈 코르테스(1476)는 무질서를 종식시키기 위한 국왕과 도시들 간의 견고한 동맹을 만들어 냈다. 그들의 도구는 도시들이 비용과 인력을 제공하되 국왕에 의해 직접 관장되는 치안기구인 '성스런 형제단'Santa Hermandad이었다. 이 기구의 효율적인 운용,

그리고 이 기구가 관장하는 법정의 신속하고 엄중한 처벌로 카스티야는 점차 평화를 회복해 갔다.

그러나 이사벨의 계획은 이런 직접적인 목적에 머무르지 않았다. 그녀는 귀족, 교회, 도시 같은 중세 카스티야의 모든 중요한 기구들을 지배하려고 했다. 1480년 톨레도 코르테스는 여러 방식으로 대귀족grande들의 권력을 축소시켰다. 한 예로 '환수령'Act of Resumption을 통과시켜 1464년 이후 대귀족들이 불법으로 점유한 재산의 절반가량을 국가에 반환케 했다. 또 다른 개혁은 왕국의 가장 중요한 통치기구인 카스티야평의회Council of Castile를 재정비하는 것이었다. 이 개혁은 오랫동안 옛 국왕평의회royal council를 지배해 온 대귀족들을 실속 없는 작위 보유자로 전락시키고 그 대신 '레트라도들'letrados(대개 대학에서 법학 교육을 받은 관리)에게 실질적인 권력과 책임을 부여했는데, 이들은 대개 하급귀족, 중간 계층, 콘베르소converso(기독교로 개종한 유대인들)들에서 충원되었다.

귀족 권력을 제어한다는 목적은 '코레히도르'Corregidor(도시에서 일어나는 문제를 감독하는 국왕 관리)로부터 '찬시예리아'Chancillería(카스티야의 고등법원)를 거쳐 카스티야평의회Council of Castile(국가의 최고 사법기구 겸 최고 행정기구)에 이르는, 사법과 행정의 계서 확립을 통해서도 추구되었다. 국왕은 귀족의 봉건적 사법권에 개입할 권리를 포함하여 모든 수준에서 자신의 사법상의 우위를 주장했다. 그러나 이 노력이 지속적으로 성공하기 위해서 왕은 자신이 가진 강제력 이상의 어떤 것에 의존하지 않으면 안 되었다. 강제력만으로는 자신의 영역을 지키며 완강하게 저항하는 사람들을 상대로 권위를 유지할 수 없었다. 역사가 잭 오웬스Jack Owens가 주장했듯이, 귀족과 평민 모두 국왕의 사법기구가 공정한 판결을 내린다고 믿을 때라야만 왕실의 '절대적인 국왕권'이 인정될 수 있었다.

종교기사단들이 가진 막대한 재산은 그 기사단들을 사실상 카스티야 국가 안의 또 하나의 국가들로 만들어 놓고 있었기 때문에 국왕은 그들을 통제하고 힘을 약화시키려고 했다. 1476년 산티아고 기사단 단장직이 공석이 되자 이사벨은 친히 기사단 고관들을 불러 모은 다음 단장직을 자신의 부군夫君(페르난도)에게 넘겨야 한다고 주장했고, 그들은 이 요구에 순순히 동의했다. 칼라트라바 기사단과 알칸타라 기사단 단장직도 공석이 되자 비슷한 절차를 거쳐 페르난도에게 넘어갔다. 이런 조치들을 통해 국왕은 새로운 수입원과 관직 임명권을 확보하게 되었다.

도시들은 무질서와의 전쟁에서 국왕에 기꺼이 협력했다. 그러나 지난 2세기 동안 그들의 민주주의적 전통은 크게 쇠퇴했고, 많은 도시가 이기적인 과두 엘리트들의 수중에 떨어졌으며, 세비야를 비롯한 몇몇 도시들은 귀족 파당들 간의 싸움터가 되고 있었다. 이런 무질서는 이사벨에게 선왕들이 시도한 적이 있는 정책, 즉 도시에 코레히도르들을 파견함으로써 도시 문제에 개입하는 정책을 재개할 빌미를 제공해 주었다. 이 코레히도르들은 행정 기능과 사법 기능을 함께 가지고 있었고, 꾸준히 알칼데(시 행정관)들과 레히도르(시 참사회 위원)들의 권한을 탈취해 갔다. 페르난도와 이사벨은 또한 선왕들이 시작한 또 하나의 관행을 재개하였는데, 왕의 특허장을 가진 도시의 알칼데와 레히도르를 도시 가구주들이 선출하는 방식에서 국왕이 임명하는 형태로 바꾼 것이 그것이었다. 영주령 도시들villas de señorío(사법권이 귀족이나 교회에 있는 도시)은 전통적인 체제로 운영되게 하되, 필요하다고 판단될 시 왕은 그 운영에 개입할 수 있었다.

도시 길들이기와 함께 코르테스의 중요성도 감소해 갔다. 그렇게 된 가장 중요한 원인은 알카발라alcabala(판매세) 같은 국왕 세수稅收의 급증이었는데, 그로 인해 왕이 코르테스가 제공하는 보조금에 과도하게 의존하지 않아도 되었던 것이다. 자치 도시들에 대한 왕의 통제가 강화되면서 코르테스 대표들이 왕의 요구에 저항할 힘도 줄어들었다. 군주들은 돈이 필요할 때만 카스티야 코르테스를 소집하였으며, 재정이 풍족하거나 평화로울 때는 나몰라라 했다.

종교와 경제의 개혁

절대 권력으로 나아가는 과정에서 왕들은 교회와의 싸움도 마다하지 않았다. 이 시기의 허약한 교황들은 에스파냐 군주들의 압박에 굴복해 그들에게 파트로나토 레알patronato real(카스티야 왕국 내 주요 성직을 임명할 수 있는 권리)을 내주어야 했다. 페르난도와 이사벨은 영국의 헨리 8세와 달리 교회가 가진 방대한 영토를 몰수하지는 않았지만 카스티야 교회가 거두어들이는 모든 십일조의 3분의 1과, 면죄부 판매에서 얻어지는 수입을 차지하는 것으로 교회 재산 가운데 일부를 가로챘다.

교회의 충성을 확보하고 교회를 국왕 정책의 효과적인 도구로 만들기 위해 공동왕은 비난의 대상이 되고 있던 교회의 악습을 일소하지 않으면 안 되었는데, 이 악습에는 성직겸임 관행(한 사람이 여러 성직을 동시에 보유하는 관행—옮긴이), 부재성직자(직책만 보유하고 실제로 취임하지는 않으면서 수입만 챙기는 성직자—옮긴이) 관행, 성직자의 축첩 등이 포함되어 있었다. 독실한 신앙심의 소유자였던 이사벨은 이러한 개혁 작업을 추진하는 과정에서 수도 교단 성직자(수도원 교단 혹은 종교적 공동체에 속한 성직자들) 내 한 분파에서 강력한 동맹 세력을 발견했다. 스스로를 '엄수파'Observants라고 불렀던 이 집단은 동료 성직자들의 세속적 행태를 신랄하게 비판하고, 초기 기독교의 엄격한 단순주의로 돌아갈 것을 주장했다. 개혁을 위한 투쟁은 프란체스코 교단에서 금욕적 성향이 강했던 프란시스코 히메네스 데 시스네로스Francisco Jiménez de Cisneros(15세기 말, 16세기 초 에스파냐 종교 개혁의 상징적인 인물로, 왕권의 지원을 받아 엄격한 종교 재판을 시행했다—옮긴이)의 주도로 시작되었는데, 이 시스네로스는 1495년 이사벨에 의해 톨레도 대주교에 임명되었다. 개혁 운동은 다른 교단으로 확대되어 갔다. 개혁의 물결이 거세지자, 400여 명의 안달루시아 지역 성직자들은 새로운 체제를 거부하고 북아프리카로 건너가 무슬림이 되기도 했다. 결국 이 분쟁은 기강이 해이한 성직자들에 대해 엄수파가 완승을 거두는 것으로 종결되었다.

재속secular(혹은 비수도원) 성직자들을 개혁하려는 노력에서는 이사벨이 그다지 성공하지 못했다. 그러나 여기에서도 어느 정도 개선은 있었다. 이제 고위 귀족들이 성직을 독점할 수 없게 되었다. 이사벨은 하급귀족과 중간 계층 출신 성직자들을 선호했고, 임명 기준도 가문보다는 도덕과 지식을 먼저 고려했다. 이사벨의 종교 개혁은 신세계에도 특별한 의미를 가졌다. 즉 그것은 기독교 신앙이 열정, 휴머니티, 지식에서 두드러진 엘리트 사제들에 의해 인디아스에 전해지게 만든 것이다.

페르난도와 이사벨은 경제 개혁의 필요성에도 관심을 기울였다. 그들은 보호 정책을 통해 카스티야의 상업과 제조업을 증진코자 하였다. 금·은의 수출을 금지하고, 간헐적으로 국내 생산물과 경쟁관계에 있는 제품의 수입을 금했으며, 이탈리아와 플랑드르의 기술자들에게 혜택을 부여하여 카스티야에 들어와 살게 했다. 또한 국내 해운업에 우선권을 주고 국내 조선업자들에게 보조금을 제공하는 항해법을 공표했으며, 1464년 이래 카스티야에서 시행되어 오던 모든 통행세를 폐지하고, 도량형의 표준화를 위해 노력했다. 선왕들의 치세에서 통화의 평가절하가 심각했는데 이사벨은 통화의 신용 회복을 위해 사설 조폐소들을 폐지하고, 외국 주화와 동일한 가치를 지닌 주화를 발행했다. 이러한 모든 조치는 경제를 성장시키고, 국왕의 수입을 증가시켰다. 1474년에 88만 5,000 레알real(에스파냐의 화폐 단위)이던 국왕 수입은 1504년에는 2,628만 3,334 레알로 증가했다.

이사벨과 페르난도는 기본적으로 실용적인 마인드의 소유자였으나 학문과 예술 방면에도 상당한 관심을 가지고 있었다. 그래서 알레산드로 제랄디니Alessandro Geraldini, 루치오 마리네오Lucio Marineo, 페테르 마르티르 데 앙게라Peter Martyr de Anghera 같은 이탈리아 인문주의자들을 궁정에 초빙하여 왕자들과 최고 명문가 자제들을 가르치게 했다. 앞서 언급한 시스네로스 대주교 같은 계몽된 성직자들은 이미 명성이 자자했던 살라망카 대학에 견줄 만한 대학(알칼라데에나레스 대학)과 학교들을 새로 세웠다. 카스티야 자체도 문법학자이자 역사가이며 사전 편찬자이기도 했던, 그리고 1492년에 카스티야 어 문법서—근대 유럽 어 가운데 처음으로 만들어진 문법서였다—를 간행하여 여왕에게 헌정한 안토니오 데 네브리하Antonio de Nebrija 같은 뛰어난 신학문의 대가를 배출하였다. 카스티야 어와 카스티야에서의 삶의 역동성은 한 사실주의적 걸작으로 표출되었으니, 페르난도 데 로하스Fernando de Rojas의 소설 『셀레스티나』*La Celestina*(1499)가 그것이었다. 한편 카스티야 건축과 조각도 플라테레스코plateresco라는 에스파냐 고유의 양식을 발전시켰는데, 이는 이슬람의 아라베스크, 꽃과 잎사귀, 르네상스적 모티브가 장식적으로 결합된 것이었다.

대외 정책

국내의 평화 회복으로 공동왕은 외교 정책에 관심을 돌릴 수 있게 되었다. 카스티야의 이사벨에게 그라나다 정복은 무엇보다도 중요한 과제였다. 권위를 회복하자마자 공동왕은 그라나다의 지배자에게 그의 전임자들이 카스티야에 바쳤던 조공을 다시 바치라고 요구했다. 이에 그라나다 왕국의 압둘 하산Abdul Hassan은 이제 자신의 조폐소는 금화가 아니라 철화鐵貨를 발행한다며 더 이상 바칠 것이 없다고 대답했다. 그라나다 왕국의 부와 험준한 지형은 알모라비데 족이 카스티야 군의 공격을 10년 동안이나 저지할 수 있게 해주었다. 그러나 결국 카스티야의 우월한 군사력, 특히 가공할 신무기 대포는 무슬림의 저항을 분쇄하였다. 1492년 1월 그라나다는 페르난도와 이사벨에게 항복했고, 교황 알렉산더 6세는 카스티야 왕들의 십자군적 신앙심을 치하하면서 그들에게 '가톨릭 공동왕'los Reyes Católicos이라는 칭호를 하사했다.

이사벨의 마음이 그라나다 정복에 쏠려 있는 동안 아라곤의 지중해 제국, 프랑스와 아라곤 간의 전통적 라이벌 관계의 상속자였던 페르난도의 시선은 동쪽, 즉 프랑스와 인접한 국경과 이탈리아에 가 있었다. 그는 1504년 이사벨이 서거한 이후 자신의 목표 가운데 대부분을 달성했다. 전쟁과 외교를 능숙하게 결합하여 전임 군주들이 프랑스에게 빼앗긴 아라곤의 두 지방provinces을 돌려받았고, 나폴리 왕국을 아라곤 제국에 병합하였으며, 이탈리아에서 프랑스의 계획을 좌절시켰다. 페르난도의 대이탈리아 전쟁 동안 그의 군 지휘관들, 특히 그중에서도 '대장군'Gran Capitán 곤살로 데 코르도바Gonzalo de Córdoba는 화기火器와 강력한 공격용·방어용 무기를 갖춘 새로운 형태의 군대를 창설했다. 이탈리아에서 먼저 시험을 거친 이 새로운 군 체계는 유럽에서 카스티야와 아라곤의 군사적 우위를 보장해주었다. 생전에 페르난도는 나바라의 합병(1512)으로 자신의 정복사업을 완결지었으며, 이 합병은 통합 왕국(에스파냐)에 강력한 대 프랑스 국경을 가져다주었다. 비록 그의 왕위 계승자들이 공식적으로는 계속해서 카스티야, 아라곤, 나바라 등등의 왕국을 개별적으로 다스렸지만 그 후 유럽의 다른 군주들은 이베리아 반도에서 출현한 이 새 강국을 점차 로마식 이름, 즉 '히스파니아' 혹은 에스파냐라고 불렀다.

'가톨릭 공동왕'이 에스파냐 백성들에게 한 봉사는 지대했다. 오만한 귀족들을 순화시키고 무슬림 세력을 패퇴시켰으며, 서로 싸우던 기독교 왕국들을 공동의 목표하에 하나로 통합하였다. 무역과 산업 발전을 장려했으며, 지식과 예술의 보호자임을 몸소 보여 주었다. 그들은 또한 신중한 외교로 카스티야를 유럽 최강국 가운데 하나로 만들었다. 같은 시기에 카스티야의 후원하에 아메리카가 발견되었고, 카리브 해는 카스티야의 호수가 되었으며, 공동왕 치세 말경이면 왕국의 탐험가와 모험가들이 멕시코와 페루의 인디오 제국을 발견하기 일보직전에 있었다. 그런 승리들을 이끌고 주도한 왕들이 후대인들에게 범국민적 차원에서 숭배와 전설의 대상이 된 것은 결코 놀라운 일이 아니다.

페르난도와 이사벨의 정책에 대한 재평가

오늘날의 역사가들은 가톨릭 공동왕의 업적을 긍정적으로 평가하지만은 않는다. 역사가들은 공동왕의 긍정적인 업적 가운데 상당 부분을 상쇄해 버리는 잘못된 정책에 대해 그 책임을 왕 자신들에게서 찾고 있다. 왕들의 오류 가운데 하나는 귀족의 경제적·사회적 이익에 유리한 쪽으로 정책이 치우쳐 있었다는 것이다. 페르난도와 이사벨의 치하에서 귀족들의 정치적 힘은 상당히 약화된 것이 사실이지만 경제적인 면에서는 전혀 상황이 달랐다. 귀족의 수중에 토지가 집중되는 현상은 두 왕의 치세에 오히려 증가하였다. 1464년 이후 귀족들이 왕에게서 탈취한 토지와 수입의 반을 반환하게 한 1480년 코르테스(의회)의 결정은 역설적으로 귀족들이 그 이전에 획득한 방대한 재산에 대해서는 소유권을 인준해 주는 결과를 가져왔다.

무슬림들로부터 회복한 땅의 가장 큰 몫을 대귀족들에게 할당해 준 정책도 토지 독점을 가중시켰다. 더욱이 그라나다 전쟁 이후 대귀족들은 사병과 증대된 정치적 영향력을 이용해 영토와 영주제적 지배를 확대하였다. 이런 '귀족의 공세'에 대해 왕실은 별다른 제동을 걸지 않았으며, 그 결과 1500년경이면 인구의 2~3%가 전체 토지의 95%를 차지하게 되었다.

귀족들의 토지 독점으로 카스티야 농민의 대다수는 소작농이 되어 지대地代, 봉건적 부과조, 십일조, 그리고 그 외 여러 가지 세금 등 과중한 부담에 시달려야 했다. 비록 엄격한 의미의 농노제는 1480년경이면 카스티야 대부분에서 사라지고 있었고, 카스티야 농민들은 법적으로 마음대로 가고 싶은 곳으로 갈 수가 있었지만 귀족들이 사실상 거의 모든 땅을 소유하고 있었으므로 농민들의 '자유'는 에스파냐 역사가 비센스 비베스Jaime Vicens Vives의 표현처럼, '굶어 죽을' 자유에 지나지 않았다.

농업보다 목양업을 우선시 한 국왕의 정책도 장기적으로 보면 에스파냐 경제에 해롭기는 마찬가지였다. 선왕들과 마찬가지로 가톨릭 공동왕도 목양업자들이 내는 세금과 수출세, 그리고 양모 수출에 따른 금의 유입에 영향을 받았다. 때문에 공동왕은 목양업자들의 길드인 메스타Mesta에 광범한 특권을 부여했다. 이동하는 양떼가 한 번이라도 지나간 적이 있는 땅은 모두 항구적으로 목초지로 만들고 다른 용도로 사용되지 못하게 하는 1501년의 법령은 이 특권의 절정이었다. 이 조치로 안달루시아와 에스트레마두라의 방대한 땅을 농지로 사용할 수 없게 되었다. 이 특권은 양치기들이 나무를 잘라 연료로 사용하고, 울타리를 치고 목초지를 만들 수 있게 했으며, 이는 삼림 황폐화와 토양 침식의 주요 원인이 되었다. 게다가 법적으로 정해진 경로에서 벗어나 돌아다니는 양떼는 농작물과 토양에 심대한 손실을 초래했다. 인구 증가의 시기에 이런 정책과 상황은 불가피하게

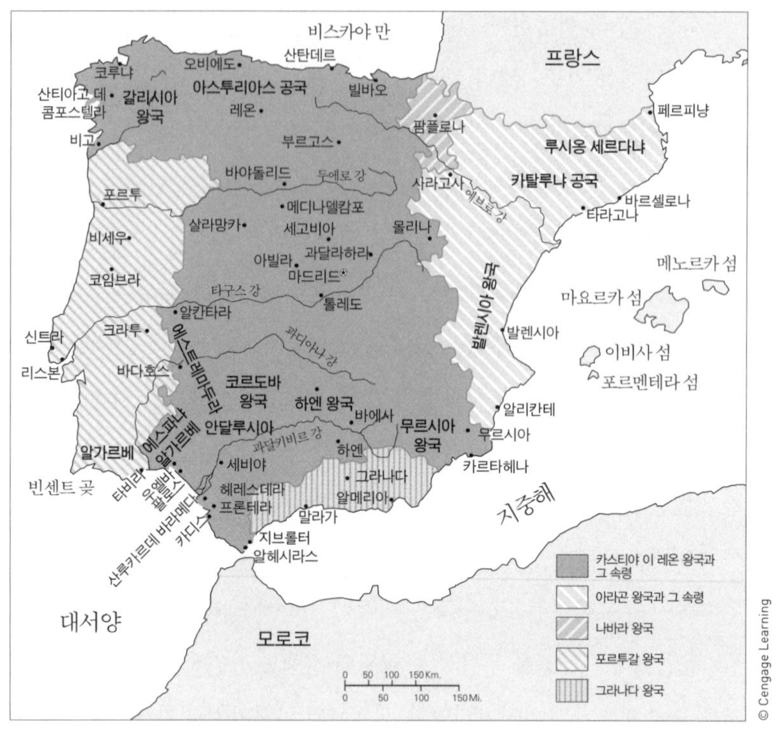

크리스토퍼 콜럼버스 시대의 에스파냐

심각한 식량 부족을 야기했으며, 만성적인 식량 부족은 16세기 초 파괴적인 식량위기에서 정점을 이루었다.

오늘날의 역사가들은 또한 에스파냐의 산업이 가톨릭 공동왕 치세에 괄목할 만한 성장을 이루었다는 전통적 견해에 의문을 제기한다. 이 역사가들은 이 시기에 산업이라고 말할 수 있는 것이라고 해봐야 바스크 지역의 제철업과 카스티야 중부 지역의 직물업뿐이었고, 그것들은 아메리카 발견과 아메리카 시장의 개방에서 강력한 자극을 받아 발전한 것이라고 주장한다. 이로 인한 산업 발전은 16세기 중엽 직후까지 지속되었지만 산업의 생산 수준은 영국, 저지대 국가들(플랑드르), 이탈리아의 수준에 비해 한참 뒤처졌다. 인구의 80%를 차지하는 농민층의 참담한 빈곤은 제조업 제품 시장을 심각하게 제한하였고, 자본과 숙련 노동의 부족 또한 산업 발전을 가로막는 장애가 되었다.

산업 발전을 방해하는 또 다른 장애물은 험준한 이베리아 반도 전역을 누비고 다녀야 하는 노새 행렬과 우마차 수송에 따르는 과도한 운송비와, 통합에도 불구하고 기독교 왕국들 간에 없어지지 않은 관세 장벽이었다. 공동왕의 온정주의적인 정책도 틀림없이 산업에 도움이 되지 않았던 것으로 보인다. 페르난도의 영향으로 엄격한 카탈루냐의 그것을 모델로 한 길드 제도가 카스티야 도시들에 도입되었다. 여기에서 가톨릭 공동왕은 카스티야 산업 발전에 아무것도 기여하지 못했으니, 그것은 아메리카의 발견과 식민화가 카스티야의 경제적 발전을 약속하고 있던 바로 그때에 산업에 대한 길드 조직의 속박을 더욱 강화했기 때문이다. 아메리카 귀금속의 유입과, 그로 인한 경제적 붐은 카스티야 산업이 기술 개발, 비용 절감, 생산의 양적·질적 증대를 위해 노력할 필요를 느끼지 못하게 했으며, 그리하여 유럽에서 정치적 우위와 함께 경제적 우위까지 확보하는 것을 방해했다.

가톨릭 공동왕의 조치 가운데 반反유대인 정책만큼 가혹한 비난의 대상이 된 것도 없을 것이다. 중세 초기 유대인들은 에스파냐 사회에서 부를 누리던 영향력 있는 집단이었다. 13세기 말까지 비교적 관용 정신이 기독교 왕국들에서 지배적이었다. 유대인, 기독교도, 무슬림 간의 관계가 너무 가까워서 교회가 항의를 할 정도였다. 14세기에 들어서면서 이 우호관계는 금이 가기 시작했다. 유대인들에 대한 증오를 불러일으키려는 기독교 사제들의 노력과, 고리대금업이라든지 세금 징수 같은 유대인들의 특화된 경제활동(그것은 농민을 비롯한 많은 사람들에게 심각한 어려움을 초래했다)은 이 과정(기독교도와 유대인 간의 관계 악화)에 기여했다. 반유대주의의 발흥은 국왕의 유대인 탄압 입법 채택과 유대인 공동체에 대한 연이은 공격을 가져왔다. 많은 유대인이 목숨을 부지하기 위해 기독교로 개종하여 결국 상당히 많은 수의 콘베르소(기독교로 개종한 유대인—옮긴이) 계층을 이루게 되었다.

개종자들은 얼마 가지 않아 징세청부인, 왕실의사, 고문顧問, 법률가 등으로 눈에 띄는 번영과 영향력을 구가했다. 부유하고 봉건적 전통에 구속되지 않으며, 지적으로 호기심이 강하고 매우 야심적이었던 콘베르소들은 농민뿐만 아니라 교회, 다수의 귀족, 도시민의 반감을 샀다. 그들이 이단 행위를 했든 하지 않았든 간에 그들은 토지 재산, 세습적 신분, 종교적 정통성에 기반을 둔 봉건적 질서를 위협했다. 그들이 불러일으킨 시기심과 적대감은 지금까지 다수의 유대인 혹은 콘베르소 조언자를 곁에 두고 있었던 가톨릭 공동왕(그중 한 사람인 페르난도의 몸에는 유대인의 피가 섞여 있었다)이 종교재판소Inquisition를 설치하고 왕국에서 유대인들을 추방한 이유를 설명하는 데 도움을 준다. 왕정이 귀족과 도시들을 순치시키고, 대규모의 새 수입원을 확보하게 됨에 따라 유대인과 콘베르소들에 대한 왕들의 의존도는 약화되었다. 유대인과 콘베르소들의 희생은 절대왕정, 교회, 귀족 간에 형성된 동맹 관계의 확인이랄 수 있었다.

1478년에 카스티야에 첫 종교재판소가 설치되었다. 이 종교 법정의 임무는 이단을 색출하여 재판하고 징벌하는 것이었으며, 그 주요 관심 대상은 콘베르소들이었다. 종교재판소는 이 콘베르소들 가운데 다수가 여전히 은밀하게 유대교를 고수한다고 의심했다. 종교재판소의 활동으로 약 2,000명의 콘베르소가 화형을 당하고, 12만 명이 국외로 도주해야 했다.

카스티야의 몇몇 도시들이 종교재판소 설치에 항의하는 청원서에서 밝혔듯이, 유대인들의 추방은 콘베르소들과 그들의 자본의 대탈출을 초래함으로써 국가 경제에 파괴적인 결과를 가져왔다.

유대인은 많은 자금이 소요되었던 그라나다 전쟁이 벌어진 12년 동안 숨 쉴 틈을 가질 수 있었는데, 그것은 그들이 국왕 재정에 누구보다도 크게 기여하는 사람들이었기 때문이다. 그러나 그라나다의 항복은 그들의 운명을 결정지었다. 풍요로운 영토와 부지런한 무슬림 주민의 정복으로 더 이상 전비 지출을 하지 않게 되자 유대인은 이제 국왕에게 재정적으로 필수불가결한 존재가 아니게 되었다. 가톨릭 공동왕은 얼마 동안 주저하기는 했지만 결국 반反유대주의자들의 압력에 굴복하여 1492년 3월 30일 유대인에게 개종과 추방 가운데 택일할 것을 강요하는 법령에 서명했다.

The Granger Collection, New York

유대인은 은밀하게 자신들의 종교적·문화적 전통을 계속 준수했을지 모르지만 공적으로는 1475년에 제작된 이 목판화가 묘사하고 있는 고문과 화형을 피하기 위해 기독교로 개종했다. 이 장면은 그라나다에서 활동하는 에스파냐 종교재판소를 보여 준다.

많은 콘베르소들의 죽음과 도망, 그리고 유대인 추방이 16세기 말 카스티야 왕국의 참담한 경제 상황을 초래한 한 원인이 되었음은 분명하다. 콘베르소의 추방은 카스티야에서 가장 역동적인 상인과 수공업자 집단을 추방한 것이고, 이들은 영국과 네덜란드로 건너가 산업혁명의 기반 형성에 기여하게 된다. 콘베르소 수공업자들의 추방은 지역 산업에도 심각한 타격을 가했으며, 이에 국왕은 1484년 칙령을 발표하여 10년간 면세 혜택을 주겠다는 조건하에 외국인 수공업자들을 국내에 들어와 살게 했다.

가톨릭 공동왕의 반유대인 정책은 또한 과학과 사상에도 악영향을 끼쳤다. 르네상스가 모든 분야에서 유럽 지식인들의 역할에 강력한 추동력을 제공하고 있던 바로 그 시기에 종교재판소는 카스티야 인의 자유로운 탐구 정신과 토론 정신을 고갈시키는 중대한 요인이 되었다. 단기간 동안에 거대한 제국의 토대를 구축한 가톨릭 공동왕은 그 제국의 때 이른 쇠퇴에도 많은 책임을 가지고 있다. 그러나 자신들의 업적의 많은 부분을 무효로 만든 공동왕의 정책상의 모순, 부정확한 판단이 그들의 개인적인 판단 오류 때문만은 아니었다. 그들은 무슬림의 점령에 대항하여 벌인 7세기 동안의 투쟁의 산물인 카스티야 사회의 구조적 취약성과 후진성을 구현하고 있기도 했다.

합스부르크 시대: 승리와 비극

1504년 이사벨의 죽음으로 포르투갈을 제외한 이베리아 반도 전체를 페르난도가 지배하게 되었다. 이사벨의 유언은 딸 후아나Juana를 자신의 후계자로 하되, 만약 그녀가 통치할 수 없는 상황이면 페르난도가 통치하게 한다는 것이었다. 실제로 점점 심해져 가는 후아나의 정신 불안 상태는 그녀의 집권을 불가능하게 하였고, 이에 페르난도가 섭정으로 나서게 되었다. 후아나의 남편 부르고뉴의 필리프 미남공Philip the Handsome이 카스티야 귀족들을 등에 업고 페르난도의 카스티야 통치권에 도전하였으나, 그 역시 1506년 갑작스런 죽음을 당하였고, 그의 죽음은 페르난도를 이론의 여지없는 왕국의 지배자로 만들어 놓았다. 1516년 페르난도가 사망하자 그의 외손자이며 후아나와 필리프의 장남인 카를로스가 왕위를 계승했다. 카를로스는 외조부모인 이사벨과 페르난도에게서 카스티야, 나폴리, 시칠리아와 함께 아프리카와 아메리카에 있는 에스파냐 영토를 물려받았고, 친조부모인 신성로마제국 황제 막시밀리아노 1세와 마리 드 부르고뉴 Marie de Bourgogne로부터는 부르고뉴 왕가 영토를 물려받았는데, 여기에는 부유한 네덜란드와, 합스부르크 가문의 독일 영토가 포함되어 있었다.

카를 5세의 치세

가톨릭 공동왕은 비록 실수가 있기는 했지만 왕국의 경제적 발전과 왕국의 부분적 통합을 촉진하려고 노력했다. 외교적으로는 신중한 태도를 취하여 지나치게 큰 목표를 추구하지 않았다. 그들은 조심스럽게 절대왕정을 향해 나아갔으며, 자신들의 계획에 방해가 되지 않는 범위 내에서 백성들의 감정과 전통을 존중했다.

합스부르크 가문 특유의 아래턱이 툭 튀어나온 얼굴을 가진 근엄한 젊은이 카를(에스파냐의 왕으로는 카를로스 1세, 신성로마제국 황제로는 카를 5세이다. 본서에서는 그의 호칭을 카를 5세로 통일하였다—옮긴이)은 플랑드르에서 태어나 자랐으며 에스파냐 어를 몰랐다. 절대왕정의 분위기가 지배적인 부르고뉴 궁정에서 자란 그는 국왕직에 대하여 에스파냐 인들과는 다른 개념을 가지고 있었다. 카스티야에 도착하자마자 그는 거만한 태도를 보였고, 같이 온 플랑드르 인 정신廷臣들은 요직을 차지하고 탐욕스런 행동으로 일관하였으며, 이에 카스티야 백성들의 불만은 점차 고조되었다. 또한 그는 조부 막시밀리아노를 이어 신성로마제국 황제로 피선되는 데 필요한 돈을 카스티야 인들에게 지불할 것을 요구함으로써 더 큰 반감을 샀다. 막대한 돈을 들인 끝에 야심을 달성하자(그로 인해 독일 푸거가the Fuggers에 막대한 빚을 지게 되었다) 그는 서둘러 독일로 떠났다.

카스티야 인들에게는 카를의 황제 피선이 장기간의 국왕 부재 상태와 더 무거운 세금 부담을 의미하는 것으로 비쳤다. 백성들의 분노는 1520~1521년 드디어 카스티야 자치도시들, 즉 코무니다드들Comunidades의 봉기로 분출했다. 이 코무네로Comunero(자치도시민들)들의 봉기는 유럽 최초의 부르주아 반란으로 불리기도 했지만 본질적으로 보수적인 운동으로 시작되었다. 봉기자들의 요구 사항은 카를이 카스티야로 돌아와서 머물 것, 카스티야의 부를 해외로 유출하지 말 것, 더 이상 카스티야 왕국의 관직에 외국인을 임명하지 말 것 등이었다. 이때까지만 해도 대귀족들은 중립적이거나 적대적이었지만 다수의 귀족들이 이 봉기를 지지했다. 그러나 얼마 가지 않아 봉기 지휘부가 급진파의 수중에 들어가고, 거의 같은 시기에 발렌시아에서도 대지주들에 대항하는 수공업자와 중간 계층의 봉기가 일어나자 코무네로들의 운동은 귀족의 지지를 거의 완전히 상실하게 되었다. 1521년 코무네로들의 군대는 참패하고, 봉기는 분쇄되기 시작했다. 1522년 7월 카를은 4,000명의 독일 군대를 거느리고 카스티야로 돌아왔다. 정치적인 시계바늘을 되돌리고, 가톨릭 공동왕 때 시작된 중앙집권적·절대주의적 정책을 저지하려는 카스티야 인들의 마지막 노력은 결국 실패로 끝났다.

적어도 한동안은 신세계와 구세계 모두에서 카를 5세가 거둔 눈부신 성공이 카스티야 인들을 그의 새로운 지배 방식에 따르도록 만들었다. 카스티야 인들은 에르난 코르테스와 프란시스코 피사로의 정복에, 무적을 자랑하는 에스파냐 군대가 유럽에서 거둔 승리에 열광했다. 그들은 엘도라도El Dorado와 보편 제국과 보편 교회를 꿈꾸었다. 시인 에르난도 데 아쿠냐Hernando de Acuña는 당시 카스티야의 고조된 분위기를 다음과 같이 노래했다.

지상에는 오직 하나의 교회, 한 분의 목자만이 있다…….

한 분의 왕, 하나의 제국, 하나의 칼만이 있다.

전쟁은 카를의 치세를 지배했다. 프랑스, 독일의 프로테스탄트 제후들, 투르크 인들을 상대로 전쟁을 했고, 심지어는 그의 팽창 정책이 이탈리아 중부 교황령을 위협했기 때문에 교황과도 전쟁을 했다. 이 전쟁들 가운데 카스티야 왕국의 이해관계가 걸린 유일한 전쟁은 투르크 제국과의 전쟁이었는데, 그것은 이 투르크 제국의 강력한 해군이 이탈리아와 시칠리아에 있는 아라곤 연합왕국의 영토, 그리고 카스티야 왕국의 해안을 위협했기 때문이다. 그러나 프로테스탄트 문제와 프랑스와의 라이벌 관계에 몰두해 있던 카를은 이 이교도들과의 싸움을 일관되고 집중적으로 추진하지 못했으며, 결국 이 전쟁은 만성적인 정체상태에 빠지고 말았다.

육지와 바다에서 카스티야 군대가 거둔 중요한 승리가 이렇다 할 만한 결과를 만들어 내지는 못했는데, 그것은 도처에서 분란에 휩싸여 있었던 카를이 자신의 승리를 충분히 이용하지 못했기 때문이다. 1556년 카를은 자신의 왕위를 아들 펠리페에게 넘겨주었는데, 양위 당시 카를은 그동안 추진해 온 중요한 목표들 대부분에서 실패하고 있었다. 예를 들어 프로테스탄트 이단은 북유럽에서 여전히 번성하고 있었다. 투르크 인들은 북아프리카에서 확고하게 자리 잡고 있었으며, 그들의 해적 함대는 지중해를 제멋대로 활보하고 있었다. 장자長子 펠리페를 신성로마제국 황제 자리에 앉히려고 한 계획은 독일 제후들(프로테스탄트와 가톨릭 제후들 모두)과, 신성로마 황제위를 자기네 가문에서 차지하려고 한 카를의 동생 페르난도의 반대로 수포로 돌아갔다. 아들 펠리페를 메리 튜더Mary Tudor와 혼인시켜 영국을 합스부르크 제국의 일원으로 병합하려고 한 또 다른 시도 역시 1558년 메리의 죽음으로 허사가 되고 말았다.

한편, 팽창해 가는 제국에서 평민들은 혹심한 부채와 과세 부담에 신음해야 했다. 카스티야는 무거운 제국 운영 부담의 대부분을 짊어졌다. 독일과 이탈리아의 상인-제후들과 은행가들(왕은 이들에게 미래의 국왕 수입의 상당 부분을 담보로 잡고 돈을 빌려 썼다)이 카스티야 경제의 주요 부분들을 차지했다. 푸거 가는 종교기사단의 영지 운영권과 알마덴 수은 광산 채굴권을 받았다. 라이벌 벨저 가the Welsers는 갈리시아 광산을 넘겨받았으며, 아메리카의 베네수엘라 지역을 봉토로 하사받아 그곳 원주민들을 가혹하게 착취했다. 엄청난 자금을 요하는 외교 사업에 필요한 돈을 만들어 내기 위해 카를은 잇단 특별 조치에 의존했는데, 카스티야와 아라곤의 코르테스(신분의회)로부터 점점 더 큰 액수의 돈을 끌어냈고, 왕에게 내는 세금을 크게 올렸으며, 개별 시민들에게 사적으로 들어오는 아메리카 귀금속을 자의적으로 점유하고 그들에게는 후로juros라는 이름의 국가 공채로 보상해 주었다. 그의 아들 펠리페가 1556년 즉위하였을 때 왕국의 재정은 파탄 상태에 있었다.

펠리페 2세의 치세와 합스부르크가 다른 왕들

펠리페 2세의 치세(1556~1598)는 모든 중요한 측면에서 카를 5세가 추구한 정책의 연장이었으며 결과도 거의 같았다. 에스파냐는 빛나는 군사적 승리를 거두었으나 펠리페 2세는 자금 부족 때문에, 혹은 모종의 새로운 위기가 그의 관심을 다른 데로 돌려놓는 바람에 여세를 계속 몰아가지 못했다. 위그노와 가톨릭교도로 분열시켜 프랑스를 지배하려고 한 펠리페 2세의 바람은 프로테스탄트이던 나바르의 앙리Henry of Navarre가 즉위 후 가톨릭으로 개종함으로써(이는 프랑스를 앙리를 중심으로 뭉치게 만들었고, 펠리페로 하여금 그와 베르벵Vervins 조약을 체결하지 않으면 안 되게 했다) 무산되었다. 투르크 인을 상대로 한 전쟁은 레판토 해전의 대승(1571)을 가져다주고, 투르크 해군에 심각한 타격을 주었으나 펠리페의 치세가 끝날 무렵 투르크 인은 다시 북아프리카 대부분을 장악하고 있었다. 에스파냐 제국에서 가장 소중한 보물과도 같았던 번영한 네덜란드에서는 펠리페의 종교적 탄압과 절대주의 정책이 대반란을 촉발하였고, 그것은 그의 치세 내내 계속되면서 에스파냐 재정을 고갈시켰다. 영국과는 프로테스탄트인 엘리자베스가 영국 여왕으로 즉위하고, 그녀가 네덜란드 반도들을 은밀하게 지원하고, 영국의 해적과 밀수업자들이 아메리카 해역에서 준동함으로써 전쟁이 불가피하게 되었다.

1588년 무적함대Armada Invencible의 패배는 제국의 자신감에 치명타를 가했으며, 북유럽 이단 세력에 대해 펠리페가 추구한 십자군의 운명에 사실상 종지부를 찍었다. 펠리페는 또 하나의 중요한 사업, 즉 포르투갈 왕국의 합병(1580)에서는 성공을 거두었고, 그것은 에스파냐 해군력을 크게 강화시키고, 북유럽 프로테스탄트들과 싸우는 데 필요한 긴 대서양 해안선을 제공해 주었다. 그러나 펠리페는 이 전략적 이점을 효과적으로 이용하지 못했으며, 포르투갈은 자신의 식민지와 배들이 네덜란드와 영국 해적의 매력적인 먹잇감이 되자 득보다 실이 많은 에스파냐와의 통합에 대해 점점 더 불만을 갖게 되었다.

1598년 펠리페 2세가 사망할 무렵 그는 비록 해체가 시작되기는 하였으나 아직은 군사적으로나 영토적으로 주변국들이 두려워하기에 충분히 강한 제국을 남겨 놓고 있었다. 그의 계승자들의 치세에서 에스파냐는 급속한 몰락의 길로 접어드는데, 그 첫번째 징후가 외교와 전쟁에서 나타났다. 네덜란드의 독립을 암묵적으로 인정한 1609년의 휴전 조약은 쇠약해 가는 에스파냐의 힘을 말해 주는 초기 징후였다. 로크루아Rocroi 전투에서 에스파냐 보병이 당한 유명한 패배(1643)는 에스파냐 군대 조직의 낙후성을 여지없이 보여 주었으며, 그동안 카스티야 왕국이 유럽 대륙에서 유지해 온 군사적 우위가 이제 과거사가 되었음을 말해 주었다. 17세기 3사분기경이면 수세에 몰린 에스파냐는 여러 차례 굴욕적인 조약을 체결하지 않으면 안 되었고, 그로 인해 네덜란드, 플랑드르 일부, 룩셈부르크, 그리고 그 외 여러 작은 영토들을 상실하게 되었다.

위기는 국외뿐만 아니라 국내에서도 나타났다. 오랫동안 카스티야에게 집중되어 온 전비 부담을 다른 기독교 왕국들에게도 나누어 부담하게 하려는 왕실의 노력은 해당 왕국들의 분노와 저항을 불러일으켰다. 능력은 있으나 신중하지는 못했던 펠리페 4세의 총신 올리바레스Olivares 백작은 카탈루냐에 군대를 주둔시키고, 카탈루냐 공국이 오래전부터 향유해오던 푸에로, 즉 자치특권을 무시하고 카탈루냐에 전비 부담을 강요하였으며, 그것은 카탈루냐 인들의 거센 저항을 불러일으켰다. 1640년 강력한 반란이 일어났고, 그것은 12년 동안 계속되면서 카탈루냐 경제를 파탄에 빠뜨렸다. 또 같은 해 득보다는 실이 많은 카스티야와의 합병에 불만을 품은 포르투갈도 카스티야의 지배에 대항하여 반란을 일으켰다. 이 반란은 성공하여 포르투갈은 다시 독립했다. 비스카야, 안달루시아, 시칠리아, 나폴리에서도 소규모의 소요가 발생했다.

쇠약해져 가는 경제와 사회

카스티야 왕들의 자질 부족이 정치적 쇠락의 한 원인이 되었다는 데에는 이론의 여지가 없다. 그러나 그 쇠락은 제국의 토대를 이루고 있던 경제적 기반의 붕괴로 이미 예정된 것이었다. 1590년대쯤이면 카스티야 경제는 이미 합스부르크 왕들의 값비싼 해외 정책에 따른 부담으로 금이 가고 있었다. 펠리페 2세는 여러 번에 걸쳐 외국 은행가들에게 진 부채 지불을 모면하기 위해 재정파산 조치를 단행했다. 펠리페 2세가 가지고 있던 재원도 갖지 못한 그의 승계자들은 통화 인플레이션에 의지해야 했고, 그것은 국내의 금과 은이 국외로 유출되는 결과를 가져왔으며, 결국 국내 통화는 대부분 동화銅貨로 채워지게 되었다. 그러나 카스티야 왕국의 경제위기를 초래한 가장 중요한 요인은 17세기 중엽에 나타난 아메리카 귀금속 유입의 극적인 감소였다. 1591년부터 1600년까지 10년 동안 아메리카 식민지에서 들어오는 수입은 약 1억 3,500만 페소(에스파냐령 아메리카의 화폐 단위)였다. 그러던 것이 약 반세기 후인 1651년에서 1660년까지 10년 동안에는 1,900만 페소로 급감했다(이 감소의 복잡한 원인은 4장에서 논의될 것이다).

1621년경이면 경제 쇠퇴의 징후가 도처에서 나타나고 있었다. 세비야에는 비단과 양모를 생산하는 베틀이 400대밖에 남아 있지 않았는데, 1세기 전만 해도 세비야에는 16,000대의 베틀이 있었다. 톨레도는 16세기에 50여 개의 모직물 제조시설을 가지고 있었으나 1665년에는 고작 13개만 남아 있었다. 농업이 처하게 된 곤궁함이 가끔은 기근의 수준에까지 떨어진 만성적인 식량 부족과 농민의 농촌으로부터의 대규모 이탈로 나타났다. 카스티야는 황폐화된 마을들의 땅이 되었다. 1600년부터 1700년까지 카스티야의 인구는 약 800만에서 600만 명으로 크게 줄어들었다. 거의 기근 수준에 이른 식량 상황 때문에 악화된 파괴적인 역병, 1609년부터 1614년 사이에 있었던 모리스코Morisco(기독교로 개종한 무슬림들)들의 추방, 인디아스(에스파냐령 아메리카)로의 주민 이주 등이 이 심각한 인구 감소의 주원인이었다.

경제 쇠퇴는 수공업자와 상인 계층을 위축시키고 귀족적 가치의 지배를 강화하였으며, 기생주의의 성장을 조장했다. 17세기 에스파냐의 야심적인 젊은이들은 무엇보다도 교회와 궁정 쪽에서 살 길을 찾으려고 했다. 1626년 카스티야에는 약 9,000개의 수도원이 있었으며, 17세기 말에는 600만 명의 인구 가운데 약 20만 명이 수도승 혹은 재속 사제들이었다. 귀족층은 또 하나의 대규모의 비생산적인 계층이었다. 한 통계에 따르면, 17세기 말 에스파냐의 귀족 수는 인구가 훨씬 많은 프랑스보다 네 배나 더 많았다. 귀족이라는 사다리의 최상층부는 소수의 대귀족, 즉 백작, 공작, 후작 등이 차지하고 있었으며, 이들은 막대한 재산과 엄청난 권력을 가지고 있었다. 가장 아래 단계에는 농민, 수공업자, 일반 시민, 그리고 다수의 이달고들hidalgos(하급귀족들; 이들의 유일한 자산은 명예, 신분, 그리고 비천한 페체로pechero[납세자, 즉 농민, 수공업자, 일반 시민들]들보다 우월하다는 것을 입증하는 문서로 된 증명서였다)이 있었다. 노동을 천시하는 귀족적 가치관은 모든 계급에 영향을 미쳤다. 부랑자 수는 지속적으로 증가한 반면 농촌 노동력은 늘 부족했다.

문학과 예술의 개화

사회 전반으로 확산되어 간 '데카덴시아'decadencia(쇠락)는 염세주의, 숙명론, 냉소주의 분위기를 고무했다. 에스파냐 사회는 엄청난 부와 절망적인 가난, 광적인 경건과 낯 뜨거운 행실, 가끔은 왕실 하인들에게 줄 급료와 국왕의 식탁 마련을 위한 비용도 없는 왕들이 과거 제국의 영광을 재현하려고 기울이는 필사적인 노력 등 극단적인 대조를 보여 주었다. 에스파냐에서의 삶의 역설, 이상과 현실의 대조는 문학적 상상력을 자극했다. 그리하여 다른 점에서는 불모의 땅이었던 에스파냐가 문학에 있어서는 황금시대를 구가했다. 1554년에 이미 최초의 피카레스크 소설 『라사리요 데 토르메스』*Lazarillo de Tormes*를 쓴 익명의 작가는 부랑자와 사기꾼이 우글거리는 당시 에스파냐의 어두운 현실을 날카롭게 포착했다. 이 작품의 주인공은 여러 주인들—눈먼 거지, 구두쇠 신부, 배곯는 신사—을 모시면서 부닥친 모험을 이야기한다. 그리고 그는 마침내 꿈꿔 왔던 최고의 꿈을 이루는데, 신부의 정부情婦와 결혼한 대가로 신부로부터 포고꾼pregonero이라는 한직을 얻어 낸 것이다.

피카레스크 소설은 마테오 알레만Mateo Alemán의 『구스만 데 알파라체』*Guzmán de Alfarache*(1599)에서 절정에 이르는데, 이 작품은 음울한 염세주의적 색조를 띠고 있다. "모두가 도둑놈이고, 거짓말쟁이이다……. 사람다운 사람은 눈을 씻고 보아도 찾을 수가 없다." 카스티야 인들의 분열, 이상과 현실 간의 갈등은 미겔 데 세르반테스Miguel de Cervantes의 『돈키호테』*Don Quijote*(1605)에서 보편적 의미와 상징을 획득했다. 프란시스코 케베도Francisco Quevedo(1580~1645)의 신랄한 풍자는 17세기 많은 지식인들이 가지고 있었던 절망감을 대변한다. 그는 "여기에 많은 것들이 있다. 이것들은 존재하고 실체를 가지고 있는 것처럼 보이나 사실은 이름과 허상뿐이다"라고 말했다.

반면에 황금세기 에스파냐의 연극(드라마)은 국가 위기를 어렴풋이 반영했을 뿐이다. 로페 데 베가Lope de Vega(1562~1645)의 희곡은 창작성, 기지 넘치는 대화, 아름다운 선율의 운문을 특징으로 한다. 그의 작품에 등장하는 늠름한 이달고, 용기 있고 지혜로운 여주인공, 위엄을 잃지 않는 농민은 암울한 현실에는 애써 무관심한 채 카스티야의 과거 중에 가장 빛나는 전통만을 상기시켰다. 그러나 칼데론 데 라 바르카Calderón de la Barca

Alinari/Art Resource, New York

디에고 벨라스케스의 초상화 「라스 메니나스」(시녀들)는 17세기 에스파냐 화파의 최고 걸작이다. 벨라스케스가 왕의 가족, 시녀, 난장이들을 묘사하고 있는 철저한 초연함에 주목할 필요가 있다. 그는 한 쪽을 희생해서 다른 쪽의 위엄이나 아름다움을 증대시키려는 어떠한 노력도 하지 않고 있다.

(1600~1681)의 희곡은 17세기 카스티야의 패배주의를 보여 주고 있는데, 그는 현실의 비극성과 몽환성을 강조했다. "인생은 꿈이고 우리가 꿈꾸는 것도 꿈일 뿐이다."

황금시대의 회화도 문학과 마찬가지로 16세기 초 자신감 넘치고 고양된 분위기에서 17세기 후반 환상에서 깨어난 정서로의 이행을 보여 준다. 회화의 위대한 시대는 엘 그레코El Greco(1541~1616)로부터 시작되는데, 그의 작품은 자연주의, 의도적 왜곡, 그리고 펠리페 2세 시대 카스티야의 음울한 종교적 열정을 전달하려는 강렬한 감정을 절묘하게 융합시키고 있다. 그러나 엘 그레코의 초상화들 가운데 일부는 위대한 사실주의에 입각하고 있다. 디에고 벨라스케스Diego Velázquez(1599~1660)에게서는 엘 그레코의 신비주의의 흔적을 찾아볼 수 없다. 빛, 색, 움직임의 묘사에서 탁월한 재능을 가졌던 벨라스케스는 두 왕(펠리페 3세와 4세—옮긴이) 치세의 궁정 생활을 화폭에 담았는데, 왕자와 공주, 궁정의 난쟁이와 광대를 차별하지 않고 동등한 시선으로 바라보았다.

5장에서 살펴보게 되겠지만 17세기의 쇠락은 카스티야와 아메리카 식민지 간의 관계에 심대한 영향을 끼쳤었다. 모국과 식민지 간의 경제적·정치적 유대의 약화는 점증하는 식민지의 자급자족 그리고 자의식과 함께 식민지인들에게 유리한 쪽으로 세력 균형의 변화를 가져다주었다. 이 추세는 제국의 필사적인 노력에도 불구하고 되돌릴 수가 없었다.

1700년, 불행한 인생을 살았던 카를로스 2세의 죽음은 합스부르크 시대에 종말을 가져왔다. 그러나 상징적인 그의 죽음 이전에 이미 에스파냐의 인구와 경제에서 부활의 조짐이 나타났고, 그것은 특히 카탈루냐에서 두드러졌다. 1670년경이면 카탈루냐는 깊은 침체에서 벗어나 뚜렷한 회복의 기미를 보여 주었다. 그렇지만 에스파냐의 모든 진보 세력의 지지를 받으며 등장한 부르봉 왕조라는 새로운 외래外來 왕조 하에서 에스파냐는 제국 재건을 위한 다방면의 노력을 힘차게 시작하게 된다.

3장 _ 아메리카 정복

유럽과 아메리카의 '만남'은 향신료를 비롯한 아시아 상품을 취급하는 수지맞는 무역에서, 동방으로 가는 바닷길을 발견하여 이집트와 베네치아의 독점을 깨뜨리려는 노력으로부터 비롯되었다. 서유럽의 상인과 군주들은 그들이 가진 얼마 되지 않은 금·은이 이탈리아와 레반트 지역 중간 상인들의 주머니로 흘러들어가는 현상이 장기간 계속되자 이제 더 이상 참을 수 없게 되었다. 포르투갈이 직접 향신료의 땅으로 가는 바닷길을 발견하기 위한 경주에서 선두로 나섰다. 포르투갈은 라이벌 국가들에 비해 몇 가지 중요한 이점을 가지고 있었으니, 좋은 항구들을 가진 긴 대서양 해안, 대규모의 어부와 선원 계층, 무역과 조선에서 얻어지는 수입을 가지고 땅

이 장의 핵심 문제

- 아메리카 정복을 가능케 한 유럽 내 조건은 어떤 것이었는가?
- 정복은 아메리카 원주민들과 유럽 인들에게 어떤 영향을 미쳤는가?
- 에스파냐 정복자들의 동기, 사고방식, 사회적 배경은 무엇이었는가?
- 소수의 에스파냐 인들이 엄청난 인구를 가진 원주민 대제국들을 비교적 쉽게 정복한 것을 어떻게 설명할 수 있는가?
- '패자의 관점'은 무엇이고, 이것은 유럽과 원주민 아메리카 간의 '만남'이라는 전통적 해석과 어떻게 비교될 수 있는가?

에서 얻을 수 있는 보잘것없는 수입을 보충해야 한다고 생각한 귀족 계층 등이 그것이었다. 포르투갈은 아비스Avis 가문이라는 유력한 왕조하에서 유럽의 어느 나라보다도 먼저 통일된 국민국가를 만들어 냈으며, 이 왕조는 상인 계층과 확고한 동맹관계를 맺고 있었고, 무역의 확대에 개인적인 이해관계도 함께 가지고 있었다. 바로 이런 점들 때문에 포르투갈이 발견 사업을 주도할 수 있었다. 영국의 지원하에 카스티야를 상대로 거둔 알후바로타Aljubarrota(1385) 전투의 승리는 자기보다 작은 이웃 국가(포르투갈)를 흡수하려는 카스티야의 시도를 한동안 저지했으며, 포르투갈의 에너지를 해방시켜 해외팽창이라는 야심만만한 사업에 투입될 수 있게 하였다.

대항해

엔히크 왕자 시대의 탐험

유명한 엔히크 왕자(1394~1460)는 포르투갈의 탐험과 정복의 시대를 열어젖혔다. 그에게는 통상 '항해왕자'라는 칭호가 붙어 있는데, 그것은 그가 육지를 볼 수 없는 대양 항해를 해본 적이 없다는 점에서도 그렇고, 또 그가 중세적인 십자군 정신과, 미지의 대륙과 바다의 비밀을 밝히고 무역 확대가 가져다 줄 이익을 차지하려는 보다 근대적인 열망을 결합시켰을 뿐이라는 점에서도 그렇고 잘못 붙여진 칭호라 할 수 있다. 1415년 엔히크는 모로코 해안의 항구 도시 세우타Ceuta 정복에 참가했다. 이 항구 도시는 무슬림의 무역 중심지였는데, 여기에서 출발한 대상隊商들은 사하라 사막을 횡단하여 팀북투Timbuktu에 도착한 다음 니제르Niger 강 유역의 흑인들을 상대로 물물교환을 통해 상아와 금을 가지고 돌아왔다. 아프리카의 거점 세우타의 점령은 포르투갈 인들에게 장밋빛 전망을 제공해 주었다. 그

1394~1460	엔히크 왕자, 포르투갈의 탐험과 정복의 시대를 열다.
1402	카스티야 왕국, 카나리아 제도를 정복하고 식민화하다.
1415	포르투갈, 아프리카 북부 해안에 위치한 무슬림들의 무역 도시 세우타를 정복하다.
1425	포르투갈, 아프리카 해안에 인접한 마데이라 제도를 식민화하다.
1481	포르투갈의 왕 주앙(João), 엘미나에 무역 전진기지를 건설하고, 노예, 상아, 금, 검은 후추 무역을 시작하다.
1492	크리스토퍼 콜럼버스, 서쪽 해로를 따라 인도를 향해 떠나다. 그러나 인도가 아닌 아메리카에 도착했고, 히스파니올라, 자메이카, 푸에르토리코, 쿠바 등의 정복을 시작하다.
1497	바스코 다 가마 휘하의 포르투갈 인들, 희망봉을 돌아 동아프리카에 무역 전진기지를 건설하다.
1500	페드루 카브랄, 우연히 브라질 해안에 상륙하여 그 땅을 포르투갈 왕의 영토로 선언하다.
1519	에르난 코르테스, 테노치티틀란에 있는 아스테카 제국을 정복하기 위해 가는 길에 위치한 베라크루스에 상륙하다.
1533	프란시스코 피사로, 잉카 왕족 아타우알파와 우아스카르 간의 내분을 이용하여 쿠스코에서 잉카 제국을 격파하다.
1533~1572	잉카의 왕 망코, 에스파냐 인들의 잉카 제국 정복과 점령에 대항하는 원주민들의 저항을 이끌다.
1542	정복자들의 힘을 위축시키고, 국왕의 권위를 증대시키고, 인디언 노예제를 폐지하기 위해 제정한 인디아스 신법이 곤살로 피사로가 이끄는 반란을 촉발시키다.

들은 세우타로 들어오는 금의 원천(생산지)을 직접 찾아감으로써 포르투갈이 직면해 있던 심각한 귀금속 부족을 개선할 수 있다는 생각을 하게 되었다. 엔히크는 또한 전설상의 기독교 군주 프레스터 존Prester John의 나라에 찾아가고 싶어 했으며(당대인들 중 많은 이가 아비시니아의 황제를 프레스터 존으로 생각하는 경향이 있었으나 그의 제국이 얼마나 넓은지에 대해서

는 아무도 모르고 있었다), 이 프레스터 존과의 연합을 통해 강력한 기독교 국가들이 힘을 합쳐 북아프리카 무슬림들을 포위 공격할 수 있으리라는 기대도 가지고 있었다.

그러나 모로코 교두보를 확대시키려는 시도는 별로 성과를 거두지 못했다. 포르투갈 인들은 만약 그들과 남쪽의 금 생산지 혹은 프레스터 존의 왕국을 갈라놓고 있는 무슬림 장벽을 뚫고 갈 수 없다면 '바닷길을 통해 그곳에 가는 것은 불가능한 것일까?'라는 생각을 하게 되었다. 1419년 엔히크는 포르투갈 남서쪽 끝에 위치한 상빈센트St. Vincent 곶 사그레스Sagres에 본부를 두고, 일단의 항해 전문가와 과학자를 이곳으로 끌어 모았다. 라고스 항 인근에서 그는 나침반과 개량된 천체관측의를 갖춘 더 크고 튼튼한 선박을 건조했다. 1420년부터 그는 여러 척의 선박을 보내 아프리카 서해안을 탐험케 했으며, 이 탐험에 참가한 선장들은 해류, 풍향, 무풍지대에 관한 정보를 그에게 제출하고 해안선을 스케치해야 했다. 이 자료들을 바탕으로 콘베르소 출신의 뛰어난 지도제작자 예후다 크레스페스Jehuda Crespes는 보다 자세하고 정확한 해도를 만들었다.

탐험이 시작되고 처음 10년 동안 마데이라 제도와 아조레스 제도가 발견되었다. 그러나 남쪽으로의 진전은 더딘 편이었다. 타는 듯한 폭염 지대와 암흑의 푸른 바다라고 하는 상상 속의 장애물이 선원들을 겁먹게 하여 지나치게 조심스런 태도를 취하게 만들었다. 1434년 서아프리카 해안의 첫번째 주요 이정표랄 수 있었던 보자도르Bojador 곶의 통과는 이 두려움이 사실무근임을 입증했다. 1460년 엔히크가 죽기 전 포르투갈 인들은 기니 만Gulf of Guinea까지 내려간 상태였고, 약탈로 포획하거나 해안 지역 추장들로부터 사들인 노예나 금을 유럽에 가지고 와 파는 수지맞는 무역을 이미 시작하고 있었다. 엔히크의 죽음으로 탐험 속도가 조금 늦어지기는 했지만 아프리카 해안을 따라 남쪽으로 내려가는 항해는 개인들의 후원 아래 노예무역과 함께 계속되었다. 노예무역은 유럽의 해외팽창이 가져 온 첫번째 달갑지 않은 결과물이었다. 1469년 부유한 상인 페르낭 고메스Fernão Gomes는 한 해에 100마일(약 160km)씩 남쪽 해안을 탐험한다는 조건으로 기니(당시 기니는 아프리카 해안 전체를 지칭하는 이름이었다) 무역에 대한 독점권을 확보했다. 약속대로 고메스는 황금해안, 상아해안, 노예해안을 따라 동쪽으로 선박들을 내려 보냈고, 이어 다시 남쪽으로 선회하여 콩고 강 입구에 이르게 되었다.

동쪽으로 가는 바닷길

1481년에 즉위한 정력적인 국왕 주앙 2세의 치세에 다시 왕이 아프리카 사업을 통제하고 지휘하게 되었다. 주앙 2세는 황금 해안의 미나Mina에 노예, 상아, 사금, 그리고 질이 떨어지는 검은색 후추 무역의 중심지가 되고, 계속 진행될 탐험의 기지로 사용될 요새를 건설했다. 과거 엔히크의 꿈이 금과 프레스터 존을 찾는 것이었다면, 주앙 2세는 아프리카를 회항하여 인도에 이르는 프로젝트에 더 관심을 갖고 있었다. 1483년 디오구 캉Diogo Cão이 이끄는 탐험대가 콩고 강 입부를 발견하고, 강을 거슬러 올라가 보기도 했다. 1484년 두번째 탐험에서 캉은 남쪽으로 더 밀고 내려가 남서아프리카에 있는 크루스 곶Cabo da Cruz에 이르렀다. 주앙 2세는 승리가 목전에 있음을 예감할 수 있었다. 1487년 바르톨로메우 디아스Bartholomeu Dias가 이끄는 함대는 리스본을 출발할 때 캉이 갔던 곳에서 더 남하하여, 가능하다면 아프리카 남단 끝까지 가보라는 명령을 왕으로부터 받고 있었다. 그가 선배 선장들이 도달했던 지점을 통과하여 더 남쪽으로 가고 있을 때 '행운의' 강풍이 디아스의 배들을 먼 바다 쪽으로 몰고 간 다음 희망의 곶('희망봉')을 회항하여 동아프리카 해안 어느 한 지점에 상륙하게 만들었다. 이로써 그는 인도로 가는 해로海路 문제를 해결하게 되었고, 리스본으로 귀환하여 자신의 성공 사실을 왕에게 보고했다.

이제 동방으로 가는 바닷길은 열렸다. 그러나 국내외 여러 문제들 때문에 주앙 2세는 인도 사업에 몰입할 수가 없었다. 결국 그는 정성 들여 준비한 탐험대를 보내 보지도 못한 채 1495년 눈을 감고 말았다. 그러나 그를 이어 왕위에 오른 '행운왕' 마누엘 1세Manuel I가 주앙의 계획을 실행에 옮겼다. 1497년 네 척의 선박으로 이루어진 함대가 바스코 다 가마Vasco Da Gama라는 거칠고 무뚝뚝한 한 귀족의 지휘 하에 리스본을 떠나 대항해에 나섰고, 그의 이 항해는 아시아에서 유럽 식민주의 시대를 시작하는 결정적인 계기를 제공하게 된다. 다 가마는 '희망의 곶'을 돌아 인도양으로 진입한 다음 동아프리카 해안을 따라 북상했다. 말린다Malinda(지금의 케냐)에서 그는 인도 서해안 향료 무역의 중심지 캘리컷Calicut까지 함대를 안내할 아랍인 항로안내인 한 사람을 고용하여 인도양을 건넜다. 캘리컷 지역의 무역을 지배하고 있던 아랍 인들의 푸대접과, 다 가마의 작은 선물을 쳐다보지도 않는 인도 지역 유지들의 무관심에 분통을 터뜨리기도 했지만 완강한 성품의 다 가마는 1499년 두 척의 배에 후추와 계피를 싣고(떠날 때는 네 척이었다) 리스본으로 돌아왔다. 곧바로 페드루 알바레스 카브랄Pedro Álvares Cabral이 이끄는 새 함대가 인도에 파견되었다. 그는 남대서양을 크게 회항하여 인도양으로 들어가려는 과정에서 1500년 초 브라질 해안에 상륙했으며, 인도 항해를 계속하기에 앞서 배 한 척을 리스본에 보내 자신의 발견을 왕에게 보고했다. 그는 향신료와 아랍 상인들(이때 아랍 상인들은 포르투갈의 침입자들에 맞서 용감하게 싸웠다)과 싸운 이야기를 가지고 포르투갈로 돌아왔다.

위대한 군인이자 행정가인 아폰수 데 알부케르케Alfonso de Albuquerque는 1509년 다 가마가 시작한 과업을 완성했다. 그는 이집트와 베네치아 경쟁자들을 몰아내고 향신료 무역을 완전히 독점하기 위해서는 인도양 무역 루트의 주요 거점들을 정복해야 한다는 것을 잘 알고 있었고, 포르투갈은 말레이 반도에 있는 말라카Malacca를 정복함으로써 동인도의 향신료가 인도양으로 들어오는 해협을 장악할 수 있었다. 무스카트Muscat와 호르무즈Hormuz의 장악은 페르시아 만으로 들어가는 입구를 막았고, 다른 나라 선박들이 유럽으로 들어오는 경로를 봉쇄하였다. 이로써 비록 포르투갈의 전략이 완전하게 성공하지는 않았지만 향신료 공급의 가장 큰 몫은 리스본에 돌아가게 되었다.

한동안 포르투갈은 전례 없는 번영을 누렸다. 그러나 인력과 재원이 풍부하지 않은 포르투갈이 방대한 동쪽 아시아 지역 방어 시설의 유지를 감당한다는 것은 처음부터 무리였으며, 얼마 가지 않아 비용이 수입을 초과하기 시작했다. 설상가상으로 국왕 마누엘은 에스파냐의 압력을 못 이기고 1494년 법령을 공포하여 개종을 거부하는 유대인을 모두 추방했으며, 그로 인해 포르투갈은 아시아에서의 승리로 갖게 된 투자 기회를 경제적으로 이용할 수 있게 해줄 유일한 내국인 집단을 상실하게 되었다. 이 틈을 타 피렌체와 독일의 은행가들이 재빨리 치고 들어와 아시아 향신료 무역에서 산출되는 이익의 대부분을 가지고 갔다. 리스본은 얼마 가지 않아 유통 거점에 불과한 신세로 전락했고, 아시아에서 리스본에 도착한 상품은 거의 곧바로 유럽 인 소비자들을 위한 분배의 중심지로서 더 유리한 지점에 위치한 앤트워프나 암스테르담으로 이송되었다. 시간이 지나면서 네덜란드와 영국 등 라이벌 국가들이 아시아 식민지 대부분을 포르투갈에게서 빼앗아갔다.

대서양으로의 항해

대서양 동쪽에 위치한 몇몇 제도諸島들—카나리아 제도, 마데이라 제도, 아조레스 제도, 카보베르데 제도—은 일찍부터 포르투갈과 에스파냐의 관심대상이 되었다. 이 제도들은 대서양 횡단 항해를 위한 디딤돌 혹은 기항지로써 아메리카의 식민화 과정에서 전략적으로 중요한 역할을 담당했다. 더욱이 이 제도들의 정복과 식민화를 위한 경제적 조직은 이베리아 인들이 신세계에서 취하게 될 정책에 유용한 선례를 제공해 주었다.

1425년 식민지가 된 마데이라 제도는 포르투갈이 동대서양에 건설한 것 가운데 가장 중요한 식민지가 되었다. 마데이라의 토양과 기후는 당시 가장 많은 이문이 남는 작물인 사탕수수 재배에 적합했고, 제노바 인의 기술적·재정적 도움과, 처음에는 카나리아 제도에서, 후에는 아프리카에서 들여온 노예를 이용한 사탕수수(설탕) 생산이 마데이라 제도에서 자리 잡았다. 1460년경 마데이라에 최초의 제당소가 들어섰고, 1478년이면 이곳이 유럽 최대의 설탕 산지가 되었다. 포르투갈 인들은 이 성공의 공식—설탕과 아프리카 노예 노동력의 결합—을 브라질의 식민화 때도 그대로 적용하였다.

카나리아 제도는 이미 14세기 초부터 유럽 인들에게 알려져 있었다. 그러나 이곳이 카스티야에 의해 최종적으로 정복되기 시작한 것은 1402년에 가서였다. 목축과 농사를 겸하면서 상호 적대적인 부족들로 조직되어 있었던 섬 원주민들(관체 족)의 맹렬한 저항 때문에 정복은 1497년에야 완료될 수 있었다. 카나리아 제도 정복이 시작되고 2세기가 채 지나지 않아 한 때 5만에서 10만을 헤아리던 관체 족은 무엇보다도 에스파냐 인들의 학대와 질병 때문에 멸종되다시피 했다. 카나리아 제도 정복은 후에 카리브 제도에서 나타나게 될 비슷한 비극적 사태를 예고하는 것이었다.

마데이라 제도와 마찬가지로 카나리아 제도도 나중에 아메리카에 이식될 정치적·경제적 제도들을 시험해 보는 실험장이 되었다. 비록 제도諸島의 통치권은 국왕에게 귀속되어 있었지만 국왕은 개별 아델란타도adelantado(원정대장)들과 카피툴라시온capitulación(탐험이나 정복을 위한 계약)을 체결하고, 그에게 특정 지역에 대한 정복의 권리와 함께 상당한 통치권과 특권을 부여했다. 이 계약은 레콩키스타 동안 군지휘자들과, 후에 콜럼버스, 프란시스코 피사로, 그리고 아메리카 정복기 동안 주요 원정대장들과 맺은 계약과 거의 같았다.

마데이라 제도와 마찬가지로 카나리아 제도도 사탕수수와 노예 노동에 기반을 둔 플랜테이션 제도를 위한 시험장이 되었다. 16세기 초쯤이면 카나리아 제도에 29개의 제당소가 가동되고 있었다. 설탕 생산에서 카나리아 제도가 유럽과 아메리카 간 중개자적 성격을 갖고 있었다는 것은 설탕 제조기술과 사탕수수 수확기술이 카나리아 제도에서 카리브 해로 건너간 사실에서도 알 수 있다.

콜럼버스의 항해

인도로 가는 바닷길을 찾으려는 노력은 여러 가지로 나타났다. 어떤 사람은 아프리카를 회항하는 것이 해결 방법이라고 믿었고, 또 어떤 사람들은 대서양을 건너 서쪽으로 가는 것이 더 낫다고 생각했다. 당시 피렌체의 과학자이면서 이 방면의 권위자였던 파올로 토스카넬리Paolo Toscanelli는 후자를 지지했는데, 그는 1474년 포르투갈 인들에게 서쪽 경로가 "당신들이 지금 시도하고 있는 기니를 거쳐 가는 것보다 더 빠를 것"이라며 그 방법을 권했다. 그의 편지는 이 문제에 대해 전부터 고민하고 있던 무명의 이탈리아 선원 크리스토퍼 콜럼버스(에스파냐식 이름은 크리스토발 콜론)의 관심을 사로잡았고, 그것은 유럽에서 서쪽 항로를 통해 치팡구(일본)와 카타이(중국)로 가는 것이 더 쉬울 것이라는 평소의 그의 신념을 굳혀주었다. 이 생각은 지구 둘레에 대한 거친 과소평가와, 아시아의 크기 혹은 아시아 대륙이 동쪽으로 뻗어 있는 정도에 대한 과대평가에 기인하고 있었다. 당시 교육 받은 유럽 인들은 대부분 지구가 둥글다고 생각했기 때문에 이 문제(지구가 구형인가 평평한가의 문제)가 콜럼버스와 그의 반대자들 간의 논쟁거리가 되지는 않았다. 핵심적인 문제는 유럽과 아시아 간에 놓인 대양의 크기였으며, 이 점에서 옳은 쪽은 콜럼버스가 아니라 반대자들이었다.

여러 가지 강박관념의 요인들이 콜럼버스에게 서쪽 바닷길로 아시아에 도달하겠다는 생각을 갖게 만들었다. 스러져가는 중세 시대로부터 자본주의와 과학의 시대로 이행해 가는 전환기적 인물이었으며, 신비주의와 실용주의의 기이한 융합이었던 콜럼버스는 신께서 자신에게 "이곳으로부터 인디아스로 항해하는 것이 가능하다는 것을 계시해 주셨고, 또 그분은 내게 이 계획을 수행하는 데 필요한 불타는 열망을 허락하셨다"고 믿었다.

1484년경 리스본에 거주하고 있던 콜럼버스는 주앙 2세에게 발견을 위한 서쪽으로의 항해를 제안했으나, 그의 제안을 경청한 전문가들로 이루어진 위원회는 왕에게 그 제안을 거절하라고 권고했다. 콜럼버스는 굴하지 않고 카스티야로 갔다. 카스티야의 여왕 이사벨은 8년 동안의 절망적일 정도로 지루한 협상 끝에 그의 '인디아스 사업'에 동의했다. 여왕과 콜럼버스가 맺은 카피툴라시온(정복 협정)은 콜럼버스를 제독과 부왕, 그리고 그가 발견하게 될지도 모를 땅의 총독에 임명하고, 모험에서 얻게 될 수입 중 상당 부분을 그의 몫으로 하겠다고 약속했다.

1492년 8월 3일 콜럼버스 일행은 팔로스Palos항에서 핀타Pinta, 산타

마리아Santa María, 니냐Niña라는 이름의 3척의 배를 타고 출항했다. 이 배들에는 많은 사람들의 생각과는 달리 죄수가 아니라 경험 많은 선원과 유능한 간부들이 승선하고 있었다. 항해는 순풍을 타고 더할 나위 없이 순조롭게 진행되었다. 그러나 가도 가도 육지가 보이지 않자 선원 가운데 일부가 동요하기 시작했고, 9월 말에는 콜럼버스가 타고 있던 기함 산타마리아호 승무원들 사이에서 불만이 터져 나왔다. 콜럼버스의 아들 페르난도에 의하면, 몇몇 선원은 콜럼버스를 배 밖으로 던져 버리고 에스파냐로 돌아가 그가 별을 관찰하다가 바다에 빠져 죽었다고 보고하려고 했다고 한다. 콜럼버스는 이들을 간신히 진정시켜 항해를 계속할 수 있었다. 해초가 눈에 띄고 물오리가 보이는 등 육지가 가까이 있다는 조짐이 보이기 시작했다. 10월 12일 콜럼버스 일행은 바하마Bahama 제도의 한 섬에 상륙했고, 콜럼버스는 그 섬을 산살바도르San Salvador('구세주')라고 명명했다.

바하마 제도를 남쪽으로 순항하여 쿠바 북동부 해안에 이르게 되었을 때 그는 이곳을 카타이(중국)의 일부라고 생각했다. 대 칸great Khan을 찾아보라며 보낸 사절들은 그 소임을 완수하지는 못했으나 원주민들에게서 호의적인 대접을 받았고, 그들이 사절들에게 "연기를 들여 마시는 어떤 풀"의 사용법을 가르쳐주었다고 보고했다. 이는 담배에 대한 최초의 언급이었다. 이어 콜럼버스는 동쪽으로 가 한 섬(오늘날의 도미니카공화국과 아이티)의 북쪽 해안을 탐험했으며, 이곳을 그는 히스파니올라Hispaniola(에스파냐 어로는 '에스파뇰라'Española)로 명명하였다. 여기에서 에스파냐 인들은 얼마간의 사금과 금 장식물을 발견하고 환호성을 올렸다(원주민들은 이것을 에스파냐 인들이 가지고 온 허드레 물건과 교환했다).

콜럼버스는 히스파니올라(이곳 해안에서 콜럼버스는 자신의 기함을 잃었다)를 떠나 에스파냐로 귀국하여 자신이 인도 제도the Indies라고 생각한 지역의 발견 사실에 대해 보고했다. 가톨릭 공동왕은 그를 열렬히 환대하며 후속 작업을 진행할 수 있게 서둘러 두번째 탐험을 준비하라고 지시했다. 이에 대해 포르투갈이 과거 카스티야와 맺은 조약에 따라 대서양에서 포르투갈 쪽에 할당된 영역을 콜럼버스가 침해했다며 이의를 제기하자 페르난도와 이사벨은 교황 알렉산더 6세Alexander VI(그는 에스파냐 인이었다)에게 중재를 요청했다. 이에 교황은 1493년 일련의 교령敎令을 내려 콜럼버스에 의해 발견되었거나 앞으로 발견될 모든 지역은 카스티야의 땅이라고 판결하고, 아조레스 제도와 카보베르데 제도의 서쪽으로 100레구아(1레구아는 약 4.8km)에 해당하는 지점에 남북으로 가상의 직선을 긋고 이 선의 서쪽 지역은 에스파냐의 영역에 해당한다고 선언했다. 그런데 이 분할선은 남대서양과, 아프리카를 돌아 아시아로 가는 곧 개척될 항로에서 포르투갈이 가질 수 있는 이권을 위협하는 것이었기 때문에 포르투갈 왕은 이 결정에 강하게 반발했다. 페르난도와 이사벨은 포르투갈의 압박에 굴복하여 1494년 토르데시야스Tordesillas 조약에 서명했는데, 이는 원래의 분할선을 270레구아 더 서쪽으로 이동한다는 것이었다. 이로써 포르투갈은 이 분할선 동쪽 지역의 발견과 정복에 대한 독점적 권리를 얻었고, 카스티야는 서쪽 지역에 대해 동등한 권리를 획득하게 되었다.

1493년 말 콜럼버스는 1,200명이 승선한 17척의 배를 이끌고 히스파니올라로 돌아왔다. 1,200명 중 대부분은 수공업자와 농민들이었으며, 소수의 "카바예로, 이달고, 그리고 지체 있는 몇몇 사람들이 포함되어 있었는데, 그들은 금에 대한 세간의 소문과, 이 지역에 관한 경이에 끌려 배에 오른 사람들"이었다. 이들은 곧 금 찾기와 원주민 사냥에 나섰다. 출신이 불분명한 외국인이었던 콜럼버스는 한몫 잡기 위해 멋대로 설치며 돌아다니는 이들을 통제할 만한 힘과 능력을 개인적으로 가지고 있지 않았다.

히스파니올라 북쪽 해안에 이사벨이라는 도시를 건설하고 나서 콜럼버스는 다시 카타이 찾기에 나섰다. 그는 쿠바 남쪽 해안으로 내려가 거의 서쪽 끝까지 탐험했고, 그 섬의 긴 해안선을 보고 드디어 아시아 본토에 도달했다고 확신하게 되었다. 그는 모든 의심을 일소하기 위해 간부와 선원들에게 "쿠바가 아시아 본토의 일부라는 것을 부정하면 100대의 채찍질과 혀가 잘리는 벌을 받겠다"고 서약하게 했다. 1496년 그는 에스파냐로 돌아와 자신의 발견에 대해 보고하고, 그에게 불만을 품은 정착민들이 왕실에 제시한 불만 사항에 대해서도 답변을 했다. 한편 이사벨 시에 두고 온 그의 동생 바르톨로메오는 이사벨 시 대신 건강에 더 유리한 섬 남부 해안으로 정착지를 옮기고 이 새 도시를 산토도밍고Santo Domingo라고 명명했다.

처음 두 차례의 항해가 이렇다 할 소득을 만들어 내지 못했으나 이사벨과 페르난도는 여전히 콜럼버스를 신뢰했고, 1498년 세번째 원정을 허락했다. 이 항해에서 그는 트리니다드와 오리노코 강 입구에 상륙했다. 이 강에서 흘러나오는 엄청난 양의 강물을 보고 콜럼버스는 드디어 자신이 아시아 대륙 해안에 도착했다고 확신하게 되었다. 그러나 그의 기이한 신비주의는 이 오리노코 강이 에덴동산을 시발점으로 갖는 파라다이스가 가진 네 개의 강 가운데 하나일지 모른다는 생각을 갖게 하기도 했다.

콜럼버스가 다시 히스파니올라에 돌아왔을 때 섬은 대혼란에 빠져 있었다. 탐욕스러운 카스티야 모험가들의 과도한 요구에 도저히 참을 수 없게 된 온순한 타이노족 원주민들이 들고 일어난 것이었다. 벼락부자가 되는 꿈이 무산된 것에 불만을 품은 에스파냐 인들은 자신들의 불행이 콜럼버스 형제들 탓이라고 비난하면서 롤단Roldán이라는 인물을 중심으로 반란을 일으켰다. 이들을 달래기 위해 콜럼버스는 그들을 관대하게 용서하고 땅과 원주민 노예를 하사했다. 한편 콜럼버스에 대한 계속되는 고발을 접수한 가톨릭 공동왕은 그를 경질하고 그의 혐의를 조사하기 위해 프란시스코 데 보바디야Francisco de Bobadilla를 칙사로 파견했다. 성급한 보바디야는 섬에 도착하자마자 콜럼버스 형제를 포박하고 포승줄에 묶어 에스파냐로 압송했다. 이사벨은 보바디야의 자의적인 행동을 질책하고 콜럼버스를 즉시 풀어주기는 했으나 콜럼버스에게 다시 신세계 부왕이나 총독직을 허락하지는 않았다.

아직도 환상에서 깨어나지 못하고 있었던 콜럼버스는 향신료의 땅으로 인도해 줄 서쪽 항로 탐색의 꿈을 버리지 못했다. 결국 그는 가장 어렵고 불운한 항해가 될 네번째 마지막 항해 허가를 여왕에게서 받아냈다. 그는 얼마 전 상륙한 바 있는 (아메리카) 본토와 고대 지도에 나와 있는 말레이 반도 사이 어딘가에 인도양으로 가는 해협이 있을 것으로 확신했다. 1502년 그는 이 해협과 남아시아로 가는 항로를 찾아 나섰다. 히스파니올라 상륙을 거부당하자 그곳에서 카리브 제도를 지나 중앙아메리카 해안으로 접근하였고, 그곳에서 남쪽으로 내려가 파나마 지협에 이르렀다. 그는 여기에서 갠지스 강까지 열흘 정도 걸릴 것으로 생각했다. 파나마에서 그는 약간의 금을 발견했으나 기대했던 지협은 여전히 나타나지 않았다. 결국 남은 두 척의 배를 이끌고 히스파니올라를 향해 떠났으나 벌레가 먹어 엉망이 된 배들을 자메이카 해안에 정박하지 않으면 안 되었고, 그곳에서 그와 선원들은 구조선을 기다리며 1년 동안 귀양살이 아닌 귀양살이를 해야 하는 신세가 되었다. 1504년 11월 콜럼버스는 유럽으로 돌아왔다. 얼마 안 있어 그는 병이 들었고, 고마워할 줄 모르는 왕실에 대해 울분을 감추지 못했으며, 1506년 여전히 부유하기는 했지만 비통한 마음을 해소하지 못한 채 생을 마감했다.

역사적 관점에서 본 아메리카 신대륙 발견

1492년 콜럼버스의 아메리카 항해 500주년에 즈음하여 이 기념비적 사건을 새롭게 해석하는 많은 연구들이 쏟아져 나왔다. 콜럼버스의 발견이 가져 온 엄청난 결과에 대해, 혹은 그것이 환호해야 할 일인지 아니면 유감스러워 해야 할 일인지 등을 둘러싼 논쟁은 지금도 계속되고 있다. 제국주의적 자부심으로 가득 차 있던 에스파냐의 역사가 프란시스코 로페스 데 고마라Francisco López de Gómara는 그 점에 대하여 한 점의 의심도 품지 않았다. 그는 1552년 "(하느님의 성스러운 탄생을 제외하고) 천지창조 이후 가장 중요한 사건은 인디아스의 발견이다"라고 기술했다. 그런가 하면 1600년 이단으로 몰려 화형을 당한 이탈리아의 급진적인 철학자 조르다노 브루노Giordano Bruno는 콜럼버스를 "타인들의 평화를 파괴하고……. 국가의 죄악을 증대시키고, 폭력에 의한 새로운 어리석음을 확산하고……. 사람들에게 폭정과 자기들끼리 죽고 죽이는 새로운 기술과 수단을 가르친 것이 전부인 뻔뻔스런 항해가들 중 한 사람에 지나지 않는다"라고 비난하면서 로페스의 의견에 강력히 반대했다.

그러나 최근까지도 콜럼버스가 이룬 업적의 가치와 위대함에 대해 의문을 품는 유럽 인이나 미국인은 거의 없었다. 19세기에 그의 항해는 당시 가시화되고 있었던 서유럽 세계의 경제 성장과 세계 지배의 원인이자 선구로 간주되었다. 콜럼버스에 대한 찬미는 특히 미국에서 열광적으로 나타났는데, 그것은 미국에서는 그 사건과 서유럽의 위대한 공화국(미국)의 괄목할 만한 홍기 간에 신비로운 연계가 있다고 생각되었기 때문이다. 이 기간 동안 콜럼버스는 편견에 물들고 잘 알지도 못하고 떠드는 수많은 적들이 쳐놓은 온갖 장애물들을 극복하고 부여받은 신성한 과업을 완수한 거의 신화적인 영웅 혹은 위대한 인물로 바뀌었다.

20세기가 시작되고 한참 지나고 나서도 '발견'에 대한 이러한 시각, 즉 그것을 진정한 자부심과 만족감의 원천으로 보는 관점은 거의 비판의 대상이 되지 않았다. 제2차 세계대전이 촉발시킨 엄청난 정치적·경제적 변화와, 전쟁이 촉발한 반식민지 혁명들이 일어나고 나서야 그의 '발견'과 그것이 가져다 준 영향에 대한 새로운 관점이 나타났다. 이 새로운 관점은 그것이 콜럼버스의 항해가 유럽에 가져다 준 영향이 아니라 아메리카 원주민과 그 문화에 미친 영향을 출발점으로 삼고 있기 때문에 보통 '패자의 관점'으로 알려져 있다. '발견'이란 말이 자민족중심적이고 유럽중심주의적이라는 인식은 많은 학자들로 하여금 '발견'이라는 용어 대신 보다 중립적인 '만남'encuentro이라는 용어를 사용하게 하기도 했다. 어쨌거나 유럽인들이 도착했을 때 아메리카는 텅 빈 대륙이 아니었다. 아메리카의 진정한 '발견자'는 수천 년 전 아시아에서 베링 해협을 건너 이곳으로 온 사람들이었다. 그러나 '만남'이라는 말은 대체로 사람들과 문화들 간의 평화적인 만남을 의미하므로 아메리카에 대한 유럽의 침략이라는 암울한 현실을 제대로 반영하지 못한다. 그러므로 본서에서는 보다 적절한 용어가 없다는 점을 감안하여 '발견'이란 용어를 계속 사용할 것이다.

'패자의 관점'은 아메리카의 발견과 그 결과에 대한 보다 균형 잡힌 평가를 가져왔다. 아메리카 원주민에게 발견과 그것의 속편인 정복은 이루 말할 수 없는 재앙이었다. 역병(그에 대해 원주민들은 면역력을 갖고 있지 않았다), 유럽 인의 가혹한 착취, 그로 인한 사회 조직의 붕괴와 삶에 대한 의욕 상실 등은 아마도 인류 역사상 가장 파괴적인 인구 재난을 가져온 것으로 보이는데, 1492년부터 1575년까지 원주민의 90~95%가 감소한 것으로 추정된다.

발견과 정복은 또한 아스테카나 잉카 제국 같은 눈부신 문명의 독자적인 발전을 중단시켰다. 많은 학자들은 이 제국들이 문화적으로 계속해서 더 발전하고 꽃피울 수 있었으나 유럽 인들의 침입으로 그 가능성이 파괴되어 버렸다고 보고 있다. 마지막으로 발견은 오랫동안 안정을 유지하던 생태계를 변화시킨 유럽의 동물, 식물, 농업 관행의 도입을 통해 생태학적 파괴 과정을 시작하게 만들었다. 콜럼버스는 히스파니올라에 쟁기를 사용하는 조방적인 에스파냐식 농업과 가축 방목을 들여왔고, 그를 통해 토양 침식과 삼림 훼손을 초래함으로써 이 파괴 과정에 단초를 제공했다. 콜럼버스에 의해 시작된 이 과정은 라틴아메리카 열대 우림의 급속한 파괴가 증명하고 있는 것처럼 오늘날까지도 계속되고 있다. 이 역시 '콜럼버스의 유산' 가운데 하나이다.

발견이 유럽과, 유럽의 장기적 발전에 끼친 영향은 그보다 훨씬 긍정적이었다. 일찍이 애덤 스미스나 칼 맑스가 지적했듯이, 그 영향은 경제 분야에서 가장 분명하게 나타났다. 아메리카의 귀금속이 16세기 유럽의 '가격혁명'에 미친 영향이나 혹은 노예무역이 유럽에서 자본의 '본원적 축적'에 미친 영향에 대해서는 역사가들 사이에서 논쟁의 소지가 있을 수 있다. 그러나 앞에서 말한 현상들이 아메리카 발견에서 유래한 다른 사건들과 함께 유럽의 경제적 근대화와 자본주의의 흥기에 엄청난 자극을 주고, 그것은 다시 비유럽에 대한 유럽의 지배 과정을 촉진하고 용이하게 했다는 데에는 의심의 여지가 없다.

발견이 지적인 면에서 유럽에 미친 영향을 평가하기란 그리 쉽지 않다. 그러나 아메리카 발견으로 인한 지리적 지평의 확대가 정신적 지평의 확대와 세계를 바라보는 새로운 방식의 출현을 가져왔고, 그것이 지적 발전에 크게 기여했다는 데에는 이론의 여지가 없어 보인다. 위대한 지리상의 발견의 첫번째 희생자 가운데 하나는 고대인들과 교부들이 누리던 권위였다. 에스파냐의 탁발수사 바르톨로메 데 라스 카사스Bartolomé de Las Casas(1484~1566)는 인간이 살 수 없는 지역에 대한 전통적 믿음을 설명하는 글에서 성 아우구스티누스와 고대인의 권위를 무너뜨리는 다음과 같은 한마디를 던졌다. "다시 말해 그들은 그리 많이 알고 있지 않았다."

아메리카와 아메리카 원주민의 발견은 또한 그들의 기원과 성격에 관한 논쟁을 낳았고, 그것은 인류학을 탄생시켰다. 아메리카 원주민들이 본질적으로 인간애와 평등성을 가진 사람들임을 입증하려는 바람은 16세기 일부 에스파냐 선교사들로 하여금 원주민 문화에 대해 깊이 연구하도록 고무했다. 이들 탁발수사 겸 인류학자들 가운데 가장 중요한 인물 중 한 사람이 앞서 말한 바르톨로메 데 라스 카사스인데, 그는 자신의 저서 가운데 하나에서 방대한 자료를 통해 아메리카 원주민이 아리스토텔레스가 선한 삶으로 규정한 조건들을 완전히 충족시키고 있음을 입증해 보였다. 라스 카사스는 무엇보다도 경험과 관찰을 근거로 문화적 차이를 환경결정론적으로 설명하였으며, 인신공희나 의식적儀式的 식인 관행 같은 유럽적 기준에서 벗어난 행위들에 대해서도 과학적·객관적으로 설명하려고 했다.

원주민들의 생활 방식 가운데 어떤 것은 분명 기이하고 이상했고, 이에 대한 숙고와 그들의 그런 방식을 이해하고 설명하려는 탁발수사 겸 인류학자들의 노력은 문화 상대주의의 발전을 가져왔으며, 그것은 권위의 부정과 마찬가지로 과거와의 갑작스런 단절을 의미했다. 예를 들어 라스 카사스는 '야만적인'barbarian이라는 말을 엄격하게 의미론적으로 분석하여, 아스테카나 잉카 같은 선진적인 원주민 문명에 적용함으로써, 그 말이 지닌 부정적인 의미를 제거했다. 아메리카 원주민의 관습에 대한 기록을 탐독한 뒤 몽테뉴Michel de Montaigne는 브라질 원주민에 관한 유명한 에세이

「카니발에 관하여」"On Cannibals"에서 "자신들과 관습이 다르다는 이유만으로 야만적이라 일컫는 것 말고는, 내가 들은 바로는 이 지역에 야만적인 것은 존재하지 않는다"라고 말했다.

아메리카와 아메리카 원주민의 발견은 또한 르네상스 유럽의 사회적 불의不義에 실망해 있던 유럽 인들로 하여금 근본적으로 새로운 틀을 가진 정치적·경제적 조직을 제안하게 했다. 예를 들어 1516년 토머스 모어Tomas More는 『유토피아』*Utopia*를 출간했는데, 여기서 그는 정의와 이성이 지배하는 이교적이고 사회주의적인 사회, 그러니까 모어가 가난한 사람들을 억압하는 "부자들의 음모"라고 규정한 당대 유럽 국가들과는 다른 사회를 제시하였다. 유토피아와 그 기구들에 대해 얘기하는 모어의 화자話者는 자신이 선원이며 아메리고 베스푸치와 함께 세 차례 아메리카에 항해한 적이 있다고 주장한다. 사유재산의 폐해와 인민 정부의 이점에 대한 모어가 가진 개념의 주요 원천은 베스푸치의 「두번째 편지」에 나오는 원주민들의 관습과 신앙에 관한 다음과 같은 구절인 것으로 보인다.

> 그들은 법도 종교 교리도 가지고 있지 않으며, 자연에 순응하여 살아간다. 그들은 영혼의 불멸에 대해서도 알지 못한다. 그곳에는 사유재산이 존재하지 않으며 모든 것이 공동소유이다. 그들에게는 왕도 없고, 누가 누구에게 예속되어 있지도 않다. 각자가 스스로의 주인이다. 사법기관도 없으며 그것이 필요하지도 않다.

그러나 발견이 권위에 대한 새로운 부정, 문화적 상대주의의 성장, 그리고 그것이 비정통적인 사회적·정치적 사상에 가져다 준 충격 등에 반영된 데서 볼 수 있는 것처럼, 유럽 인들의 지적인 삶에 긍정적인 영향을 가져다주기도 했지만 다른 한편으로는 인종주의와 자민족중심주의라고 하는 부정적인 태도를 더 강화하는 좋지 않은 결과를 가져오기도 했다. 플랑드르의 지도 제작자 아브라함 오르텔리우스Abraham Ortelius는 1579년에 만든 세계지도에서 그 같은 태도를 분명히 보여 주었는데, 여기서 그는 유럽을 그린 지도에 에스파냐와 포르투갈에 의해 완수되어 가고 있는 유럽의 세계 정복이라는 역사적 사명을 선언하는 글귀를 첨부해 놓았다. "그들(에스파냐 인과 포르투갈 인)은 세계를 지배하게 될 것이다."

그러나 다른 유럽 인들은 그 말에 동의하지 않았다. 바르톨로메 데 라스 카사스는 "모든 인류는 하나다"라고 선언했고, 몽테뉴는 유럽 인의 야만적 행동을 신랄하게 비난하고 "형제적 우애와 이해"는 유럽 인들과 신세계 원주민들 간의 적절한 관계라고 주장했다. 그러나 이런 관점이 이 문제에 대한 당시 유럽 인들의 전형적인 생각은 아니었다. 식민지 라이벌들이 아메리카 원주민에 대한 에스파냐 인의 행동에 대해 비난을 퍼붓기도 했지만 그들도 대개는 원주민을 악에 물들어 있는 "가련한 야만인"으로 보는 데 이의를 제기하지 않았다.

'패자의 관점'에서 보는 시각은 역사 연구에서의 새로운 관점과 더불어 콜럼버스라는 인간을, 그리고 그가 '인디언'Indians('인디아 인')으로 잘못 명명한 주민들을 다룬 방식을 좀더 잘 이해할 수 있게 해준다. 중세적 신비주의와 근대적 기업가 정신의 기이한 혼합물이었던 콜럼버스는 금에 대한 다음과 같은 언급을 통해 스스로 모순적 태도의 소유자임을 드러냈다. "오 위대한 금이여! 금을 소유한 자는 원하는 것을 모두 가질 수 있고, 자신의 뜻을 세상에 강요할 수도 있으며, 심지어는 영혼들이 천국에 드는 것을 도울 수 있는 보물을 가진 것이나 다름없다." 츠베탕 토도로프Tzvetan Todorov는 『아메리카 정복』*Conquest of America*이란 책에서 유럽 침략자를 대표하는 콜럼버스의 이데올로기를 면밀히 분석하여 그가 가진 또 다른 모순을 보여 주었다. 콜럼버스는 인디오들을 "고귀한 야만인"으로 언급하는가 하면, 상황에 따라서는 "더러운 개"로 간주하기도 했다. 토도로프는 이 두 가지 신화가 공통의 기반에 기초하고 있다고 설명하면서 '인디오들'에 대한 경멸과 그들을 자신과 똑같은 인간으로 인정하기를 거부하는 태도가 그것이라고 했다. 토도로프에 의하면, 콜럼버스는 원주민들을 인간이 아닌 물건으로 간주했다. 이것은 그가 1498년 9월 에스파냐의 왕들에게 쓴 다음의 편지에서 잘 나타난다.

> 성부와 성자와 성령의 이름으로, 여기서 모은 판매 가능한 모든 노예와 브라질우드를 보냅니다. 제가 가진 정보가 틀리지 않다면 4천 명의 노예를 팔 수 있을 것이며, 그로 인해 얻게 될 수입은 적어도 2천만(당시 에스파냐 은화인 '마라베디'로 추정됨 — 옮긴이)은 될 것입니다. 카스티야와 아라곤, 이탈리아와 시칠리아, 포르투갈과 아라곤의 제도들, 그리고 카나리아 제도에서 많은 노예를 필요로 하며, 기니에서 오는 노예의 수는 점점 줄어들고 있습니다. 그리고 인디오 노예들이 지금은 쉽게 죽어나가는 경향이 있지만 계속 그러지는 않을 것입니다. 그것은 아프리카나 카나리아 제도에서 온 노예들도 마찬가지였지요.

사실 콜럼버스는 인도로 가는 서쪽 항로 개척과 금의 탐색을, 아메리카 인디오들의 노예화와 그 노예들을 카스티야에 매각하는 것으로 보완할 생각을 일찍부터 가지고 있었다. 그는 이런 생각을 에스파냐의 왕들이 좀더 기꺼이 수용하게 하기 위해 노예사냥을 "식인 풍습을 가진" 것으로 알려진 부족, 즉 카리브 족에 국한하겠다고 제안했다. 히스파니올라 섬의 타이노 족이 학대를 견디다 못해 들고 일어났고, 그것은 인디오의 노예화를 위한 또 하나의 법적인 구실을 제공했다. 1494년에서 1500년 사이에 콜럼버스는 약 2천 명의 '인디오들'을 카스티야 노예 시장에 보냈으며, 널리 알려진 것과는 달리 이사벨 여왕은 이 노예무역의 대부분을 승인했다.

콜럼버스가 이 노예제를 상인 모험가의 관점에서 바라보고 있었음은 물론이다. 그는 포르투갈의 아프리카 노예무역(여기에는 제노바 상인들도 깊이 개입하고 있었다)의 방식에 대해 이미 잘 알고 있었다. 그는 노예제가 특정 조건하에서는 거의 보편적으로 합법적이고 자연스런 일로 간주되던 시절에 살았던 사람이다. 그가 노예가 된 사람들의 삶과 죽음에 무관심했다고 해서 그를 흉측한 괴물로 간주할 필요는 없다. 그가 금을 열렬히 원했지만 그것이 오로지 세속적인 탐욕 때문만은 아니었다. 에스파냐의 학자 후안 힐Juan Gil이 지적했듯이, 콜럼버스가 "짤랑거리는 마라베디* 소리에 매혹되었다"는 것은 분명하다. 그는 자신의 발견에서 가능한 한 많은 몫을 차지하기 위해 에스파냐 국왕들을 상대로 끈질긴 협상을 벌였으며, 비록 말년에 자신의 가난에 대해, 그리고 머리를 누일 집 한 채 없다고 탄식하기는 했지만 사실 죽을 때도 그는 백만장자였다. 그러나 콜럼버스에게는 다른 면이 있었다. 그는 금을 기독교의 보편적 승리를 앞당겨 줄 수단으로 보았고, 자신이 모시는 국왕들에게 인디아스로부터 얻어지는 수입을 성지 예루살렘 탈환에 사용할 것을 촉구했으며, 그 자신 그를 위한 십자군 대장이 되겠노라고 제안했다. 콜럼버스의 머릿속에는 155년 후에 세상 종말이 올지 모른다고 믿는 중세 시대 신비주의자와, 권력, 지위, 부, 명성을 열정적으로 추구하는 르네상스 인이 공존하고 있었으며, 그 둘은 끊

* 16~17세기 에스파냐에서 쓰인 화폐 단위.

임없이 갈등하였다.

콜럼버스가 이룩한 업적의 의미를 제대로 평가하기 위해서는 그 스스로도 의식하지 못한 역사적 힘, 즉 소멸되어 간 중세시대에서 흥기하는 자본주의 세계로의 이행(그 이행의 성공 여부는 정복과 세계 시장 창출에 달려 있었다)을 이끈 힘의 도구였다는 것을 인정해야 한다. 그 과정은 또한 이데올로기적 정당화, 유럽의 백인이 다른 모든 민족이나 인종보다 우월하다는 신념을 필요로 했다. 카리브 해에서 콜럼버스가 수행한 일은 그 이데올로기가 신세계에 적용된 첫번째 비극이었다. 그가 비록 식민주의의 유일한 시조는 아니었지만 그 시조들 가운데 한 명이었던 것은 분명하며, 그 지배 체제가 가져다 준 파괴적인 결과에 대해 그 역시 책임이 있다는 점에는 의심의 여지가 없다.

발보아와 마젤란

콜럼버스에 이어 다른 탐험가들이 아메리카로 몰려갔고, 남아메리카 본토의 엄청나게 긴 해안선이 사람들에게 서서히 알려지게 되었다. 1499년 알론소 데 오헤다Alonso de Ojeda는 항로안내인 후안 데 라 코사Juan de la Cosa와 피렌체인 아메리고 베스푸치Amerigo Vespucci 등과 함께 오리노코 강 입구로 가 베네수엘라 해안을 탐사했다. 베스푸치는 1501~1502년에 포르투갈 선박을 타고 또 한 차례 탐험에 나섰다. 이 원정은 1500년의 페드루 알바레스 카브랄에 의해 이루어진 브라질 발견의 후속 원정의 성격을 가지고 있었으며, 사우바도르(살바도르)로부터 리우데자네이루에 이르는 브라질 해안을 탐사하고 돌아왔다. 베스푸치는 자신의 후원자인 메디치 가의 조반니Giovanni de Medici와 로렌조Lorenzo de Medici에게 보낸 편지에서 신세계의 동식물과 원주민에 대해 생생하고 사실주의적으로 기술하였고, 그

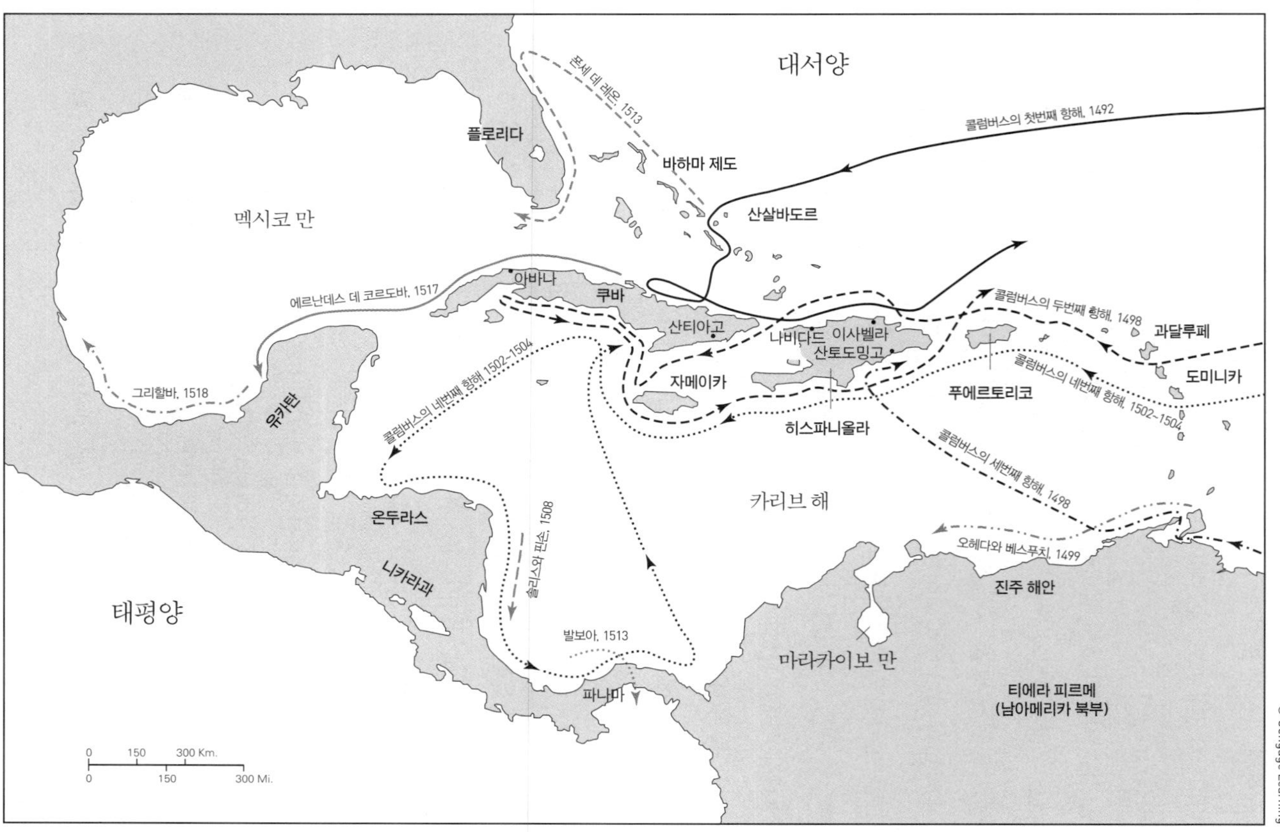

초기 에스파냐 인들의 카리브 해 항해

를 통해 자신이 도회적이고 교양을 갖춘 르네상스적 인간임을 보여 주었다. 1500년대 초에 출간되어 널리 유포된 그의 편지는 그 진실성이 심히 의심스러운 1497년의 항해를 언급함으로써 그에게 남아메리카 대륙에 발을 디딘 최초의 유럽 인이라는 명성을 안겨 주기도 했다. 독일의 지리학자 마르틴 발트제뮐러Martin Waldseemüller는 베스푸치의 업적을 기리는 의미로 새로 발견된 땅을 그린 지도에 브라질 지역을 '아메리카'로 명명하였다. 이 이름은 널리 받아들여졌으며, 후에는 이 지명이 신대륙 전체를 가리키는 것이 되어 지금에 이르고 있다.

원주민 노동력이 부족해지고 히스파니올라에 새로 정착한 주민들의 경제적 성공의 기회가 전반적으로 줄어들자 에스파냐의 노예 사냥꾼과 모험가들은 대앤틸리스 제도(에스파냐식 이름은 대안티야스 제도) 나머지 지역의 정복에 나서게 되었다. 1509~1511년 사이에 푸에르토리코, 자메이카, 쿠바가 점령되었다. 그러나 같은 시기 북부 콜롬비아와 파나마 해안에 식민지를 건설하려는 노력은 참담한 실패로 끝났고, 이 두 원정에서 살아남은 사람들은 정복자 바스코 누녜스 데 발보아Vasco Núñez de Balboa의 열정적인 지휘하에 하나가 되어 파나마 지협에 다리엔Darién이라는 새 정착촌을 건설했다. 멀지 않은 곳에 거대한 바다가 있고, 그 남쪽에 황금이 넘치는 땅이 펼쳐져 있다는 소문을 원주민들로부터 들은 발보아는 원정대를 이끌고 파나마의 삼림과 산지를 가로질러 태평양 해안가에 이르렀다. 그가 만약 자신의 장인이며 잔인하기로 소문이 난 "다리가 두 개인 호랑이" 페드라리아스 다빌라Pedrarias Dávila(1514년 카를 5세에 의해 지협의 총독으로 파견되었다)의 질투심을 자극하는 우를 범하지 않았더라면 아마도 그가 잉카 제국을 발견할 수도 있었을 것이다. 발보아는 반역죄와 탈영죄로 기소되어 1519년 처형되었다.

발보아에 의해 태평양의 존재가 확인되자 그 이후 유럽 인들의 항해는 아메리카 대륙을 횡단 혹은 우회하여 아시아로 가는 바닷길의 탐색에 집중되었다. 포르투갈 인으로서 인도와 동인도 제도를 방문하고 참전한 적이 있었던 페르디난드 마젤란Ferdinand Magellan은 브라질 남쪽에 아시아로 가는 지름길이 있다고 확신했다. 자신의 계획에 포르투갈 왕이 관심을 보이지 않자 그는 에스파냐로 가 지원을 약속받았다. 그렇게 해서 1519~1522년 역사상 최초의 지구 일주 항해가 시도되게 되었다. 이는 항해 역사상 엄청난 위업이었을 뿐만 아니라 유럽 인들의 지리 지식을 획기적으로 증대시켜 놓은 사건이기도 했다. 그러나 마젤란의 위업은 필리핀 제도를 에스파냐에 귀속시킨 것 말고는 실용적인 면에서 그리 큰 가치를 만들어 내지 못했는데, 그것은 아시아로 가는 이 새로운 항로가 너무나 멀어서 상업적 가치를 갖지 못했기 때문이다. 그로 인한 현실적인 결과라고 한다면 에스파냐 인들이 아메리카의 가치를 전보다 더 높게 평가하게 되었다는 것이다. 아시아의 부에 손쉽게 접근할 수 있을 것이라는 환상에서 깨어나게 된 에스파냐는 이제 그 에너지를 아메리카 정복의 확대와, 신세계의 인적 자원 혹은 자연자원의 보다 적극적인 이용에 집중하게 되었다.

멕시코 정복

목테수마와의 만남

1518년 아스테카 제국의 수도 테노치티틀란에 불길한 소식 하나가 전해졌다. 공납징수관 피노틀Pinotl이 멕시코 만에서 급히 달려와 목테수마 왕에게 하얀 얼굴에 턱수염이 무성한 사람들을 태운 날개달린 탑들이 바다에 나타났다고 보고한 것이다. 피노틀은 이 사람들과 몸짓발짓으로 대화를 나누었으며, 그들의 지도자와 선물을 교환했다고도 했다. 이 기이한 방문객들은 떠나면서 곧 다시 돌아올 것이고, 산 속에 있는 그의 도시로 목테수마를 방문하겠다는 말을 했다(피노틀은 그들의 몸짓을 그렇게 해석했다)고 했다.

아스테카 인들의 설명은 이 소식에 목테수마가 몹시 당황했다는 데 의견을 같이 하고 있다. 이 이방인들의 우두머리가 바로 과거에 잃어버린 자신의 왕국을 되찾으러 온 케찰코아틀 신은 아닐까? 아스테카의 한 사료에 따르면 목테수마는 다음과 같이 외쳤다고 한다. "그분이 나타나셨다. 그분이 돌아오셨다. 그분은 떠나기 전에 약속한 대로 이곳으로 돌아와 왕좌에 오르실 것이다."

날개 달린 탑이란 쿠바의 총독 디에고 벨라스케스Diego Velázquez가 1517년 프란시스코 에르난데스 데 코르도바Francisco Hernández de Córdoba가 이끈 노예사냥 원정대가 발견한 바 있는 해안을 탐사하라고 파견한 에스파냐 인 선장 후안 데 그리할바Juna de Grijalva와 그 일행이 타고 온 배였다. 코르도바는 당시 유카탄 반도에 상륙했었는데, 그곳에는 마야 족이 살고 있었으며, 그들은 면직물 외투, 화려한 깃털 장식, 석조 피라미드와 신전, 금제 장식물 등을 가지고 있었고, 그것은 그들이 에스파냐 인들이 지금껏 만났던 어떤 원주민들보다도 앞선 문화의 소유자임을 말해 주고 있었다. 코르도바는 마야 족과의 싸움에서 참담한 패배를 맛보았으며, 거기서 입은 부상 때문에 쿠바로 돌아와 얼마 안 있어 죽었다. 그러나 돌아올 때 그는 상당량의 금과 값나가는 물건을 가지고 왔고, 이 때문에 벨라스케스 총독은 또 한 번의 모험을 준비할 생각을 하게 되었으며, 그 책임을 자신의 친척 그리할바에게 맡긴 것이었다.

그리할바는 1518년 4월 산티아고를 출발해 코르도바가 갔던 길을 따라가 목테수마의 제국 변경에 이르렀고, 거기에서 원주민들의 환영을 받았는데, 그들은 그에게 흰색 깃발을 흔들며 가까이 다가오라는 신호를 보냈다. 여기에서 아스테카의 관리 피노틀이 그리할바의 기함에 승선했고, 그가 가지고 온 보고가 테노치티틀란에서 놀라움과 공포를 촉발시킨 것이었다. 이때 활발한 교역이 이루어졌는데, 아스테카 인들의 금과 에스파냐 인들의 녹색 구슬이 서로 교환되었다. 그리할바는 자신이 마침내 큰 도시들로 가득 찬 부강한 왕국을 발견했다고 확신하게 되었다. 그는 오늘날의 베라크루스Veracruz 항 근처에서 물물교환으로 얻은 금을 페드로 데 알바라도Pedro de Alvarado를 시켜 쿠바로 가져가게 했다. 알바라도는 벨라스케스에게 그동안 그리할바가 수행한 일에 대해 보고하고, 식민지 건설과 증원 인력 파견을 벨라스케스에게 요청하라는 임무도 함께 받고 있었다. 그리할바 자신은 다른 세 척의 배를 이끌고 항해를 계속해 아마도 아스테카 제국 북쪽 끝 지점인 파누코Pánuco강에 이르렀던 것으로 보이며, 그 뒤 갔던 길로 되돌아 와 1518년 11월 쿠바에 도착했다.

코르테스-케찰코아틀

벨라스케스는 멕시코 본토를 정복하려는 세번째 원정 계획을 이미 세우고 있었다. 그는 그리할바 대신 에스파냐 엑스트레마두라 지방 메데인Medellín 출신으로 당시 서른 세 살이던 에르난 코르테스Hernán Cortés를 원정대장에 임명했다. 1485년 가난한 하급귀족의 아들로 태어난 코르테스는 14세에 법학을 공부하기 위해 에스파냐 최고 명문 대학이 있는 살라망카Salamanca로 갔으나 몇 년 후 그 곳을 떠나 군대에 투신하였다. 그는 당시 유럽의 전쟁터가 되고 있던 이탈리아(이곳에서 에스파냐 군대는 대장군 곤살로 데 코르도바의 지휘하에 승승장구하고 있었다)와 금, 아마존, 엘도라도의 땅 인디아스 가운데 하나를 선택해야 했으며, 1504년 열아홉 살의 나이로 히스파니올라로 가는 배에 몸을 실었다.

그는 히스파니올라 섬에 도착한 지 얼마 되지 않아 첫번째 전투에 참가했는데, 그것은 에스파냐 인들의 학대를 견디다 못해 들고 일어난 아라와크 족을 진압하기 위한 것이었다. 그에 대한 보상으로 그는 엔코미엔다encomienda(원주민들이 바치는 공납과 노동을 수취할 권리)를 하사받았다. 1511년에는 벨라스케스가 이끄는 손쉬운 쿠바 정복에 병사로 참여했다. 이듬해 그는 쿠바에 새로 건설된 도시 산티아고Santiago의 알칼데(행정관)에 임명되었다. 1518년에는 벨라스케스를 설득하여 멕시코 본토 탐험을 위해 꾸려지고 있던 새 원정대 대장 자리를 따냈다. 그러나 출발 직전 코르테스의 야심을 의심한 벨라스케스가 그의 임명을 취소했지만 코르테스는 벨라스케스의 명령을 가볍게 무시하고 1519년 2월 약 600명의 병력과 함께 서둘러 쿠바를 출발했다. 당시 벨라스케스가 카를 황제에게서 본토 정복과 정주를 위한 허락을 아직 받아내지 못한 상태였기 때문에 코르테스가 벨라스케스로부터 받은 지시는 원주민과의 무역 그리고 탐험에 국한된 것이었다.

코르테스의 함대는 먼저 코수멜Cozumel이라는 섬에 상륙하여, 8년 전 조난을 당해 마야 인과 같이 살고 있던 에스파냐 인 헤로니모 데 아길라르Jerónimo de Aguilar를 구출했다. 1519년 3월에는 토바스코Tobasco 해안에 상륙하여 치열한 교전 끝에 그곳 원주민들을 굴복시키고, 그들로부터 우호관계를 약속하는 서약과 함께 원주민 소녀 말린체Malinche*를 선물로 얻었는데, 그녀는 그후 통역, 조언자, 정부情婦로서 코르테스에게 봉사하게 된다. 그 해 4월 코르테스는 지금의 베라크루스 근처에 닻을 내렸다. 그는 벨라스케스의 성가신 간섭에서 벗어날 방법을 강구했다. 그는 정복과 정주는 단순한 교역보다는 국왕의 이익에 봉사할 수 있어야 한다고 주장하는 대다수 그의 추종자들의 의견을 받아들여 비야리카데라베라크루스Villa Rica de la Vera Cruz라는 작은 도시를 건설하고, 첫번째 관리들을 임명했으며, 그 관리들에게 자신이 벨라스케스에게서 받은 권한을 이양했다. 이에 관리들은 새로 발견된 땅을 정복하고 식민화할 수 있는 권한을 가진 사령관직을 코르테스에게 부여했다. 그런 식으로 코르테스는 도시 자치라는 에스파냐의 중세적 전통을 이용하여 자신의 불복종에 합법성의 외피를 입혔다.

며칠 후 목테수마의 사절들이 에스파냐 인들의 캠프에 나타났다.** 이

---

* 멕시코가 에스파냐로부터 독립한 후에 말린체가 코르테스 혹은 그의 정복을 위해 제공한 두드러진 봉사는 그녀의 이름을 외국인에게 나라와 민족을 팔아먹은 반역자의 전형으로 만들어 놓았다. 멕시코 인들 중에는 그 같은 생각을 가지고 있는 사람이 지금도 많다. 그러나 당시에는 메소아메리카에 거주하는 수많은 인종 집단들 사이에 멕시코의 국가성에 대한 인식이나 통일성에 대해 어떠한 의식이 없었다는 점을 고려하지 않으면 안 된다. 분명 남다른 언어적 기술을 가진 재주 많은 젊은 여성 말린체는 자신의 뜻과는 무관하게 그녀 자신이 매우 위험한 상황에 처해 있음을 알게 되었을 것이다. 프란세스 카투넨(Frances Karttunen)은 그녀가 살아남을 수 있는 최선의 방법은 코르테스에게 봉사하는 것이었다면서, 그녀는 "확고하게 그를 위해 봉사했다. 그녀의 초지일관함은 배신의 구현이라기보다는 완전한 충성의 실행으로 간주되어야 한다"고 말했다.

** 본서에서 필자는 멕시코 정복과 관련하여 각 사건들에 대한 아스테카 인들의 설명을 환상적인 요소들까지 포함하여 두루 참조하였다. 그런 설명 가운데 대표적인 것이 위대한 선교사 겸 학자인 베르나르디노 데 사아군(Bernardino de Sahagún)이 수집 편찬한 『피렌체 코덱스』(Florentine Codex)인데, 이것은 정복에 대한 아스테카 인들의 생각과 반응에 대하여 우리에게 놀라운 통찰을 제공한다. 이 판본에서 신 겸 왕인 케찰코아틀의 귀환을 예언하고 있는 전설은 중요한 역할을 수행하는데, 적어도 처음에는 정복자 코르테스가 신 자신이거나 혹은 그의 사자(使者)로 여겨졌던 것으로 나타난다. 그러나 최근 몇몇 학자들은 그 전설이 정복 이후에 아스테카의 패배를 합리화하기 위해 원주민들이 혹은 에스파냐 인과 원주민이 함께 만들어 낸 것이라는 주장을, 혹은 순전히 코르테스의 발명품이라는 주장(그는 목테수마가 언급한 것이라며 이 전설에 관한 한 판본을 두 번에 걸쳐 언급했다)을 개진하였다. 그러나 이런 회의적인 시각은 비역사적인 것으로 여겨진다. 역사는 자신의 자리를 되찾기 위해 돌아오는 신이나 왕의 귀환을 예언하는 많은 전설을 기록하고 있다. 중세 독일인들이 프레데릭 바르바로사(Frederic Barbarossa) 황제의 귀환을 믿었고, 르네상스 시대 포르투갈 사람들이 세바스티안(Sebastian) 왕의 복귀를 믿었다면, 아스테카 인들이라고 왜 신 겸 왕 케찰코아틀의 귀환을 믿을 수 없단 말인가?

들은 귀한 선물을 가지고 왔는데, 그것은 자신들의 신 중에서도 중요한 신들인 틀랄록, 테스카틀리포카, 케찰코아틀이 입는 화려한 예복이었다. 그들은 그중에서도 케찰코아틀의 예복을 코르테스에게 정성스럽게 입혀 주었다. 얼굴에는 터키옥을 박아 넣은 뱀 가면을 씌워 주었는데, 거기에는 케찰(중아메리카 산 꼬리가 긴 새)의 깃털로 된 장식과 함께 양쪽에는 금으로 만든 귀걸이가 달려 있었다. 가슴 쪽에는 케찰 깃털로 장식된 조끼를 입혀 주었으며, 목에는 가운데에 금제金製 디스크 하나가 달린 보석으로 만들어진 목걸이를 걸어주었다. 손에는 금과 진주모로 장식하고, 둘레와 그 외 장식은 케찰 깃털로 마감한 방패를 쥐어주었다. 그들은 또한 그의 발 앞에 흑요석처럼 까만색의 아름답고 부드러운 고무로 만들어진 샌들을 갖다 놓았다.

아스테카의 기록에 의하면 "신"은 이 선물에 만족하지 않았다고 한다. "이것이 전부인가? 겨우 이것이 너희들의 환영의 선물인가? 이것이 너희들의 인사방식인가?"라고 물었다고 한다. 놀란 사절단은 다시 돌아가서 마차 바퀴만한 태양 모양의 금제 디스크, 그보다 더 큰 달 모양의 은제 장식물, 그리고 사금을 가득 담은 투구 등 그 "신"이 좋아할 만한 선물을 가져와 바쳤다.

사절들은 목테수마에게 자신들이 보고 들은 것을 아뢰었고, 신들과 그들이 가지고 있던 것들에 대해서는 그림을 그려 가면서 설명했다. 코르테스가 사절들에게 강한 인상을 심어 주기 위해 발사하게 한 대포에 대해서는 다음과 같이 기술했다.

> 돌로 만들어진 공 같은 것이 내장으로부터 튕겨져 나왔습니다. 번쩍하는 섬광이 튕겨 나왔고 불이 비처럼 쏟아졌습니다. 그리고 나서는 썩은 진흙

냄새 비슷한 지독한 냄새가 진동했습니다. …… 대포가 산을 향해 발사되었다면 산이 쪼개져 버릴 것 같았고 나무를 향해 발사되면 나무가 산산조각 나버릴 것 같았습니다.

그들은 에스파냐 인들의 다른 무기와 갑옷과 말에 탄 모습에 대해서도 생생하게 묘사했다. 에스파냐 인들이 데리고 있던 무시무시한 맹견에 대해서는 이렇게 설명했다.

개들은 크기가 엄청났고, 펑펑한 귀와 길게 늘어뜨린 혀를 가지고 있습니다. 그 녀석들의 눈동자는 불같은 노란색이었으며, 눈에서는 불꽃이 일고 섬광이 튀어나왔습니다. 복부는 등에 착 달라붙었으며 옆구리의 길이는 길고 폭은 좁았습니다. 사납고 강인해 보였습니다. 그 개들은 여기저기 묶인 채 혀를 늘어뜨리고 숨을 헐떡였으며 마치 스라소니처럼 군데군데 점이 박혀 있었습니다.

목테수마의 사절들은 코르테스에게 그가 해안에 머무는 동안 모든 편의를 제공하겠다고 약속하면서 대신 왕을 만나겠다는 생각은 거두어달라고 부탁했다. 이것은 코르테스-케찰코아틀이 내륙으로 진군하여 잃어버린 자신의 왕위를 주장하는 것을 저지하기 위해 선물로 그를 회유하려는 목테수마의 애처로운 전략 가운데 하나였다. 그러나 코르테스는 사절들에게 부드러운 어투로 자신은 목테수마를 만나기 위해 매우 먼 곳에서 여러 바다를 건너 여기까지 왔기 때문에 그를 만나지 않고서는 돌아갈 수 없다고 말했다.

멕시코의 저명한 벽화 제작자 디에고 리베라는 에르난 코르테스와 에스파냐 정복자들이 부를 쌓고 에스파냐 제국을 확대하기 위해 원주민들에게 강요한 노예제, 탄압, 제노사이드의 공포를 묘사했다.

테노치티틀란으로의 행군

아스테카에 공납을 바치고 있던 도시들이 아스테카 지배자들에게 불만이 많다는 것을 알게 된 코르테스는 이중전략을 쓰기로 결심했다. 그는 해안의 원주민 토토낙Totonac 족을 부추겨 목테수마가 파견한 공납징수관들을 포박 감금하게 한 뒤 곧바로 이들을 자신이 석방시켜 자신은 아스테카인들에 대해 호의와 우정의 마음을 가지고 있다는 전언과 함께 왕에게 돌려보냈다. 이어서 그는 황제 카를 5세에게 보내는 사절을 태운 선박 한 척을 에스파냐에 보냈는데, 이를 통해 자신이 발견한 땅의 크기와 가치를 설명함으로써 자신의 행동에 대해 왕의 사후 승인을 받고자 하였다. 황제의 호의적인 반응을 얻어내기 위해 그는 부하들을 설득하여 왕의 2할세quinto(왕이 각종 전리품에 대해 수취하는 2할의 세금)뿐만 아니라 목테수마에게서 받은 보물 전체를 카를 5세에게 보냈다. 또 그는 모든 퇴로를 차단하는 것으로 부하들의 결의를 강화하기 위해 가지고 간 나머지 배들이 낙후되어 더 이상 항해에 부적합하게 되었다는 구실을 들어 바닥에 구멍을 뚫어 모두 침몰시켰다. 그리고 나서 코르테스와 그의 소부대는 테노치티틀란을 향한 진군을 시작했다.

산지로 접어들어 코르테스는 아스테카 인들의 전통적 라이벌이었던 거친 틀락스칼라 족의 땅으로 들어섰다. 코르테스의 군대는 이들과의 전투를 통해 자신들이 가진 무기의 우월함과 우수한 전투 능력을 보여줌으로써 이 강력한 인디오 국가와 동맹을 맺을 수 있었다. 이어서 코르테스는 고전기 문화의 중심이자 케찰코아틀 숭배의 중심지이기도 한 촐룰라로 향해 갔다. 여기서 코르테스는 촐룰라 인들이 자신을 받아들이는 척하다가 기습할 음모를 꾸몄다고 주장하면서 귀족들과 전사들을 큰 마당에 모이게 한 다음 닥치는 대로 학살했다. 이 학살 소식이 테노치티틀란에 전해지자 도시 전체가 공포에 휩싸였다.

에스파냐 군대는 잔혹한 행군을 계속했다.

> 그들은 정복자처럼 전열을 갖춘 채로 다가왔다. 길 위에는 먼지를 동반한 회오리바람이 불었고, 손에 쥔 창은 햇빛에 반사되어 반짝였으며, 창기槍旗는 바람에 나부꼈다. 그들의 행렬은 병사들의 갑옷과 무기가 부딪히는 소리로 무척 시끄러웠다. 그들 중 일부는 머리에서 발끝까지 번쩍이는 쇠옷을 입고 있었다. 그 모습을 지켜보던 모든 사람들이 공포에 떨었다.

목테수마가 갖게 된 공포와 의심은 그의 정신상태를 돌이킬 수 없을 정도로 혼란에 빠뜨렸다. 그는 저항과 항복 사이에서, 에스파냐 인들이 신이라는 확신과 신이 아닐 수도 있다는 의심 사이에서 방황하였다. 목테수마는 코르테스에게 다시 후한 선물과 함께 사절들을 보내 테노치티틀란 방문을 중지해 달라고 당부했다. 그러나 에스파냐의 정복에 대한 아스테카 인들의 한 서린 표현에 따르면, 에스파냐 인들은 "오랫동안 황금을 갈망해 왔고, 마치 돼지처럼 황금에 굶주려 있었다". 무시무시한 이방인들을 뇌물로 회유하고 감언이설로 속여 보려고 한 목테수마의 순진한 시도는 성공하지 못했다. 운명의 순간은 한발 한발 다가오고 있었으며, 목테수마의 신들은 그에게서 등을 돌렸다. 에스파냐 인들에게 마법을 걸라며 왕이 보낸 일단의 마법사와 점쟁이들은 젊은 신 테스카틀리포카에 의해 저지되었는데, 그는 그들에게 멕시코-테노치티틀란이 불에 타 파괴되는 환상을 보여 주었다. 그들은 이 모습을 보고 공포에 몸을 떨었다. 결국 목테수마는 자포자기의 심정으로 코르테스를 권좌를 되찾으러 돌아온 정당한 통치자로 인정하여 도시 입구까지 나가 환영해 맞아들였다. 아스테카의 왕은 자신의 궁정에서 코르테스와 몇몇 그의 동료들에게 반半자발적으로 납치되어 에스파냐 인들의 거처에서 인질이 되어 사는 것으로서 자신의 신분 강등을 완성하였다.

그러나 아스테카 국가는 아직 굴복하지 않았다. 코르테스가 테노치티틀란을 비우자 — 그는 자신을 체포하라며 쿠바의 총독 벨라스케스가 보낸 원정대에 맞서 싸우기 위해 해안 쪽으로 출동해야 했다 — 그의 중대장 가운데 한 명인 페드로 데 알바라도가 춤과 노래로 위칠로포치틀리 신을 기리는 종교 축제를 거행하고 있던 아스테카의 추장들과 전사들을 막무가내로 학살했다. 이 사건은 아스테카 인의 대중봉기를 불러일으켰고,

에스파냐 인들은 그 기세에 밀려 자신들의 처소로 퇴각하여 농성하지 않으면 안 되었다. 자신을 포박하러 온 원정대를 격파하고 테노치티틀란으로 돌아온 코르테스는 이 급박한 상황을 진정시켜 보려고 했으나 실패했다. 아스테카 인들의 지도자 회의는 포로가 된 목테수마를 폐위시키고 대신 새로운 지배자를 선출했으며, 새 지배자는 침입자들에 대한 맹공을 이끌었다. 싸움은 갈수록 격렬해졌다. 이 와중에 목테수마가 사망했는데, 에스파냐 인의 기록에 의하면 그가 평화를 호소하다가 원주민들이 던진 돌에 맞아 죽은 것으로 되어 있으나, 아스테카 인의 기록에 따르면 에스파냐 인들이 그를 목 졸라 죽인 것으로 되어 있다. 결국 장기간의 포위 공격과 굶주림에 지친 코르테스는 테노치티틀란을 내주고 도망쳐 나와야 했으며, 그 과정에서 많은 인명 손실을 감수해야 했다. 살아남은 에스파냐 인들과 그들의 원주민 동맹 세력은 천신만고 끝에 동맹 세력의 땅인 틀락스칼라에 도달할 수 있었다.

쿠바에서 온 지원군과 수만 명에 이르는 원주민 동맹 세력으로 전력을 보강한 코르테스는 1520년 12월 다시 테노치티틀란으로 진군을 시작했다. 1521년 4월 말부터 격렬한 전투가 재개되었으며, 4개월간의 필사적인 싸움 끝에 드디어 8월 23일 아스테카의 마지막 왕 콰우테목Cuauhtémoc은 굶어 죽어가는 동족들의 한숨을 뒤로 한 채 항복을 선언했다. 그리고 코르테스는 이제 완전히 폐허가 되어 버린 테노치티틀란을 점령했다.

정복의 영향

정복 과정은 멕시코 계곡을 시작으로 사방으로 확대되었다. 페드로 데 알바라도는 과테말라를, 코르테스 자신은 온두라스를 정복했다. 1527년 프란시스코 데 몬테호Francisco de Montejo는 유카탄 반도 정복을 시작했다. 그러나 1542년까지도 마야 인들은 자포자기적인 봉기를 멈추지 않았고, 그것은 막대한 인명을 희생시키고 나서야 진압되었다. 한편 다리엔에서 출발한 원정대는 니카라과 원주민들을 정복했다. 그리하여 히스파니올라에서 비롯한 에스파냐 정복사업의 두 흐름은 다시 하나로 합쳐지게 되었다.

한동안 코르테스는 이제 '누에바에스파냐 왕국'으로 이름을 바꾼 옛 아스테카 제국의 유일무이한 지배자로 군림했다. 그는 병사들에게 엔코미엔다를 분배해 주었으며, 가장 부유한 지역과 도시들이 바치는 공납은 자신의 몫으로 챙겼다. 에스파냐 왕은 코르테스가 이룬 공로에 대한 보답으로 '오아하카 계곡의 후작'이라는 작위와 2만 3,000명의 원주민에 대한 공납 수취권을 그에게 하사했다. 그는 '음유시인과 나팔수'를 옆에 놓고 식사를 하는 등 거의 왕과 같은 권세를 누렸다. 그러나 얼마 안 가 주요 정복자들에 대한 왕의 불신이 효력을 발휘하여 그도 총독직에서 해임되고, 그가 가진 권한은 아우디엔시아audiencia(고등법원)에 귀속되었다가 후에 새로 임명된 부왕副王에게 넘어갔다. 그리고 그의 모든 행위는 법에 따라 철저히 조사를 받았다. 1539년 에스파냐로 돌아온 그는 이듬해 알제리 원정에 참가해 공을 세웠으나 왕은 그를 무시하고 냉대했다. 그는 비통한 심정으로 세비야에 은거한 채 쓸쓸한 여생을 보내다가 1547년 사망했다. 그의 작위와 영지는 그의 적자嫡子 가운데 장남인 마르틴 코르테스Martín Cortés가 물려받았다.

페루 정복

멕시코 정복은 다른 에스파냐 인들을 자극하여 코르테스와 그 일행의 위업을 모방하게 만들었다. '남쪽 바다' 너머에 있다고 알려진 황금 왕국을 발견하기 위한 사업은 발보아에 의해 시작되었으나 그가 페드라리아스 다빌라에 의해 피살당하면서 중단된 바 있었다. 1519년 다빌라는 파나마 지협 서쪽에 파나마 시를 건설했고, 이 도시는 태평양 해안 탐사를 위한 전초기지가 되었다. 3년 뒤 파스쿠알 데 안다고야Pascual de Andagoya가 산미겔San Miguel 만을 건너갔다가 '비루'Biru라 불리는 황금의 땅에 대해 보다 많은 정보를 가지고 돌아왔다.

피사로와 아타우알파

다빌라는 남쪽 지역의 탐사를 프란시스코 피사로Francisco Pizarro에게 맡겼다. 피사로는 글을 모르는 가난한 병사였고, 그의 초년 시절에 관해서는 거의 알려진 바가 없다. 피사로는 페루 모험을 위해 두 명의 동료를 구했는데, 한 명은 그와 마찬가지로 출신이 불분명한 디에고 데 알마그로Diego de Almagro라는 모험가였으며, 다른 한 명은 에르난도 데 루케Hernando de Luque라는 성직자로서 재정 문제를 맡아보았다. 1524년과 1526년 파나마에서 출발한 두 번의 예비원정은 막연했던 왕국의 존재를 확신시키기에 충분한 양의 금과 은을 그들에게 가져다주었다. 이에 한껏 고무된 피사로는 페루 원정 사업을 위한 허가서를 왕으로부터 얻어 내기 위해 에스파냐로 건너갔다. 그는 사령관 겸 아델란타도 직을 하사받았으며, 네 명의 형제와 다른 동료들과 함께 파나마로 돌아왔다. 왕과의 계약을 통해 피사로가 주요 직책과 그 외 다른 보상을 하사받은 것에 불만을 품은 알마그로는 피사로가 왕에 대한 의무를 등한시한다며 그를 비난했다. 두 사람 간의 분쟁은 일시적으로는 무마되었으나 후에 나타날 둘 간의 치명적인 불화의 씨앗은 이때 심어진 것이었다.

1531년 12월 피사로는 다시 200명가량의 병력을 이끌고 파나마를 출발해 남쪽으로 항해했고, 몇 달 후 페루 해안에 상륙했다. 상륙 직후 피사로 일행은 잉카 제국에서 내전이 벌어지고 있음을 알게 되었다. 그것은 전임 황제 우아이나 카팍Huayna Cápac과 그의 후처 사이에서 태어난 아타우알파Atahualpa와, 그의 이복형제이자 역시 황제 자리를 노리고 있었던 우아스카르 간에 벌어진 싸움이었다. 피비린내 나는 대규모 살육이 동반된 이 싸움은 아타우알파의 승리로 끝났으며, 우아스카르는 포로가 되었다. 아타우알파가 제국의 수도 쿠스코로 진군하고 있을 때 사절들이 그에게 흰색 얼굴을 한 기이한 사람들이 나타났다는 소식을 전해 주었다. 두 지도자 간에 메시지와 선물 교환이 있은 다음, 양측 군대는 약속 장소, 즉 높은 산 위에 위치한 카하마르카Cajamarca로 갔다.

피사로는 아마도 코르테스를 모방하여 잉카 군주 아타우알파를 포로로 만듦으로써 신속하게 평화적으로 승리를 거두려고 했던 것 같으며, 코르테스가 목테수마를 통해서 했던 것처럼 포로로 잡은 왕을 통해 왕국을 지배하려고 했던 것으로 보인다. 그러나 한 가지 중요한 점에서 페루는 메시코와 날랐다. 목테수마가 몰락한 이유가 침입자들의 신성神性을 수동적으로 받아들인 데 있었다면, 아타우알파의 실수는 얼마 안 되는 에스파냐 군대의 집중적 타격력을 과소평가한 데 있었다. 아타우알파는 에스파냐인들이 가지고 있는 칼은 여자들이 사용하는 베틀 정도로밖에는 위험하지 않으며, 화기는 두 발밖에 발사할 수 없고, 말은 밤이 되면 무용지물이 된다고 믿었다. 특히 이 마지막 착각 때문에 그는 피사로가 기대하고 있다고 생각한 낮이 아니라 약속 시간보다 늦게, 해질 무렵이 되어서야 카하마르카로 입성했다.

아타우알파와 그의 수행원들이 약속 장소인 카하마르카 광장에 나타났을 때 광장은 텅 비어 있었는데, 그것은 피사로가 광장이 내려다보이는 주변 건물들에 병사들을 매복시켜 놓았기 때문이었다. 그리고 얼마 후에 비센테 데 발베르데Vicente de Valverde 수사가 통역을 대동하고 나타나 어리둥절해 있는 잉카에게 기독교 신과 에스파냐 왕에게 수행해야 할 의무에 관하여 장광설을 늘어놓았다. 이에 화가 치민 잉카 황제는 중간에 발베르데가 건네준 성경을 땅바닥에 내던졌다. 피사로가 신호를 보내자 기병과 포병의 지원을 받은 병사들이 일제히 달려 나와 겁에 질려 있는 수백 명의 잉카 인을 살해하고 황제를 포로로 잡았다. 그 광경을 직접 목격한 한 에스파냐 인은 "그렇게 강한 힘을 가진 대군주가 그토록 순식간에 포로가 된 것은 정말 놀라운 일이 아닐 수 없었다"라고 말했다.

독립 시대 잉카 제국의 마지막 황제 아타우알파는 옷, 귀걸이, 머리띠를 포함해 황금으로 만든 다양한 물건으로 자신의 왕권을 과시했다.

포로가 된 아타우알파가 몸값으로 자신이 갇혀 있는, 어른 손이 닿지 않는 높이의 방을 금으로 가득 채워 놓겠다고 제안했다. 피사로는 이를 받아들였고, 그렇게 해서 잉카 제국 전역에서 엄청난 양의 금이 수백 마리의 야마에 실려 속속 도착하여 방을 가득 채웠다. 그러나 피사로는 황제를 풀어 줄 생각이 없었고, 황제는 계속 '보호 구금' 상태로, 즉 원주민 대중이 새 질서를 수용하는 것을 보장하는 허수아비 지배자로 남아 있게 되었다. 그러나 그것마저도 얼마 가지 못했으니, 에스파냐 인들은 아타우알파가 자신들에게 저항하는 광범한 음모의 중심인물이 되고 있다고 의심하고 그를 죽이기로 한 것이다. 그는 반역 혐의로 화형을 선고 받았으며, 후에 그 판결은 그가 세례를 받아 기독교도가 되었다는 이유로 교수형으로 대체되었다.

잉카를 죽이고 나서 에스파냐 인들은 잉카의 수도 쿠스코로 진군하여 1533년 11월 이곳을 점령하고 약탈했다. 에스파냐 인들이 이 전투와 그 이후의 전투들에서 승리할 수 있었던 주 요인은 죽은 우아스카르 계열의 왕족과, 상실한 독립성과 권력을 되찾을 기회를 노리면서 아타우알파의 체포 이후 에스파냐 인 쪽에 붙은 쿠라카curaca들이 에스파냐 인들에게 제공한 군사적·재정적 지지였다. 쿠스코에서 약탈한 귀금속은 아타우알파의 몸값으로 받은 엄청난 양의 금과 함께 괴塊의 형태로 만들어져 원정에 참가한 병사들에게 분배되었다. 프란시스코 피사로는 동생 에르난도 피사로를 에스파냐로 보내 카를 황제의 몫을 바치게 했다. 에르난도가 상당량의 금은을 가지고 도착하자 에스파냐 전역은 흥분의 도가니에 휩싸였으며 수많은 재물 사냥꾼들이 앞다투어 신세계로 달려갔다. 한편 프란시스코 피사로는 파나마와의 교통상의 편의를 고려해 해안 쪽에 안전히 새로운 에스파냐 인들의 수도 리마Lima, 즉 '왕들의 도시'를 건설하기 시작했다.

정복 이후의 문제들

아타우알파가 죽은 후 피사로는 정통 잉카 왕실의 보호자를 자처하며 우아스카르의 동생 망코Manco를 새 황제로 임명했다. 그러나 망코는 에스파냐 인들의 허수아비 노릇을 하는 것에 만족하지 않았다. 망코 자신이 직접 조직하고 주도한 대규모 봉기가 제국 도처에서 터져 나왔다. 망코의 대군은 쿠스코를 열 달 동안이나 포위 공격해 함락 일보 직전까지 갔으나 끝내 도시를 탈환하지는 못했다. 에스파냐의 우수한 무기와 전술, 그리고 자신들의 식량 부족 때문에 패배한 망코는 멀리 떨어진 안데스 산맥의 요새로 퇴각했고, 거기에서 그와 그의 후계자들은 1572년까지 일종의 잉카 망명 정부를 유지했다. 그러나 결국 1572년 에스파냐 원정군이 안데스 산맥으로 들어가 잉카 망명정부를 무너뜨리고 마지막 잉카 투팍 아마루를 사로잡았으며, 그를 쿠스코로 데려와 장엄한 의식과 함께 참수하였다.

잉카 인의 쿠스코 공성이 실패로 돌아가자마자 피사로 형제들을 중심으로 하는 정복자들과 디에고 데 알마그로가 이끄는 일파 간에 쿠스코 시 지배권을 둘러싸고 싸움이 벌어졌다. 여기에서 패한 알마그로는 교수형에 처해졌으나 그에게는 아들이 한 명 있었고, 또한 자신들의 빈궁함과 '부당한 상황'에 절치부심하는 상당수의 지지자를 남겨 두고 있었다. 그들 가운데 12명(피사로의 서기는 이들을 경멸조로 '망토의 기사들'이라고 불렀는데, 그것은 이들이 망토 하나를 가지고 같이 쓴다는 이야기가 있었기 때문이었다)이 페루 정복자(프란시스코 피사로)의 암살을 모의하고, 1541년 6월 이를 실행에 옮겼다. 그러나 그들의 승리도 오래 가지는 못했다. 카를 5세는 재판관 바카 데 카스트로Vaca de Castro를 보내 페루 통치에 대하여 피사로(에르난도)에게 조언하게 했다. 바카 데 카스트로는 피사로의 주요 장수들의 충성심을 확인하고, 알마그로의 아들을 상대로 전쟁을 벌여 "유혈이 낭자한 추파스Chupas 평원"에서 승리를 거두었다. 그리고 알마그로의 아들을 지체 없이 재판에 회부해 반역죄로 처형했다.

그러나 그것이 재난의 끝은 아니었다. 1544년 초 새로운 부왕 블라스코 누녜스 벨라Blasco Núñez Vela가 리마에 도착하여 '인디아스 신법'New Laws of the Indies으로 알려진 법령을 발표했다. 이 법은 원주민이 내는 공납을 규정하고, 원주민 노예를 해방시켰으며, 강제 노동을 금지했다. 페루의 에스파냐 인 지주들은 일제히 들고 일어나 이 법의 철회를 요구했다. 이 요구가 받아들여지지 않자 앙심을 품은 정복자들은 피살된 프란시스코 피사로의 동생 곤살로 피사로Gonzalo Pizarro를 지도자로 추대하여 반란을 일으켰다.

이 반란의 초반기는 부왕 블라스코 누녜스 벨라Blasco Núñez Vela가 키토 근처에서 벌어진 전투에서 패하고 전사하는 등 곤살로 피사로에게 유리하게 전개되었다. 곤살로는 사실상 페루의 왕이나 다름없었다. 곤살로 피사로의 초반기 승리는 그의 핵심 보좌관이자 당시 80세의 야전 사령관이었던 프란시스코 데 카르바할Francisco de Carbajal의 풍부한 지략과 신들린 듯한 열정 덕분이랄 수 있었다. 카르바할은 이런 자질 외에도 비인간적인 잔인함까지 갖추고 있어 페루에서 전설적인 인물이 되었다.

부왕 누녜스와의 싸움에서 승리를 거둔 뒤 카르바할과 다른 참모들은 곤살로에게 페루 왕으로 즉위하라고 촉구했다. 그러나 강철 같은 의지를 가진 카르바할과는 달리 심성이 약했던 피사로는 그 같은 혁명적인 행동에 주저하는 모습을 보였다. 이윽고 황제가 보낸 달변의 칙사 페드로 데 라 가스카Pedro de la Gasca가 도착하여 '신법'의 보류를 선언하고, 뉘우치는 빈도叛徒들에게는 사면과 보상을 보장하겠다고 하자 처음에는 한두 명씩 피사로의 대열에서 이탈자가 생겨나다 나중에는 앞 다투어 빠져나가는 통에 그의 군대는 완전히 와해되고 말았다.

결국 반란은 이렇다 할 만한 싸움도 없이 진압되었고, 주동자들은 처형되었다. 이렇듯 페루에서 내란이 본격화되기도 전에 피사로의 '운명의 네 형제들'과 알마그로 부자는 비참한 최후를 맞았으며, 그 외에도 한 명의 부왕과 수많은 병사들이 목숨을 잃었다. 내란이 시작된 지 사반세기가 지난 1569년 부왕 프란시스코 데 톨레도Francisco de Toledo의 통치가 시작되고 나서야 페루에 평화와 질서가 도래했다.

한 줌의 에스파냐 인들이 어떻게 두 제국에 대해 승리할 수 있었을까?

에스파냐의 정복은 한 가지 의문을 불러일으킨다. 처음에는 수백 명에 불과했던 소수의 에스파냐 인이 백만의 인구와 대규모 군대, 그리고 나름의 훌륭한 군사적 전통을 가지고 있었던 아스테카 제국과 잉카 제국을 어떻게 정복할 수 있었을까? 국가의 형태로 조직되어 있었고, 집약적 농업에 기반한 정주 생활을 하고 있었으며, 백성들의 완전한 순종을 구가하는 황제가 지배하는 아스테카 제국과 잉카 제국을 에스파냐 인들은 비교적 손쉽게 정복했다. 반면에 멕시코 북부 평원의 유목민족인 치치메카 족이나 단순한 이동 농업과 목축에 의존하던 칠레의 아라우코 족 같은 변두리 부족들의 저항은 상당히 오래 갔다. 특히 아라우코 족은 1883년까지 수백 년에 걸쳐 백인 침략자들과 그 후손들에 맞서 싸움을 계속했다.

16세기 에스파냐의 군인이자 상당한 지성의 소유자였던 연대기 작가 페드로 시에사 데 레온Pedro Cieza de León은 잉카 제국은 급속히 몰락한 데 비해 콜롬비아 밀림에 사는 "야만족들"은 에스파냐 인이 쉽게 정복하지 못한 사실에 대해 고찰하면서, 이 야만족들의 단순한 사회 경제 조직에서 그 답을 찾았다. 즉 이들은 단순한 사회 경제 조직 덕분에 에스파냐 인이 도착하기 전에 도망쳐 다른 곳에 가서 마을을 재건하는 것이 가능했다는 것이다. 그에 비해 순종적인 백성들로 이루어진 잉카 인들은 황제의 패배를 자신의 패배로 받아들이고, 새 주인인 에스파냐 인들에게 곧바로 복속되었다는 것이다. 그들은 비옥한 잉카 계곡을 버려두고 인근의 사막 지대, 황량한 고원, 눈 덮인 산으로 도망친다는 것을 생각도 할 수 없었다는 것이다.

시에사의 설명이 예리하긴 하지만 그것이 거대한 인디오 제국들의 급속한 몰락을 만족스럽게 설명해 주지는 못한다. 여기에는 적어도 네 가지 또 다른 요인이 작용했던 것으로 보인다.

① 비록 오늘날과 비교하면 원시적이긴 하지만 에스파냐 인들의 화기와 대포는 활과 화살, 나무로 된 창, 던지는 화살, 투석기slings, 머리 부분이 돌이나 청동으로 된 몽둥이, 군데군데 흑요석을 박아 넣은 나무칼로 무장한 아스테카 인이나 잉카 인에 비해 결정적인 우위를 제공해 주었다. 에스파냐 인들에게 그보다 더 결정적이었던 것은 말馬이었다. 아스테카 인과 잉카 인은 말을 본 적도 들은 적도 없었으며, 때문에 그들은 적어도 전쟁 초반에는 이 말에 대해 경외심을 가지고 두려워했다. 사슬 갑옷을 입고 창과 칼로 무장한 에스파냐 인 기병은 오늘날의 전차에 비할 만한 전투력을 가지고 있었다. 소수의 에스파냐 기병부대는 수차례에 걸쳐 그보다 훨씬 많은 수의 인디오 전사들을 물리쳤다.

② 침입자들이 의도하지 않게 들여온 질병, 특히 천연두가 에스파냐 인의 효과적인 동맹군이 되어 주었다. 예를 들면 에스파냐 군이 테노치티틀란을 포위 공격하고 있을 때 이 도시에 천연두가 만연했고, 그로 인해 왕 쿠이틀라우악Cuitlahuac을 비롯하여 수많은 아스테카의 병사와 민간인이 죽었으며, 결국 역병은 도시 함락에 일등공신이 되었다.

③ 에스파냐 인은 기본적으로 세속적인 마인드를 가진 르네상스적 인간이었던 반면에 그들에 맞선 적들은 제의와 마술을 중시하는 훨씬 고대적인 세계관을 가지고 있었다. 정복자들도 부분적으로 종교적 열정에 의해 고무되고 있었던 것은 사실이다. 그러나 에스파냐 인들에게 전쟁은 기본적으로 수백 년 동안 유럽 인이 연구하고 연습해 온 군사 전략과 전술에 기반한 과학 내지 기술이었다. 그에 비해 아스테카 인이나 잉카 인에게 전쟁은 종교적인 의미가 컸다. 예를 들어 아스테카 인이 전쟁을 수행하는 방

「신화에 맞서 싸우는 콰우테목」이라는 이 벽화에서 다비드 알파로 시케이로스(David Alfaro Siqueiros)는 에스파냐 정복자들에 대항하여 싸운 아스테카의 마지막 황제 콰우테목을 불후의 인물로 만들었다. 많은 멕시코 인이 콰우테목을 외세 개입과 억압에 대한 민족적 저항의 상징으로 추앙하였다.

법은 에스파냐 인들을 현장에서 죽이는 대신 포로로 잡아 신전에 데리고 가 자기네 신들에게 제물로 바치는 것을 강조했다. 아스테카와 잉카 인의 전쟁은 또한 적들에게 미리 공격 방법을 알려주는 것을 포함한 복잡한 의식과 관습을 포함하고 있었다. 그러나 에스파냐 인들은 그런 것에 전혀 개의치 않았다.*

④ 내분은 원주민 제국의 신속한 붕괴를 가져온 가장 중요한 요인이

* 한 가지 예외가 전쟁포고문(Requerimiento)인데, 이는 에스파냐 왕의 양심 가책을 무마하기 위한 하나의 문건이었다. 이는 정복자들이 전쟁에 돌입하기 전에 원주민들에게 읽어주어야 하는 문건이다. 이 문건의 우스꽝스러운 이용에 대해서는 4장을 참조.

었다. 공납을 바치는 민족들 혹은 틀락스칼라 인들처럼 아직 아스테카 인에게 굴복하지 않고 있던 민족들이 아스테카 인에 대해 갖고 있던 증오심은 왜 그들이 테노치티틀란을 차지하기 위한 최후의 결전에서 코르테스 군대의 다수를 이루고 있었는지를 설명해 준다. 오늘날의 페루에서는 두 잉카(왕위) 후보자들, 그리고 그들의 지지자들 간의 갈등이 피사로만 이롭게 하는 결과를 가져다주었다. 또한 잉카 제국은 여러 국가들의 모자이크로, 그중 일부 국가는 제국에 편입된 지 얼마 안 되었고, 과거 이 나라들을 지배하던 이전의 영주들, 즉 쿠라카들은 자신들의 독립성을 되찾기 위해 에스파냐 인들에 협력했다. 그들은 나중에야 기존의 탄압자가 더 악랄한 다른 탄압자로 교체된 것뿐이라는 것을 알게 되었지만 그것은 이미 때늦은 후회였다.

그렇게 해서 세련되고, 고도로 조직화되어 있던 두 인디오 제국이 에스파냐 인들의 우수한 무기와 그들이 가져온 파괴적인 역병, 두 인종 간 세계관의 차이, 그리고 제국 내부의 분열 때문에 무너지고 말았다.

엘도라도를 찾아서

북아메리카 원정의 실패

정복사업의 원 발상지인 서인도 제도와, 멕시코와 페루라는 두 핵심으로부터 에스파냐 인들의 대大정복 운동은 사방팔방으로 퍼져 나갔다. 에스파냐의 배들이 '향신료 제도'the Spice Islands를 찾아 태평양으로 진출해 있는 동안, 육상의 원정대들은 새로운 황금 왕국을 찾아 북아메리카와 남아메리카를 휩쓸고 돌아다녔다.

북아메리카 본토는 일찍부터 서인도 제도에 본거지를 두고 있던 에스파냐 인 황금 사냥꾼들과 노예 사냥꾼들의 관심 대상이었다. 1513년 푸에르토리코 총독 폰세 데 레온Ponce de León은 서쪽으로 배를 타고 가 아열대 지역 영토의 소유권을 천명하고, 그 땅에 플로리다La Florida라는 이름을 붙였다. 이 지역을 식민지화하려는 노력은 그가 원주민에 의해 피살되면서 수포로 돌아갔다. 그 뒤 1520년대에 또 다른 탐험대가 대장 판필로 데 나르바에스Pánfilo de Narváez의 지휘 하에 플로리다를 향해 떠났는데 이번에는 대장의 오판으로 거의 무한대로 넓은 이 지역에서 재난을 당하는 것으로 끝나고 말았다. 이 모험에서 유일하게 살아남은 네 명(그 중에는 정직하고 인간적인 사람이었으며, 후에 연대기 작가가 된 카베사 데 바카Álvar Núñez Cabeza de Vaca도 포함되어 있었다)은 광대한 텍사스의 평원을 돌아 멕시코에 무사히 도착했다.

카베사 데 바카의 모험담은 지평선 바로 너머에 많은 인구를 가진 큰 도시들이 있다는 소문과 함께 페루 정복에 참가한 적이 있던 에르난도 데 소토Hernando de Soto가 플로리다에서 자신의 운수를 시험해 보도록 고무했다. 그는 지금의 사우스캐롤라이나와 아칸소 사이에서 3년간이나 별 성과 없이 원주민들과 싸우며 돌아다니다가 1542년 열병으로 죽었다.

1536년 멕시코에 도착한 카베사 데 바카와 세 명의 동료는 이상한 이야기를 하여 자신들의 동포들을 기쁘게 했다. 그러나 마르코스 수사 신부Fray Marcos는 더 기이한 이야기를 했는데, 그는 멀리 북쪽으로 여행한 적이 있고, 거기에서 전설적인 황금의 왕국 시볼라Cibola의 일곱 도시 가운데 하나를 보았다고 했다. 이 이야기에 고무되어 부왕 안토니오 데 멘도사Antonio de Mendoza는 1540년 바스케스 데 코로나도Francisco Vásquez de Coronado를 대장으로 하는 탐험대를 북쪽으로 파견했다. 에스파냐 인 기사들은 2년 동안이나 갑옷 차림으로 이 전설적인 왕국을 찾아 지금의 애리조나, 뉴멕시코, 콜로라도, 오클라호마, 캔자스, 네브라스카 주를 휩쓸고 돌아다녔다. 코로나도는 시볼라 신화의 진원지인 애리조나의 수니Zuñi 마을의 초라한 모습에 실망을 금치 못했지만 또 다른 엘도라도(이번에는 그 이름이 키비라Quivira였다)를 찾아 동쪽으로의 탐험을 계속했다. 이 에스파냐 인 침입자들은 자신들이 지나간 경로에 대해 기록을 남기지 않았으며, 결국 이들은 대평원의 엄청난 크기에 겁을 집어먹고 보물을 찾지 못한 실망감만 가득 안은 채 멕시코로 돌아왔다.

남아메리카에서의 좌절

에스파냐 인 기사들을 유혹하여 남서부 사막 지대로 불러들인 황금이라는 도깨비불은 남아메리카 밀림과 산악 지대에서도 그들을 손짓해 불렀다. 1525년 오늘날의 콜롬비아 해안 지역에 건설된 산타마르타Santa Marta 시에서 출발한 곤살로 히메네스 데 케사다Gonzalo Jiménez de Quesada가 이끄는 탐험대가 1536년 황금과 태평양으로 나가는 출구를 찾아 마그달레나Magdalena 강을 거슬러 올라가는 힘겨운 여행에 착수했다. 천신만고 끝에 탐험대는 칩차Chibcha 족이 살고 있는 마그달레나 강 동쪽 고원 지대에 이르렀다. 이 칩차족은 주로 농업에 종사하고, 금과 구리로 만든 장신구 제작에 뛰어난 기술을 가지고 있었으며, 울타리로 둘러싸인 작은 도시들에 살고 있었고, 시파Zipa라 불리는 추장의 지배를 받고 있었다. 히메네스 데 케사다는 이들과의 전투에서 승리한 뒤 1538년 장차 누에바그라나다Nueva Granada의 수도가 될 산타페데보고타Santa Fé de Bogotá 시를 건설했다. 칩차족에게서 탈취한 다량의 금과 에메랄드는 에스파냐 인들의 상상력에 불을 지펴 놓았으며, 어딘가 또 다른 황금 왕국이 있을 것이라는 환상을 불러일으켰다. 이 전설 가운데 가장 유명한 것이 엘도라도El Dorado('황금인

간') 전설이다.

향신료에 대한 꿈도 에스파냐 인들의 모험담에 영감을 제공했다. 무성한 계피나무 숲이 있다는 동쪽 땅에 관한 이야기에 끌린 곤살로 피사로는 1539년 원정대를 이끌고 오늘날의 에콰도르 키토에서 출발하여 안데스 산맥을 가로질러 삼림이 우거진 동쪽 사면을 따라 내려갔다. 실제로 계피나무가 발견되기는 하였으나 실망스럽게도 양이 너무 적었다. 그러나 지평선 너머 어딘가에 부유한 왕국이 있다는 원주민들의 이야기(이 이야기는 에스파냐 인들을 빨리 쫓아내기 위해 원주민들이 꾸며 낸 것이었다)에 현혹된 황금 사냥꾼들은 더 깊은 오지로 들어갔다. 여기에서 곤살로의 중대장 프란시스코 데 오레야나Francisco de Orellana는 상관의 명을 받아 한 무리의 병사를 이끌고 먹을 것을 찾아 이름 모를 강을 따라 내려가게 되었다. 가다 보니 물살이 너무 거세져 되돌아올 수 없게 되었고, 할 수 없이 급조한 두 척의 배를 타고 계속 강물을 타고 내려가게 되었다. 그렇게 해서 1,800레구아(1레구아는 약 4.8km)를 떠내려가 마침내 강 하류에 이르게 되었으며, 그로부터 베네수엘라에 있는 에스파냐 인 정주지로 돌아올 수 있었다. 이 큰 강의 둑에서 오레야나는 원주민들을 상대로 전투를 벌였는데, 그 원주민 병사 중에는 여성도 포함되어 있었으며, 이에 그는 그 강에 아마조나스Amazonas라는 이름을 붙여주었다. 이는 에스파냐 인들의 정복 과정에서 나타난 신화 만들기의 한 예라 할 수 있다.

남아메리카 대륙 남쪽 지역은 금이나 은이 별로 없었으며, 따라서 농업과 목축을 위한 정착이 확산되었다. 1537년 피사로의 동료이자 라이벌이었던 디에고 데 알마그로는 금을 찾아 험준한 안데스 고원을 가로질러 칠레의 사막까지 갔으나 결국 발견하지 못하고 쓰디 쓴 실망감만 안고 돌아왔다. 2년 후 피사로는 페드로 데 발디비아Pedro de Valdivia에게 페루 남쪽 지역의 정복을 맡겼다. 발디비아는 칠레 북부의 사막을 가로질러 비옥한 중부 계곡Central Valley에 이르게 되었고, 그곳에 산티아고Santiago 시를 건설했다. 아라우코 족과의 계속되는 싸움의 와중에서도 발디비아는 보다 순종적인 원주민들의 예속 노동을 토대 삼아 농업 식민지의 기반을 닦았다. 그는 1553년 남쪽으로의 탐험에 나섰다가 아라우코 족에게 붙잡혀 살해되었다.

비슷한 시기에(1536년) 14척의 배에 2,500명의 정주 희망자를 데리고 온 아델란타도 페드로 데 멘도사Pedro de Mendoza는 라플라타 강어귀에 부에노스아이레스Buenos Aires 시를 건설했다. 그러나 기근이 발생하여 굶주리게 된 주민들이 이 도시를 버리고 거의 1,600km 정도 강을 타고 거슬러 올라가 새로 파라과이의 아순시온Asunción을 건설했다. 이곳은 기후가 온화하고 식량이 풍부했으며 유순한 과라니Guaraní 족이 많이 살고 있어서 에스파냐 인이 정착하기에 좋은 조건을 가지고 있었다. 아순시온은 파라과이의 수도이자 남아메리카 동남부의 에스파냐 영토 전체의 중심지가 된다.

정복자들

아메리카 정복사업은 다양한 종류의 모험가들을 끌어들였다. 이탈리아에서 벌어진 전쟁에 참가한 경력을 가진 직업군인 출신도 있었고, 덮고 싶은 과거를 가진 사람도 있었다. 노련한 정복자 곤살로 페르난데스 데 오비에도Gonzalo Fernández de Oviedo는 원정대를 꾸리는 사람들에게 "화려하게 치장하고 말 잘하는 사람"을 배제하라고 조언하면서, 이런 자들은 "만약 당신이 에스파냐에서 한 약속을 아메리카에서 지키지 못할 경우 당신을 죽이거나 팔아먹거나 악다구니를 쓰며 달려들 것"이라고 경고했다. 세르반테스는 그의 『모범소설』*Novelas Ejemplares* 중 한 편에서 아메리카를 "에스파냐에서 절망한 이들의 피난처, 모반자들의 성역, 살인을 저지르고도 처벌받지 않는 곳"으로 묘사했다. 이런 종류의 사람들이 에스파냐 정복사업에 큰 오점을 남긴 수많은 만행에 누구보다도 큰 기여를 했다는 데에는 의심의 여지가 없다. 그러나 정복자들의 배경은 에스파냐의 사회적 스펙트럼의 전 영역을 망라할 정도로 매우 다양했다. 대다수는 평민이었으나, 그중에는 소외된 이달고들, 즉 자신들의 팔자를 고쳐 보려고 참가한 가난한 하급귀족들도 포함되어 있었다. 1532년에 카하마르카에서 아타우알파 생포 작전에 참가한 168명 가운데 38명은 이달고, 91명은 평민이었으며 나머지는 알려져 있지 않거나 불확실하다. 카하마르카의 에스파냐 군인들에 대해 연구한 제임스 록하트James Lockhart에 따르면, 그 중 51명은 확실히 글을 알고 있었으며, 76명은 "어느 정도는 글을 읽을 수 있는 사람들"이었다. 그리고 19명은 수공업 기술자, 12명은 공증인 혹은 서기, 13명은 "직업인"men of affairs이었다.

에스파냐의 여러 왕국 중에서 카스티야 왕국 출신이 가장 다수를 차지했는데, 정복의 제1단계라 할 수 있는 카리브 해 정복에는 안달루시아 출신이 가장 많았고, 제2단계라 할 수 있는 아메리카 본토 정복에는 에스파냐에서 가장 가난한 지역인 엑스트레마두라 출신이 다수를 차지했다. 코르테스, 피사로, 알마그로, 발디비아, 발보아, 오레야나 등 유명한 정복자들 대부분이 엑스트레마두라 출신이었다. 물론 다른 외부인들도 정복에서 완전히 배제되지 않았다. 오비에도는 "아시아, 아프리카, 유럽의 모든 다른 나라들에서도" 사람들이 왔다고 말하고 있다.

1520년대쯤이면 에스파냐의 레콩키스타에서 유래한 콤파냐Compaña('전사단'. 그 구성원들은 일정한 규칙에 따라 정복의 이익을 나누어 가졌다)

라는 제도가 신세계 내 에스파냐 팽창의 주요 도구가 되고 있었다. 이 콤파냐의 우두머리는 대개 군사지도자였고, 대부분 왕으로부터 '카피툴라시온'(정복협정)을 하사받고 있었는데, 그것은 그에게 '아델란타도' 직과 함께 장차 정복될 땅에 대한 지배권을 부여하였다. 가끔 이들은 자신이 부유해서 큰돈을 내놓는 경우도 있었지만 원정에 들어가는 비용을 마련하기 위해 엄청난 규모의 돈을 빌리는 경우가 더 많았다. 대부분은 노예무역이나 그 외 다른 방법을 통해 부자가 된 이탈리아, 독일, 에스파냐의 상업자본가들 혹은 국왕 관리들이 배를 장만하고, 말과 노예를 구입하고, 무기와 식량을 사는 데 필요한 대부분의 자본을 제공했다.

이 전사단은 군대식 민주주의로 운영되는 것을 원칙으로 하였는데, 전리품 분배는 전체 구성원에 의해 선출된 위원회에 의해 이루어졌다. 국왕의 몫인 2할세와 공동체 전체의 빚을 제한 나머지 전리품은 균등하게 분배되는 것이 원칙이었다. 아타우알파의 보물의 경우 217개의 몫으로 나누고, 한 몫 당 5,345 금화 페소가 배정되었는데, 이는 당시로서는 결코 적지 않은 액수였다. 분배는 각자의 서열과 그 사업에 공헌한 정도에 따라 이루어졌는데, 원칙적으로 페온peón, 즉 보병에게는 하나의 몫이, 카바예로caballero, 즉 기병에게는 두 개의 몫이(기병 자신에게 한 몫, 말에게 한 몫), 그리고 대장들에게 그보다 더 많은 몫이 돌아가는 것으로 되어 있었다.

이런 민주적인 원칙에도 불구하고 실제로는 몇몇 대장, 대투자가, 왕실 관리들이 정복사업을 지배했으며, 이익의 대부분도 그들의 차지가 되었다. 일반 대원 가운데 일부는 대장들 혹은 투자자들의 하인이나 노예였으며, 따라서 그들이 가져야 할 몫의 전부 혹은 대부분도 주인에게 돌아갔다. 어떤 경우에는 정복자들이 필요한 물품을 마련하면서 돈을 빌리거나 외상으로 물품을 구입했기 때문에 획득한 수입의 상당 부분이 채권자에게 돌아갔다. 당대의 문건들에서는 대원들이 대장들의 탐욕스런 행태에 불만을 토로하고 있는 것을 자주 볼 수 있는데, 그 대장들은 사정이 어려울 때 부하들에게 터무니없는 가격에 물품을 팔아 이익을 챙긴 것으로 나타난다. 각 정복사업 마지막 단계에 엔코미엔다를 분배하게 되는데, 멕시코와 페루가 정복되었을 때만 해도 수공업자들과 그 외 평민들도 엔코미엔다를 받았으나 후에는 원정에 참가한 사람들 가운데 지도자들이나 이달고들만이 받을 수 있었다.

정복자들은 거칠고 잔인한 사람들이었다. 자기들끼리도 거칠었지만 원주민들을 상대할 때는 그 정도가 훨씬 더 심했다. 정복자이면서 연대기 작가였고 열렬한 제국주의자이기도 했던 곤살로 페르난데스 데 오비에도는 정복자들 가운데 일부는 "새 영토의 파괴자 혹은 대학살자"로 불려 마땅하다고 말했다. 정복자들의 거친 태도는 그들의 성격을 그렇게 만든 조건을 반영하고 있었으니, 7세기 동안 무어 인을 상대로 벌인 전쟁에서 생겨난 만연한 폭력적 분위기, 엄청난 부의 불평등에 의해 사분오열된 사회에서 살아남기 위해 대부분의 에스파냐 인들이 감수해야 했던 필사적인 싸움, 그리고 식민지 전쟁의 잔인한 효과 등이 바로 그것이었다.

그러나 모든 정복자가 이런 부정적인 양상에 해당했다고 결론짓는 것은 잘못이다. 그중 일부는 자신의 경험을 통해 원래의 태도를 바꾸었고, 겸손과 인디오적 가치에 대한 존중을 배워 터득하기도 하였으며, 어떤 사람은 에스파냐 인들에 비해 '인디오들'이 도덕적으로 더 우월하다는 주장을 펴기도 했다. 바로 이것이 누녜스 카베사 데 바카가 텍사스 만 해안에서부터 멕시코에 이르는 8년간의 고된 장정에서 배운 교훈이었다. 그의 모험 이야기에서는 에스파냐 인들이 야만인으로, '인디오들'은 인도적이고 계몽된 사람으로 나타난다. 또 다른 정복자이자 "연대기 작가들의 왕"

페드로 시에사 데 레온은 잉카 문명을 높이 평가하고, 잔인한 정복자들을 비판하였으며, 라스 카사스의 생각에 분명하게 동조를 표하였다. 에스파냐 인에 대한 칠레 아라우코 족의 투쟁을 다루고 있는 「라 아라우카나」La Araucana라는 시는 아라우코 족을 칭찬하고 심지어 찬양하기까지 하는데, 이 시 전체에서 아라우코 족은 자유를 위해 분연히 투쟁하는 영웅으로 그려지는 데 비해, 승리한 에스파냐 인들은 겁쟁이에 탐욕스럽고 이기적인 존재로 묘사되고 있다.

보통 에스파냐 정복자들을 정복에 나서도록 부추겼다고 여겨지는 세 가지 요소, 즉 신God, 금Gold, 명예Glory 가운데 대부분의 사람들이 가장 중요하게 생각한 것은 두번째 요소였다. 오비에도는 정복자가 되고자 하는 사람들에게 보낸 공개서한에서 "당신들이 왕에게 봉사하기 위해 혹은 이달고로서의 의무를 다하기 위해 인디아스에 가려 한다고 말하지 마십시오. 당신들은 그것이 사실이 아니라는 것을 이미 잘 알고 있습니다. 당신들은 단지 아버지나 이웃들보다 더 부유해지고 싶어서 가려고 하는 것뿐입니다"라고 말했다. 피사로는 전교傳敎의 필요성을 강조하는 한 사제에게 한 대답 가운데서 그 점을 더 분명하게 표현했다. "나는 그런 이유 때문에 여기에 온 것이 아닙니다. 나는 그들의 금을 탈취하기 위해서 왔습니다." 멕시코 정복에 참가한 정복자이자 연대기 작가이기도 했던 베르날 디아스 델 카스티요Bernal Díaz del Castillo는 정복자들은 "신과 국왕 폐하께 봉사하고, 어둠 속에 빠져 있는 사람들에게 빛을 던져 주고, 그리고 모든 이가 다 갖고 싶어 하는 금을 얻기 위해" 기꺼이 목숨까지 바치려 한다고 솔직하게 선언했다.

대부분의 정복자들은 언젠가는 많은 돈을 벌어 에스파냐로 돌아가 그럴듯한 자신의 가문을 세우고 사람들의 존경을 받으며 떵떵거리며 살게 되기를 꿈꾸었다. 그러나 대상인과 엔코멘데로encomendero('엔코미엔다의 소유자') 같은 소수의 사람만이 그 꿈을 이룰 수 있었으며, 그들 모두가 에스파냐에 돌아간 것도 아니었다. 엔코미엔다도 혹은 이렇다 할 만한 다른 수입원도 갖지 못한 대다수의 정복자들은 좀더 유력한 에스파냐 인들(대개는 엔코멘데로들이었다)의 수공업 기술자, 무장 가신, 엔코미엔다나 다른 사업체의 감독관 등 하급자 신분을 가지고 아메리카에 머물렀다. 1535년 이후 정복자가 되고자 하는 사람들이 점점 더 많이 몰려오자, 그만큼 수지맞는 정복에 참여할 수 있는 기회도 줄어들었다. 그 결과 일자리를 갖지 못하고 소란을 피워대는 많은 에스파냐 인이 생겨나 국왕 관리들, 나아가 국왕 자신에게 심각한 골칫거리가 되었다.

대부분의 정복자들과 초창기에 인디아스에 정주한 다른 에스파냐 인들은 미혼의 젊은 남자였으며, 소수이기는 하지만 간혹 돈을 벌어오겠다며 아내를 고국에 남겨 두고 온 기혼남들도 없지 않았다. 정부情婦나 매춘부가 따라오는 경우가 더러 있기는 했지만 에스파냐 인 여성이 원정대와 동행하는 경우는 매우 드물었다. 그러나 정복전쟁이 일단락되자 점점 더 많은 수의 에스파냐 인 여성이 대서양을 건너왔다. 이들은 남편과 재회하기 위해 온 아내들(강제적인 것은 아니었지만, 결혼한 남자는 아내를 데려와 같이 살거나 아니면 본국으로 돌아가야 한다는 법이 있었다)이거나 정주자의 어머니, 딸, 질녀 등이었다. 원주민 여성과의 결혼도 드물지 않았다. 이 달고들도 목테수마의 딸 같은 부유한 원주민 귀족 여성과의 결혼에 대해 거부감이 별로 없었다. 목테수마의 딸 테쿠이스포Tecuixpo(에스파냐식 이름은 이사벨 목테수마)는 세 명의 에스파냐 남자와 차례로 결혼했다. 그러나 반세기가 지나자 각계각층 대부분의 에스파냐 인 남성들 사이에서 본국에서 이주해 오거나 현지에서 태어난 에스파냐 인 여자와 결혼하려는 경향이 나타났다. 16세기 3사분기쯤이면 강한 혈연과 지역적 유대에 기반한 에스파냐식 가족과 가계가 아메리카에서 재건되었다.

카스티야의 깃발을 들고 아메리카 정복에 나선 수많은 대담한 원정대장들이나 그 부하들 가운데 그들의 용기와 희생 그리고 잔혹한 행동이 만들어 낸 달콤한 열매를 오랫동안 향유한 사람은 그리 많지 않았다. "나는 아델란타도 같은 직책을 좋아하지 않는데, 그것은 그런 명예와 직책이 인디아스에서는 불길한 징조이기 때문이다. 그런 직책을 가진 사람들 대부분이 끝이 좋지 못했다"라고 오비에도는 썼다. 전쟁과 강행군에서 살아남은 사람들 가운데 소수는 전리품, 땅, 노동력 등에서 상당한 몫을 챙겼으나 대부분은 별 재미를 보지 못하거나 오히려 더 열악한 상황에 놓이게 되었으며, 큰 빚을 짊어지게 된 경우도 적지 않았다. 정복자들 간에 가진 자와 갖지 못한 자 간의 구분이 나타나고, 그로 인한 갈등은 정복 이후 수십 년 동안 인디아스에서 나타난 폭발일보 직전의 긴장으로 가득 찬 상태의 주요 요인이 되었다.

로페 데 아기레—정복의 낙오자

잉카 제국의 붕괴 이후 페루에서 벌어진 에스파냐 인들 간의 30년에 걸친 잔인한 내전과 반란의 원인이 되었던 것도 그 같은 갈등이었다. 1548년 곤살로 피사로가 일으킨 반란의 실패가 페루에 장기적인 평화를 가져다주지는 않았는데, 그것은 그 이후의 사태 전개가 반란 진압에 참여하기 위해 인디아스 전역에서 모여든 많은 모험가들에게 큰 불만을 안겨 주었기 때문이었다. 이들은 자신들이 바친 봉사에 대해 국왕이 적절하게 보상해 줄 것으로 생각했다. 그런데 약삭빠른 피사로의 정복자 페드로 데 라 가스카는 오히려 처음에 피사로 편에 섰다가 국왕 편으로 돌아선 부유하고 유력한 자기 친구들에게만 많은 엔코미엔다를 하사했다. 그것이 일반 정복자들에게 가져다 준 배신감은 페로 로페스Pero López의 다음과 같은 말에 잘 나타난다. "라 가스카는 국왕 폐하의 충복들은 계속해서 가난한 상태로 방치해 두고, 국왕 폐하의 적들에게는 그들의 재산을 몰수하는 것은 고사하고 오히려 더 많은 것을 하사하여 더 부자가 되게 하였다."

부왕副王 카녜테Cañete는 1551년 황제 카를 5세에게 보낸 서신에서 문제의 본질이 경제에 있음을 분명히 했다. 그는 이 편지에서 페루에는 8,000명의 에스파냐 인이 살고 있는데 비해 엔코미엔다는 480개밖에 없다고 보고했다. 식민지 행정이 제공할 수 있는 일자리를 포함하여 1,000명의 에스파냐 인만이 "먹고 살 만한 자리"를 발견할 수 있다고 했다. 또한 카녜테는 일자리가 없는 정복자라는 골칫거리를 없애는 유일한 해결책은 그들을 새로운 정복에 나서도록 하는 것이라고 말하면서, 그 이유에 대해서는 "그들이 땅을 파거나 쟁기질을 하려 하지 않는다는 것은 모두가 잘 알고 있고, 그들 스스로 그런 일을 하려고 이곳에 온 것이 아니라고 말하기 때문"이라고 했다. 황제는 이 의견에 동의하여 새로운 정복사업의 재개를 허락하면서 1555년 12월 부왕에게 그렇게 하는 것이 "그곳에 머물러 있으면서 언제든 정복을 위해 떠날 준비가 되어 있는 게으르고 방탕한 사람들을 일소하는 데" 도움이 될 것이라고 말했다. 그에 따라 카를(5세)은 라스 카사스의 주장을 받아들여 새 정복사업의 금지를 규정했었던 1549년의 칙령을 철회했다.

유명한 '방랑자' 로페 데 아기레Lope de Aguirre의 이력은 빈털털이 정복자 우두머리의 심리와 정신상태를 잘 보여 준다. 베테랑 정복자 아기레는 당시 50세였고 부상으로 한쪽 다리를 절었으며, 약 25년 동안 인디아스에서 행운을 찾아 돌아다녔으나 성공하지 못해 낙담한 상태였다. 이때 페루에서 아마존 밀림 속에 새로운 엘도라도가 있다는 소문이 돌아 사람들을 흥분시켰다. 이 전설적인 왕국이 존재하든 그렇지 않든 간에 그 소문은 잠재적으로 폭발성을 가진 사회 문제를 해결할 수 있는 편리한 수단을 제공해 주었다. 1559년에 부왕 안드레스 우르타도 데 멘도사Andrés Hurtado de Mendoza는 페드로 데 우르수아Pedro de Ursúa에게 '오마구아Omagua와 도라도Dorado' 지역 탐험을 위한 원정대를 이끌도록 명령했다. 로페 데 아기레는 어린 메스티소 딸과 함께 새로운 황금의 땅을 찾아 우아야가 강Huallaga(아마존 강의 지류)을 따라 내려가는 원정대에 합류했다. 그러나 대장 우르수아는 무능했고, 그의 불안한 상태는 참을 수 없는 더위, 질병, 식량 부족으로 악화되어 급기야 대원들은 반란을 일으켰으며, 로페 데 아기레는 주동자 중 한 명이 되었다. 이들은 우르수아를 살해하고 에스파냐 인 귀족 페르난도 데 구스만Fernando de Guzmán을 명목상의 '왕'으로 세웠으나 얼마 가지 않아 아기레는 이 원정대의 실질적인 리더가 되었다.

아기레는 엘도라도 찾기와는 무관한 대담한 새로운 계획을 세웠으니, 그것은 페루를 정복하여 그곳의 지배자들을 제거하고, 자기 같은 역전의 정복자들에게 적절한 보상을 제공하겠다는 것이었다.

> 우리가 인디오 원주민들을 정복하고 평정하는 데 쏟은 수고는 당연히 보상 받아 마땅하다. 우리는 피땀 흘려 인디오들을 정복했지만 마땅히 받아야 할 보상을 받지 못했다. …… 오히려 부왕은 우리가 세상에서 가장 부유하고 엄청난 인구를 가진 근사한 땅을 발견하게 되리라는 말로 속여 우리를 내쫓았다. 그러나 그가 말한 땅은 아무짝에도 쓸모없는 땅이었다.

아마존 강 둑에서 두 척의 큰 배를 건조한 원정대는 페루를 정복하기 위해 강을 따라 하류로 내려갔다. 구스만에 대한 아기레의 불신은 '페루의 주군 겸 왕' 구스만과 그의 첩, 그리고 추종자들의 피살로 이어졌다. 그 후로도 인명 살해는 계속되어 1561년 7월 아기레와 그의 부하들이 대서양으로 빠져나올 무렵이면 에스파냐 인의 수는 370명에서 230명으로 줄어들어 있었다. 그들은 기아나 해안을 따라 항해하여 마르가리타 섬을 장악하고 그곳의 총독을 살해했다. 9월에는 베네수엘라 해안에 상륙하여 발렌시아 시를 점령하고, 에스파냐의 국왕 펠리페 2세에 대해 "불과 칼의 잔인한 전쟁"을 선포했다. 그러나 이번에는 이에 대한 우려가 도처에 확산되었고, 압도적으로 다수의 국왕 군대가 구성되어 그를 진압하기 위해 출발했다. 아기레가 '잠재적인' 배신자들을 적절한 절차도 거치지 않고 처형하는 바람에 이미 수가 많이 줄어 있었던 그의 소부대는 급증하는 탈주자들로 와해되기 시작했다. 1561년 10월 27일 그의 심복들마저 이탈하여 국왕군에 합류하자 아기레는 열여섯 살 먹은 딸의 목숨을 "반역자의 딸로 평생을 살아가는 것으로부터" 구해 내기 위해 자신의 칼로 직접 거두었다. 그 직후 그 자신도 부하 2명이 쏜 화승총에 의해 사살되었다.

죽기 몇 주 전에 아기레는 펠리페 2세에게 정복과, 그것이 만들어 낸 세계에 대해 정복자들이 갖고 있는 생각을 말해 주는 주목할 만한 서한을 보냈다.* 그러나 아기레는 코르테스 같은 대장군의 영웅적인 관점이 아니라 정복의 낙오자들, 즉 대장군, 부왕, 교활한 레트라도(법 공부를 한 관리), 라 가스카 같은 법관, 그리고 그들의 왕 같은 사람들의 배신으로 비통한 심정이 된 사람들의 심정을 대변하였다. 아기레는 자신이 구기독교도 집

---

* 펠리페 2세에게 보낸 아기레의 편지 번역본을 보여 준 것은 물론이고, 아기레에게 일어난 일에 대해 관심을 갖도록 필자를 이끌어 준 코넬대학교 역사학과 토머스 할러웨이(Thomas Holloway) 교수께 감사드린다.

안의 귀족 출신이라고 주장하였으나 후에는 "중간층 양친"에게서 태어났다고 말함으로써 자신이 부와 명성을 찾아 인디아스에 건너 온 많은 가난한 이달고들 가운데 한 명이라는 사실을 시인했다.

아기레는 이 편지에서 자신과 동료들이 국왕을 위해 바친 공헌을 소상히 설명하고 고마워 할 줄 모르는 국왕을 신랄하게 공격했다. 이렇게 불경하고 혁명적인 감정을 가지고 있었음에도 불구하고 아기레는 자신과 동료들이 루터파 이단을 두려워하며, 자신들이 비록 죄인이기는 하나 성스러운 어머니 로마 교회의 가르침을 온전하게 인정한다고 말했다. 그러면서도 아기레는 인디아스에서 탁발수사들이 보여 주고 있는 추잡스런 부패와 오만을 맹렬히 비난했다.

또한 아기레는 페루 주재 국왕 관리들에 대해서도 격렬한 비난을 쏟아냈다. 그의 기록에 따르면, 국왕의 판사oidor 한 사람이 받는 연봉은 4천 페소이고, 여기에 활동비 명목으로 8천 페소가 더 주어지는데, 어찌된 일인지 3년의 복무 기간을 마치면 그들은 대개 6만 페소의 재산을 모으게 되며, 거기다 넓은 영지와 다른 부수입까지 챙긴다고 했다. 게다가 이들은 어찌나 거만한지 "길을 가다 만나면 그들은 마치 바빌론의 느부갓네살처럼 우리가 무릎을 꿇고 숭배해 주기를 바란다"라고 아기레는 지적했다. 그는 또한 왕에게 이 판사들에게 속내를 내비치지 말라고 충고하면서, 그것은 이들이 오로지 자식들 결혼 문제에만 정신이 팔려 있으며, 하나같이 "왼쪽이든 오른쪽이든 간에 눈에 보이는 것은 다 내 것이다"라는 문구를 가장 소중한 금언으로 생각하기 때문이라고 했다.

편지 끝 부분에서 아기레는 투르크 인과 프랑스 인을 비롯하여 "도처에서 에스파냐에게 싸움을 걸어오는" 모든 적과의 전쟁에서 펠리페 왕에게 행운이 있기를 기원하면서, "이곳 아메리카에서 하느님께서는 우리의 무기로 정복한 땅에 대해 우리가 받아 마땅한 보상을 향유하도록 허락하였음에도 국왕 폐하 당신께서는 그것을 부인했다"라고 덧붙였다. 그리고 다음과 같은 서명을 남겼다. "당신의 충성스런 바스크인 백성의 아들이며, 고마워할 줄 모르는 당신에게 죽음으로 저항한 방랑자, 로페 데 아기레."

4장 _ 식민지 생활의 경제적 토대

정복 초기부터 에스파냐 정부는 값싼 노동력을 얻고자 하는 정복자들의 요구(그들은 이 노동력을 자주 비경제적으로 그리고 파괴적으로 이용하곤 했다)와, 공납을 바칠 대규모의 원주민을 보호해야 할 왕실의 책무를 적절히 조화시켜야만 하는 숙제에 직면하게 되었다. 식민화가 시작되고 난 후 수십 년간의 경험은 백인 정주자의 자비에 맡겨진 원주민은 멸종을 당하거나(한때 밀집된 인구를 가지고 있었던 히스파니올라 섬에서 그런 일이 실제로 일어났다) 아니면 봉기를 일으켜 아메리카 내 에스파냐 제국의 존재 자

이 장의 핵심 문제

- 원주민에 대한 에스파냐 인의 정책은 무엇이고, 그것이 식민지의 경제 혹은 왕·성직자·식민지 엘리트들의 정치적 갈등에 어떤 영향을 미쳤는가?
- 엔코미엔다와 노예제로부터 레파르티미엔토(repartimiento)나 미타(mita), 그리고 이론적으로 자유로운 노동 혹은 채무 노역에 이르는 식민지 노동 체계의 다양한 발전을 만들어 낸 요인은 무엇인가?
- 엔코미엔다에서 아시엔다(hacienda)로의 이행, 그리고 광산업이 에스파냐 식민지 경제활동의 토대가 되게 한 요인은 무엇인가?
- 자본주의적 혹은 봉건적이라고 규정되는 식민지 경제의 특징은 무엇인가?
- 에스파냐의 무역 시스템은 무엇이고, 그것이 가진 구조적 약점은 무역과 해적질에 어떤 영향을 미쳤는가?

체를 위협할 수 있다는 것을 입증해 주었다. 그러므로 국왕은 자연히 어떻게든 이런 방법을 피하려고 했다.

국왕은 또한 에스파냐 인 정주자들이 원주민의 땅과 노동력을 독점적으로 지배하여 국왕의 지배권이 미치지 못하는 봉건영주 계급으로 성장하지 않을까 우려했고, 어떻게 해서든 그런 사태를 막으려고 했다. 교회 또한 이 문제에 큰 관심을 가지고 있었다. 만약 원주민이 에스파냐 인의 학대로 죽어 없어진다면 이교도들의 영혼구원사업은 완수되지 못할 것이고 교회의 체면은 땅에 떨어질 것이었다. 또 그렇게 되면 누가 교회와 수도원을 세울 것이며 누가 인디아스에서 신의 종복들(사제들)을 먹여 살린단 말인가?

대원주민 정책을 둘러싼 논란은 곧바로 극적인 이념 투쟁의 성격을 띠게 되었다. 16세기 에스파냐의 이념은 중세 시대에 깊은 뿌리를 두고 있었기 때문에 매우 율법주의적이고 스콜라주의적인 성격을 띠었다. 당시 다른 서유럽 국가들에서는 스콜라주의*가 소멸해 가고 있었던 반면에 에스파냐에서는 그것이 철학의 한 방법으로, 그리고 사적·공적 문제 해결을 위한 도구로 상당한 힘을 유지하고 있었다. '왕의 양심의 가책을 덜어 줄' 그리고 왕의 행동을 자연법 혹은 신법에 부합하도록 해야 할 필요성이 에스파냐 인들이 정책의 교리적 기반으로 스콜라주의에 집착한 사실을 설명해 준다. 원주민의 본성은 어떤 것이며, 그들은 어느 정도의 문화 수준에 도달해 있는가? 그들은 아리스토텔레스가 말한 본질에 의거하여 노예로 규정될 수 있는가, 즉 에스파냐 인들에게 정복되어 그들의 하인이 되어도

---

* 중세 시대를 지배한 신학적·철학적 교리 겸 연구 방법이다. 주로 교부들 그리고 아리스토텔레스와 그의 주석자들의 권위에 의존하고 있다.

1503	에스파냐 왕실이 상무청(Casa de Contratación)을 설치하여 인디아스와의 모든 상업적 거래를 허락 혹은 규제하고, 수입세와 수출세를 부과하며, 모든 귀금속에 대한 왕의 몫을 징수하는 기구로 삼다.
1511	안토니오 데 몬테시노스 신부가 강림절 일요일에 인디오 원주민들을 착취하는 에스파냐 인들을 비난하다.
1512~1513	국왕 페르난도가 히스파니올라 섬에 대한 엔코미엔다를 허가 혹은 조정하는 내용의 부르고스 법을 발표하다.
1519~1605	중앙부 멕시코의 원주민 인구가 2,500만 명에서 100만 명으로 감소하다(페루에서도 비슷한 감소가 나타났다).
1521	베네수엘라 해안에 건설한 실험적인 식민지가 실패로 돌아가자 바르톨로메 데 라스 카사스 신부의 생각이 급진화하였고, 모든 엔코미엔다의 철폐와 원주민 강제 노동의 폐지를 주장하다.
1542	인디아스 신법이 발표되어 원주민의 노예화를 금하고, 공납을 규제하고, 이미 존재한 엔코미엔다들은 당시 그것을 소유한 사람이 살아 있는 동안만 유효하다고 선언하다.
1550~1700	'레파르티미엔토' 혹은 '미타'라고 알려진 노동징모제가 에스파냐 인들의 가장 중요한 부의 원천으로서 점진적으로 엔코미엔다를 대체해 가다. 아시엔다 혹은 플랜테이션 농업은 설탕, 카카오, 담배, 그리고 그 외 원료들의 수출을 위한 생산을 강조하다.
1550~1650	식민지 라틴아메리카의 광산 산업이 확대되다.
1562~1580	존 호킨스, 프랜시스 드레이크 경, 그리고 영국 제국이 폐쇄적인 에스파냐령 아메리카 제국에 도전하다.
1570~1811	아시아와 식민지 라틴아메리카 간 상업 무역 선단인 마닐라 갈레온(Manila Galleon)이 발전했다 몰락하다.
1580~1650	펠리페 2세 치하에서 에스파냐와 포르투갈이 합병되다. 아프리카 인 노예들을 거래하는 대서양 횡단 무역이 급증하다.
1670	영국과 에스파냐가 마드리드 조약을 체결했고, 여기에서 영국은 카리브 해에서 활동하는 해적 퇴치에 협조하고, 에스파냐는 서인도 제도에 대한 영국의 주권을 인정하기로 하다.
1697	에스파냐와 프랑스가 산토도밍고에 대한 프랑스의 주권을 인정하는 리스비크 조약을 체결하다.

무방한 열등한 인종인가? 교황이 에스파냐 왕들에게 아메리카를 기증한 것이 그들(왕들)에게 어떤 권리와 의무를 부여했는가? 이런 문제 혹은 그와 비슷한 문제들에 답해 보라며 국왕이 초빙한 법률가 혹은 신학자들은 책을 통한 전쟁을 벌였고, 그 책들에서 그들은 아리스토텔레스, 교부, 중세 철학자들의 책에서 인용한 글귀를 동원하여 상대방에 맹공을 퍼부었다. 그들은 또한 빈도는 덜했지만 원주민의 삶을 직접 관찰하거나 그에 대해 설명해 놓은 자료를 가지고 자신의 입장을 옹호하기도 했다.

에스파냐 식민지에서의 공납과 노동

그러나 원주민에 대한 에스파냐 인의 권리와 의무가 무엇인가에 관한 미묘한 논쟁의 이면에는 아메리카 내 에스파냐 제국의 토대라 할 수 있는 원주민의 노동과 공납을 누가 통제할 것인가를 둘러싼 복잡한 갈등이 팽배해 있었다. 이 갈등의 주요 당사자는 국왕과 교회, 그리고 에스파냐 인 정주자들이었다.

엔코미엔다와 노예제

히스파니올라는 에스파냐의 정책의 첫 시험장이었다. 콜럼버스의 두번째 탐험대의 도착이 이 섬에 가져다 준 상황은 새뮤얼 엘리엇 모리슨Samuel Eliot Morrison이 표현한 "지옥이 되어 버린 히스파니올라"라는 문구에 잘 나타나 있다. 콜럼버스는 자신이 발견한 영토의 가치를 왕에게 입증하기 위해 원주민들에게 매일 사금으로 공납을 바치도록 강요했다. 견디다 못한 아라와크 족 원주민들이 반란을 일으키자 이를 가혹하게 진압하고, 그중 수백 명을 노예로 만들어 에스파냐로 보냈다. 후에 콜럼버스는 불만을 품은 백인 정주자들의 요구에 굴복하여 아라와크 족을 그들에게 분배해 주고 원주민의 강제 노동을 향유할 권리를 보장해 주었다.

니콜라스 데 오반도Nicolás de Ovando 총독의 통치기에 형성되고 왕에 의해서 추인된 잠정적 성격의 협정이 엔코미엔다 제도로 되었다. 이 제도는 무어 인들로부터 탈취한 땅과 그 땅에 사는 주민들에 대한 지배권을 전쟁에 참여한 주요 인사들에게 나누어주던 중세 에스파냐에서 생겨난 관행에 기원을 두고 있었다. 엔코미엔다는 정복자에게 원주민을 돌볼 책임을 부여하고, 원주민은 대신 정복자에게 공납과 노동을 바쳐야 하는 제도였다. 정복자는 또한 원주민을 보호하고, 교구 사제 한 명을 유지할 비용을 대고, 식민지 방어를 위해서 노력할 책임이 있었다. 그러나 서인도 제도의 엔코미엔다는 사실 끔찍한 노예제와 거의 다르지 않았다. 기본적으로는 이로 인한 학대 때문에 히스파니올라 섬의 인구는 20년 만에 수백만에서 2만 9,000명으로 줄어들었다. 이와 같은 인구의 감소는 결코 전염병 때문이 아니었다. 1518년까지 앤틸리스 제도에 전염병이 발생했다는 기록은 없다.

이 같은 상황에 처음으로 반기를 든 사람들은 1510년 히스파니올라에 도착한 일단의 도미니쿠스회 탁발수사들이었다. 이들의 지도자 안톤 몬테시노Antón Montesino 신부는 1511년 강림절 첫 일요일에 교회 설교단에서 원주민을 학대하는 에스파냐 인에게 저주가 내릴 것이라고 위협했다. 이에 분노한 에스파냐 인 정주자들과 도미니쿠스회 수도사들 사이에 첨예한 갈등이 나타났고, 결국 양측은 이 문제를 왕에게 가지고 갔다. 이에 페르난도 왕은 부르고스 법Laws of Burgos(1512~1513)의 승인으로 응답했는데, 그것은 기존의 상황을 인정하고 합법화한 것에 지나지 않았다.

이 소동은 '인디아스에 대한 에스파냐의 지배권이 과연 합당한가'라는 좀더 큰 문제를 제기했다. 국왕이 느껴야 했던 양심의 가책을 달래 주기 위해 저명한 법학자 후안 로페스 데 팔라시오스 루비오스Juan López de Palacios Rubios 박사는 '전쟁포고문'requerimiento이라는 문건을 만들었는데, 이는 정복자들이 원주민들에 대해 전쟁을 선포하기 전에 그들에게 꼭 읽어 줘야 한다고 규정한 문건이었다. 이 기이한 선언문은 원주민들에게 교회와 교황의 지상권至上權을 인정하고, 동시에 1493년 교황의 기증에 의거하여 에스파냐의 왕이 그들(원주민)의 땅에 대해 갖게 된 주권을 인정하라고 요구하면서, 만약 이를 거부하면 전쟁을 통해 그곳을 정복할 것이며 주민들을 노예로 만들겠다는 내용으로 되어 있었다. 이 문건의 내용은 원칙적으로 통역을 통해 원주민들이 잘 이해할 수 있도록 해야 하고, 이 요구를 원주민들이 거절할 때라야만 정복자들은 그들을 상대로 합법적인 전쟁을 시작할 수 있었다. 그러나 정복자들은 이 전쟁포고문을 대수롭지 않게 생각하여 대충 중얼거리고 난 뒤 곧바로 공격하거나, 이미 공격이 끝나고 난 뒤 포박된 원주민들에게 읽어 주기가 일쑤였다. 연대기 작가 오비에도는 이 문건을 만든 팔라시오스 루비오스 자신이 원정대장들이 이 문건을 사용한 희한한 방식을 전해 듣고 배꼽을 잡고 웃었다고 써놓고 있다.

한때 엔코멘데로이기도 했으나 후에 자신의 삶을 뉘우치고 탁발수사가 된 바르톨로메 데 라스 카사스가 원주민의 노예화와 팔라시오스 루비오스의 논리에 반대하는 투쟁에 합류했다. 전쟁포고문에 대해 그는 그것을 읽고 웃어야 할지 울어야 할지 몰라 당황스러웠다고 말했다. 라스 카사스는 교황이 카스티야 국왕에게 아메리카를 기증한 것은 오로지 원주민의 개종을 위한 것이었으며, 에스파냐 국왕에게 인디아스에 대한 세속적 지배권이나 소유권을 준 것이 아니라고 주장했다. 원주민은 자연법과 국법law of nations에 따라 자신들의 땅에 대해 정당한 소유권을 가지며, 에스

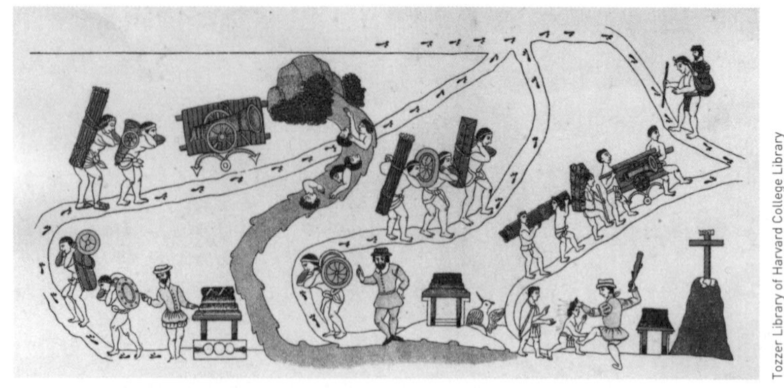

Tozzer Library of Harvard College Library

정복과 식민화의 영웅적이고 문명화적인 영향력을 주로 묘사한 에스파냐 예술과는 반대로, 마야 인이 그린 이 원주민 책자는 에스파냐 인들의 야만성과, 식민지 경제에서 마야 인 노예들의 노동이 차지한 핵심적인 역할을 강조하고 있다.

파냐 인이 신세계에서 벌인 모든 전쟁과 정복은 불법이라고 선언했다. 또한 에스파냐는 오직 "모든 인간에게 적용하여 마땅한 자연스런 방식으로, 즉 사랑과 관용과 친절로" 원주민들을 교화해야 한다고 말했다.

라스 카사스가 기대한 식민화는 에스파냐 인 농민들이 원주민들과 더불어 살면서 그들에게 농사와 유럽적 삶의 방식을 가르쳐 주고, 그들을 이상적인 기독교 공동체의 일원으로 만들어 가면서 이루어 가는 평화적인 방식의 식민화였다. 그러나 베네수엘라 해안에 실험적으로 건설한 식민지(1521)가 파괴된 것을 포함하여 몇 차례의 실망스런 경험은 라스 카사스의 마음을 보다 과격한 해결책으로 돌아서게 만들었고, 그의 최종적인 개혁안은 엔코미엔다 제도의 전면 폐지, 기독교라는 선물을 가져다 준 것에 대한 보답으로 왕에게 소량의 공납을 바치는 것을 제외한 모든 형태의 예속으로부터 원주민의 해방, 그리고 아메리카 땅의 합법적 주인인 인디오들의 국가와 그 지배자들의 복원 등이었다. 에스파냐 국왕은 이 원주민들에게 가톨릭 신앙을 전하고, 기독교적 삶의 방식을 전해 준다는 신성한 사명을 완수하기 위해 "모든 왕들의 황제"로서 이들 국가들을 지배하면 된다고 했다. 이 소임을 수행하는 도구는 탁발수사들이어야 하며, 그들은 원주민에 대해 특별 사법권을 향유하면서 그들을 세속 에스파냐 인들의 부정적 영향력으로부터 보호하게 될 것이라고 했다. 라스 카사스의 제안이 과격하게 보이기는 하지만 그것은 사실 정복자들의 권력을 제어하고, 신세계에서 강력한 식민지 봉건제가 성장하는 것을 억제하려는 국왕의 의도와 맞아 떨어지는 것이기도 했다. 인도주의가 아니라 무엇보다도 자기 이익의 추구가 카를 5세 치세(1516~1556) 동안 라스 카사스의 개혁 노력이 부분적이기는 하지만 공적인 지지를 받은 이유를 설명해 준다.

이 문제는 부유하고 인구도 많은 멕시코와 페루 제국의 정복과 함께 대단히 중요한 논란거리가 되었다. 에스파냐 왕실의 가장 중요한 관심사는 서인도 제도에서 일어난 비극이 새로 정복된 땅에서는 되풀이 되지 말아야 한다는 것이었다. 1523년 라스 카사스는 결정적인 승리를 거둔 것처럼 보였다. 카를 5세는 "하느님께서는 원주민들을 종이 아닌 자유인으로 창조하셨다"면서 누에바에스파냐Nueva España(아스테카 왕국의 폐허 위에 세워진 나라에 붙여진 이름)에서 엔코미엔다를 설립하지 못하게 하는 명령을 코르테스에게 내렸다. 그러나 이미 자신과 부하들에게 엔코미엔다를 분배해 버린 코르테스는 이 명령을 받들지 않았다. 코르테스는 시련에 단련된 강인한 병사들의 힘과 필요를 등에 업고 엔코미엔다 제도는 식민지의 복지와 안전에 꼭 필요하다고 설득력 있게 주장했고, 그로 인해 국왕의 명령은 결국 철회되고 말았다. 엔코미엔다에서 얻어지는 공납과 노동은 16세기 중반까지 백인 식민자들의 주요 수입원으로 남아 있었으며, 전쟁에서 포획된 노예가 그 수입을 보완하였다.

인디아스 신법과 엔코미엔다

코르테스의 저항에 한발 물러서기는 했지만 원주민의 공납과 노동을 자신의 통제 하에 두려는 국왕의 노력은 곧 재개되었다. 국왕은 조심스럽게 정복자들의 권력을 제한하는 조치를 취했다. 1531~1532년에 첫번째 '깡패' 아우디엔시아audiencia(고등법원)—이 '깡패' 아우디엔시아는 코르테스의 권한을 약화시키고, 원주민들을 인정사정없이 억압했기 때문에 그런 이름이 붙여졌다—의 질풍노도 같은 지배기에 이어 누에바에스파냐의 두번째 아우디엔시아가 설치되었다. 이 두번째 아우디엔시아는 공납과 노동의 규제에 관한 첫번째 조치들을 타산지석으로 삼아 원주민 마을들의 공납 부담을 완화하고, 공납액을 평가한 명부를 만들어 제시했으며, 원칙적으로 본인의 동의 없이 원주민을 짐꾼으로 사용하지 못하게 했다. 국왕의 개입은 인디아스 신법(1542)의 발표로 절정에 이르렀다. 이 법은 엔코미엔다 제도의 완전 폐지로 이어질 것처럼 보였는데, 그 내용은 원주민의 노예화를 금하고, 합법성이 입증되지 않은 노예는 풀어 주고, 원주민의 강세적인 개인적 봉사를 금하고, 공납을 제한하였으며, 기존 엔코미엔다는 그 소유자의 사망과 함께 폐지된다는 것이었다.

페루에서는 신법이 대반란을 촉발했고, 누에바에스파냐에서는 그것이 엔코멘데로들과 성직자 다수의 격렬한 저항을 불러 일으켰다. 이 같은 압력에 왕실은 다시 한 번 뒤로 물러섰다. 원주민 노예제와 강제 노동을 금하는 법령은 계속 유지되었으나, 엔코멘데로가 엔코미엔다를 자식에게 상속할 권한은 인정되었으며, 경우에 따라서는 3대, 4대, 5대까지 상속이 가능하게 했다. 하지만 상속자가 없는 경우 그 엔코미엔다는 국왕에게 귀속되었다. 그 결과 엔코미엔다의 수는 시간이 갈수록 줄어들어 갔고, 국왕 사법권의 지배를 받게 되는 마을의 수는 그만큼 늘어났다.

1560년쯤이면 엔코미엔다가 부분적으로 '순화된' 상태로 되었다. 국왕의 개입으로 엔코멘데로들의 힘은 상당히 약화되었으며, 공납과 강제노동의 상황은 적어도 식민지 주요 도시 인근에서는 어느 정도 안정된 상태가 되었다. 대부분 지역에서 공납은 아우디엔시아에 의해 그 액수가 결정되었으며, 아우디엔시아는 원주민 마을들의 청원을 받아 인구와 수확의 증감에 따라 액수를 조정하는 노력을 게을리 하지 않았다. 그런 조정 작업을 위해 비시타visita(원주민 마을에 대한 조사)와 쿠엔타cuenta(집계) 제도가 생겨났다. 비시타는 각 마을들이 가진 재산과 지불 능력에 관한 정보를 제공해 주었고, 그에 따라 주민들이 납부해야 할 액수가 결정되었다. 비슷한 시기에 만들어진 쿠엔타는 공납 납부자의 수를 제공해 주었다. 1560년경 누에바에스파냐의 기혼 공납 납부자 한 명이 1년에 왕 혹은 엔코멘데로에게 바치는 액수는 은화 1페소와 옥수수 4/5부셸(1부셸은 약 36리터 ─옮긴이) 혹은 그만한 가치를 가진 다른 농산물이었다.

그러나 이런 평가 메커니즘과, 적지 않게 발표된 보호 법령들도 원주민들에게 충분하고 지속적인 도움을 제공해 주지는 못했다. 엔코멘데로를 비롯한 이해 당사자가 인구통계를 조작하는 등 권력남용이 끊이지 않았다. 그중에서도 가장 중요한 문제는 재조사나 재평가가 항상 급감하는 공납 납부자 수를 따라가지 못했기 때문에 남아 있는 사람들이 이미 죽거나 도망쳐서 없는 사람들의 몫까지 부담해야 했다는 점이다. 게다가 펠리페 2세의 즉위(1556) 이후 에스파냐 정부 정책의 기본 방향은 국왕의 수입을 늘려 절망적인 왕의 재정 위기를 완화한다는 것이었다. 그로 인해 지금까지 면제 혜택을 받아 오던 원주민 집단들은 특혜를 상실하게 되었고, 1인당 공납 액수는 점점 늘어났다. 이런 조치들, 그리고 엔코미엔다가 점진적으로 국왕에게 귀속됨으로써 누에바에스파냐에서 징수되는 국왕 공납의 액수는 1550년에서 18세기 말 사이에 연간 약 10만 페소에서 100만 페소 이상으로 늘어났다(이 수치는 이 기간 동안 나타난 상당히 높은 인플레이션이 공납의 가치에 미친 영향은 고려하지 않은 것이다).

그러나 엔코미엔다가 백인 정주자들에게 안겨 주는 경제적 가치도 지속적으로 하락했다. 그들은 공납 납부자들에게 노동을 요구할 수 없게 되었으며(1549), 후에는 엔코미엔다를 항구화할 권리도 상실했다. 엔코멘데로들이 직면하게 된 가장 심각한 타격은 16세기 후반 원주민 인구의 파괴적인 감소였다. 중부 멕시코의 원주민 인구는 1519년 약 2,500만에서 1605년 100만 정도로 줄었다. 페루 중부 해안 지역에서는 공납 납부자 수가 1575년경이면 정복 이전 인구의 4%로 줄어들었다. 아직도 그 이유가 분명하지는 않지만 멕시코와 페루 모두 인구 감소율이 고원 지대보다는 해안 지역에서 훨씬 더 높았던 것으로 보인다. 홍역, 천연두, 발진티푸스, 말라리아 같은 질병 ―특히 원주민들이 면역력을 가지고 있지 않았던 유럽에서 들어온 질병 ―이 인구재난의 가장 중요하고 직접적인 원인이었다. 그러나 과로, 영양실조, 심각한 사회 혼란, 그로 인한 삶의 의욕 상실 등도 대역병과 관련된, 혹은 역병과 직접적인 관계가 없는 가공할 치사율과 깊은 연관을 가지고 있었다. 페루에서는 1535에서 1550년 사이에 일어난 대규모 내란과 무질서도 인구 감소의 주요 원인 가운데 하나였음이 분명하다.

공납 납부자의 감소와 함께 엔코멘데로들의 수입도 그만큼 줄어들었다. 그에 비해 공납을 수취하는 집사 유지, 사제 부양, 무거운 세금 등을 포함하여 지출해야 할 비용은 그대로이거나 오히려 늘어나는 경향이 있었다. 그 결과 많은 엔코멘데로들, 그리고 엔코미엔다를 갖지 않은 다른 에스파냐 인들도 농업, 목축, 광산업 등 좀더 이문이 남는 일에 참여하기 시작했다. 원주민 인구의 감소(그것은 식량과 귀금속의 순환을 급감시켰다)는 곡물과 고기를 생산하는 아시엔다haciendas(에스파냐식 농장)의 급속한 성장을 자극했다.

그리하여 중부 멕시코에서는 1570년대에, 중앙 안데스 고원 지대에서는 16세기 말경이면 엔코미엔다가 원주민의 무임 노동에 토대를 둔 제도라는 원래의 성격을 상실하게 되었다. 에스파냐 인 식민자에게 수입의 원천으로서 엔코미엔다가 갖는 중요성은 크게 감소했고, 나아가 개별 엔코미엔다들이 하나 둘 왕에게 귀속되어 감에 따라 제도 자체가 소멸되어 가고 있었다. 그러나 이 같은 변화가 모든 지역에서 일괄적으로 일어난 것은 아니었다. 왕은 귀금속이 없거나 농업생산성이 낮은 지역, 그로 인해 백인 정주자가 과도한 권력을 갖게 될 염려가 없는 지역에서는 엔코멘데로들이 원주민의 노동을 계속 강제로 이용할 수 있게 놔두었다. 칠레가 그런 곳이었는데, 이곳에서는 인신적 봉사에 기반을 둔 엔코미엔다가 1791년까지 잔존하였다. 베네수엘라에서는 1680년대까지, 파라과이에서는 1800년대 초까지도 엔코미엔다가 사라지지 않았다. 국왕은 또한 누에바에스파냐의 오아하카와 유카탄 지역에서도 하나의 노동 제도로서 엔코미엔다의 존속을 허용하였다.

파라과이에서는 엔코미엔다가 그곳에 사는 과라니 족의 문화적·사회적 조직을 반영하는 독특한 형태를 띠었다. 아르헨티나의 식민화에 실패하고 나서 지금의 아순시온 시 근처로 옮겨 간 에스파냐 인들은 각각 4~8채의 공동 건물에 마을 단위로 살고 있는 한 부족을 발견하게 되었다. 각 공동 건물에는 여러 가구로 이루어진 부계父系의 대가족이 살고 있었고, 대개는 일부다처제로 이루어져 있었다. 족장은 세습제가 아니라 무엇보다도 자질과 능력이 뛰어난 사람이 맡아보았으며, 마을 단위보다 높은 수준의 정치 조직은 갖고 있지 않았다. 에스파냐 인들은 과라니 족이 이웃에 살고 있던 호전적인 부족(즉, 차코 사막의 수렵유목민들)을 격파하는 데 도움을 줌으로써 그들과 가까워질 수 있었으며, 과라니 족은 에스파냐 인들에게 식량과 여자를 선물함으로써 도움에 보답하였다. 실제로 에스파냐 인들은 과라니 사회에서 지배층이 되었다. 과라니 족의 농업과 사회 조직에서는 여성이 핵심적인 역할을 담당했으므로 에스파냐 인의 첩이 된 여성의 친척들은 친척으로서의 의무의 일부로 에스파냐 인에게 부역을 제공해야 했다. 그리하여 가계lineage는 파라과이 엔코미엔다의 토대가 되었고, 이 '파라과이 엔코미엔다'라는 말은 에스파냐 인이 일단의 첩들과 그녀들에게 봉사하는 친척들에 대한 지배를 의미하는 용어가 되었다. 에스파냐 인들은 첩의 수를 늘림으로써 더 많은 노동력을 확보할 수 있었다. 그 때문에 원주민 마을을 공격해서 첩을 잡아오는 행위, 혹은 말이나 개를 주고 여성을 데려오는 행위를 국왕 관리들이 막으려고 했지만 별 효과를 보지 못했다. 과라니 족이 에스파냐 인들을 위해 일해야 하는 날짜의 수를 제한하려는 노력도 마찬가지로 효과를 보지 못했다.

이 제도가 엔코미엔다 오리히나리아encomienda originaria('원래의 엔코미엔다')였으며, 그것은 식민 시기 마지막까지 존속하였다. 1556년에 국왕은 엔코미엔다 오리히나리아를 그대로 둔 채 두번째의 엔코미엔다, 즉 엔코미엔다 미타야encomienda mitaya(미타 엔코미엔다)를 설립했다. 이것은 아순시온에서 반경 139마일(약 222.5km) 안에 거주하는 과라니 족을 에스파냐 인들에게 할당하고, 각 에스파냐 인에게 돌아갈 공납자의 수는 그의 지위와 공적에 따라 달리 하는 것이었다. 파라과이에서는 제국 중심부 지역에서와 달리 노동에 대한 임금 지불이 없었고, 물건이나 돈으로 바치는 공납의 양도 정해져 있지 않았다. 1688년경이면 질병에 의한 인구 감소, 혼혈의 영향, 도주 등으로 엔코미엔다에 속한 과라니 족의 수는 21,950명에 불과하게 되었으며, 1778년이면 그 수가 수백 명으로 줄었다. 그리하여 에스파냐 인 아버지를 둔 메스티소(혼혈인)들은 얼마 남아 있지 않은 과라니 족을 보완하기 위해 흑인 노예를 들여왔으며, 그들을 구입하기 위해 그 지역 주산물이며 지금까지도 남아메리카 남부 지역에서 비싸게 팔리고 있는 차茶의 원료인 마테 차yerba mate를 수출해 번 돈을 지출했다. 1782년이면 이 지역에서 흑인의 수가 과라니 족의 수를 능가하게 되었다.

레파르티미엔토, 야나코나헤, 자유노동

1550년 이후 중부 멕시코와 안데스 고원 등의 핵심 지역에서는 레파르티미엔토라는 새로운 제도가 엔코미엔다 강제 노동을 대체했다. 이 제도 하에서 모든 원주민 성인 남성은 1년을 단위로 번갈아가며 일정 기간 동안 에스파냐 인이 운영하는 광산, 작업장, 농장, 목장, 공공사업장에서 일을 해야 했다. 국왕은 이 제도를 통해 계속 줄어만 가는 원주민 노동력 풀의 이용을 통제하고, 엔코멘데로들과 계속 늘어나는 엔코미엔다를 갖지 못한 에스파냐 인이 원주민 노동력을 이용할 수 있게 하려고 했다. 이 제도 하에서 원주민들은 노동의 대가로 소액의 임금을 받았으나 레파르티미엔토는 본질적으로 엔코미엔다와 마찬가지로 위장된 노예제에 지나지 않았다. 에스파냐 인들은 노역을 거부하는 원주민과 요구받은 할당량을 채우지 못한 마을 지도자들을 투옥하고 벌금을 물리고 체벌을 가했다.

원주민의 상황이 누에바에스파냐보다 전반적으로 더 열악했던 페루에서는 레파르티미엔토(이 지역에서는 레파르티미엔토가 미타mita라는 이름으로 알려져 있었다)가 특히 비참한 결과를 초래했다. 1570년대에 부왕 프란시스코 데 톨레도에 의해 도입된 이 제도하에서 그 지역의 모든 신체 건강한 원주민들은 7년 중 1년을 6개월 단위로 포토시를 비롯한 광산에서 일을 하거나 혹은 다른 에스파냐 인 고용주를 위해 노동을 바쳐야 했다. 포토시 은광과 우앙카벨리카Huancavelica 수은 광산은 미타 제도하에서 원주민 노동자들의 악명 높은 무덤이 되었다. 페루와 볼리비아에서 미타는 식민통치가 끝날 때까지 광업과 농업을 위한 노동력의 주요 원천으로 남아 있었다.

안데스 지역에서는 레파르티미엔토가 잉카 사회에서 차용한 야나코나 제도에 의해 보완되었다. 야나코나 제도는 원주민들을 그들의 공동체로부터 분리시켜 개인적인 하인으로 에스파냐 인에게 봉사케 하는 방식이다. 유럽의 농노처럼 야나코나들은 영지의 한 부분으로서 영지가 다른 지주에게 이전될 때 함께 이전되었다. 16세기 말 에스파냐 인의 아시엔다에서 일하는 야나코나의 수는 그들 자신들의 공동체에서 살고 있던 원주민 수와 비슷했던 것으로 추정된다.

레파르티미엔토 제도가 심각한 노동 문제에 일시적인 해결책을 제공해 주기는 했지만 그것이 확실하고 지속적으로 노동력을 공급해 주지는 못했기 때문에 많은 고용주들이 이 제도에 만족하지 못했다. 그리하여 일찍부터 광산주들과 아센다도들(대지주들)이 점차 임금 노동에 의존하는 경향이 생겨나게 되었다. 감소해 가는 원주민에게 부과되는 과중한 공납과 레파르티미엔토 의무, 그리고 에스파냐 인의 인디오 공유지 강탈은 많은 원주민을 아센다도 밑에서 임금을 받고 일하는 농장노동자가 되게 했다. 그에 대한 임금은 대개 현물로 지급되었다. 자신이 거주하는 마을과 아시엔다를 오가며 일하는 사람이 있는가 하면 아시엔다에서 기거하며 일하는 사람도 있었다. 비교적 높은 임금에 끌려 북부 은광 지역 노동자가 되는 자도 있었다.

1630년에 국왕이 중부 멕시코의 농업 레파르티미엔토를 폐지했을 때, 대부분의 지주들이 이미 임금 노동에 의존하고 있었기 때문에 폐지에 대한 반발은 거의 없었다. 그러나 누에바에스파냐에서는 광산 레파르티미엔토가 더 오래 유지되었다. 18세기에도 광산 레파르티미엔토가 간헐적으로 나타나기는 했으나 누에바에스파냐의 광산들이 대개는 계약 노동으로 운영되었기 때문에 별로 중요하지는 않았다. 페루와 볼리비아에서는 임금 노동의 비중이 그보다 덜했는데, 그것은 미타(그것은 야나코나 제도에 의해 보완되고 있었다)가 지배적인 노동력 동원 방식이었고, 비용이 많이 들어가는 은광에 다수의 값싼 노동자를 공급해 주었기 때문이다. 그러나 17세기 포토시 광산에는 약 4만 명의 자유인 원주민 광부(이들은 밍가 mingas라는 이름으로 알려져 있다)가 고용되어 있었다.* 이 같은 임노동은 처음부터 채무 노역debt servitude과 관련되어 있는 경우가 많았다. 17세기 후반에는 레파르티미엔토 데 메르칸시아스Repartimiento de mercancías('상품 레파르티미엔토') 제도**가 발달했는데, 이것은 원주민 마을들로 하여금 지역 행정관들(코레히도르corregidores, 알칼데 마요르alcaldes mayores)에게서 강제로 상품을 구입하게 하는 것이었다. 레파르티미엔토는 다른 의무와 더불어 원주민이 에스파냐 인 아센다도로부터 현금이나 물건을 가불 받게 만드는 강력한 유인이었다. 공납 지불은 대개 그 계산에 포함되었다. 그렇게

* 17세기 초 맹위를 떨친 역병, 미타 의무를 피하기 위한 도망 등으로 원주민 노동력이 차츰 부족해지자 미타 노동력을 제공하는 대신 원주민 공동체로부터 수집되고(collected), 쿠라카들이 감독하는 사업체 운영을 통해 징수되는(raised) 은을 바치는 것으로 대체되었다. 광산주들은 이 은을 이용해 밍가(자유인 원주민 광산노동자)들을 고용하고 마타 노동자들(미타요)을 대신할 밍가 대체요원들을 고용할 비용을 마련하였다.

** 레파르티미엔토라는 단어는 에스파냐 인 마을에서 필요로 하는 노동을 위해 원주민들을 정기적으로 징모하는 것에 적용되기도 했다.

해서 빚을 지게 된 원주민은 빚을 청산할 때까지 주인을 위해 노동을 해야 했다. 이 채무 노역제는 후에 악명을 떨치기는 했지만 부채에 의해 강제 노동을 해야 했건 그렇지 않건 간에 분명한 이점을 가지고 있었다. 대개 이 제도는 원주민들을 그들의 공동체가 부과하는 끊임없는 공납과 레파르티미엔토 부담으로부터 해방시켜 주었고, 자신과 가족을 위해 경작할 작은 땅뙈기의 형태로 안전장치를 제공해 주었다. 그러나 아시엔다가 견딜 수 없는 조건으로부터 도피할 수 있는 공간을 제공해 주기도 했지만 조상 대대로 내려오는 땅에 남아 있던 사람들의 어려움을 더욱 가중시켰다. 아시엔다는 합법 혹은 불법적으로 원주민 마을들을 희생양 삼아 확대되었는데, 그것은 마을들 전체를 흡수하거나, 혹은 장기간의 인구 감소 과정이 마침내 17세기 후반에 끝나고 점진적인 회복이 시작되었을 때 주민들에게 줄 땅이 부족한 상태로 만들어 놓았다. 아시엔다는 또한 노동자들을 마을에서 꾀어 냄으로써 원주민 마을들이 공납이나 레파르티미엔토 의무를 이행하는 것을 어렵게 만들기도 했다. 두 공화국, 즉 '인디오들의 공화국'república de indios과 '에스파냐 인들의 공화국'república de españoles(에스파냐 인들의 문건은 두 사회를 자주 그런 식으로 표현하였다) 간에는 깊은 적대와 불신의 골짜기가 깊고 넓게 펼쳐져 있었다.

노동력을 확보하고 유지하는 수단으로서 채무 노역이 갖는 중요성은 임금 노동을 이용할 수 있느냐 없느냐에 따라 많이 달랐던 것으로 보인다. 임금 노동이 드물었던 북부 멕시코에서는 그것이 널리 이용된 데 비해 임금 노동이 풍부했던 중부 멕시코에서는 그다지 중요하지 않았던 것으로 보인다. 최근의 몇몇 연구들은 채무 노역이 "구속이라기보다는 하나의 유인誘因"이었고, 고용주와의 협상에서 노동자의 협상력을 보여 주는 여러 가지 진보적 요소를 지니고 있었으며, 아센다도들은 가끔 부채를 갚지 않고 도망친 부채 노역자를 되찾아 오려는 노력을 특별히 기울이지 않았다고 주장한다. 그러나 도망친 채무 노역자에 대한 그 같은 무관심을 말해 주는 증거는 대개 노동력이 점차 풍부해지고 있던 18세기 말 멕시코에서 유래한 자료들이다. 노동력이 부족했던 그 이전 시기에는 부채를 다 갚을 때까지 원주민들을 영지에 강제로 머물러 있게 하기 위한 집요한 노력이 경주되었음을 말해 주는 증거가 많이 남아 있다. 실제로 아센다도들과 관리들은 자주 멕시코의 채무 노역자들을 그들의 영지에 구속된 존재, 그리고 땅의 소유주가 바뀔 때 그들의 노역 역시 이전되는 유럽의 농노와 동일시했다.

농업과 광업 부문에서 널리 이용된 채무 노역제는 수많은 오브라헤들 obrajes(작업장들), 즉 16, 17세기에 옷감이나 기타 물품들을 생산하기 위해 세워진 작업장들에서 가장 비참한 형태를 띠었다. 이 작업장의 노동자들은 처음에는 에스파냐 인 판사들이 고용주들에게 보내는 죄수로 충원되었으나 얼마 가지 않아 다양한 방법에 의해 함정에 걸려든 '자유로운' 원주민 노동자들에 의해 보완되었다. 그들은 대개 한 병의 술이나 몇 푼 안 되는 돈의 꾐에 빠져 작업장에 들어온 사람들이었고, 한 번 들어오면 결코 빠져나갈 수 없었다. 17세기의 한 관찰자는 다음과 같이 썼다.

> 이런 식으로 그들은 가정을 가진 많은 인디오 기혼 남성들을 속여 이곳으로 끌고 왔으며, 여기서 그들은 20년 혹은 그 이상, 혹은 평생 동안 망각된 존재로 살아야 했다. 그들의 아내와 자식들도 그들에 대해 아무것도 알 수 없었다. 그들이 아무리 나가고 싶어 해도 감시하는 눈초리가 너무나 많았기 때문에 빠져 나갈 수 없었다.

흑인 노예

레파르티미엔토나 채무 노역제 같은 위장된 노예제와 함께 흑인 노예 제도가 있었다. 에스파냐 인과 포르투갈 인이 흑인 노예에 익숙해 있었다는 사실, 흑인이 성서에 나오는 함Ham의 자손이고, 그가 받은 저주를 선천적으로 가지고 태어난다는 믿음, 그리고 그들은 신체적으로 힘든 플랜테이션 노동을 감당할 수 있는 튼튼한 몸을 가지고 있다는 등 여러 가지 이유로 '인디오들의 수호자'로 인정받은 에스파냐 인(라스 카사스)조차도 노예화된 아프리카 인에 대해서는 그런 동정심을 보여 주지 않았다.

1500년대 초 서인도 제도에서 나타난 사탕수수 농업의 급속한 발전은 급감해 간 인디오 원주민 노동을 대신할 흑인 노예 노동에 대한 꾸준한 수요를 만들어 냈다. 그로 인해 수익성 좋은 노예무역이 나타났고, 그것은 아시엔토asiento(개인 혹은 회사와 에스파냐 왕실이 체결한 계약) 제도 하에서 주로 외국인들에 의해 수행되었다. 노예 가격이 상당히 비쌌기 때문에 이들의 용처는 수익성 좋은 플랜테이션 농업과 부잣집 가사 노동에 국한되는 경향이 있었다. 많은 흑인 노예가 베네수엘라와 콜롬비아 해안에 거주하면서 카카오, 설탕, 담배 생산에 고용되었다. 페루 해안의 계곡에도 많았는데, 그곳에서는 그들이 주로 사탕수수와 면화 플랜테이션에서 일했다. 그러나 소단위의 흑인 노예 거주지는 인디아스 도처에 존재했다. 5장에서 우리는 이 에스파냐령 아메리카의 아프리카 인 노예제가 다른 유럽인 식민지들의 그것에 비해 더 '온건한' 것이었는가라는 뜨거운 논쟁거리에 대해 살펴볼 것이다.

요컨대, 식민지의 모든 노동 체계는 다양한 정도로 예속과 강제에 의존하고 있었다. 비록 점차 계약 노동이 이론적 규범으로 나타나기는 했지만 앞에서 기술한 모든 노동 체계가 식민 시기 내내 공존하였다. 예를 들어 원주민 노예제의 경우 법적으로는 1542년에 폐지되었지만 변경 지역에서는 여러 가지 구실을 빌미로 18세기까지 유지되었다. 특정 시기와 장소에서 어떤 노동 체계가 지배적이었는가는 그 지역의 자연자원, 그 지역에 사는 유럽 인의 수, 경제활동의 성격, 원주민의 규모와 문화 수준, 국왕의 경제적·정치적 관심 등의 요인에 따라 달랐다. 마지막으로 16, 17세기가 지나는 동안 메스티소, 자유신분의 흑인, 물라토, 가난한 백인 등의 가세로 노동력 풀이 확대되었다는 것을 유념할 필요가 있다. 이들 중 대부분은 엔코미엔다나 레파르티미엔토 의무로부터 면제되고 있었기 때문에 대개 임금 노동에 종사하고 이동의 자유를 향유했다. 그러나 원주민들과 마찬가지로 이들도 채무에 의한 통제에 구속되고 있었다. 7장에서 우리는 18세기 들어 이 노동 체계에서 나타난 변화에 대해 살펴볼 것이다.

식민지 경제

정복은 자급자족과 공납에 기반을 둔 원주민 사회의 전통적 경제를 붕괴시켰다. 전쟁과 역병은 많은 인명손실과 함께 생산에 엄청난 피해를 가져다주었다. 일부 지역에서는 에스파냐 인들의 공격으로, 중앙집권적인 원주민 정부에 의해 확립되고 유지되어 오던 복잡한 관개망이 파괴되었다. 정복은 또한 경제활동의 성격과 속도에 변화를 초래했다. 금을 차지하기 위한 광적인 다툼이 탈취할 금은金銀 제품의 고갈로 끝나가자 패자敗者들로부터 부를 탈취하는 주요 수단이 엔코미엔다로 바뀌었다. 아스테카와 잉카 제국 주민들은 노동과 생필품의 형태로 그들의 원래 지배자와 귀족들에게 공납을 바치는 데 익숙해 있었다. 그러나 옛 지배층의 공납 요구는 비록 정복 직전에 증가 추세에 있기는 했지만 관습과 그 공납을 이용하는 지배 집단의 능력에 의해 제한되어 있었다. 공납의 대부분은 무역이 아니라 소비와 과시를 위한 것이었다. 반면에 새로 지배자가 된 에스파냐 인들의 요구는 무제한적이었다. 엔코멘데로들에게는 금과 은이 무엇보다도 중요했고, 그것을 직접 획득할 수 없게 되자 그 지역 내에서 혹은 멀리 떨어진 시장에서 자신들이 수취한 공물을 매각하는 방법을 통해 그것을 획득하려고 했다. 에스파냐 인들은 무한한 부의 환상에 추동되어 원주민의 공납 전통을 고려하지 않고 그들을 무자비하게 착취했다. 한 인정 많은 선교사는 1554년에 쓴 글에서 다음과 같이 기술했다.

> (정복 이전의 멕시코 원주민들은) 그처럼 많은 양의 망토를 바친 적이 없었고, 침대, 고급 면직물, 밀랍 혹은 침대보, 식탁보, 셔츠, 스커트 같은 수천 가지에 이르는 장식물에 대해서는 들어 본 적도 없었다. 전에는 지배자의 밭을 경작하고, 그의 집을 짓고, 사원을 보수하고, 지배자가 요구할 때 자신의 밭에서 나는 생산물을 바치는 것 정도가 전부였다.

사업가로서의 코르테스

코르테스의 사업 이력은 소수의 엔코멘데로가 영위한 경제활동의 다양성과 규모를 잘 보여 준다. 1528년 무렵이면 코르테스의 재산은 이미 50만 금화 페소에 이르렀다. 이 재산 가운데는 정복 중 혹은 정복 직후에 테노치티틀란과 그 외 지역에서 획득한 전리품 가운데 자신의 몫으로 챙긴 것도 포함되어 있었다. 그러나 그의 주요 수입원은 엔코미엔다였다. 그는 과거 아스테카 제국에서 가장 부유한 공납 지역을 자기 몫으로 챙겼다. 1547년 그가 사망할 무렵이면 에스파냐 왕실이 그가 가진 엔코미엔다의 수를 크게 줄이고, 수취할 공납의 양도 크게 감소시켰음에도 불구하고 여전히 그는 이 수입원에서 매년 3만 금화 페소를 거둬들이고 있었다. 그는 다량의 사금, 직물류, 옥수수, 가금류, 그리고 그 외 여러 가지 엔코미엔다 마을들이 생산하는 물건들을 공납으로 수취했다. 쿠에르나바카Cuernavaca(멕시코시티 인근 마을) 한 곳에서만 매년 금화 5,000페소어치의 옷감을 공납의 일부로 받았다. 코르테스의 대리인들은 공납으로 받은 이런 옷감과 그 밖의 생산물들을 상인들에게 팔았고, 그 상인들은 다시 그것을 멕시코시티나 그 외 에스파냐 인이 사는 도시에 내다 팔았다. 또 코르테스는 멕시코시티에 값이 많이 나가는 부동산을 소유하고 있었다. 도시 중앙광장 혹은 그 인근에 여러 개의 점포를 가지고 있었으며, 그중 일부는 자신이 직접 운영하고 나머지는 다른 사람에게 임대했다.

코르테스는 제국을 건설한 사람이었다. 정치적으로 뿐만 아니라 경제적인 의미에서도 그랬다. 그는 엔코미엔다 공납과 노동으로부터 획득한 자본을 각종 사업에 투자했다. 특히 광산업에 큰 관심을 가지고 있었는데, 오아하카와 미초아칸 지역에 각각 1,000명이 넘는 사금 채취 원주민 노예를 가지고 있었다. 이 노예들 가운데 상당수가 과중한 노동과 영양실조로 죽었다. 1529년 이 광산 지대들은 코르테스에게 연간 1만 2,000 금화 페소를 안겨 주었다. 이 사금광들 외에도 그는 멕시코 탁스코Taxco에 공동 소유의 은광을 비롯하여 여러 다른 재산들도 가지고 있었다. 그와 같은 경우 그의 투자는 대개 상품, 가축, 엔코미엔다, 흑인 노예 등으로 이루어져 있었다.

엔코미엔다 공납 다음으로 코르테스에게 많은 수입을 안겨 준 것은 농업과 목축이었다. 그는 멕시코 여러 곳에 대규모의 토지를 소유하고 있었는데, 그 중에는 왕으로부터 하사받은 것도 있고 원주민에게서 강탈한 것도 있었다. 그는 엔코미엔다 노동력을 이용하여 자기 땅에 옥수수를 경

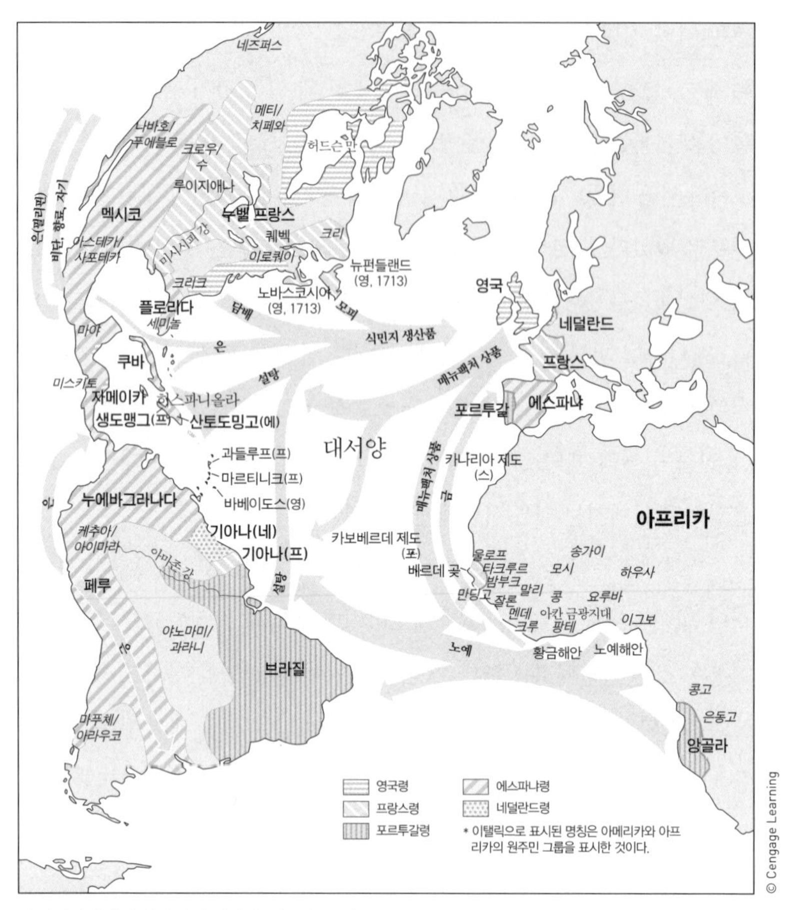

라틴아메리카의 형성에서 식민지 정복과 무역, 그리고 노예화

작했다. 오아하카 인근에 있는 그의 밭에서만 매년 1만~1만 5,000 부셸(1 부셸은 약 35리터)의 옥수수가 생산되었다. 그중 일부는 에스파냐 인들이 거주하는 도시나 광산 지역에 내다 팔고, 일부는 자기 광산에서 사금을 채취하는 노예들을 먹이는 데 사용했다. 코르테스는 또한 엄청난 수의 소와 돼지를 사육했고, 그 가축들을 도축하는 도축장도 가지고 있었다. 테우안

테펙 인근에 1만 두가 넘는 소떼를 소유하고 있었으며, 거기에서 생산되는 가죽과 우지牛脂는 파나마와 페루로 수출되었다.

누구보다도 활동적인 인물이었던 코르테스는 멕시코 설탕 산업에서도 선구자였다. 1547년경이면 그의 플랜테이션은 매년 30만 파운드의 설탕을 생산했으며, 그 가운데 대부분은 아메리카 현지 대리인들을 통해 유럽으로 수출되었다. 코르테스 자신이 주장하는 것처럼 그가 누에바에스파냐에서 처음으로 비단을 생산한 사람은 아니었지만 수천 그루의 뽕나무를 가지고 있었으며, 현금과 카카오 콩을 급료 대신 주고 원주민들을 고용하여 이 사업을 대규모로 시작한 것은 틀림없는 사실이다. 이 사업에서 그는 큰 손실을 입었다. 그럼에도 불구하고 코르테스의 사업에 대한 관심의 다양함과 규모는 정복자들은 오로지 전쟁과 약탈에만 전념하고 무역이나 산업에 대해서는 경멸감을 가지고 있었다는 일반적인 이미지가 얼마나 잘못된 것인가를 잘 보여 준다.

아시엔다의 발전

정복자 1세대 중에 코르테스 같은 대규모 사업가는 드물었다. 전형적인 엔코멘데로는 비교적 소규모의 땅을 하사받고, 조상 대대로 내려오는 땅에 계속 모여 살며 일하는 원주민들에게서 수취하는 공납에 만족했다. 에스파냐 인들의 경제가 엔코미엔다 공납에 의존하는 것에서 상업적 농업과 목축 쪽으로 크게 변한 것은 1550년 이후 원주민 인구의 급속한 감소와, 국왕의 제약적 법률 제정(이 두 가지는 엔코미엔다가 갖는 경제적 가치를 크게 약화시켰다)에 따른 현상이었다. 에스파냐 인들이 사는 도시의 심각한 식량 부족은 에스파냐 농민과 목축업자에게 새로운 경제적 기회를 제공해 주었다. 동시에 이 인구 감소는 넓은 빈 땅을 만들어 놓았고, 에스파냐 인 정주자들은 이 땅에 서둘러 밀을 심거나 아니면 양이나 소를 기르는 목장으로 만들었다.

16세기 말이면 에스파냐 인이 운영하는 아시엔다들이 상업용 작물 생산의 대부분을 차지하였으며, 이미 축소되어 가고 있던 식민지 경제에서 원주민들이 주도하던 영역을 더욱 공격적으로 압박하고 있었다. 에스파냐 인 정주자들은 토지를 원주민의 점유로부터 '자유롭게 하기' 위해 여러 가지 방법을 동원했는데 구매, 강탈, '콘그레가시온'congregación(원주민들을 새로운 공동체에 강제로 이주시키는 것. 이는 원주민들을 보다 쉽게 통제하고 기독교화하기 위한 것이었다) 등이 그것이었다. 비록 에스파냐 정부의 공식 입장은 원주민 공동체의 토지를 보호한다는 것이었고, 그런 땅에 대한 (에스파냐 인의) 침해를 금지하는 법령이 여러 차례 발표되기는 했지만 그것이 아시엔다의 확대를 저지하지는 못했다. 정부 관료, 성직자, 부유한 상인 등으로 구성된 아센다도들의 힘은 막강했다.

17세기 에스파냐 국왕은 심각하고 만성적인 경제위기에 직면하여 콤포시시온composición 제도를 도입함으로써 원주민 토지의 강탈을 사실상 부추겼는데, 이것은 왕에게 약간의 사례금을 납부하게 함으로써 강탈자라는 불명예스러운 신분을 합법화해 주는 것이었다. 원주민 공동체들뿐만 아니라 에스파냐 인 혹은 메스티소 소농 공동체들도 팽창일로의 아시엔다들에게 땅을 빼앗겼다. 이 과정의 충격적인 특징은 아센다도들이 많은 경우 자신들이 이용하기 위해서 땅을 빼앗은 것이 아니라 원주민 등에게서 땅을 빼앗음으로써 그들을 날품팔이 노동자나 채무 노동자로 만들어 노동력으로 사용하기 위해서, 혹은 소생산자들을 자신들과의 경쟁에서 배제하기 위해서였다는 점이다. 마요라스고mayorazgo 제도(장자상속 제도)의 도입은 한 집안의 재산이 (분할되지 않은 상태로) 후손들에게 대대로 이어질 수 있게 해주었다. 그러나 이 봉건적 제도는 왕의 승인을 요하였고, 이를 위해 그들은 상당액의 사례금을 바쳐야 했다. 그로 인해 소수의 매우 부유한 가문만이 이 제도의 덕을 볼 수 있었다.

대규모 재산을 공고히 하고 잘 보전하는 가장 일반적인 방법은 대가족 내부 구성원들끼리 혼인하는 것이었다. 그래서 사촌 간의 혼인도 드물지 않았다. 그러나 가족 재산의 항구화를 위한 이런 저런 정책은 성공보다는 실패가 훨씬 많았다. 자식들 간에 균등한 재산 분배를 요구하는 에스파냐의 상속법, 경제 불황, 과시적 소비와 교회에 바치는 기부에 많은 재산을 지출함으로써 투자할 자본이 부족하게 된 상황 등은 토지 엘리트들의 불안한 지위와 높은 부동산 소유권 교체율을 가져온 주요 요인이었다. 역사가 수전 라미레스Susan E. Ramírez는 3세기에 걸쳐 페루 북부 해안에 거주한 식민지 엘리트 가문들의 집단 전기를 연구한 바 있는데, 여기서 그녀는 전통적인 설명과는 달리 이 엘리트 가문들 대부분이 2~3세대밖에는 유지되지 못하는 등 "안정되지 못하고 변화에 영향을 받았으며 항상 유동적"이었음을 밝혀 냈다. 역사가이자 그 자신이 한때 멕시코 식민지 엘리트 계층의 일원이었던 루카스 알라만Lucas Alamán은 "아버지는 상인이고, 아들은 하급귀족이고, 손자는 거지"라는 멕시코 속담을 인용함으로써 사회 상층부에서 나타나고 있던 이런 불안정성이 사실이었다고 주장했다.

토지 집중화의 속도는 그 토지가 가진 자원과 시장 접근성에 따라 지역마다 달랐다. 예를 들어, 멕시코 계곡에서는 식민 시기 말이면 토지의 대부분이 대규모 아시엔다에 의해 점유되어 있었다. 그에 비해 작물 판매를 위한 시장이 제한되어 있었던 오아하카에서는 토지의 상당 부분이 원주민 평민들과 추장들의 수중에 오랫동안 남아 있었다. 식민지 아시엔다에 대한 최근의 연구는 지역에 따라 아시엔다의 크기와 생산성이 많이 달랐음을 말해 준다. 아시엔다의 이런 규모와 생산성에서의 다양성은 다른 요인들도 있지만 무엇보다도 방대한 에스파냐령 아메리카 제국에 지역에 따른 생산 잠재력(이는 물이 가까이에 있는가, 토질이 비옥한가에 따라 달랐다)과, 노동 혹은 시장에의 접근성에 큰 차이가 있었음을 말해 준다.

장기적으로 보면 토지의 집중화가 대세이기는 했지만 주로 혼혈인이 중심이 되는 소농 계층이 서서히 생겨나기도 했다. 이들의 수가 어느 정도였는지는 분명치 않다. 멕시코에서는 이 소농층이 대개는 메스티소로 이루어져 있었고, 란체로ranchero라고 불렸으며, 중부 혹은 남부 고원 지대 원주민 마을들이나 상업성 영지에 분산되어 있었다. 이들 중 일부는 과거에 대지주의 집사나 마름을 역임했던 사람으로서, 옛 상전으로부터 사용하지 않는 땅을 임대하여 작물을 생산해 인근 시장에 내다 팔았다. 가진 재산이 많지 않고 상당 부분 대지주에게 의존하고 있었기 때문에 그들의 처지는 불안했다. 토지의 가치가 증대되는 호황기에는 얼마 되지 않은 그들의 땅이 부유한 이웃 대지주들에 의해 흡수되는 경우도 적지 않았다. 드물기는 하지만 이 란체로들이 성공하여 소유 토지를 늘리고 자신이 토지 엘리트층에 편입되는 경우도 없지 않았다.

신세계에서의 에스파냐 농업

에스파냐의 농업은 몇 가지 점에서 원주민들의 농업과 달랐다. 첫째, 에스파냐의 농업은 쟁기와 견인 동물을 이용하여 넓은 땅을 조방적으로 경작하는 방식인 데 비해서, 원주민의 농업은 땅 파는 막대기를 사용하여 집약적으로 경작하는 방식이었다. 둘째, 에스파냐의 농업은 주로 인근 혹은 원거리 시장에 내다 팔 농산품을 생산하는 상업지향적 성격을 가진 데 비해, 원주민의 농업은 먹고 살기 위해 농사를 짓는 전통적 성격을 가지고 있었다. 공납 지불을 비롯하여 여러 가지 의무를 현금으로 지불해야 할 필요성 때문에 원주민들도 점차 시장지향적 생산을 하지 않으면 안 되는 상황에 직면하게 되었으나 전체적으로 원주민들은 풍작의 시기를 제외하고는 우월한 재산을 가진 아센다도들을 상대로 경쟁할 수 없었다. 그리하여 그들은 다시 먹고 살기 위한 농업으로 돌아가는 경향이 있었으며, 얼마 되지 않는 생산을 보충하기 위해서 인근의 아시엔다에서 일하지 않으면 안 되었다.

에스파냐의 식민지 농업은 처음에는 멕시코시티, 리마, 베라크루스, 카르타헤나 등 주요 도시에 판매하기 위해 밀을 대규모로 재배했다. 아센다도들은 상당 규모의 원주민 소비자를 가진 멕시코시티와 리마의 시장에 내다팔기 위해 옥수수를 생산하기도 했다. 밀과 마찬가지로 사탕수수 역시 유럽 인이 아메리카 인들에게 전해 준 선물이었다. 에스파냐 인들은 이 사탕수수를 카나리아 제도에서 히스파니올라로 가지고 왔고, 얼마 가지 않아 그것은 이 섬의 번영의 기반이 되었다. 1550년경이 되면 20개가 넘는 제당소가 사탕수수를 설탕으로 만들었고, 여기에서 정제된 엄청난 양의 설탕은 배를 통해 에스파냐로 이송되었다. 16세기 말 호세 데 아코스타José de Acosta는 "설탕 산업은 제도諸島의 가장 중요한 산업이다. 사람들은 단 것을 무척 좋아하게 되었다"라고 썼다. 설탕은 서인도 제도에서 멕시코, 페루로 빠르게 확산되었다. 설비와 흑인 노예 구입 때문에 상당한 자본을 필요로 했던 설탕 사업은 인디아스에서 은광에 이어 두번째로 큰 규모의 사업이었다.

페루 계곡 해안 관개 지대에서는 설탕뿐만 아니라 포도주와 올리브유도 대규모로 생산되었다. 비단 산업은 멕시코에서 단기간의 번영기가 있었지만 노동력 부족과, 필리핀에서 마닐라 갈레온선들을 통해 아카풀코

항으로 들어오는 중국산 비단과의 경쟁을 이겨 내지 못하고 얼마 못 가 쇠퇴했다. 에스파냐 인들이 자신들의 수출에 방해가 된다고 생각해서 아메리카에서 포도주, 올리브유, 비단이 생산되는 것을 저지하려고 한 시도가 간헐적으로 있었지만 별 효과는 없었던 것으로 보인다. 에스파냐 인들이 넓은 플랜테이션에서 생산한 또 다른 품목으로는 담배, 카카오, 인디고(청색 염료) 등이 있었다. 멕시코와 중아메리카의 특산품이자 유럽 의류 산업가들에게 인기가 높은 수출품으로 코치닐이 있었는데, 이것은 선인장에 붙어 사는 곤충을 말려 만든 것으로 핏빛을 내는 염료였다.

에스파냐는 닭, 노새, 말, 소, 돼지, 양 등 여러 가지 가축의 도입을 통해서 아메리카의 경제에 크게 기여했다. 노새와 말은 수송에 혁명적인 변화를 가져와 이제 원주민이 직접 무거운 짐을 짊어지고 긴 행렬을 이루어 걸어가는, 그때까지 흔하게 볼 수 있었던 풍경은 점차 사라지게 되었다. 말과 노새는 광산업에도 필수적인 것이 되었으니, 이는 이 가축들이 무거운 짐을 끌고 기계를 돌리는 데 꼭 필요했기 때문이다. 소와 그 밖에 그보다 넝지가 작은 가축들은 아메리카 대륙의 식량 자원을 크게 확대시켜 놓았다. 광부들이 고된 노동을 견뎌 내기 위해서는 육류를 먹어야 했기 때문에 육류는 광산업에서 필수불가결한 요소가 되었다. 1606년 에스파냐의 한 판사는 "광산의 운영은 풍부하고 값싼 가축이 공급될 수 있었기 때문에 가능했다"라고 쓰고 있다. 소는 육류를 제공한 것 외에도 에스파냐와 유럽의 피혁업 중심지들에 수출할 가죽과, 국내 시장, 특히 광산 지역에 공급할 가죽과 우지牛脂(조명용)를 제공해 주었다. 목양업자들은 식민지 여러 곳에서 생겨난 의류 제조 공장에 양모를 판매할 수 있는 대규모의 시장을 발견했다.

중부 멕시코 지역을 비롯한 인구 밀집 지역에서는 에스파냐 인들의 소와 양의 폭발적인 증가가 파괴적인 결과를 가져왔다. 덩치가 큰 동물들이 떼를 지어 몰려다니면서 원주민의 감소로 버려진 땅뿐만이 아니라 윤작의 필요 때문에 휴경중인 땅까지 침범하였다. 소떼들은 원주민들이 밭에 심어 놓은 작물을 짓밟고 돌아다니면서 유례없는 피해를 냈고, 맹렬하게 쏟아지는 비는 양들이 풀을 먹어치우는 통에 민둥산이 된 계곡 사면을 흐르면서 토양을 심하게 침식시켰다. 그러나 16세기 말이면 멕시코의 목축업은 안정을 되찾게 되는데, 원시 초지의 고갈, 가죽과 우지 생산을 위한 대규모 도살, 원주민 농지에서의 방목을 금한 정부의 노력 등으로 소의 수가 현저하게 줄어든 것이다. 17세기에는 중부 멕시코 지역의 이 땅이 풀케pulque(원주민들이 매우 즐겨 마시는 발효 음료)와 밀을 생산하는 아시엔다를 경영하는 에스파냐 인들에게 넘어감에 따라 이 문제는 좀더 순화되었다. 소떼와 양떼는 점차 백인 정주자가 별로 살지 않는 새롭고 항구적인 목초지가 있는 북쪽 반半건조 지대로 이동해 갔다.

리오데라플라타Río de la Plata(지금의 아르헨티나)의 광대하고 비옥한 팜파Pampas(초지) 지역에서도 소, 말, 노새가 급속히 증가했다. 거의 무한대로 펼쳐진 이 초원 지대에서 나타난 가축의 급증은 곧 잠재적 수요와 이용가능성을 초과하게 되었고, 라플라타에서는 에스파냐령 아메리카 다른 지역에서와 마찬가지로 야생의 상태로 몰려다니는 소떼가 일상적인 풍경이 되었다. 에스파냐의 법 때문에 외부 세계와의 교역을 차단당한 이 변두리 지역 주민들은 귀금속도, 풍부한 원주민 노동력도 갖고 있지 않았기 때문에 네덜란드 인을 비롯한 외국 상인들과의 밀무역을 통해 빈곤을 완화해야 했다. 외국 상인들은 이들로부터 가죽과 우지를 매입해 갔다. 그 외에도 그들은 알토페루Upper Peru(지금의 볼리비아) 광산 지역에 노새와 말, 가죽과 우지를 보냈다.

목축업의 또 다른 중심지는 서인도 제도였다. 아코스타는 1590년에 다음과 같이 묘사했다.

> 산토도밍고와 주변의 다른 섬들에 소가 너무 많이 늘어나서 수천 마리에 이르는 소떼가 주인도 없이 숲과 밭을 떠돈다. 사람들은 오로지 가죽을 얻기 위해 소들을 사냥한다. 백인과 흑인들이 말을 타고 갈고리 모양의 칼을 차고 나가 소떼를 추적한다. 잡은 사람이 임자다. 그들은 소를 죽여 가죽만 벗겨가고 고기는 방치하였으므로 여기저기 썩어가는 고기들이 널려 있다. 고기는 너무 흔해서 누구도 가져가지 않는다.

식민 시대의 광산업과 그 밖의 산업

광산업은 2할세(인디아스에서 얻어지는 모든 금과 은, 그리고 다른 귀금속들 가운데 국왕의 몫으로 되어 있는 5분의 1)의 형태로 국왕의 가장 중요한 수입원이 되고 있어서 에스파냐 왕실의 각별한 관심의 대상이었다. 금보다는 은이 아메리카 광산들의 주요 산물이었다. 신세계에서 에스파냐가 가장 자랑하는 중요한 광산은 알토페루 포토시 지역 은광이었는데, 1545년에 발견된 이곳의 은 생산은 1579년과 1635년 사이에 절정에 이르렀다. 몇 년 후 에스파냐 인들은 1548년과 1588년에 각각 멕시코의 사카테카스Zacatecas와 과나후아토Guanajuato 은광을 개발했다. 같은 시기에 에스파냐 인들은 칠레 중부지역과 누에바그라나다(콜롬비아)에서 중요한 사금광지대(금가루를 포함하는 모래 혹은 자갈층)를 발견했다.

처음에는 은이 먼저 쇠망치와 쇄광기로 광석을 잘게 부순 다음 석탄 등의 연료를 이용하여 용광로에 열을 가하는 단순하고도 값싼 용광 기술로 추출되었다. 그러나 용광은 노동집약적인 일이었고 적절한 연료 공급이 필수적이었다. 그러므로 수목樹木 한계선보다 훨씬 높은 곳에 위치한 포토시 같은 안데스 광산 지대나, 인구 밀집 지역(그로부터 노동력을 끌어와야 했다)에서 멀리 떨어진 반半건조 지대에 위치한 멕시코의 사카테카스 같은 곳에서는 이 기술이 심각한 문제를 초래했다. 그리하여 1556년 은을 광석에서 분리하기 위해 수은을 사용하는 파티오 법 혹은 아말감 법이 도입되었으며, 그것은 은 광업 발전을 크게 자극하였다. 포토시 은광에 사용되는 수은은 주로 페루의 우앙카벨리카 수은 광산에서 왔는데, 수은이 건강에 미치는 악영향과 참담한 노동 조건은 이곳의 노동을 '참혹한' 것으로 만들었다. 멕시코 은광들은 대개 에스파냐의 알마덴Almadén 광산에서 생산된 수은을 수입해 사용했다.

고갈되어 가는 광맥, 점점 더 깊이 파 들어가야 하는 광산, 차오르는 갱내의 물 등의 문제를 해결하는 데 필요한 기술 개선에 필요한 자금의 부족은 수은(국왕의 독점물이었다) 구입에 필요한 높은 비용과 연동되어 1650년 이후 포토시 지역의 은 생산을 급속히 감소시켰다. 그러나 이 감소는 오루로Oruro나 세로데파스코Cerro de Pasco 같은 페루에서 새로 개발된 광산들에 의해 부분적으로 만회될 수 있었다. 멕시코에서는 생산량이 오락가락했는데, 사카테카스 같은 옛 중심지의 생산은 줄고 파랄Parral을 비롯한 새 광산들의 생산은 늘었다. 그러나 멕시코의 경우 17세기의 장기적 추세는 증가가 지배적이었던 것으로 보인다. 원주민 인구의 파괴적인 감소에 따른 심각한 노동력 감소가 누에바에스파냐의 은 생산이 감소하게 된 주요 원인이라고 많은 역사가들이 주장해 왔지만 대체로 광산주들은 노동력 확보에 큰 어려움을 겪지 않은 것으로 보인다. 1650년 이후로는 페루와 멕시코 모두에서 은광업의 중심이 포토시나 사카테카스 같은 대규모 단지에서 규모가 작고 분산된 광산들에로 이동했다. 같은 시기에 많은

The Art Archive/Science Academy Lisbon/Dagli Orti

1590년에 제작된 테오도르 드 브리의 판화는 포토시 광산에서 있었던 노예 노동의 착취를 생생하게 보여준다. 이 포토시 광산에서 생산된 은은 유럽 경제 발전에 중요한 자극을 제공했다.

광산주들이 귀하고 비싼 수은에 의존하는 아말감 법을 포기하고 다시 예전의 용광법으로 돌아갔다. 광산주들이 구입하는 수은의 양은 국왕 관리들이 생산된 은의 양을 정확하게 파악할 수 있게 해주었고, 그 때문에 광산주들은 규정된 세금 납부에서 빠져나갈 수가 없었다. 그런데 이제 용광법을 사용함으로써 수은 구입비용도 줄이고, 2할세, 알카발라alcabala(판매세) 등의 세금도 피할 수 있었으며, 이는 국왕 재정에 심각한 손실을 가져왔다. 그와 같은 세금을 물지 않은 불법적인 은이 아메리카에서 대량으로 유통되거나, 밀수입된 상품의 결제를 위해 유럽이나 아시아로 빠져나갔다. 그리고 생산된 은의 상당 부분의 질과 행선지에 대한 통제권이 국왕의 수중에서 빠져나감으로써 주화 부족, 주화 신뢰성 상실이라는 식민지의 만성적인 문제가 더욱 악화되었으며,* 지방에서는 물물교환과 대체 화폐 의존도가 높아지고 원거리 무역에도 큰 어려움이 나타났다.

17세기 은광업에서 나타난 변화는 그 외에도 여러 가지 결과를 만들어 냈는데, 그중 하나가 대大광산 도시들에 곡물, 가죽, 우지, 견인용 가축을 공급하기 위해 생겨난 상업망 혹은 농업망이 혼란에 빠진 것이었다. 그로 인한 시장지향 농업과 목축의 위축이 누에바에스파냐 북부 같은 일부 지역에서는 하나의 특징적인 제도를 만들어 내기도 했는데, 대규모의 엘리트 가문 구성원 전체가 그 안에 살고, 한 명의 족장에 의해 지배되는 자급자족적 성격을 가진 대大아시엔다가 그것이었다. 여기에서 족장은 자체적인 노동력, 교회, 감옥, 작업장, 가게, 사병 등을 갖춘 자신의 작은 세계에서 모든 것을 지배하는 왕과 같은 존재로 군림했다.

학자들 사이에서는 17세기가 에스파냐령 아메리카 식민지에게 위기와 침체의 시기였는가(얼마 전만 해도 이 견해가 지배적이었다) 아니면 경제적·정치적으로 식민지의 자치가 증대되는 시기였는가(최근에 많은 학자들의 지지를 얻고 있다)에 관한 논란이 지금도 계속되고 있다. 식민지 경제가 위기에 처하게 되었다는 명제를 지지하는 쪽은 1630년 이후 에스파냐에 송금되는 은의 양이 급속히 감소했다는 점을 강조한다. 그러나 식민지 귀금속에 대한 최근의 연구는 이 감소 가운데 상당 부분은 에스파냐 관리들이 식민지의 행정과 방어에 필요한 비용을 충당하기 위해 상당량의 은

* 예를 들어, 17세기 중반 포토시의 알칼데 프로빈시알(관직 이름)은 포토시 조폐소 관리와 기술자들과 결탁하여 은화에 구리를 섞어 유통시켰다. 페루의 역사가 루이스 미요네스(Luis Millones)에 의하면, 이 사기행각은 "엄청난 반향"을 불러일으켜, 국왕 재정에 20만 두카도(ducats)의 손실을 초래하고, 급속한 물가 인상을 가져왔다.

을 아메리카에 잔류시켰기 때문에 나타난 현상이라고 말한다. 감소의 또 다른 이유는 식민지에서 나타난 자급자족적 경향의 증대인데, 이것이 밀수품의 급속한 증가와 연동되어 비싼 에스파냐 상품에 대한 수요를 급감시켰다는 것이다. 17세기 초쯤이면 멕시코, 페루, 칠레는 곡물에서는 거의 완전히, 포도주·올리브유·철물류·가구류에서는 부분적으로 자급할 수 있게 되었다. 17세기 에스파냐에서 나타난 심각한 산업 침체도 에스파냐가 아메리카 시장을 상실하는 데 영향을 미쳤다.

1985년 프랑스의 학자 미셸 모리노Michel Morineau는 식민지의 '경제위기'에 관한 논쟁의 향방을 근본적으로 바꾸어 놓을 수도 있는 책 한 권을 내놓았다. 식민지의 귀금속과 상품이 유럽의 항구들에 도착한 정황을 기록해 놓은 네덜란드의 교역 일지를 근거로 그는 에스파냐에 도착한 귀금속 송금액의 감소는 같은 시기 북유럽 항구들에 도착한 식민지산 귀금속의 밀수 수송분으로 상쇄된다고 주장했다. 만약 밀수 수송분의 액수를 합법적으로 에스파냐에 들어온 것과 합치면 17세기 유럽에 수송된 식민지 귀금속의 양은 감소하지 않았음이 분명해지며, 유럽에 도착한 은이 감소했다는 가정에 기반을 두고 있는 식민지의 '경제위기'라는 명제는 자동적으로 근거를 상실한다는 것이 그의 주장이다.

이 논쟁은 지금도 계속되고 있다. 그러나 식민지 경제 추세에 관한 증거들은 기껏해야 뒤섞여 있고 모순되는 것이 많아서 이른바 17세기 '위기'의 참모습을 단정적으로 말해 주지는 않는다. 예를 들어 누에바에스파냐에서는 경제 상태를 말해 주는 중요한 지표라 할 알카발라, 즉 판매세로부터 얻어지는 수입이 1638년까지 증가하다가 그 이후 약간 감소한 것으로 나타난다. 만약 17세기의 위기가 실제로 있었다고 하더라도 그 영향은 불균등하게 나타나서 일부 지역과 경제 분야에서는 성장이 나타나고 다른 지역과 다른 분야에서는 쇠퇴가 나타났음이 분명하다. 중앙아메리카의 카카오 산업이 원주민 인구의 급감과 함께 붕괴되고 나서 베네수엘라와 멕시코 간에는 카카오 무역이 활기를 띠었다. 요컨대, 생산과 국내 교역 전체가 감소하고 위축되었다는 증거는 찾아볼 수 없다. 모리노의 연구에 의하면 대외무역의 경우는 그 반대였다.

에스파냐 인들은 멕시코, 중아메리카, 페루 등 문화적 선진 지역에서 원주민들이 번창한 수공예 산업을 영위하고 있음을 알게 되었다. 식민 시기 전체를 통해 대다수 원주민은 자신들이 사용하는 도기, 의류, 가재도구를 대부분 자급자족했다. 에스파냐 인들이 사는 도시에서는 에스파냐의 길드를 모델로 한 수공업 길드들이 에스파냐에서 들어온 수입품의 높은 가격에 대한 반응으로 나타났다. 에스파냐 인의 기술을 재빨리 습득한 원주민, 흑인, 메스티소 수공업자들과의 경쟁을 피하기 위해 에스파냐 인들은 그들이 에스파냐 인들에 의해 지배되고 있던 길드에 가입하는 것은 허용하였으나 독립적인 작업장을 가진 장인이 되는 것은 차단하였다. 그러나 만성적인 숙련 노동력의 부족은 그 같은 인종적 제약을 모두 무의미하게 만들었다. 이 길드들은 식민지 상류층의 필요에 기여하는 산업에서 생산의 질과 양을 주도면밀하게 통제하려고 했다.

1630년경까지 오브라헤(직물업 작업장)의 수는 꾸준히 증가했고, 그것들 가운데 다수가 서민들을 위한 값싼 면직물과 모직물 제품을 생산했다. 이 오브라헤들 가운데 대부분은 개인 소유였으나 공납 의무를 이행하기 위해 원주민 공동체가 운영하는 것도 있었다. 누에바에스파냐의 여러 도시들(멕시코시티, 푸에블라, 틀락스칼라 등)은 이런 직물업의 중심이었다. 비누, 사기그릇, 가죽 제품 등을 생산하는 다른 초보적 형태의 공장들도 있었다. 17세기 말의 인구 증가는 제조업의 발전을 자극한 것으로 보인다. 식민지 제조업의 발전을 제한하기 위해 에스파냐 정부가 간헐적으로 법을 제정하여 공포하였으나 성공적이었던 것 같지는 않다.

교역, 밀무역, 해적질

식민지의 상업 체계

에스파냐 식민지의 상업 체계는 당대의 지배적 추세이던 중상주의적 경향에 따라 제약적·독점적·통제적 성격을 띠었다. 모든 식민지 무역은 국왕의 자문기구적 성격을 가진 인디아스평의회Royal Council of the Indies의 지배하에 있었으며, 구체적으로는 1503년 세비야에 설치된 상무청Casa de Contratación에 그 지배권이 있었다. 상무청은 인디아스와 에스파냐를 오가는 모든 선박, 여행객, 선원, 상품의 출입을 허가하고 감독하는 기구였다. 또한 수입세와 수출세, 그리고 인디아스에서 들어오는 모든 귀금속과 보석 가운데 국왕의 몫을 징수하였으며, 도선사pilots 자격증을 내주고, 파드론 레알padrón real(국가 표준 해도海圖. 인디아스 무역에 참여하는 선박들이 가지고 다니는 모든 해도는 이 해도를 모사한 것이어야 했다)을 소유하였다. 상무청은 또한 대서양 횡단 무역에 참여하는 선박 운용에 필요한 도선사와 간부 선원을 양성하는 학교를 운영하기도 했다.

18세기까지 합스부르크 왕실은 식민지와의 무역을 세비야와 카디스의 부유한 상인들에 국한했으며, 그들은 식민지 무역과 관련된 모든 문제에 막대한 영향력을 행사하는 길드들로 조직되어 있었다. 밀무역을 막고 세비야의 독점을 유지하기 위해 무역은 아메리카의 세 항구에 집중되게 하였는데, 누에바에스파냐의 베라크루스, 누에바그라나다의 카르타헤나, 파나마 지협의 놈브레데디오스Nombre de Dios가 그것이었다. 세비야의 상인 과두 계층과 인디아스의 과두 상인 엘리트들(특히 멕시코시티와 리마의 상인 길드들)은 의도적으로 식민지 시장을 공급 부족 상태로 만들어 놓았다. 이들은 보통 서로 담합하여 식민지인들을 희생시키고 서로의 이익을 추구하였으니, 식민지인들은 합법적 채널을 통해 들어오는 모든 유럽산 상품에 대해 지나치게 비싼 가격을 지불해야 했다. 이 시스템은 당연히 식민지인들의 불만을 초래하고 밀무역을 번성하게 만들었다.

항구 제한 정책을 강요하고, 외국인 해적으로부터 상선을 보호하기 위해 선단제船團制가 서서히 출현했으며, 16세기에는 이것이 의무 사항으로 되었다. 16세기 중엽에 완전한 형태로 된 이 선단제는 매년 각각 50척 이상의 선박으로 구성된 두 선단을 무장 호위하에 출항시키는 것으로서, 그중 하나는 봄에 온두라스와 서인도 제도 쪽으로 가는 배들을 호위하여 베라크루스 쪽으로 가고, 다른 하나는 8월에 카르타헤나와 남아메리카 북부 해안 지역 항구들로 가는 배들을 호위하여 파나마 쪽으로 갔다. 베라크루스에 하역된 화물은 멕시코와 중아메리카 대부분 지역으로 퍼져 나갔고, 포르토벨로에 하역된 화물은 파나마 지협 전역과 리마에 운송되고, 거기에서 칠레와 부에노스아이레스 같이 멀리 떨어진 곳까지 이송되었다. 귀국할 때는 두 선단이 각각 은을 비롯한 식민지 상품을 싣고 출발하여 아바나에서 합류한 다음 허리케인 시즌이 시작되기 전인 봄에 에스파냐를 향해 출발했다. 17세기에 에스파냐 경제가 쇠퇴하고 밀무역의 규모가 커지면서 선단 항해는 점점 불규칙해졌다.

1570년대에 멕시코 상인들은 엄청난 이익이 발생하는 아카풀코와 마닐라를 오가는 무역로를 개척했다. 1년에 한 차례 떠나는 마닐라 갈레온선 항해는 중국에서 수요가 매우 컸던 멕시코 은을 가지고 가 비단, 도자기, 향신료 등을 싣고 돌아왔다. 한 외국인 관찰자는 이 무역을 지배한 멕시코 상인들이 매년 투자액의 두 배 이상을 벌어들였다고 추정했다. 아카풀코에서 마닐라로 갈 때는 무역풍을 탈 수 있어서 8~10주밖에는 걸리지 않았으나 귀국길은 바람이 약하고 변화가 많은 데다가 빈번한 태풍의 영향도 있어서 4~7개월이 걸렸다. 역사가 패리J. H. Parry에 따르면, 장기간의 항해 동안 "굶주림, 갈증, 괴혈병이 맹위를 떨쳐 배들을 떠다니는 공동묘지로 만들어 놓기 일쑤였다". 에스파냐 관리들은 이 무역이 귀금속을 고갈시키고(중국으로 가는 은의 대부분은 페루에서 생산된 것이었다), 페루에 다량의 중국산 비단을 풀어 놓아 에스파냐산 직물의 수요를 감소시킨다는 이유로 이 무역을 못마땅하게 생각했다. 그러나 비단의 수요는 너무나 크고 공급은 항상 부족했기 때문에 상당량의 비단이 짐꾼들에 의해 멕시코를 거쳐 베라크루스로, 거기서 다시 에스파냐로 운송되었다. 에스파냐는 대서양 횡단 무역에서와 마찬가지로 대아시아 무역을 규제하고 제한하려고 했다. 1593년에는 배의 크기를 300톤으로 제한하고, 매년 두 척의 배만 허용하였다. 마닐라 갈레온선은 1811년 마지막 항해를 했다.

배가 세비야를 출발하여 장애물로 가득 찬 과달키비르 강을 조심스럽게 헤치며 내려가 지중해에 들어선 순간부터 인디아스에 이르기까지 장기간의 항해는 항상 엄청난 위험과 어려움을 수반했다. 바다에서는 굶주림과 갈증, 배멀미, 괴혈병으로 고생해야 했으며, 베라크루스나 포르토벨로 같은 열대 지방 항구에서는 황열병과 말라리아에 시달려야 했다. 폭풍은 선박을 수장시키기 일쑤였으며, 해적이나 사략선 업자들은 고질적인 위험 요소였다. 외국인 밀수업자들과의 경쟁, 그리고 에스파냐 왕실이 에스파냐에 유입되는 은을 자주 몰수하는 통에(그리고 그에 대한 보상은 항상 늦고 충분하지 않았다) 상인들의 이익은 자주 한계치까지 떨어지곤 하였다.

길드 조직과 기술적 후진성이라는 불리함을 가지고 있었던 에스파냐 산업은 중상주의적 이익 실현을 위해 꼭 필요했던 조건, 즉 식민지에서 식재료나 원료를 들여오는 대신 값싸고 충분한 제조업 제품을 제공해야 하는 기본 요건을 충족시키지 못했다. 사실 식민지에 충분한 양의 제조업 제품을 들여오는 것은 희소성과 고가高價 체제하에서 번영을 누려온 세비야나 카디스의 독점상인들의 이익에 맞지 않는 것이었다. 식민지 소비자들이 부담해야 하는 높은 물가는 '아베리아'avería(운송세)와 '알모하리파스고'almojarifazgo(수입세), '알카발라'(판매세) 등 여러 가지 세금 때문에도 더 인상될 수밖에 없었다. 그러므로 북서 유럽 선진 산업국가들의 제조업자 혹은 상인들이 강제로든 술수를 통해서든 불만에 가득 찬 거대한 에스파냐령 아메리카 시장으로 침투하려고 한 것은 당연한 것이었다. 이 국가들의 야심만만한 군주들은 포르투갈에 속한 영역을 제외한 서반구 전체에 대해 지배권을 주장하는 에스파냐 당국을 조롱했다. 그들은 외국인은 아메리카 해역에 들어오거나 아메리카 해안에서 교역할 수 없고, 만약 이를 어길 시는 선박을 침몰시키고 선원을 체포하겠다고 천명한 에스파냐 국왕의 칙령을 대놓고 무시했다. 프랑스 왕 프랑수아 1세가 에스파냐와 포르투갈 왕들에게 했다고 하는 다음과 같은 조롱 섞인 질문은 당시 외국인들의 그러한 관점을 잘 말해 준다. "우리 모두의 조상이신 아담께서 진짜 당신들을 유일한 보편적 상속인으로 임명한다는 유언장을 작성했는지 알고 싶으니 가지고 있다면 제발 좀 보여 주시오."

프랜시스 드레이크 경, 해적질, 외국인 약탈자

영국은 곧 아메리카 내 에스파냐 제국에 가장 위협적인 세력으로 등장했다. 튜더 왕조의 적극적인 지원 덕분에 축적된 자본과 발전된 제조업은 엘리자베스 1세 여왕 치세에서 영국의 상업 에너지를 폭발적으로 증대시켰다. 구세계는 이 분출하는 에너지를 흡수할 충분한 공간을 제공하지 못했으며, 영국의 모험 상인들은 앞 다투어 신세계로 달려갔다. 1562년 존 호킨스John Hawkins가 서인도 제도와의 노예무역을 시작한 역사적인 사건은 봉쇄되어 있던 에스파냐-아메리카 시장에 영국이 침투해 들어가는 시발점이 되었다. 정직한 무역업자이면서 동시에 해적이기도 했던 호킨스는 중무장을 하고 식민지인들이 교역을 거부하면 대포로 위협하여 강제로라도 응하게 하겠다는 생각을 가지고 인디아스로 갔다. 그러나 그는 에스파냐 인들과의 사업 거래에서 왕의 재가를 얻고 관세를 납부하는 등 주도면밀하게 정직한 상인의 태도를 유지했다. 호킨스의 두 차례에 걸친 초창기 아메리카 항해가 성공한 것은 에스파냐 인 정주자들이 그것을 필요로 했기 때문이었다. 정주자들은 노예 노동력과 유럽산 제품에 대한 절실한 필요 때문에 루터파 이단들은 물론이고 악마하고라도 거래할 준비가 되어 있었던 것이다. 뇌물을 먹은 식민지 관리들은 에스파냐 법 위반에 대한 핑계를 대기 위해 영국인들의 시도에 저항하는 시늉을 하기도 했다. 그러나 1567년경이면 이 시늉조차 하지 않게 되었고, 이에 놀란 에스파냐 정부는 영국인 밀수업자들을 쫓아내기 위해서 강력한 포고령을 발표했다. 강화되어 간 에스파냐 측의 대응은 1568년 에스파냐 해군이 베라크루스에서 호킨스의 상선대를 공격하여 궤멸 직전에 이르게 한 사건에서 절정에 이르렀다.

이 공격에서 에스파냐 해군의 손아귀에서 빠져나간 영국 선박은 단 두 척뿐이었는데, 하나는 호킨스가 탄 배였고, 다른 한 척에는 그의 사촌 프랜시스 드레이크Francis Drake가 타고 있었다. 4년 후 드레이크는 네 척의 배를 이끌고 영국을 떠나 파나마 지협으로 갔다. 대담하고 치밀한 계획에 따라 그는 놈브레데디오스 시를 습격 약탈하고 도주했다. 후에 그는 파나마 지협의 태평양 해안 쪽으로부터 놈브레데디오스로 페루산 은을 등에 지고 이동하고 있던 일단의 짐꾼들을 습격하여 해적 역사상 가장 수지맞는 약탈 가운데 하나를 성공시키기도 했다. 1577년 드레이크는 또 한 번 원정에 나섰는데, 이 원정은 엘리자베스 여왕의 은밀한 지원과 보호를 받고 있었다. 드레이크에 따르면, 이 원정의 목적은 에스파냐 보물선을 나포하고 식민지 도시들을 공격함으로써 "에스파냐 왕의 수염을 뽑고", 아메리카의 태평양 쪽 해안 전체를 탐사하고, 에스파냐가 점유하고 있는 지역의 위쪽(북쪽) 땅에 대한 소유권을 천명하는 것, 그리고 두번째 세계일주를 성공시킴으로써 영국의 해군력을 과시한다는 것이었다. 1577년 프랜시스 드레이크가 이끄는 원정대는 이 목표를 달성했다. 1580년대에 드레이크는 한 차례 더 카르타헤나, 산아구스틴, 산토도밍고를 공격하는 보복원정을 성공시켰다. 그로 인해 드레이크라는 이름은 에스파냐 식민지 해안 도시 주민들에게 공포의 대상이 되었다.

그러나 이런 해적질은 1670년 영국과 에스파냐 간 마드리드 조약 체결로 에스파냐가 영국령 서인도 제도에 대한 영국의 주권을 인정하고, 영국은 해적의 축출에 협력한다는 데 동의하고 난 후 감소하기 시작했다. 그러나 프랑스의 해적들은 그 후로도 활동을 계속하다가 1697년 리스비크 조약Treaty of Ryswick으로 에스파냐가 프랑스의 생도맹그(오늘날의 아이티) 소유를 공식 인정한 후로 감소하기 시작했다.

해적과 해적질이 에스파냐의 번영과 위신에 끼친 피해가 심각하기는 했지만 외국인 밀무역업자들의 활동으로 인한 손실에 비하면 아무것도 아니라고 할 수 있었다. 밀무역은 16, 17세기 내내 꾸준히 증가했다. 자메이카, 생도맹그, 소앤틸리스 제도의 기지들은 유럽 각국이 에스파냐 식민지에서 벌이는 밀무역의 거점이 되었다. 부에노스아이레스는 네덜란드를 비롯한 외국 상인들이 엄청난 양의 상품을 가져다 쏟아 붓는 또 하나의 깔때기였는데, 이곳으로 흘러 들어간 상품들은 멀리 페루 시장까지 퍼져나갔다. 17세기 말에는 세비야와 카디스에 있는 에스파냐 상관들의 사실상의 주인이었던 프랑스 회사들이 인디아스와의 합법적 무역마저 지배하게 되었다.

존 캠벨John Campbell이라는 한 예리한 영국인은 에스파냐가 불행한 상황에 빠지게 된 가장 중요한 원인이 경제력의 약화라고 정확히 지적한 바 있다. 그는 에스파냐 인들이 유럽 다른 나라의 청지기 노릇을 하고 있다고 말했다.

> 그들의 갈레온선들은 은을 에스파냐로 들여온다. 그러나 에스파냐는 그 은을 지킬 만한 힘도 지혜도 가지고 있지 않다. 그 은은 에스파냐에 들어올 때처럼 빠르게, 아니 그보다 더 빠르게 밖으로 빠져 나간다……. 언뜻 보면 이런 현상이 매우 기이하고 믿기 어렵게 느껴지지만 자세히 살펴보면 그럴 수밖에 없다는 것을 알 수 있다. 인디아스에서 들어오는 은과 값나가는 상품들은 (왕이 수취하는 세금을 제외하고는) 아무 대가 없이 들어오는 것이 아니다. 그 은이나 귀중품과 교환되어야 하는 유럽산 상품의 주인은 대부분 에스파냐 인이 아니라 외국인이다. 그러니 에스파냐 상인들은 대리인일 뿐이고, 따라서 서인도 제도에서 들어오는 수익의 대부분이 외국인들의 차지가 되는 것도 당연하다.

17세기 에스파냐 경제학자들은 당시 에스파냐가 직면하고 있던 어려운 상황의 원인을 정확히 알고 있었다. 그들의 글은 당시 상황에 대한 건전한 비판과 함께 건설적인 개혁안을 제시하고 있었다. 그러나 그들의 주장이 소수 상인들과 귀족들에 의해 좌우되고 있던 에스파냐의 경제 정책을 변화시킬 만한 힘을 갖고 있지는 않았다. 그리고 상인, 귀족의 특수한 이해관계와 특권은 개혁의 대의와 완전히 상반되는 것이었다.

식민지 경제의 틀

식민지 경제는 자본주의적이었는가 봉건적이었는가, 아니면 둘 사이의 어떤 것이었는가? 학자들은 이 문제를 두고 열띤 논쟁을 벌여 왔다. 시장을 위한 생산이 자본주의의 가장 중요한 특징이라고 믿는 사람들은 라틴아메리카가 1492년 이후 지금까지 자본주의 사회였다고 주장한다.* 그에 비해 어떤 사람들은 유럽적 맥락에서 유래한 봉건제나 자본주의의 개념을 식민지의 독특한 현실에 그대로 적용하는 것은 적절치 않다고 말한다. 그러나 대부분의 학자들은 식민지 경제에 자본주의적 요소, 봉건제적 요소, 그리고 심지어 공동의 토지 보유에 기반을 둔 콜럼버스 이전 원주민 공동체 같은 그보다 더 오래된 요소가 공존하였음을 인정할 것이다. 에스파냐는 비록 지속적이지는 않았지만 고래의 공동체적 토지 소유를 보전하고 보호하려고 했는데, 왜냐하면 그것이 왕에게 원주민 노동과 공납에 대한 직접적 지배를 가져다주고, 그것을 자신의 정책과 이해관계에 따라 식민지 엘리트들에게 할당해 줄 수 있다는 생각 때문이었다. 집단적 토지 소유

* "라틴아메리카는 처음부터 지금까지 자본주의 체제였다"라는 견해의 가장 지도적인 주창자는 안드레 군더 프랑크(André Gunder Frank)이다. 그의 『라틴아메리카의 자본주의와 저발전』(*Latin America's Capitalism and Underdevelopment*) 참고. 이러한 주장은 자본주의를 무엇보다도 자신의 생산수단을 갖지 못한 임금 노동에 기반한 생산양식으로 정의하는 학자들로부터 신랄한 비판을 받는다. 이에 대해서는 Colin Mooers, *The Making of Bourgeois Europe*, 1991, pp. 5~17을 참조.

제도는 식민 시기 동안 에스파냐식 농업의 팽창으로 심각한 손상을 입었다. 그러나 식민 시기 말기에도 그것은 여전히 여러 지역에 상당한 규모로 남아 있었다.

식민지 경제에서 봉건적 혹은 반半봉건적 요소에는 다양한 수준의 예속과 강제에 기반한 노동 체계, 화폐 사용 없이 이루어지는 거래*, 산업과 농업의 기술적 후진성 등이 포함되어 있었다. 또한 그것은 매우 낮은 수준의 생산 투자를 반영하고, 과시적 소비·교회·자선 사업을 위한 많은 지출과 좋은 대조를 이루었다. 원주민이 유럽 인의 옷을 입지 못하게 하고, 토지의 사적 소유를 금하는 등의 규제는 시장 경제 발전을 심각하게 저해하였으며, 그것은 분명 에스파냐 봉건제의 유산이었다.

식민지 경제의 이런 봉건적인 성격은 에스파냐 자체의 후진성을 반영하는 것이었다. 사실 에스파냐는 어떤 점에서 식민지 시기 동안에 더 봉건제화, 영주제화하였다. 그 이유 가운데 하나는 인디아스로부터 유입되는 부의 대부분이 값비싼 전쟁과 외교, 기생적인 귀족층의 부양, 북유럽으로부터의 상품 수입에 지출됨으로써 발전을 위해 투자할 돈이 남아 있지 않았기 때문이다. 에스파냐가 식민지의 공납과 식민지 무역독점에 의존한 것은 불가피하게 지배적인 귀족적 이데올로기를 강화하고 역동적인 기업가 계급의 발전을 방해했다. 사실 귀족 신분에 대한 열망이 소수의 중간계층 사람들을 감염시켜 서둘러 사업을 포기하고, 사업에서 번 돈을 마요라스고mayorazgo(장자상속 재산. 분할하여 상속할 수 없는 재산)에 투자하게 만들었다. 귀족들이 국가적 수준에서는 봉건적 권력을 왕에게 넘겨주었지

* 역사가 존 코츠워스(John Coatsworth)에 의하면, 누에바에스파냐의 내부 거래의 10% 정도만 은화로 이루어지고, 대부분 지역의 소상점주들은 화폐 대용 상품으로 거래한 것으로 보인다.

만 존 린치John Lynch에 의하면, 그 손실분을 "경제적 권력으로 보상을 받았으며, 이 점에서 왕 자신은 기꺼이 그들의 동맹 세력이 되어 주었다." 그들은 또한 자신들의 지역에서는 봉건적 권력을 그대로 유지했는데, 거기서 그들은 봉건적 부과조를 징수하고 지역 관리들을 임명하고 사법권을 행사할 수 있었다. 그리고 실제로 허약한 합스부르크 마지막 왕들의 치하에서 귀족들은 잃어버린 권력 가운데 상당 부분을 되찾았다. 헨리 카멘Henry Kamen에 의하면, "17세기 말 에스파냐는 서유럽에서 작위 귀족들이 완전한 지배권을 행사하는 유일한 나라였다". 이런 귀족의 주도권 장악도 경제적 침체와 몰락의 원인이 되었다. 우리는 에스파냐가 18세기 들어 이런 추세를 되돌리기 위해 노력했으나 그 노력이 너무나 미미했고 때늦은 것이었다는 것을 뒤에서 살피게 될 것이다.

식민지 경제는 또한 얼마간의 자본주의적 요소도 가지고 있었다. 비록 노예제나 채무 노역 같은 비자본주의적 노동 체계에 기반을 두고는 있었지만 금광과 은광, 아시엔다, 대목장, 그리고 설탕, 가죽, 코치닐, 인디고, 그리고 외부 시장에 공급하기 위한 그 외 상품들을 생산하는 플랜테이션은 확대일로의 세계 시장에 완전히 통합되어 있었다. 이런 사업들은 가격변동과 시장의 부침을 반영하였으며, 자본 축적을 증진시켰는데, 그러나 그 자본 축적은 에스파냐가 아니라 영국 등 신흥 자본주의 국가들에서였다. 몇몇 자본주의적 발전은 식민지에서도 나타났으니, 특히 광산 도시와 제당소, 그리고 임금 노동과 노동의 분화가 두드러졌던 직물업 작업장들에서 그러했다.

그러나 식민지의 자본주의 발전은 맹아적 수준에 머물렀는데, 그것은 압도적인 무게로 짓누르는 봉건적 관계와 태도, 그리고 그 자신이 점점 북서유럽의 더 선진적인 자본주의 국가들의 경제적 위성衛星이 되어 가고 있던 에스파냐에 그 부가 흡수되는 상황에 의해 성장을 저지당하고 있었기 때문이었다. 식민지 플랜테이션의 이중적 성격—내적 관계에서는 자주자족적이고 비화폐적이지만, 외적으로는 유럽 시장을 향해 있는—은 식민지 경제의 이원성을 반영하였다.

5장 _ 국가, 교회, 사회

아메리카 내 에스파냐 제국의 정치 조직은 에스파냐 본국의 중앙집권적이고 절대주의적인 체제를 반영하였다. 아메리카 정복 당시 카스티야의 의회 제도, 자치도시의 권리와 특권은 과거의 활력을 대부분 상실하고 있었다. 가톨릭 공동왕 때 시작된 중앙집권화 과정은 합스부르크 왕조 첫 두 군주(카를 5세, 펠리페 2세) 하에서 정점에 이르렀다. 카스티야에서는 국왕에 의해 임명되고 국왕에게 직접 책임지는 일련의 국왕의 평의회들을 필두로 거대한 행정 관료제가 나타났다. 자신이 가진 푸에로(자유와 자치를 보장하는 특허장)에 대한 국왕의 침해에 완강하게 저항한 아라곤 연합왕국은 18세기까지 상당 정도의 자치권을 유지했다. 그러나 카스티야에

이 장의 핵심 문제

- 식민지 정치 체제의 특징은 무엇이고, 그것은 어떤 기구들을 통해 운영되었는가?
- 에스파냐 왕실은 왜 많은 식민지 관련법들을 강요하지 못했는가?
- 교회와 국가의 관계는 어떠했고, 그것이 개혁적 성직자, 교회 내 분열, 성직자의 도덕적 해이에 어떤 영향을 미쳤는가?
- 식민지의 계급과 신분 구조는 어떠했고, 그것이 인종의 사회적 구성에 어떤 영향을 미쳤는가?
- 식민지 여성의 지위, 식민지적 구조 안에서 성적 행동은 어떠했고, 결혼 문제에서 자유로운 선택에 대한 관점은 어떻게 변해 갔는가?

1524	에스파냐의 아메리카 식민지 통치를 주관하는 별도 기구로 인디아스평의회가 설치되다.
1535	카를 5세(카를로스 1세), 아메리카 내 에스파냐 영토의 통치 업무를 책임질 행정기구로 누에바에스파냐 부왕령을 설치하고, 안토니오 데 멘도사를 초대 부왕으로 임명하다.
1542	카를 5세, 남아메리카 내 에스파냐 영토의 통치 업무를 책임질 기구로 또 하나의 부왕령, 즉 페루 부왕령을 설치하다.
1556	펠리페 2세, 에스파냐 왕으로 즉위하다. 법령을 어긴 에스파냐 인들의 고해 성사를 거부하는 방식으로 인디오 원주민들을 보호하려고 한 도미니쿠스 수도회 탁발수사들의 시도를 금하다.
1569	펠리페 2세, 아메리카 식민지에서 에스파냐 종교재판소 업무를 시작하다.
1570	프란시스코 데 톨레도, 페루의 부왕이 되어 잉카 투팍 아마루를 패퇴시키고 반항적인 식민지 엔코멘데로들을 제압하여 왕권을 강화하다.
1572	예수회, 아메리카에 수사들을 파견하여 인디오 노동력을 이용하는 자치적 식민지를 효과적으로 운영하다.
1580~1640	펠리페 2세, 에스파냐 왕실과 포르투갈 왕실을 합병하고, 에스파냐 종교재판소의 활동 범위를 확대하고, 아메리카에 노예로 팔리는 아프리카 인의 수를 늘리다.
1624	멕시코시티에서 메스티소들과 원주민들이 '악정'에 저항하며 대규모 봉기를 일으키다.
1667	소르 후아나 이네스 데 라 크루스, 가부장적 권위로부터 자신을 지키고, 문학에 대한 자신의 열정을 고수하기 위해 수녀원에 들어가 '열번째 뮤즈'라는 별명으로 널리 알려진 인물이 되다.
1680	누에보메히코 영토에서 푸에블로 봉기가 일어나 선교구의 탁발수사들이 학살당하고, 에스파냐의 재정복에 대한 완강한 저항이 시작되다.
1681	카를로스 2세, 부르고스 법·1542년의 신법·'발견에 관한 법령' 같은 주요 법령과, 도시·선교구·프레시디오 등의 설립에 대해 규정한 하위법들을 합쳐 '인디아스 신법'으로 집성하다.

서도 합스부르크 절대주의는 농민들에 대한 대영주들의 공식적·비공식적 권력을 크게 침해하지 못했다. 봉건적 관계의 뿌리가 훨씬 깊었던 아라곤에서는 거만한 귀족들이 17세기 말까지도 농노들에 대한 생사여탈권을 포함하여 광범한 영주적 지배권을 행사했다. 이처럼 이론적으로는 국왕 관리들의 수중에 권력이 집중되어 있고, 실제로는 지역에서 대영주가 강력한 권력을 행사하는 현상 간의 대조는 독립적인 에스파냐령 아메리카의 정치 구조 또한 특징짓고 있었다.

에스파냐 제국의 정치기구

식민지의 통치 구조

식민지에 대한 에스파냐의 통치 양상은 1492~1550년의 핵심적인 시기에 자리를 잡았다. 그 최종 결과는 에스파냐 자체에서의 중앙집권적 지배의 점진적 증대, 그리고 식민지 통치 문제에 대한 시행-시정식(해보고 여의치 않으면 다른 방식으로 하는—옮긴이) 방법의 적용을 반영하였다. 에스파냐의 왕들은 콜럼버스, 코르테스, 피사로 등을 비롯한 여러 원정대장에게 포괄적인 정치적 권력을 부여하여 그들이 획득하거나 혹은 정복했다고 주장하는 영토에서 거의 왕이나 다를 바 없는 존재로 만들어 주었다. 그러나 일단 이 정복의 중요성이 드러나면 곧바로 이 대정복자들에 대한 국왕의 질투심이 발동하여 그들의 권력은 얼마 가지 않아 철회되거나 엄격히 제한되었고, 중앙집권적 정치 지배를 획득하기 위해 에스파냐에서 활용되었던 기구들이 동일한 목적을 위해 아메리카로 이식되었다. 16세기 중엽 인디아스의 정치 조직은 결정적인 모습을 갖게 되었으며, 약간의 변화가 있기는 했지만 그것은 18세기 후반까지 유지된다.

원래 국가 최고기구인 카스티야평의회Council of Castile의 한 상임위원회였다가 1524년 독립 기구로 분리되어 나온 인디아스평의회Council of Indies가 식민 시대 거의 마지막까지 에스파냐령 아메리카 제국의 통치를 이끌었다. 왕은 대귀족과 총신들도 이 위원회 위원에 임명하기는 했지만 구성원 중 다수는 법률가였다(특히 17세기에 그런 현상이 두드러졌다). 이 기구는 왕의 하위기구로서(왕이 이 기구의 일에 개입하는 정도는 왕마다 달랐다) 정부의 최고 입법·사법·행정 기구였다. 이 기구의 가장 중요한 기능 가운데 하나는 식민지에서 일할 모든 고위 관리들을 왕에게 천거하여 임명케 하는 것이었다. 이 기구는 또한 인디아스를 위한 방대한 규모의 법 — 유명한 인디아스 신법(1681) — 을 입안했는데, 그것은 가장 중요한 법령들과 별로 중요하지 않은 법령들을 한데 모아놓은 것이었다. 초기 합스부르크 시대만 해도 인디아스평의회는 매우 성실하고 유능한 관리들로 충원되었으나 17세기 무능한 군주들의 지배하에서는 위원들의 자질이 떨어졌다. 그럼에도 불구하고 역사가들은 모든 식민지의 역사, 지리, 자원, 인구에 관한 상세한 정보를 구하고자 할 때 이 기구가 기울인 노력에 크게 의존하게 된다. 이 정보를 담고 있는 『보고서들』*Realciones*은 에스파냐령 아메리카 식민지 사회를 연구하는 사람들에게 귀중한 자료가 되고 있다.

왕의 대리인

식민지에서 왕의 주요 대리인은 부왕副王, 사령관captains general, 아우디엔시아였다. 부왕과 사령관의 기능은 본질적으로 같았는데, 다만 전자의 지배 영토가 후자의 그것보다 더 중요하고 더 넓었다는 점이 달랐다. 그들 각각은 자신의 영역에서 행정적으로나 군사적으로 최고위 관리였고, 국왕 수입의 유지와 증대, 영토 방어, 원주민의 복지 증대 등 핵심 업무를 맡아보았으며, 그 밖의 많은 업무도 그들의 소관사항이었다. 합스부르크 시대 말기인 1700년경까지 아메리카에는 두 개의 큰 부왕령이 있었다. 그 중에 누에바에스파냐 부왕령은 멕시코시티에 수도를 두었고, 파나마 지협 북부 에스파냐 영토 전부가 여기에 해당했다. 다른 하나, 즉 페루 부왕령은 리마에 수도를 두고 있었으며, 베네수엘라 해안 지역을 제외한 에스파냐령 남아메리카 전체가 여기에 속했다. 이론적으로는 부왕에 예속되어 있지만 실제로는 사실상 독립적인 지위를 누렸던 사령관들은 이 방대한 부왕령 중 상당히 큰 부분들을 지배했다. 프레시덴시아presidencia라 불린 또 다른 부분들은 아우디엔시아들의 지배를 받았다. 이 아우디엔시아의 판사장들은 총독으로 활약했지만 군사적 권한은 보통 부왕에 속해 있었다. 사법권의 중첩과 이동은 식민 시기 내내 흔한 일이었고, 국왕 관리들 사이에서 자주 다툼의 원인이 되었다.

왕의 분신으로 간주되었던 식민지 부왕은 왕에게서 위임 받은 막강한 권한을 향유했는데, 그 권한은 그와 에스파냐 사이를 갈라놓고 있는 먼 거리에 의해, 그리고 하급 관리들의 우유부단하고 부패한 성격 때문에 더욱 증대되었다. 부왕은 법률가일 수도 있고 연줄을 타고 내려온 성직자일 수도 있었으나, 에스파냐의 부유한 대귀족 가문의 일원인 경우가 대부분이었다. 카스티야 궁정을 모델로 하여 만든 궁정, 다수의 수행원, 허세와 의식의 끊임없는 과시는 그의 높은 지위를 보여 주는 징표였다. 이론적으로 그의 행동은 인디아스평의회가 제정하고 내린 법과 지시에 의해 제한되었으나 법을 기존 상황에 맞게 적응시켜야 할 필요에 대한 그의 현명한 인식은 그에게 방대한 임의적 권력을 가져다주었다. 부왕은 (왕이나 인디아스평의회의 명령에 대해) "복종은 하지만 실행하지는 않는다"obedezco pero no cumplo라는 원칙에 입각하여 현실적이지도 않고 실행에 옮기기도 어려운 법률을 간과하고 무시했다.

16세기 신세계에서는 능력도 있고 뛰어나기까지 한 소수의 부왕들이 나타났다. "페루의 최고 조직자"로 불렸던 부왕 프란시스코 데 톨레도(1569~1581)는 분명 열정적이고 근면한 행정가로서 에스파냐의 페루 지배를 공고히 하고 왕권을 강화하는 데 기여했다. 그러나 그의 재정주再定住 정책과 그가 추진한 미타 제도(광산에서의 강제 노동제)는 원주민들의 사회 조직을 혼란에 빠뜨렸으며 수많은 인명을 희생시켰다. 누에바에스파냐에서는 안토니오 데 멘도사(1530~1550)와, 그를 승계한 루이스 데 벨라스코Luis de Velasco(1550~1564) 같은 유능한 관리들이 정복이 가져다 준 문제를 해결하기 위해 노력했다. 그들은 정복자들의 권력을 억제하고 경제 발전을 위해 노력했다. 또 비록 제한적이기는 하지만 원주민의 이익을 보호하기 위해 노력하기도 했다. 그러나 약탈을 당연시하는 식민지 백인들의 성향, 식민지 고위 관리들의 지나치게 적극적인 통치활동에 대한 국왕의 불신, 공식 관료제 내 다른 패거리들의 반대 등으로 그들의 노력은 대부분 실패로 돌아갔다. 17세기로 접어들면서 점증하는 재정 위기, 부패, 에스파냐 궁정의 냉소적 분위기로 인해 부왕들의 자질은 불가피하게 하락했다. 예를 들어 1695년에 페루와 멕시코의 부왕직은 사실상 가장 높은 가격을 제시한 사람에게 매각되었다.

각 부왕과 사령관은 의무 수행 과정에서 아우디엔시아의 도움을 받았는데, 이 아우디엔시아는 해당 지역의 최고 항소 법정이면서 부왕의 국가평의회 기능도 함께 맡아보았다. 통치 과정 중에 부왕과 아우디엔시아가 합의한 결정은 법의 효력을 지녔고, 이는 인디아스평의회가 왕에게 갖는 의미와 비슷한 입법부적 성격을 아우디엔시아에 부여해 주었다. 부왕은 행정과 집행에서 최고의 권한을 가졌으며, 법적으로 아우디엔시아의 권고

16세기 에스파냐령 아메리카의 부왕령과 아우디엔시아

에 꼭 따라야 할 의무는 없었다. 또한 아우디엔시아가 자신의 막강한 권한과 함께 인디아스평의회와 직접 상대할 수 있는 기구였기 때문에 아우디엔시아는 부왕에 대한 잠재적 혹은 실질적인 견제세력이었다. 식민지 관리들에 대해 항상 불신감을 가지고 있었던 국왕은 이런 식으로 견제와 균형의 시스템을 발전시켰으며, 그를 통해 모든 중요한 문제들에 대해 충분한 토론과 협의를 보장하였다. 그러나 이런 시스템은 불가피하게 주저躊躇와 지체遲滯를 낳기도 했다.

아우디엔시아의 판사oidor들은 항소를 경청하고, 부왕이나 사령관과의 논의 외에도 소관 지역을 정기적으로 돌아다니면서 그곳의 경제적·사회적 상황, 원주민과 백인의 관계, 그리고 국왕이 관심을 가질 만한 다른 문제들을 조사 감독하였다. 부왕과 판사에 대한 처우가 식민지의 기준에서 보면 나쁘지 않았으나 그들의 지위가 요구하는 삶의 방식 자체가 많은 돈을 필요로 했기 때문에 자신의 직책을 이용하여 부를 쌓지 않은 부왕이나 판사는 에스파냐로 귀국할 때 대개 경제적으로 부유하지 않은 상태로 남게 되었다.

지방 행정

인디아스의 지방 행정은 코레히도르corregidor나 알칼데 마요르alcalde mayor라는 직함을 가지고, 다양한 크기와 중요성을 가진 지역을 다스리는 국왕 관리들이 맡아보았다. 그중 일부는 부왕이 임명하고(부왕에게서 그 직책을 사는 경우도 많았다) 일부는 국왕이 임명했다. 그들은 자신의 구역에서 최고 사법권과 정치적 권한을 가지고 있었으며, 카빌도cabildos(시 참사회)에서 국왕의 이익을 대변하였다. 일부 민사 혹은 형사 사건은 시 행정관의 판결에 불복하여 코레히도르에게, 코레히도르의 판결에 불복하여 아우디엔시아에 항소할 수 있었다. 코레히도르는 법률가로서의 교육을 받지는 않았지만 재판 때 법률 고문asesor의 도움을 받을 수 있었다.

코레히도르에는 두 부류가 있었는데, 하나는 에스파냐 인들이 사는 도시를 다스리는 코레히도르였고, '인디오들의 코레히도르'corregidores de indios로 불린 다른 하나는 국왕에게 공납을 바치는 인디오들이 사는 도시나 마을을 다스리는 코레히도르였다. 보통 임기가 3년이었던 '인디오들의 코레히도르'의 주요 임무 가운데 하나는 원주민들을 사기나 강탈 행위로부터 보호하는 것이었다. 그러나 많은 증거는 코레히도르 자신이 최악의 사기꾼이요 강탈자였음을 말해 준다. 원주민 카시케cacique(추장)들은 자주 이 약탈 행위에서 코레히도르의 공모자였다. 아마도 이와 관련한 최악의 권력남용은 레파르티미엔토 혹은 상품 레파르티미엔토(원주민에게 코레히도르로부터 물품을 구매할 것을 강요하는 제도)에서 나타났던 것으로 보인다. 이론적으로는 원주민들을 에스파냐 상인들의 사기 행각으로부터 보호하기 위해 만들어진 이 제도(즉 코레히도르에게 대원주민 상업 독점권을 부여한 제도)가 오히려 원주민을 희생시키고 코레히도르 자신이 단기간에 많은 축재蓄財를 하게 하는 도구로 전락한 것이다.

17세기 초 독학으로 글을 배운 원주민 펠리페 우아만 포마 데 아얄라(Felipe Guamán Poma de Ayala)는 코레히도르들의 부패와 그들의 범죄면벌(犯罪免罰) 관행에 대해 증언했다. 그에 의하면 코레히도르들은 "정의도 신도 두려워하지 않는" 자들이었고, 자신의 권력을 이용해 가련한 원주민들을 착취하고, 카시케들을 고문하고, 원주민 공동체가 생산하는 부를 훔쳐 축재하는 악당들이었다.

The Royal Library, Copenhagen, Denmark

왕은 관리들이 선하고 정직하게 업무를 처리할 수 있게 하기 위해 여러 가지 법률을 제정하였다. 부왕과 판사들은 자신의 사법권이 미치는 구역 안에서 거래를 하거나 토지를 보유할 수 없었으며, 선물이나 수수료를 받을 수도 없었다. 심지어 그들의 사회생활도 여러 방식으로 제약을 받았다. 부왕으로부터 말단에 이르기까지 모든 국왕 관리들은 임기를 끝낸 뒤 임기 중의 행적에 대해 감사residencia를 받아야 했다. 이 감사는 공적인 것으로서 원하는 사람은 누구나 감사 담당 판사 앞에 출두하여 해당 관리의 임기 중 행적을 변호하거나 비판하는 증언할 수 있었다. 절차 말미에

판사가 제기된 책임에 대해 유죄 혹은 무죄의 판결을 내리면 이에 대해 당사자는 인디아스평의회에 항소할 수 있었다. 또 한 가지, 비시타visita(방문)라는 장치가 있었는데, 이 역시 관리들의 행적을 조사하는 것으로서 비시타도르visitador(감찰관)라는 관리에 의해 불시에 조사가 이루어졌다. 비시타도르는 특별히 어떤 목적을 위해 국왕이 임명하는, 혹은 조사 대상이 하급 관리인 경우 부왕이 아우디엔시아와 협의하여 임명하는 관리였다. 대체로 비시타는 관리의 비행 예방이나 징벌의 측면에서 감사(레시덴시아)에 비해 효과가 떨어졌다.

인디아스에서 얼마간이나마 자치에 대한 지역적 열망을 충족시켜 준 유일한 정치기구는 카빌도 혹은 아윤타미엔토ayuntamiento라고 알려진 시 참사회였다. 이 카빌도가 모종의 민주주의적 성격을 띠고 있었다는 일부의 주장은 근거가 없다. 초창기부터 왕은 레히도르regidores(시 참사회 회원)나 알칼데alcaldes(시의 각종 행정관)에 대한 임명권을 가졌다. 펠리페 2세와 그 이후 왕들하에서는 왕이 이런 직책들을 최고 가격을 써낸 입찰자에게 매각하는 것이 관행화되어 있었다. 이 직책을 구입한 사람은 그것을 다시 다른 사람에게 팔 수도 있었고 자식에게 상속할 수도 있었으며, 다만 그렇게 해서 소유권이 다른 사람에게 넘어갈 때는 세금 명목으로 가격의 일부를 왕에게 납부해야 했다.

역사가 수전 라미레스에 따르면, 식민 시기 내내 시 참사회는 부유한 지주, 광산 주인, 상인이 지배하는 폐쇄적이고 자기영속적인 과두 엘리트들의 기구였고, 그들은 "시 참사회를 배타적 클럽처럼 운영했다". 그들은 대개 직무 수행에 대한 대가로 급료를 받지 않는 대신 자신의 지위를 이용하여 시 공유지를 무단 점유하거나 원주민 노동을 자의적으로 이용하였으며, 대체로 자신이 속한 계층의 편협한 이익을 대변하였다. 그들이 공식적으로 수행하는 업무에는 지역 시장市場의 감독, 시 토지 분배, 지역민에 대한 과세 등이 포함되어 있었다. 그들은 또한 제1심급 법정으로서 사법 업무를 맡아볼 알칼데들을 선출하기도 했다. 이들은 해당 지역에서 왕권을 대변하는 관리인 코레히도르의 감독을 받았는데, 이 코레히도르는 자주 카빌도(시 참사회)의 제반 업무에 관여했고, 그로 인해 카빌도는 얼마 가지 않아 초창기에 가졌던 자치권을 상실하게 되었다. 그러나 카빌도는 비민주성과 비효율성, 그리고 위축되어 간 권위와 자치권에도 불구하고 상당한 잠재적 중요성을 가지고 있었다. 그것은 크리오요들의 이익을 대변하는 유일한 정치기구로서 19세기 독립전쟁의 도래에서 중요한 역할을 담당하게 된다.

지금까지 언급한 관리들과 기관들은 식민지 통치기구의 일부에 불과하다. 이들 외에도 수많은 서기들escribanos이 여러 부서의 서류 업무에 종사했다. 대체로 그들은 정기적인 급료를 받지 않는 대신 봉사에 대한 대가로 그때그때 수임료를 받았다. 경찰 업무 담당 관리, 2할세 수취인, 특별 임무를 부여 받은 알칼데 등 많은 하급 관리가 있었다. 카를 5세하에서는 이런 하위직에 대한 지배권이 대개 에스파냐 인 고위 관리들의 수중에 들어가 있었으며, 이 관리들은 그것을 인디아스에서 수수료를 챙길 수 있는 그런 자리를 원하는 사람들에게 돈을 받고 팔았다. 펠리페 2세 때부터는 이 하위직 가운데 상당수가 고위 관리들의 사적인 지배에서 벗어나 왕에게 귀속되었고, 이제 왕이 직접 최고가를 써낸 입찰자에게 매각하는 것으로 바뀌었다. 17세기 후반에는 국왕 혹은 부왕에 의한 관직 매매가 수수료를 받는 하위직에서 정기적 급료를 받는 고위직으로 확산되었다. 그렇게 해서 자리를 차지한 사람들은 대체로 자신의 투자에서 최대한의 이익을 끌어내 부자가 되어 에스파냐로 귀국하려는 바람을 가지고 있었다. 그 결과,

부패는 이 시기 통치에서 구조적인 것이 되었다. 식민지 관리들은 지위고하를 막론하고 모두가 무수하고 교묘한 방법으로 권력을 남용하여 사익을 챙겼다.

대도시와 그 주변 지역에서는 왕권이 얼마간 최고 권력으로 남아 있었다고 말할 수 있지만 그로부터 멀리 떨어진 지역에서는 상황이 전혀 달랐다. 그런 지역에서는 왕의 권한이 매우 제한되고, 대지주의 권력이 사실상 절대적이었다. 거대하고 자족적自足的인 자신의 영지에서 대지주는 봉건영주가 하는 식으로 법정을 열고, 자신들이 만든 감옥에 죄인을 가두는 등 사법권을 행사했다. 그들은 사적인 군대를 만들고 유지하였다. 그들은 대개 그 지역의 왕처럼 행세했다. 이 지역 유지들은 자주 자신들이 가진 사실상의 군사적·사법적 권력을 공적인 직책과 결합하였고, 그런 경우 그들은 그 지역에서 왕의 대리인으로 행세할 수 있었다. 17세기 후반 이후에는 에스파냐가 경제적·정치적으로 허약해지면서 모국과 식민지 간의 유대가 약화되었으며, 그것은 이 권력 분산을 더욱 증대시켰다.

에스파냐 식민지의 법들이 자주 무효화된 이유는?

에스파냐령 식민지의 법들이 자주 무시되곤 했다는 것은 식민지 정치에서 부인할 수 없는 사실이었다. 이런 상황은 상당 부분 일반적으로 국왕의 관리들이, 자신들과 긴밀한 사회적·경제적 유대를 가진 유력한 식민지 엘리트들이 결사적으로 반대하는 법을 시행하려고 할 때 부딪힐 수밖에 없었던 딜레마를 반영한다. 이 딜레마가 가장 날카롭게 표출되었을 때는 입법을 통해 원주민의 노동력(이것이야 말로 인디아스의 진정한 부였다)을 통제하려는 국왕의 바람과, 그 노동력을 최대한 자신들에게 유리한 쪽으로 이용하려는 식민지 엘리트들의 바람이 충돌할 때였다. 그 결과는 대개 이 원주민 보호를 위한 법들이 의도적으로 무시되는 것이었다. 국왕은 자주 이 위법 사실을 모른 척하곤 했는데, 그것은 유력한 식민지 엘리트들과의 갈등을 피하기 위해서이기도 했지만, 그 법들이 가끔은 국왕 자신의 편협하고 근시안적인 이익, 즉 전쟁과 외교에 들어가는 비용을 대고, 기생적인 귀족층을 부양하기 위한 수입을 마련해야 하는 필요와도 충돌했기 때문이었다.

이처럼 에스파냐 인들의 아메리카에서의 행적을 옹호하는 사람들이 자주 언급하는 원주민 보호를 위한 법률 제정과 식민지 원주민의 삶과 노동의 실제 모습 간에는 메울 수 없는 괴리가 존재했다. 인디아스에서 19년 동안 정직한 관리로 복무하다 1566년 명예롭게 은퇴하여 가난한 삶을 산 알론소 데 소리타Alonso de Zorita는 펠리페 2세에게 바치는 보고서에서 다음과 같이 썼다.

> 폐하와 국왕평의회가 바라는 바는 모든 사람들이 잘 알고 있고, 또한 그것은 불쌍한 인디오들을 위해, 그들의 수를 증대시키고 그들을 보호하기 위해 매일같이 발표되는 법들에도 분명히 드러나 있습니다. 그러나 그 법들은 복종의 대상은 될지언정 실행의 대상은 되지 않고 있으며, 그 때문에 인디오들은 끝없이 파멸의 구렁텅이로 빠져들고 있습니다. 그리고 누구도 폐하의 법령에 신경을 쓰지 않습니다.

그러나 식민지의 모든 법이 이처럼 느슨하게 집행되었던 것은 아니다. 원주민에게 공납을 바치게 하고, 말도 안 되는 급료를 받고 강제 노동에 종사하게 하고, 에스파냐 인들로부터 정해진 가격에 물건을 강제로 구입하게 하고, 그들의 토지 소유권은 일부 소수에 제한하는 대신 에스파냐 인의 영지는 무제한적인 확대를 허용하는 법들을 비롯하여 수많은 착취적이고 차별적인 법들은 매우 엄격하게 적용되었다.

유럽에서 그렇게도 멀리 떨어져 있는 아메리카 식민지에 대하여 17세기 내내 지속적으로 쇠약해져 간 에스파냐가 그처럼 오랫동안 지배권을 유지할 수 있었던 점은 어떻게 설명될 수 있을까? 에스파냐는 18세기까지 인디아스에 군대를 별로 유지하지 않았으므로 그 답을 에스파냐의 군사력에서 찾을 수는 없다. 그 답의 상당 부분은 식민지 엘리트들의 충성심을 확보하고 유지하기 위해 국왕이 그들에게 많은 양보를 한 사실에서 찾을 수 있을 것이다. 부왕, 아우디엔시아, 코레히도르 등등의 정치기구가 국왕의 그런 정책을 실행하는 데 결정적인 역할을 했다. 원주민 보호를 위한 법률의 빈번한 실패, 착취를 위한 법률의 엄격한 실행, 콤포시시온composiciones(왕에게 일정한 수수료를 지불하고 합법적으로 원주민의 땅을 탈취하는 협정), 식민지 과두 엘리트의 권력 남용을 용인하는 것 등이 그런 정책의 예들이다. 권력을 나누어 갖고, 인디아스 내 원주민·흑인·혼혈인에 대한 착취의 열매를 공유하려는 국왕과 식민지 엘리트들 간의 계약과 더불어, 식민지 백인들의 권력과 야심을 제어하려는 국왕의 노력이 함께 경주된 것은 사실이다. 그러나 18세기까지 그런 국왕의 노력이 기존의 상황을 위협할 정도로 활성화되지는 않았다.

인디아스의 교회

에스파냐의 교회는 수세기에 걸친 무슬림과의 투쟁을 통해 국왕의 그것에 버금갈 정도로 막대한 부와 권위를 가진 존재로 에스파냐 사회에 등장했다. 가톨릭 공동왕, 즉 페르난도와 이사벨은 특히 국가 통일과 국왕 절대주의를 이루는 수단으로서 성직자 계층과 그들의 영향력 확산을 지지했다. 그들이 도입한 에스파냐 종교재판소는 종교뿐만 아니라 정치적인 목적도 함께 가지고 있었으며, 공동왕의 증손자 펠리페 2세 하에서 종교재판소는 절대적 국왕의 가장 강력한 지지자가 되었다. 에스파냐 도시들이 먼저 정치적으로, 이어서 경제적으로 쇠약해지고, 대귀족들이 국왕의 총애에 목을 매는 정신廷臣 집단으로 전락하고 있을 때도 교회는 꾸준히 부와 영향력을 증대시켰다. 합스부르크 왕조 후반에는 급기야 교회가 국왕의 권위를 위협할 정도가 되었다. 18세기 부르봉 왕조의 계몽된 왕들에 이르러서야 교회의 지나친 권력을 제어하려는 조치들이 취해졌다.

에스파냐와 인디아스 양쪽에서 교회 문제에 대한 국왕의 지배는 파트로나토 레알patronato real이라는 제도에 견고한 뿌리를 두고 있었다. 식민지에 적용되었던 이 제도의 골자는 에스파냐 왕이 아메리카에서 모든 교회 직책의 임명, 십일조 징수, 교회와 수도원 설립에 대해 절대적 권리를 갖는 것이었다. 교황 율리우스 2세Julius II는 1508년 페르난도 왕의 외교적 압박에 굴복하여, 신세계 이교도들에 대한 개종 사업을 지원한다는 명분 하에, 에스파냐의 군주들에게 이 예외적 특권을 부여하는 데 동의했다. 에스파냐의 군주들은 이 파트로나토를 가장 소중한 특권 가운데 하나로 간주하고, 이에 대한 모든 종류의 침해에 대해 날카롭게 대응했다.

아메리카에 대한 영혼의 정복

콜럼버스의 두번째 항해를 시작으로 인디아스로 가는 원정 때마다 한두 명의 성직자가 따라 갔고, 얼마 가지 않아 그들은 피정복 지역에 상당수의 체류 인원을 갖게 되었다. 이 탁발수사들은 군사적 정복의 뒤를 이어 이루어진 2차적인 종교적 정복의 첨병이었다. 정복 이후 첫 수십 년 동안 아메리카에 온 탁발수사들은 대개 엘리트 집단이었다. 그들은 중세 교회에 이따금씩 나타나곤 했던 금욕과 규율의 부활, 그중에서도 에스파냐에서 가톨릭 공동왕에 의해 시작되고, 추기경 시스네로스가 열정적으로 추진한 쇄신 운동의 산물이었다. 이 성직자 전위대는 자주 전교에 대한 열정에다 민감한 사회의식과 지식에 대한 애호를 겸비하곤 하였다. 선교사들은 자주 원주민들의 높은 자질, 그들의 단순소박함, 그리고 유럽 인들의 탐욕과 야심을 그들은 갖고 있지 않은 점에 깊은 감명을 받았다. 국왕 판사로 재직하다 후에 멕시코 미초아칸Michoacán 지역의 주교가 된 바스코 데 키로가Vasco de Quiroga는 이렇게 말했다.

> 이들과 함께라면 무엇이든 이룰 수 있을 것이다. 이들은 더할 나위 없이 순종적이다. 인내심을 가지고 노력한다면 이들에게 기독교 교리를 가르치는 것은 그리 어렵지 않을 것이다. 이들은 천부적으로 겸양과 순종의 본능을 가지고 있으며, 가난과 벌거벗음, 그리고 세속에 대한 경멸이라는 그리스도적 성품을 소유하고 있다. 이들은 신발을 신지 않고 모자를 쓰지 않으며 사도들처럼 긴 머리카락을 가지고 있다. 이들은 오류가 없고 쉽게 감동하는 유순한 마음을 가지고 있다.

정복 이후 첫 수십 년 동안 인디아스에 온 개혁적 성직자들 가운데 다수는 천년왕국적*, 유토피아적 이상의 영향을 강하게 받고 있었다. 그들은 '구원을 기다리는 수많은 원주민'이라는 비전에 고무되어 원래의 순수함

---

* 천년왕국설(Millenarianism)은 요한묵시록의 예언에 기반하고, 개혁 성직자들의 폭넓은 지지를 받은 중세 시대의 교리로서, 그리스도가 이 지상으로 돌아와 천년 동안의 평화와 정의의 시기를 다스리게 되며, 이어서 곧바로 세상이 끝나고 최후의 심판이 있게 된다는 주장이다.

으로 돌아온 기독교의 깃발 아래 원주민 문화와 에스파냐 문화를 결합하여 풍요로운 결실을 거두기를 꿈꾸었다. 멕시코 최초의 주교이자 대주교였던 후안 데 수마라가Juan de Zumárraga, 바스코 데 키로가, 바르톨로메 데 라스 카사스 등은 에라스무스의 인문주의적·개혁주의적 이념과 토머스 모어의 『유토피아』로부터 깊은 영향을 받고 있었다. 실제로 키로가는 에스파냐 왕에게 토머스 모어의 이상적인 공화국의 모습대로 원주민의 도시를 건설하고 조직화해야 한다고 제안하면서, 그 도시에서 원주민의 천부적인 미덕은 기독교 종교와 문화에 대한 훈련을 통해 보존되고 완벽해질 것이라고 주장했다. 국왕이 이 제안을 무시하자 키로가는 자신의 전 재산을 털어 미초아칸 지역 산타페에 원주민 마을을 건설했다. 키로가는 이 공동체에서 재산의 공동소유, 농사일과 수공업 노동의 체계적인 교대제, 1일 6시간 노동, 여성을 위한 일자리 제공, 집단 노동의 산물을 필요에 따라 분배하기, 유용하지 않는 사치품과 실용적이지 않은 모든 직업의 배제 등을 규정하였다. 착취적인 엔코미엔다와 아시엔다라는 바다에 자비와 협동의 섬을 건설하겠다는 키로가의 꿈은 결국 실패로 끝났다. 그러나 오늘날까지도 미초아칸의 원주민들은 "타타 바스코"Tata Vasco('타타'는 '아버지'라는 뜻—옮긴이)라는 이름과 기억을 소중하게 여기며 존중한다.

개혁적 성직자들의 이런 태도는 원주민들을 무제한적으로 착취하려고 한 엔코멘데로와 그 외 다른 속인 에스파냐 인들과의 충돌을 불가피하게 만들었고, 그들은 이 개혁적 성직자들을 '개자식들'perros이라고 불렀다. 모든 성직자가 이 문제를 그런 식으로 바라보았던 것은 아니었다. 유명한 프란체스코 수도회 수사 토리비오 데 베나벤테Toribio de Benavente(나우아 어 이름인 모톨리니아Motolinía로 더 유명하다)와 같은 사람들은 '현실주의자' 혹은 '온건파'라고 불릴 만하다. 이들은 엔코미엔다가 원주민들의 복지를 보호하는 쪽으로 잘 규제된다면 인디아스의 번영과 안전을 위해 유익한 것이 될 수 있다고 생각했다. 그에 비해 다른 성직자들, 특히 도미니쿠스회 수사들(그들의 지도자이자 대변인은 바르톨로메 데 라스 카사스였다)은 엔코미엔다와 원주민의 복지의 양립은 불가능하며 엔코미엔다는 없어져야 한다고 믿었다.

앞서 제4장에서 보았듯이, 카를 5세 — 그는 식민지에 엔코미엔다에 기반한 봉건제가 출현하지 않을까 몹시 우려했다 — 치세 동안 라스 카사스 계열의 성직자들이 얼마간 승리를 거두었고, 그 정점에 1542년 통과된 인디아스 신법이 있었다. 라스 카사스와 그의 제자들은 이 법의 시행을 강행하려고 적극적으로 노력했기 때문에 엔코멘데로들과는 철천지원수가 되었다. 라스 카사스는 끊임없이 협박을 받았다. 신법에 의거하여 원주민 노예제를 철폐하려고 한 도미니쿠스회 소속 니카라과의 안토니오 데 발디비에소Antonio de Valdivieso 주교는 실제로 1550년 총독의 아들이 이끄는 일단의 무리에게 암살을 당했다. 그 외에도 콜롬비아의 후안 델 바예Juan del Valle 주교, 페루의 도밍고 데 산토 토마스Domingo de Santo Tomás 신부 같은 다른 용감한 '인디오들의 수호자들'은 어쩌면 오늘날의 가톨릭교회 내 진보파 성직자의 선구로 간주될 수 있을 것이다. 에스파냐 인들에게 "불쌍하고 억눌린 자들의 피와 땀을 이용해 카바예로가 되는 것을 그만 두라"고 주장하는 라스 카사스의 이데올로기는 오늘날의 라틴아메리카의 해방신학과, 그것이 추구하는 '가난한 자 우선의 원칙'을 예기하고 있는 것으로 보인다.

카를 5세 치세 동안 라스 카사스가 거둔 부분적인 승리에도 불구하고 이 운동은 1556년 펠리페 2세의 즉위 이후 쇠퇴하기 시작했다. 원주민 보호법을 위반한 에스파냐 인에게 고해성사를 통해 죄를 사면해 주는 것을 거부하는 관행—이것은 라스 카사스와 그의 지지자들의 중요한 무기였다—을 왕은 여러 차례의 법령을 발표하여 금하였다. 교회에 대해서는 신앙과 전교에만 힘쓰고 에스파냐 인과 원주민 간의 경제적·사회적 관계의 문제는 세속 당국에게 맡기라는 지시가 내려졌으며, 이 세속 당국은 대체로 엔코멘데로와 대지주를 비롯한 지배 집단의 요구에 부응하는 경향이 있었으므로 정복자의 후손들은 조상들이 그것을 위해 그렇게도 싸웠던 것, 즉 원주민들에 대한 직접적이고 확실한 지배권을 결국 수중에 넣을 수 있게 되었다. 엔코미엔다(비록 쇠퇴해 가고는 있었지만), 레파르티미엔토 혹은 미타, 그리고 노예제(여러 가지 구실을 들어 합법화되었다) 등은 에스파냐령 아메리카 식민지의 핵심적 제도로 남게 되었다. 이 새로운 정치 환경의 특징은 전에는 라스 카사스를 비롯하여 거의 모든 에스파냐 신학자들이 비난했던 이론인 아리스토텔레스의 '천부적 노예제' 이론에 바탕을 둔, 원주민들의 천성적 열등성에 대한 확신이었다.

Institut Amatller d'Art Hispanic, Barcelona

바르톨로메 데 라스 카사스는 정복자들의 인종주의적 태도를 비난하고, 유럽 인의 억압에 맞서 원주민의 문화를 옹호했다. 그의 가르침은 모든 인간의 존엄성을 강조하는 것이었다.

초창기 인디아스의 선교사들은 원주민을 노예화와 착취로부터 보호하는 것을 개종이라는 자신들의 주요 과업과 별개의 것으로 생각하지 않았다. 그들은 개종이 효과적인 것이 되기 위해서는 개종 대상자인 원주민이 정복의 충격을 극복하여 살아남고, 그 수가 늘고, 옛 종교하에서보다 새 종교하에서 더 잘 살아야 한다고 생각했다. 살아남은 이교도 사제들과 몇몇 원주민 귀족들의 반대에도 불구하고 탁발수사들은 엄청난 수의 원주민들을 개종시켰으며, 원주민들은 자발적으로든 강제적이든 침입자들과 함께 온 더 강력한 새 신들을 받아들였다. 멕시코에서 프란체스코회 사제들은 1531년 무렵이면 100만 명 이상을 개종시켰다고 주장했다. 열정적인 사제 모톨리니아는 단 하루 동안 무려 1,500명이 넘는 원주민을 개종시켰다고 주장했다. 평화적 설득이 실패하면 폭력을 비롯한 갖가지 압력이 개종 사업에 동원되었다. 교회는 세례를 받고 나서 다시 우상숭배로 돌아간 원주민들을 이단자로 규정하고 가혹하게 처벌했다. 원주민 귀족 중에는 교수형을 당하거나 화형에 처해진 사람도 있었다. 선교 사업을 효율적으로 수행하기 위해 탁발수사들은 원주민의 언어를 배우고 문법서나 어휘집을 만들었으며, 그것은 오늘날의 학자들에게 귀중한 자료가 되고 있다.

성직자들, 특히 프란체스코회 탁발수사들은 또한 원주민 상류층 자녀들이 기독교 교리와 함께 라틴어, 논리학, 철학을 비롯한 인문학 교육을 받을 수 있는 학교 설립을 매우 중요시하였다. 이 가운데 가장 두드러진 것이 프란체스코 교단이 멕시코에 세운 산타크루스 학교Colegio de Santa Cruz였다. 이 학교는 1560년대에 속인들의 적대감 혹은 관심 부족, 탁발수사 자신들의 열정 감소로 쇠퇴기에 접어들 때까지 유럽 문화에 대한 열정과 자신들의 과거에 대한 존중을 겸비한 졸업생들을 배출하였다. 이들은 선교사들이 고대 원주민 문명의 역사, 종교, 사회 제도 등을 재건하고자 할 때 더할 나위 없이 소중한 조력자가 되어 주었다.

초창기 탁발수사들 중 일부는 이교도적 과거의 모든 유물—우상, 신전, 그림문자—을 파괴하려 한 데 반해 2세대 선교사들은 정복 이전 원주민의 생활 방식에 대한 철저한 연구와 이해 없이는 이교와의 싸움에서 완전히 승리할 수 없다고 확신하게 되었다. 멕시코에서는 콜럼버스 이전 문화의 풍부한 내용물의 목록 작성에 헌신하는 진정한 의미의 민족지학 ethnography 연구자들이 생겨났다. 이 노력의 일차적이고 공언된 동기는 눈에 잘 띄지 않는 이교 의식과 관행을 찾아내는 데 필요한 지식으로 선교사들을 무장시키는 것이었다. 그러나 지적 호기심과 멸망한 원주민 제국들의 물질적·예술적·사회적 성취를 발견하는 즐거움도 한몫을 차지했다.

선교사 자신들이 후에 인정한 바이기도 하지만 개종 작업이 완전히 성공적이지는 못했다. 역사가 루이제 부르크하르트Louise M. Burkhart는 멕시코에서 아스테카 인들은 "자신들의 기본적인 이데올로기적·도덕적 지향을 그대로 고수한 채 식민지의 사회적·정치적 환경 속에서 그럭저럭 지낼 수 있을 정도의 수준에서 기독교인이 될 수 있었다"고 말했다. 이런 선교 노력의 결과는 대개 옛 종교 이념과 새 종교 이념의 융합이었고, 성모 마리아에 대한 경배는 이교 신 숭배와 뒤섞이곤 했다. 멕시코 정복이 있고 나서 50년 후에 쓴 글에서 도미니쿠스 수도회의 디에고 두란Diego Durán은 원주민들의 모든 생활에서, 즉 "그들의 춤, 시장, 목욕, 옛 신의 상실을 애도하는 그들의 노래에서" 이교주의의 존속을 발견할 수 있었다고 말했다. 비슷한 시기에 위대한 학자 겸 선교사였던 베르나르디노 데 사아군은 원주민들이 계속해서 자신들의 옛 축제를 거행하고, 분명히 드러나지는 않지만 이교적 의미를 담고 있는 노래를 부르고 춤을 춘다며 불만을 토로했다. 페루 원주민의 개종 사업은 그보다 더 사정이 좋지 않았다. "인디오들이 기독교 신의 존재를 인정했다고 해도 그들은 그 신이 에스파냐 인들에만 영향을 미친다고 생각했고, 그들은 자신들의 전통적인 신들에게 보호를 청하였다"고 나탕 바흐텔은 말했다. 오늘날에도 과테말라나 페루 등의 원주민들은 마야나 잉카 시대 때부터 내려오는 의식을 거행하고 있다.

탁발수사들은 또한 자신들의 내분과도 싸워야 했다. 원주민들에게 세례를 주기 전에 교리 공부를 어느 정도나 시켜야 하는지를 두고 교단들 간에 격렬한 논쟁이 벌어졌는데, 도미니쿠스 교단과 아우구스티누스 교단은 프란체스코 교단보다 더 엄격한 기준을 요구했다. 특정 지역 혹은 마을에 어떤 교단이 들어갈 것인지를 두고도 논쟁이 벌어졌다. 그보다 더 심각한 갈등이 재속 성직자와 수도 성직자들 간에 나타났다. 보통 교구 사제들이 사목司牧과 성사聖事 관련 업무를 맡아보았으나 아메리카에서는 수도 성직자들이 이 업무를 수행하였다. 이 기능이 수도 성직자들에게 위임되기 위해서 교황의 특별 허가(1522)가 필요했는데, 이 결정은 초기에 인디아스에 온 재속 성직자들의 수가 적었기 때문에 불가피한 것이었다. 그러나 16세기 중반 이후 재속 성직자의 수가 증가했고, 주교들은 점차 재속 성직자들이 인도하는 새 교구들을 만들기 위해 노력했다. 이 재속 성직자들은 개종자들의 영적 지도에서 수도 성직자들을 대체하려는 생각을 가지고 있었다. 탁발수사들은 자신들이 가진 모든 수단을 동원해서 이에 저항했으나 이 싸움에서 그들은 결국 패하게 된다.

교회 내 또 다른 불화의 원천은 아메리카에서 태어난 성직자와 이베리아 반도 출신 성직자 간에 고위직, 특히 수도 교단의 고위직을 두고 벌어진 갈등이었다. 17세기에 늘어나는 크리오요 다수파에 밀려 지역 선거에서 고위직을 상실할 위기에 처하게 된 페닌술라르들(유럽에서 태어난 에스파냐 인들)은 그 직책을 그들 자신들과 크리오요 출신이 교대로 맡아보게 하는 법령을 주장하여 결국 그것을 관철해 냈다.

성직자의 도덕적 퇴보와 선교 열정

수도 교단들의 지적·정신적 영향력의 감소를 가져온 요인으로 다른 것들과 더불어 수도 성직자들의 사명감과 사기가 점진적으로 약화된 점을 언급할 필요가 있다. 제국 중앙 지역의 개종 사업이 완료되어 감에 따라 초창기의 사도적 열정이 점차 쇠약해져 간 것은 불가피한 현상이었다. 나중에 도착한 성직자 가운데 다수는 힘들고 엄격한 봉사적 생활보다는 편하고 수입이 많은 삶을 선호했다. 16세기 말이면 수도원 수가 너무 많고, 수도원들이 너무나 많은 부를 쌓고 있다는 비난이 자주 들렸다. 이 부의 주요 원천은 부유한 사람들이 기부한 유산이나 기증이었다. 부자들은 유언장에 교회를 위해 뭔가를 남기지 않는 것을 부끄럽게 생각했다. 교회나 수도원 혹은 그 밖의 종교 단체에 재산을 기부하는 데 이용된 일반적인 관행은 지주의 영지 가운데 일부에 저당을 설정하고(이것을 센소censo라고 했다) 해마다 거기서 나오는 수입의 5%를 해당 기관(교회, 수도원)이 가져가도록 하는 것이었다. 이런 방식으로 신심을 표현하는 것이 대단히 일반화되었기 때문에 누에바에스파냐에서는 "18세기 말에 한두 건의 센소 부담을 가지고 있지 않은 아시엔다가 거의 없을 정도"였다. 기부자의 신앙심과 가족의 이해관계 모두에 부응하는 또 다른 관행은 소성당(채플, 큰 성당 안에 딸린 작은 성당—옮긴이)을 설립하여 거기에서 기부자를 위한 미사를 항구적으로 바치게 하는 것이었다. 기부자는 가족 가운데 한 명을 그 소성당 전속사제로 만들어 그 시설에서 나오는 수입의 지배권을 그 가족이 갖게 했다. 멕시코 역사가 엔리케 플로레스카노Enrique Florescano에 의하면, 이런 관행은 영지 수입으로부터 지속적으로 돈이 빠져나가게 함으로써 "그렇지 않아도 불안정한 상태의 아시엔다와 목장들을 더 불안정하게 만들었고, 종교 단체들을 진정한 의미의 지주 혹은 농촌 수입의 진정한 수혜자로 만들어놓았다."

교회가 획득한 재산은 영구소유의 형태로 타인에게 양도할 수 없는 것이 되었다. 이 부富는 토지나 대부貸付에 재투자되어 더 큰 부를 만들어 냈다. 교회의 엄청난 경제력은 교회가 경쟁자들보다 훨씬 우월한 위상을 갖게 하여 특히 경제위기 시 취약한 세속 재산 소유자들의 재산을 차지할 수 있게 해주었다. 에스파냐령 아메리카에 마지막으로 도착한 주요 교단이었던 예수회(1572)는 특히 부유한 기부자를 가장 많이 가지고 있었고, 여러 사업을 매우 효율적으로 운영했다. 그리고 거기에서 나온 수입은 대개 학교(콜레히오)라는 자신들의 뛰어난 제도를 유지하고 전교 업무를 수행하는 데 사용되었다.

축재蓄財에 대한 교회의 이런 과도한 관심은 어쩔 수 없이 성직자와 비천한 대중(이들의 영적인 삶을 이끄는 것이 성직자들의 원래 소임이었다) 간의 유대감을 약화시켰다. 이미 1570년대에 교회의 과도한 수수료 징수, 성직자들의 원주민 노동 착취를 비난하는 목소리가 들렸다. 누에바에스파냐의 부왕 몬테클라로스 후작Marqués de Monteclaros은 1607년 국왕 펠리페 3세에게 원주민들이 탁발수사들에 의해 혹심한 핍박을 받고 있으며, 원주민 한 명이 교구 사제에게 바치는 공납액이 원주민 20명이 국왕 폐하에게 바치는 것보다 더 많다고 비난했다. 점점 강화되어 간 물질주의와 함께 도덕의 이완도 심화되었다. 식민지 후기 성직자들 사이에서 축첩蓄妾은 너무나 일반화되어서 공적인 관심이나 비난의 대상이 되지 않을 정도였다. 식민 시대 막판이면 성직자들의 도덕은 멕시코의 역사가이자 그 자신 독립운동기 성직자 집단의 지도자이기도 했던 루카스 알라만이 "그저 수치스러울 따름"이라고 말할 정도가 되었다. 이런 비난의 대상에서 예수회는 제외되어야 하는데, 예수회 수사들은 높은 도덕적 기준과 엄격한 규율로 유명했다. 뛰어난 인품과 사회의식을 가진 성직자들이 재속 성직자나 수도 성직자들 가운데 전혀 없지는 않았음은 물론이다.

초창기 탁발수사들의 선교 열정은 변경지역, 즉 '그리스도 왕국의 변두리'에서 가장 오래 유지되었다. 누에바에스파냐 북부 내륙지방에 처음으로 들어간 교단은 프란체스코 수도회였는데, 이곳은 "거친 인디오"라 불렸던 호전적이고 적대적인 치치메카 족이 사는 곳이었다. 프란체스코회 수사들은 1598년에 오냐테Oñate 원정대를 따라 누에보메히코에 들어가 그곳에서 식민 시대가 끝날 때까지 선교활동을 펼쳤다. 또 그들은 플로리다나 조지아같이 멕시코에서 멀리 떨어진 변경 지대까지 진출했다. 1767년 중남미에서 예수회가 추방된 이후로는 프란체스코 수도회가 캘리포니아에서 그들을 대신하여 선교 사업을 이끌었다.

선교구mission는 에스파냐의 제국적 팽창과 북부 변경지역 방어 목적에 봉사하기 위해 고안된 세 가지의 상호 연관된 도구 가운데 하나였다(나머지 둘은 프레시디오presidio[수비대]와 민간인 정주였다). 선교구가 추구한 목표는 원주민 개종자들을 자급자족적인 종교공동체에 불러 모아 그들에게 농사짓기와 가축 기르기 등의 기술을 가르치고 훈련시켜 완전히 기독교화되고 에스파냐화한 사람들로 만드는 것이었다. 프레시디오는 이웃 선교사들을 군사적으로 보호하고 원주민의 협력을 확실히 하려는 목적에서 고안된 것이었다. 그를 통해 결국 가난한 에스파냐 인들이 자유로운 땅으로 몰려들어 민간인 정착지가 이곳에 만들어지고, 그리하여 사람들로 붐비는 삶과 교역의 중심으로 발전시키겠다는 것이 그들의 목표였다. 그렇게 되면 변경 지대(프론티어)는 뒤로 물러서게 되고, 반항은 누그러지고, 외부 세력의 침입으로부터 안전하게 지켜질 것이라는 것이 에스파냐 인들의 생각이었다.

그러나 '황야'wilderness에 대한 이 세 가지의 동시다발적인 공격은 큰 성공을 거두지 못했다. 애리조나, 누에보메히코의 용감한 아파치 족이나 텍사스의 텍사스 족, 코만치 족 같은 북부 변경지역 인디오들은 선교사들의 말에 결코 순종적이지 않았다. 선교사들의 활동이 좀더 성공적이었던 곳은 누에보메히코의 푸에블로, 북서부 멕시코의 피마Pima와 오파타데소노라Opata de Sonora, 텍사스 동부의 하시나이Hasinai 같은 정착민들이 사는 곳이었다. 그러나 이들 순종적인 공동체들에서도 반란과 도주는 자주 나타났다. 1680년에는 이미 기독교화되어 있다고 생각되었던 누에보메히코의 원주민 마을들이 반란을 일으켜 탁발수사들을 죽이고, 진압에 나선 에스파냐 인에 대항하여 오랫동안 격렬하게 저항하기도 했다. 구래舊來의 신과 삶의 방식이 최선이었다고 주장하는 원주민 지도자의 출현은 자주 집단 도주를 촉발했다. 인근 프레시디오에 주둔 중인 병사들의 행패, 아파치 족과 코만치 족 침입자들이 불러일으키는 공포도 선교 지역으로부터의 빈번한 도주를 야기했다.

민간인 정주 사업도 성공적이지 못했다. 식민 시기가 끝나갈 무렵 북쪽 변경 지역에는 단지 몇 개의 작은 도시가 산재해 있었을 뿐이며, 계속되는 외부의 침입으로 삶과 재산 보존이 너무나 불안했기 때문에 누에보메히코에서는 그곳을 떠날 수 있게 허락해 달라고 요청하는 정주자의 수가 그 지역으로 들어오려는 사람들보다 더 많았다. 결국 에스파냐 영토를 지키는 임무는 대략 오늘날의 미국과 멕시코 간 국경을 따라 설치된 여러 프레시디오들에게 맡겨졌다. 연속적인 군사적 패배로 에스파냐 군대는 높은 프레시디오 벽이라는 안전장치 뒤에 숨지 않으면 안 되었다. 결국 에스파냐는 아파치 족과 코만치 족에게 정기적으로 선물을 제공하여 그들을 중립화하는 정책으로 돌아서지 않으면 안 되었다. 그러나 독립전쟁 발발로 선물 공여가 중단되자 인디오들은 다시 적대적으로 변해서 무용지물이 된 프레시디오들을 짓밟고 멕시코 안으로 밀려들었다.

적어도 경제적 관점에서 볼 때 전교 노력이 가장 성공적으로 이루어진 곳은 예수회가 활약한 파라과이에서였다. 온화한 기후와 비옥한 토양을 가지고 있었던 이곳에서 예수회는 30개가 넘는 선교구를 설립했으며, 이 선교구들은 아메리카 내 예수회 활동의 주무대가 되었다. 엄격한 규율, 중앙집중적인 조직, 대규모 잉여를 생산하는 수많은 순종적인 과라니 족의 노동에 대한 절대적인 통제 등을 통해 예수회 수사들은 자신들의 선교구들을 매우 수익성 높은 사업체로 바꾸어 놓았다. 그들은 막대한 양의 면화, 담배, 가죽 등의 상품을 싣고 파라나 강을 타고 내려가 부에노스아이레스에 도착한 다음 거기에서 유럽으로 수출했다. 이 예수회의 선교구 제도는 '기독교적 사회주의'라기보다는 '신정주의적 자본주의'라고 부르는 것이 옳을 것 같다.

파라과이에서의 예수회의 지배와 식민지 다른 곳에서의 예수회의 선교활동은 1767년 국왕의 칙령으로 이 교단이 식민지에서 추방됨으로써 끝이 났다. 이 추방 조치의 이유 중에는 부르봉 왕조의 국가주의적 교회 정책과 교황의 우월성을 강조하는 예수회 간의 갈등, 예수회가 국가 문제에 개입하려 한다는 의심, 예수회의 선교구 제도가 국가 안에 또 하나의 국가를 만들어 놓고 있다는 생각 등이 포함되어 있었다. 예수회의 추방은 과라니 족에 대한 에스파냐 인 관리와 지주들의 착취를 강화시키는 결과를 가져왔다. 한 세대가 지나지 않아 한 때 번창했던 예수회 마을들(선교구들)은 폐허로 변했다.

신세계의 종교재판소

종교재판소는 1569년 펠리페 2세가 멕시코와 리마에 종교재판소 설치를 명함으로써 정식으로 도입되었다. 그러나 그 기능은 그 전부터 종교재판관의 권한을 위임받은 성직자들에 의해 수행되고 있었다. 이 기구의 막강한 특권, 다른 법정들로부터의 독립성, 그리고 에스파냐 인들이 이단 혐의에 대해 가지고 있던 공포 등이 이 종교재판소를 종교적인 것이든 정치적인 것이든 아니면 철학적인 것이 되었든 간에 '위험한 생각'의 출현을 막는 효과적인 제어장치로 만들어 놓았다. 그러나 이 종교재판소가 다룬 사건들은 대부분 도덕에 관한 것이거나 아니면 신성모독 같은, 정통 종교로부터의 사소한 일탈이었다.

이사벨 여왕부터 시작해서 에스파냐의 지배자들은 유대인, 무슬림, 콘베르소들(유대교에서 가톨릭으로 개종한 '신기독교도들'), 종교재판소에 의해 처벌 받은 적이 있는 사람의 인디아스 입국을 금지했다. 그러나 많은 콘베르소가 자신들의 처지를 개선하고, 에스파냐에서의 자신들을 둘러싼 의심과 적대적 분위기에서 벗어나기 위해서 선원이나 허가받은 승객의 하인 신분으로 혹은 국왕에게서 매입한 허가서를 가지고 인디아스로 건너와 정착했다. 그중에는 부와 권력이 보장되는 지위를 획득한 사람도 있었다. 16세기 말에 많은 콘베르소가 누에바에스파냐와 페루에 정착했다. 그중 다수는 포르투갈이 에스파냐에 합병되고 난(1580) 후 그곳 종교재판소가 활동을 재개하자 박해를 피해 건너 온 사람들이었다. 누에바에스파냐에 온 루이스 데 카르바할Luis de Carvajal이라는 사람도 그중 한 명이었는데, 그는 후에 북부 지역 누에바레온 왕국의 사령관과 총독을 역임했다. 그는 독실한 가톨릭교도였으나 그의 아들과 다른 친척들은 유대교 신자였으며, 누에바에스파냐의 상당히 큰 콘베르소 공동체의 다른 구성원들에게 유대교로 돌아올 것을 적극적으로 권하는 신비주의자들이었다. 그들은 모두 종교재판소에 회부되었고, 이 기구는 이들에 대해 다시 이단으로 돌아간 이교 혐의를 적용하여 사형을 선고했다. 이들에 대한 유죄선고는 1595

년 멕시코시티에서 거행된 대대적인 이단판결식auto-da-fé(대개 넓은 광장에서 거행하는 이단 선고 예식)에서 이루어졌다. 1635년 리마의 종교재판소는 이 도시의 콘베르소 공동체를 덮쳐, 그중 일부는 화형에 처하고 혐의자 전원의 재산을 몰수했다. 리마의 종교재판소가 콘베르소들의 재산을 몰수하고 나서 "세계에서 가장 부유한 집단으로 부상한" 사실은 리마의 콘베르소들이 대단히 부유한 집단이었음을 말해 준다고 역사가 유디스 라이킨 엘킨Judith Laikin Elkin은 말했다. 그들 대부분은 부유한 상인이었다.

에스파냐에서와 마찬가지로 인디아스의 종교재판소도 주로 제보자의 고발에 의존했고, 자백을 받아내기 위해 고문을 사용했다. 역시 에스파냐에서와 마찬가지로 종교재판소로 인한 피해는 사람들이 죽고 재산이 몰수되는 것에 그치지 않고 공포와 불신, 엄격한 지적 획일화 분위기가 만들어지는 것까지 포함하였다. 위대한 여류 시인 소르 후아나 이네스 데 라 크루스Sor Juana Inés de la Cruz는 "학문이 종교재판소의 소관이라고 믿고 있던 매우 경건하고 정직한 한 사제"를 상대하면서 겪은 어려움에 대해 언급하며 이 억압적인 분위기에 대해 시사한 바 있다. 원주민들은 처음에는 종교재판소의 사법권에 구속되었다가 후에는 이 기구의 관할로부터 제외되었는데, 개종한 지 얼마 안 되어 정신적 능력이 부족하므로 신앙으로부터의 일탈에 대해 완전한 책임을 물을 수 없다는 것이 그 이유였다. 그들은 대신 주교구 재판소episcopal inquisition에서 재판도 받고 처벌도 받았다.

교회와 교육

교회는 모든 수준에서 식민지 교육에 대해 사실상의 독점권을 가졌다. 사제들에 의해 운영된 초등학교와 중등학교는 극소수 예외를 제외하면 에스파냐 상류 계층과 원주민 귀족 자제들에게만 개방되었다. 원주민과 혼혈인의 대부분은 빈곤 때문에 문맹 상태를 벗어나지 못했다. 식민 시대 말기에 25개 정도에 이르렀던 대학에 입학하는 것은 더욱 제한되어 상당한 재산과 '순수한' 피를 가진 젊은이가 아니면 들어갈 수 없었다.

1551년에 함께 왕의 인가를 취득한 리마와 멕시코시티의 대학은 라틴아메리카에서 처음으로 생겨난 항구적인 고등교육 기관이었다. 에스파냐의 대학들과 비슷한 양상으로 만들어진 식민지 대학들은 중세적인 조직과 커리큘럼, 교수 방법을 충실하게 따랐다. 실용 학문과 과학에 대한 무관심, 성경·아리스토텔레스·교부·중세 학자들의 권위에 대한 과도한 존중, 신학 혹은 형이상학적 이론의 미묘하기 그지없는 점들에 대한 열정적 토론 등이 식민지 학계의 특징이었다. 신학과 법학은 가장 중요한 학과였다. 18세기까지 과학은 철학의 한 분야로 간주되었으며 주요 교재는 아리스토텔레스의 『물리학』*Physics*이었다.

엄격한 서적검열(에스파냐와 식민지 모두에서 국왕평의회의 인가 없이는 책을 출간할 수 없었다)은 식민지 사회에서 새로운 이론의 확산을 제한하였다. 최근의 연구들은 에스파냐 식민지에 소설류의 반입을 금지하는 법이 전혀 효과가 없었음을 입증하고 있다. 그러나 이런 관용이 이교서적이나 불온서적에까지 확대되지는 않았다. 식민지 종교재판소의 기록은 그런 책을 소지하거나 읽은 죄로 구금이나 고문, 심지어는 사형까지 당한 비극적인 사건이 여러 차례 발생했음을 보여 준다. 적어도 에스파냐령 아메리카를 둘러싼 지적인 철의 장막이 제거되는 18세기까지는 식민지 백성들이 비정통적인 종교적·정치적 성향의 책들로부터 효과적으로 차단되고 있었던 것으로 보인다.

그러나 식민지의 학자들은 당국의 검열과 그들 자신들의 (사회적) 배경에 따른 제약 속에서도 특히 원주민의 역사, 인류학, 언어학, 자연사 분야에서 상당한 성과를 만들어 냈다. 에스파냐령 아메리카에서 16세기는 이런 분야 연구의 황금기였다. 멕시코에서는 상당히 많은 선교사가, 특히 프란체스코회 수도사들을 중심으로 원주민의 언어, 종교, 역사에 대해 장기적이고 끈질긴 연구를 수행했다. 탁발수사 베르나르디노 데 사아군은 방대한 『누에바에스파냐의 제반사항에 관한 일반사』*Historia general de las cosas de la nueva España*를 집성하였는데, 이것은 아스테카 문화의 모든 측면에 관한 정보를 모아 놓은 진정한 백과사전이었다. 학자들은 이 사아군의 저술에 담긴 풍부하기 그지없는 인류학 자료들을 이제 막 캐내기 시작하는 단계에 있다. 보통 그의 원래 이름인 모톨리니아(나중의 이름은 탁발수사 토리비오 데 베나벤테이다)로 알려진 또 한 명의 프란체스코회 수사는 『누에바에스파냐 인디오들의 역사』*Historia de los indios de la nueva España*를 썼는데, 이는 정복 전과 후 원주민들의 삶을 알려주는 더할 나위 없이 소중한 자료이다. 탁발수사 디에고 두란은 한 아스테카 귀족이 자신의 언어로 쓴 연대기(지금은 망실되고 없다)와 아스테카의 상형문자로 된 문헌을 기반으로 아스테카의 서사시와 전설들의 내용과 정신 모두를 담고 있는 고대 멕시코의 역사를 썼다. 예수회 소속 호세 데 아코스타José de Acosta는 신세계의 산물과, 아스테카 인과 잉카 인의 역사에 대한 에스파냐 인들의 호기심을 충족시키기 위해 『인디아스의 자연사와 도덕사』*Historia natural y moral de las indias*를 썼다. 단순하면서도 유쾌한 형식의 이 책은 당시로는 보기 드문 비판적 정신을 보여 준다. 이 책은 에스파냐에서 큰 인기를 얻었고, 얼마 안 가 서유럽의 모든 주요 언어로 번역되었다.

적지 않은 역사서가 다양한 동기로 원주민 혹은 메스티소 귀족들에 의해 쓰여졌는데, 그들은 원주민 유산에 대한 관심과 자부심, 그리고 정복에서 자기네 조상이 중요한 기여를 수행했다는 사실, 그리고 귀족 신분과 땅에 대한 자신들의 정당한 권리를 입증하려는 열망을 품고 있었다. 수도원 학교 혹은 일반 학교(콜레히오)에서 쓰여진 이 책들은 대개 기독교적 신앙과 이제 과거가 되어 버린 자기네 조상의 영광에 대한 향수를 결합하고 있었다. 텍스코코 왕국의 왕손이었던 페르난도 데 알바 익스틀릴소치틀Fernando de Alva Ixtlilxochitl은 여러 권의 역사서를 썼는데, 그것들은 그가 유럽 인의 역사 기술 방식을 숙지하고 있었음을 보여 준다. 이 책들은 엄청나게 다양한 정보와 고도로 이상화된 모습을 한 텍스코코 문명을 결합하고 있다.

17세기 초의 또 다른 저술가이며 에스파냐 인 정복자와 잉카 인 공주 사이에서 태어난 메스티소 가르실라소 데 라 베가Garcilaso de la Vega는 『잉카왕실사』*Los commentarios reales de los Incas*라는 책에서 잉카의 물질문화와 역사에 관한 소중한 정보와 함께 잉카 왕들의 자애로운 통치하에서 목가적 삶을 살아가는 페루 인들의 풍경을 묘사했다. 우아하고 유려한 에스파냐 어로 쓰인 이 책은 단순한 역사서라기보다는 일급의 예술작품이라 할 수 있다. 유럽에서 에스파냐 인들의 역사서로 가르실라소의 이 책만큼 인기 있는 책은 없었다. 이 책이 전하는 잉카 문명에 대한 호의적인 이미지는 고대부터 지금까지 페루에 대해서 일반인들이 갖고 있는 관점에 많은 영향을 미치고 있다.

17세기 아이마라 족 귀족 펠리페 우아만 포마 데 아얄라의 『신 연대기』*El primer nueva corónica y buen gobierno*는 정복 전과 후 페루의 사회 상황에 관한 풍부한 정보를 담고 있으며, 또 이 책에는 저자 자신이 그린 단순하지만 유쾌한 스케치들이 들어 있는데, 이 책 원본은 20세기 초에 와서야 세상에 알려졌다. 와만 포마는 자신이 "이 왕국에서는 인디오를 위한 정의를 찾을 수 없다. 나는 불쌍한 그들이 무엇을 필요로 하는지 알기 위해, 그리고 그들의 명예를 회복하기 위해 고향을 떠났다"라고 말하고 있으며, 자신의 책이 펠리페 3세에게 전해지기를 바란다고 말하기도 했다. 익숙지 않은 카스티야 어로 의사를 표명하려고 한 와만 포마의 수고, 케추아 어 단어가 군데군데 들어간 열정에 찬 그의 말투, 그리고 이 작품에 담긴 우울하면서도 환멸에 찬 분위기는 저자의 진지한 성품과 그가 고발하고 있는 만행의 진실성을 말해 주고 있다.

과학, 문학, 예술

17세기 후반 들어 식민지의 학술활동은 양적으로나 질적으로 쇠퇴했다. 이 시기는 문학에서 바로크 양식의 시기였는데, 익살·재치·현학을 강조했으며, 내용보다는 형식을, 의미보다는 장식적 표현을 중시했다. 그러나 이 시기의 주목할 만한 두 인물, 즉 멕시코의 카를로스 시구엔사 이 공고라Carlos Sigüenza y Góngora와 페루의 페드로 데 페랄타 바르누에보Pedro de Peralta Barnuevo는 관심사의 보편성과 과학의 실용적 이용에 대한 관심으로 18세기 계몽사상을 예시하였다. 수학자이며 고고학자이자 역사가였던 시구엔사는 혜성의 본질을 두고 예수회 수사 키노Kino와 벌인 논쟁에서 점성술이라는 오래 되었지만 여전히 힘을 잃지 않고 있는 미신을 공격했다. 또한 유언장에서 과학 발달을 위해 자신의 시신을 해부용으로 제공하겠다고 말함으로써 전통적 편견에 도전하기도 했다.

우주형상지 학자이자 수학자였던 페랄타 바르누에보는 천문 관찰을 하고, 그것을 프랑스 왕립과학아카데미(그는 이 협회의 준회원이었다)의 회보 형식으로 출간했으며, 리마에서 성채 축성을 감독하기도 했다. 그러나 이 능력 있고 호기심에 가득 찬 과학도도 바로크 신비주의에서 위안을 찾았고, 자신의 마지막 저서 가운데 하나에서는 진정한 지혜, 즉 신에 대해

안다는 것은 "인간의 이해 범위를 벗어난다"고 결론을 내렸다.

식민지 문학은 몇몇 두드러진 예외를 제외하면 모국에서 유행하는 문학 사조의 창백한 반영을 넘어서지 못했다. 외래적 영향과의 단절, 모든 읽을거리에 대한 엄격한 검열, 모든 종류의 글에 대한 제한된 독자층은 창작을 어렵게 만들었다. 그리하여 낙심한 멕시코의 시인 베르나르도 데 발부에나Bernardo de Balbuena는 누에바에스파냐 지역을 "난쟁이들의 비좁은 세계"라고 불렀다. 설상가상으로 17세기 식민지 문학은 공고라주의Gongorismo(시인 루이스 데 공고라Luis de Góngora에서 유래한 용어)라는 에스파냐의 문학적 경향에 굴복하였으니, 이는 모호하고 혼란스럽고 인위적인 양식이었다.

수많은 "시끄러운 수다쟁이들"(이 말은 한 문학사가가 17세기 공고라주의 계열 시인들에 대해 한 말이다) 가운데서 비할 바 없이 위대한 여류 시인 한 명이 나타났으니, 당대인들은 그녀를 "열번째 뮤즈"라 부르며 존경했다. 그녀의 이름은 소르 후아나 이네스 데 라 크루스였다. 비범한 능력을 소유한 수녀이자 시인이었던 소르 후아나는 자신이 머물고 있던 수녀원에 당대 최고의 수학 관련 문헌을 수집하기도 했다. 그러나 소르 후아나는 자신을 둘러싼 환경의 압박에서 벗어나지 못했다. 그녀는 푸에블라 주교로부터 세속사에 대한 관심이 지나치다는 비난을 받고 결국 자신의 책들과 과학에 대한 관심을 포기하였으며, 길지 않았던 여생을 종교적 헌신과 자선행위에 바쳤다.

소르 후아나는 여성들이 교육을 받고 지적 행위에 참여할 권리가 있다고 당당하게 주장했고, 남자와 여자의 성적 행위에 따라다니는 이중적 기준에서 나타나는 비합리성에 대해 신랄한 공격을 퍼부었다. 그녀는 자신의 소네트들 가운데 하나에서 "어리석은 남성들이여, 당신들 스스로 여성들을 악녀로 만들고 있으면서 어떻게 여성들이 착하게 굴기를 바라는가?"라고 물었다. 소르 후아나의 책은 교회와 국가가 제시하는 이상적 비전과 공식 이데올로기에 도전하는 이른바 '식민지의 불온한 담론'에 속하였다. 가끔은 그로테스크하고 극단적인 왜곡으로 치닫기도 한 풍자와 조롱은 공허한 지배 이데올로기, 식민지 생활에 대한 이상화된 비전과 혐오스런 현실 간의 괴리를 고발하기 위해 사용된 무기였다. 그것들은 영감의 많은 부분을 에스파냐 사회의 어리석음과 유약함을 신랄하게 비판하고 있던 에스파냐 피카레스크 소설과 풍자시의 풍요로운 전통에서 끌어내고 있었다. 자연히 출판물에 대한 엄격한 검열 때문에 식민지의 풍자문학은 주로 필사본의 형태로 유통되었고, 풍자문학가들은 대개 신분을 감추고 활동했다.

Bradley Smith Collection/Laurie Platt Winfrey, Inc.

식민 시대 에스파냐령 아메리카의 가장 위대한 시인으로 간주되곤 하는 소르 후아나 이네스 데 라 크루스는 18세에 수녀원에 들어와 44세에 눈을 감았다. 소르 후아나는 세속적인 시도 쓰고 종교적인 시도 썼지만 연애시로 가장 많은 사랑을 받았다.

지금까지 알려진 최초의 에스파냐령 아메리카의 풍자작가는 에스파냐에서 태어난 마테오 로사스 데 오켄도Mateo Rosas de Oquendo인데, 그의 「1598년 페루에서 일어난 사건들에 대한 풍자」Satire about the Things That Happened in Peru in 1598는 리마의 사회적 병폐, 식민지 수도(리마)에 넘쳐나는 부, 평민 대중의 삶 자체인 '비탄의 바다'에 관한 것이었다. 영국 해적에 맞서 부왕령을 수호하려는 부왕의 태도에 대해 다루고 있는 또 하나의 풍자 서사시에서 로사스는 단 한 척의 영국 선박에 대해 함대를 동원해 승리를 거둔 뒤 요란하게 승리를 축하하고 있는 에스파냐 인들의 모습을 "달걀 하나를 놓고 수많은 닭들이 요란을 떨고 있는 꼴"이라며 조롱했다. 줄리 그리어 존슨Julie Greer Johnson에 따르면, 귀족 지배층이 "하급 계층의 추함, 부패, 위선의 기본 속성"을 공유하였으며, 다만 그것을 표명하는 방식만 다르다는 것이 그의 결론이었다며 다음과 같이 요약했다. "거리에서도 궁정에서도 혼란과 기만이 난무한다. 돈이 권력과 영향력을 매수하는 방식으로 삶을 지배하고 있다."

그와 동일한 풍자적 전통에 서 있는 것이 『엘 카르네로』*El Carnero*(이 말의 뜻은 아직도 확실치 않다)라는 작품인데, 이것은 몰락한 크리오요 출신 지주 후안 로드리게스 프레일레Juan Rodríquez Freile가 만년에 쓴 작품으로, 에스파냐의 누에바그라나다 식민화 첫 세기의 역사이며 1638년에 완성되었다. 그리어 존슨에 의하면 이 작품의 풍자적 색깔은 "아메리카에서 태어났다는 이유로 2류 에스파냐 인으로 간주되고, 식민자로보다는 피식민자로 취급당하는 크리오요의 분노와 좌절"을 다루었다. 로드리게스 프레일레는 정복사업과 아메리카에서 에스파냐 인들이 이룬 과업에 대한 공식 연대기의 서술 방법을 전도顚倒하여 "정복의 정당화, 식민화의 효과, 심지어 정복하는 에스파냐 인의 성격까지" 의문을 제기했다. 여기에서 정부 관리들은 "의무를 수행하는 과정에서 문자 그대로 실수를 연발하는 멍청이들"로 등장한다. 로드리게스 프레일레 자신은 여기에서 수많은 죄악과 어리석음에 대해서 판결을 내리는, 그렇지만 자신을 비웃기도 하고, 심지어는 자신이 "환상적인 엘도라도를 추구하는 정복자들과 마찬가지로 황금의 악어를 찾아 나선 것을 인정하기도 하는" "박식한 화자"로 나온다.

1645년과 1648년 사이에 에스파냐에서 페루에 도착한 후안 델 바예이 카비에데스Juan del Valle y Caviedes는 보통 식민지 최고의 풍자 작가로, 그리고 소르 후아나 이네스 데 라 크루스 다음으로 뛰어난 시인으로 간주되고 있다. 분명히 환자로서 자신이 당한 불행한 경험 때문에 리마의 의사들이 그의 지독한 조롱의 주요 대상이 되기는 했지만 리마의 귀부인과 귀족 그리고 다른 사회층 사람들도 그의 공격 대상이 되었다. 『파르나소의 이빨』*Diente del Parnaso*이라는 시집에서 의사들의 형편없는 의료 행위는 환자들에 대한 의사 집단 전체의 치밀한 음모로 제시되고 있는데, 의사들은 여기에서 죽음이라는 사령관의 명령에 복종하는 군대로 묘사된다. 카비에데스는 17세기 페루 의사들을 16세기의 정복자들 혹은 근대 시대 해적들(이들은 점점 식민지에 위협이 되고 있었다)과 동일시하고, 그리하여 "정복자, 의사, 해적들을 아메리카에 죽음과 파괴를 가져다 준 주역으로 동일선상에 놓음으로써" 자신의 역설에 체제부정적 색조를 부여하고 있다. 나아가 대담하게도 죽음이라는 사령관의 명령에 따르고 있는 형편없는 의사 가운데 몇 명의 실명實名을 거론하고 있는데, 그중 한 명이 페루의 프로토메디카토protomedicato, 즉 의사회 회장 프란시스코 베르메호 이 롤단Francisco Bermejo y Roldán이다. 그는 이 직책에 대해 그를 '프로토베르두고'protoverdugo, 즉 '최고의 사형집행인'이라고 부름으로써 조롱하였고, 그가 "면전에서 이루어지는 삽입"injections that were administered in the front을 처방함으로써 여자 환자들을 속여 먹었다고 비난했다.

계급과 카스트의 구조

인디아스에서 옛 원주민 사회의 잔해 위에서 일어난 에스파냐 인들의 사회질서는 이베리아 반도의 귀족적·봉건적 원칙을 토대로 하고 있었다. 인종, 직업, 종교가 각자의 사회적 위치를 결정짓는 공적 기준이었다. 모든 육체노동은 품위 없는 것으로 여겨졌으나, (소매업의 반대 개념으로서) 대규모의 교역은 적어도 인디아스에서는 귀족들도 할 수 있는 일로 여겨졌다. '순수한 피'가 매우 중요하게 여겨졌는데, 이것은 무엇보다도 콘베르소(유대교에서 기독교로 개종한 사람)나 모리스코(이슬람교에서 기독교로 개종한 사람)의 피가 섞이지 않은 '오래된 기독교도'의 자손이어야 한다는 의미였다. 사람들은 그러한 기독교도라는 증거를 어떻게든 확보하려고 했고, 가끔은 그것을 조작해 내기도 했다.

18세기경이면, 다양한 인종과 혼혈을 구분하기 위해 일종의 지위의 계서가 나타났다. 흑인의 피를 조금이라도 가진 사람은 공직에 취임하거나 전문직에 종사할 권리를 법적으로 박탈당했다. 그것은 메스티소 대중도 마찬가지였다. 인디아스의 법이 합법적으로 출생한 메스티소에게 법적으로 완벽한 평등을 약속한 것은 사실이지만 메스티소는 식민 시대가 끝날 때까지도 길드에 들어갈 수도, 학교에 입학할 수도 없었다.

믿을 만한 통계 자료의 부재와 정복 이전 인구에 대한 역사가들 간의 커다란 견해 차이 때문에 1650년경 에스파냐령 아메리카 인구와, 그 인구를 구성하는 각 인종 집단의 상대적 비중에 대한 평가는 추정에 의존할 수밖에 없다. 그러나 적어도 그 해(1650)부터 혹은 그 이전부터 장기간에 걸쳐 계속되어 온 원주민 인구 감소가 중단되고, 더디기는 하지만 회복이 시작된 것으로 보인다. 또한 백인 인구의 증가 속도도 빨랐졌는데, 그러나 가장 빠르게 증가한 인구 집단은 카스타casta들, 즉 혼혈인이었고 그들 중 절대다수는 혼외 관계에서 태어난 사람들이었다.

위에서 본 바와 같이 에스파냐의 법과 여론은 이 모든 인종 집단들을 가치와 특권의 측면에서 유럽 인을 정점으로 하고, 카스타, 원주민, 흑인

순으로 내려가는 계서에 위치시켰다. 이 공식적 서열이 사회의 서로 다른 인종 구성의 개개인의 실제 위치와 반드시 일치하지는 않았다. 그러나 그것은 식민지 지배 집단들에게 그 지배에 대한 이데올로기적 정당화를 제공했다. 그것은 또한 첨예한 갈등사회를 만들어 냈는데, 원주민과 흑인, 카스타와 카스타 간 갈등을 부추겼으며, 늘어나는 가난한 에스파냐 인에게는 다른 모든 인종 집단들에 대한 우월감을 가져다줌으로써 착취당하는 대중들의 통합을 방해하고, 억압적 사회질서가 계속 유지되는 데 기여했다. 다른 곳에서와 마찬가지로 라틴아메리카에서도 '인종'의 개념은 소수 엘리트층의 권력을 합리화하고 유지하기 위해 사회적으로 구성되었다.

지배계층

실제로 인종 간 구분선이 엄격하게 그어진 것은 아니었다. 인디아스에서 흰 피부색은 사회적 우위의 상징이었고, 대체로 이달고 신분(에스파냐의 하급귀족)을 의미했다. 그러나 그것이 화폐적 가치cash value를 갖지는 않았다. 다시 말해 모든 백인이 경제적으로 특권 집단에 속하지는 않았다는 말이다. 식민지의 기록들은 노동을 경멸하고, 자주 원주민들을 착취하는 다수의 '가난한 백인'—부랑자, 거지, 그리고 그보다 더 형편없는 사람들—이 존재했음을 말해 준다. 이런 부류의 에스파냐 인은 가난 때문에 대개는 배우자를 카스타들에게서 구해야 했으며, 그들의 후손들도 대체로 경제적으로나 사회적으로 비천한 지위에 만족해야 했다. 그러나 부유한 에스파냐 인 지주나 상인의 메스티소 아들 혹은 물라토 아들은 만약 부친이 그를 받아들이고, 자신의 법적 상속인으로 인정해 주면 식민지 귀족층에 편입될 수도 있었다. 그러나 원주민 혹은 아프리카 혈통의 흔적이 너무 강하면 부친은 세례 증명서 작성을 책임지고 있는 마을 신부의 양해를 얻어야 하는 경우도 있었다. 부유한 메스티소 혹은 물라토가 왕에게서 자신이 법적으로 백인임을 증명하는 문서를 구입할 수도 있었다. 식민지 귀족의 두드러진 특징은 가문이나 인종적 순수성이 아니라 부富였다. 설사 그렇다고 하더라도 식민지 피라미드의 꼭대기가 압도적으로 백인으로 구성되고 있었다는 사실에는 변함이 없다.

이 백인 지배층 자체는 집단 시기심과 적대감으로 분열되어 있었다. 에스파냐 인들은 모국에 있을 때 가지고 있던 지역적 적대감과 불화——구舊카스티야 출신과 안달루시아 출신 혹은 카스티야 출신과 바스크 출신 간의 갈등——를 신세계로 가지고 왔고, 이 적대감은 인디아스의 혼란스럽고 가열된 분위기에서 자주 다툼 혹은 심지어는 총력전으로 폭발하곤 하였다. 그러나 상류층 내에서 나타난 가장 항구적인 분열은 크리오요라고 하는 식민지에서 태어난 에스파냐 인과 페닌술라르peninsulares(반도인, '가추핀'gachupín 혹은 '차페톤'chapetón 등 경멸적 의미를 가진 별명으로도 불렸다)라고 불린 에스파냐에서 태어난 에스파냐 인 간의 분열이었다. 법적으로는 크리오요와 페닌술라르 간에 차별이 없었다. 오히려 에스파냐의 법은 공직 임명에서 정복자와 초기 정주자의 후손들에게 우선권을 부여해야 한다고 규정하고 있었다. 하지만 실제로는 식민 시기 대부분 동안 고위 성직이나 공직 부임에서 혹은 대규모 상업에 종사하려고 할 때 크리오요들은 여러 가지 차별 대우를 받았다.

크리오요보다 페닌술라르가 고위직에 많이 진출한 데는 여러 가지 이유가 있었는데, 에스파냐 인들이 모든 관직 임명의 원천인 궁정에 더 쉽게 접근할 수 있었다는 점, 국왕들이 크리오요를 신뢰하지 않았다는 점도 그 이유 가운데 하나였다. 16세기 후반경이면 정복자의 아들이나 손자들은 국왕과 그 관리들이 에스파냐에서 온 별 볼일 없는 인물들에 보인 편파적인 태도에 불만을 토로하고 있었다. 크리오요들은 코레히도르직을 비롯한 공직 쟁탈전에서 자주 자신들을 밀어내고 승리를 거두는 이들 풋내기 입국자들을 불만에 찬 눈길로 바라보았다. 프란시스코 데 테라사스Francisco de Terrazas라는 한 멕시코 시인은 크리오요들의 불평을 다음과 같은 시로 표현했다.

> 에스파냐여, 우리에게 당신은 잔혹한 계모였고,
> 낯선 이들에게 당신은 인자한 어머니였네,
> 당신, 그들에게는 소중한 보물을 통째로 내주고,
> 우리에게는 근심과 위험만 나눠준단 말인가.*

결과적으로 식민지 상류층의 분열은 시간이 흐를수록 커져 갔다. 두 집단은 각각 자신들의 입장을 변호하기 위한 논거와 명분을 발전시켰다. 페닌술라르들은 크리오요들이 나태하고 무능하고 경박하다면서 자신들이 누리는 특권적인 지위를 정당화하곤 했는데, 그들은 이런 크리오요들의 특징이 아메리카의 기후를 비롯한 환경적 요인에 기인한다고 주장하곤 했다. 반면에 크리오요들은 유럽 인들이 비열하고 탐욕스러운 졸부들이라며 맞대응했다. 크리오요들이 광산, 플랜테이션, 목장을 통해 점점 더 많은 부를 쌓아 가면서 부당한 차별대우에 대한 그들의 분노는 점점 더 커져 갔다.

---

* Francisco de Terrazas, *Poesías*, ed. Antonio Castro Leal(Mexico, 1941), p. 87. Benjamin Keen, *The Aztec Image in Western Thought*, p. 90에서 인용. Copyright © 1971 by Rutgers University, the State University of New Jersey. Reprinted by permission of Rutgers University Press.

메스티소 : 모호한 지위

메스티소는 정복 초기부터 시작된 인종적 혼혈 과정에서 생겨났다. 에스파냐 여성이 귀하던 정복 초기에 에스파냐의 왕과 교회는 에스파냐 인과 원주민 간의 혼인을 호의적으로 보았다. 그래서 이異인종 간 결혼이 드물지 않았다. 그러나 이런 태도는 얼마 가지 않아 변하게 되는데, 국왕은 국왕 자신의 이유 때문에 체계적인 분리 정책으로 돌아서게 된다. 17세기 1사분기가 끝날 무렵 에스파냐 식민지 법의 권위자 후안 솔로르사노 페레이라Juan Solórzano Pereira는 "지체 높은 에스파냐 인 중 인디오나 흑인 여성과 결혼하려고 하는 사람은 아무도 없다"라고 썼다. 결과적으로 수많은 메스티소가 자신을 '비정상적 결합'의 산물로 생각하게 되었다. 부富로도 만회할 수 없는 서출의 낙인은 대부분의 메스티소들을 사회적 계서의 밑바닥으로 몰고 갔다. 어떤 메스티소들은 생활 방식에서 원주민과 비슷한 날품팔이 일꾼이 되었고, 어떤 이들은 거대한 부랑아 집단의 일원이 되었으며, 또 어떤 이들은 식민지 수비대에서 복무했다. 메스티소들은 또한 란체로ranchero(대지주의 영향권하에 있는 소농)가 되기도 했고, 수공업 노동자, 관리인, 가게 점원 등 중간 계층의 중하층을 구성하기도 했다. 인디오 사회에도 에스파냐 사회에도 뿌리 내리지 못한 채 양쪽 모두의 멸시와 불신의 대상이 되어야 했던 하층의 메스티소들이 폭력적이고 불안정하다는 평판을 듣게 된 것은 결코 놀라운 일이 아니었다.

원주민 : 별개의 민족

메스티소와는 대조적으로 원주민의 지위는 에스파냐의 법과 관행에서 애매모호하지 않았다. 그들은 인디오들의 공화국república de indios이라는 별

개의 민족을 이루고 있었으며, 세습적인 공납 납부자의 신분이기도 했다. 그러나 원주민 지배자와 세습 귀족의 후손들은 부분적으로는 '천부적 영주'señor natural(천부적 혹은 합법적 영주) 개념에 대한 에스파냐 인들의 존중 때문에, 부분적으로는 에스파냐 인 지배자들과 원주민 공납 납부자들의 중재자로서 수행하는 유용한 역할 때문에 특별대우를 받았다. 이들 원주민 귀족들은 세습 재산의 전부 혹은 일부를 계속 보유할 수 있었고, 말 타기, 유럽 인 의상 착용, 무기 소지 등의 특권을 누릴 수 있었다.

원주민 귀족들이 자신들의 동족同族을 괴롭히는 최악의 착취자들 가운데 하나였음을 보여 주는 증거가 많이 남아 있다. 아스테카 시대에 이미 유사 영주제적 질서가 존재했고, 농노와 비슷한 농민이 인구의 대다수를 이루고 있던 멕시코에서 일부 아스테카 영주들은 정복이 가져온 어수선한 상황을 이용하여 마을 공유지를 사유화하고, 소작인에게 과도한 지대를 강요하고, 평민들의 노동을 착취했다. 멕시코와 페루 모두에서 에스파냐 인을 위해 일하는 공납징수인 혹은 노동자 징모인으로서 그들의 갖게 된 새로운 역할은 원주민 엘리트들에게 코레히도르, 엔코멘데로, 사제와 공모하여 수단과 방법을 가리지 않고 평민들을 착취할 수 있는 다양한 기회를 제공했다. 예를 들어 원주민 추장과 코레히도르는 공물 리스트를 조작하여 발생한 이익을 나누어 가졌다. 미타나 레파르티미엔토에 동원되는 노동자 수를 속여 일부 노동자를 자신의 영지에서 일하게 하기도 했다. 전통적인 친족 간 유대, 의식儀式, 상호의존의 유대가 여전히 쿠라카(원주민 추장)들을 아이유(안데스 지역의 친족 집단) 평민들과 강하게 연계시키고 있었던 페루에서는 아마도 대부분의 쿠라카들이 처음에는 노동과 공납 문제에서 새 지배자들의 요구에 따르기, 에스파냐 인들의 지나친 요구에 대항하여 휘하 아이유 평민 보호하기와 자신들의 이익 지키기 간에 균형을 유지하려고 노력했던 것으로 보인다. 그러나 점차 새로운 상업적 환경에 적응하면서 그들 역시 자신들의 이익을 증대시키기 위해 평민들을 착취하기 시작했다.

많은 쿠라카들이 아센다도(아시엔다의 주인)가 되었다. 페루의 역사가 루이스 미요네스는 16세기 말 일부 쿠라카들이 대단히 크고 복잡한 사업을 운영했고, 페루 국내 시장을 위하여 다양한 산물을 생산했으며, 심지어 에스파냐 인을 일꾼으로 고용하기도 했다고 말한다. 아이린 실버블래트는 농업에 종사하는 원주민 여성들이 특히 토지와 물 사용권 상실에 취약했기 때문에 쿠라카의 주요 착취 대상이 되었다고 말한다. 17세기 잉카인 연대기 작가 와만 포마 데 아얄라는 식민 당국과 원주민 엘리트들이 아무리 불쌍한 농민들을 착취했다고 해도 "불쌍한 농민 여성들에 대한 착취보다는 훨씬 덜했다"고 주장한다. 그는 또한 에스파냐 인 관리, 엔코멘데로, 사제들이 그랬듯이, 쿠라카들도 자신들이 지배하는 여성들의 노동력을 불법으로 착취하고 그녀들을 성적 노리개로 삼는 경우가 많았다고 비난한다.

스티브 스턴Steve Stern은 쿠라카와 아이유 평민이 적으로 되는 이런 경향 때문에 "갈등, 강제, 경제력이 좀더 중요하게 되는 더 긴장되고 서로 믿을 수 없는 관계"가 나타나게 되었다고 말한다. 예를 들어 1737년 산 페드로데타크나San Pedro de Tacna 마을 주민들은 자신들의 쿠라카가 공유지를 불법적으로 점유했다며 소송을 제기했다. 그들은 쿠라카가 고추 농장 설립을 용이하게 하려고 자신들을 공유지에서 강제로 쫓아내려 한다고 주장했다. 마을 사람들은 "쿠라카의 주요 목표물은 농민 여성들이었다고 앞다투어 증언했다"고 실버블래트는 쓰고 있다.

적어도 부분적으로는 찰스 깁슨Charles Gibson이 멕시코에 대해서 지적

한 것이 의심의 여지없이 페루에 대해서도 해당된다. 즉 그는 멕시코의 카시케들과 페루의 쿠라카들이 평민들에게 과도한 요구를 하고 공격적인 태도를 갖게 된 것이 원주민 귀족의 땅과 부수입에 대한 에스파냐 인들의 침해에 대해서 갖게 된 "부담감에 대한 반응이자 자신들의 지위와 안전을 확보하려는 노력"이라고 말한 바 있다. 그러나 16세기 말이면 원주민 귀족, 특히 프린시팔principal('하급귀족')들은 급속하게 몰락해 가고 있었으며, 페루보다는 멕시코에서 그 몰락의 속도가 더 빠르고 보편적이었다. 다수의 아스테카 귀족들은 아랫사람의 도망 혹은 과거 예속민이었던 사람들(마예케mayeques 같은)을 자유신분의 공납 납부자로 전환시킨 에스파냐 당국의 입법으로 인해 종자從者들을 잃게 되었다. 멕시코와 페루 모두에서 다수의 프린시팔이 귀족의 지위를 상실하고 공납 납부자 신분으로 전락했다. 원주민 귀족의 몰락을 가져온 이유 가운데 하나가 토지를 에스파냐 인에게 탈취당하는 것이었는데, 이에 대해서 그들은 법에 호소했지만 대개는 거액의 비용만 허비하고 바라는 효과는 얻어 내지 못했다. 또 하나의 원인은 평민들로부터 공납을 징수해야 하는 그들의 책임이었다. 역병이나 그 외의 다른 이유로 공납 납부자 수가 줄어들자 카시케와 쿠라카들은 부족분을 자신이 대납하거나 감옥에 가야 했다. 부족분을 벌충하기 위해 그들은 자신의 토지를 매각 혹은 담보로 잡혀야 하거나 아니면 다른 평민들에게 과도한 공납을 요구함으로써 그들의 분노와 저항을 감수해야 했다.*

그러나 식민 시기 말경이면 철저히 에스파냐화한 카시케 혹은 쿠라카 가문들이 생겨났는데, 이들은 에스파냐 인 엘리트층과 원주민 공동체들 간의 중개자 역할을 수행하면서 지주나 사업가로서 부를 쌓고, 나중에는 거의 완전한 유산 계층의 일원으로 된 가문들이었다. 예를 들어 18세기 말 멕시코 아메카메카Amecameca의 파노우아얀Panohuayan 카시케는 "밀과 마게이(용설란으로 만든 밧줄) 생산으로 연간 수천 페소의 수입을 가져다주는 산안토니오틀락소물코San Antonio Tlaxomulco 아시엔다를 비롯하여 많은 재산을 가지고 있었다". 찰스 깁슨에 따르면,

> 여느 에스파냐 인 아센다도와 마찬가지로 이 카시케도 자신의 땅에서 땔감을 구하고 가축을 방목하는 인디오들에게서 대가를 수취했다. 그의 대저택은 에스파냐산 가구, 은제 식기, 값비싼 태피스트리를 갖추고 있었다. 그는 대포, 소총, 강철 칼, 은제 칼을 갖춘 개인 소장 무기고를 소유하고 있었다. 그의 마굿간과 창고 그리고 다른 소유물들은 부유한 에스파냐 인들의 것들과 비교해 보아도 결코 손색이 없었다.

18세기 페루에서 이 소수의 부자 원주민 혹은 메스티소 귀족층을 대표할 만한 인물이 유명한 쿠라카 호세 가브리엘 콘도르캉키José Gabriel Condorcanqui(일명 투팍 아마루Tupac Amaru)이다. 릴리안 피셔Lillian Fisher에 의하면, 그는,

---

* 그의 공납 징수자로서의 책임이 원주민 총독(indigenous governor)과의 사이에 초래한 갈등의 좋은 예가 로버트 헤스키트(Robert Heskett)의 책 『원주민 지배자들』(*Indigenous Rulers: An Ethnohistory of Town Goovernment in Colonial Cuernavaca*, 1991)에 제시되고 있다. 1694년 쿠에르나바카의 총독 돈 안토니오 데 이노호사는 그 도시에 있는 프란체스코 수도원에서 피신처를 구해야 했는데 그것은 아직 납부되지 않은 그 지역 공납 추정액 약 4,000페소(이 액수는 그 시기로는 엄청나게 큰 돈이었다)를 자신이 납부해야 했기 때문이었다. 자신의 재산이 몰수당해 공매에 붙여지는 것을 막기 위해 돈 안토니오와 그의 가족이 벌인 술책은 결국 실패로 돌아갔다. 그의 세금 빚은 그 재산 매각으로 완전히 청산되지 않았기 때문에 그 이후의 쿠에르나바카 총독들이 그 빚을 물려받았다. 돈 안토니오는 1697년 혹은 1698년 그 수도원에서 죽었다. 그의 말년에 "조상 대대로 공들여 쌓아 올린 재산은 혼인, 유증, 매각, 그리고 아마도 강탈에 의해 파괴되었다"고 헤스키트는 말하고 있다.

검은색 벨벳으로 된 롱코트와 무릎까지 내려오는 반바지, 70 내지 80두로(달러) 정도 나가는 금실이 들어간 조끼, 자수가 들어간 린넨, 실크 스타킹을 착용하였고, 무릎과 신발은 금 버클로 장식했으며, 25두로 정도 나가는 에스파냐제 비버 모자를 쓰고 다니는 등 에스파냐 귀족과 다름없는 생활을 했다. 곱슬곱슬하게 말린 그의 머리는 거의 허리까지 내려왔다.

그의 재산 목록에는 300마리의 노새도 포함되어 있었는데, 그는 이 노새를 수은 등의 상품을 포토시 등에 운반하는 데 사용했다. 그리고 그는 대규모의 카카오 농장도 가지고 있었다.

원주민 지배자들이 누린 특권적 대우와는 대조적으로 대다수 평민들은 공납, 노동, 교회에 바치는 사례금 등 무거운 부담에 시달려야 했다. 선천적으로 열등한 인종이라는 이유로 에스파냐 국가의 영원한 예속민으로 간주되었던 그들은 에스파냐 인의 보호에 대해 공납과 부역 제공으로 그 대가를 치러야 했다. '헨테 신 라손'gente sin razón(이성을 결한 사람들)은 식민 시대 문서에서 원주민을 지칭하는 일반적인 용어였다. 그들의 사법상의 열등성과 피보호민으로서의 지위는 계약을 체결하거나 5페소 이상의 돈을 빌리는 것을 금하는 법으로, 혹은 그들과 다른 인종 집단 간의 접촉을 최소화하려는 노력으로 나타났다(그러나 그 법은 대체로 무시되었다). 원주민에 대한 이런 저런 수많은 제약들은 분명 그들을 보호하려는 의도도 가지고 있었다. 그러나 계몽된 멕시코 주교 마누엘 아바드 이 케이포 Manuel Abad y Queipo는 이른바 이런 보호적 특권이라는 것이 대개는 원주민에게 아무런 이익도 되지 못하고 오히려 큰 해만 끼치는 것이 대부분이었다고 주장했다.

법으로 인디오 마을에 할당된 600로드(면적의 단위로 1로드는 25.3m^{2}이다)의 좁은 공간에 갇혀, 그들은 개인 재산을 가질 수 없고 공유지에서 강제로 일하지 않으면 안 된다. …… 그들은 다른 계급과 어울리는 것이 법적으로 금지되어 있고, 다양한 사람들과의 접촉을 통해 얻을 수 있는 배움과 도움의 기회를 박탈당하고 있다. 그들은 그들의 언어로 인해, 그리고 무용하고 전제적인 정치 형태에 의해 고립되어 있다.

그는 인디오들에게 주어진 허울뿐인 특권이 "백인들이 인디오들에 대해 사용하는 효과적인 무기일 뿐이지, 결코 인디오들을 보호하는 데 도움이 되지 않았다"고 결론지었다.

그러나 원주민 평민들이 모두 다 똑같이 가난하고 착취당하는 대중은 아니었다. 그중에는 새로운 식민지 질서에서 성공적인 삶으로 가는 길을 찾은 사람들도 있었다. 그중에는 숙련 인디오 기술자와 운송업 종사자도 포함되어 있었는데, 당시 이와 관련된 직업은 수요가 매우 컸다. 기술자들은 은세공, 벽돌쌓기, 석재 절단, 목공 등 이른바 '에스파냐 인들의' 직업에 신속히 파고 들어갔다. 16세기 말 "독립적인 인디오 기술자들은 상당히 많은 수입을 올렸다"고 스티브 스턴은 말한다. 석재 절단 기술자는 두 달에 60페소 정도 되는 돌 바퀴 하나를 만들어 낼 수 있었다. '노새몰이꾼들'arrieros은 1년에 약 80페소에서 160페소의 수입을 올릴 수 있었다. 어떤 인디오들은 돈을 모아 토지를 구입한 다음 곡물과 야채 등 농산물을 재배하여 시장에 내다팔기도 했다. 에스파냐 인들의 토지 점유로부터 스스로를 보호하기 위해(원주민들의 공유지는 정기적으로 감사를 받아야 했고, 여기에서 '남아도는' 원주민 토지는 에스파냐 인에게 넘어가는 경우가 많았다) 이 농민들은 에스파냐의 법하에서 법적 몰수로부터 소유권자를 보호해 주는 개별 소유권을 획득하기도 했다(그에 비해 공유지 상태의 토지는 몰수당하는 경우가 많았다). 평민들은 또한 과중한 공물 납부와 레파르티미엔토 의무(이것들은 토지 혹은 다른 사업에 투자하는 데 필요한 돈의 축적을 어렵게 만들었다)로부터 면제될 수 있는 권리를 획득하여 에스파냐 인의 착취에 성공적으로 저항하기도 했다. 이런 의무 면제 계층 가운데는 공적으로 인정된 카시케와 쿠라카들 외에도 독립적인 여성 가장, 기술자, 원주민 카빌도의 관리, 가톨릭 사제의 조수 등이 있었다.

그러나 소수 성공적인 평민 집단의 성취에는 대가가 따랐다. 16세기 말 페루의 상황에 대하여 언급하면서 스티브 스턴은 다음과 같이 말하고 있다.

> 인디오들이 거둔 성공이 내포한 비극은 그것이 역동적이고 강력하고 부유한 인디오 원주민들이 에스파냐 인의 스타일과 관계를 수용하고, 그리하여 (에스파냐 인들의) 식민 지배가 계속 유지되게 만들었다는 데 있다. 원주민들을 착취하기 위해 조직된 사회 안에서 원주민 개개인의 성취는 그 원주민 개개인으로 하여금 에스파냐 인은 우월한 사람으로, 안데스 인은 열등한 사람으로 간주하게 만들었다.

대부분의 원주민은 그 자신들의 마을에서 살았는데, 그 마을들 가운데 일부는 에스파냐 인이 오기 전부터 있었던 것들이고, 나머지는 넓은 지역에 분산되어 있던 주민들을 '레둑시온'reducciones, '콩그레가시온'congregaciones이라 불린 새로운 마을에 정주시키는 과정에서 생겨났다. 이 새 마을들은 에스파냐의 지배와 공납 징수라는 목적에 맞게 이베리아 반도의 도시 모델에 따라 재조직되었고, 에스파냐의 도시 정부 형태를 차용하였다. 누에바에스파냐와 페루의 원주민 지역 정부의 조직은 서로 달랐다. 누에바에스파냐에서는 원주민들의 카빌도(17세기에 이 기구는 점차 세습 원주민 지배자에 의한 정복 이전의 지배 체제로 대체되었다)가 자체의 레히도르(참사회 위원)들, 그리 중요하지 않은 소송 사건을 다루는 알칼데(행정관)들, 그리고 공납을 징수하여 코레히도르나 엔코멘데로에게 전할 책임을 지는 고베르나도르gobernador를 가지고 있었다. 에스파냐의 식민지 법은 이런 직책도 주기적으로 선출하도록 규정하고 있었으나 투표권은 엘리트 남성들로 이루어진 소수 집단에 국한되어 있었고, 후보자들은 대체로 그보다 더 소수인 원주민 세습 귀족 집안에서 나왔다. 그리고 관리 선출은 대개 원로 집단과 의논하고 그들의 조언을 구하는 방식으로 이루어졌으며, 만장일치 합의를 통해 결론에 이르는 것이 보통이었다. 그러나 선출을 둘러싼 갈등이 전혀 없지는 않았으며, 일반적으로 그 갈등은 엘리트 층 내의 파당적 분열을 반영하였다. 여성은 선거권도 관직 보유권도 갖지 못했지만 이런 분쟁에서 가끔 적극적인 역할을 수행하기도 했는데, 호세파 마리아 프란시스카Josefa María Francisca의 경우를 통해 그것을 알 수 있다. 그녀는 1720년대에 테포스틀란Tepoztlán이라는 멕시코 마을의 한 파당의 리더였다. 테포스틀란 원주민들을 두렵기 그지없는 광산 레파르티미엔토에서 제외시키려는 끈질긴 노력에서 주요 소송 당사자로 이미 유명세를 얻은 바 있었던 호세파는 "'끝없는 소송'에서 자기편으로 만들기 위해 공공연하게 사람들을 선동하는 위험한 사례"를 만든다는 이유로 라이벌 파당에 의해 고발을 당했다.

페루에서 부왕 프란시스코 데 톨레도는 두 수준의 권위를 가진 지역 정부 구조를 강요했다. 여기에서 원주민 카빌도의 핵심 인물은 알칼데 혹은 마요르(가구 수의 다소에 따라 한 마을 공동체에 한 명 혹은 두 명의 알칼데가 있었다)였는데, 그는 한두 명의 레히도르와 그 외 다른 관리들의 도움을 받으면서 행정 일반을 책임졌다. 이 모든 직책은 매년 선거를 통해 교체되고, 중임은 허용되지 않았다. 이 관리들은 에스파냐 국가의 앞잡이로 간주되었기 때문에 지역 공동체의 존경을 받지 못했다. 캐런 스팰딩은 "에스파냐 인에 의해 강요된 새로운 권력 구조는 나이와 세습적 지위에 기반을 둔 안데스 지역의 전통적 계서제와 상충했다"고 말하고 있다. 톨레도가 안데스의 전통적인 엘리트층, 즉 쿠라카들을 신뢰하지는 않았지만 그들 없이는 일이 제대로 돌아가지 않았다. 그는 결국 지역 귀족으로서의 그들의 지위를 인정해야 했으며, 그 지역 공동체가 부담하는 공납과 부역에서 나온 급료로 유지되었다. 쿠라카들은 새로운 관료 체계에서 중요한 지위를 차지했으며, 대개는 무소불위의 힘을 가진 에스파냐 인 코레히도르, 사제, 엔코멘데로들의 협력자 혹은 대리인으로 활약했다. 그러나 이들은 미타라든지 공납 같은 마을 공동체의 의무에 대해 개인적인 책임을 져야 했기 때문에 때에 따라서는 자신의 토지를 매각하지 않으면 안 되거나 재산을 코레히도르에게 몰수당할 수도 있었다.

인디오들의 마을은 대개 하나 혹은 그 이상의 친족 집단(이 친족 집단을 멕시코에서는 칼푸이calpulli, 안데스 지역에서는 아이유라고 불렀다)으로 구성되어 있었고, 각 친족 집단은 세습적인 원로 집단을 두고 있었으며, 이 원로들이 친족 집단 간 분쟁에서 공동체를 대변하고, 혼인 문제의 중재자가 되고, 집단 구성원들에 대한 토지 분배를 관장하는 등 공동체와 관련된 여러 가지 일을 맡아보았다. 인디오 평민들이 얼마간 에스파냐화되어 가는 현상도 나타났는데, 이는 무엇보다도 종교 면에서 두드러졌지만 다양한 도구의 사용, 의상, 음식 등에서도 나타났다. 그러나 에스파냐 인들이 두 집단(에스파냐 인과 원주민) 사이에 세운 장벽과 서로에 대한 완강한 적대감은 둘 간의 철저한 문화변용을 방해했다. 원주민 공동체들은 에스파냐 인들이 저지르는 공격과 불의에 대항하여 땅뿐만 아니라 자신들의 문화적 정체성, 말, 사회 조직, 전통적인 춤과 노래를 수호하기 위하여 끈질기게 투쟁했다. 집단적 정체성 수호를 위해 친족 집단 다음으로 중요한 기구가 코프라디아cofradía(종교적 신도회)였는데, 이 기구의 구성원들은 특정한 종교 예식의 유지를 책임졌다.

정복과 그 영향은 원주민 사회에 막대한 물질적 손실을 끼쳤을 뿐 아니라 정신적으로도 심각한 손상을 가져다주었다. 당시 에스파냐 인들의 글에는 정복 이전의 엄격한 규율, 강력한 가족 간 유대, 높은 도덕 수준의 상실에 대해 원주민 원로들이 토로하는 탄식에 대한 언급이 자주 나타난다. 에스파냐 인 판사 소리타Zorita는 "에스파냐 인들이 멕시코에 온 후로 모든 것이 엉망이 되어 버렸다. …… 프린시팔(원주민 유지)들이 죄인을 징벌할 권한을 상실한 관계로 거짓말쟁이, 위증자, 간통자가 죄를 짓고도 버젓이 거리를 활보한다. 인디오들 가운데 거짓말, 무질서, 부정한 여인이 이처럼 많이 생겨난 것은 바로 이 때문이다"라는 한 인디오 원로의 말을 언급하면서 그 말을 인정하는 투로 인용했다.

흑인, 물라토, 삼보 : 최하층

흑인, 물라토, 삼보Zambo(원주민과 흑인의 혼혈)는 식민지 사회 계급 구조의 맨 밑바닥을 차지했다. 16세기 말경이면 약 7만 5천 명의 아프리카 인 노예가 아시엔토 제도를 통해 에스파냐 식민지로 유입되어 있었다. 악명 높은 중간 항해Middle Passage(노예로 잡힌 아프리카 인들이 대서양을 건너는 항해)는 공포의 대상이었다. 노예 개종의 임무를 맡고 있었으며, 그에 관해

책을 쓰기도 한 예수회 소속 알론소 데 산도발Alonso de Sandoval은 누에바그라나다의 카르타헤나 항에 노예선이 도착하던 장면에 대해 다음과 같은 끔찍한 묘사를 남겼다.

> …… 그들은 해골 같은 모습으로 항구에 도착한다. 그리고는 완전히 발가벗은 상태로 해안으로 끌려와 큰 안마당이나 울타리 안에 갇힌다. …… 그 어떤 도움이나 보살핌도 받지 못하고 벌거벗은 채 쉴 곳도 없이 땅바닥에 누워 있는 수많은 병자들과 불쌍한 사람들을 지켜보는 것은 너무나 애처로운 일이 아닐 수 없다. …… 한 번은 그들 가운데 두 사람이 이미 시체가 되어 마치 짐승과 같은 모습으로 땅에 누워 있었는데, 입은 벌어져 있어 파리가 들끓고 있었고, 그들의 팔은 마치 십자가 모양으로 겹쳐져 있는 것을 본 적이 있다. …… 나는 너무나도 비인간적인 대우 때문에 죽어 있는 그들을 보고 깊은 충격을 받았다.

18세기 말까지 약 950만 명의 노예가 아메리카에 끌려왔다. 그들은 특히 플랜테이션 경제가 지배적이었던 브라질과 카리브 해안에 집중되어 있었다. 역사가들은 라틴아메리카의 노예제가 다른 지역과 비교하여 온건했는지 참혹했는지를 두고 열띤 논쟁을 펼쳐 왔다. 대체로 최근의 연구는 경제활동의 속도가 노예 착취의 강도와 플랜테이션 규율의 냉혹성을 결정짓는 가장 중요한 요인이었다는 주장을 뒷받침하고 있다. 영국, 독일, 프랑스의 식민지보다 에스파냐의 식민지에서 노예해방이 더 자주 나타난 것은 분명하지만 그것은 아마도 문화적 전통 때문이라기보다는 특정 상황에서 노예제의 수익성이 감소한 데 따른 것으로 보인다. 이유야 어떻든 식민 시대 말경이면 노예는 완전한 흑인과 물라토로만 구성된 소수 집단을 형성하고 있었다. 그들에 대한 처우가 어떠했든 간에 그들은 늘 자유에 대한 열망을 가슴에 품고 있었다. 노예 반란의 공포는 에스파냐 인 지배층을 불안하게 만들었고, 노예의 도망도 드물지 않았다. 그중 일부는 멀리 떨어진 산 속 혹은 정글로 도망쳐 독립적인 공동체를 이루었으며, 자신들을 붙잡아 징벌하기 위해 쫓아온 에스파냐 원정대를 성공적으로 물리치기도 했다.

잦은 반란과 도망, 그리고 그 외 여러 형태의 저항으로 표출된 자유에 대한 흑인 노예들의 강한 집착은 라틴아메리카의 흑인 노예제가 상대적으로 온건했는가 잔인했는가를 둘러싼 논쟁이 '가장 온건한' 노예제라 하더라도 비인간적일 수밖에 없다는 대명제를 도외시한 것임을 말해 준다. 폭력적인 방식으로 강제로 아프리카에서 끌려와, 자신의 친족 집단으로부터 절연된 이 뿌리 뽑힌 아프리카 인들은 이제 새로운 환경에서 비참한 문화 말살에 직면해야 했다. 노예 소유주들은 안전상의 이유로 인종이 다르고, 언어와 종교가 다른 노예들을 구입하는 경향이 있었고, 그들 간에 인종적 불화를 일부러 조장하곤 했다. 대농장주들의 경제적 이해관계 때문에 수입된 노예 가운데 대부분은 15세에서 20세 사이의 젊은이였다. 이 역시 문화 말살 과정에 기여했는데, 그것은 아프리카 사회에서 인종적 전승과 전통의 담지자인 나이 든 흑인이 아메리카로 끌려오는 비율이 극히 낮았기 때문이다.

여성의 희소성(1746년부터 1822년 사이 쿠바의 플랜테이션에서 여성 노예인구의 비율은 9%에서 15% 사이였다)은 노예들의 삶을 왜곡시키고, 고도의 성적 억압과 가족 불안정의 분위기를 만들어 냈다. 교회가 노예도 정식으로 기독교식 혼인을 할 수 있다고 말하고 혼인의 존엄성을 주장했을지는 모르나 에스파냐의 식민지에서는 19세기에 이르러서야 비로소 남편과 아내 그리고 그 아이들을 따로 매각하는 것이 금지되었다. 노예 주인이 남성 노예의 가족을 매각하거나 죽일 수도 있는 권리, 그리고 여성 노예를 마음대로 성적으로 착취할 수 있었던 점은 노예의 정상적인 가족생활을 불가능하게는 아니라 하더라도 극도로 어렵게 만들었다. 사회라기보다 감옥을 닮은 노예 플랜테이션의 세계는 독립 이후 라틴아메리카에 인종주의, 차별, 후진성이라는 쓰라린 유산을 남겼고, 대부분의 라틴아메리카 국가들에서 이 문제는 아직도 완전히 해결되지 않은 상태로 남아 있다.

가혹한 처우, 열악한 생활조건, 노예 인구 중 여성이 차지하는 낮은 비율 때문에 흑인 노예의 재생산률은 매우 낮았다. 반면에 백인 주인과 여성 노예 간의 혼외 관계로 태어난 물라토 인구는 꾸준히 증가했다. 자유로운 신분의 흑인과 물라토들은 농업 혹은 각종 수공업 기술자로 식민지 경제에 중요한 기여를 제공했다. 에스파냐의 법은 자유신분의 흑인과 물라토들에게도 공납을 부담하게 했다.

도시와 아시엔다에서의 삶

에스파냐 식민지의 사회생활은 원주민들의 공동체 외에도 두 개의 주요 중심지를 가지고 있었으니, 식민지 도시와 아시엔다, 즉 대농장이 그것이었다. 식민지 도시들은 대체로 유럽 도시들처럼 상업이나 산업의 중심지로 자연발생적으로 발달한 것이 아니라, 에스파냐 인의 정주 혹은 주변 지역 통치라는 목적을 위해 일정한 계획에 의해 생겨나고 발달했다. 가끔은 도시들이 멕시코시티의 경우처럼 옛 수도의 잔해 위에 세워지기도 했으나 리마의 경우처럼 전략적인 이유 혹은 다른 이점 때문에 선정된 지점에 세워진 경우가 더 많았다. 에스파냐 도시의 무질서한 모습과는 대조적으로 식민지 도시는 전형적으로 격자형 설계를 따랐으며, 도시 중앙에 큰 광장을 두고 그 주변에 대성당과 총독 관저, 그리고 공공건물들을 배치했다. 이 중앙 광장으로부터 길고 넓고 곧은 길들이 뻗어 나와 서로 교차하면서 똑같은 모양의 4각형 구역들을 만들었다. 이런 규칙성에 대한 집착은 르네상스 시대의 신고전주의 건축 양식과, 규제에 대한 국왕의 관심을 반영했다. 식민지 도시의 잘 계획된 도심과는 대조적으로 변두리는 무질서하게 배열된 원주민 바리오barrios(슬럼 지역)들로 이루어져 있었는데, 이곳은 다수 원주민과 메스티소 인구가 거주하는 슬럼 지역으로서, 에스파냐 인들의 도시에 값싼 노동력을 제공하는가 하면, 기근 등 어려운 문제가 발생했을 때는 도시를 뒤흔드는 반란의 발화점이 되기도 했다.

주변의 광산, 플랜테이션, 대목장에서 생산되는 부의 대부분은 대도시로 유입되었다. 이런 도시들에서는 식민지의 부유한 광산주와 지주들이 그 규모와 도심에의 접근성이 그 소유자의 상대적 부와 사회적 지위를 반영하는 저택들에 거주했다. 그들은 웅장한 저택, 화려한 가구, 의상, 마차 등으로, 그리고 수많은 하인과 노예를 통해 자신의 부를 과시했다. 16세기 말경이면 멕시코시티는 이미 아름다운 여성·말·거리, 진귀한 물건으로 넘쳐나는 상점들, 돈을 펑펑 쓰고 도박을 즐기며 관대하기 그지없는 귀족들로 명성이 자자했다. 시인 베르나르도 데 발부에나는 '멕시코시티의 장려함'La Grandeza Mexicana에 바치는 장문의 시에서 다음과 같이 적고 있다.

> 모든 것을 아낌없이 주네
> 얼마나 비싼지 상관하지 않고
> 진주를, 금을, 은을, 그리고 비단을.

17세기 말경 멕시코시티 인구는 20만에 달했을 것으로 추산된다.

Museo America, Madrid. Primeros mulatos de Esmeraldas by Adrian Sanchez Galque

원주민 출신 미술가 안드레스 산체스 갈케(Andrés Sánchez Gallque)가 그린 16세기의 초상화로, 1597년 에스파냐 군에 항복한 에콰도르 지역의 흑인 지배자 돈 프란시스코 데 아로베(Don Francisco de Arobe)의 모습을 그리고 있다. 그러나 그로부터 10년이 채 지나지 않아 지역 봉기들이 일어나 계속해서 에스파냐의 지배에 도전하게 된다.

1534년에 페루 부왕령의 자랑스러운 수도로 건설된 리마와, 전설적인 부를 자랑한 페루의 광산도시 포토시는 아메리카 식민지의 또 다른 두 거대 도시였다. 이미 그 부가 기울기 시작하고 있던 1650년경에도 포토시는 인구 16만 명의 남아메리카 최대 도시였다.

18세기 들어 정부와 통치 방식의 변화로 정치적 안정이 훨씬 강화되었는데, 그것은 이전의 식민지 도시들에 폭력이 만연하던 것과는 좋은 대조를 이루었다. 에스파냐 인 당파들 간의 결투, 암살, 심지어 전쟁은 공적인 기록이나 사적인 일기에서 자주 언급되는 사건이었다. 때로는 원주민 혹은 혼혈인 구역에 사는 대중의 비참한 삶이 가공할 폭동으로 폭발하기도 했다. 1624년 멕시코시티에서는 기근과, 인심을 잃은 부왕에 대해 대주교가 내린 파문령에 자극을 받은 군중들이 “폭정에는 죽음을”, “교회 만세” 등의 구호를 외치면서 폭동을 일으켰다. 그들의 분노는 광범위한 파괴와 약탈로 표출되었다. 1692년에도 그와 유사한 상황이 더 큰 폭동을 일으켰는데, 이 폭동으로 많은 사람이 죽거나 다치고, 가게가 약탈당하였으며, 부왕 저택과 다른 공공건물들이 완전히 파괴되었다.

아시엔다는 식민지 사회생활의 또 다른 주요 구심점이었다. 식민지 아시엔다의 규모, 잠재적 생산력, 노동 체계, 그 외 다른 측면들은 매우 다양했다. 변화하는 경제적 추세는 이 사업체들의 규모, 생산물, 소유권 등에 잦은 변화를 초래하였고, 큰 아시엔다가 여러 개의 작은 아시엔다로 쪼개지는가 하면 그 반대 경우도 나타났다. 식민 시대 발전 과정의 전체적 흐름은 아시엔다 소유권이 소지주들의 희생 위에서 몇몇 소수의 수중에 집중되어 가는 것이었다. 그러나 식민지 아시엔다의 '다형多形적' 성격 때문에 아시엔다 내 사회적 삶에 대한 아래의 기술記述은 모든 지역의 아시엔다가 아니라 멕시코와 페루의 몇몇 지역에서 나타난 '전통적인' 아시엔다의 특징으로 이해되어야 할 것이다.

아시엔다에는 도심에 저택을 보유할 능력이 안 되거나 도시에서 멀리 떨어져 있는 지방 혹은 변경 지역에 영지를 가진 크리오요 귀족이 살았다. 17세기 말경이면 많은 지역의 아시엔다가 대체로 자급자족적인 경제 단위가 되었는데, 그것은 경작지, 양떼와 소떼를 위한 목초지, 화목과 건축용 목재를 구할 수 있는 삼림, 그리고 가끔은 매뉴팩처와 아시엔다에서 사용하는 도구를 수선하는 작업장까지 갖추고 있었다. 아시엔다는 또한 보통 상주常駐 사제가 봉직하는 교회, 노동자들이 임금을 받으면 갚기로 하고 외상으로 물건을 구입하는 가게, 심지어는 반항적인 일꾼을 가두는 감옥까지 가진 자급자족적 사회 단위였다. 넓고 사치스런 설비를 갖춘 아센다도의 저택에는 대개 그의 직계 가족뿐만 아니라 그의 보호와 지원을 받으면서 살아가는 다수의 친척들도 함께 거주했다.

아시엔다는 대개 하나 혹은 그 이상의 원주민 촌락을 포함하고 있었는데, 거기 사는 주민들은 한 때는 그 땅을 소유했었으나 이제는 사실상의 농노로 전락한 사람들이었다. 그들은 벽돌이나 볏짚으로 지어진 단칸 방 움막집에 살았으며, 가구라고는 대개 취침용 매트와 옥수수 제분용 맷돌(누에바에스파냐에서는 이것을 메타테metate라고 불렀다)이 전부였다. 폭력적 봉기에서 장기간의 소송에 이르는 갖가지 전략으로 지주들의 공격에 부단히 저항한 독립적인 원주민 공동체와는 달리 아시엔다의 상주 일꾼들(페온)은 대개 주인에 대해 이미 체념적 굴종이라는 나름의 적응 방법을 터득하고 있었다. 아시엔다는 그것이 가진 독특한 경제적·사회적 구조로 식민지 사회가 가진 봉건적인 측면을 가장 잘 표현해 주었다.

결혼, 성, 여성의 지위

엘리트 사회 내 부부관계와 가족관계는 대체로 남성의 지배로 특징지어지고 있었는데, 그것을 잘 보여 주는 것이 딸의 배우자를 아버지가 결정하는 관행, 아내와 딸들에게는 엄격한 순결과 정절을 요구하는 반면 남편과 아들들은 그 같은 제약에 구속되지 않는 이중적 기준의 성 도덕 등이다. 공중도덕의 수호자를 자처한 교회와, 혼인의 정치적·경제적 효과에 관심을 가진 국가, 둘 모두는 이 문제를 감독하고 통제하려고 했다. 16세기와 17세기 동안 교회는 혼인 문제에 대해 부모의 발언권을 인정하기는 하되 배우자를 결정할 권리는 당사자인 자녀들에게 있다는 입장을 지지하는 경향이 있었다. 그러나 18세기 후반 들어 대규모 재산에 대한 이권의 중요성과 영향력이 증대되자 국가와 교회는 점차 '어울리지 않는' 두 사람의 혼인은 가문의 '명예'를 훼손한다며 반대하는 부모들의 입장을 지지하는 쪽으로 돌아섰다.

이 문제에 대한 1778년 왕의 칙령은 단지 한 종류의 '어울리지 않음', 즉 다른 인종 간의 결합에만 부모의 반대권을 인정했지만, 이 칙령에 대해 식민지 고등법원이 내리고 있는 해석을 보면 그들이 부유한 물라토 가문을 부유한 에스파냐 인 가문과 동일한 것으로 간주했음을 알 수 있다. "물라토 혹은 물라토의 자식들은 그들이 가난할 때만 에스파냐 인과 결혼하는 것이 금지되었다. 혼인을 결정함에 있어서 전반적인 추세는 인종의 다름 하나만이 아니라 그와 결부된 경제적 차이가 실질적인 사회적 차이를 구성한다는 것이다"라고 파트리시아 시드Patricia Seed는 썼다. 이러한 '어울리지 않음'의 문제는 물론 거의 틀림없이 관련된 귀족 가문의 재산을 지키고 불리는 데에 관심을 가지고 혼인 상대가 결정되는 최고 엘리트 계층에서는 거의 일어나지 않았다.

같은 시기에 '성적 명예'에 대한 개념에도 얼마간의 변화가 나타났다. 전에는 젊은 처자가 혼전 성관계로 '명예'를 상실하고 혼인 혹은 다른 보상을 통해 그 명예를 되돌려 받기 위해 소송을 제기하면 교회는 상대방 남자의 책임을 인정하고 그에게 그 여성과 혼인하거나 아니면 다른 방법으로라도 보상하라고 요구하는 경향이 있었다. 그러나 18세기 중엽이 되면 귀족 부모들은 자주 처녀의 성행위가 그녀(상대방 남자는 아니다) 자신을 '어울리지 않게 했고' 따라서 혼인을 할 수 없게 하는 장애물이 생겼다고 주장했다. 파트리시아 시드는 "젠더와 관련된 명예에 대한 이런 새로운 개념은 젊은 남성은 자신의 평판이나 부부 관계에 해를 입히지 않고도 젊은 처자의 명예를 취할 수 있게 만든 반면, 여성은 똑같은 행위를 했다는 이유로 단죄 대상이 되는 정교한 이중적인 기준을 만들어 냈다"고 주장한다.

히스패닉 세계의 명예에 관한 법령이 혼전 순결과 부부 간 정절을 매우 강조하고 있었음에도 불구하고 엘리트층을 포함하여 식민지의 많은 여성들이 전통적인 도덕률과 교회법을 무시하고 혼전 성관계와 혼외정사에 참여했다. 약혼한 커플의 성관계는 흔한 것이었다. 혼외관계로 임신한 엘리트층 여성은 자신의 경솔한 행동을 은폐하고 그로 인해 태어난 아이들을 합법화할 수 있는 다양한 수단을 알고 있었다. 그에 비해 똑같은 실수를 범한 다수의 하층 여성은 '잃어버린' 명예를 회복할 수단도, 그리고 아마도 의지도 갖고 있지 않았다. 17세기와 18세기에 식민지 도시들에서 서출庶出의 수는 상당히 증가했던 것으로 추정된다. 서출은 명예의 실추를 의미했고, 공직에 취임하거나 교회 혹은 군대 고위직에 진출하는 데 장애물이 될 수 있었다. 그러나 부유한 친척의 보호 혹은 높은 학벌은 서출의 오명을 완화하거나 제거해 줄 수 있었다. 연대기 작가 가르실라소 데 라 베가(1539~1616)는 자신이 귀족 정복자의 서자임을 자랑스럽게 여겼고, 소르 후아나 이네스 데 라 크루스(1651~1695)도 자신의 서출 신분이 빛나는 문학적 성취를 이루는 데 장애가 되었다고 생각하지 않았다.

성적 명예에 대해 규정한 공적 법령과 식민지인들의 실제 성 생활 간의 대조는 베네수엘라 같은 플랜테이션 지역에서 특히 충격적이었는데, 이들 지역에서는 대규모 노예제의 존재와 대지주들이 행사하는 엄청난 권력이 그런 행동에 대한 법과 관습의 제약을 느슨하게 만드는 경향이 있었다. 1770년에 베네수엘라의 주교 마르티Martí는 자신의 교구를 방문하여 교구민들의 도덕적 건강 상태를 알아보기 위해, 도시 주민들을 초청하여 그들 자신들 혹은 이웃들의 죄를 비밀리에 고백하게 했다. 이 보고에 대한 마르티의 상세한 기록, 그리고 그 자신의 조사와 판단은 당시 그 지역 사람들의 성 윤리가 얼마나 자유분방했는지를 말해 준다. 캐시 월드론Kathy Waldron은 "천 5백 명 이상이 고발되었는데, 대개는 성적인 비행 때문이었다"라고 쓰고 있다. "그 지역 성직자 중 거의 10퍼센트 이상이 고발을 당했고, 그중에는 심지어 마라카이보Maracaibo의 총독도 포함되어 있었다. 고발된 죄목은 간통, 혼전성관계, 축첩蓄妾, 근친상간, 강간, 중혼, 매춘, 호색, 동성애, 수간, 낙태, 영아살해 등이었다."

식민지 여성이 남성에게 경제적·사회적·물리적으로 종속되어 있었다는 것은 분명한 사실이다. 당시 교회의 교리조차도 반항적이거나 잘못을 저지른 아내를 남편이 과하지 않은 범위 내에서 구타할 수 있다고 인정할 정도였다. 그러나 남성의 지배권은 에스파냐계 사회의 재산법에 의해 얼마간 제한되었는데, 그것은 후손에게 재산의 평등한 분배를 규정하고 있었고, 여성은 혼인 중 혹은 그 후에도 자신이 가지고 온 지참금과 상속 재산을 관리할 권리를 가졌다. 식민지 여성 가운데는 남편과 별개로 사업체를 운영하는 사람도 있었으며, 여성이 남편의 유산 집행인이 되거나 남편의 사후 남편의 사업체를 맡아 경영하는 경우도 드물지 않았다. 이 분야의 전문가인 아순시온 라브린Asunción Lavrín과 에디스 커투리어Edith Courturier는 식민지 여성들이 생각보다 많은 경제적 자유를 누리고 있었으며, "억압이 있었던 것은 분명하지만 그것이 전부는 아니었고, 그 억압이 여성이 가진 표현력을 완전히 손상시키지도 않았다"고 결론지었다.

수녀원에서의 생활은 엘리트층 혹은 중산층 여성이 자신을 표현할 수 있는 특별히 중요한 수단을, 그리고 남성의 지배와 성적 착취로부터의 해방을 가져다주었다. 엘리트 집안의 딸들 가운데 한두 명이 수녀원에 들어가는 것은 일반적인 현상이었다. 17세기 리마에는 13개의 수녀원이 있었고, 이 도시의 여성 가운데 20% 이상이 수녀원에 수용되어 있었다.* 수녀원은 여성들에게 행정, 재산 운영(다른 교회기구들과 마찬가지로 수녀원도 소유 재산을 도시나 농촌 재산에 대한 대부에 투자하고 있었다), 그리고 가끔은 정치적 활동(수녀원이 정권 장악을 위한 당파 싸움의 무대가 되기도 했다)에서 능력을 발휘할 기회를 제공하는 자치기구였다. 위대한 여류 시인 소르 후아나 이네스 데 라 크루스에 관한 전기에서 옥타비오 파스Octavio Paz는 "수녀원에서는 반란, 다툼, 음모, 제휴, 정치적 보복이 나타나곤 했다"고 말했다. 수녀들은 자주 수녀원장의 권력 남용에 대해 상급기관에 불만을 토로했고, 폭력적 충돌도 드물지 않았다. 수녀원은 또한 분주한 사회생활의 무대였다. 수녀들은 외부인 앞에서 얼굴을 보여서는 안 된다는 규칙이 있었지만 자주 베일을 벗은 채 방문객을 맞았고, 칸막이로 방문객과 분리되어야 한다는 규칙도 그리 엄격하게 준수되지 않았다. "이 수녀원들은 과자 제조기술에서도 더할 나위 없이

이사벨 플로레스 데 올리바(Isabel Flores de Oliva; 후에 산타 로사 데 리마Santa Rosa de Lima로 불렸으며 아메리카 최초로 성녀가 되었다) 같이 재능 있는 소녀들은 수녀원에서 미적(美的) 혹은 지적 독립을 추구했다.

* 식민지 관찰자들이 자주 언급하고 있는 결혼 지참금으로 들어가는 많은 비용이 계속해서 중산층과 엘리트층 여성들을 수녀원에 들어가게 만들었던 것으로 보인다. 부에노스아이레스의 카빌도(시 참사회)는 수녀원 설립을 요청하며 왕에게 보낸 편지에서 "남부끄럽지 않을 정도로 해서 딸 하나 시집을 보내려면 딸 둘을 수녀원에 보내는 것보다 더 많은 돈이 든다"고 언급했다.

뛰어난 기술을 가지고 있었지만, 그녀들 자신들과 수녀원 내 동료들을 괴롭히는 기술에서도 그에 못지않은 탁월한 면모를 보여 주었다"고 파스는 쓰고 있다. 파스는 17세기 유럽의 합리주의 사상에 익숙해 있던 빛나는 지성의 소유자 소르 후아나가 채찍질과 신비주의가 난무하는 그와 같은 환경 속에서도 자신의 이성을 잃지 않은 것에 대해 놀라움을 표하고 있다. 푸에블라의 주교에게 보낸 자서전적 서신에서 소르 후아나는 수녀원에서의 생활이 "내 기질에는 가장 혐오스러운 의무를 나에게 강요했다"고 고백했고, "내 책들의 평온한 정적"을 방해하는 "수녀원의 야단법석"에 대해서도 언급했다. 어떤 식으로든 그녀는 자신의 지성과, 자기 성격과 너무나 맞지 않은 환경 간에 얼마간의 거리를 유지했던 것으로 보인다. 그렇지만 가끔은 스트레스 때문에 자제심이 갑자기 무너지는 경우도 없지 않았다. 파스는 대주교에게 소르 후아나의 오만함에 대해 불평을 토로하고, 소르 후아나가 무례하게 "원장 수녀님, 조용히 좀 하세요. 멍청한 여자 같으니라구"라고 말했다고 비난하는 원장 수녀의 이야기를 전하고 있다. 소르 후아나의 친구였던 그 대주교는 그 원장 수녀가 보낸 편지의 여백에 "그 반대의 경우도 찾아보세요. 그러면 제가 판단을 내리겠습니다"라고 썼다.

이런 결점에도 불구하고 수녀원은 소르 후아나 같은 젊은 여성에게는 하늘이 내려준 기회였다. 소르 후아나의 집안은 평범했고, 그녀는 별다른 종교적 소명감도 갖고 있지 않았다. 그녀의 뛰어난 지성은 그녀와 어울리는 결혼 상대를 발견하기 어렵게 만들었고, 어쨌거나 그녀는 그런 남자의 마음을 움직일 만한 결혼 지참금을 마련할 수도 없었다. 그러나 수녀원은 그녀에게 성적 착취의 굴레에서 벗어나 자신의 엄청난 재능을 계발할 기회를 제공해 주었다. 루이스 마르틴Luis Martín은 식민 시대 페루의 에스파냐계 여성들에 관한 연구에서 페루의 수녀원을 "여성들의 성채이고 여성들의 진정한 섬이며 …… 여성들이 돈 후안주의를 신봉하고 영혼을 좀먹는 비인도적인 세력으로부터 스스로를 지킬 수 있는 곳"이라고 기술하였다. 그러나 여기에서 우리가 유념해야 할 점은 마르틴의 책에서 다루고 있는 주제들이 대개는 주변의 노예와 하인들을 자주 조롱하고 학대했던 상층 에스파냐계 여성에 관한 것이라는 점이다.

에스파냐령 아메리카 식민지의 원주민 여성의 삶에 대해서도 전보다는 많은 점들이 밝혀지고 있는 중이다. 최근의 증거들은 에스파냐 인의 가부장적 사회관계에 의한 부정적인 영향에도 불구하고 원주민 여성들이 수동적인 피해자만은 아니었음을 말해 준다. 그녀들은 상품의 생산자 혹은 교역자로서 상당히 중요한 경제적 입지를 구축하고 있었고, 자신들의 명의로 재산을 소유했으며, 친척 동원에서부터 마법 행위에 이르는 다양한 전략을 통해 남성들의 권력 남용에 대항하고 소송을 제기하였으며, 자신들의 공동체를 위협하는 에스파냐 인들의 조치에 맞서기 위해 조직된 단체에서도 주도적 역할을 수행했다. 윌리엄 테일러William Taylor는 식민지 멕시코에서 일어난 142차례의 봉기에 관한 연구에서, 그 봉기들에서 여성들의 역할이 매우 두드러졌다고 말한다. "검토한 사건들 가운데 적어도 4분의 1에서 여성들은 매우 공격적이고, 모욕적이고, 반항적이었다"고 그는 쓰고 있다.

6장 _ 식민 시대의 브라질

에스파냐-포르투갈의 토르데시야스 조약(1494)으로 두 나라의 해외 영토를 가르는 구분선이 카보베르데 제도에서 서쪽으로 370레구아 지점으로 정해지고, 남아메리카 해안의 상당 부분을 포르투갈 인들이 탐험하고 정주할 수 있는 지역으로 할당할 때만 해도 유럽에서 브라질의 존재는 아직 알려져 있지 않았다. 1500년 페드루 알바레스 카브랄이 대규모 함대를 이끌고 바스코 다 가마가 개척한 인도 항로를 따라 포르투갈을 출발했다. 일설에 의하면, 그는 폭풍에 밀려 원래 자신이 가려고 했던 것보다 더 서쪽으로 가게 되어 4월 22일 브라질 해안에 상륙했다고 한다. 그러나 일부 역사가들은 그가 서쪽에 거대한 땅덩어리가 있다는 사실을 보고를 통해

이 장의 핵심 문제

- 포르투갈 식민 체계의 주요 특징은 무엇이고, 에스파냐의 식민 체계와는 어떻게 달랐는가?
- 대서양 횡단 시장, 외국과의 경쟁, 원주민에 대한 포르투갈의 정책이 파젠다(fazenda, 대농장)의 경제적·사회적 조직에 미친 영향은 무엇인가?
- 식민지 브라질의 경제적·사회적 삶에서 흑인 노예가 수행했던 역할은 어떤 것이었는가?
- 파젠데이루(파젠다의 주인), 식민지 고위 관리, 고위 성직자, 부유한 상인 간의 관계는 어떠했는가?

이미 알고 있었으며, 그것을 확인하기 위해서 일부러 항로를 변경했다는 주장을 제기하기도 한다. 그가 서쪽으로 더 멀리 나간 이유가 무엇이든 간에, 카브랄은 서둘러 브라질을 포르투갈의 영토로 선포하고, 한 척의 배를 왕에게 보내 발견 사실을 아뢰었다.

식민지 브라질의 시작

포르투갈은 이미 아프리카와 극동의 식민지 경영에 깊이 몰두해 있었으며, 그 때문에 재원이 충분치 않은 포르투갈이 브라질에 대해 전면적인 식민화에 착수하는 것은 사실상 불가능했다. 그러나 포르투갈이 자신의 새 영토를 완전히 방치하지는 않았다. 국왕이 파견한 원정대는 이 새 영토에서 브라질우드라 불리는 귀중한 염료용 목재가 있다는 것을 확인했는데, 이 목재가 지금의 페르남부쿠Pernambuco와 상파울루Sao Paulo 주 사이 해안가에 무성하게 자라고 있었던 것이다. 상업자본가들은 곧 이 브라질우드 무역에 참여하기 위해 필요한 허가를 획득했고, 군데군데 무역 전초기지를 세웠으며, 이 기지들에서 자신들이 가지고 간 유럽산 허드레 물건과 원주민들이 가지고 온 브라질우드와 그 외 진기한 물건들을 교환했다. 소단위의 정주도 시작되었는데, 처음에는 오갈 데 없는 사람들과 범법자들(죄를 지어 포르투갈에서 제국 변경지역으로 추방된 사람들)이 주류를 이루었다. 원주민들은 이 유배자들을 대체로 환영해 주었고, 그들과 현지 여성의 혼인으로 다수의 혼혈인이 생겨났으며, 이 혼혈인들은 장차 브라질의 식민화 과정에서 귀중한 인적 자원이 된다. 한편 프랑스 상선들 역시 브라질우드의 매력에 끌려 브라질 해안에 나타나기 시작했다. 이 침입자들에 놀란 국왕 주앙João 3세는 그들을 쫓아내고 브라질에 항구적인 정주지를 건

1494	토르데시야스 조약이 체결되어 포르투갈의 해외령과 에스파냐의 해외령의 경계를 구분짓다.
1500	페드루 카브랄, 브라질 해안에 상륙하여 그 땅이 포르투갈 제국의 소유임을 선언하다.
1530~1700	브라질 설탕 주기의 흥기와 쇠퇴.
1534~1536	국왕 주앙 3세, 브라질에 대장령 제도를 도입하고, 브라질 전체를 15개 사령관령으로 분할하여 개별 식민지배자들(proprietors)에게 지배권을 할당하다.
1550~1640	아프리카 인 노예들을 브라질에 들여오는 대서양 횡단 무역의 급속한 성장.
1603	도망친 아프리카 인 노예들의 공동체 가운데 가장 크고 가장 유명한 킬롱부 두스 팔마레스가 설립되다.
1630~1654	네덜란드 서인도회사가 브라질 해안에서 가장 부유한 사탕수수 재배 지역을 점령하다.
1653	안토니우 비에이라 신부, 원주민 노예제를 비난하다.
1695	도밍구 조르지 벨류, 포르투갈 군의 팔마레스에 대한 공격을 이끌어 마지막 전사왕 줌비를 격퇴하다.
1695~1760	브라질 황금 주기의 흥기와 쇠퇴.
1703	포르투갈이 매튜엔 조약을 체결하여 영국 상인들이 포르투갈 식민지 무역에 참여할 수 있게 하고, 결국 포르투갈이 영국에 종속되게 만들다.
1710~1711	브라질 출신의 사탕수수 농장주들을 포르투갈 출신의 상인들에 대항하여 들고 일어나게 하고, 후에 일어난 독립 운동을 예견케 한 마스카치스 전쟁이 발발하다.
1720	독립적인 상파울루, 미나스제라이스 대장령이 창설되었고, 이 대장령들이 금광 지대에서 왕의 권위와 국왕이 수취하는 2할세를 주장하다.
1750~1777	폼발 후작, 브라질 식민지에서 생산을 증대하고 왕권을 강화하기 위한, 그리고 비록 그것이 아프리카 인들의 노예화를 확대하는 것이기는 했지만 인디오 원주민의 노예화를 끝장내기 위한 개혁에 착수하다.
1788~1789	'발치사(拔齒士) 호세 다 실바 샤비에르가 조직한 발치사의(티라덴테스) 반란이 일어나 포르투갈 식민 당국에 저항하다.

설하기 위해 1530년에 마르팅 아퐁수 지 소자Martim Affonso de Sousa를 대장으로 하는 원정대를 파견했다. 1532년 포르투갈 인들은 브라질 내 최초의 포르투갈 도시 상비센치São Vicente를 현재의 산투스Santos 항 근처에 건설했다.

대장령 제도(Captaincy System)

포르투갈 왕실의 재원은 한정되어 있었고, 게다가 향신료가 생산되는 아시아에 많은 투자를 하고 있는 상태였기 때문에 포르투갈 국왕은 브라질 식민화 사업의 대부분을 일반 개인들에게 할당하지 않을 수 없었다. 이 과업은 대장령의 형태를 띠었는데, 이것은 마데이라Madeira 제도, 아조레스Azores 제도, 카보베르데Cape Verde 제도 등지에서 포르투갈이 이미 사용한 적이 있었던 방식이었다. 브라질 해안선은 확실한 지점을 알 수 없는 내륙의 토르데시야스 분계선에 이르기까지 15개의 (가로로 된—옮긴이) 긴 띠 모양의 땅으로 나뉘었다. 이 땅들은 세습이 가능한 대장령으로서 12명의 개인에게 위임되었으며, 이 개인들 각각은 자신이 맡은 대장령(들)을 자신의 비용으로 식민화하고 발전시킬 것을 그리고 외부의 침입으로부터 지킬 것을 약속했다. 대장령 제도에는 봉건적 요소와 상업적 요소가 기묘하게 섞여 있었다. 대장령을 하사받은 사람은 주군인 왕에게 충성을 맹세해야 하는 봉신이기도 했지만, 더불어 자신의 영지로부터, 그리고 자신으로부터 땅을 하사받은 식민자들에게서 거두는 세금으로 많은 수입을 끌어내기를 바라는 사업가이기도 했다. 이 같은 봉건적 요소와 상업적 요소의 결합은 초창기부터 브라질 내에서 이루어진 포르투갈의 식민 사업을 특징지었다.

경제적 혹은 정치적 관점에서 볼 때 성공적인 대장령은 극히 드물었

식민지 브라질

는데, 그것은 대부분의 대장령이 정주자들을 끌어들이고, 원주민의 공격이나 외부의 침입자에 맞서 자신의 대장령을 지키는 데 필요한 자본과 행정 능력을 갖고 있지 않았기 때문이다. 가장 성공적이었던 인물 가운데 한 사람이 두아르치 코엘류Duarte Coelho였는데, 그는 인디아 사업에 참여한

적이 있는 베테랑이었으며 페르남부쿠 대장령을 하사받았다. 식민지에 대한 거액의 투자는 그에게 많은 수익을 가져다주어 1575년 그의 아들은 50개의 제당소를 소유하여 거기에서 거액의 키렌테quirentes(봉건제 부역 대신 수취하는 지대)를 받고, 해마다 선박 50척 분량의 설탕을 수출하는 브라질 최대의 부자가 되어 있었다.

16세기 중반이면 설탕이 브라질우드를 대신하여 브라질 경제의 근간으로 떠올랐다. 북동부 지방(페르남부쿠와 바이아)은 유리한 토양과 기후 조건에 힘입어 사탕수수 재배의 중심이 되었다. 이 사탕수수 재배는 세 가지 특징을 가지고 있었으니, 파젠다(대농장), 단일 주요경작, 노예 노동이 그것이다. 이곳에서는 얼마 가지 않아 그들이 가진 광대한 플랜테이션과 엄청난 부로 인해 그보다 덜 부유한 이웃들과 확실히 구분되는 대지주 계층이 출현했다. 가장 큰 농장을 소유한 농장주들만이 설탕을 수출하기 전에 그것을 정제하는 데 필요한 엥제뉴engenhos, 즉 제당소를 세울 수 있었다. 소농장주들은 수확량의 3분의 1 혹은 4분의 1에 해당하는 사용료를 지불하고 제당소 주인에게 정제 작업을 의뢰해야 했다. 설탕에 대한 유럽의 끊임없는 수요가 대규모 이익을 신속하게 만들어 냈기 때문에 농장주들은 작물 다양화의 필요성을 느끼지 못했다. 따라서 곡물 농사는 대개 소농장들에게 돌아갔다.

비록 설탕 제조에 필요한 기본 기술이 16세기 말부터 18세기 말까지 크게 변하지 않은 것은 사실이지만 브라질의 설탕 산업이 전통적이고 후진적이었다는 세간의 평판은 사실과 다른 것으로 보인다. 17세기까지도 브라질의 설탕 제조 체계는 다른 나라들이 앞 다투어 모방하려고 한 모델로 간주되었다. 브라질 설탕에 대한 수요 감소와 가격 하락이 위기를 가져오고, 카리브 해의 라이벌 사업자들이 새 기술을 개발한 18세기 중엽에 와

서야 브라질의 기술이 뒤처졌다는 세평이 나타났으며, 역사가 스튜어트 슈워르츠Stuart Schwartz에 따르면, 그 무렵에도 "그런 비난은 온당하다고 할 수 없었다."

포르투갈의 대 원주민 정책

포루트갈 인들은 처음에는 원주민 마을을 습격하여 잡은 포로로 부족한 노동력 문제를 해결하려고 했다. 침입자들은 원주민 포로들을 사로잡아 한 줄로 묶어 끌고 나와 대농장주를 비롯하여 노동력을 필요로 하는 사람들에게 팔았다. 이런 습격이 원주민과 포르투갈 인 간에 벌어진 만성적인 전쟁의 주요 원인이었다. 그러나 원주민들은 플랜테이션 농업이 요구하는 조직화된 노동의 전통을 가지고 있지 않았고, 선천적인 면역력을 가지고 있지 않아 구세계에서 건너온 질병에 매우 취약했으며, 도주에서 자살에 이르기까지 여러 형태의 저항을 시도했기 때문에(이 마지막 측면, 즉 원주민들의 저항의 관점에서 봤을 때 이들 원주민의 반응은 점차로 그들을 대체해 간 아프리카 노예의 그것과 별반 다르지 않았다) 경제적 관점에서 볼 때 원주민 노동력은 그다지 만족스러운 것이 되지 못했다.

그 때문에 1550년 이후 대농장주들은 아프리카에서 수입한 흑인 노예 노동에 점점 더 의존하게 되었다. 그러나 흑인 노예의 공급은 네덜란드 해적이나 다른 적군敵軍의 활동으로 갑자기 중단되거나 감소하곤 했기 때문에 노예 사냥꾼들은 식민 시기 내내 잡아온 상품(원주민 노예)을 팔아먹을 시장을 발견할 수 있었다. 가장 유명한 노예 사냥꾼들은 상파울루 고지대 정착지에서 온 반데이란치bandeirante('군기'[軍旗] 혹은 '동료'를 의미하는 '반데이라'bandeira에서 온 말)들이었다. 이 반데이란치들은 대개 메스티소들로 이루어졌고, 설탕 생산에서 좀더 좋은 조건을 가진 플랜테이션 지

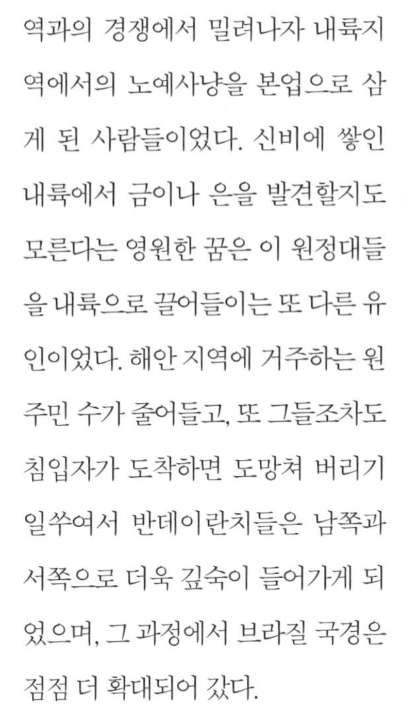

역과의 경쟁에서 밀려나자 내륙지역에서의 노예사냥을 본업으로 삼게 된 사람들이었다. 신비에 쌓인 내륙에서 금이나 은을 발견할지도 모른다는 영원한 꿈은 이 원정대들을 내륙으로 끌어들이는 또 다른 유인이었다. 해안 지역에 거주하는 원주민 수가 줄어들고, 또 그들조차도 침입자가 도착하면 도망쳐 버리기 일쑤여서 반데이란치들은 남쪽과 서쪽으로 더욱 깊숙이 들어가게 되었으며, 그 과정에서 브라질 국경은 점점 더 확대되어 갔다.

이 그림에 나오는 물라토 군인들처럼 뒤섞인 인종적 배경을 가진 군인들은 금, 원주민 노예, 달아난 흑인 노예를 찾아 브라질 내륙지방으로 떠나는 원정대에서 중요한 역할을 수행했다.

A Mulatto Soldier, 1640 by Albert Eckhout, National Gallery of Denmark, Copenhagen, and © SMK Foto

브라질 원주민이라고 해서 아무 저항도 없이 토지와 자유의 상실을 감수하지는 않았지만 그들의 저항은 원주민 부족들 간의 내분이라는 치명적인 약점 때문에 효과적으로 전개되지 못했다. 포르투갈 인들은 이런 부족들 간의 반목을 잘 활용하였다. 포르투갈 인들의 우월한 무기와 조직에 밀려 내륙으로 물러나야 했던 원주민들은 가끔씩 다시 돌아와 산재한 포르투갈 인 공동체에 대해 파괴적인 약탈을 감행하곤 했다. 19세기 초반까지도 브라질 해안 지역은 이런 끊임없는 분쟁 때문에 거의 사람이 거주할 수 없는 지역이 되고 있었다.

그러나 에스파냐 식민지가 그랬던 것처럼 여기에서도 너무나 차이가 지는 싸움은 결국 원주민의 완패로 귀결되었다. 과로, 삶에 대한 의욕 상실, 유럽에서 들어온 질병의 파괴적 효과 등은 노예로 전락한 원주민의 수를 크게 감소시켰다. 노예화에 저항하거나 혹은 다른 형태의 처벌의 명분을 제공한 원주민에 대한 징벌적 원정도 인구 감소의 한 요인이었다. 에스파냐 인들에 대한 라스 카사스의 비난을 상기시킬 정도로 포르투갈 인들의 잔인성을 맹렬하게 고발했던 예수회 신부 안토니우 비에이라Antonio Vieira는 포르투갈 인들의 원주민 학대로 40년 동안 아마존 지역에서 대략 200만 명의 인명 손실이 있었다고 주장했다. 영국의 저명한 역사학자 박서Charles R. Boxer는 이 주장이 약간 과장되었다고 주장하면서도 포르투갈 인들이 "이루 말할 수 없을 정도로 야만적으로 부족 전체를 절멸시키는 일이 자주 일어났다"고 말했다.

원주민의 노예화와 학대에 맞서 거의 유일하게 분노의 목소리를 높였던 사람들은 예수회 선교사들이었다. 마누엘 다 노브레가Manoel da Nóbrega가 이끄는 첫번째 예수회 선교단이 1549년 사령관 토메 지 소자Tomé de Sousa와 함께 도착했고, 4년 후 또 다른 유명한 선교사 주제 지 안치에타José de Anchieta가 브라질에 도착했다. 노브레가와 안치에타는 남쪽으로 멀리 떨어진 피라치닝가Piratininga 평원에 포르투갈 인, 혼혈인, 원주민 자녀를 위한 학교colegio를 설립했으며, 그것은 후에 나타나는 그런 학교들의 모델이 되었다. 이 지역을 중심으로 상파울루 시가 서서히 생겨났으며, 이 도시는 영국 역사가 로버트 사우시Robert Southy에 따르면, "금을 찾는 모험가들과 구원할 영혼을 찾는 선교사들"이 내륙 지역으로 떠나는 중요한 출발지가 되었다.

예수회 수사들은 개종한 원주민들을 알데이아aldeia(마을)에 정주시키는 사업을 벌였으며, 이 알데이아에서 그들은 사제의 보호를 받으며 포르투갈 인 식민자들의 유해한 영향으로부터 차단된 채 살 수 있었다. 이 프로그램은 예수회 수사들과는 전혀 다른 목적을 가진 노예 사냥꾼과 대농장주들의 거센 반발을 불러일으켰다. 국왕의 평의회들 가운데 하나로서 식민지 종교 문제를 관장하였던 메자 다 콘시엔시아Mesa da Consciencia에 대한 분노에 찬 항의의 표시로 대농장주들은 "예수회 마을에서 살고 있는 자들이야말로 학교뿐만 아니라 이른바 '인디오의 땅'에서도 노예처럼 일을 해야 하는 진짜 노예들이며, '인디오의 땅'은 결국 예수회 수사들의 농장이 될 것이고, 예수회의 제당소가 될 것이다"라고 주장하면서 예수회 수사들에 대해 공격을 퍼부었다.

농장주와 노예 사냥꾼이 한 편이 되고 예수회 선교사들이 다른 한 편이 되는 양자의 이해의 충돌은 상파울루 반데이란치들의 활동이 매우 활발해진 17세기 중반 절정에 이르렀다. 브라질의 여러 지역에서 지주들이 들고 일어나 예수회 수사들을 추방하고, 원주민의 자유를 선언한 국왕의 칙령에 도전했다. 1653년 연설과 문학에서 탁월한 능력을 가지고 있었던 안토니우 비에이라 신부가 왕에게서 원주민 문제의 해결에 필요한 전권을 위임받아 브라질에 도착했다. 그는 사순절 기간 동안 마라냥Maranhão 주민들에게 한 유명한 설교에서 1511년 산토도밍고에서 몬테시노스Antonio de Montesinos 신부가 했던 연설에 버금가는 어조로 원주민 노예제를 신랄하게 비난했다. 비에이라 신부의 이 강력한 비난은 '노예제는 특정의 조건 하에서만 유지되어야 한다'고 한 그의 주장과, 예수회 자체도 원주민 노예와 흑인 노예를 가지고 있었다는 잘 알려진 사실 때문에 그 설득력이 약화되었다. 그러나 예수회 선교 마을에 거주한 원주민의 상황이 포르투갈 인들이 사는 도시나 플랜테이션에 거주하는 노예들의 그것에 비해 훨씬 나았음은 의심의 여지가 없다. 예수회의 태도에 반대하는 좀더 강한 주장은 그것이 아무리 호의적이라고 해도 그들이 추구한 분리 정책은 원주민에게 이질적인 문화를 자의적·기계적으로 강요하는 것이었으며, 그것은 오히려 진정한 사회적 통합을 저해했다는 것이다.

포르투갈 왕실은 대체로 예수회의 입장에 동정적이기는 했지만 대농장주들의 강력한 압력도 감안하지 않으면 안 되었다. 2세기 동안 왕실은 예수회와 대농장주들, 둘 다를 고려하는 타협 정책을 추구했지만 어느 쪽도 만족시키지는 못했다. 결정적인 계기는 폼발 후작marquis de Pombal의 개혁적 내각기 동안(1750~1777)에 찾아왔는데, 그는 포르투갈과 브라질에서 예수회 수사들을 추방하고, 그들이 일군 선교 마을을 세속화하였다. 하지만 그의 법령은 노예제를 금하는 등 원주민의 권리에 대한 예수회의 주장을 수용하였다. 또한 원주민에게 문명 생활을 가르칠 필요가 있다고 생각했고, 교육과 복지를 맡아보는 행정관들의 감시하에 원주민들을 공동체 안에 수용할 필요를 인정하기까지 했다. 그러나 그의 정책이 원주민들을 포르투갈 인들의 공동체로부터 분리시킨 것은 아니었다. 그것은 식민자들(백인 정주자들)이 원주민들을 임금 노동자로 고용할 수 있게 해주었고, 실제로 통혼通婚을 포함하여 두 인종 간 상호접촉과 융합을 장려하기도 했다. 한편, 폼발이 장려한 아프리카 노예무역의 증가는 원주민 노동력에 대한 수요를 감소시켰다. 폼발의 개혁 입법이 원주민의 물질적 조건을 상당 정도로 개선시켰는지는 논란의 여지가 있다. 하지만 그것이 원주민들을 식민지 주민들 속에, 나아가 결국에는 브라질 국민 속에 흡수시키는 데 기여했다는 점은 분명하다. 여기에서 결정적인 요인은 인종적 융합이며, 그것은 예수회의 세속적 힘의 소멸과 함께 증대되었다.

프랑스와 네덜란드의 도전

브라질의 염료용 목재(브라질우드), 설탕, 담배는 일찍부터 외국 열강의 관심을 끌었다. 프랑스 인들은 포르투갈의 식민 지배에 도전한 첫번째 주자였다. 그들은 여러 차례 원주민 동맹 세력의 도움에 힘입어 해안 지역에 거점을 마련하려고 했으며, 1555년에는 자신들이 남극 프랑스Antarctic France라고 부른 지역의 수도로 리우데자네이루Rio de Janeiro를 건설했다. 프랑스 인과 원주민 간 접촉으로 생겨난 문화적인 부산물 가운데 하나는 프랑스 인들이 원주민들을 '고귀한 야만족'으로 보는 이미지가 만들어진 것인데, 이 이미지는 16세기의 프랑스 철학자 몽테뉴의 에세이 「카니발에 관하여」에서 확고해졌다. 그러나 브라질에서 프랑스가 추구한 공세는 프랑스 국내에서 발생한 가톨릭-위그노 간 분쟁으로 위축되었고, 1567년 포르투갈의 사령관 멩 드 사Mem de Sá는 프랑스 인들을 축출하고 리우데자네이루를 점령했다.

포르투갈의 브라질 지배를 좀더 심각하게 위협한 사람들은 네덜란드 인들이었다. 이들이 세운 서인도회사는 1630년부터 1654년까지 25년 동안 브라질 해안 지역 중에서 가장 비옥한 사탕수수 생산 지역을 점유했다. 나소의 모리스 왕자Prince Maurice of Nassau의 통치기(1657~1644)에 헤시피에 수도를 둔 네덜란드령 브라질은 과학과 예술활동의 빛나는 중심지가 되었다. 네덜란드 인들에 대한 포르투갈 인들의 투쟁은 브라질 각 지역의 모든 인종을 하나로 결집시키는 일종의 초창기 독립투쟁의 성격을 띠었다. 잡다한 구성을 한 이 군대가 제1차와 제2차 과라라페스Guararapes 전투(1648~1649)에서 네덜란드 군을 물리쳤다. 브라질 인들의 끈질긴 저항과, 같은 시기 영국을 상대로 벌인 전쟁으로 세력이 약화된 네덜란드 인들은 1654년 페르남부쿠에서 철수했다. 그러나 이때 그들은 사탕수수와 담배 재배기술을 가지고 서인도 제도에 정착하여 그것들을 다시 경작했다. 얼마 가지 않아 바베이도스Barbados를 비롯한 카리브 제도의 플랜테이션과 제당소들은 세계 시장에서 브라질 설탕을 위협하는 강력한 경쟁자가 되었으며, 그로 인해 설탕 가격은 하락했다. 17세기 마지막 10년 무렵이면 브라질 설탕 산업은 장기간의 침체기에 들어간 상태였다.

광산 주기(The Mineral Cycle), 목축업, 무역 시스템

설탕 산업이 침체기로 접어들던 1695년, 후에 미나스제라이스Minas Gerais로 불리게 될 남서부 지역에서 금이 발견되었다는 소식이 해안 지역에 전해졌다. 이 발견은 새로운 경제 주기를 시작하게 만들었고, 처음으로 내륙 지역으로의 실질적인 이주가 시작되게 했으며, 브라질의 경제적·정치적 무게 중심을 남쪽으로 이동시켰다. 많은 식민자들이 노예와 하인들을 데리고 바이아, 페르남부쿠, 리우데자네이루에서 광산 지대로 몰려들었다. 이런 새로운 지역으로의 인구 대이동은 농장 노동력의 심각한 부족을 초래했으며, 이 현상은 18세기 중엽 금광 붐이 끝날 때까지 계속되었다. 국왕은 법을 제정하기도 하고 금광 지역으로 가는 길목에 경찰을 배치하기도 하는 등 여러 가지 정책으로 이 대규모 인구 유출을 막아 보려고 했지만 별 효과를 거두지 못했다. 20년 동안(1700~1720) 금광 지대에서는 왕권이 제대로 확립되지 않았으며, 국왕이 수취하기로 되어 있는 2할세도 거의 징수되지 않았다. 라이벌 집단 간의 폭력사태, 특히 상파울루에서 이주해 온 개척자들과 유럽에서 건너온 이주민들 간의 분쟁은 1708년 거의 내전 상태에 이를 정도로 악화되었다. 이 갈등으로 양편 모두가 약화되었고, 국왕은 이를 이용하여 질서를 회복할 수 있었다.

1710년 왕은 '상파울루와 미나스제라이스'라는 새로운 대장령을 설립했고, 1720년 이 대장령은 '상파울루'와 '미나스제라이스'로 나뉘었다. 1729년 이 지역에서 발견된 '빛나는 돌'이 처음 생각과는 달리 크리스탈이 아니라 다이아몬드라는 것이 알려지자 많은 모험가들이 노예들을 데리고 금광에서 다이아몬드광으로 옮겨 왔다. 이로 인해 유럽에 다이아몬드 공급이 급격히 증가하여 시장에 대혼란을 가져왔고, 다이아몬드 가격은 폭락을 면치 못했다. 이에 포르투갈 정부는 '디아만티나'Diamantina(다이아몬드 구역)에 대한 철저한 통제 체제를 도입하여 채광을 제한하고 밀수출을 금함으로써 가격을 유지하려고 했다. 이 체제는 '디아만티나'를 사실상 외부 세계와 차단시켰다.

설탕 생산과 마찬가지로 광산 주기도 새로운 부원富源의 급속하고 피상적인 개발 뒤에 급속한 쇠퇴가 뒤따랐다. 광산 경기는 1760년경 절정에 이른 다음 그 후 미나스제라이스의 사금광도 다이아몬드 구역도 서서히 광맥이 고갈되었다. 1809년 영국의 여행가 존 모John Mawe는 빌라히카Villa Rica('부유한 도시') 금광 지역을 "이제 과거의 명성은 흔적도 찾아볼 수 없는" 도시로 묘사할 정도였다.

그러나 광산 주기는 브라질 남서쪽에 위치한 미나스제라이스뿐만 아니라 극서 지방에 위치한 미래의 고이아스Goias와 마투그로수Matto Grosso 주에서까지(개척자들은 금을 찾아 이곳까지 파고들어 갔다) 새로운 정주 도시들이 생겨나게 하는 등 브라질의 전체 풍광을 항구적으로 바꾸어 놓았다. 광산촌은 비록 폐허가 되었지만, 이 새 도시들은 비록 활기는 많이 약화되었으나 살아남았다. 광산업의 쇠퇴는 또한 그 지역의 농업과 목축업을 증진하려는 노력에 박차를 가하였다. 국왕은 부왕령의 수도를 리우데자네이루로 이전함으로써 경제와 정치의 무게 중심이 페르남부쿠와 바이아로부터 남쪽 미나스제라이스와 리우데자네이루로 옮겨 갔음을 공식적으로 인정했다.

미나스제라이스 주와 고이아스 주가 몰락해 간 시기에 북동부 지역은 설탕과 면화, 그리고 그 외 아열대 산물에 대한 유럽의 수요 증대 덕분에 부분적으로 부활하였다. 1750년부터 1800년까지 브라질의 면화 생산은 상당히 증가하였으나 그 후로는 좀더 효과적인 방식을 이용하는 미국 면화 생산자들과의 경쟁에 밀려 급속히 쇠퇴했다. 후에 브라질 경제의 주축이 되는 커피 산업은 식민 시기 말기부터 성장하기 시작한다.

목축업 또한 브라질 국경의 확대와, 남부 지역의 중요성이 증대되는 데 기여했다. 해안 지역의 집약적 농업과 바이아나 페르남부쿠 같은 해안 지역 도시들의 인구 집중이 생육生肉에 대한 수요를 만들어 내고, 그것이 초창기 목축업의 성장을 촉진했다. 해안 지역에서 플랜테이션 농업이 발달하여 충분한 목초지를 확보할 수 없었으므로 목축업은 불가피하게 내륙으로 이동해야 했다.

17세기 후반이면 바이아와 페르남부쿠에서 출발하여 멀리 떨어져 있는 상프란시스쿠 계곡São Francisco Valley으로의 침투가 이미 상당히 진행된 상태였다. 유력한 목축업자들은 자신들의 소떼들, 바케이루들vaqueiros('카우보이들'), 노예들과 함께 세르탕sertão, 즉 시골 벽지로 들어가 그곳 원주민들을 쫓아내고, 방어시설을 갖춘 목장과 마을을 세웠다. 그와 같은 땅의 무단 점유는 포르투갈 정부가 문제의 목축업자에게 넓은 땅(그것은 사실상 봉건 영지나 다름없었다)을 점유 전前 혹은 후後에 공식적으로 하사함으로써 합법화되었다. 그 영지에서는 그 목축업자 귀족cattle baron(진짜 신분상의 귀족이 아니라 지역유지)의 말이 곧 법이었다. 지주들의 소떼는 해안 도시와 광산촌들에는 신선한 소고기를, 플랜테이션에는 견인용 가축을, 그리고 (상인들에게는) 유럽에 수출할 가죽을 제공해 주었다.

후에는 목축업이 가장 남쪽 지역에 위치한 히우그란지두술Rio Grande do Sul까지 확대되었는데, 이곳은 포르투갈 정부가 에스파냐의 팽창을 저지하기 위해 식민화한 곳이었다. 여기서도 국왕은 방대한 규모의 토지를 목축업자들에게 하사했다. 북쪽에 바케이루가 있었다면 남쪽에는 가우슈가 있었다. 바케이루와 마찬가지로 가우슈도 말타기에 매우 능숙했다. 그러나 가우슈들이 사용하는 언어는 포르투갈 어와 에스파냐 어, 그리고 원주민의 방언을 뒤섞어놓은 것으로서, 리오데라플라타Río de la Plata 지역 여러 문화들의 융합을 반영하였다. 그들의 복장은 아르헨티나 카우보이의 느슨하고 헐렁한 바지였다. 그들이 사용하는 주요 도구는 볼라스bolas, 즉 생가죽 밧줄 양쪽에 돌공石球을 매달아 놓은 것으로서, 팜파스의 원주민들이 동물들을 휘감아 넘어뜨릴 때 이용하던 것이었다.

포르투갈도 에스파냐와 마찬가지로(두 나라는 1580년부터 1640년까지 느슨하게 합병되어 있었다) 일관되지도 엄격하지도 않았지만 중상주의 경제정책을 추구했다. 이 기간 동안 대 브라질 무역은 포르투갈 국적을 가진 사람과 선박만 참여할 수 있게 엄격하게 제한되었다. 이에 대해 브라질산 설탕과 담배를 유럽 시장에 공급하는 주요 운송업자들이었던 네덜란드 인들은 대규모 밀수와, 브라질 내 가장 부유한 사탕수수 재배 지역에 대한 직접적인 공격으로 대응했다.

에스파냐에 대항한 반란을 성공으로 이끌고 나서 포르투갈은 동맹국 영국과 매튜엔Methuen 조약(1703)을 체결했으며, 이 조약에 따라 영국 상인은 포르투갈-브라질 간 무역에 참여할 수 있었다. 그러나 영국 선박들은 반드시 리스본 항을 거쳐야 한다는 규정을 무시하고 식민지와의 직접적인 밀무역을 하는 경우가 많았다. 포르투갈 산업은 식민지인들이 필요로 하는 양과 질의 제조업 제품을 공급할 수 없었으므로 수출 상품의 상당 부분은 외국산 직물류와 그 외 다른 상품으로 채워졌고, 여기에서 가장 많은 이득을 챙긴 사람은 영국인들이었다. 그러므로 포르투갈은 브라질의 주인이기는 했지만 사실 리스본에 사무실을 둔 네덜란드와 영국 상인들의 식민지나 다름없었다.

18세기 동 주앙Dom João 1세의 치세 기간(1750~1777) 동안 그의 총리이자 계몽 전제주의 이데올로기의 유능한 대변자였던 폼발 후작은 당시 에스파냐와 에스파냐령 아메리카에서 시행되고 있던 부르봉 왕조의 개혁에 필적하는 포르투갈 제국의 행정과 경제의 개혁에 착수했다. 폼발의 생각은 영국 상인과 경쟁할 수 있을 만큼 충분한 자본을 가진 포르투갈 상인 계급을 만들어 내고, 브라질 시장에서 영국 상품을 쫓아낼 수 있을 정도로 효율적으로 생산할 수 있는 국가 산업을 만들어 냄으로써 포르투갈-브라질 간 무역을 포르투갈화하는 것이었다. 그의 계획은 제국 경제에 대한 국가의 적극적 개입을 필요로 했다. 그래서 무역부를 창설하고, 그 무역부로 하여금 포르투갈과 브라질에서 여러 가지 양보를 통해 상인-자본가들을 지원하게 했다. 그는 또한 회사들을 설립하고 그 회사들이 브라질 특정 지역과의 무역을 독점할 수 있는 특권을 부여했다. 마지막으로, 그는 국가가 오래된 혹은 새로운 산업을 지원함으로써 수입대체 정책을 실행에 옮기고, 그것을 통해 이 지역들의 경제를 발전시키려고 했다. 오류와 실패도 있었고, 폼발이 총리직을 상실한 1777년 이후 부분적인 후퇴가 있기는 했지만 그의 개혁은 브라질 시장을 포르투갈 인들에게 되돌리려는 노력에서 일정 부분 성공을 거두었다. 1796년에서 1802년 사이에 브라질에 수입된 물품의 30%가 면직물류를 중심으로 하는 포르투갈산 제품이었다. 그러나 1808년 나폴레옹의 포르투갈 침입으로 포르투갈 왕실이 리스본에서 브라질로 도망쳐 오고, 2년 후 영국과 맺은 조약으로 영국인이 요구하는 모든 무역 특권을 허용함으로써 "1750년 이래 어렵게 유지되어 오던 보호 장벽은 사실상 붕괴되었다". 영국은 다시 한 번 브라질과의 무역을 사실상 독점하게 되었다.

정부와 교회

포르투갈 왕실이 브라질에 처음 도입한 정부의 기증 제도donatary system(포르투갈 왕이 한 개인[대개는 귀족]에게 상당히 큰 규모의 땅을 하사하는 제도. 이 땅을 '도나타리아'donataria라고 했다—옮긴이)는 곧 만족스럽지 못한 것으로 판명되었다. 그로 인해 기증을 받는 측이 갖게 되는 막강한 힘과 국왕의 지배권 간에는 명백한 모순이 존재했다. 더욱이 기증을 받는 사람들 가운데 기증을 받으면서 떠맡게 된 지역 방어와 식민화 사업을 감당할 수 있는 사람이 많지 않았다. 그 결과는 정부의 개혁이었다. 1549년 브라질에서 중앙집권적 식민지 행정을 지휘하기 위해 토메 지 소자Tomé de Sousa가 수석 총독governor general으로 파견되었다. 페르남부쿠와 상비센치라는 번영하는 두 도시 사이에 위치한 바이아는 그가 머무는 수도가 되었다. 점차 기증을 받은 사람들의 세습적 권리와 특권이 철회되고, 그들은 국왕이 임명하는 총독으로 대체되었다. 식민지가 확장되어 가면서 새 대장령들이 생겨났다. 앞서 보았듯이 1763년 리우데자네이루의 총독이 바이아의 총독 대신 식민지 행정의 수장이 되었고, 더불어 그에게는 부왕이란 직함이 주어졌다. 그러나 사실 다른 총독들에 대한 그의 권위는 미미했다.

행정가들과 그들의 결함

포르투갈령 브라질 정부는 정신, 구조, 악덕 등에서 에스파냐령 식민지들의 정부와 대체로 비슷했다. 그러나 한 가지 중요한 차이는 포르투갈 정부의 규모가 훨씬 더 작았다는 것이다. 두 제국의 상이한 경제는 이 차이를 설명하는 데 도움을 준다. 에스파냐령 인디아스는 국내와 국외 시장을 지향하는 상대적으로 다양한 경제를, 그리고 노동과 국왕 수입의 중요한 원천인 대규모 원주민을 보유하고 있었다. 이런 조건들은 1600년경 이미 30만 명에 달한 아메리카 거주 에스파냐 인과 함께(그에 비해 당시 브라질 거주 포르투갈 인은 3만 명에 불과했다) 수백 개에 이르는 도시가 생겨날 경제적 기반을, 그리고 노동 규제와 세금 징수, 그리고 그 외 많은 재정적·행정적 업무를 맡아볼 수많은 관직의 필요성을 만들어 냈다. 그러나 포르투갈령 아메리카에서는 여러 가지 요인들이 정교한 관료제의 발전이 불필요하게 만들었으니, 수출, 특히 설탕 수출이 경제에서 차지하는 압도적 중요성(리스본에서 그것이 하역될 때 세금을 징수할 수 있었다), 도시 생활의 발전을 방해하는 플랜테이션의 경제적·사회적 지배, 노동과 국왕 수입의 원천으로서 원주민이 수행하는 미미한 역할 등이 그것이었다.

포르투갈이 에스파냐에 합병되어 있는 동안 두 나라의 식민지 정책은 1604년 인디아평의회Conselho de India의 창설로 제휴가 이루어졌는데, 이 기구의 기능은 에스파냐의 인디아스평의회와 유사했다. 1736년 인디아평의회의 기능은 새로 창설된 해양부ministry of Marinha e Ultramar로 이관되었으며, 이 기구는 국왕의 동의하에 브라질 거주민들을 위한 법을 입안하고 총독을 임명하고 그들의 행동을 감시했다. 총독(사령관 혹은 부왕이라고도 불렸다)은 군사적, 행정적 그리고 심지어는 사법적 기능까지 함께 수행했다. 그의 권력은 절대적으로 되어 가는 경향이 있었으나 고국 정부의 끊임없는 간섭(정부는 구체적이고 엄격하고 상세한 훈령으로 그들의 권력을 제한했다), 다른 권위체들의 견제(특히 행정과 사법 기능을 가진 고등법원relações의 견제가 심했다), 금이나 다이아몬드 구역에 파견된 감독관(이들은 총독으로부터 완전히 독립되어 있었다) 같은 특별 행정기구에 의해 상당히 완화되었다. 이처럼 에스파냐 식민지에서와 마찬가지로 브라질에서도 서로 유사하거나 경쟁적인 권력을 가진 관리들의 중첩적인 기능, 상호 감시를 통한 견제와 균형의 시스템이 작동하고 있었으며, 이것은 무엇보다도 고국 정부가 자신의 대리인들에 대해 가지고 있었던 불신을 반영한다. 총독들의 권위를 훼손하는 또 다른 요인으로는 브라질의 광대한 영토, 넓은 지역에 산재한 인구, 사회적 안정의 결여, 대농장주와 목장주 귀족들의 봉건적 힘이 무소불위의 지배력을 행사했던 엄청난 규모의 토지 보유 등이 있었다.

지역 행정에서 가장 중요한 기구는 '세나두 다 카마라'Senado da Câmara, 즉 시 위원회였다. 이 위원회의 영향력은 시의 규모에 따라 달랐다. 소수 유산 계층에 의해 선출되었든 아니면 국왕에 의해 선택되었든 간에 위원회 위원들은 상인, 대농장주, 전문직업인 등으로 구성된 지배층의 이해를 대변했다. 이들을 뽑는 선거는 자주 농장주들과 크리오요들이 한 편이 되고, 상인들과 반도 출신들이 다른 한 편이 되는 적대적 파당들 간의 권력 다툼으로 얼룩지곤 했다. 시 위원회의 지배권은 곧 인근 지역 전체로 확대되었으며, 그 범위는 대개 매우 넓었다. 그러나 위원회의 권력은 대개 자신의 사법적 기능에다 코레히도르의 행정적 기능을 결합하고 있었던 판사ouvidor의 빈번한 개입으로 제한을 받았다. 일반적으로는 도시의 규모와 부가 클수록, 부왕이 머무는 곳에서 멀수록 위원회의 힘은 더 컸다.

국왕과 시 위원회들은 각종 세금을 징수했고, 세금 징수는 대개 민간인 과세청부업자들에게 위탁되었다. 이들은 정해진 액수를 국고에 납입하기로 약속하고, 국왕을 대신해 세금을 거둔 다음, 그중 약속한 액수를 국고에 지불하고 나머지는 자신이 차지했다. 이 시스템은 물론 각종의 사기와 강탈 행위를 조장하였다. 주민들이 져야 했던 또 다른 무거운 부담은 타이유(십일조)였는데, 그것은 총 생산의 10%에 이르렀고, 원래는 현물로 납부하기로 되어 있었으나 후에 현금으로 바뀌었다. 브라질 출신 역사가 카이우 프라두 주니오르Caio Prado Júnior에 의하면, 타이유는 징병과 함께 식민지 행정부가 주민들에게 강요한 가장 무거운 부담 가운데 하나였다.

에스파냐 식민지 행정의 고질적인 병폐 — 비효율, 관료주의, 일처리 지연, 부패 — 는 포르투갈의 식민지 시스템에서도 두드러진 현상이었다. 사법 제도는 비용도 많이 들 뿐 아니라 믿을 수 없을 정도로 일처리가 느리고 복잡했다. 하급 법정에 기소된 사건이 판사(오비도르), 고등법원 relação을 거쳐 국왕의 상고법원까지 올라가는 경우가 있는데, 이 경우 최종 판결이 내려지는데 10~15년이 걸리는 것이 보통이었다.

그러나 식민지의 광대한 지역에서는 행정부와 사법부가 사실상 존재하지 않았다. 소수의 대도시를 제외하면 지역 정부는 대개 대지주들의 지배를 의미했다. 대지주들은 자신들의 개인적 영향력에다 직책이 갖는 권위를 더하곤 하였는데, 그것은 국왕의 총독들이 카피탕 모르capitãoes mores(지역 수비대 장교)들을 어김없이 대지주들 중에서 임명했기 때문이다. 모병, 지휘, 체포, 징벌에서 거의 무제한적인 권력을 가지고 있었던 이 카피탕 모르들은 폭정과 억압의 상징이 되었다. 이들은 가끔 지역 수비대를 라이벌 가문과의 전쟁을 위한 봉건적 병력으로 이용하기도 했다. 지배 지역의 범위 혹은 명예의 문제도 라이벌 가문 가신家臣들 간의 결투나 패싸움으로 귀결되곤 했다.

부패는 머리끝부터 발끝까지 통치기구 전체에 퍼져 있었다. 형편없는 급료를 받았던 관리들은 갖가지 방법으로 지위를 남용하여 이익을 취했다. 횡령, 독직, 뇌물수수는 거의 보편적인 현상이 되다시피 했다. 유능하고 정력적인 폼발 후작의 노력으로 적어도 고위직 관리들 중에서는 약간의 개선이 나타나기도 했다. (에스파냐) 부르봉 왕조의 식민지정책을 특징지은 중앙집권화 경향이 같은 시기 포르투갈의 정책에서도 나타났다. 폼발은 존속하고 있던 세습적 성격의 대장령을 폐지하고, 도시의 특권을 제한하였으며, 부왕의 권한을 증대시켰다. 폼발의 개혁은 중상주의 정신에 입각하여 절망적 상태에 있던 포르투갈의 재건을 도모하기 위해 브라질의 경제적 발전을 추진하려는 것이었다.

이들 계몽적인 부왕들 가운데 전형적인 인물이 라브라디우 후작 Lavradio(1769~1779)이었는데, 그의 업적 중에는 커피 생산지를 파라Pará로부터 비옥한 적토 덕분에 생산성이 높은 상파울루로 옮기는 것이 포함되어 있었다. 그러나 폼발의 개혁이 브라질의 통치에 미친 영향이 크지 않았다는 점은 라브라디우가 자신의 계승자에게 보낸 다음과 같은 편지에서도 알 수 있는데, 거기에서 그는 사태를 상당히 비관적으로 보고 있다.

> 이 법관들(판사들)은 급료가 적기 때문에 …… 자신이 소송이나 분쟁을 만들어 냄으로써 보수를 늘리려고 한다. 그들은 사람들을 불안하게 만들 뿐 아니라 그들 자신과 부하들(이들이 무질서의 주범들이다)의 이익을 위해 다른 사람들로 하여금 과중한 비용을 쓰게 하고 자기 직업에 종사할 수 없게 만든다.

라브라디우 부왕은 이 편지에서 자신이 브라질에서 통치한 12년 동안 행정관들 가운데 그 누구도 유익한 제도를 만들어 내는 것을 보지 못했다고 적었다.

교회와 국가

에스파냐령 식민지에서처럼 브라질에서도 교회와 국가는 긴밀하게 결속되어 있었다. 그러나 에스파냐 군주들과 비교할 때 포르투갈 국왕들은 교회와의 관계에서 인색했다. 그러나 파드로아두padroado(교황이 포르투갈 왕에게 하사한 특권으로, 포르투갈 왕국과 그 해외 영토에서 고위 성직자들을 임명할 수 있게 한 결정)를 통해 행사된 교회 문제에 대한 왕의 지배권은 거의 절대적이었다. 왕은 '양심과교단위원회'Board of Conscience and Orders라는 특별 기구를 통해 자신의 권력을 행사했다. 그러나 로마교황청은 예수회라는 대리인을 통해 오랫동안 강력한 영향력을 간접적으로 유지했다. 예수회는 1759년 포르투갈과 브라질에서 추방될 때까지 포르투갈 궁정에서 매우 영향력 있는 집단으로 남아 있었다.

브라질 내 성직자들의 도덕과 행동은 일부 명예로운 예외가 없지 않았지만(특히 예수회 전체가 두드러진 예외였다) 개탄스러울 정도로 형편이 없었다. 성직자들은 자주 터무니없이 높은 사례금을 받고, 영적 의무 수행에서는 게으르기 짝이 없다는 비난을 받았다. 성직자들이 성직 의무와 세속적 활동을 겸하는 경우도 적지 않았다. 그들 중에는 대농장주도 있었고, 다양한 사업에 종사하기도 했다. 국왕의 한 고위 관리는 성직자들에 대한 자신의 인상을 다음과 같이 요약했다. "그들이 원하는 것은 무엇보다도 돈이며, 명예에는 도대체 관심이 없다."

그러나 교회와 성직자들은 식민지 브라질의 삶에서 나름 기여를 하기도 했다. 식민지에서 부족하기는 했지만 그나마 존재한 교육기관과 인도주의적 시설을 제공한 것은 바로 성직자들이었다. 성직자 가운데서 식민지 브라질의 과학, 교육, 문학 등에서 소수 뛰어난 인물들 대부분이 배출되었다. 성직자 집단은 재주 있는 사람에게 개방되어 있었고, 비록 특면장을 요구하기는 했지만 혼혈인을 받아들이기도 했다. 그들 가운데서도 예수회 출신 문필가들이 두드러진 위치를 차지했다. 그러나 식민지 브라질이 문화적으로 빈곤했음은 분명하며, 그 사실은 이곳에는 대학도 인쇄기도 없었다는 점에서도 분명히 알 수 있다.

주인과 노예

인종 간 융합은 브라질 국민의 형성에서 결정적인 역할을 수행했다. 식민지 내 포르투갈 여성의 부족, 청교도적 태도의 부재, 인디오와 흑인 노예 여성들에 대해 농장주들이 행사하는 절대적 권력, 이 모두가 인종 간 혼혈을 촉진했다. 백인-흑인, 백인-원주민, 흑인-원주민이라는 세 가지의 가능한 인종 간 결합 형태 가운데 첫번째가 가장 다수를 차지했다. 이 결합들은 대부분 혼외婚外의 형태로 이루어졌다. 1755년 폼발 후작은 인구 증가와 브라질의 국경 강화 정책을 추진하면서 포르투갈 인 남성과 원주민 여성 간의 결혼을 장려하고, 그런 결합으로 태어난 혼혈 자손들도 고수입의 고위직에 선출될 수 있게 해야 한다는 칙령을 발표했다. 그러나 이 혜택이 다른 형태의 인종 간 결합에까지 확대되지는 않았다.

피부색, 계급 그리고 노예 제도

원칙적으로 피부색에 의한 구분은 엄격했다. 예를 들어 '순수하게' 흰 피부색을 가진 아내와 남편은 상류층의 일원으로 인정받는 데 필수적인 조건이었다. 그러나 엄청난 수의 이인종異人種 간 혼외 결합과 그로 인해 크게 늘어난 혼혈 자손(적어도 그중 일부는 포르투갈 인 아버지의 사랑을 받았고, 얼마간의 교육과 재산을 물려받기도 했다)은 불가피하게 피부색에 따른 구분을 완화하고, 상당히 빈번한 '합격'passing 현상을 가져왔다. 피부색이 지나치게 검지 않으면 외모보다는 각자의 사회적·경제적 지위를 먼저 고려하는 인종 분류 경향이 나타났다. 영국 여행가 헨리 코스터Henry Koster는 한 유명인사와 관련된 일화에서 이 '공손한 허구'를 언급하고 있다. 카피탕 모르의 직위를 가지고 있었던 이 유명인사가 물라토일 것이라고 생각한 코스터는 그의 하인에게 그 점을 묻자 그 하인은 "전에는 그랬지만 지금은 아닙니다"라고 대답해서, 다시 왜 아니냐고 물었더니 그 하인은 "카피탕이 물라토일 수는 없는 일이지요"라고 대답했다.

인종 간 융합이 인종 구성에서 그랬듯이, 노예제는 브라질의 사회 조직에서 중요한 결과를 산출해 냈다. 노예제의 사회적 결과는 당연히 부정적이었다. 노예제는 노예화된 아프리카 인을 잔인하게 대하고, 노예 주인과 노예 모두를 부패하게 만들었으며, 노동의 존엄성과 관련하여 부정적인 태도를 조장하고 브라질의 경제 발전을 왜곡하였다. 노동을 노예제와 동일시하는 경향은 포르투갈 인과 자유신분의 혼혈인이 택할 수 있는 사회적으로 받아들일 만한 직업의 수를 크게 제한하였다. 이는 또한 떠돌이, 거지, '가난한 백인', 그리고 농업과 제조업에서 노예와 경쟁하지 않으려 하거나 할 수 없었던 타락하고 난폭한 그 밖의 사람들로 이루어진 다수의 계층을 만들어 냈다. 노예들에게 일을 하도록 유인할 인센티브가 거의 완전히 없는 상황에서 노예 노동의 극히 낮은 효율성과 생산성은 불가피한 것이었다.

오래된 역사서들은 브라질의 노예제가 다른 나라 노예제에 비해 상대적으로 온건했다는 생각을 부추겼다. 이 견해가 각광을 받은 것은 부분적으로는 브라질의 사회학자 질베르투 프레이리Gilberto Freyre 때문이었는데, 그는 브라질 북동부의 설탕 플랜테이션 사회의 주인과 노예 사이에 존재한 가부장적 관계를 강조하였다. 그러나 그가 언급한 노예는 대개 특권적 지위를 가진 가사家事 노예였다. 그들의 처지는 바이아와 페르남부쿠의 설탕 혹은 담배 플랜테이션에서 일하는 대다수 노예의 그것과는 많이 달랐다. 플랜테이션 노예는 수확기 혹은 제당소가 사탕수수를 압착할 때는 주야로 쉬지 않고 일하는 경우가 많았고, 동틀 녘부터 해질 녘까지 쉬지 않

By permission of The British Library A/C No. PL00466

브라질 노예제의 한 장면. 새로 아프리카에서 도착한 노예들이 한 노예상의 시설물에서 대기하고 있고, 의자에 앉아 있는 노예 주인이 노예를 구매하러 온 고객을 상대로 한 꼬마 노예의 가격을 협상하고 있다.

고 일하는 경우는 지극히 일반적이었다고 찰스 박서는 말하고 있다. 농번기가 지나면 작업 시간은 그리 길지 않았다. 그러나 그들이 준수해야 하는 '규율'은 여전히 어찌나 엄격했던지 노예에 대한 육체적 징벌은 새디스트적 잔인함으로 변질되기 일쑤였다. 1700년 국왕이 파견한 한 감독관은 노예 주인(여주인과 남주인 모두)이 노예들에 대해 자행하는 야만적인 대우를 강하게 비난했고, 그중에서도 데리고 있는 여성 노예들을 강제 매춘에 동원하는 여주인의 행태를 신랄하게 질책했다.

플랜테이션에서의 가혹한 노동 규율은 비용과 수익에 대한 계산을 반영하는 것이기도 했다. 스튜어트 슈워르츠는 다음과 같이 말했다.

노예 주인들은 노예 한 명이 1년에 평균 반 톤의 설탕을 생산할 수 있다고 생각했다. 이 시기 물가로 볼 때, 이것은 한 명의 노예가 2년 내지 3년 안에 노예 자신의 구매 가격과 유지비용만큼의 설탕을 생산하게 됨을 의미했다. 그러므로 노예가 5~6년만 살아도 농장주는 투자비용의 두 배를 뽑을 수 있었고, 그렇게 되면 원래의 노예를 대체할 다른 한 명의 튼튼한 노예를 새로 구입할 수 있었다.

이런 계산은 농장주가 노예의 노동 조건을 개선하려는 유인을 갖게 되지 않음을 의미했고, 또 갓난아이가 커서 생산력을 갖게 되기 위해서는 12~14년을 부양해야 해야 하는 부담이 따랐기 때문에 그들의 출산율을 높이려는 동기도 제공하지 못했다. 노예제 운영의 기본 이론은 "그들을 열심히 부려 수익을 올리고 새 노예를 구입하라"였던 것 같다고 슈워르츠는 결론짓고 있다.

노예에 대한 대우가 개별 노예주의 기질에 따라 많이 달랐음은 분명하다. 국왕이 노예에 대한 부당한 대우를 시정할 수 있는 법적 수단을 제공하기는 했지만 그것이 그들의 고통을 효과적으로 덜어 주었다고 판단할 만한 증거는 거의 없다. 플랜테이션에서 지주로부터 숙식과 급료를 제공받는 단지團地 내 사제로 대표되는 교회는 이 문제에 대해 이렇다 할 영향력을 행사하지 못했다. 노예들의 낮은 출산율과 빈번한 자살은 그들이 처해 있던 열악한 상황을 웅변적으로 말해 준다. 많은 노예들이 도주하여 킬롱부quilombos(도주한 노예들이 숲 속에 건설한 주거지)를 형성했다. 그중 가장 유명한 것이 1603년 북동부 지역 알라구아스Alagoas 대장령 내륙 지역에 세워진 이른바 '팔마리스 공화국'이었다. 약 140km가 넘는 영토에 세워진 10개의 마을에 수천 명이 모여 살았던 이 자급자족적인 아프리카인들의 '왕국'은 큰 규모와 복잡한 조직, 그리고 식민 당국이 파견한 정벌

군의 공격을 여러 차례 이겨낸 생존 능력에서 많은 킬롱부들 가운데서도 예외적인 존재라 할 수 있었다. 1694년에 가서야 상파울루의 군대Paulista army가 2년의 공성 끝에 이 '공화국'을 파괴할 수 있었다. 그러나 킬롱부들은 그 후로도 여전히 대농장주들과 당국을 긴장하게 만들었고, 1760년까지도 바이아 주변 킬롱부들의 위협에 대한 불평과 두려움은 매우 컸다.

노예해방은 노예가 자유를 획득하는 또 하나의 방법이었다. 노예 주인들은 유언장을 작성할 때 혹은 노예가 세례를 받는 자리에서 자신이 아끼는 노예나 혹은 대농장 본채Casa Grande(농장 주인이 거주하는 집)에서 성장한 노예 아이(노예 주인의 자식인 경우도 많았다)를 해방시켜 주었다. 노예가 가족과 친구들로부터 도움을 받아 돈을 주고 자유를 사는 경우도 있었다. 자유를 허용하면서 그 후로도 이런저런 봉사를 계속할 것을 약속받는 일정한 조건을 내거는 경우도 있었다. 이렇게 해서 경제적·문화적·종교적 동기가 섞인 다양한 방법을 통하여 해방 노예와 그 후손들로 이루어진 하나의 계층이 생겨났고, 18세기가 되면 그들은 식민지 브라질의 경제적·사회적 생활에서 나름 중요한 존재로 여겨졌다.

노예제는 식민지 브라질의 경제생활에서 결정적인 역할을 수행했고, 제반 사회적 관계에 지울 수 없는 흔적을 남겼다. 그러나 노예와 노예주 외에도 브라질 농촌 지역에 산재한 대농장과 마을 그리고 작은 촌락에는 다양한 인종적 배경을 가진 많은 자유농민들이 살고 있었다. 이중 일부는 소지주로서 몇 명의 노예를 거느리며 자신이 생산한 사탕수수를 엥제뉴(제당소) 주인에게 팔거나 정제를 부탁하기도 했다. 그러나 그들의 독립성은 경제적 열악성 때문에 불안정한 경우가 많았으며, 토지 소유의 집중화와 증대된 사회적 계층화 과정에서 그들의 땅과 노예가 대농장주에게 넘어가곤 했다. 그러나 자유농민들 대부분은 한 필지의 땅을 경작할 수 있는 권한을 제공받고 그 대신 대농장주에게 노동과 충성을 바쳐야 하는 라브라도흐lavradores, 모라도흐moradores, 혹은 포레이루foreiros(즉 소작농)였다. 다른 자유농민으로는 '불법점유자'라 불리는 사람들이 있었는데, 이들은 17세기와 18세기에 해안 지대에서 쫓겨나 내륙 오지에 정착하였으나 그 지역에 대한 소유권을 주장하는 목장주 귀족들이나 대토지 소유자들에 의해 침입자로 규정된 사람들이었다.

다른 자유 평민으로는 수공업자들이 있었다. 흑인이나 물라토 자유민도 많았던 이 수공업자들은 도시민들이 필요로 하는 물건을 만들어 파는 사람들이었다. 임금 노동자들—감독, 기계수리공, 통장이coopers 등등—도 중요한 집단을 이루었는데, 이들은 설탕 산업이 필요로 하는 특별한 기술을 제공해 주었다.

대농장과 식민도시

브라질의 사회와 경제 조직의 핵심은 파젠다라고 불리는 대농장이었으며, 그것은 내개 흑인 노예제에 기반을 두고 있었다. 대농장은 본채를 중심으로 가부장제적 공동체를 이루었으며, 농장주와 그의 가족, 농장 사제와 감독들, 노예들, '오브리가두(소작인)들', '아그레가두(가신)들', 그리고 각종 봉사를 제공하는 대신 농장주의 보호와 도움을 받는 낮은 신분의 자유인들이 함께 거주하는 공간이었다.

이 자기충족적인 세계에서 농장주와 노예, 그리고 백인 혹은 혼혈인으로 이루어진 그의 하급자들로 구성된 복잡한 관계망이 생겨났다. 확대된 접촉이 가끔은 이 관계들을 부드럽고 인간적으로 만들었으며, 단순한 상업적 관계에 다양한 감정적 유대감을 더해 준 것은 사실이다. 농장주의 가부장적인 역할은 콤파드리오(대부) 관계로 표현되곤 했는데, 거기에서 농장주는 세례 받는 아이 혹은 혼인하는 젊은이의 증인이 되는 것으로 그들의 콤파드리오가 되었다. 이 시스템은 농장 안에 사는 사람들의 상호부조와, 그들의 복지에 대한 농장주의 가부장적 관심을 반영한다. 그러나 그렇다고 그것이 농장 내 사람들에 대한 농장주의 가혹한 착취, 혹은 그들이 농장주의 명령을 거역하거나 그의 절대적 권력에 반항했을 때 극히 잔인한 방법으로 응징 당하는 것을 결코 배제하지는 않았다.

북동부 사탕수수 재배 지역에서는 대농장주들이 가문의 전통을 자랑하고 자신의 성姓과 혈통에 자부심을 가진 하나의 귀족 계층이 되었다. 세르탕(시골 벽지)과 남부 목축지역에서는 소수에 불과한 노예, 바케이루와 가우슈의 독립적인 경향, 노동자들의 보다 자유로운 이동이 그곳 사회에 다소간 보다 민주적인 환경을 만들어 냈다. 그렇기는 하지만 브라질 역사가 카이우 프라두 주니오르가 말했듯이 "브라질의 모든 곳에서 명백한 사회적 계서의 존재와, 농장주들의 절대적이고 가부장적인 지배는 식민지의 모든 대농장들과 분명하게 연계된 요소들이었다".

파젠다의 압도적인 중요성과 대조적으로 대부분의 식민지 도시들은 농촌의 부속물에 불과했으며, 정치적·사회적으로 농촌 유지들에 의해 지배되었다. 심지어 바이아와 리우데자네이루 같은 대도시에서도 사회 지배층은 파젠데이루(대농장주)들과 제당소 주인들이었다. 이들은 종종 농장 감독 일을 집사나 감독에게 맡기고 농촌의 단조로운 일상을 떠나 번잡한 도시생활을 즐기곤 하였다. 그러나 도시에는 대지주들과 권력을 다투거나 공유하는 다른 사회 집단들이 있었는데, 식민지 행정부의 고관, 고위성직자, 법률가를 비롯한 유복한 전문직 종사자, 그리고 대부분 반도 출신으로 수출입을 독점하고 대농장주들의 사업에 돈을 대기도 하는 대상인들이 바로 그들이었다.

상인의 사회적 지위는 포르투갈에서 유래한 상업에 대한 중세적 편견 때문에 그리 높지 않았다(그러나 이 편견이 고관들의 무역 참여에 대해 신중한 태도를 취하게는 했을지언정 그것을 방해하지는 않았다). 그러나 상인이 시 위원회의 구성원이 되는 것을 막는 것은 아무것도 없었다. 브라질 태생의 지주들과 유럽 태생의 상인들 간의 갈등은 벼락부자가 된 반도 출신 이민자에 대항하는 민족주의적 반감으로 악화되었고, 가끔은 그것이 무장투쟁으로 비화되기도 했다. 그 한 예가 페르남부쿠 주의 수도 올린다Olinda를 지배하는 사탕수수 대농장주들과, 이웃 항구 도시 헤시피를 지배하는 상인들 간에 벌어진 마스카치스Mascates('행상인', '보부상'이라는 뜻으로, 올린다의 대농장주들[브라질 인]이 헤시피의 무역상들을 얕잡아 부를 때 썼던 호칭이다—옮긴이) 국지전(1710~1711)이다.

마종부mazombo(브라질 태생의 백인)들과 레이노이reinóis(포르투갈 본국 출신)들 간의 갈등은 후에 나타나게 되는 보다 광범한 브라질 민족주의의 출현과, 초창기 브라질 독립 운동을 예고하는 것이었다. 18세기 말 브라질에서 가장 도시화된 지역이었던 미나스제라이스에는 매우 다양한 경제가 존재했다. 이곳에서는 관리들이 포르투갈 인 수출업자들에 대한 지역 상인들의 의존을 강화하고, 위반자들에게 거액의 벌금을 물리고, 새로운 인두세를 부과하려고 했기 때문에 여러 번에 걸쳐 소요가 일어났다. 1788~1789년에는 일단의 불평분자들이 반란을 일으켜 북아메리카식 공화국을 건설하려는 음모가 나타나기도 했는데, 그들 대부분은 식민지의 엘리트 지배층 사람들이었다. 주요 음모자 가운데 유일하게 지배 엘리트층이 아니었던 사람으로 하급 장교이면서 부업으로 발치사拔齒士로 일했던(브라질 역사에서 그가 '발치사'Tiradentes라고 알려져 있는 것은 그 때문이다) 주제 다 실바 샤비에르José da Silva Xavier가 있었다. 미국 독립의 열렬한 지지자였던 실바 샤비에르는 독립선언문과 미국 헌법 복사본을 가지고 있었다. 음모가 발각되어 모든 음모의 주역들이 사형선고를 받았으나 평민 출신인 실바 샤비에르를 제외하고는 모두 추방으로 감형되었다. 야만적 처형에 의연하게 대처한 그는 브라질 독립의 순교자이며 선구자가 되었다.

7장 _ 부르봉 왕가의 개혁과 에스파냐령 아메리카

1700년 11월 병약했던 카를로스 2세의 죽음은 에스파냐 역사에서 한 시대의 종말을 고함과 동시에 보다 나은 새로운 시대의 개막을 알리는 사건이었으나, 새 시대의 시작은 그다지 희망적이지 못했다. 생전에 불행했던 카를로스 2세는 죽음을 앞두고 그 어느 때보다도 왕다운 처신을 보여 주었는데, 그는 자신의 왕위를 승계하고자 하는 세 후보, 즉 바바리아Bavaria의 왕자, 오스트리아의 카를 대공, 루이 14세의 손자 앙주 공 필리프가 에스파냐의 지배령을 나누어 가지려는 음모를 저지하기 위해 필사적인 노력을 기울였다. 카를로스가 이승에서 마지막으로 취한 조치 가운데 하나

이 장의 핵심 문제

- 부르봉 왕가의 경제적·정치적 개혁의 주요 내용은 무엇이고, 그것이 식민지 경제와 사회적 관계에 미친 영향은 무엇인가?
- 크리오요 민족주의는 유럽의 계몽주의, 고대 아메리카 원주민 사회의 '고전 고대'와 어떤 관계가 있는가?
- 부르봉 왕가의 개혁이 원주민 공동체, 노예가 된 아프리카 인, 혼혈인들에게 어떤 영향을 미쳤는가?
- 부르봉 시대에 왜 식민지 역사상 최대 규모의 민중 봉기들이 일어났는가?
- '발전 없는 성장'(growth without development)이란 말이 부르봉 시대 식민지 경제에 얼마나 적절한가?

는 프랑스의 필리프를 자신의 모든 지배 영토의 승계자로 임명한다는 유언장에 서명하는 것이었다. 그 필리프가 바로 에스파냐 왕 펠리페 5세이다.

에스파냐와 프랑스가 한 지배자에 의해 통합될 수도 있다는 전망에 대해 영국인들이 느낀 두려움이 에스파냐 왕위계승전쟁(1702~1713)을 촉발하였다. 이 전쟁은 위트레히트 조약(1713)으로 종결되었고, 그것은 지브롤터와 메노르카Menorca 섬을 대영제국에 넘기고, 에스파냐령 인디아스에서 영국에게 상당한 무역상의 양보를 허용하며, 펠리페 5세 하에서 프랑스와 에스파냐가 통합하지 않는다는 내용으로 되어 있었다. 이듬해 체결된 또 한 번의 평화조약은 에스파냐령 네덜란드와 에스파냐령 이탈리아 영토를 오스트리아에 넘겨주었다.

개혁과 회복

에스파냐의 굴욕적 영토 상실은 비관주의와 패배주의를 확산시켰다. 그러나 다른 한 편으로 긍정적인 점도 있었는데, 왕위계승 전쟁 패배의 충격으로 에스파냐의 제도 전반의 전면적인 개혁의 필요성을 절감하게 되었다는 점, 에스파냐령 네덜란드와 이탈리아의 상실로 에스파냐의 통치가 좀 더 용이해지고, 에스파냐가 카스티야와 아라곤, 그리고 인디아스로만 구성되어 좀더 에스파냐적인 제국으로 되었다는 점이 그것이었다.

부르봉 왕가의 개혁

평화의 도래로 새 왕조는 프랑스의 예에서 영감을 얻은 개혁 프로그램의 실행에 관심을 기울일 수 있게 되었다. 개혁과 그에 이은 에스파냐의 부활

1713	위트레히트 조약, 에스파냐 왕위계승전쟁을 종결시키고, 프랑스와 에스파냐 왕위를 통합하지 않는다는 조건으로 부르봉 왕조의 에스파냐 왕으로의 즉위를 인정했으며, 아프리카 노예무역 독점을 포함하여 에스파냐령 인디아스 내 주요 무역 특권을 영국에 내주다.
1700~1746	펠리페 5세, 에스파냐 제국의 힘을 회복하고 식민지에서 왕권을 증대시키기 위해 부르봉의 개혁에 착수하다.
1730~1781	에스파냐령 아메리카 식민지 전역에서 총 128회의 봉기가 발발하다.
1739	누에바그라나다 부왕령이 창설되다.
1759~1788	카를로스 3세, 국왕 수입과 제국의 통제를 강화하기 위해 행정적·경제적·종교적 개혁에 착수하다.
1756~1763	7년 전쟁, 에스파냐의 패배로 귀결되고, 아바나를 일시적으로 영국에 빼앗기다.
1765	키토 폭동, 새로운 세금 부과와 아과르디엔테(럼주) 독점에서의 변화에 저항하다.
1766~1775	레알델몬테 은광 광부들, 스트라이크를 벌이다.
1776	밀무역을 줄이고, 포르투갈 인과 영국인의 침입에 맞서 에스파냐 제국을 강화하기 위해 리오데라플라타 부왕령을 창설하다.
1778	에스파냐 제국 내 자유무역을 선언하다.
1780~1781	투팍 아마루 2세, 미타·레파르티미엔토·알카발라, 그리고 그 밖의 세금들을 철폐하기 위해 봉기를 일으키다.
1781~1782	누에바그라나다에서 일어난 코무네로 반란, 원주민과 메스티소들이 납부하는 공납의 감축, 몰수당한 땅의 회복, 담배에 대해 부과한 신설 세금 폐지, 식민지 정부 관리 임명 시 유럽 인보다 크리오요의 우선적 채용을 주장하다.
1782~1790	효율적인 통치 행정과 국왕 수입 증대를 위해 지사(intendant) 제도를 도입하다.
1788~1808	카를로스 4세, 혁명에 대한 프랑스 부르봉 왕조의 대항에 필요한 비용을 마련하고, 크리오요들을 (혁명으로부터) 멀어지게 하기 위해 에스파냐령 식민지 무역에 세금을 부과하다.
1804	에스파냐, 식민지 내 교회기구들로 하여금 국왕과 새로운 부채 관계를 맺도록 강요한 콘솔리다시온 데 발레스 레알레스(Consolidación de Vales Reales)라는 칙령을 발표하다.
1808	나폴레옹, 에스파냐를 점령하고, 페르난도 7세를 추방하였으며, 자신의 형 조제프 보나파르트를 에스파냐 왕으로 임명하다.

은 부르봉 왕가의 세 군주, 즉 펠리페 5세(1700~1746)와 그의 두 아들 페르난도 6세(1746~1759), 카를로스 3세(1759~1788)와 밀접하게 연관되었다. 부르봉가의 왕들은 계몽 전제주의의 후원하에 기존의 정치 혹은 경제 구조에 대한 전면적인 재검토(국민 생활의 전면적 쇄신)에 착수했다. 그런 전면적 개혁만이 에스파냐와 선진 유럽 열강 간에 벌어져 있는 간극을 메우고, 18세기를 지배할 제국이 되기 위한 싸움에서 영국과 그 동맹국들을 이기는 데 필요한 무기—유력한 산업, 번영한 농업, 강력한 중간 계층—로 에스파냐를 무장시킬 수 있다고 생각했다.

개혁 운동은 비록 국왕 절대주의와 정통 가톨릭의 틀 안에서 수행되었지만 불가피하게 교회와 귀족 내 보수 세력의 반감을 불러일으켰다. 그 때문에 부르봉 왕가는 비록 플로리다블랑카Floridablanca 백작이나 아란다Aranda 백작 같은 자유주의적 성향의 대귀족의 지지를 받기도 했지만 대개는 하급귀족과 중간 계층에서 주요 각료와 관리들을 충원하였다. 이들은 비록 프랑스의 반反교회주의와 이신론理神論을 거부하기는 했지만 프랑스 백과전서파*의 합리주의 정신의 영향을 강하게 받고 있었다. 그들은 실용적 지식의 열정적인 추구, 교회와 성직자들의 결점에 대한 비판, 사회를 보다 합리적인 노선에 따라 재편함으로써 사회를 개선하는 데 박식한 이성의 힘이 중요하다는 믿음을 종교와 정치에서의 엄격한 정통주의와 결합하고 있었다는 점에서 에스파냐 계몽주의를 특징짓고 있었다.

국가 재건 작업은 펠리페 5세 치하에서 시작되어 카를로스 3세 시대에 절정에 이르렀다. 위대한 개혁가 왕 카를로스 3세는 육체노동에 딸린

* 유명한 백과사전 편찬(1751~1780)에 참여한 문필가들은 프랑스 계몽주의의 대변자들이었으며, 이신론과 합리주의적 세계관의 신봉자였다.

오명을 제거하고, 국영 직물 공장을 세우고, 외국인 기술자를 초빙하고, 기술 교육을 장려하는 등의 방법으로 에스파냐의 산업을 부흥시키고자 노력했다. 그는 목축업자들의 결사체인 메스타의 특권을 제한하고, 에스파냐 내 버려진 땅에 내외국인 농민을 정착시킴으로써 농업을 진흥하고자 했다. 또한 선왕들의 노력을 계승 확대하여 조선업을 장려하고, 도로와 운하 건설을 통해 무역과 교통 체계를 개선하였다. 1767년 예수회를 추방하고 종교재판소의 권한을 제한하는 포고령을 내려 교회의 영향력을 감소시켰다. 유능하고 정직한 각료들의 영향으로 공직자들 사이에 근검과 봉사의 정신이 생겨났다.

그러나 부르봉 왕가하에서 에스파냐의 경제나 사회생활에서 나타난 변화가 그다지 크지는 않았다. 봉건귀족, 교회와 수많은 끈으로 연결되고 있었던 왕정은 구질서의 토대, 즉 귀족들의 독점적 토지 소유에는 손대지 않았으며, 그로 인해 대중의 빈곤과 시대에 뒤떨어진 농사 방법은 변함없이 유지되었다. 이러한 취약성은 산업 발전을 위한 자본의 부족, 취약한 중산 계층 등과 더불어 에스파냐를 인구와 생산의 두드러진 발전에도 불구하고 영국, 프랑스, 네덜란드에 비해 뒤떨어진 2류 혹은 3류 국가에 머물게 했다.

1788년 12월 카를로스 3세가 서거하고 몇 달 지나지 않아 발발한 프랑스혁명으로 개혁의 시기는 사실상 끝이 났다. 프랑스 왕정의 붕괴와, 친척이기도 한 프랑스 국왕의 처형에 충격을 받은 카를로스 4세와 그의 각료들은 지도적 개혁가들을 추방 혹은 구금하였으며, 프랑스의 합리주의 혹은 프랑스혁명을 지지하는 문헌의 국내 반입을 금하였다. 그러나 그들이 에스파냐에서도 그렇고 식민지에서도 그렇고 시계바늘을 완전히 거꾸로 돌릴 수는 없었다. 예를 들어 카를로스 4세의 부패한 정부 하에서도 프란시스코 하비에르 발미스Francisco Xavier Balmis가 이끄는 원정대는 에스파냐령 아메리카와 아시아에 예방 접종 체계를 가지고 가 수많은 생명을 구했다.

식민지의 개혁과 관련하여 부르봉 왕가는 매우 신중하고 조심스런 태도로 접근했는데, 그런 태도는 옛 질서와 동일시되었던 유력한 기득권층이 볼 때 당연한 것이었다. 부르봉 왕가는 백인 정주자들의 자치 확대나, 그들이 비-에스파냐 세계와 보다 자유롭게 무역할 수 있게 허용하는 것을 결코 고려하지 않았다. 오히려 부르봉 왕가는 식민지 통치를 더욱 중앙집권화하여 효율성을 제고하려고 했다. 더욱이 부르봉 왕가의 상업 개혁은 밀무역을 줄이고, 에스파냐와 그 식민지 간의 독점적 성격의 상업적 유대를 더욱 강화하여 에스파냐를 위해 식민지를 경제적으로 '재정복'하려는 의도를 가지고 추진되었다.

식민지 교역의 부활과 무역독점의 붕괴

부르봉가의 첫번째 왕 펠리페 5세는 밀무역을 줄이고, 17세기 말부터 가동되지 않고 있던 선단船團 제도를 부활하는 데 노력을 집중했다. 위트레히트 조약으로 영국 상인들은 중요한 승리를 거두었고, 아시엔토는 그중에서도 핵심적 요소였다. 그로 인해 영국 남해회사South Sea Company는 에스파냐령 아메리카 대륙에 독점적으로 노예를 공급할 수 있는 권리와 매년 선박 한 척 분의 화물을 포르토벨로에 보낼 권리를 획득하게 되었다. 노예 수송선들이 밀무역을 하고, 공식적이고 연례적으로 왕래하는 선박과 동행해 간 식량보급선이 현지 화물을 가득 싣고 유럽으로 돌아온다는 것도 널리 알려진 일이었다. 남해회사가 무역 전초기지를 유지하고 있던 부에노스아이레스는 영국 무역업자들이 막대한 양의 밀수품을 쏟아 붓는 또 하나의 창구였으며, 그 상품들은 멀리 페루까지 침투해 들어갔다.

에스파냐 정부는 과르다코스타guardacosta(민간인 소유 전선[戰船])들에 해안 경비를 맡김으로써 카리브 해의 밀무역을 억제하려고 했는데, 이 과르다코스타들은 주요 무역로들을 순찰하면서 밀수선을 적발하였다. 에스파냐 정부는 또한 카디스 콘술라도consulado(상인 길드)의 독점권(이 콘술라도 회원들만 에스파냐 상선에 화물을 적재할 수 있었다)을 폐지하려고 했다. 이 독점이라는 장벽의 최초의 균열이 1720년대 비스카야 지역 자본가들의 주도로 설립된 카라카스 회사Caracas Company였다. 이 회사는 베네수엘라와 교역하는 특권을 갖는 대신 밀수업자 색출을 위한 해안 경비와 지역 자원 개발을 떠맡기로 했다. 회사는 이 목적을 성공적으로 달성했다고 주장했다. 그러나 밀수업자들이 이웃 네덜란드 식민지 쿠라사오Curaçao(카리브 해 남쪽의 섬)를 상대로 활발하게 거래하는 것을 막는 데는 실패했고, 베네수엘라 대농장주들과 상인들의 날카로운 적대를 극복하지도 못했다. 이 농장주들과 상인들은 카라카스 회사가 코코아 가격을 지나치게 낮게 책정하고, 남배를 비롯한 상품들을 너무 적게 매입하며, 에스파냐 상품을 너무 비싸게 판다며 비난했다.

비스카야와 카탈루냐의 자본은 아바나, 히스파니올라, 그리고 옛 식민지 무역 체계가 개발하지 않고 놔 둔 다른 지역과의 무역을 위해 카라카스 회사와 비슷한 회사들을 설립했다. 그러나 이 사업은 자본 부족과 미숙한 운영 때문에 실패로 돌아갔다. 그리고 카디스 독점 체제의 이러한 균열이 크리오요 상인들에게는 아무런 이익을 가져다주지도 못했는데, 그들은 여전히 에스파냐와 식민지 간의 합법적 무역으로부터 거의 완전히 배제되었다.

초기 부르봉 시대의 군주들은 관직 보유자들을 보다 신중하게 선택함으로써 행정의 질을 개선하려고 노력하는 것에 만족하고, 식민 통치의 행정 구조를 바꾸는 일에는 관심을 두지 않았다. 한 가지 중요한 변화라고 한다면 북부 안데스 지역(지금의 에콰도르, 콜롬비아, 베네수엘라)을 페루 부왕령에서 분리시킨 것인데, 이 지역은 1739년 누에바그라나다Nueva Granada라는 새 부왕령이 되었으며, 그 수도는 산타페Santa Fe(지금의 보고타)에 두었다. 이 변화는 카리브 해 해안 지역, 특히 카르타헤나 요새를 더 잘 보호하려는 전략적 고려를 반영하는 것이기도 했고, 다른 한편으로는 콜롬비아 중앙 고원 지대의 급속한 인구 증가를 반영하는 것이기도 했다. 새 부왕령 안에서 베네수엘라는 카라카스에 수도를 둔 사령관령이 되었으며, 산타페로부터 사실상 독립된 지역이 되었다.

국내 개혁 프로그램과 마찬가지로 식민지의 개혁 운동 또한 카를로스 3세 때 절정에 이르렀다. 에스파냐의 저명한 경제학자이며 페르난도 6세 때 재무부와 전쟁부 장관을 역임한 호세 캄피요José Campillo는 자신의 글에서 이 개혁을 이미 예시한 바 있었다. 그는 1743년 죽기 직전에 남긴 식민지 문제에 대한 회고록에서 카디스의 독점 체제 폐지, 아메리카 수출 상품에 대한 세금 인하, 아메리카를 오가는 우편망의 개선, 식민지들 간 교역의 장려, 식민지 농업의 발전, 에스파냐 제조업자들과 경쟁 관계에 있지 않은 식민지 경제활동 활성화 등을 주장했다.

이 권고사항들 대부분이 1765년 한 왕실위원회가 카를로스 3세에게 제출한 보고서에 포함되었다. 7년전쟁의 패배(이 패배로 에스파냐는 플로리다를 상실하고 쿠바도 빼기기 일보직전까지 갔다)가 에스파냐에 가져다준 충격이 제국의 재편과 개혁 프로그램의 입안을 자극했다.

이 시기에 국왕은 점진적으로 카디스의 무역독점을 폐지해 갔다. 1765년 카디스와 세비야 외에 7개의 항구가 서인도 제도와 무역을 할 수 있게 되었다. 이 개혁은 마침 그때가 쿠바의 설탕 생산이 증가하기 시작할 무렵이어서 쿠바의 경제 발전에 큰 자극이 되었다. 부르봉 왕조는 점차 이 특권을 다른 지역으로 확대해 갔고, 급기야 1778년의 유명한 자유무역 포고령으로 일정한 자격을 갖춘 모든 에스파냐 항구들과, 멕시코와 베네수엘라를 제외한 모든 아메리카 지역들과의 교역을 허용했다. 1789년에는 누에바에스파냐(멕시코)와 베네수엘라에도 똑같은 조건으로 무역이 개방되었다.* 이 무역에 부과되던 과중한 세금도 6~7%(화물의 가치에 따라 달랐다)의 단출한 세금으로 대체되었다. 식민지들 간의 무역 제한도 단계적으로 폐지되었다. 그러나 이는 에스파냐의 상품과 경쟁하지 않는 비유럽산 상품에 국한되었다. 이 같은 변화의 주요 수혜자는 리오데라플라타였는데, 이곳은 1776년 인디아스 다른 지역들과 자유롭게 무역하기 시작했다. 한편, 구질서의 상징과도 같았던 세비야 상무청은 그 중요성이 계속해서 약해지다가 결국 1789년 문을 닫았다. 유서 깊은 인디아스평의회도 같은 운명을 맞았다. 이 평의회는 하나의 협의기구로서 19세기까지 존속하기는 하였으나 권한의 대부분은 국왕에 의해 임명된 식민지 각료에게 넘어갔다.

자유무역 정책은 에스파냐와 에스파냐령 아메리카 간 교역량의 놀라운 증가를 자극하였으니, 1778년부터 1788년 사이에 두 지역 간 무역 총액은 무려 700%가 증가했다. 새로운 무역 중심지와 상인 집단들이 대對인디아스 무역에 참여하고, 세금이 줄고, 성가신 규제의 폐지로 무역량이

* 그러나 이 개혁이 대 식민지 무역에서 카디스 독점상인들과 아메리카 내 그들의 대리인들의 지배적인 역할을 심각하게 약화시키지는 않았음을 유념해야 한다. 1790년까지도 총 무역량의 85% 이상이 카디스를 통해 이루어졌는데, 이는 카디스의 선적시설, 보험, 저장시설, 통신시설 등이 다른 항구보다 우수했기 때문이다.

늘고 상품 가격은 낮아졌으며, 아마도 밀무역도 감소한 것으로 보인다(밀무역 감소 여부는 규제 철폐가 불가피하게 밀수업자들의 활동을 용이하게 한 측면도 있기 때문에 여기에서 확정적으로 말할 수는 없다).

그러나 부르봉가의 무역 관련 개혁의 성과는 제한적이었으며, 식민지 시장을 재정복하여 에스파냐에 돌려준다는 목표의 달성에는 궁극적으로 실패했다. 그 이유는 부르봉 왕조가 최선의 노력에도 불구하고 에스파냐의 산업상의 취약성을 극복하지 못했기 때문이었다. 더욱이 에스파냐는 영국과 전쟁을 하고 있는 상황(이를 이용해 외국인 무역업자들이 다시 에스파냐와 아메리카 항구들에 몰려들었다)에서 아메리카로 가는 항로를 계속해서 개방된 상태로 유지할 수 없었다. 실제로 에스파냐 정부는 1797년부터 1799년까지, 그리고 1805년부터 1809년까지 두 차례의 전쟁기 동안 식민지가 필요로 하는 물건을 공급할 수 없다는 것을 인정하고, 중립국(주로 미국)과의 무역을 허용함으로써 물건을 공급하지 않으면 안 되었다. 이 중립국과의 무역 허용은 미국과 카리브 해 지역·리오데라플라타 간 무역을 자극하였다.

증가한 경제활동

부르봉가가 추진한 상업 개혁의 가장 중요한 성과는 아마도 에스파냐령 아메리카의 경제활동에 준 자극이었을 것이다. 이 증대된 경제활동이 얼마나 부르봉가의 개혁 덕분이고, 얼마나 18세기 서유럽에서 일반적으로 나타나고 있던 경기 호황 덕분이었는지는 분명하지 않다. 분명한 것은 18세기 후반 에스파냐령 아메리카에서 농업, 목축, 광업 생산이 크게 증가했다는 사실이다. 부르봉 개혁으로 자극을 받고, 설탕·담배·가죽 그리고 그 외 다른 주요 상품에 대한 유럽 인의 수요가 증대하여 이 시기에 이런 상품들의 생산이 급증했다. 환금작물의 생산에서 지역 특화와 단일경작을 지향하는 두드러진 경향이 나타났다. 1770년 이후 베네수엘라, 쿠바의 커피는 카카오, 설탕과 함께 카리브 지역의 주요 수출품이 되었다. 인구의 점진적 증가는 또한 지역 시장을 위한 식량 작물의 생산을 자극했으며, 특히 옥수수보다는 유럽 인들이 선호하는 밀 생산이 늘어났다. 십일조 수입은 농업 생산의 지표를 제공해 주는데, 1779~1789년 사이에 주요 농업 지역에서 십일조 수입이 10년 전에 비해 40% 증가했다.

그러나 농업의 번영은 대체로 수출 작물 생산 지역이나 국내 시장에의 접근성이 양호한 지역에 국한되었던 것으로 보인다. 데이비드 브래딩David Brading의 그림은 18세기 멕시코 아시엔다의 재정 상황을 음울한 모습으로 표현하고 있다. 멕시코 계곡과 바히오Bajío*, 과달라하라 지역을 제외하고는 시장이 너무 작아 만족스런 수익을 창출해 낼 수가 없었다. 먼 거리, 열악한 도로 사정, 높은 운송비로 아시엔다들의 생산 능력은 지역 시장의 요구 수준을 넘어서기가 어려웠다. 사유 농장은 십일조와 판매세를 내야 했고, 부재시주와 현지 행정가들에게도 지불할 것이 있었기 때문에 교회 소유 아시엔다에 비해 사정이 훨씬 더 좋지 않았다. 여러 지역에 여러 개의 장원을 가지고 있으면서 다양한 작물을 생산하여 여러 시장에 출하했던 대지주 가문들의 상황은 상대적으로 나았다. 그들의 수익은 18세기 말 대략 평균 자본 가치의 6~9%에 이르렀다. 그러나 저렴한 노동력 덕분에 낮은 생산성에도 큰 수입을 만들어 냈으며, 그를 통해 아센다도들은 호화로운 영주의 삶을 살 수 있었다. 많은 아시엔다들이 당시 주요 은행

* 오늘날의 멕시코의 과나후아토(Guanajuato)와 케레타로(Querétaro) 주에 위치한 지역으로 농업, 광업, 제조업의 다양화된 경제활동을 하던 비교적 도시화된 지역이다.

역할을 하던 교회 기관들에게 상당히 많은 빚을 지고 있었다.

농업 생산의 증가는 개선된 도구나 기술의 사용 때문이 아니라 보다 많은 토지의 이용과 보다 많은 노동의 투여에 따른 것이었다. 값싼 날품팔이 노동력을 이용하는 비효율적인 라티푼디움(대농장)과 노예 노동력을 이용하는 플랜테이션이 상업적 농업 생산의 대부분을 차지했다. 프로이센의 여행가 알렉산더 폰 훔볼트는 멕시코의 반봉건적 토지 소유 제도에 관해 다음과 같이 말했다.

> 누에바에스파냐의 재산은 에스파냐와 마찬가지로 오랜 시간에 걸쳐 소농장들을 흡수한 몇몇 유력 가문들의 수중에 들어가 있다. 유럽에서와 마찬가지로 아메리카에서도 대다수 평민들은 소떼를 모는 인부가 되거나 항구적인 가난뱅이로 전락하게 되었다.

18세기 후반 멕시코와 중부 안데스 지역에서 나타난 토지 소유의 집중화는 제한된 시장에서 소생산자들의 경쟁력을 압살하고 가격을 높게 유지하려고 한 아센다도들의 이익을 반영했다. 이를 위해 대농장주는 수확한 곡물을 창고에 쌓아 두고 있다가 곡물이 부족해져 가격이 최고조에 이를 때 시장에 내놓았다. 그러나 식민지 농업의 낮은 생산성을 고려할 때 가뭄, 때이른 서리, 지나친 강우 같은 자연재해는 식량 공급과 인구 간의 불안한 균형을 어렵지 않게 파괴하곤 했으며, 1785~1787년 멕시코에서처럼 가공할 기근을 낳곤 했다(이때 수천 명이 굶주림과 질병으로 사망했다).

카리브 지역의 주요 작물이 설탕, 카카오, 커피였다면, 리오데라플라타의 주요 산물은 짐승 가죽이었다. 구두 제조와 산업용 가죽에 대한 유럽의 수요가 늘어나고, 1735년 등록된 선박에 한하여 에스파냐와의 직접 무역을 허용한 조치로 이 지역(리오데라플라타) 경제가 급속히 발전하게 되었다. 광활한 초원 지대에서 무분별하게 이루어지던 야생 동물 사냥은 일정한 '에스탄시아'estancias(대목장)에서 이루어지는 방목으로 바뀌었다. 18세기 말이면 이 목장들은 규모가 15~20평방레구아(1평방레구아는 약 23.3km² — 옮긴이)에 이르고, 기르는 소가 8만~10만 두에 이를 정도로 커졌다. 1790년이면 부에노스아이레스에서 수출되는 가죽이 매년 150만 장에 이르렀다. 소고기는 전에는 즉시 소비될 수 있는 소량 외에는 전부 내다 버렸지만 이제는 염장육의 수요 증대로 그 가치가 높아졌으며, 이제 그것은 대규모의 '살라데로'saladero(염장 가공 공장)에서 가공 처리되어 출하되었다. 이 염장 소고기의 주 소비처는 무엇보다도 카리브 지역, 특히 그 고기를 주로 노예들의 식량으로 제공했던 쿠바였다. 그러나 라플라타 지역 목축업의 발전은 토지가 더욱 더 소수의 수중에 집중되게 하는 부작용을 초래했으며, 농업을 희생시키는 대가를 치르게 만들었으니, 이로 인해 농업은 심각한 침체에 빠지게 되었다.

18세기에는 또한 에스파냐 식민지에서 은광업의 부활이 뚜렷하게 나타났다. 이 부활은 페루와 멕시코 둘 다에서 나타났지만 부르봉 시대에는 멕시코의 광산들이 페루의 광산들보다 훨씬 더 중요했다. 광산주들 중에는 크리오요도 있었고 페닌술라르도 있었지만 광산 경영에 자본을 출자한 에스파냐 상인들이 이익의 대부분을 가져갔다. 농업의 경우와 마찬가지로 은 생산의 증가도 기술 개선보다는 새 광산의 개발과 옛 광산의 재개발 그리고 더 많은 노동력 투입에 따른 것이었다. 그러나 왕실, 그중에서도 카를로스 3세 하의 왕실의 역할도 중요했는데, 왕실은 사업가들에게 새로운 인센티브를 제공하고, 광산업의 후진성을 극복하기 위해 노력함으로써 광산업 부활에 물질적으로 기여했다. 이 인센티브 중에는 세금 감면, 정부 전매품이던 수은 가격 인하 등이 포함되어 있었다.

누에바에스파냐에서 국왕은 광산업자 길드 설립을 추진하였으며(1777), 그 길드의 활동 중에는 광산 개발자금 지원을 위한 은행 설립도 포함되어 있었다. 이 길드의 후원하에 아메리카 최초의 광산학교가 설립되었고(1792), 이 광산학교는 우수한 교수진에 근대적인 장비를 갖추고 뛰어난 이론과 실기 교육을 제공했으며, 멕시코에서 계몽사상의 중요한 원천을 대변하는 것이기도 했다. 외국인 혹은 에스파냐 인 전문가들이 멕시코와 페루로 기술자들을 데려와 광산주들에게 새 기계와 기술의 장점을 직접 보여 주기도 했다. 그러나 칭찬받아 마땅한 이러한 노력은 광산주들의 고집, 변화에 필요한 자본 부족, 운영 능력 결여를 비롯한 여러 가지 장애물을 만났다. 그럼에도 은 생산은 꾸준히 증가했으며, 그것은 브라질산 은과 더불어 북서유럽에서 산업혁명을 촉발하는 데 기여했고, 세계적 규모의 상업활동을 자극했다. 또한 아메리카 은은 부르봉 왕가가 벌이는 만성적인 전쟁에 들어가는 엄청난 비용을 조달하는 데 도움을 제공했다.

1774년 부왕 안토니오 마리아 부카렐리 이 우르수아Antonio María Bucareli y Ursúa 밑에서 일한 개혁적 성향의 회계관 호세 안토니오 아레체José Antonio Areche는 멕시코의 경제 상황에 관해 한 편의 보고서를 작성했다. 그는 멕시코의 경제 상황을 근대화에 결정적 장애가 되는 관행과 이념을 특징으로 하는 후진적 경제 체제로 기술했다. 사람들은 농촌을 떠나 도시로 갔고, 도시는 실업자와 취업이 불가능한 사람들로 넘쳐났다. 이런 농촌 탈출의 주된 이유는 비효율적인 농업이며, 낮은 농업 생산성은 원시적 경작 방법, 과도한 부채를 가진 농장, 열악한 작업 조건에 기인한다고 했다. 아레체는 지주들이 현금이 아닌 현물로 임금을 지불하고, 노동자를 형편없이 대우하고, 새로운 산물의 실험이나 새 시장 개척보다는 몇 가지 기본 상품의 생산에만 집중한다며 비난했다. 노동자에게 임금을 현금이 아닌 현물로 지불하고, 유통되는 화폐가 부족하기 때문에 소매小賣가 지지부진하다고 했다. 아레체는 또한 원주민 공동체들이 다양한 소비재를 구매할 수 있는 거대한 잠재적 시장이라는 것을 모르고 상인들이 원주민 마을들에 강제로 물건을 팔아먹는 데만 골몰해 있다며 비난했다. 그러나 아레체는 에스파냐가 멕시코를 존 코츠워스John Coatsworth의 표현대로, 식민지가 생산하는 은의 대부분(에스파냐 지배의 마지막 반세기 동안 약 5억~6억 페소에 이르렀다)을 빼내가는 '추출 기계'로 이용해 먹은 것이 멕시코의 자본 형성 결여와 구조적 경제 침체의 주 요인이었다는 점은 깨닫지 못했다.

아레체의 보고서는 부르봉 시대의 증대된 경제활동이 식민지 경제에 별다른 질적 변화를 수반하지 못했음을 분명히 하고 있다. 근대 라틴아메리카의 경제적 성취에 자주 적용되는 "발전 없는 성장"이라는 말은 부르봉 시대 식민지 경제에도 똑같이 해당된다고 하겠다.

식민지의 제조업은 장기적이고 비교적 꾸준했던 성장의 시기를 거친 뒤 18세기 말에 쇠퇴하기 시작했으며, 그것은 무엇보다도 훨씬 높은 경쟁력을 가진 값싼 외국 상품의 유입 때문이었다. 서부 아르헨티나의 직물업과 포도주 산업은 부에노스아이레스와 몬테비데오 시장을 저가의 외국산 포도주와 직물에 빼앗기면서 몰락하게 되었다. 에콰도르의 키토 지방 직물업자들도 비슷한 이유로 입은 손실에 대해 불평을 토로했다. 멕시코의 제조업 중심지 푸에블라에서는 1793~1802년에 도자기 산업이 치명적인 침체에 빠졌다. 그러나 푸에블라와 케레타로는 여전히 직물업의 중심지로 남았다.

비록 에스파냐가 중상주의 경제정책을 취하여 식민지의 제조업—

특히 고급 직물업 — 발전을 제한하려고 했지만 그것은 대규모 제조업의 발전을 가로막는 작은 장애물에 지나지 않았다. 좀더 중요한 장애물은 자본 투자의 부족, 투자처로서 토지와 광산업을 선호하는 에스파냐 인의 성향, 노동자와 생산성 모두에 유해한 반半노예적 노동 시스템 등이었다. 1803년 케레타로의 견직물 공장을 방문한 훔볼트는 당시의 느낌을 다음과 같이 적고 있다.

© Craig Lovell/CORBIS

에콰도르에 있는 이 오타발로(Otavalo)의 노동자처럼 여성, 특히 원주민 여성들은 직물업 오브라헤(작업장)의 열악한 위생 조건 속에서 일하는 경우가 많았다. 이곳에서 그녀들은 양모를 꼬아 실로 만들고, 원시적인 도구를 사용하여 옷감으로 만들었다.

> 나는 어설프기 짝이 없는 나염 과정뿐만 아니라 열악한 작업 환경과 노동자들에 대한 형편없는 대우에 큰 충격을 받았다. 자유민, 인디오, 유색인 그리고 법원이 공장에 배치한 범죄자들이 한 데 뒤섞여 강제 노동을 하고 있었다. 거의 모든 노동자들이 반쯤 벌거벗거나 누더기를 걸치고 있었으며, 못 먹어 야윈 모습이거나 불구였다. 모든 작업장은 어두운 지하 감옥 같았다. 이중으로 된 문은 항상 굳게 닫혀 있었으며, 노동자들은 그곳을 벗어날 수가 없었다. 처자식이 있는 사람들은 일요일에만 가족을 만날 수 있었다. 작업장의 규율을 조금이라도 어긴 사람은 누구든 인정사정없이 구타를 당했다.

대규모 생산라인을 갖춘 몇 안 되는 공장 가운데 하나가 담배 공장이었다. 케레타로 시에서 훔볼트가 방문한 담배 공장은 1,900명의 여성 근로자를 포함하여 3,000명을 고용하고 있었다.

18세기의 노동 시스템

훔볼트의 언급은 식민 시기의 처음부터 끝까지 예속과 강제가 노동 시스템의 본질적인 요소로 존속하였음을 말해 준다. 부르봉 왕실은 이론적으로는 강제 노동을 혐오한다고 말했지만 실제로는 인디아스에서 채무 노역제의 법적 강제를 오히려 강화했다. 보다 효율적인 세금 징수에 관심이 많았던 카를로스 3세의 개혁파 각료 호세 데 갈베스José de Gálvez는 원주민들을 그들의 마을과 아시엔다에 보다 확실하게 결박시키기 위해 애썼다. 1769년 그는 누에바에스파냐에 계약 만료 증명서 제도를 도입했는데, 이는 페온(채무 노역자)이 채무를 청산했으므로 다른 지주를 상대로 직업을 구할 수 있음을 입증하는 문건이었다. 이 증명서를 소지하지 않은 노동자는 이동이 제한되었다. 더욱이 누에바에스파냐의 광산법은 채무 페온제가 이 분야에서 확대되는 것을 허가해 주었고, 그것은 또한 칠레의 금광과 은광으로도 확대되었다. 칠레에서 국왕은 멕시코에서 사용된 것과 마찬가지로 채무계약 만료 증명서 제도를 도입했다. 제임스 릴리James D. Riley의 연구에 의하면, 부르봉 왕실의 정책에서 1785년 이후 멕시코에서 채무 노역제를 "덜 강제적인" 것으로 만들려는 노력이 있었다. 그는 동시에 정부가 채무 노역자를 추적하여 부채를 지불하게 하거나 노동을 강제하는 데도 결코 주저하지 않았다고 주장한다. 18세기 키토(에콰도르)에 소재한 한 예수회 농장에서 "채무는 안정된 노동력을 유지하는 하나의 수단이었다. 그들의 임금은 참담할 정도로 열악했다. 그것은 인디오 판 흑인 노예제였다"라고 니콜라스 쿠쉬너Nicholas Cushner는 말하고 있다.

앞에서도 언급한 적이 있지만 사실 채무 노역제가 얼마나 중요하고 얼마나 모질었는지는 그 지역에 활용 가능한 노동력이 많았는가 적었는가에 따라 달랐다. 18세기 말 누에바에스파냐에서는 인구 증가와 소규모 생산자의 소멸에 따라 노동력이 증가했고, 그로 인해 노동자를 확보하고 유지하는 수단으로서 채무 노역제의 중요성은 크게 감소했다. 예를 들어, 에릭 반 영Eric Van Young은 과달라하라 지역 채무 노역자들의 1인당 부채의 감소를 문건으로 증명한 바 있는데, 이는 고용주를 상대로 하는 노역자의 협상력이 감소했음을 의미한다. 이 새로운 상황은 아센다도들이 생산 수준의 변화에 따라 비교적 자유롭게 노동자를 데리고 있거나 해고할 수 있게 만들었다. 그리하여 18세기 말 멕시코에서는 흉작이 들었을 때 지주들이 노동자들에게 제공하는 식량을 절약하기 위해 노동자들을 자의적으로 해고했다. 이런 변화는 실질임금의 하락과 농민 생활수준의 저하를 동반하였다.

안데스 지역에서는 미타가 — 그 제도가 시행되는 지역에서 — 식민 시기 마지막까지 광산과 농장 노동력의 공급에서 중요한 역할을 수행했다. 다른 지역에서는 농업 노동이 이론적으로는 자유로웠다. 그러나 무거운 세금 부담과 상품 레파르티미엔토의 시행으로 노동자들은 현금이 있어야 했고, 원주민들은 에스파냐 인의 아시엔다에서 일자리를 구해야 했다. 이들 야나코나들 중에는 다수의 이른바 '포라스테로들'forasteros, 즉 두려운 미타 부역과 과중한 세금을 피하기 위해 고향 마을에서 도망쳐 나온 원주민들이 포함되어 있었다. 이들 노동자 혹은 소작인들과 그들의 가족들은 아센다도의 땅에서 일하는 것 외에도 농장주의 집에 가서 개인적으로도 봉사해야 했다. 이론적으로는 자유인이었지만 이런 예속적 지위는 그들의 이동성을 크게 제한하였다.

초기의 노동쟁의

에스파냐령 아메리카 식민지에서 일어난 노동쟁의에 관해 우리가 알고 있는 지식은 단편적인 것에 불과한데, 그럴 수밖에 없는 이유 가운데 하나는 역사가들이 최근까지 이 문제에 대해 별 관심을 기울이지 않았다는 점이다. 비교적 근대적 형태의 노동 갈등의 최초의 사례를 18세기에 가장 발전되고 다양한 경제를 가진 식민지 멕시코에서 찾아볼 수 있다. 수공업 작업장에서도 가끔 스트라이크가 발생했다. 예를 들어 1784년 바실리오 바담레르Basilio Badamler의 제빵소 노동자들은 '참담한 노동 조건'에 항의하여 스트라이크를 벌였다. 그러나 좀더 일반적으로는 노동자들이 대규모로 집중되어 있고 분업 노동이 이루어지는 공장에서 스트라이크가 일어났는데, 그것은 이런 노동 조건이 노동자들의 협력과 연대를 조장하는 경향이 있었기 때문이다. 그런 대규모 산업 중 하나가 왕실의 전매사업으로 운영되는 담배 공장이었으며, 이 공장의 설립은 자신의 작업장에서 소규모로 담배를 생산하던 수공업자들에 대한 가차 없는 탄압을 수반하였다. 멕시코시티에서 독점적으로 운영한 이 거대한 공장은 7,000여 명의 남녀 노동자를 고용하고 있었다. 원주민과 메스티소, 그리고 소수의 에스파냐 인이 포함된 이들 노동자들은 급료를 현금으로 받았고, 1780년대와 1790년대 연간 급료 총액은 약 75만 페소에 이르렀다. 스트라이크와 항의로 표출되곤 했던 이 노동자들의 호전성은 당국을 불안하게 만들었다. 1788년 멕시코시티의 영사관은 작업 시간이 '약간' 늘어난 것 때문에 촉발된 부왕 청사 앞에서의 항의 행진을 언급하면서, 이 대규모 노동자 집회가 공공질서를 위협하고 있다고 말했다. 노동자들은 경비원들의 저지에도 아랑곳하지 않고 청사로 몰려들어 청사 안뜰과 계단, 그리고 복도를 점거했다. 이에 그들의 불만을 경청한 부왕은 "신중하게 공장 운영자에게 작업 시간 연장의 철회를 지시하는 쪽지를 그들에게 건넸고, 그로써 다행히도 소동은 끝났으며, 노동자들은 그 쪽지를 들고 의기양양하게 청사를 떠났다. 그러나 부왕은 그 후 노동자들의 난폭한 행동을 간과하고 재발 방지를 위한 조치를 취하지 않았기 때문에 그런 소요가 다시 일어날 가능성은 얼마든지 있었다". 1794년 노동자들은 다시 계약 조건이 바뀐 것에 항의하여 부왕 청사 앞에서 시위를 벌였으며, 그 결과 다음날 할 작업을 준비하기 위해 일감 일부를 집으로 가져가게 해달라는 그들의 요구가 받아들여졌다.

좀더 극적인 노동쟁의가 1780년대 멕시코 은광에서 발생했다. 무대는 북부 멕시코의 레알델몬테Real del Monte 광산이었다. 이곳 노동자의 대부분은 다른 멕시코 은광들과 마찬가지로 자유인 신분이었으나 그중 일부는 광산 주인들이 주변 인디오 마을들에서 레파르티미엔토, 즉 노동자 징모제를 통해 징발해 온 사람들이었다. 강제징모꾼들은 만성적인 노동력 부족을 완화하기 위해 '게으름뱅이', '떠돌이'들을 강제로 끌고 오기도 했다. 그러나 거만하고 완강한 고용주와의 대립을 야기하고 궁극적으로는 작업 중단에 이르게까지 한 것은 숙련 자유노동자들의 불만이었다. 은광 산업의 극단적인 노동 분화——지하 광맥에서 광석을 캐내는 일부터 지상에서 그것을 노새에 실을 때까지 30여 개의 서로 다른 작업이 필요했다——는 노동자들 간에 공유된 이해와 협력의 감정을 발전시켰다.

광산 노동은 위험했고 노동자들은 매일 사고로 목숨 혹은 팔다리를 잃을 위험, 더 빈번하게는 치명적인 질병에 노출될 위험을 감수해야 했다. 당대 멕시코 은광의 대표적인 전문가였던 프란시스코 데 감보아Francisco de Gamboa에 따르면, 광부들은 "사다리가 부러지고, 바위가 미끄러져 내리고, 과중한 짐 때문에 허리가 꺾이고, 얼음처럼 찬 물이 쏟아져 내릴지 모른다는 두려움 속에서, 혹은 질병과 습하고 뜨겁고 질식할 것 같은 더위에 시달리면서" 작업을 했다. 식민 시기 말기에 멕시코를 찾은 훔볼트는 멕시코 광부들 가운데 35세를 넘기는 사람이 거의 없다고 증언했다. 그러나 식민지의 기준으로 볼 때 광산노동자들의 임금은 괜찮은 편이었다. 지하갱도에 들어가는 노동자는 20시간짜리 교대 근무 한 번을 하면 4레알(50센트, 1레알을 가지고 양모 1파운드[1파운드는 약 454g — 옮긴이] 혹은 소고기 5파운드를 살 수 있었다)을 받았는데, 이는 일반 농업노동자 급료의 두 배가 넘는 것이었다. 관행적으로 받는 이 급료에다 숙련 노동자는 '파르티도'partido를 더 챙길 수 있었는데, 그것은 숙련 노동자가 할당량 이상의 은광석을 생산했을 때 그중 일부를 가질 수 있는 권리였다.

광산주 로메로 데 테레로스Romero de Terreros가 페온(광석운반자)의 임금을 4레알에서 3레알로 삭감하고 기본 할당량을 늘리며 파르티도를 단계적으로 없애려고 한 시도가 노동자들의 분노를 샀고, 결국 그것은 스트라이크로 이어졌다. 노동자들에게 동정적인 한 성직자가 그들에게 합법적 방식으로 투쟁하도록 권고하고 고용주와의 쟁의를 중재하려 했다(이 성직자는 나중에 이런 적극적인 중재 노력 때문에 마을에서 축출되었다). 결국 왕실 재정에 은 생산이 대단히 중요하다는 점, 만성적인 노동력 부족 때문에 노동자들이 협상 테이블에서 유리한 위치를 점하고 있다는 점을 잘 알고 있었던 국가가 개입했다. 왕은 은광에 대해서뿐만 아니라 광산법에 정통했던 프란시스코 데 감보아를 파견하여 양측의 갈등을 중재하려고 했다. 그의 중재는 사실상 노동자들의 모든 요구를 수용하였으니, 악행을 일삼는 보스들이 해고되고 임금 삭감은 철회되었으며 파르티도의 권리도 문서로 재확인되었다.*

도리스 래드Doris Ladd는 이 사건을 뛰어나고 감각적인 필치로 재구성했다. 그녀는 레알델몬테의 쟁의를 노동 계급이 나타나기 전에 발생한 계급투쟁으로 해석하고——이제 막 생겨나고 있던 계급의식을 반영한다는 것이다——노동자들의 이념을 '급진적', '혁명적'이라고 기술했다. 그녀는 노동자를 변호한 변호사의 언급 속에 표현된 파업 노동자들의 사회 경제적 정의에 대한 주장을 다음과 같이 인용했다. "그것은 노동과 이윤 간에 적절한 균형이 이루어져야 한다는 신법神法, 자연법, 세속법의 모든 시스템 속에 들어 있는 권고이다." 그러나 이 정의에의 호소는 그 범위와 의미가 제한된 것이었다. 그것은 신분이 자유롭고 비교적 특권적인 숙련 노동자 집단에만 적용되었으며, 징모꾼에 의해 자기 집에 있다가 졸지에 광산으로 끌려 온 원주민의 강제 노동에는 아무런 의문도 제기하지 않았다. 여러 가지 유리한 조건 덕분에 파업 노동자들은 승리를 거두었으며, 이는 분쟁 발생 이전 상태로 돌아가는 것을 의미했다. 그러나 이 승리는 강제로 징모된 원주민 노동자에 대해서는 전과 똑같이 견디기 어려운 상태로 그들을 방치했다. 그런 노예 상태를 정상적 관행으로 인정한 이념을 진정 '급진적' 혹은 '혁명적'이라고 할 수 있는지 묻지 않을 수 없다.

정치 개혁

카를로스 3세 치하에서 그 동안 불규칙하게 팽창해 온 제국 영토의 재편

---

* 그러나 레알델몬테 광산에서 노동자들이 거둔 승리가 이 시기 누에바에스파냐 광산 지대에서 벌어진 노동쟁의의 일반적 현상은 아니었다. 후기 부르봉 시대 멕시코의 광산주들은 노동자들에게 더 공격적인 성향을 드러내 보였다. 그들은 군대와 의회의 지원하에 파르티도를 없애거나 줄이기 일쑤였고, 자주 노동자들의 임금을 현상유지시키거나 감축했다.

작업이 계속 추진되었다. 누에바그라나다 부왕령의 신설로 이미 축소된 페루 부왕령이 이번에는 1776년 리오데라플라타 부왕령(그 수도는 부에노스아이레스에 두었다)의 창설로 더욱 축소되었다. 이 조치는 강(라플라타 강) 어귀에서 행해지고 있던 대규모 밀무역에 대한 에스파냐 정부의 우려를 반영하는 것이었다. 그것은 또한 최근 말비나스(포클랜드) 제도 근처에 거점을 마련하고 있던 영국인들, 혹은 브라질에서 남쪽으로 내려와 강 어귀에 사크라멘토Sacramento라는 정주지를 세운 포르투갈 인들(이들은 이를 거점 삼아 오가는 선박과 몬테비데오 시를 위협했다)이 이 지역을 공격할지 모른다는 걱정의 소산이기도 했다. 이 같은 위험을 제거하기 위해 에스파냐 정부는 강 양쪽을 완전히 장악하기 위한 대규모 군사 원정을 준비했다. 이 원정대의 대장 페드로 데 세바요스Pedro de Cevallos는 당시 부에노스아이레스의 부왕이라는 임시 직책을 가지고 있었다. 1778년 후안 호세 데 베르티스Juan José de Vértiz가 부왕에 정식 임명됨으로써 이 부왕령이 항구적인 것으로 되었고, 10년이 넘는 그의 임기 동안 이 지역은 비약적으로 성장했다. 이 성장은 상당 부분 1778년의 자유무역법 덕분이었는데, 이것은 부에노스아이레스와 에스파냐 간 직접 무역을 승인하고, 식민지 내부 무역을 허용하는 내용으로 되어 있었다. 1783년 부에노스아이레스에 국왕 아우디엔시아가 설치됨으로써 라플라타 강 지역은 멀리 떨어진 리마 부왕령에서 결정적으로 분리되어 나오게 되었다. 알토페루(볼리비아)가 새 부왕령으로 들어오고, 그로 인해 포토시의 은이 리마에서 부에노스아이레스 쪽으로 방향을 튼 것은 리마 상인들에 대한 부에노스아이레스 상인들의 압도적인 승리를 의미했다.

에스파냐령 아메리카의 행정상의 지방분권화 경향은 마드리드의 감독과 통제의 강화와 더불어, 외국인의 군사적·상업적 침입에 맞선 투쟁뿐

1780년 라틴아메리카의 부왕령들

만 아니라 여러 지역들 간의 엄청난 거리가 만들어 내는 교통과 통치의 문제에 대한 계몽주의적 인식을 반영하는 것이기도 했다. 그리고 이 인식은 아메리카 대륙 일반에 대한 지리 지식과 지도 제작법에서의 발전으로 더욱 자극을 받았다. 18세기에 사령관령들이 누리는 자치가 커진 것과 사령관령의 수가 증가한 것은 이 경향을 말해 주는 두 가지 징후였다. 그리하여 국왕은 베네수엘라와 칠레의 지위를 사령관령으로 격상시켜 주었다. 사령관령이 누리게 된 자치의 증대는 칠레의 암브로시오 오이긴스Ambrosio O'Higgins를 비롯한 계몽주의적인 지배자들이 자신의 사령관령에서 두드러진 경제 개혁을 시도하고, 광산업과 제조업의 발전을 도모하고, 새로운 작물을 도입하고, 에스파냐 왕실의 이익뿐만 아니라 식민지인들의 복지 증진을 위해 노력하게 만들었다.

새 부왕령과 사령관령의 설치는 또 하나의 중요한 정치 개혁과 병행해서 이루어졌는데, 1782년부터 1790년 사이에 프랑스가 이미 에스파냐에 도입한 바 있는 지사intendant 제도가 식민지에도 도입된 것이 그것이었다. 이 개혁의 취지는 행정의 효율성을 높이고 식민지로부터 얻어지는 왕실 수입을 증대시키자는 것이었다. 주provinces의 수도에 머물면서 주를 통치하는 주지사의 성격을 가지고 있던 이 지사들은 부왕의 과중한 업무 가운데 몇 가지, 특히 재정 관련 업무를 덜어주는 임무를 맡아보았다. 지사의 또 다른 임무에는 새로운 작물 경작의 장려를 통한 지역 경제 발전의 도모, 광산업의 개선, 도로와 교량의 건설, 영사관과 경제 단체의 설립 등이 포함되어 있었다. 또한 이들의 자극으로 무기력 상태에 빠져 있던 카빌도, 즉 시 참사회가 활성화되기도 했다. 지사제 설치령에는 또한 원주민을 억압하는 기구로 악명을 떨쳤던 코레히도르와 알칼데 마요르 직의 폐지가 포함되어 있었다. 이 직책들은 '수브델레가도'subdelegado(지사 대리)라 불리는 사람들로 대체되었는데, 이들은 원주민 도시를 다스리는 사람들로서 지사에 의해 임명되고 부왕에 의해 추인되었다.

개혁 시대 전성기에 활약한 지사 가운데는 유능하고 교양 있는 사람이 여럿 있었고, 그들은 경제 활성화와 세수 증대라고 하는 목표를 달성했을 뿐만 아니라 교육과 문화 발전에도 상당히 기여했다. 그러나 그들 밑에서 일하는 수브델레가도들 가운데 다수에 대해서는 그런 긍정적인 평가를 내릴 수가 없는데, 그들은 전임자들(코레히도르, 알칼데 마요르)과 마찬가지로 얼마 안 가 억압적인 행태로 악명을 떨쳤다. 그들은 지사령Ordinance of Intendants으로 레파르티미엔토가 금지되었음에도 불구하고 계속해서 원주민들을 강요하여 자신들과 거래하게 했다. 1780년대에 일어난 대규모 민중 봉기들은 상당 부분 18세기 경제 발전의 열매가 원주민 혹은 혼혈인과 공유되지 못함으로써 악화되었다. 그 경제 발전의 주요 수혜자는 에스파냐와 크리오요 지주, 광산주, 상인 등이었다.

방어의 강화

부르봉 왕조의 무역 개혁과 정치 개혁의 목적은 제국의 바다와 육지 방어를 강화하는 데 필요한 수입收入의 증가였다. 18세기 이전에는 제국 방어의 무게 중심이 해군력에, 즉 호송 선단과 순양 함대에 있었다. 18세기 중반 이전까지 식민지의 육상 상비군은 보잘것없었고, 사건이 일어나면 당국은 그때그때 지역 병력을 소집하여 대처했다. 7년 전쟁으로 인한 재난과 아바나와 마닐라를 영국에 상실하게 된 것(1762)은 특히 에스파냐 정부가 식민지 방어체계의 결함을 개선하도록 자극했다. 부르봉 왕실은 아메리카 주요 항구들의 요새를 강화하고, 식민지 군대를 창설했다. 이 식민지 군대에는 식민지에 항구적으로 주둔하거나 아니면 이베리아 반도와 해외 식민지에서 번갈아가며 복무하는 정규 군대와, 자원병과 징집병으로 구성되는 식민지 수비대가 포함되어 있었다.

크리오요 상류층(이들이 새로운 군대의 장교 집단을 제공하였다)이 군 복무를 매력적인 것으로 여길 수 있게 국왕은 입대를 희망하는 크리오요 젊은이에게 상당한 특권과 혜택을 부여했다. 권위와 명예라는 유인誘因 외에도 군 자치법fuero militar을 부여함으로써 민사상의 사법과 책임으로부터도 보호해 주었다(그러나 몇 가지 특정 범죄는 여기에서 제외되었다). 그렇게 해서 식민지 장교 집단이 누리게 된 특수한 법적·사회적 지위는 라틴아메리카에 지금까지도 존속하고 있는 하나의 전통을 만들어 내는 데 기여했으니, 그것은 민간 권력에 복속되지 않고 자신들만의 이익에 집착하는, 그리고 대개는 보수적인 지배층의 이익을 대변하면서 정치계의 중재자로 활동하는 특수한 신분 집단으로서의 군대가 그것이었다. 그러나 부르봉 왕가는 교회와 민간 관료 같은 서로 경쟁 관계에 있는 집단들을 이용하여 식민지 군대의 힘을 제한했다.

부르봉 왕조 시대에 나타난 식민지 군사기구의 확대가 상류층 크리오요 젊은이들에게 얼마간의 기회와 이익을 제공하기는 했지만 그들이 국가와 교회의 고위직, 대규모 교역에서 사실상 배제되어 온 현실에 대해 오랫동안 마음속에 품고 있었던 분노를 누그러뜨리지는 못했다. 이 크리오요 문제에 대한 부르봉 왕실의 정책은 두 단계를 거쳤다. 18세기 전반에는 부유한 크리오요가 가끔 고위 관직을 매입할 수 있었고, 그를 통해 한동안 그들은 멕시코시티와 리마의 권위 있는 아우디엔시아를 지배하기도 했다. 그러나 18세기 후반 반反크리오요 분위기가 나타났다. 카를로스 3세의 식민지부 장관이었던 호세 데 갈베스는 카를로스 3세 치세를 특징지은 계몽 전제주의 정신의 화신이라 할 만 했다. 갈베스는 크리오요들의 능력과 청렴성을 불신하여 제국 행정직에서 크리오요 출신 고위 관리들을 쫓아냈다. 부왕과 총독이 갖고 있던 권위의 대부분을 인수한 지사 같은 새로운 상층 관료들은 대부분 에스파냐 출신이었다.

부르봉 왕조의 다른 정책들도 크리오요의 기득권을 침해하거나 그들의 감정과 전통을 훼손하는 것이 많았다. 1804년 에스파냐 국왕은 콘솔리다시온 데 발레스 레알레스Consolidación de Vales Relaes(새로운 형태의 공채)이라는 비상 재정 조치를 단행했는데, 이는 식민지 내 교회기구들에 대해 그들이 소유한 모든 미결제 자본outstanding capital, 선취특권liens, 저당권mortgage(교회는 이들로부터 나온 이익으로 자선 사업과 종교 사업의 비용을 충당하고 있었다)을 회수하여, 그 수입을 국왕에게 빌려주고, 국왕에게서 이자를 받아 교회활동 경비로 사용하라고 요구하는 것이었다. 이 콘솔리다시온의 일차적인 목적은 국왕의 절박한 재정적 궁핍을 완화하려는 것이었지만 다른 한편으로는 식민지 경제를 영구양도의 굴레에서 해방시키고, 그를 통해 재산의 보다 원활한 순환을 도모하겠다는 목적도 더불어 가지고 있었다.

그러나 이 조치는 식민지 질서의 두 보루에 큰 타격을 입히게 되는데, 교회와 재산가 엘리트층이 그들이었다. 교회기구들에게서 거액을 차용한 다수의 아센다도, 상인, 광산주들은 이제 빌린 돈을 모두 갚아야 했고, 그렇지 않으면 재산을 상실하거나 파산을 감수해야 했다. 많은 엘리트 가문이 영지(대농장) 수입의 일부를 교회에 할당하여 소성당 기금을 마련하고, 거기에서 나오는 이자로 소성당 사제(대개 그 가문의 일원인 경우가 많았다)의 급료를 지불해 오고 있었다. 교회가 이 자금을 빌려준 것은 아니었지만 콘솔리다시온을 책임지고 있던 관리들은 해당 가문들이 이 기부 재산을 즉각 현금으로 교회에 넘겨주라고 요구했다. 콘솔리다시온 조치는 또한 다수의 중소 지주들과 교회로부터 돈을 빌린 중간 계층 사람들을 위협하였다.

이 조치는 엄청난 항의를 불러일으켰다. 그 때문에 그것이 가져다준 충격은 이 문제를 책임진 관리들이 지불 액수와 그 외 조건을 기꺼이 협상하려고 하는 경향을 보이면서 점차 완화되었다. 크리오요와 페닌술라르를 막론하고 이 조치에 대해 채무자들의 반대가 너무나 강했기 때문에 1808년 나폴레옹의 에스파냐 침입 직후 철회되기 전까지 징수된 1,500만 페소 가운데 3분의 2 이상을 제공한 누에바에스파냐 이외의 지역에서는 그것의 실행을 위한 노력조차 나타나지 않았다. 콘솔리다시온은 앙심과 원한이라는 부정적인 유산만을 남기게 되었으며, 후에 멕시코 독립전쟁을 이끌게 되는 미겔 이달고 신부Miguel Hidalgo 같은 부류의 사람들 사이에서 특히 그러했다. 이 미겔 이달고의 아시엔다는 콘솔리다시온에 진 부채를 갚지 못했다는 이유로 여러 해 동안 압류되어 있어야 했다.

이리하여 부르봉 국왕들의 개혁 정신은 크리오요들이 점점 에스파냐 왕실로부터 멀어지게 만들었다. 그 같은 그들의 소외는 크리오요들의 원초적 민족주의를 강화하였으며, 그 민족주의가 직접적인 정치적 분출구를 거부당하자 문화와 종교에서 주된 표출 방법을 발견하였다.

식민지 문화와 계몽사상

적어도 18세기까지는 국가와 교회의 권위가 강요하는 신新중세적 여론 환경 때문에 식민지의 지성과 상상력은 심각하게 위축되어 있었다. 그래서 식민지 문화는 모국(에스파냐)의 문화가 가진 모든 결점은 가지고 있었지만 훨씬 오래되고 성숙한 문명의 산물인 에스파냐 문학과 예술이 갖고 있던 다양성과 활력이라는 장점은 갖고 있지 못했다. 이와 같은 어려움과, 제한된 출판 시장 같은 그 외의 어려움에도 불구하고 식민지 문화는 놀라울 정도로 다양하고 귀중한 유산을 남겼다.

식민지의 예술은 그 주된 영감을 에스파냐적 원천에서 끌어왔지만 디자인이나 장식 부문에서는 원주민 문화의 영향도 찾아볼 수 있으며, 특히 그런 경향은 16세기 예술에서 두드러지게 나타난다. 그중에서도 에콰도르의 키토와 멕시코시티는 예술활동의 중심이었다. 신세계 최초의 미술학교가 1779년 국왕 후원 하에 멕시코시티에 세워졌다. 예상할 수 있는 바지만 종교적 모티프가 회화와 조각을 지배했다. 건축에서는 식민지들이 에스파냐의 예를 따라, 16세기에 지배적이던 엄격한 고전 양식이 17세기 들어 고도로 장식적인 바로크 양식에, 18세기에는 그보다 더 화려하고 장식적인 양식에 자리를 내주게 된다.

에스파냐 식민지의 지적 분위기는 과학적 탐구나 성취에 결코 유리하지 않았다. 1773년까지도 콜롬비아의 식물학자 무티스Mutis는 보고타에서 코페르니쿠스 이론에 대해 강의했다는 이유로 이단 혐의로 고발을 당해야 했다. 종교재판소의 기소자는 무티스가 "아마도 라틴아메리카에서 코페르니쿠스 이론을 지지하는 유일한 사람일 것"이라고 주장했다. 그러나 18세기 후반 점증하는 유럽과의 경제적·지적 접촉과 계몽된 총독들의 후원과 보호로 과학활동에 좀더 유리한 환경이 만들어졌다. 과학은 부유한 누에바에스파냐에서 가장 큰 발전을 이루었는데, 이곳에서는 광산업의 팽창이 지질학, 화학, 수학, 야금학에 대한 관심을 자극했다. 멕시코시티에서는 광산학교, 식물원, 미술 아카데미가 생겨났다. 멕시코의 과학 르네상스는 안토니오 데 레온 이 가마Antonio de León y Gama, 안토니오 데 알사테Antonio de Alzate, 호아킨 벨라스케스 카르데나스 이 레온Joaquín Velázquez

Cárdenas y León 등 다수의 빛나는 인물을 배출했다. 이들은 합리주의, 경험주의, 진보에 대한 계몽주의적 열정을 엄격한 가톨릭 정통주의와 결합시켰다. 예를 들어 알사테는 유럽 계몽사상가들의 '불경不敬함'과 회의주의를 단호하게 배격했다.

당시 계몽주의적인 부르봉 왕들이 지배하고 있던 에스파냐 자체가 식민지의 지적 쇄신에 기여했다. 여러 편의 에세이를 통해 온갖 무지와 미신에 맞서 싸웠던 18세기 초 탁발수사 베니토 페이호Benito Feijóo는 에스파냐와 에스파냐령 식민지 모두의 자유주의화에 큰 영향을 미쳤다. 페이호는 베이컨, 뉴턴, 데카르트의 사상을 명쾌하게 설명해 줌으로써 에스파냐 어권 세계에 계몽사상이 정착하는 데 기여했다. 국왕이 허가하고 때로는 국왕의 지원을 받아 에스파냐령 아메리카에 찾아온 에스파냐 인 혹은 외국인 과학 원정대 또한 과학적 사고의 성장을 자극하고, 식민지인들에게 프랑스 인 샤를 마리 드 라 콩다민Charles Marie de La Condamine, 독일인 알렉산더 폰 훔볼트 같은 유럽 과학을 대표하는 인물들을 소개해 주었다.

성직자 가운데서는 예수회 수사들이 교회 교리를 계몽사상의 이념과 조화시키고, 옛것과 새것을 중재하는 노력에서 가장 뛰어난 솜씨를 발휘하였으며 성과도 풍부하게 거두었다. 멕시코에서는 안드레스 데 게바라Andrés de Guevara, 페드로 호세 마르케스Pedro José Márquez, 프란시스코 하비에르 클라비헤로Francisco Javier Clavigero 같은 예수회 소속 문필가들이 베이컨, 데카르트, 뉴턴의 원리를 높이 평가하고 가르쳤다. 이 예수회 수사들은 형이상학보다는 물리학을, 추상적 추론과 공론보다는 경험주의적 방법론을 더 높게 평가했다. 그러나 그들은 모두 그러한 자신들의 신념을 교회의 가르침에 대한 확고한 충성심과 결합시켰다. 그러므로 에스파냐령 아메리카에서 예수회 수사들을 추방한 것은 이곳에서 전통적인 가톨릭 세계관의 가장 유능하고 확실한 수호자들을 제거하는 것이기도 했다. 그중 몇몇은 이탈리아 망명 중에(추방된 예수회 수사들 대부분이 이탈리아에 자리 잡았다) 시간을 내 자신의 조국 아메리카의 역사와 지리에 관한 저서를 집필했다. 그 가운데 가장 중요한 것이 프란시스코 클라비헤로의 『고대 멕시코사』*Historia Antigua de México*(1780~1781)라 할 수 있는데, 이는 당시 쓰여진 비슷한 류의 책으로는 최고 수준을 자랑했으며, 가톨릭 정통교리와 계몽사상의 비판적·합리주의적 접근 방법의 융합이라는 예수회 특유의 경향을 잘 보여주는 예라 할 수 있을 것이다.

식민지 지식인들의 글은 국왕에 대한 충성심을 자주 진지하게 표명했음에도 불구하고 사회적·정치적 폐단에 대한 민감한 반응과 경제적 후진성에 대한 불만을, 그리고 에스파냐 체제를 잠재적으로 위협할 수 있는 요소를 담고 있는 민족의식의 발아發芽를 표출하였다. 식민지에서 발간되는 신문과 잡지는 에스파냐령 아메리카의 교육받은 크리오요들 사이에서 비판적이고 개혁적인 정신을 확산하는 데 중요한 역할을 수행했다. 그러나 이 신문과 잡지는 교회와 국가의 억압적인 검열을 받아야 했고, 만성적인 재정상의 어려움 때문에 오래 가지도, 안정적인 발전을 하지도 못했다.

18세기 말, 19세기 초 식민지 지식인들 사이에서 금서禁書의 유포가 확산되고 그 영향력이 꾸준히 증대되었다. 그렇지만 일부 역사가들의 주장과는 달리 18세기 종교재판소가 결코 이빨 빠진 호랑이는 아니었고, 아무런 제약도 없이 급진적인 이념이 유포되지는 못했다. 부르봉 왕조 하에서, 특히 카를로스 3세 치세에 프랑스의 영향으로 종교재판소의 영향력이 약화된 것은 사실이지만, 종교재판소가 서적검열을 완화한 것은 아니었다. 종교재판소는 계속해서 감시의 눈길을 거두지 않았으며, 외교 관계의 악화로 에스파냐와 프랑스의 사이가 벌어질 때마다 종교재판소의 억압은 더욱 심해지곤 했다. 프랑스혁명의 발발은 멕시코에서 급진적 사상에 대한 탄압의 물결을 불러일으켰으며, 그것은 멕시코시티에서 열린 대규모의 이단판결식auto-da-fé에서 절정을 이루었으니, 이 이단판결식에서 이단 혐의자들에게 장기 복역을 비롯한 중형重刑이 구형되었다. 이런 억압 조치가 새로운 사상의 확산에 중요한 장애물이 되지는 못하였음을 에스파냐령 아메리카 독립 시조들의 글에서도 알 수 있는데, 그들의 저서들은 그들이 로크, 몽테스키외, 레날을 비롯한 계몽사상의 주요 인물들의 사상에 대해 깊은 지식을 가지고 있었음을 보여 준다.

크리오요 민족주의

그러나 초창기 크리오요 민족주의는 대중에게 생소하고 의심스러웠던 유럽의 계몽사상이 아닌 다른 기반 위에서 형성되었다. 점차 자신이 태어난 곳을 자신의 파트리아patrias('조국')로 생각하고, 그 파트리아와 자신을 일체화해 갔던 18세기 크리오요 지식인들은 신세계와 그 주민들은 본질적으로 열등하다고 주장한 콩트 게오르그 드 뷔퐁Comte Georges de Buffon, 코르넬리우스 드 포Cornelius de Pauw 같은 저명한 유럽 저술가들의 논리를 반박하기 위한 자료를 수집했다.

넓은 의미에서 크리오요들의 조국은 아메리카 전체였다. 이미 1696년에 멕시코의 프란체스코회 수도승 아구스틴 데 베탕쿠르트Agustín de Vetancurt는 자연의 아름다움과 자원의 측면에서 신세계가 구세계보다 우월하다고 주장한 바 있었다. 그는 유려한 문체로 누에바에스파냐와 페루는 두 개의 젖가슴이며, 전세계는 그 젖가슴에서 금과 은이라는 우유로 변한 피를 마심으로써 자양분을 취한다고 기술했다. 그는 또한 이미지를 바꾸어 아메리카를 자신의 풍요로운 광산이라는 보석 상자에서 꺼낸 진주, 에메랄드, 사파이어, 귀감람석, 황옥 등으로 치장한 아름다운 여인에 비유하기도 했다.

클라비헤로는 『고대 멕시코사』 서문에서 자신의 저술 목적이 "아메리카에 대해 기술한 수많은 문필가들이 왜곡한 명예로운 진실을 회복하는 것"이라고 밝혔다. 클라비헤로가 고대 멕시코 역사에 부여한 서사시적이고 영웅적인 캐릭터는 자신들의 기원을 탐색하려는, 유럽적 과거(이에 대해서는 페닌술라르들이 더 나은 근거를 제시할 수 있었다)보다는 (아메리카의) 고전적 과거를 탐색하려는 크리오요들의 노력을 반영했다. 그는 톨테카 족과 아스테카 족의 연대기가 그리스 로마의 역사 못지않게 수많은 용기와 애국심, 지혜와 미덕의 본보기를 제공한다고 주장했다. 고대 멕시코는 지혜로운 치치메카 족의 왕 솔로틀Xolotl, 네사우알코요틀, 네사우알필리Nezahualpilli 같은 철학자-왕들 같은 정의롭고 자비로운 통치 모델을 보여 준다고 그는 말한다. 이처럼 클라비헤로는 위엄 있고 영웅적인 과거를 가진 초기 멕시코 민족주의를 제시했다. 칠레의 예수회 선교사 후안 이그나시오 몰리나Juan Ignacio Molina도 『칠레사』*Saggio sulla Storia Naturale del Chili*(1782)에서 비슷한 주장을 개진했다.

집단적 자의식을 발전시키려는 크리오요들의 노력은 종교적 사고와 상징으로도 나타났다. 『케찰코아틀과 과달루페 : 멕시코의 국가정체성 형성』*Quetzalcoatl and Guadalupe: The Formation of Mexican National Conciousness*(1976)이라는 책에서 자크 라파예Jacques Lafaye는 크리오요 지식인들이 멕시코의 정신적 독립, 나아가 에스파냐에 대한 정신적 우위를 확보하기 위해 어떻게 두 가지의 강력한 신화를 이용했는지 잘 보여 주었다. 둘 중 한 가지는 성모 마리아가 1531년 멕시코시티 근교 테페약Tepeyac 언덕에서 후안 디

The Granger Collection, New York City

'과달루페 성모'의 신화는 19세기에 크리오요 민족주의자들이 독립과 문화적 헤게모니를 위해 벌인 투쟁에 이용되었고, 후에는 하층 원주민과 메스티소 농민들이 사회적 정의를 위해 벌인 투쟁에 기여했다.

에고라는 원주민에게 나타나 그를 통해 멕시코의 주교에게 그곳에 교회를 세우도록 명령했다는 것이다. 멕시코 주교가 증거를 제시하라고 요구하자 후안 디에고는 외투 속에 가지고 온 테페약의 겨울 장미를 내밀었고, 그 장미에는 성모 마리아의 모습이 기적처럼 새겨져 있었다는 것이 신화의 내용이다. 17세기부터 멕시코 전역의 보통 사람들은 코르테스를 도왔다고 얘기되던 로스 레메디오스Los Remedios의 성모보다는 인디타indita, 즉 갈색 얼굴을 한 '과달루페 성모'Virgin of Guadalupe를 더 숭배하는 경향이 있었다. 1810년 미겔 이달고는 그녀의 형상이 그려진 깃발을 들고, 원주민과 메스티소들과 함께 에스파냐의 지배에 대항하는 대규모 봉기를 이끌게 된다.

또 하나의 신화는 톨테카의 왕redeemer-king이자 신神인 케찰코아틀의 신화였다. 여러 식민지 문필가들은 케찰코아틀이 예수의 열두 제자 가운데 하나인 성 토마스에 다름 아니었다고 주장했다. 1794년 12월 12일 도미니쿠스 수도회 소속의 크리오요 출신 사제 세르반도 테레사 데 미에르Servando Teresa de Mier가 과달루페 시 성당에서 케찰코아틀이 사실은 성 토마스이며 오래전에 네 명의 제자와 신대륙에 복음을 전하러 왔다고 공언했다. 당시 사도(성 토마스)는 전교에 성공을 거두었고, 정복 당시에도 기독교는 약간 변형된 모습이기는 했지만 멕시코에서 이미 지배적이었다고 그는 주장했다. 미에르의 주장이 사실이라면 아메리카가 에스파냐 혹은 유럽의 기독교에 빚진 것은 아무것도 없게 된다. 미에르의 설교에 혁명적인 의미가 담겨 있다는 것을 재빨리 간파한 에스파냐 관리들은 미에르를 체포해 에스파냐로 쫓아 버렸다.

이 같은 에피소드는 크리오요 민족주의가 자신의 목적을 이루기 위해 이용한 일탈적인 방식을 보여 준다. 크리오요 민족주의의 목표 가운데 하나는 공동의 조국에 대한 인식과, 멕시코 과달루페 성모 숭배와 같은 집단적 숭배 등을 바탕으로 자신들(크리오요들)이 원주민 혹은 혼혈인들에 대해 지배권을 장악하려는 것이었다. 그러나 1780년대에 민중의 쌓인 분노가 잇따른 봉기로 분출되어 식민지의 사회적·정치적 질서 자체를 위협했다. 이 위기에 직면하자 크리오요 상류층은 자신들의 귀족적인 파트리아(조국)에 원주민, 메스티소, 흑인은 포함되지 않으며, 목테수마와 아타우알파 시대에 죽은 원주민에 대해 표명했던 자신들의 수사修辭적 동정심이 그들(목테수마와 아타우알파)의 후손들에게는 적용되지 않는다는 것을 보여 주었다.

전환기의 식민사회, 1750~1810 : 개관

이미 고인이 된 역사가 찰스 깁슨은 식민 시기 말경 에스파냐령 아메리카 인구를 약 1,700만 명으로 추산하면서, 이중 인디오 원주민이 750만 명, 유럽 인이 320만 명, 흑인이 75만 명, 그리고 나머지 550만 명이 혼혈인이라고 주장했다. 이런 수치는 17세기 초에 최저점에 이르렀던 원주민 인구가 꾸준히 증가하고 있었고, 유럽 인이 급속히 증가하고 있었으며, 혼혈인은 백인보다 더 급속히 증가하고 있었음을 말해 준다.

식민 시대 말기에 식민지 인구를 포함하는 집단들을 각자의 '명예' 혹은 '명예의 결여'를 가지고 기술記述하고 서열화하던 인종적 분류가 점차 모호해졌다. 그렇게 된 이유 가운데 하나는 점증하는 식민지 인구의 이동성이었으며, 그것은 보다 급속한 히스패닉화Hispanicization와 인종적 혼합을 초래했다. 사람들은 원주민들을 에스파냐 인들이 사는 도시에 살지 못하게 하고, 백인과 혼혈인이 원주민 마을에 거주하는 것을 금하는 법령을 대개 무시했다. 공납과 레파르티미엔토 부담에서 벗어나고 싶어한 다수의 원주민이 에스파냐 인들의 도시나 광산촌으로 이주하고, 거기서 에스파냐 말을 배우고, 유럽 인의 옷을 입고, 에스파냐 인들의 생활 방식을 체득했다. 에스파냐 인들의 주요 경제활동 지역에서 멀리 떨어진 마을에서 살았던 원주민들은 에스파냐 인들이나 메스티소들의 존재에 의해 영향을 덜 받기 마련이었으며, 그리하여 그들은 토착적 성격을 좀더 강하게 가지고 있었다. 지역의 역사, 지형, 경제적 양상 등과 관계되는 여러 이유 때문에 페루 부왕령 내 원주민 마을들이 누에바에스파냐 내 원주민 마을들보다 문화변용acculturation에 좀더 완강하게 저항한 것으로 보인다. 그러나 정치적·사회적 변화 과정은 페루의 아이유에도 점진적인 변화를 가져다주었다. 아이유의 친족 기반은 시간이 지나면서 '포라스테로들', 즉 광산 미타의 의무를 지게 된 먼 지방에서 도망쳐 나온 농민 무단 침입자들의 유입으로 점차 약화되었다. 그들은 또한 18세기 말 부르봉 왕조의 정책에 의해서도 타격을 받았는데, 왕조의 정책은 아이유를 지리적 위치에 따라 정의하고, 인구 기준에 따라 아이유 토지를 주기적으로 재분배했으며, '남아도는' 아이유의 토지를 경매로 매각하여 왕실 금고에 보탰다.

18세기 말 고향 마을을 떠나 의복과 언어에서 에스파냐 인들에 동화되고, 심지어 얼마간 번영하기까지 한 원주민들은 법적으로 점차 에스파냐 인으로, 즉 크리오요로 간주되었다. 그것은 에스파냐화한 메스티소 혹은 그보다는 드물었겠지만 에스파냐화한 흑인과 물라토의 경우도 마찬가지였다. 요컨대 이제 피부색이 아니라 각자의 직업, 입는 옷, 언어, 자기 인식 같은 특징이 각자의 인종을 규정하게 되었다.

상업적 농업, 광산업, 국내외 무역의 급속한 성장 등으로 나타난 후기 부르봉 시대의 경제 발전은 운 좋은 소수 하층민들에게 기회를 제공했고,

인종적 표식의 중요성을 감소시키는 데 기여했다. 점점 더 많은 수의 부유한 메스티소 혹은 물라토 가정이 자기 자식들을 에스파냐 엘리트 가문의 자녀와 혼인시키는 방법으로 사회적 서열을 상승시키려고 했다. 이異인종 간 혼인에 관한 카를로스 3세의 정책은 진보적 중간 계층의 성장을 추진하고자 하면서도 전통적인 귀족적 질서의 기반이 약해지는 것을 두려워했던 이 개혁자 왕의 딜레마를 보여 주었다. 수공업에 종사한 적이 있다는 사실이 귀족이 되는 데 장애물이 될 수 없다고 선언함으로써 수공업 노동에 붙여진 낙인을 제거한 바 있었던 카를로스는 다른 한편으로는 식민지의 부모들에게 가문의 '명예'를 더럽힐 수 있는 자녀의 이인종 간 혼인에 동의하지 않을 수 있는 권리를 부여하는 칙령을 발표했다. 식민지 고등법원의 해석처럼 이 칙령은 대체로 혼인을 하려고 하는 두 당사자가 재산 소유에서 큰 차이가 날 때 그 두 사람의 부모가 거절하려고 한 것에 대해서만 승인이 이루어졌다. 그것은 앞서도 이야기한 바 있듯이, 물라토라 하더라도 재산이 많으면 엘리트 에스파냐 인과도 혼인할 수 있음을 의미했다. 부르봉의 마지막 왕들은 또한 과거 노예 생활을 한 경력 때문에 경멸의 대상이 되어 왔던 파르도pardo(신분이 자유로운 물라토)들을 '불명예'의 굴레에서 벗어나게 해주는 특면장cédulas de gracias al sacar을 구입할 수 있게 해줌으로써 사회적 이동성을 촉진시켰다.

그러나 소수 부유한 혼혈인들에게 한 이런 양보가 카스트 제도와, 그 제도의 토대가 되는 이념의 붕괴를 말해 주는 것은 아니었다. 인종적 편견과 정형화는 계속해서 식민지인의 사고를 지배했다. 예를 들어, 물라토와 메스티소는 방금 말한 특면장의 구입을 통해 '백인성'whiteness을 획득하기 위해 필사적으로 노력했고, 카라카스의 카빌도(시 참사회) 같은 엘리트 집단들은 부르봉 왕조의 좀더 리버럴한 인종 정책이 '백인과 파르도의 융합'

을 촉진하는 것에 항의했다. 결국 백인 부모들 가운데 일부는 자기 자식들이 유색인과 혼인하는 것을 막기 위해 자식들을 상대로 소송도 불사했다.

인디오 혹은 아프리카 인의 피가 약간이라도 섞인 사람들 가운데 일부가 엘리트 사회에 침투해 들어가는 데 성공한 것(그 중에는 최고위직에 들어간 사람도 있었다)이 엄격한 계급, 첨예한 계급 구분 혹은 부유한 사람과 가난한 사람을 나누는 엄청난 간극에 변화를 가져다주지는 않았다. 훔볼트에 따르면 "괴물 같은 권리와 부의 불평등"은 식민 시대 말기에도 여전히 사회를 특징짓는 현상이었다. 그러나 식민 시대 말기가 되면 엘리트들의 경제적 기반에 약간의 변화가 나타났고, 다양한 집단의 상대적 비중에서도 모종의 변화가 감지되었다. 17세기가 대지주들의 황금기였다면 18세기(특히 말기)는 그들의 우월한 지위가 수출입 상인 계층(그들 중 대부분은 에스파냐 이민자 출신이었다)의 증대되어 간 부와 정치적·경제적 영향력의 도전을 받은 시기였다. 상인들은 광산업이 필요로 하는 자본을 제공하고, 그로부터 얻어지는 이익의 상당 부분을 수중에 넣었다. 그들은 또한 상인들과 결탁하여 인디오 원주민 공동체들과의 교역을 독점하고 있었던 코레히도르 직을 매입했다. 부유한 상인들은 토지 소유가 가져다줄 권위의 확보를 위해서 뿐만 아니라 상업적 손실을 막을 수 있는 울타리를 마련하기 위해 영지를 획득했고, 그를 통해 아시엔다 단지를 설립하고, 다양한 작물을 생산하여 주요 시장에 공급했다. 그들은 방앗간이나 오브라헤를 획득하고, 도시뿐만 아니라 농촌에서까지 중요한 소매상으로 나섬으로써 사업을 더욱 다원화하였다. 그중에서도 가장 부유한 사람들은 유력하고 재산도 많은 크리오요 대가족과의 혼인을 통해 하나의 권력체를 형성했으며, 그들의 자손들은 식민지 정부와 교회에서 중요하고 권위 있는 직책을 선호하였다.

18세기 후반에 반도로부터 새로운 이주민이 대거 아메리카로 몰려 왔다. 대개 비천한 신분 출신이었던 이 새 이주민은 한정된 일자리를 놓고 아메리카에서 태어난 에스파냐 인과 경쟁해야 했으며, 그것은 '가추핀' 혹은 '차페톤'(이베리아 반도 출신의 에스파냐 인)들에 대한 크리오요들의 전통적인 반감을 더욱 첨예하게 만들었다. 훔볼트에 따르면 "가장 별 볼 일 없고 가장 무식한 유럽 인도 자신이 신세계에서 태어난 백인보다는 더 우월하다고 생각했다." 그러나 새로 이주해 온 에스파냐 인 가운데 대부분은 새 땅에서 자신들이 기대했던 높은 신분과 좋은 일자리를 발견할 수 없었다. 1753년과 1811년의 인구조사는 멕시코시티에서 에스파냐 인 가운데 일부는 미숙련 노동자나 남의 집 하인으로 일을 해야 했고, 직업을 갖지 못한 사람도 있었음을 말해 주고 있다. 일간지 『디아리오 데 메히코』 Diario de México는 자주 어떤 종류의 저임금 감독 자리라도 고맙게 받아들이겠다는 에스파냐 무직 이민자들이 낸 광고를 싣곤 했다. 1750년경 누에바그라나다의 카르타헤나 시를 방문한 두 명의 에스파냐 인 관리 호르헤 후안Jorge Juan과 안토니오 데 우요아Antonio de Ulloa는 그곳의 크리오요와 유럽인들이 대규모 교역이 아닌 소규모 거래 행위를 대체로 경멸한다는 것을 발견했다. "모든 사람이 다 성공한다는 것은 불가능하기 때문에 충분한 자금을 확보할 능력이 없는 대다수는 거래에 대한 혐오 때문에 가난해지고 비참한 신세가 되어 가고 있으며, 인디아스에서 자신들이 갖게 될 것이라고 생각한 부富 대신에 뼈아픈 비참함을 경험하고 있다."

대중의 봉기

전통적인 견해는 원주민을 대체로 에스파냐의 지배 혹은 문화변용 과정의 수동적인 대상으로만 기술해 왔다. 그러나 에스파냐의 지배에 대한 원주민의 반응에 대한 최근의 좀더 주도면밀하고 소상한 연구들은 그들이 결코 '에스파냐에 의한 식민화 과정의 수동적인 희생자'만은 아니었음을 말해 준다. 반대로 그들이 처음부터 다양한 전술을 가지고 에스파냐의 지배에 저항했으며, 그를 통해 식민 지배의 환경을 변화시키고 자신들의 삶과 미래를 만들어 간 행동가였음을 말해 주는 증거는 풍부하다. 그 전술 중에는 봉기, 도망, 폭동, 사보타주 등이 포함되어 있었으며, 가끔은 백인 주인들의 법을 자신의 목적을 위해 이용하기도 했다.

원주민 노동력을 차지하기 위한 에스파냐 인들의 경쟁이 치열한 상황에서 도망은 에스파냐 인들의 압박을 피할 수 있는 효과적인 수단이었다. 예를 들어 원주민들은 농장이나 목장에서 야나코나로 일하거나 미타 의무에서 면제된 지역에 가서 일을 할 목적으로 미타 의무에 구속된 자기 마을을 이탈하곤 하였다. 역사가 제프리 콜Jeffrey Cole은 도망이 "그들이 미타, 쿠라카나 코레히도르의 요구, 그리고 그 외 다른 책무에 저항하는 가장 효과적인 수단이었다"라고 정확하게 지적했다. 원주민들은 또한 "방어, 시정是正 그리고 심지어는 공격"을 위해 에스파냐 인들의 법령을 솜씨 좋게 이용하기도 했다. 페루 우아망가Huamanga 지역에 대한 역사가 스티브 스턴의 연구는 원주민들이 "에스파냐의 사법 제도를 적극적이고 지속적으로 그리고 가끔은 영리하게 이용함으로써 미타 의무의 부담을 경감시켰음을 보여 준다. 그들은 에스파냐의 사법 제도를 이용하여 특정의 부역이나 공납 납부를 지체시키고, 법적 할당량을 줄이고, 생산을 방해하곤 했다"고 말하고 있다. 멕시코에서는 18세기에 헤아릴 수 없을 정도로 많은 민란民亂이 일어났다. 원주민들은 에스파냐 당국이 자신들(원주민)의 예속을 당연하게 여길 수 없게 하고, 자신들의 불평에 주의를 기울이지 않으면 안 된다는 점을 인식하게 만들었다.

에스파냐의 사법기구를 이용하고, 생산을 혼란에 빠뜨리는 등의 방식으로 어느 정도는 그들 자신들의 삶과 미래를 스스로 형성해 간 주체적 존재로서의 원주민을 강조하는 최근의 연구 경향은 환영할 만한 일이지만, 다른 한편으로 그것은 오해의 소지를 안고 있다. 원주민의 그런 시도가 매번 성공만 한 것은 아니며 가끔은 심각한 보복을 초래하기도 했다. 역사가 마틴 민첨Martin Minchom의 18세기 키토(지금의 에콰도르)에 대한 연구는 유력한 한 에스파냐 귀족이 공유지를 침해한 것에 대해 원주민들이 불만을 토로하자 지역 관리들은 그 귀족을 법정에 세운 주민들의 '오만함'에 대해 그 지역에 소재한 원주민 가옥 71채를 소각하는 것으로 대응했다고 쓰고 있다. 16, 17세기 멕시코의 두 원주민 공동체(지금의 푸에블라 주)에 있는 자신들의 땅이 다른 사람에게 넘어가는 것을 막기 위해 벌인 원주민들의 투쟁에 대한 멕시코 역사가 힐데베르토 마르티네스Hildeberto Martínez의 사례 연구는 소송이나 평화적인 진술에의 호소가 완전히 무위로 돌아간 경우도 많았음을 말해 준다. 에스파냐 인의 토지 강탈 방법으로는 노골적인 폭력, 판매나 임대 계약서 조작, 권리증서 훔치기, 탐나는 땅에 가축 풀어놓기 등이 있었고, 그 외에도 교묘한 방법들이 동원되었다. 이런 방법으로 1521년부터 1644년 사이에 이 두 원주민 공동체가 에스파냐 인에게 빼앗긴 땅이 13만 7천 헥타르가 넘었다.

무장 봉기는 억압받는 집단들이 에스파냐의 지배에 대하여 할 수 있는 가장 극적인 형태의 저항이었다. 원주민 혹은 흑인 노예들의 수많은 봉기가 식민 시대 이베로-아메리카 역사의 여러 페이지를 장식했다. 에스파냐의 지배가 확고하게 정착할 때까지 원주민들은 수많은 지역에서 새 지배자들에 대항하여 들고 일어났다. 멕시코에서는 1540년부터 1542년까지 믹스톤Mixton 전쟁이 전개되었다. 유카탄의 마야 인들은 1546년 대규모 반란을 일으켰다. 잉카 왕의 후손인 망코Manco 2세는 1536년 페루의 에스파냐 정복자들에 맞서 전국적인 봉기를 이끌었다. 칠레에서는 불굴의 아라우코 족이 시작한 독립투쟁이 19세기 말까지 지속되었다. 서인도 제도, 중아메리카, 그리고 남아메리카 북쪽의 밀림과 산악 지대에서는 도주한 흑인 노예집단들이 마을을 건설했고, 그것을 파괴하려고 하는 에스파냐 인들의 시도에 성공적으로 저항했다. 저항의 물결은 17세기에 잦아들었다가 부르봉의 개혁이 대중에게 새로운 부담을 강요한 18세기에 다시 거세게 타올랐다.

부르봉 개혁은 식민지 지주, 상인, 광산주들을 부유하게 하는 데 기여하고, 도시를 미화하고, 상류층 젊은이들의 지적 지평을 넓혀 주었다. 그러나 일반 대중은 이런 이익을 공유하지 못했다. 반대로 정부 독점 회사와 특권 회사의 설립 그리고 새로운 세금의 부과를 통해 국왕 수입을 증대하려는 부르봉 왕실의 노력은 하층 계급의 비참한 상황을 더욱 악화시켰다. 이런 환경은 1780~1781년의 반란이 다음 세대 크리오요들의 독립전쟁과 달리 대중적 성격을 띠게 된 사실을 설명해 준다. 몇몇 예외적인 경우를 제외하면 특권적인 크리오요 집단은 원주민들의 반란에 반대하여 에스파냐 인들을 지지하거나 아니면 주변의 압력에 못 이겨 봉기에 동참했다가 후에 이탈하는 경향을 보여 주었다.

18세기에 일어난 대부분의 봉기는 대체로 원주민의 농민 봉기였다. 그런데 예외적인 경우도 있었으니, 1765년 키토에서 일어난 것이 그것이다. 이 봉기를 연구한 앤서니 맥팔레인Anthony McFarlane은 자신의 저서에서 이것을 "18세기 에스파냐령 아메리카에서 일어난 가장 오래 끌고 가장 규모가 크고 가장 가공스런 도시 봉기"라고 말했다. 에스파냐 혹은 외국에서 유입되는 밀수품과의 경쟁으로 키토의 직물업이 쇠퇴한 결과로 나타난 경제 불황을 배경으로 하고, 위협적인 새로운 세금과 기득권을 위협한 아과르디엔테aguardiente(럼주 등의 증류주 — 옮긴이) 독점에서의 변화에 반발하여 수공업자와 상점주들이 먼저 들고 일어났으며, 여기에 엘리트 계층의 일부가 동참했다. 그에 이은 봉기의 규모가 상당히 컸고 에스파냐 상인들에 대한 적대감 또한 만만치 않기는 했지만 결코 에스파냐의 주권에 도전하는 데까지 나아가지는 않았다. 멕시코시티에서는 18세기에 구걸 행위를 억압하고 알코올 소비를 규제하고 담배 공장 노동 조건을 바꾸려는 부르봉 행정가들의 시도가 매번 폭동을 촉발시켰다. 실비아 아롬Silvia Arróm은 키토에서와 마찬가지로 멕시코에서도 도시의 가난한 사람들이 자신들의 삶을 규제하려는 부르봉 왕조의 개혁에 성공적으로 저항한 사실은 중요한 의미를 갖는다고 주장했다. "민중 계층은 그들의 일상생활에 대한 규제를 놓고 국가와 다툼을 벌였으며, 그 다툼에서 여러 차례 승리를 거두기도 했다."

페루의 반란

18세기 들어 페루 원주민에 대한 에스파냐의 압박과 요구는 크게 늘어났다. 원주민에 대한 착취의 주요 메커니즘은 앞에서 말한 상품 레파르티미엔토였으며, 이는 원주민들을 괴롭힌 여러 부당한 요구 가운데서도 가장 혐오스런 것이었다. 최근의 연구에 따르면, 그것은 18세기 페루에서 일어난 대부분의 봉기에서 가장 중요한 원인으로 작용하였다. 이 제도가 작동하는 방식은 다음과 같았다. 리마의 한 상인이 코레히도르가 왕에게서 관직을 구입하는 데 필요한 돈을 대준다. 그 상인은 또한 코레히도르에게 그가 '분배하려고 하는', 즉 자기 구역에 거주하는 인디오 주민들에게 구입을 강요할 상품 목록을 넘겨준다(어떤 경우에는 그 가격이 공정한 시장 가격보다 여섯 배 혹은 여덟 배 더 비쌌다). 쿠스코 지역에서는 전형적인 레파르티미엔토 상품이 노새와 직물류였으나 가끔은 원주민들에게는 전혀 무용지물인 상품이 포함되곤 했다. 에스파냐의 식민지 법은 원주민들이 정해진 시간 안에 '구매한' 물건에 대해 대가를 지불하도록 강요했으며, 그렇게 하지 않으면 감옥에 가두었다. 많은 사람이 이 돈을 마련하기 위해 마을을 떠나 광산, 오브라헤, 아시엔다 등에서 일해야 했다. 그런 식으로 이 제도는 전통적인 농촌 경제를 침식하는 데 일조했고, 국가, 상인, 그리고 다른 지배 집단들이 추구한 두 가지 목적, 즉 국내 상품 시장의 확대와 노동 시장의 확대에 기여했다.

같은 시기에 광산 미타로 인한 부담도 늘어났다. 국왕과 광산주들은 포토시의 은 생산을 이전 수준으로 끌어올리기 위해 원주민 노동의 착취를 크게 강화하는 몇 가지 방안을 마련했다. 1740~1790년에 미타요(징집노동자)들에게 할당된 채굴 광석량은 하루 15부대에서 30부대로 2배나 늘어나 노동자들은 같은 임금으로 더 오랜 시간 일해야 했으며, 노동자들이 할당량을 채우기 위해서는 부인과 자녀들의 도움을 받지 않으면 안 되었다. 이 기간 동안 미타요와 밍가(자유노동자)의 임금은 오히려 줄어들었다. 이런 방법으로 바라던 포토시의 부활은 이루어졌으나(은 생산이 두 배로 늘었다) 그것은 원주민의 건강과 생활수준의 심각한 희생을 바탕으로 한 것이었다.

알카발라(판매세)의 증가와 함께, 계속되는 상품 레파르티미엔토의 남용과 강제 노역으로 원주민들의 불만은 더욱 고조되었다. 결정적 시점은 1777년 카를로스 3세가 식민지의 상황을 개혁하기 위해 파견한 비시타도르(감찰관) 호세 데 아레체José de Areche가 공납과 판매세 징수를 강화하고, 공납 납부 대상자들을 모든 메스티소들에게로 확대했을 때 찾아왔다. 이로 인해 원주민들이 매년 바쳐야 할 공납 액수가 100만 페소 정도 늘었다. 이 조치는 일반 대중뿐 아니라 전체 공납 할당량 징수 책임을 떠맡은 원주민 추장들, 즉 쿠라카들에게도 큰 어려움을 가져다주었다. 아레체 자신도 다음과 같은 글을 쓰면서 다가올 재앙을 예견했다. "엄격한 법 집행의 결여, 원주민들의 미타 부담, 그리고 지방적 상업provincial commerce이 이 아메리카 대륙을 시체로 만들었다. 관료들은 자신들의 이익에만 관심이 있다. 이런 부조리가 너무 오래 지속되었기에 하루 빨리 개선되지 않으면 머지않아 모든 것이 파멸하고 말 것이다."

이런 견딜 수 없는 상황에 대한 대중의 불만이 메시아 출현의 꿈과, 잉카와 잉카 제국의 조속한 회복에 대한 기대를 고무했다. 대중의 상상력은 이 잉카 제국을 굶주림과 불의가 존재하지 않는, 억압적인 식민지 관리나 약탈적인 광산이나, 아시엔다와 작업장으로부터 자유로운 이상적인 국가로 탈바꿈시켰다. 이 부활한 잉카 제국에 대한 유토피아적 상상은 1780~1781년의 대규모 봉기를 촉발시키고 그 방향을 결정짓는 데 중요한 역할을 수행했다.

봉기는 이미 그 전부터 일어나고 있었다. 1730년부터 1780년까지 안데스 지역에서 128건의 크고 작은 봉기가 일어났다. 1742년부터 1755년까지 '대적할 자 없는 자'라 불리던 원주민 지도자 후안 산토스Juan Santos가 안데스 동부 사면斜面 지역에서 에스파냐 인들을 상대로 게릴라전을 벌였다. 산토스의 무용담은 호세 가브리엘 콘도르캉키José Gabriel Condorcanqui의 반란이 시작되었을 때도 여전히 인구에 회자되고 있었다. 좋은 교육을 받았고, 잉카 왕의 부유한 메스티소 후손이기도 했던 그는 가르실라소 데 라 베가의 『잉카왕실사』에 나오는 화려한 잉카 이야기에 큰 감명을 받았다. 콘도르캉키는 여러 차례에 걸쳐 합법적인 방법으로 백성들의 생활을 개선해 보려고 하였으나 별 효과를 얻어 내지 못했다. 그러자 그는 1780년 11월 틴타Tinta 시 근교에서 증오의 대상이 되고 있었던 코레히도르 안토니오 데 아리아가Antonio de Arriaga를 습격하여 즉결처분하는 것을 시작으로 봉기의 깃발을 들어 올렸다. 이때 그는 또한 신新잉카 국의 마지막 수장의 이름을 따서 투팍 아마루Túpac Amaru 2세를 자처했다. 그의 반란에 앞서서는 지금의 볼리비아 영토에서 카타리Catari 형제들이 이끄는 봉기가 있었다. 1781년 초반에는 페루 부왕령의 남쪽 고원 지대가 봉기의 물결에 휩싸였다. 이러한 여러 봉기들이 하나로 통일된 지도부를 가지고 있지는 않았지만 봉기 지도자들은 대체로 투팍 아마루를 자신들의 수장으로 인정했고, 그가 죽고 나서도 계속해서 그의 이름을 거론했다.

마지막 위대한 잉카의 후손 호세 가브리엘 콘도르캉키는 투팍 아마루 2세라는 칭호를 사용했고, 1780년 그와 그의 아내 미카엘라 바스티다스(Micaela Bastidas)는 코레히도르들의 전횡에 대항하여 대규모 봉기를 일으켰다. 이 봉기는 수십 년 후 대륙 전역을 휩쓴 독립전쟁의 선구가 되었다.

봉기의 첫 단계에서 투팍 아마루는 자신의 목표를 명확히 선언하지 않았다. 몇몇 공적인 언급에서 그는 에스파냐 국왕과 교회에 대한 충성을 공언했으며, 미타·레파르티미엔토·알카발라를 비롯한 제반 세금의 폐지, 코레히도르들의 처벌, 원주민 총독의 임명을 요구하는 데 그쳤다. 그러나 여러 해 동안 에스파냐 관리들을 상대로 협상한 경험을 가지고 있었으며 교육 수준도 높았던 투팍 아마루가, 특히 코레히도르 아리아가를 처형한 이후에는 협상을 통해 왕으로부터 획기적인 변화를 끌어낼 수 있을 것으로 믿었을 것이라고 생각하기는 어렵다. 여러 가지 증거들은 그가 공언했다고 하는 에스파냐 국왕에 대한 충성이 불가피하게 곧 있을 왕의 대응을 지연시키기 위한 계략이었다는 것을 말해 준다. 예를 들어, 그는 자신이 페루 국왕을 자처하고, 페닌술라르 에스파냐 인들(성직자들만 제외하고)에 대해 "불과 피"의 전쟁을 촉구하는 몇몇 문건을 발송했다. 그는 또한 자신의 지배하에 있는 영토를 지배할 정부를 구성하기도 했다. 여러 정황 증거로 볼 때 에스파냐에 대한 그의 충성 공언은 에스파냐 왕의 신비로운 자비심에 대해서 많은 사람들이 가지고 있는 강한 믿음을 이용하고, 자신의 명분에 대한 크리오요 지지자들을 끌어들이기 위해, 그리고 아마도 봉기가 실패했을 경우 받을 처벌을 완화하기 위해 쳐 놓은 위장막이었음이 분명하다.

에스파냐 인이 운영하는 학교에서 수학하고, 에스파냐 문화의 가치를 완전히 흡수하고 있었던 투팍 아마루였기에 그의 목표는 정치·사회 조직에 있어 본질적으로 유럽적인 형태의 독립국가 페루를 건설하는 것이었다. 그의 계획은 에스파냐로부터의 완전 독립, 반도 출신 에스파냐 인들의 축출, 부왕·아우디엔시아·코레히도르 직의 폐지였다. 그는 자신이 왕이 되고, 그 왕이 다른 쿠스코 귀족 가문 후손들로 구성되는 귀족 계층의 도움을 받아 통치하는 잉카 제국의 회복을 꿈꾸었던 것이다. 신분차별이 없고, 크리오요들(투팍 아마루는 이들의 지지에 크게 의존하고 있었다)이 원주민, 흑인, 메스티소와 조화를 이루며 살아가는 그런 세상을 꿈꾸었다. 가톨릭교회는 계속해서 국가 교회로 남고, 십일조로 재정을 충당할 것이었다. 투팍 아마루의 경제 프로그램은 미타, 상품 레파르티미엔토, 세관, 판매세의 철폐를 요구했고, 대농장과 강제 노역은 폐지하되 중소 규모의 토지 보유는 허용하고 교역을 장려하는 것이었다. 요컨대, 투팍 아마루의 계획은 반反식민지적 국민혁명을 통해 국민을 통합하고 유럽식의 근대국가를 건설해 경제 발전을 이룩하는 것이었다.

그러나 그의 호소에 응답한 원주민 농민들은 봉기의 의미와 목표에 대해 그와는 다른 개념을 가지고 있었다. 메시아적 열기 속에서 그들은 봉기를 하나의 파차쿠티pachacuti, 즉 기존질서의 완전한 붕괴와, 비천한 루나runa(농민)가 꼴찌가 아닌 첫째가 되는 이상적인 잉카 제국으로 돌아가게 될 대격변으로 간주했다. 잔인한 정복과 250년에 걸친 야만적 착취에 대한 복수심에서 농민들은 아시엔다를 습격해 크리오요와 유럽 인을 가리지 않고 농장주들을 살해했다. 그들에게는 흰색 피부에 유럽식 옷을 입은 자들은 다 에스파냐 인이었다. 봉기가 확대됨에 따라 수세기 동안 눈에 띄지 않는 곳에서 번성해 왔던 토속 신앙이 다시 수면 위로 모습을 드러냈다. 가톨릭교회와 우호적 관계를 유지하려고 했던 투팍 아마루는 언제나 두 명의 성직자를 대동하고 다녔으며, 쿠스코의 모스코소Moscoso 주교의 지지를 기대하기도 했다. 그러나 그의 농민 추종자들은 교회의 제의祭衣와 장식물을 약탈하고 사제를 공격해 살해했으며, 쿠스코 공성攻城 중에는 다수의 탁발수도사를 교수형에 처하기도 했다. 1780년 12월 투팍 아마루는 한 마을에 들어가 원주민들을 소집했는데, 그곳 주민들은 다음과 같은 말로 환영의 인사를 했다. "당신은 우리의 신이시며, 당신께서 우리를 괴롭혀 온 가톨릭 성직자들을 제거해 주기 바랍니다." 이에 대해 그는 그렇게 하면 "임종 때 당신들을 보살펴 줄 사람"이 없게 된다는 이유로 그 제안을 거절했다.

봉기의 의미와 목표에 대해 투팍 아마루와 농민들이 갖고 있던 이런 상반된 인식은 반도 출신 에스파냐 인을 제외한 모든 사회적·인종적 집단들을 망라한 광범한 집단들이 모두 참여하는 독립 운동 전선을 구성하려고 한 투팍 아마루의 전략을 실패로 돌아가게 만들었다. 농민 반도叛徒들의 즉흥적이고 통제할 수 없는 폭력은 크리오요, 모스코소 주교 같은 개혁적 성향의 성직자, 다수의 원주민 귀족들의 지지를 이끌어 낼 얼마 되지 않은 기회를 날려 버렸다. 투팍 아마루에게 질투심을 느끼거나 특권적 지위의 상실을 두려워 한 원주민 추장들 중 최소 20여 명이 에스파냐 진영에 가담했다. 그중에서도 가장 두드러진 인물이 페루에서 가장 부유하고 유력한 쿠라카 가문의 우두머리였던 디에고 초케앙카Diego Choquehanca였다. 같은 이름을 가진 그의 16세기 조상은 에스파냐 왕에 의해 이달고로 선언되고 살리나스 후작marquis de Salinas이라는 작위를 수여받은 바 있었다. 1780년경 초케앙카 가문은 아상가로Azangaro 주州에 11개의 에스탄시아(대농장)를 소유하고 있었다. "초케앙카 가문이 투팍 아마루의 위기 당시 흔들림 없이 (에스파냐) 국왕에게 충성을 다한 것은 결코 놀라운 일이 아니다"라고 닐스 제이콥슨Nils Jacobsen은 말했다.

비록 봉기의 주요 지지 기반은 아이유(자유농들의 공동체)였지만 다수의 메스티소와 소수의 크리오요(이들은 대개 수공업자, 상점주, 점원, 도시 임금 노동자 등 중간 계층의 사람들이었다)들도 봉기에 참여했고, 그들 가운데 일부는 지휘부에서 활약하기도 했다. 전략적으로 중요한 쿠스코 계곡 인근 틴타Tinta 시에서 시작된 봉기는 티티카카 호수 유역으로 확대되었으며, 이곳에서 가장 오래, 가장 치열한 싸움이 벌어졌다. 초반의 승리에 고무된 투팍 아마루는 수천 명에 이르는 병력을 이끌고 남쪽으로 이동해 갔으며, 얼마 지나지 않아 페루 남쪽 고원 지대 전역을 장악하기에 이르렀다. 그러나 그는 이 초반의 승리를 제대로 활용하지 못했다. 그를 패배로 이끈 전술상의 실수 가운데 하나는 그의 아내 미카엘라(그녀는 봉기의 영웅이자 투팍 아마루의 조언자였다)가 강력히 주장한 대로 에스파냐 증원군이 도착하기 전에 고대 잉카 제국의 수도(쿠스코)를 점령하여 그 수도 점령이 갖는 정치적·심리적 중요성을 십분 이용했어야 하는데 그렇지 못한 것이었다. 거기다가 봉기군 간의 소통이 원활치 못했으며, 국왕군은 봉기군보다 훨씬 우월한 무기와 조직을 보유하고 있었다. 에스파냐 인들은 또한 다수의 야나코나를 동원하였고, 그들은 쿠스코 공성을 돌파하고 봉기를 진압하는 데 크게 활약했다. 봉기 초반 몇 차례의 승리에도 불구하고 봉기 지도부는 참패를 당하게 된다. 투팍 아마루와 그의 가족들 그리고 그의 주요 장수들은 에스파냐 병사들에 의해 체포되어 죽임을 당하게 되었으며, 그중 일부는 매우 잔인하게 처형되었다. 지금의 볼리비아 영토에서는 봉기가 2년 정도 더 지속되어 장기에 걸친 두 번의 라파스La Paz 공성(1781년 3월~10월)에서 정점에 이르렀다.

잉카의 마지막 봉기는 왕으로 하여금 일련의 개혁에 나서게 만들었고, 그 개혁 조치 안에는 증오의 대상이 되었던 코레히도르들을 지사나 수브델레가도로 대체하고, 쿠스코에 아우디엔시아(고등법원)를 설치하는 것(이것은 반란 시작 전에 투팍 아마루가 요구한 목표 가운데 하나였다)이 포함되어 있었다. 그러나 이런 개혁은 실질적인 내용을 갖기보다는 형식적인 변화에 불과했다. 급료가 형편없었던 수브델레가도들(그들 가운데 다수는 전에 코레히도르로 복무했었던 사람들이었다)은 상품 레파르티미엔토를 포함하여 전임자들이 하던 착취적 관행을 계속하였다. 상품 레파르티미엔토는 이미 지사령知事令으로 금지되어 있었지만 전보다는 부정기적이고 소규모이기는 했어도 여전히 존속하였다. 한편 일부 에스파냐 인 지주와 성직자, 그리고 국왕에 충성하던 쿠라카들이 반란 중에 죽거나 도망을 쳤고, 그것은 그들의 영지가 농민 불법점유자squatters에 의해 점유되는 결과로 이어졌다. "독립 이전 수십 년 동안 고원 지대에서 사회관계나 재산관계에 불확실성이 스며들었다. 농민들이 투팍 아마루 봉기에서 패했다고 말하는 것은 단지 반半만의 진실일 뿐이다"라고 닐스 제이콥슨은 말하고 있다.

누에바그라나다의 봉기(1781)

누에바그라나다의 봉기는 페루의 그것과 마찬가지로 견딜 수 없는 경제적 상황에 그 원인이 있었다. 그러나 페루 봉기와는 달리 누에바그라나다의 봉기는 그 목적이 모순의 시정으로 명백히 제한되어 있었다. 판매세 인상과, 담배세·인두세를 포함한 일련의 새로운 세금이 북부의 농업과 공업의 중심지인 소코로Socorro에서 봉기를 촉발하였고, 그것은 곧 다른 지역으로 확산되었다. 봉기가 개혁적 성격을 가졌음은 봉기군이 내건 구호에서도 잘 드러난다. "국왕 폐하 만세, 폭정에 죽음을!"viva el rey y muera el mal gobierno!.

봉기 조직에서도 그렇고, 에스파냐 당국에 대항하여 불만을 가진 모든 식민지 집단들의 공동 전선(여기에서 흑인 노예는 예외였다)을 만들려는 노력에서도 그렇고 (누에바그라나다의) 코무네로들의 반란은 혼란스러웠던 남쪽에서의 사건 경과에 비해 두드러진 개선을 보여 주었다. 소코로시와 인근 지역에서 온 수천 명의 농민과 수공업자들이 선출해 구성한 '코문'común(중앙위원회)이 반란을 이끌었다. 봉기에 참여한 각 도시에도 자신의 '코문'과 민중들에 의해 선출된 한 명의 장수가 있었다.

크리오요 출신 지도자들이 머뭇거리고 주저하는 태도를 보였음에도 불구하고 원주민, 메스티소 농민, 수공업자들로 이루어진 다수의 군중들은 수도 보고타로 몰려갔고, 수도에서 파견된 소수의 병력을 포박하거나 패퇴시켰다. 이에 아우디엔시아는 해안 지역에서 증원군이 도착할 때까지 시간을 벌기 위해 대주교를 우두머리로 하는 대표단을 파견하여 코무네로들과 협상하게 했다. 봉기자들의 대표들이 에스파냐 인 대표단에 제시한 요구사항들은 이 운동의 대중적인 성격과 그들이 대변한 억압받는 집단들의 단합을 잘 말해 준다. 여기에는 원주민과 메스티소들이 부담하는 공납과 판매세의 인하, 몰수한 토지의 반환, 담배에 부과한 새로운 세금의 철폐, 공직 채용에서 유럽 인보다 크리오요를 우선할 것 등이 포함되어 있었다.

대주교가 승인한 특별 종교 미사에서 양측은 1781년 6월 4일 합의문에 서명했는데, 그것은 봉기자들의 요구 사항을 거의 전부 수용하는 것으로 되어 있었다. 그러나 에스파냐 인 대표들은 비밀리에 이 합의가 강압에 의해 이루어졌기 때문에 무효라고 선언하는 또 다른 문건에 서명해 두고 있었다. 봉기군은 득의만면하여 해산하고 집으로 돌아갔다. 젊은 메스티소 농민 지도자 호세 안토니오 갈란José Antonio Galán만이 자신이 데리고 있던 소규모 부대를 해산하지 않은 채 봉기를 지속시키려 했다.

봉기군의 해산이라는 목표를 달성한 에스파냐 관리들은 봉기를 완전히 진압할 준비를 진행시켰다. 부왕 마누엘 안토니오 플로레스Manuel Antonio Flores는 봉기군과의 합의사항을 공공연히 부인했다. 대주교가 봉기의 영향을 받지 않은 지역을 방문하여 개혁을 약속하고, 더불어 봉기 가담자에게는 영원한 저주를 내리겠다고 위협하는 사이, 해안 지역에서 넘어온 에스파냐 군대는 대주교가 방문한 지역을 뒤따라가 다수의 주민들을 포로로 잡았다. 크리오요 출신 봉기 지도자들은 왕당파에 협력함으로써 서둘러 자신들의 정치적 죄를 속죄하였다. 갈란이 다시 보고타로의 재진

군을 촉구했으나 성공하지 못했고, 그는 한 배신자에 의해 체포되어 에스파냐 인들에게 넘겨졌으며, 그들은 1782년 1월 30일 그를 교수형에 처했다. 그렇게 해서 코무네로들의 봉기는 종결되었다.

8장 _ 라틴아메리카의 독립

부르봉 개혁은 18세기 유럽 경제의 상승 국면과 맞물려, 에스파냐령 아메리카의 상층 크리오요들에게 물질적인 번영을, 그리고 분명히 드러나지는 않은 모종의 이익을 가져다주었다. 계몽사상의 영향을 받은 부왕과 지사들은 여러 측면에서 개선과 세련된 방식을 도입했고, 그것은 식민지 도시 생활을 보다 건강하고 매력적인 것으로 만들어 놓았다. 교육의 개혁, 새로운 서적과 이념의 유입, 유럽으로 여행하고 유럽에서 공부할 기회의 증대는 크리오요 젊은이들의 지적知的 지평을 넓혀 주었다.

그러나 이런 긍정적인 성과가 모국 에스파냐에 대한 크리오요들의 충성심을 증대시켜 주지는 못했다. 오히려 그들의 열망을 키우고 불만을 첨

이 장의 핵심 문제

- 라틴아메리카에서 벌어진 독립전쟁의 원인은 무엇인가?
- 라틴아메리카의 독립전쟁과 북아메리카의 독립전쟁은 어떻게 다르고, 다른 이유는 무엇인가?
- 자치를 위한 투쟁과 독립을 위한 투쟁은 어떻게 다른가?
- 독립전쟁의 4대 중심지역은 어디이고, 각 지역의 독립전쟁의 공통점과 차이점은 무엇인가?
- 독립전쟁의 가장 중요한 정치적·경제적·사회적 결과는 무엇인가?

예하게 만들었을 뿐이다. 크리오요 엘리트층 일부의 부가 증대됨에 따라 식민지 행정과 교회 요직에서 소외되어 있는 현실에 대한 그들의 불만은 더욱 커져 갔다. 한편, 크리오요들의 아시엔다, 플랜테이션, 목장에서 나타난 생산의 증대로 에스파냐의 중상주의 정책에 따른 무역 장벽의 강화에 대한 그들의 불만도 더욱 커졌다. 카라카스의 지사 호세 아발로스José Abalos는 "크리오요들이 바라는 무역의 자유를 에스파냐 국왕이 허락하지 않으면, 국왕은 더 이상 그들의 충성을 기대할 수 없게 될 것이다"라고 경고했다. 게다가 부르봉 왕실의 정책은 아메리카의 제조업자들에게 유럽의 강력한 경쟁자들에 맞서야 할 때 그들이 필요로 하는 보호를 제공해 주지 않았다.

독립전쟁의 배경

크리오요와 이베리아 반도 출신 에스파냐 인들

에스파냐와 식민지 간 이해의 갈등은 크리오요들과 반도 출신 에스파냐 인들의 반목에서 가장 날카롭게 표출되었다. 이 갈등은 더 많은 에스파냐 인이 아메리카 도착하면서 계속 증폭되어 갔다. 18세기 말 아메리카로 온 이주자의 전형은 가난하지만 근면하고 검소한 바스크 인 혹은 나바라 인이었으며, 이들은 반도 출신 상인의 친척이거나 도제가 되는 경우가 많았다. 시간이 지나면서 이 이주자들은 능력을 인정받아 자기가 모시던 주인의 딸과 결혼하여 나중에는 장인의 사업체를 승계하곤 했다. 상인 자신의 크리오요 자식들 가운데 한 명이 토지재산을 상속받고, 다른 크리오요 자식들은 교회나 법조계(두 직업 모두 지원자로 넘쳐났다)로 진출하는 경우도 많았다.

1789~1800	프랑스혁명, 왕정과 귀족의 지배에 도전하다.
1791~1803	투생 뤼베르티르, 노예제를 폐지하고 정치적 독립을 이루기 위해 아이티혁명을 이끌다.
1800~1815	나폴레옹이 등장하고, 프랑스혁명이 전 유럽으로 확산되다.
1807	나폴레옹, 포르투갈에 침입하다. 브라간사 왕조, 영국의 지원 하에 식민지 브라질로 도피하다.
1808	나폴레옹, 에스파냐에 침입하여 페르난도 7세를 쫓아내고 자신의 형 조제프 보나파르트를 에스파냐 왕으로 임명하다. 프리모 데 베르다드·부왕 호세 데 이투리가라이·멕시코시티 시 참사회, 쫓겨난 왕 페르난도의 이름으로 독립을 선언하다.
1810	미겔 이달고와, 그리고 후에 호세 마리아 모렐로스가 이끄는 원주민들의 민중 혁명, 보나파르트 가의 제국 지배와, 독립적 성향의 보수적인 멕시코 크리오요 정부, 둘 모두에 반대하다.
1812	에스파냐와 영국 군대, 나폴레옹의 에스파냐 점령을 종식시키고, 제한적 왕정을 수립하고, 언론과 결사의 자유를 약속하고, 종교재판소를 폐지하는 내용의 1812년의 자유주의 헌법을 확립하다.
1816	투쿠만 의회, 라플라타합중국의 독립을 선언하고, 호세 데 산 마르틴을 안데스 군 지휘자로 임명하다.
1817	산 마르틴, 안데스 산맥을 넘어가 차카부코 전투에서 왕당파를 패퇴시키고 칠레를 해방시키다.
1819	볼리바르, 보야카 전투에서 왕당파에 대해 승리를 거두고, 누에바그라나다를 해방시키고, 안고스투라에서 의회를 소집하다.
1820	에스파냐에서 라파엘 리에고가 지휘하는 자유주의 혁명이 일어나 에스파냐 왕정을 폐지하고, 1812년의 자유주의 헌법을 되살리다.
1821	볼리바르와 호세 안토니오 파에스, 카라보보에서 에스파냐 군을 패퇴시키고, 쿠쿠타 의회를 소집하여 베네수엘라를 그란콜롬비아에 합병시키다. 멕시코는 독립을 선언하고, 아구스틴 이투르비데 하에 입헌 왕정을 수립하다.
1822	볼리바르와 산 마르틴이 과야킬에서 만남. 거기서 산 마르틴은 페루와 독립 운동에서 떠나고, 이투르비데가 멕시코 황제 아구스틴 1세가 되다. 동 페드루는 포르투갈로 돌아가기를 거부하고, 브라질의 독립을 선언하는 '이피랑가 선언'을 발표하다.

그런 식으로 소수 크리오요가 대외무역 혹은 대륙 내 교역에 참여하는 경우도 있기는 했지만 수지맞는 수출입 무역과 지역 간 교역을 지배한 사람들은 여전히 반도 출신 에스파냐 인들이었다. 강력한 콘술라도, 즉 상인 길드로 조직화되어 있었던 에스파냐 출신 상인들은 광산업과, 에스파냐 인 관리들이 원주민을 상대로 실시하는 레파르티미엔토 사업에 대한 자금 조달에서 핵심적인 역할을 맡아보았다. 상업활동과 정부 혹은 교회 내 고위직에서 소외된 일부 상층 크리오요들이 귀족적인 매너와 나태하고 방탕한 생활 방식을 발전시키게 된 것은 어느 정도 자연스러운 현상이었으며, 페닌술라르(이베리아 반도 출신 에스파냐 인)들은 그런 그들을 비난했다. 그에 비해 다수의 중간층 크리오요들은 낮은 임금을 받는 하급 관리직에 종사하며 어려운 삶을 살았으며, 신분상승을 가로막는 제도화된 차별에 강한 반감을 가지고 있었다.

그로 인해 일부 부유하고 권세 있는 크리오요들이 반도 출신 동료들과 대단히 우호적인 관계를 유지하고, 혼인을 통해 그들과 이해관계를 같이 하고, 그들과 더불어 단일한 식민지 권력 집단을 형성하기도 했지만 크리오요들과 페닌술라르들은 대체로 상호 적대적 집단으로 되어 가는 경향이 있었다. 반도 출신 에스파냐 인들은 크리오요들이 천성적으로 게으르고 무능하다고 주장함으로써 자신들의 우월한 지위를 정당화하곤 했으며, 일부 에스파냐 인 문필가들은 크리오요들의 그런 부정적인 자질이 아메리카의 좋지 않은 기후와 토양이 만들어 낸 부작용이라고 주장했다. 그런 주장에 대해 크리오요들은 유럽 인들이야말로 비열하고 욕심 많은 졸부일 뿐이라며 반박했다. 이 크리오요들의 증오심이 너무나 컸기 때문에 누에바에스파냐의 한 에스파냐 인 주교는 일부 크리오요 젊은이들의 반감에 대해 다음과 같은 우려를 표명했다. "그들은 만일 자신의 몸에서 에스파냐 인의 피를 지워 버릴 수 있다면 기꺼이 그렇게 할 것이다." 이런 현상은 불가피하게 크리오요 민족주의의 성장을 자극했다. 식민 시기 말기에 에스파냐령 아메리카를 여행한 훔볼트는 당시 그곳에서 유행한 다음과 같은 유행어 하나를 소개했다. "나는 에스파냐 인이 아니라 아메리카 인이다."

라틴아메리카에 유입된 계몽사상이 크리오요들의 불만 증대에 기여한 것은 분명하지만 여러 다양한 영향들 가운데 무엇이 더 중하고 더 경했는지는 분명치 않다. 부르봉 왕조하 에스파냐 자체가 식민지 생활의 질을 개선하기 위해 관리들을 개혁하려고 여러 모로 노력한 것이 크리오요들의 각성에 기여했다. 이 개혁적 관리 집단의 전형적인 예를 지사 후안 안토니오 리아뇨Juan Antonio Riaño에게서 발견할 수 있는데, 그는 자신이 지배하는 한 멕시코 지역의 수도인 과나후아토에 프랑스 어와 프랑스 문학에 대한 취향을 소개했다. 19세기 멕시코 역사가이자 보수주의 정치 지도자이기도 했던 루카스 알라만에 따르면 리아뇨는 또한 "과거에 주로 예수회 수사들이 운영하던 학교에서 회화와 음악, 그리고 수학·물리학·화학에 대한 관심을 불러일으켰다."

다수의 크리오요 지식인들이 레날, 몽테스키외, 볼테르, 루소, 그리고 그 외 급진적인 계몽사상가들의 금서를 읽었다. 그러나 라틴아메리카에서 계몽사상의 확산에 기여했던 (겉으로는 무해해 보였던) 또 다른 매체는 식민지에서 별다른 제재 없이 자유롭게 유통되던 데카르트, 라이프니츠, 뉴턴의 이론에 기반을 둔 과학 서적이었다. 그리하여 1800년경이면 크리오요 엘리트들은 동시대 유럽의 가장 진보적인 사상에 상당히 익숙해져 있었다.

미국혁명은 식민지에서 '위험한 사상'의 증대에 기여했다. 에스파냐도 미국의 독립이 자신의 아메리카 제국에 미칠 이념적 혹은 정치적 위험성을 잘 알고 있었다. 에스파냐는 미국혁명 기간 동안 마지못해 동맹국인 프랑스와 함께 영국에 맞서 싸웠다. 그러나 반란 세력을 멀리하고 미국의 독립을 인정하지 않았으며, 평화 협상에서는 미국의 영역을 앨러게이니 산맥(미국 펜실베니아, 메릴랜드, 웨스트버지니아 주에 걸쳐 있는 산맥) 안에 제한하려고 했으나 성공하지 못했다. 1783년 이후 점점 더 많은 미국 선박이 합법적 혹은 불법적으로 에스파냐령 아메리카 항구들에 입항했으며, 이 배들은 '양키들의 이념'과 함께 토머스 페인이나 토머스 제퍼슨 등이 쓴 불온한 책자들을 들여오곤 했다.

프랑스혁명은 크리오요들의 생각에 그보다 더 큰 영향을 미친 것으로 보인다. 아르헨티나의 혁명가 마누엘 벨그라노Manuel Belgrano는 다음과 같이 회상했다.

> 1798년 당시 나는 에스파냐에 체류 중이었고, 당시 프랑스혁명이 에스파냐 인들에게, 특히 내가 교류하던 지식인들 사이에서 엄청난 이념상의 변화를 만들어 내고 있었기 때문에 자유, 평등, 안전, 재산에 대한 프랑스혁명의 이상이 내 머릿속에 확고하게 자리 잡게 되었으며, 나는 신과 자연이 부여한 권리를 향유하고자 하는 사람을 억압하려고 하는 사람은 그가 어디에 있든지 전제군주라고 생각하게 되었다.

또 한 명의 크리오요 지식인인 콜롬비아인 안토니오 나리뇨Antonio Nariño는 1794년 (1789년 발표된) 프랑스 인권선언을 자신의 신문에 번역 게재함으로써 에스파냐 당국의 분노를 샀다. 아프리카 소재 감옥에서 10년 구금형을 선고받기도 한 나리뇨는 후에 콜롬비아 독립 운동의 지도자

James Quine/Alamy

한 손에는 마체테(아메리카 원주민들의 벌채용 칼)를 쥐고, 한 손에는 소라껍질로 된 나팔을 이용하여 동료들에게 혐오스런 노예제 폐지를 위한 반란에 동참하라고 독려하는 한 아이티 인 노예의 조각상은 아이티에 독립을 가져다주고, 아메리카 전역의 크리오요 귀족들을 공포에 떨게 한 투쟁을 기념하고 있다.

겸 대부가 되었고, 그 운동의 성공을 직접 목격하기도 했다.

그러나 프랑스혁명이 얼마 가지 않아 급진적인 쪽으로 선회하자 크리오요 귀족들은 이제 프랑스혁명을 하나의 모델로서 신뢰하지 않게 되었다. 몇몇 에스파냐령 식민지와 브라질에서 산발적으로 나타난 모의謀議는 분명 프랑스의 예에서 영감을 얻은 것이기는 했으나 그것들은 불가피하게 소수 과격파의 작품이었으며, 지지 세력은 거의 전적으로 하층민들이었다. 프랑스혁명의 직접적인 영향으로 일어난 가장 중요한 결과물은 유능한 흑인 출신 혹은 물라토 출신 지도자들, 즉 투생 루베르튀르Toussaint Louverture, 장 자크 드살린Jean Jacques Dessalines, 앙리 크리스토프Henri

Christophe, 알렉상드르 페시옹Alexandre Pétion의 지도하에 프랑스령 아이티에서 일어난 노예 반란이었다. 1804년 투생의 부관 드살린 장군은 새 아이티 국가의 독립을 선언했다. 흑인 혁명가들이 라틴아메리카에서 처음으로 해방된 국가를 세우고, 식민 지배와 노예제를 동시에 종식시킨 것이다. 그러나 이 대단한 성취는 다른 식민지들의 크리오요 엘리트들 사이에서 독립에의 열정을 증대시키기보다는 오히려 위축시켰다. 에스파냐로부터의 분리(독립)가 노예들의 반란을 촉발시킬 것이라는 두려움은 이웃 쿠바의 농장주들로 하여금 라틴아메리카 독립전쟁 전후로 계속해서 에스파냐에 충성을 바치게 만들었다.

유럽과 아메리카 모두에 지지자를 가지고 있으면서 비밀결사로 조직된 소규모의 모의자 집단들이 있기는 했지만 독립 운동은 오랫동안 미약하고 무기력한 상태로 남아 있었다. 1806년까지도 혁명의 선구자 프란시스코 데 미란다Francisco de Miranda가 약 200명의 외인 자원병과 함께 자신의 고향 베네수엘라 해안에 도착하여 혁명을 촉발시키려고 했지만 아무 반응이 없자 서둘러 퇴각하지 않으면 안 되었다. 만약 외부인의 자극이 없었다면 크리오요들의 소심함과 정치적 미숙함, 그리고 일반 민중의 무관심 때문에 독립의 도래는 오랫동안 지체되고 말았을 것이다. 미란다를 비롯한 선구자들이 촉발하지 못한 혁명은 유럽 열강들이 매우 다른 목적을 가지고 내린 결정 때문에 갑자기 찾아오게 된다.

혁명의 원인

무능한 카를로스 4세 치하에서 나타난 에스파냐의 쇠퇴가 1808~1810년 사이에 숙성되어 간 혁명적 위기의 주요 원인 중 하나였음은 의심의 여지가 없다. 프랑스혁명이 촉발시킨 유럽의 전쟁들은 부르봉 개혁이 에스파냐의 경제적·사회적 삶의 구조적 결점을 개선하는 데 실패했음을 명백히 보여 주었다. 1793년 에스파냐는 프랑스 공화국에 맞서 싸운 영국을 비롯한 여러 국가들의 연합에 합류했다. 전세는 에스파냐에 불리하게 돌아갔으며, 1795년 국왕의 총신이자 수상이던 마누엘 데 고도이Manuel de Godoy는 바젤Basel 평화조약에 서명해야 했다. 이듬해 에스파냐는 프랑스의 동맹국이 되었다. 이에 영국 해군은 서둘러 에스파냐 선박들을 대서양에서 쫓아내고, 에스파냐와 그 해외 영토 간의 소통을 사실상 단절시켰다. 할 수 없이 에스파냐는 에스파냐 항구들과 외국 항구들을 오가는 중립국 선박들이 식민지 백성들과 교역할 수 있도록 허용해야 했다. 이런 오랜 독점 체제로부터의 이탈이 가져다 준 혜택의 주요 수혜자는 미국 상인과 선주들이었다.

영국과의 전쟁에서 고도이가 취한 형편없는 정책은 또 다른 결과를 가져다주었다. 영국의 해군 장교 홈 포팸 경Sir Home Popham은 부에노스아이레스 공격을 주도했다. 그의 함대는 1806년 4월 연대 규모 병력을 배에 싣고 희망봉을 떠나 라플라타로 향했다. 에스파냐의 식민 체제의 균열을 뚫고 대규모 상품을 아메리카에 쏟아 붓기 위해서 수많은 영국 선박들이 그 뒤를 따랐다. 영국 군대의 진격은 거침이 없었다. 영국 군인들은 부에노스아이레스에 입성했고, 그들을 저지하는 병력은 거의 없었다. 영국인 지휘관은 지역 주민의 지지를 얻기 위해 사유재산, 자유무역, 종교의 자유를 보장하는 선언문을 발표했다. 그러나 크리오요들과 반도 출신 에스파냐인들은 힘을 합쳐 원치 않은 이 해방자들을 격퇴했다. 은밀하게 조직된 자원병 부대가 점령군을 공격하여 패퇴시켰고, 영국의 장군과 1,200명에 이르는 그의 부하들을 포로로 잡았다. 영국의 보호하에서 독립을 할 생각이 없냐고 묻는 한 영국인 장교에게 크리오요 마누엘 벨그라노Manuel Belgrano

는 "우리는 옛 주인은 물론이고 그 누구도 필요로 하지 않는다"라고 대답했다.

한편, 영국 정부는 강력한 증원군을 라플라타에 파견했다. 이 두번째 침략군은 부에노스아이레스의 비좁은 거리를 지나 시내로 진입하려는 과정에서 완강한 저항에 부딪혔고 결국 심각한 피해를 입고 격퇴되었다. 완강한 방어에 놀란 영국군 지휘관은 결국 싸움을 포기하고 부에노스아이레스와, 그 전에 점령했던 몬테비데오 시에서 병력을 철수하겠다고 약속했다. '파트리시오'patricio(크리오요)들이 이끄는 민간인 수비대에게 영국의 베테랑 부대가 패한 이 사건은 아르헨티나의 독립을 향해 내디딘 첫번째 거보巨步가 되었다. 권력의 맛을 본 부에노스아이레스의 크리오요들은 그것을 완강하게 지키려고 했다.

유럽에서는 에스파냐의 고통이 정점에 이르고 있었다. 프랑스를 지배하게 된 나폴레옹은 에스파냐를 점차 무기력한 위성국가로 전락시켰다. 1807년 나폴레옹은 영국 선박들의 유럽 내 항구 입항을 봉쇄하는 내용의 대륙 시스템Continental System을 가동시키려고 했는데, 포르투갈이 이에 협력하기를 거부하자 이에 분개한 나폴레옹은 카를로스 4세에게 포르투갈에 침입하기 위해 에스파냐를 통과할 수 있게 해달라고 요청하여 허락을 받아냈다. 프랑스 군대는 이베리아 반도 전체를 휩쓸었다. 나폴레옹의 군대가 리스본을 향해 다가가자 포르투갈 왕가와 궁정은 영국 해군의 호위 하에 함대를 이용해 브라질로 피신했다. 약 10만 명에 이르는 프랑스 군대가 계속해서 에스파냐 도시들을 점령했다. 이들의 점령과 국왕의 총신 고도이Manuel de Godoy의 친프랑스 정책에 대한 민중의 분노가 격렬한 폭동으로 폭발했고, 그로 인해 카를로스 4세는 아들 페르난도에게 왕위를 넘겨주지 않으면 안 되었다. 이때 나폴레옹이 개입하여 부왕父王과 아들 간의 분쟁의 중재자를 자처했다. 카를로스 4세와 그의 아들은 어리석게도 자신과 얘기를 나누자며 바욘Bayonne이라는 한 프랑스 도시로 두 사람을 부른 나폴레옹의 초청에 응했고, 거기서 나폴레옹은 두 사람 모두에게 자신이 에스파냐 왕으로 밀고 있던 자신의 형 조제프Joseph를 위해 왕위를 포기할 것을 강요했다. 이어 나폴레옹은 에스파냐 대귀족들로 이루어진 의회를 소집했으며, 그들은 순순히 그의 명령을 수용했다.

이제 에스파냐 민중이 전면에 나서야 했다. 1808년 5월 2일 프랑스 점령군에 대항하는 봉기가 마드리드에서 시작되어 전국으로 들불처럼 퍼져나갔다. 봉기 병력은 자신들이 장악한 지역에 그 지역의 통치기구로 훈타juntas(위원회)를 수립했다. 후에는 중앙 훈타central junta가 만들어져 포로로 잡힌 페르난도 7세의 이름으로 저항 운동을 이끌었다. 이 중앙 훈타는 즉각 영국과 평화협정을 체결했다. 에스파냐 군대는 야전에서 벌어진 전통적인 방식의 전쟁에서는 잘 훈련된 프랑스 군에게 패했으나, 게릴라 전투에서는 대규모의 프랑스 군을 궁지에 빠뜨렸고, 프랑스 군이 정복한 영토에 대한 나폴레옹의 지배를 극도로 위태롭게 만들었다.

그러나 1810년 초경이면 프랑스의 승리는 시간문제로 여겨졌는데, 프랑스 군대는 안달루시아를 휩쓸고 여세를 몰아 에스파냐 인의 수중에 남아 있는 최후의 도시 카디스를 위협하고 있었다. 중앙 훈타는 이제 스스로 해산을 선언하고 에스파냐를 지배할 섭정단을 임명했다. 그리고 이 섭정단은 다시 자신의 권한을 코르테스, 즉 전국의회에 위임했으며, 이 코르테스가 영국 해군의 보호하에 1810년부터 1814년까지 카디스에서 소집되었다. 이 코르테스에 참가한 대표들 대부분이 카디스 출신이었고, 카디스는 전국에서 가장 리버럴하고 세계시민적인 분위기를 가진 도시였기 때문에 그들의 견해는 에스파냐 국민 일반의 견해에 비해 훨씬 자유주의적이었다. 1812년 코르테스에서 승인된 헌법은 제한군주정을 천명하고 언론과 결사의 자유를 약속했으며 종교재판소를 폐지했다. 그러나 이 코르테스는 에스파냐의 아메리카 식민지에는 아무런 양보도 하지 않았다. 이 코르테스는 에스파냐령 아메리카도 대표를 뽑아 파견해 줄 것을 요청하기는 했지만 본질적으로 페닌술라르들의 지배와 상업적 독점 체제에는 변함이 없을 것임을 분명히 했다.

에스파냐령 아메리카에서 크리오요 지도자들은 에스파냐가 머지않아 붕괴될 것이라고 생각하고 어떻게 하면 이 극적인 상황을 자신들에게 유리하게 이용할 것인지를 두고 고심했다. 이 일련의 사태는 얼마 전까지만 해도 먼 미래의 일로만 여겨지던 자치 혹은 완전 독립이라는 생각을 현실적인 목표로 만들어 놓았다. 무적의 나폴레옹 군대가 모든 반대 세력을 쳐부술 것으로 확신한 일부 크리오요 지도자들은 "경애하는 페르난도"에 대한 충성을 구실 삼아 자신들이 권력을 장악할 준비를 했다. 그들은 포로가 된 왕의 이름으로 통치하기 위해 구성된 에스파냐 지역 훈타들의 예를 통해 자신들의 행동을 정당화했다.

1810년 봄 카디스의 함락이 임박해 보이자 크리오요 지도자들은 행동에 들어갔다. 부왕과 관리들의 페르난도에 대한 충성이 의심스럽다고 비난하면서, 이들은 카라카스, 부에노스아이레스, 산티아고, 보고타 등지에서 대중시위를 조직하여 에스파냐 당국으로 하여금 크리오요가 지배하는 지역평의회에 정권을 넘기게 만들었다. 그러나 평화적인 독립을 성취하려는 크리오요들의 희망은 무산되었다. 그들의 충성서약이 에스파냐에 진정으로 충성하는 사람들에게는 먹히지 않았고, 오히려 왕당파와 독립파(애국파) 사이에 전쟁이 일어났다.

남아메리카의 해방

라틴아메리카의 독립투쟁은 자연스럽게 그것을 미국혁명과 비교하게 만든다. 둘 간에는 분명히 유사점이 있다. 둘 다 급속히 성장하는 식민지 경제의 더 많은 발전을 중상주의 정책을 통해 방해하려는 모국의 지배를 타도하려고 했다. 둘 다 잘 교육받은 엘리트들이 이끌었고, 그들은 자신들의 슬로건과 아이디어를 계몽사상이라는 이념적 창고에서 끌어내고 있었다. 둘 다 인구 가운데 상당수가 모국의 편에 가담해 싸운 내전의 성격을 띠었다. 둘 다 부분적으로는 외국의 지원 덕분에 최종적으로 승리할 수 있었다(비록 미국의 독립파가 프랑스 동맹 세력에게서 받은 도움이 라틴아메리카 독립파가 외부로부터 받은 도움보다 훨씬 크기는 하지만 말이다).

그러나 두 혁명 사이에는 그에 못지않게 분명한 차이점도 있다. 미국혁명과 달리 라틴아메리카 독립투쟁은 통일된 지도부나 전략을 갖고 있지 않았다. 그것은 통합을 가로막는 엄청난 거리 등의 지리적 장애물 때문만이 아니라 여러 라틴아메리카 내 지역들 서로 간의 경제적·문화적 고립 때문이기도 했다. 게다가 라틴아메리카 독립 운동에는 보다 민주적이고 유동적인 영국 식민지 사회가 제공하는 강한 대중적 기반이 없었다. 그 자신들이 백인 소수 집단의 일부였던 크리오요 엘리트들은 억압받는 원주민, 흑인, 혼혈인을 두려워했으며 대체로 이 독립 운동에 그들이 참여하는 것을 최소한으로 제한하려고 했다. 이 같은 지역적 혹은 계급적 통일성의 부재는 라틴아메리카가 왜 허약하고 여러 국내외의 문제에 시달리고 있던 에스파냐 같은 국가를 상대로 그렇게 오랫동안 싸워야 했는지를 설명해 준다.

라틴아메리카 독립투쟁은 4개의 중심지를 가지고 있었다. 에스파냐령 남아메리카는 남쪽에 하나 북쪽에 하나, 이렇게 두 개의 주요 군사 작전 무대가 있었다. 해방의 한 물줄기는 베네수엘라로부터 남쪽으로 흘렀고, 다른 한 줄기는 아르헨티나로부터 시작하여 북쪽으로 올라갔다. 이 두 물줄기가 에스파냐의 대륙 내 최후의 보루였던 페루에서 합류했다. 브라질은 비교적 신속하고 평화적인 방법으로 포르투갈에서 분리되었다. 그러나 멕시코는 독립을 얻어 내기까지 멀고도 험한 여정을 걸어가야 했다.

해방자 시몬 볼리바르

시몬 볼리바르Simón Bolívar는 남아메리카 북부지역 독립 운동의 상징이며 영웅이다. 1783년 베네수엘라의 카라카스에서 태어난 그는 토지, 노예, 광산 등에 상당한 재산을 가진 부유한 크리오요 귀족 출신이었다. 이성적이고 유물론적인 계몽사상을 담은 고전의 탐독은 그의 지적 자질 형성에 많은 영향을 미쳤다. 1803~1807년 여러 유럽 국가들을 여행했는데, 이 또한 그의 지적 지평을 넓혀 주었다. 그는 카라카스에 돌아온 지 얼마 안 되어 에스파냐 체제의 타도를 목표로 하는 비밀결사에 합류했다.

1810년 4월 카라카스의 크리오요들은 시위를 주도하여 지역 사령관의 사임을 이끌어냈다. 포로로 잡힌 국왕 페르난도의 권리를 수호하겠다고 서약한 크리오요들이 주를 이룬 훈타(위원회)가 권력을 장악했으나 이 훈타가 국왕에 충성한다는 말에 카라카스의 에스파냐 인들도 카디스의 섭정단도 속지 않았다. 부유한 크리오요 농장주들 대부분도 독립에 반대했으며, 독립 운동이 성공하자 그들 중 다수는 쿠바나 푸에르토리코로 망명을 떠났다. 독립파 내에서도 정책 노선을 두고 분열이 나타났는데, 볼리바르를 비롯한 한 쪽은 즉각적 독립을 지지한 반면, 다른 사람들은 서서히 시간을 두고 결정해야 한다고 주장했다.

The Granger Collection

호세 힐 데 카스트로(José Gil de Castro)가 그린 해방자 시몬 볼리바르의 초상화. 그의 모습은 그에 대해 동시대인들이 묘사하고 있는 설명과 매우 흡사하다.

훈타는 아마도 타협에 걸림돌이 된다고 생각하여 볼리바르를 영국으로 보내 영국의 도움을 청하게 하는 일을 그에게 맡겼다. 그가 이 임무에는 성공하지 못했으나 대신 역전의 혁명가 프란시스코 데 미란다Francisco de Miranda를 설득해 그가 베네수엘라로 돌아와 독립파 군대를 지휘하게 하는 데는 성공했다. 1811년 베네수엘라 의회는 베네수엘라의 독립을 선언하고 공화국 헌법의 초안을 작성했는데, 그 안에는 푸에로(자치 특권)와 원주민의 공납을 폐지하되 흑인 노예제는 존치시키고, 가톨릭 신앙을 국교로 하며, 완전한 시민권은 유산 계층에만 부여한다는 등의 내용이 담겨 있었다. 이 마지막 조항(완전한 시민권자)에서 자유신분의 파르도(물라토)들은 배제되었다.

그 사이 이미 독립파와 왕당파 간에는 싸움이 벌어지고 있었다. 왕당파는 반도 출신 에스파냐 인과 섭정단이 푸에르토리코에서 불러 온 군대, 크리오요 귀족들 가운데 일부 외에도 공화국이 자신들에게는 완전한 시민권을 부여하지 않은 것에 분노한 일부 자유 흑인들과 물라토들의 지지를 받았다. 흑인 노예들은 여러 지역에서 혼란한 상황을 이용하여 폭동을 일으켜 크리오요와 반도인을 구분하지 않고 아센다도들을 보이는 대로 살해했다. 그러나 주민들 중 대부분은 중립을 지켰고, 왕당파 쪽이든 공화국 쪽이든 징병관들이 마을에 접근하면 서둘러 도망쳤다. 만약 징병을 당하면 기회를 틈타 도망을 치거나 다른 편으로 넘어가기 일쑤였다.

독립파 진영에서는 사령관 미란다와 그의 젊은 장교들 사이에 갈등이 나타났는데, 볼리바르를 비롯한 젊은 장교들은 미란다의 군사적 보수주의와 우유부단한 태도를 못마땅하게 여겼다. 이 와중에 1812년 3월 26일 지진이 발생했는데, 이 지진이 카라카스와 그 외 독립파가 장악하고 있던 지역에서는 엄청난 인명과 재산 손실을 낸 반면에, 에스파냐 군이 장악하고 있던 지역에서는 별 피해가 나타나지 않았다. 국왕 측 성직자들은 이 재앙을 반도들에 대한 신의 응징이라고 선전했다. 그에 이은 일련의 군사적 패배로 독립파의 혁명의 대의는 완전히 궤멸지경에 이르게 되었다.

미란다는 자신의 부대가 와해되자 국왕군 사령관을 상대로 협상을 시도하고 공화국의 자금 중 일부를 가지고 외국으로 도망치려고 했다. 그가 계속해서 독립을 위해 뭔가를 하려고 했는지는 알 수 없으나 일련의 상황은 그가 자신의 안위를 위해 도망친 것처럼 보이게 만들었다. 볼리바르와 그의 동지들은 미란다가 외국으로 가기 위해 배에 승선하기 직전에 그를 포박하여 에스파냐 인들에게 넘겨주었다. 미란다는 4년 후 한 에스파냐 감옥에서 죽었다. 한 집안 친구의 도움으로 에스파냐 군의 반격에서 살아남은 볼리바르는 안전통행권을 받아 외국으로 떠날 수 있었다.

볼리바르는 아직 그중 일부가 독립파에게 장악되어 있던 누에바그라나다(지금의 콜롬비아)로 갔다. 여기에서도 베네수엘라에서처럼 크리오요 지도자들은 정부의 형태를 두고 갈등했다. 누에바그라나다에 도착한 지 2개월 후에 볼리바르는 「누에바그라나다 시민에게 드리는 성명서」를 발표했는데, 여기서 그는 단합을 주장하고, 연방제가 전시 상황에서는 비실용적이라고 비난하면서 콜롬비아의 안전을 위해서라도 베네수엘라의 해방이 필요하다고 역설했다. 마그달레나 강에서 적군을 몰아내기 위해 구성된 소규모 파견군의 지휘자가 된 그는 신속한 이동, 공격적인 전략, 사회적 배경이나 피부색에 상관없이 공적功績에 따른 진급을 특징으로 하는 전술을 채택했다.

볼리바르는 쿠쿠타Cúcuta에서의 승리로 콜롬비아 군 장군으로 승진했고, 베네수엘라를 해방시키겠다는 계획도 승인받을 수 있었다. 석 달간의 강행군 끝에 그는 500명의 병력을 이끌고 베네수엘라의 안데스 지역을 통과하여 카라카스로 갔다. 베네수엘라에서 에스파냐 군은 모든 독립파에 대하여 무조건적인 테러 전술을 사용했다. 볼리바르도 카라카스로 가는 중간 지점에 위치한 트루히요Trujillo에서 모든 에스파냐 인을 상대로 역 테러 전술을 사용하겠다고 주장하면서 최후의 1인까지 싸우겠다고 선언했다. 볼리바르가 수도 쪽으로 다가가자 에스파냐 군대는 퇴각했다. 그는 보무당당하게 카라카스에 입성했으며, 시 참사회로부터 '해방자'라는 칭호를 부여받았다. 그리고 얼마 후 새로 구성된 공화국 의회는 고마움의 표시로 표결을 통해 그에게 절대적 권력을 부여했다.

그러나 볼리바르의 성공이 오래 가지는 못했는데, 그것은 국내외 상황이 그에게 불리하게 전개되었기 때문이다. 1814년 나폴레옹의 몰락은 페르난도 7세를 다시 에스파냐의 왕위에 올려놓았고, 에스파냐 군대를 자유롭게 만들어 에스파냐령 아메리카로 파견될 수 있게 했으며, 국왕의 대의명분을 크게 고양시켜 주었다. 한편 공화국의 정책은 대다수 하층민을 자신으로부터 멀어지게 만들었다. 크리오요 귀족들은 자기 노예들의 해방을 완강하게 거부했다. 그 결과 노예들은 에스파냐 인이나 크리오요에 상관없이 자신들의 싸움을 계속했고, 공화국 군대는 이들을 진압하기 위해 병력 일부를 빼내 노예들이 반란을 일으킨 지역에 파견하지 않으면 안 되었다.

베네수엘라 야노llanos(평원)의 야네로들llaneros(목부牧夫들) 또한 공화국에 등을 돌렸는데, 그들의 그런 태도는 어떤 지역의 소유권자가 발행하는 허가서를 소지하지 않으면 야노에서 가축을 사냥하거나 포획할 수 없다고 규정한 농업령 때문이었다. 이 농업령은 또한 야네로들에게 신분증을 소지하게 하고 누군가의 목장에 속하도록 강요하여 그들을 예속적 신분의 노동자로 만들려고 했다. 야네로들은 자신들의 관행적 권리와 자유를 침해하는 이 조치에 분노했다. 호세 토마스 보베스José Tomás Boves라는 가공할 인물의 지휘 하에 무섭게 생긴 창으로 무장한 대규모의 야네로 무리가 고원지역에 침입하고, 여세를 몰아 모든 저항세력을 제압하고 카라카스를 휩쓸었다. 1814년 7월 볼리바르는 서둘러 카라카스를 빠져 나와 남은 병력을 이끌고 콜롬비아 쪽으로 퇴각했다. 보베스는 1814년 말의 전투에서 전사하고 말았지만 이미 그는 베네수엘라의 '제2공화국'을 파괴한 상태였다.

볼리바르는 9월에 카르타헤나에 도착하여 콜롬비아가 대혼란에 빠져 있음을 알게 되었다. 에스파냐의 침공이 임박했음에도 불구하고 각 지방들은 자기들끼리 싸우느라 정신이 없었으며, 취약한 중앙 정부의 권위는 무시되기 일쑤였다. 볼리바르는 상황이 절망적임을 깨닫고 1815년 5월 영국령 자메이카 섬으로 떠났다. 한편 파블로 모리요Pablo Morillo 장군이 이끄는 강력한 에스파냐 군대가 베네수엘라에 상륙하여 그곳 식민지를 재정복한 다음, 카르타헤나를 공격하기 위해 출발했다. 육지와 바다 모두에서 고립된 카르타헤나는 그해 12월 항복했으며, 몇 달 가지 않아 콜롬비아의 나머지 지역도 평정되었다. 에스파냐령 아메리카의 모든 지역 가운데 아르헨티나만 반란 상태로 남아 있었다. 만약 페르난도 왕이 자신의 명분을 지지해 준 혼혈인에게 백인과의 법적인 평등을 허락하겠다고 약속만 했다면 에스파냐의 아메리카 제국은 훨씬 더 오래 존속했을지도 모른다. 그러나 수구적인 페르난도는 어떤 양보도 하지 않으려고 했다.

볼리바르는 여전히 결국 독립을 성취하고야 말 것이라는 흔들리지 않는 믿음을 가지고 있었다. 자메이카에서 그는 유명한 편지 한 통을 보냈는데, 거기서 그는 그 믿음을 확인했고, 에스파냐령 아메리카의 상황과 전망에 대해 탁월한 분석을 제시하기도 했다. 그는 에스파냐—"늙은 뱀"—가 에스파냐령 아메리카를 영원히 예속 상태로 묶어둘 수는 없을 것이라고 확신했다. 볼리바르는 또한 대륙의 정치적 미래에 대해 날카로운 분석을 내놓기도 했는데, 거기서 그는 라틴아메리카 인들의 기질상 왕정은 어울리지 않으며, 그들이 수용할 유일한 정치 체제는 공화정뿐이라고 주장했다. 아메리카는 "기후의 차이, 지리적 다양성, 상충하는 이해관계, 상이한 성격" 등으로 분열되어 있기 때문에 대륙 전체를 포괄하는 단일 정부의 출현은 불가능할 것이라고 내다보았다. 볼리바르는 또한 각 지역의 경제적·사회적 구조를 고려하여 대담하게 각 지역의 미래를 예상하기도 했다. 예를 들어 칠레는 그가 볼 때 민주주의 국가로 발전할 것처럼 여겨지는데 비해 페루는 "정의롭고 자유주의적인 모든 원칙과 모순되는 두 가지 요소, 즉 금과 노예"를 가지고 있기 때문에 독재의 고통에 시달리게 될 것이라고 예견했다.

볼리바르는 자메이카에서 아이티로 건너갔다. 거기에서 그는 물라토 신분으로 대통령이 된 알렉상드르 페시옹에게서 격려의 말과 물질적 지지를 약속 받았으며 그 대신 알렉상드르 페시옹은 볼리바르에게 차후 그(볼리바르)가 점령하게 될 영토에서 노예해방에 앞장서 줄 것을 당부했다. 1816년 3월 볼리바르와 소수의 추종자들은 베네수엘라 해안에서 조금 떨어진 마르가리타 섬에 상륙했다. 그는 두 차례에 걸쳐 베네수엘라 본토에 교두보를 마련하려고 했으나 실패했고, 얼마 가지 않아 서인도 제도로 돌아갔다. 자신의 실패를 되돌아본 끝에 그는 방어시설이 잘 갖추어진 베네수엘라 서쪽으로 침입하려고 한 것이 실수였다고 판단하고, 에스파냐의 군사기지에서 멀리 떨어진 오리노코 강 계곡에 전초기지를 세울 결심을 했다. 이 지역에는 여전히 독립파 잔당이 활동하고 있었고, 볼리바르는 에스파냐 동맹 세력에 실망한 야네로들의 협력도 추구했다. 1816년 9월 볼리바르는 아이티를 출발하여 오리노코 강 삼각주로 향했으며, 이 지역의 소도시 앙고스투라Angostura(지금의 볼리바르 시)에 도착하여 그곳을 본부로 삼았다.

전쟁의 흐름은 이제 볼리바르에게 유리하게 전개되기 시작했다. 독립파 게릴라 부대들도 그의 리더십을 인정했다. 그보다 더 중요한 것은 볼리바르가 야네로 두목 호세 안토니오 파에스José Antonio Páez의 지지를 얻게 된 것이었다. 유럽의 상황도 볼리바르에게 유리하게 작용했다. 나폴레옹 전쟁의 종결로 많은 영국군 병사들이 한가해졌고, 이 역전의 용사들 가운데 상당수가 베네수엘라로 건너와 '영국인 군단'을 만들었으며, 이들은 베네수엘라 전투에서 용맹을 떨쳤다. 영국 상인들은 볼리바르에 재정지원을 하여 그가 다가올 전투에 대비하여 병력과 무기를 확보할 수 있게 해주었다. 페르난도 7세의 완고한 고집도 독립파에게 도움이 되었는데, 식민지 정주자들에게 어떤 양보도 하지 않으려는 그의 태도가 영국 정부로 하여금 인내심을 잃게 만들고, 에스파냐령 아메리카의 독립에 대한 전망을 좀 더 호의적으로 바라보게 만들었다.

1819년 결정적인 전투가 있기 전에 볼리바르는 앙고스투라에서 임시 의회를 소집했는데 이 의회는 그에게 독재적 권력을 부여해 주었다. 그는 이 의회에 베네수엘라 헌법 초안을 제출했는데, 여기서 그는 노예제 폐지, 혁명에 참여한 병사들에 대한 토지 분배 등을 촉구했다. 그러나 그가 제안한 헌법에는 몇 가지 비민주적인 요소도 포함되어 있었는데, 사실상 왕의 권력을 갖게 될 대통령, 선거권과 관직 보유를 일정 수준 이상의 교육을 받은 유산 계층에 제한하는 조항 등이 그것이었다. 의회는 볼리바르의 이 개혁안을 각하却下했으나 그를 공화국 대통령으로 선출하고, 그의 이념 가운데 상당 부분을 반영하는 헌법을 채택했다.

그러나 아직 전쟁은 끝나지 않은 상태였다. 베네수엘라와 콜롬비아를 해방시키기 위해 볼리바르가 시도한 과감한 전술 중에는 전혀 예기치 못한 방향에서 에스파냐 군대에 치명적 타격을 가하는 것이 포함되어 있었다. 파에스가 이끄는 야네로 기병대가 북부 베네수엘라에서 기습공격으로 에스파냐 군 주력부대의 주의를 분산시키고 그곳에 잡아두고 있는 동안 볼리바르는 약 2,500명의 병력을 이끌고 구불구불한 오리노코 강과 아라우코 강을 따라 진격하고 평원 지대를 통과하여 높이 치솟은 콜롬비아 안데스 산맥 쪽으로 올라간 다음, 누에바그라나다의 수도 보고타가 위치한 고원 지대에 이르렀다. 보야카Boyacá 평원 지역에서 독립군은 국왕군을 기습하여 단기간의 치열한 전투 끝에 그들을 격파한 다음 1,600명 정도를 포로로 잡고 상당량의 군수품을 포획했다. 보고타에는 이제 방어할 사람이 없었고, 볼리바르는 에스파냐 치하에서 고통이 심했던 민중들의 환호 속에 수도에 입성했다.

볼리바르는 자신의 부관 프란시스코 데 파울라 산탄데르Francisco de Paula Santander에게 정부 조직을 맡기고 베네수엘라의 해방을 준비하기 위해 급히 앙고스투라로 갔다. 이때 매우 고무적인 소식이 에스파냐에서 도착했다. 1820년 1월 1일 남아메리카로 향할 예정이던 에스파냐 군 1개 연대가 폭동을 일으켰고, 그 폭동이 반란으로 발전해 국왕 페르난도가 1812년 자유주의 헌법을 복원시키고 식민지 재정복 계획을 포기하게 되었다는 것이었다. 이 소식에 독립파는 환호했고, 반대로 베네수엘라의 왕당파는 사기가 저하되어 이탈자가 속출했다. 1821년 7월 볼리바르와 파에스의 군대는 베네수엘라의 마지막 에스파냐 주력부대를 카라보보Carabobo에서 격파했다. 이제 아직 농성중인 국왕군이 장악하고 있던 몇몇 해안 도시와 요새를 제외하면 베네수엘라는 에스파냐로부터 해방된 상태가 되었다.

볼리바르의 관심은 이미 남쪽을 향하고 있었다. 에스파냐 인들이 안데스 산맥 중앙부의 거대한 산악 지대를 장악하고 있는 한 에스파냐령 아메리카의 독립은 불안할 수밖에 없었다. 볼리바르는 보고타에서 키토를 정복하기 위한 대규모 공세를 준비하는 한편으로, 자신의 유능한 청년 부관 안토니오 호세 수크레Antonio José Sucre를 콜롬비아 해안에서 바닷길로 과야킬 항으로 보내 그곳을 점령하게 했다. 그런데 수크레가 도착하기도 전에 과야킬의 크리오요들이 반란을 일으켜 독립을 선포하고 그 항구를 볼리바르의 보호령으로 선언했다. 수크레는 아르헨티나의 장군 호세 데 산 마르틴José de San Martín이 보낸 증원군으로 늘어난 병력을 이끌고 에콰도르 고원 지대로 진격하여 키토 근처 피친차Pichincha 산기슭에서 에스파냐 군을 격파했다. 한편 보고타에서 카우카 강 계곡을 따라 남으로 향하던 볼리바르의 군대는 왕당파의 완강한 저항에 부딪혔으나 이 저항 세력은 수크레의 피친차 승리 소식을 접하고는 결국 와해되었다. 전에 누에바그라나다 부왕령에 포함되었던 지역들—오늘날의 베네수엘라, 콜롬비아, 에콰도르, 파나마—은 이제 에스파냐의 지배에서 해방되었다. 이 지역들은 1821년 볼리바르의 주도로 누에바그라나다와 베네수엘라 간 통합으로 만들어진 콜롬비아 혹은 그란콜롬비아Gran Colombia라는 이름을 가진 거대한 한 국가로 잠정적으로 통합되었다.

남부 지역 해방 운동과 산 마르틴

볼리바르가 이끄는 해방 운동이 아르헨티나에서 북상하는 또 하나의 흐름과 합류하는 시간이 찾아왔다. 1806~1807년의 영국의 침략이 실패한 이후 크리오요 무리는 명목상으로는 에스파냐에 충성을 바치고 있었지만 실제로는 부에노스아이레스를 지배하고 있었다. 영국 침략의 영웅이자 임시로 부왕직을 맡아보고 있던 산티아고 리니에르스Santiago Liniers는 크리오요 지도자들과 완전한 협조 관계를 유지했다. 세비야 훈타가 리니에르스를 대체하기 위해 파견한 새 부왕이 리마의 부왕과 함께 알토페루(볼리비아)에서 일어난 크리오요 반란을 진압했다. 그러나 그도 부에노스아이레스에서는 크리오요들의 우월한 힘을 고려해 신중하게 처신했다. 그는 크리오요들의 압력을 받아 동맹국 혹은 중립국들과의 자유무역을 허용하는 법령을 발표했는데, 이는 카디스의 독점을 지지하는 자들이 결사적으로 반대하는 것이었다. 그러나 이 양보가 에스파냐 체제를 구해 내지는 못했다. 혁명은 무르익고 있었고, 크리오요 지도자들은, 그 가운데 한 사람의 말에 따르면, 무화과 열매가 익기만을 기다리고 있었다.

1810년 5월 프랑스 군대가 세비야에 입성하고 카디스를 위협했다는 소식이 들려오자, 한 비밀 애국 결사체가 시위를 조직하여 부왕으로 하여금 차후 식민지의 정부 형태를 결정할 공개적 시민회의를 소집하게 했다. 이 아르헨티나 최초의 의회는 재직 중인 부왕의 해임과 함께 페르난도 왕의 이름으로 통치를 대행할 훈타(위원회) 설립을 의결했다. 이 훈타는 즉각 방대한 부왕령 전체에 대한 지배의 공고화를 추진했고, 치열한 전투 끝에 내륙의 주들을 복속시켰다. 동쪽 해안 지역(지금의 우루과이) 라플라타강 건너편에 위치한 몬테비데오는 1814년까지 에스파냐의 수중에 있다가 아르헨티나의 공성에 함락되었다. 훈타에게 더 완강하게 저항한 것은 호세 헤르바시오 아르티가스José Gervasio Artigas가 지휘하는 우루과이 팜파의 가우초들이었는데, 이들은 부에노스아이레스와 느슨한 연방관계를 유지하는 형태의 우루과이 자치를 요구했다. 포르테뇨들porteños(부에노스아이레스의 주민들)은 아르티가스의 가우초 민주주의에는 관심이 없었으므로 새로운 분쟁이 일어났다. 이 분쟁은 부에노스아이레스 군과, 우루과이가 브라질의 영토라고 주장하는 포르투갈 군의 협공에 포박된 아르티가스가 파라과이로 도주하면서 끝이 났다. 우루과이는 1828년에야 독립을 이룰 수 있었다.

옛 라플라타 부왕령의 일부였던 파라과이에서도 크리오요 귀족들은 부에노스아이레스 훈타의 의도를 의심하여 아순시온 해방을 위해 파견되어 온 포르테뇨 군대를 패퇴시켰다. 이 일이 있고 나서 아순시온의 크리오요들은 들고일어나 에스파냐 관리들을 축출하고 파라과이의 독립을 선포했다. 이 봉기의 핵심 인물은 호세 로드리게스 데 프란시아José Rodríguez de Francia 박사였으며, 그는 곧 파라과이의 초대 대통령이자 독재자가 된다.

알토페루의 북부 산악 지역을 해방시키려고 한 부에노스아이레스 훈타의 시도 또한 실패했다. 이 지역에 대한 독립파 군대의 두 번에 걸친 공격은 실패로 끝났고, 침입자들은 격퇴되었다. 가파른 지형, 원거리에 따른 통신상의 어려움, 볼리비아 원주민들의 무관심이 패배의 원인이었다.

부에노스아이레스 정부는 또한 심각한 내부 문제도 안고 있었다. 훈타의 서기이자 사회 개혁의 옹호자였던 불같은 성품의 마리아노 모레노Mariano Moreno의 자유주의 성향의 지지자들과 대지주 코르넬리오 사아베드라Cornelio Saavedra가 이끄는 보수파 간의 다툼이 그것이었다. 이 갈등은 독립 이후 첫 수십 년 동안 아르헨티나 역사를 지배하게 될 자유주의 대 보수주의 간 분열을 예기하게 하는 것이었다. 1813년 의회는 나라 이름을

'라플라타합중국'United Provinces of La Plata으로 정하고, 미타·엔코미엔다·귀족 작위·종교재판소를 폐지하는 개혁을 단행했다. 그러나 독립선언은 1816년에 가서야 발표되었다.

1816년은 산 마르틴의 군사적 천재성이 오랜 군사적 교착 상태를 깨뜨린 해이기도 했다. 오늘날의 아르헨티나 북동부에서 태어난 산 마르틴은 부에노스아이레스에서 혁명이 일어났을 당시 에스파냐 군대에서 20년간 복무해 온 사람이었고 당시 계급은 대령이었다. 혁명이 일어나자 그는 재빨리 배를 타고 라플라타로 가서 독립파의 훈타에 합류했다. 얼마 가지 않아 알토페루 군대의 지휘관이 되었고, 그 군대는 국왕군에게 한 차례 참패를 당하고 나서 투쿠만에서 전열을 정비하고 있었다. 알토페루의 에스파냐 군 진지에 대한 정면공격은 실패할 수밖에 없다고 생각한 산 마르틴은 전면적 승리를 위한 계획을 제안했고, 라플라타합중국의 지도자 후안 마르틴 데 푸에이레돈Juan Martín de Pueyrredón은 그 제안을 지지했다. 산 마르틴의 계획은 우선 안데스 산맥을 넘어 칠레를 해방시키고(당시 칠레는 베르나르도 오이긴스와, 그 외 독립파 지도자들이 1810년에 세운 혁명 정부가 에스파냐 군의 반격으로 붕괴된 상태였다), 칠레가 해방되면 여세를 몰아 라플라타와 칠레 연합군이 바다를 통해 페루를 기습한다는 것이었다.

에스파냐 인들이 이 계획을 눈치 채지 못하게 하고, 대규모의 유기적인 작전을 위한 시간을 벌기 위해 산 마르틴은 쿠요Cuyo 주지사직을 얻어내기 위해 노력하여 결국 그 자리에 임명되었는데, 쿠요 주의 수도 멘도사는 안데스 산맥을 넘어 칠레로 가는 전략적 통로의 맨 동쪽 끝 지점에 위치해 있었다. 여기에서 그는 2년 동안 자신의 '안데스 군'을 모아 훈련시키고 필요한 장비와 무기를 마련했다. 흑인과 물라토 자원병들을 끌어들이기 위해 볼리바르가 했던 것처럼 신분해방을 약속했으며, 후에는 그들이 자신의 최정예 병사들이라고 선언했다. 과거에 에스파냐의 반격에 쫓겨 도망쳤던 칠레 내 패잔병들도 그의 군대에 합류했다.

조직적이고 빈틈이 없었던 산 마르틴은 부에노스아이레스 정부에게 무기, 군수품, 식량 그리고 모든 종류의 장비를 요구했다. 1817년 1월 산 마르틴의 군대는 꽁꽁 언 안데스 고개를 넘는 강행군을 시작했다. 그것은 볼리바르가 콜롬비아 산맥을 기어오르는 것 못지않게 험난한 일이었다. 21일 후 산 마르틴의 군대는 칠레에 도착했다. 산 마르틴은 2월에 차카부코에서 에스파냐 군에 결정적인 승리를 거두어 산티아고로 가는 길을 열었다. 마이푸Maipú 전투(1818)에서 거둔 또 한 차례의 승리로 칠레 독립을 위협할 수 있는 요소는 사라졌다. 공화국의 최고 지배자가 되어 달라는 칠레의 요청을 거부하고(결국 그 자리는 오이긴스에게 돌아갔다) 산 마르틴은 2,400km 떨어져 있는 리마에 대한 해상 공격을 위한 준비에 착수했다.

이 계획을 실행에 옮기기 위해서는 해군의 창설이 필요했다. 그는 영국과 미국에게서 다수의 선박을 구입했고, 독립파 해군을 조직하기 위해 괴팍하기는 하지만 능력은 인정받고 있었던 해군 제독 코흐랜 경 토마스 Thomas, the Lord Cochrane를 발탁했다. 1820년 8월 한 원정대가 일곱 척의 전선과 열여덟 척의 수송선으로 이루어진 함대를 타고 페루로 진격했다. 산 마르틴은 리마에서 남쪽으로 160km 떨어진 지점에 군대를 상륙시켰으나 리마 진군을 서두르지는 않았다. 그는 경제 봉쇄, 선전宣傳 전술, 에스파냐 관리들과의 직접 협상을 통해 리마의 항복을 이끌어내려고 했다. 원주민과 노예들의 반란을 우려하여 어떻게든 군사적 충돌은 피하려고 한 리마 귀족들(크리오요들과 이베리안 반도인 모두)의 바람도 산 마르틴의 전술에 유리하게 작용했다. 1821년 6월 에스파냐 군은 리마를 소개疏開하고 안데스 산맥으로 퇴각했다. 산 마르틴은 수도에 입성하여 축제 분위기 속에서 페루의 독립을 선포했다.

그러나 그의 승리는 결코 완전한 승리가 아니었다. 그는 반혁명 음모와, 사회 개혁 프로그램에 반대하는 리마의 부패한 엘리트층의 저항에 맞서 싸워야 했다. 그의 개혁안 중에는 원주민 공납의 폐지, 노예 자녀의 신분해방 등이 포함되어 있었다. 1821년 8월 산 마르틴이 군 총사령관을 겸하는 최고 통치자가 되자 파당적 반대는 더욱 거세졌다. 한편 대규모의 에스파냐 군대가 리마 시 바로 앞에서 기동 연습을 하는 등 산 마르틴에게 싸움을 걸어 왔으나 산 마르틴은 자신의 병력이 훨씬 적었기 때문에 이에 응하지 않았다. 자신을 둘러싼 음모와 적대 분위기에 낙담한 산 마르틴은 에스파냐령 아메리카에 안정을 가져다줄 수 있는 것은 왕정뿐이라고 확신하고 유럽에 밀사를 보내 페루 왕위에 적합한 군주를 찾아보게 했다.

산 마르틴이 과야킬을 향해 떠난 것은 그런 배경에서였고, 거기에서 그는 1822년 7월 26일과 27일 한 회담장에서 볼리바르를 만났다. 그 회담의 의제는 여러 가지였는데, 그중 하나는 과야킬의 미래였다. 산 마르틴은 이 항구도시가 페루의 영토가 되어야 한다고 주장했다. 그러나 볼리바르가 이미 그곳을 그란콜롬비아에 병합한 상태였고, 그것을 기정사실화하려 했기 때문에 산 마르틴과 볼리바르는 충돌하게 되었다. 또 다른 의제는 에스파냐령 아메리카의 정치적 장래였다. 산 마르틴은 새로 탄생한 국가들의 혼란을 막기 위하여 군주제를 택해야 한다고 주장했다. 그에 비해 볼리바르는 형식에서는 공화제를, 내용에서는 과두제가 될 통치 체제를 주장했다. 그러나 두 사람 앞에 놓인 가장 시급한 문제는 페루에서 에스파냐군을 패퇴시킴으로써 아메리카 대륙의 해방을 완전하게 하는 것이었다.

회담 이후 산 마르틴이 갑작스럽게 공적 생활에서 물러났고, 거기서 오고간 대화 내용에 대해 두 '해방자' 모두 언급하지 않으려 했으며, 또 회담 내용에 대한 문서로 된 기록이 얼마 남아 있지 않기 때문에 이 회담의 성격을 둘러싸고 의견이 분분했으며, 두 개의 상반되고 파당적인 해석이 나타났다. 아르헨티나 역사가들의 주장은 산 마르틴이 군사 원조를 청하기 위해 과야킬에 왔으나 독립전쟁을 종결시키는 영예를 라이벌과 공유하고 싶지 않았던 볼리바르가 그 요청을 거절했고, 이에 산 마르틴이 대범하게 자신은 페루를 떠나기로 하고 자신이 시작한 과업을 볼리바르가 완수할 수 있도록 했다는 것이다. 반면에 베네수엘라 역사가들은 산 마르틴이 과야킬에 온 첫번째 목적이 그 도시를 페루 영토로 만들기 위해서였다고 주장한다. 베네수엘라 역사가들은 산 마르틴이 볼리바르에게 병력을 요청했다는 것을 부정하고, 그가 페루를 떠난 것도 회담과는 상관없는 개인적인 이유에서였다고 주장한다.

두 해석 모두 두 해방자의 인품과 현실 감각을 과소평가하는 경향이 있다. 산 마르틴은 순교자가 아니었으며, 볼리바르도 권력과 명예욕 때문에 산 마르틴을 희생시킬 정도로 비열한 책략가는 아니었다. 산 마르틴은 오직 볼리바르만이 페루에 있는 잔당의 소굴들을 일소하고, 산으로 들어간 강력한 에스파냐 군대에 대해 최종적인 승리를 거두는 데 필요한 군사적·정치적·심리적 자질을 가지고 있다는 것을 알았음이 분명하다. 리마의 상황을 고려할 때, 산 마르틴이 그곳에 계속해서 머물게 되면 그 과업의 수행을 방해할 뿐이라고 판단한 것으로 보인다. 이런 관점에서 볼 때, 볼리바르가 전쟁의 유일한 지휘자가 되고, 산 마르틴이 물러나기로 한 결정은 페루 문제와, 그것이 필요로 하는 해결책에 대한 두 사람의 현실적인 판단의 결과라고 하겠다.

산 마르틴은 리마로 돌아와 자신이 없는 동안 정적들이 결집해 자신의 개혁적 총리 베르나르도 몬테아구도Bernardo Monteagudo를 국외 추방시킨 것을 알게 되었다. 그럼에도 불구하고 그는 권력을 되찾으려는 어떠한 노력도 하지 않았다. 1822년 9월, 페루의 첫번째 의회에서 보호자protector 직에서 물러나겠다는 것과 곧 출국할 것임을 발표했다. 그는 칠레(당시 칠레는 그의 친구 오이긴스가 이끄는 정부가 붕괴 직전에 있었다)를 경유하여 아르헨티나로 돌아왔는데, 부에노스아이레스의 시민들은 벌써 그의 존재를 잊은 것처럼 보였다. 그는 딸과 함께 1823년 말 유럽으로 갔고, 1850년 거의 사람들에게서 잊혀진 채 프랑스에서 죽었다. 그가 아르헨티나 국민의 영웅으로 재조명되기 시작한 것은 사반세기가 지나고 나서였다.

산 마르틴이 떠나고 나자 리마와 리마의 지배권 하에 있는 지역은 산지에 근거를 둔 강력한 에스파냐 군대에 의해 재정복될 위기에 처하게 되었다. 볼리바르는 리마에서 상쟁相爭하는 파당들을 곤경에서 구하려는 아무런 조치도 취하지 않았다. 그는 상황이 계속 악화되는 것을 보고만 있다가 1823년 5월 페루 의회가 자신에게 도움을 청하고 나서야 나섰는데, 이때도 그는 리마의 정치인들을 완전히 무릎 꿇릴 요량으로 고작 수천 명의 병력만을 수크레와 함께 파견했을 뿐이다. 에스파냐 군대에 의해 수도가 잠깐 동안 재점령된 것이 크리오요 지도자들 사이에서 공황 상태를 불러일으켰고, 그로 인해 그들은 볼리바르의 절대적 지배를 기꺼이 수용할 준비가 되어 있었다.

볼리바르는 1823년 9월 페루에 도착했다. 그가 정치적 안정을 이루고, 자신이 데리고 온 군대와 여러 지역 소부대들을 하나로 통합해 휘하에 두기까지 거의 1년이 걸렸다. 약 한 달에 걸친 힘든 고산 행군 끝에(고도가 매우 높아서 볼리바르와 그의 병사들 대부분이 고산병에 걸릴 정도였다) 독립파 기병대와 왕당파 군대가 후닌Junín 호수 근처에서 충돌했고, 여기서 에스파냐 인들은 패퇴했으며(1824년 8월 6일), 국왕군 지휘자 호세 데 칸

테락José de Canterac은 쿠스코로 퇴각했다. 볼리바르는 수크레를 지휘관으로 남기고 리마로 돌아가 증원군을 모집했다. 아야쿠초에서 벌어진 최후의 대회전에서 에스파냐 군대를 격파하는 영예는 결국 수크레에게 돌아갔다(1824년 12월 9일). 이로써 고원과 해안 일부 지역에서의 산발적인 저항만 남아 있게 되었다. 에스파냐령 아메리카에서 벌어진 인종적·민족적으로 다양한 성격의 독립 운동은 남아메리카 대륙의 해방이라는 목적을 마침내 이루게 되었다.

브라질의 독립 획득

에스파냐령 아메리카의 정치적 무질서, 경제적 혼란, 군사적 파괴와는 대조적으로 브라질의 독립 운동은 1808~1822년 비교적 평화로운 이행의 형태로 진행되었다. 브라질 독립의 이념은 18세기 후반 모국을 위해 식민지에 대한 정치적·경제적 지배를 강화한 포르투갈의 지배에 대한 브라질인들의 반발로 처음 출현했다. 포르투갈의 지배에 저항하는 최초의 중요한 결사가 1788~1789년 미나스제라이스에서 조직되었는데, 이 지역에서는 금과 다이아몬드의 생산과 가격에 대한 정부의 엄격한 통제와 과중한 세금이 주민들의 원성을 사고 있었으며, 또 유럽에서 교육을 받아 계몽사상에 익숙한 한 무리의 지식인들이 있었다. 그러나 이 결사는 논의 단계에서 더 이상 발전하지 못했으며, 포르투갈 왕은 어렵지 않게 그것을 찾아내서 분쇄했다. 리우데자네이루(1794), 바이아(1798), 페르남부쿠(1801)에서 발생한 또 다른 결사들과 페르남부쿠에서 일어난 봉기(1817) 등은 엘리트층은 물론이고 도시 하층 계급 사이에서도 공화주의 이념이 확산되어 있었음을 말해 준다. 그러나 이 모든 결사와 봉기는 수포로 돌아가거나 진압되었다. 브라질 사회의 침체와, 쿠바에서처럼 국왕에 대한 저항이 노예들의 봉기를 촉발할지도 모른다는 노예주들의 두려움은 봉기 발생을 효과적으로 억제했다. 유럽에서 일어난 한 역사적 사건이 없었더라면 브라질의 독립은 훨씬 더 지체되었을지 모른다.

프랑스의 포르투갈 침공(1807)과, 그에 이은 포르투갈 궁정의 리우데자네이루로의 이전은 브라질에게 큰 이득을 가져다주었다. 궁정의 이전은 사실상 브라질의 독립을 의미했다. 포르투갈의 왕자-섭정prince regent 주앙João은 브라질의 항구들을 우호 국가들과의 무역에 개방하고 지역 산업의 발전을 허용했으며 브라질 은행을 설립했다. 1815년에는 브라질의 법적 지위를 포르투갈과 동격의 왕국으로 승격시켰다. 그러나 다른 의미에서 브라질의 새로운 지위는 한 종속 형태가 다른 종속 형태로 바뀐 것에 불과했다. 포르투갈의 통치에서 자유로워진 브라질은 이제 영국의 경제적 지배를 받게 되었는데, 영국은 1810년 스트랭포드Strangford 조약으로 브라질로부터 대폭적인 관세關稅 양보와 다른 특권들을 얻어냈다. 그것이 가져온 결과 가운데 하나는 값싼 공산품의 대량 유입과 브라질 수공업의 고사枯死였다.

브라질의 엘리트들은 브라질의 새로운 역할과, 자신들에게 주어진 교육적·문화적·경제적 기회의 증대에 만족해했다. 그러나 이 만족감은 궁정을 따라 몰려 와 직업과 관직을 놓고 브라질 인들과 경쟁하게 된 수천 명의 포르투갈 인 정신廷臣과 식객들에 대해 갖게 된 반감과 뒤섞여 있었다. 브라질 내 포르투갈 상인들은 그들 나름대로 리스본의 독점이 사라진 것에 비통한 마음을 금치 못했다. 그리하여 브라질의 위상 변화는 마종부들(브라질에서 태어난 포르투갈 인 엘리트들)과 레이누이들reinóis(포르투갈에서 태어나고 포르투갈 왕실에 충성하는 엘리트들) 간의 갈등을 첨예하게 만들었다.

모국과의 결별을 더욱 재촉한 사건은 1820년 포르투갈에서 일어난 혁명이었다. 포르투갈의 혁명가들은 포르투갈 왕국에 대해서는 자유주의적 헌법을 제정했으나 브라질과의 관계에서는 보수적·반동적 태도를 고수했다. 그들은 동 주앙Dom Joáo의 즉각적인 포르투갈로의 귀환, 그가 만든 이원 왕정 체제의 폐지, 포르투갈의 무역독점 회복을 주장했다. 소심하고 우유부단한 성품의 동 주앙은 어떤 길을 택해야 할지 몰라 갈팡질팡했다. 그러나 포르투갈로 돌아가기를 학수고대하는 정신들의 압력에 못 이겨 그는 결국 새 헌법을 승인하고 포르투갈로 귀국했다. 그러나 그는 아들이자 후계자인 동 페드루Dom Pedro를 브라질의 섭정으로 남겨두었으며, 한 사신私信에서 그에게 브라질 인들이 독립을 원하면 그 독립 운동의 지도자가 되어 브라질의 왕이 되라고 조언했다. 페드루는 브라질 출신의 과학자 보니파시우 지 안드라다Bonifácio de Andrada에게서도 똑같은 조언을 들었는데, 그는 포르투갈에 체류 중일 때 식민지 개혁에 대한 포르투갈의 무능함에 완전히 실망한 사람이었다.

얼마 안 가 포르투갈의 코르테스(의회)가 1808년 이후 브라질이 쟁취한 모든 자유와 양보를 폐기함으로써 시계를 거꾸로 돌리려 한다는 것이 분명해졌다. 코르테스의 칙령 가운데 하나는 동 페드루가 브라질에서 즉각 귀국하여 그의 정치적 교육을 끝내야 한다는 것이었다. 1822년 사태는 더욱 빨리 전개되었다. 1월 9일, 동 페드루는 대중의 참여 없이 질서정연하게 독립을 이룰 수 있는 절호의 기회라고 주장하는 보니파시우 지 안드라다를 비롯한 브라질 인 참모들의 조언을 받아 포르투갈로 귀국하라는 코르테스의 명령을 거부하고 유명한 피쿠fico('나는 여기에 머물겠다') 선언을 발표했다. 9월 7일(이 날은 오늘날 브라질 인들에 의해 독립기념일로 간주되고 있다), 그는 피쿠보다 더 유명한 이피랑가 선언Cry of Ipiranga을 발표했다. "독립이 아니면 죽음을 달라." 1822년 12월, 동 페드루는 포르투갈 군대의 가벼운 저항을 물리치고 마침내 브라질 입헌 왕정의 황제로 공식 선포되었다.

독립을 향한 멕시코의 여정

다른 식민지들에서와 마찬가지로 누에바에스파냐에서도 1808~1810년 부르봉 왕조의 위기는 일부 크리오요 지도자들이 "페르난도 왕의 이름하에" 자치 혹은 완전 독립을 추진하도록 자극했다. 그러나 멕시코의 독립 운동은 단순히 에스파냐의 지배에 반대하여 자치를 위해 싸우는 사람들과 완전한 독립을 추구하는 사람들 간의 날카로운 차이를 노정하면서 예기치 못한 굴곡을 겪게 된다. 여기서 대중은 구경꾼에 머물기보다는 직접 싸움에 개입했으며, 잠시 동안이나마 이 싸움을 두 엘리트 집단들 간의 사적인 분쟁에서 초기 형태의 사회혁명으로 바꾸어 놓기도 했다.

1808년 7월 나폴레옹이 카를로스 4세와 페르난도 7세를 억류하고 에스파냐에 침공했다는 소식이 멕시코시티에 알려지자, 이 극적인 상황을 어떻게 이용할 것인가를 두고 멕시코 엘리트들 간에 열띤 토론이 벌어지고 갖가지 책략이 난무했다. 에스파냐가 곧 붕괴될 수도 있다는 전망 앞에서 크리오요와 반도 출신 에스파냐 인 모두 에스파냐 위기가 어떻게 끝날 것인가에 상관없이 자신들이 권력을 쥐고 누에바에스파냐의 지배권을 장악해야겠다는 생각에 나름의 준비를 했다. 크리오요들이 먼저 움직였다. 크리오요들의 성채였던 멕시코시티 시 참사회는 부왕에게 크리오요들이 지배하는 시 참사회들이 선출하는 의회 소집을 요구했다. 다양한 엘리트 집단들의 대표로 구성된 이 의회가 페르난도 7세(그의 강제적 사임은 법적으로 무효였다)가 왕위를 되찾을 때까지 멕시코를 지배하게 해야 한다고 주장했다. 부왕 호세 데 이투리가라이José de Iturrigaray는 에스파냐가 '무정부 상태'임을 고려하여 이 요구를 수용했다.

식민지 의회 창설 운동을 지지한 보수적인 토지 엘리트층은 독립을 요구한 것이 아니라 에스파냐 제국의 틀 안에서 향유하는 자치를 원했다는 점을 유념할 필요가 있다. 그들은 피착취 계급의 위험한 개입을 초래하고, 자신들의 개인적·경제적 생존을 위험에 빠뜨릴 수도 있는 무장투쟁에 나설 생각이 전혀 없었다. 크리오요 출신의 대표적인 이념가 멜초르 데 탈라만테스 수사Fray Melchor de Talamantes가 의회에 제시한 개혁안은 크리오요 엘리트들의 야심의 한계를 드러낸다. 거기에는 종교재판소와 교회 특권(민간 법정의 사법권에 구속되지 않는 성직자들의 특권)의 폐지, 자유무역, 광산업·농업·제조업의 개혁 추진을 위한 조치 등이 포함되어 있었다.

그러나 자치와 자유무역을 요구하는 크리오요들의 운동은 세비야를 중심으로 하는 기존의 폐쇄적 무역 체제의 존속을 번영의 기반으로 삼고 있었던 반도 상인들에게 심각한 위협이었다. 1808년 9월 15일 밤 이 상인들이 반격을 감행했다. 부유한 반도 상인 가브리엘 데 예르모Gabriel de Yermo가 콘술라도의 수비대를 이끌고 선제적 쿠데타를 일으켜 부왕 이투리가라이를 축출하고 자치파 지도자들을 체포했다. 그러고 나서 1810년 9월 에스파냐에서 새 부왕 프란시스코 하비에르 데 베네가스Francisco Javier de Venegas가 도착할 때까지 반도인들이 지배하는 몇몇 임시정부가 계속해서 권력을 장악했다.

자신들의 막대한 재산에만 관심이 있었던 크리오요 귀족층 지도자들은 반도인들의 반격에 반응하지 않았다. 그로 인해 멕시코의 운명을 크리오요들이 지배하려는 운동의 리더십은 이제 바히오(대체로 케레타로 주에 해당하는 지역)의 '주변부 엘리트들', 즉 상대적으로 두드러지지 않은 경제적·사회적 신분의 상층 사람들에게 넘어갔다.

바히오 지역의 특수한 경제적·사회적 조건은 멕시코 독립 운동 첫 단계에서 이 지역이 수행한 결정적인 역할을 설명하는 데 도움을 준다. 이곳은 농업과 제조업 구조에서 멕시코의 모든 지역 가운데 가장 근대적인 곳이었다. 이 지역에는 전통적인 원주민 공동체가 거의 없었다. 이 지역 주민 대부분은 부분적으로 유럽화된 도시 노동자, 광산 노동자, 페온(날품팔이 노동자), 혹은 여러 유형의 소작인으로 이루어져 있었다. 농업은 밀과, 상류층을 위한 다른 생산물들을 생산하는 상업적이고 관개시설이 갖추어진 대규모 영지들에 의해 지배되었다. 반면에 대중의 주식인 옥수수는 주로 변두리 땅에서 가난한 소작인들에 의해 재배되었다. 이곳의 섬유산업은 노예 등의 강제 노동력을 고용한 대규모 작업장(오브라헤)들에서 푸팅아웃 시스템, 즉 상인자본가들이 수공업자 가정들에 솜이나 양모를 제공하면 수공업자 가족들이 집안에 있는 베틀로 베를 짜는 시스템으로 바뀌어 있었다. 이 시스템하에서는 "점점 더 많은 수공업자 가정들이 얼마 되지 않은 수입을 위해 장시간 노동을 하게 됨으로써 착취를 당했다". 광산업은 이 지역의 가장 수익성 높고 자본집약적인 산업이었다. 호경기 때 과나후아토에서 가장 큰 광산(발렌시아나 광산)은 연간 100만 페소 이상의 순수익을 광산주들에게 안겨주었다.

주로 자유 임금 노동에 기반을 둔 바히오 경제의 유사자본주의적 구조는 노동자들의 계급의식과 호전적인 태도를 강화하였다. 예를 들어 과나후아토 광산 노동자들은 태업 등의 방법을 통해 자신들의 파르티도(할당량 이상을 캐낸 광물에 대해 그들이 차지할 수 있는 몫)를 없애려는 시도에 저항했다. 이에 대해 고용주들은 완전 생산 재개를 강요하기 위해 수비대에 도움을 청하는 것으로 대응했다. 바히오의 노동력은 18세기 말 임금과 생활수준, 그리고 고용 기회의 감소를 경험했다. 이 손실은 그들이 스스로 통제할 수 없는 조건, 즉 지주들이 임금을 낮추고 상시常時적 노동자들을 계절노동자로 대체할 수 있게 만든 급속한 인구 증가, 산업국가들에서 수입된 값싼 제품과의 경쟁, 그리고 오래된 광산들의 채굴 비용 증대 등이 만들어 낸 산물이었다. 이 같은 요인들은 심각한 불안과 분노를 촉발시켰다. 1808년과 1809년에는 다시 가뭄과 기근이 바히오 지역을 덮쳐 기존의 긴장 상태와 불만을 더욱 고조시켰다. 1785년의 가뭄과 기근에서 그랬던 것처럼 대지주들은 자신들의 비축 곡물을 가격이 정점에 이를 때까지 출하하지 않는 방법으로 가난한 자들의 곤궁을 이용해 더 많은 이익을 취하려고 했다. 멕시코 독립 운동의 시작은 이런 심각한 사회적 불안과 중대한 생존 위기를 배경으로 하고 있었다. 바히오는 독립투쟁의 중심이었고, 바히오의 농민과 노동 계급은 그 선봉이었다.

1810년 크리오요들의 반란 모의가 정치와 산업의 중심지인 케레타로에서 추진되고 있었다. 모의자 중 두 명만이 크리오요 지역 엘리트 중 최고 집단에 속했고, 다른 크리오요 명망가들을 이 계획에 끌어들이려는 노력은 좌절되었다. 모의자 가운데 대다수는 '주변부 엘리트들', 즉 고군분투하는 지주, 식료품상, 농장경영자, 교구 사제 등이었다. 모의자들은 처음부터 원주민과 혼혈인 프롤레타리아들을 동원할 계획을 가지고 있었던 것으로 보이는데, 그 이유의 일부는 아마도 자신들만으로는 자기네 계층(크리오요) 다수를 상대로 이길 수 없다고 생각했기 때문이었던 것 같다. 모의자들 대부분의 동기가 원주민을 병력으로 이용하는 것이었지만 돌로레스Dolores 시 사제이자 한때 바야돌리드의 산니콜라스San Nicolás 학교 교장을 역임했던 미겔 이달고는 원주민에 대한 진정한 동정심 때문에 참여를 결심한 사람이었다. 학자적 풍모를 가지고 있었던 이달고는 이미 자유주의 사상의 표명으로 에스파냐 당국의 주목을 받고 있었던 사람이었다. 그는 또한 과학에 대한 관심과, 자기 교구 내에서 새로운 산업을 발전시키기 위해 기울인 노력으로도 유명했다.

자신들의 계획이 에스파냐 관리들에게 이미 알려졌다는 것을 알고 모의자들은 긴급회의를 열어 아직 준비가 덜 되었음에도 불구하고 반란을 개시하기로 결정했다. 1810년 9월 16일 일요일, 이달고는 미사에 참석한 교구민들에게 에스파냐 통치자들에 맞서 들고일어날 것을 촉구했다. 다른 에스파냐령 아메리카에서처럼 여기에서도 '페르난도의 가면'이 이용되었는데, 이달고는 프랑스 인 무신론자들에 의해 부당하게 억류되고 왕위에서 물러나야만 했던 사랑하는 왕을 구하기 위해 봉기를 일으켰다고 주장했다. 봉기 지도자들은 2주가 채 안 되어 수천 명의 지지자들을 모으고 산업과 광산업의 중심인 과나후아토로 진군을 시작했다. 진군 중에 이달고는 과달루페 성모의 상이 들어가 있는 깃발을 획득했고, 그 성모를 독립운동의 수호성녀로 내세움으로써 추종자들의 신앙심을 자극했다. 진군하는 동안 내내 엘리트들의 참여는 거의 찾아볼 수 없었다. 엘리트들은 봉기자들이 가게를 약탈하고, 1810년 2년간의 가뭄과 기근 끝에 찾아온 풍년이 가져다준 수확물을 몰수하는 것을 두려운 마음으로 바라볼 뿐이었다. 9월 28일 봉기자들은 수천 명의 광산노동자의 도움에 힘입어 과나후아토를 점령했다. 광산노동자들은 거대한 도시 곡물창고 습격에도 참여했으며, 이 습격을 저지하려고 한 사람들은 에스파냐 인 관리, 수비대, 지역 엘리트들이었다. 뒤이어 곡물창고와 시내에서 수백 명의 에스파냐 인이 살해되었다. 과나후아토에서의 학살과 약탈은 그것이 이달고와 그의 동맹자들의 기본 목표(크리오요가 지배하는 자치적인 혹은 독립적인 멕시코 수립)

The Granger Collection

멕시코의 유명한 벽화 전문화가 호세 클레멘테 오로스코는 손에 불타는 횃불을 들고, 정치적 탄압과 사회적 불의에 대항하는 멕시코 인들의 성전(聖戰)을 이끌고 있는 멕시코의 해방자 미겔 이 달고에 대한 이 도전적인 이미지를 만들어 냈다.

와, 하층의 지지자들이 추구하는 보복에 대한 갈증, 사회적 정의 간의 갈등을 노출시켰다는 점에서 봉기의 분기점이 되었다. 크리오요 엘리트들은 대부분 과나후아토에서 일어난 사건을 전해 듣고 이달고도 통제할 수 없는 독립 운동의 노골적인 폭력 앞에 두려움을 느끼고 주춤했다.

초기의 승리 후 이달고는 노예제와 공납(원주민과 물라토들이 해마다 내는 인두세)을 폐지하는 법령을 발표했다. 석 달 후, 그는 과달라하라에 있는 본부에서 토지 문제에 대해 처음이자 마지막으로 언급하는 가운데, 지금까지 에스파냐 인에게 임대되어 온 도시 인근 원주민의 공유지를 주민들에게 되돌려주라고 명령했다. "자신들의 고향 마을에 거주하는 인디오만이 그들의 토지를 이용할 수 있도록 해야 한다"는 것이 그의 생각이었다. 이 개혁은 비록 온건하기는 했지만 멕시코 독립 운동에 남아메리카의 다른 독립 운동들이 갖고 있지 않는 대중적 성격을 부여해 주었다. 그러나 그것은 사회혁명이 아니라 자치나 독립만을 원하였던 많은 크리오요들을 운동에서 더욱 멀어지게 만들었다. 반면에 이 개혁은 바히오나 할리스코 Jalisco 같은 지역에 거주하는 농민 혹은 노동 계급 지지자들의 근본적인 불만, 즉 토지를 소유하지 못한 상태, 입에 풀칠하기도 어려운 낮은 급료, 높은 지대, 불안한 토지 보유, 부당이득을 취하는 지주들의 곡물 독점 등을 시정하기에 충분할 정도로 나아가지는 않았다. 구조적인 사회적·경제적 개혁에 대한 분명한 프로그램이 없는 가운데서 이달고의 추종자들은 참을 수 없는 상황에 대한 분노를 에스파냐 인들을 살해하고, 크리오요와 페닌술라르들을 가리지 않고 재산을 약탈하는 것으로 분출시켰다.

이달고는 자신을 따르는 추종자 무리를 군기 잡힌 군대로 만들어 내지 못했고, 초반에 거둔 승리를 효과적으로 이용하지도 못했다. 멕시코시티 인근에서 국왕군을 패퇴시키고 나서 그는 사흘 동안 교외에 진을 치고 있었고, 국왕군에 대한 자신의 항복 요구가 거절당하자 웬일인지 거의 아무런 방어 능력도 없는 수도를 공격하지 않고 물러나버렸다. 이에 대해서는 전에 승리하고 나서 발생했던 만행이 반복되는 것을 두려워했거나, 아니면 지역 주민의 지지 없이는 대도시를 유지할 수 없다고 생각했을 것이라는 견해가 제시되었다. 그리고 역사가 에릭 반 영에 따르면, 이 결정으로 이달고의 독립 운동은 실패로 돌아갔다. 그러나 그들 자신들의 최소한의 필요를 충족시킬 수 있는 공유지를 아직 소유하고 있었고, 대규모 아시엔다에서의 임금 노동으로 자신들의 보잘것없는 수입을 보완할 수 있었던 중앙 고원 지대의 농민들 역시 이달고의 명분을 지지하지 않았다. 이달고는 자신의 군대가 도주 등으로 흩어져 버리자 퇴각하여 바히오로 갔다. 국왕군에 의해 과나후아토에서 쫓겨난 이달고를 비롯한 봉기지도자들은 코아우일라Coahuila와 텍사스에 독립 운동의 새 거점을 마련할 생각으로 북쪽으로 도주했다. 그러나 이달고는 반란이 시작된 지 1년이 채 안 되어 미국 국경 쪽으로 도주하던 중 체포되었으며, 종교재판소에 의해 이단과 반역 혐의로 유죄 판결을 받고 총살에 처해졌다.

이달고가 패하고 죽기는 했지만 그가 시작한 반란이 그것으로 끝나지는 않았다. 반란의 불길은 멕시코의 광범한 지역에서 계속 타올랐다. 실패로 끝난 이달고의 전술로부터 교훈을 얻은 새 지도자들이 나타났다. 많은 지도자가 전통적인 방식으로는 우월한 무기를 가진 잘 훈련된 국왕군을 이길 수 없다고 판단하고, 보다 유연하고 기동력 있는 게릴라 방식의 전투를 발전시켰다. 에스파냐 인 자신들이 나폴레옹과의 싸움에서 게릴라 전투—소규모 부대 단위로 신속하게 이동하여 타격을 가하고 도망치는 전투—를 효과적으로 이용한 바 있었는데, 그들은 익숙한 지형과 농촌 주민의 지지를 이용하여 적의 추적을 따돌렸다. 멕시코 봉기자들이 채택한 이 새 전술의 목적은 신속한 승리를 거두려는 것이 아니라 적의 힘을 고갈시키고, 그들(적)의 엘리트 동맹자들의 창고와 아시엔다를 약탈하고, 전쟁에 대한 혐오감을 조장하고, 점점 자의적으로 되어 가는 식민지 체제에 대한 적대감을 증폭시킴으로써 적들의 사회적·경제적 기반을 무너뜨리는 것이었다.

이달고가 죽고 나서 혁명 운동의 최고 지휘자 자리는 메스티소 출신 사제 호세 마리아 모렐로스José María Morelos에게 넘어갔다. 모렐로스는 이달고 밑에서 일하기 전에 덥고 습한 태평양 저지대에 위치한 미초아칸에서 가난한 회중들을 상대로 사목활동을 펼친 적이 있으며, 이달고는 그에게 이 지역의 봉기를 조직화하라고 지시했었다. 해안 저지대 지역의 경제적·사회적 조건은 바히오 지역의 그것과 비슷한 점이 많았는데, 이 지역의 주요 산업인 설탕, 면화, 인디고 등은 고지高地 시장에 인접한 지역의 산물 혹은 수입 직물류와의 경쟁으로 쇠퇴일로에 있었다. 그 결과 농장 소작인과 노동자들의 입지는 점차 종속적으로 되고 불안하게 되었다. 원주민 마을 주민들의 생활수준도 마을 지도자들이 외지인에게 공유지를 임대함으로써 더 악화되었는데, 이들의 조치로 많은 가계들이 생존에 필요한 최소한의 땅도 소유하지 못한 상태가 되었다.

이 같은 상황으로 생겨난 불만은 모렐로스와 그가 주도한 봉기에 대중적 기반을 제공해 주었다. 모렐로스는 그 지역 농촌 대중이 고민하는 문제와 요구에 민감하게 반응했다. 이달고와 마찬가지로 그 역시 노예제와 공납의 폐지를 주장했다. 또한 그는 원주민 공유지의 임대를 폐지하고, 그 돈이 대개 마을 유지들에 의해 남용되거나 국왕 관리들에 의해 유용되고 있었던 마을공동기금제caja de comunidad도 폐지했다. 차후 마을 주민들이 자신들의 노동을 통해 번 수입의 유출을 금하고 주민들 자신들이 유지할 수 있게 했다. 모렐로스는 또한 모든 형태의 강제 노동을 금지하고, 혐오스런 반도 출신 에스파냐 인들을 지칭하는 '가추핀'이라는 호칭을 제외하고는 모든 인종차별적 용어 사용을 금지하는 등 이달고의 사회 개혁 프로그램을 좀더 확대했다. 모렐로스가 원칙적으로 급진적인 토지개혁을 선호했다는 사실에는 의심의 여지가 없다. 그가 남긴 문서에서 발견된 한 '계획'에서 그는 2레구아가 넘는 모든 아시엔다를 작은 땅뙈기들로 분할할 것을 제안했고, "한 개인이 방대한 미경작지를 소유하고 가냔gañan, 즉 노예가 되어 밭에서 일을 해야 하는 수많은 사람들이 존재하는 상황"을 비난했으며, 소토지 보유제가 갖는 사회적 이점을 강조했다. 그러나 모렐로스가 크리오요 지주 엘리트들과 가지고 있었던 연계는 그의 행동의 자유를 제약했다. 그의 심복들 가운데 일부는 지주들이었고, 그는 그들의 재산을 지켜주겠다고 약속했다.

탁월한 게릴라 지도자였던 모렐로스는 이달고의 느슨한 방법을 버리고 엄격한 규율과 훈련, 그리고 중앙집권적 지휘 방식을 택했다. 그는 태평양 저지대에 확고한 기반을 마련한 다음 전략적으로 더 중요한 고지대와 수도를 향해 진격했다. 그는 멕시코시티 남쪽, 부유한 설탕 생산 지역(지금의 모렐로스)으로 침투해 들어갔으나 지역 원주민 공동체들(이들은 상당한 토지를 보유했다)로부터 충분한 지지를 획득하지 못하자 할 수 없이 남쪽으로, 즉 거친 산지가 대부분인 오아하카로 후퇴하게 되었다. 그의 군사적인 노력은 까다로운 민간인 동맹자들과의 불화와, 군사적 상황이 여의치 못하게 된 바로 그 시점에 대의제 정부를 수립하기로 한 그의 결심 때문에 방해를 받았다. 1813년 가을 그가 칠판싱고Chilpancingo에 소집한 의회는 멕시코의 독립을 선포하고, 그에게 최고의 군사적·행정적 권력을 부여했다. 그러나 그 직후 몇 달 동안 전세는 독립군에게 불리한 쪽으로 바뀌었는데, 그 이유 가운데 하나는 모렐로스가 취한 전술상의 실수였다. 그는 유연한 게릴라 전투를 포기하고 고정된 진지를 이용해 싸우는 방식으로 돌아섰는데, 아카풀코 요새에 대한 그의 장기 공성이 그것을 입증해 준다. 1813년 말 모렐로스는 유능하고 공격적인 부왕 펠릭스 카예하Felix Calleja가 이끄는 국왕군에게 여러 차례 패배를 당했다.

나폴레옹이 패하고 지독히도 반동적이었던 페르난도 7세가 에스파냐 왕으로 복귀하게 됨으로써 수천 명의 병사가 자유로운 몸이 되어 에스파냐령 아메리카의 반란(독립 운동)을 진압하기 위해 투입될 수 있게 되었다. 칠판싱고의 의회는 도망치는 신세가 되어 이리저리 떠돌게 되었으며, 이 의회의 다툼과 보호의 필요 때문에 모렐로스는 가장 중요한 군사적인 문제를 등한시하게 되었다. 봉기의 대의를 되살리고, 페르난도의 잔인한 전제정을 대신할 대안을 제공함으로써 크리오요 엘리트들의 지지를 회복하기 위해 의회가 아파칭간Apatzingan에서 회동하였다. 이 의회는 자유주의 성향의 헌법을 마련했는데(1814년 10월), 그것은 공화제 정부를 천명하였고, 시민들의 법 앞의 평등과, 언론과 출판의 자유를 선언하는 조항을 담고 있었다. 1815년 내내 국왕군의 강력한 압박으로 의회는 이곳저곳 떠돌아다녀야 했으며, 그해 11월 의회가 도망칠 수 있게 시간을 벌기 위해 적군을 따돌리는 전투를 하는 과정에서 모렐로스는 국왕군에게 체포되어 수도로 압송되었다. 이달고와 마찬가지로 그 역시 종교재판소에 의해 이단과 반역 혐의로 유죄판결을 받고 1815년 12월 22일 총살에 처해졌다.

위대한 게릴라 지도자는 죽었으나 혁명 운동은 비록 약화되기는 했지만 계속되었다. 수많은 독립군 집단과 에스파냐 진압군 간의 싸움은 1815년에서 1820년 사이에 다시 한 번 절정에 이르렀다. 이달고와 모렐로스의 실수를 되풀이하지 않기 위해 독립군 지도자들은 대회전을 피하고 대도시 점령은 시도하지 않았다. 대신 소규모 부대로 왕당파의 아시엔다를 파괴하고 교역을 방해하거나 통행세를 징수했으며 통신을 차단하고 넓은 농촌 지역을 장악하는 등 유연한 방식의 전투를 벌였다. 그들은 에스파냐 군이 추격하면 도망치고, 넓은 지역을 감당해야 했던 에스파냐 군이 그곳을 떠나면 다시 나타났다. 절망적인 전쟁이 경제에 미치는 파괴적 효과, 지역 사령관들과 지역 훈타가 전쟁 수행을 위해 모든 주민들에게 부과한 과중한 세금, 그리고 독립군뿐만 아니라 타협과 자치를 선호하는 고위 크리오요에게도 영향이 미치는 (에스파냐 측의) 가혹한 처사는 크리오요 엘리트들 중에서도 가장 충성스런 사람들마저 정부 당국에서 멀어지게 만들었다.

이들 충성파 크리오요 엘리트들은 다수의 보수적인 에스파냐 인들과 마찬가지로 모렐로스가 제시한 공화제하의 급진적인 사회적 변화를 피할 수 있는 방안을 택하여 이 곤경에서 빠져나갈 방법을 모색했다. 1820년 에스파냐 자유주의자들의 반란으로 페르난도 7세가 1812년의 헌법을 수용하지 않을 수 없게 됨으로써 출구가 마련된 것처럼 보였다. 에스파냐의 코르테스(의회)에 파견하기 위해 선출된 멕시코의 대표들은 에스파냐와의 유대는 유지하되, 누에바에스파냐와 다른 아메리카 '왕국들'에게 제국 내 자치를 부여하는 방식의 해결책을 제시했다. 코르테스의 에스파냐 인 다수는 이 제안을 거부했고, 그로써 제국은 파국으로 치닫게 된다.

1820년 코르테스가 취한 급진적인 개혁(거기에는 교회와 군대의 특권의 폐지가 포함되어 있었다)은 크리오요와 페닌술라르에 관계없이 보수적인 지주, 성직자, 군 장교, 상인들의 반감을 샀다. 이들은 특권의 상실을 두려워하여 멕시코를 모국에서 분리시키고, 보수주의자들의 지원 하에 독립 국가를 수립하고자 했다. 그들이 선택한 도구는 크리오요 출신의 장교 아구스틴 데 이투르비데Agustín de Iturbide였는데, 그는 독립군을 상대로 무자비한 전쟁을 수행한 적이 있는 사람이었다. 이투르비데는 독립군 최고 지도자 비센테 게레로Vicente Guerrero에게 평화조약과 화친을 제안했다. 그의 계획은 독립, 왕정, 로마 가톨릭교회의 우위 인정, 크리오요와 페닌술라르 간의 시민적 평등을 결합하고 있었다. 게레로는 진정한 의미의 자유주의자이자 공화주의자였으나 이투르비데는 스스로 왕이 되려고 하는 원칙 없는 기회주의자였다. 그러나 일단은 이투르비데의 프로그램이 두 사람 모두에게 유익했기 때문에 게레로는 그것을 마지못해 받아들였다. 게레로와 이투르비데 연합군은 왕당파의 산발적인 저항을 신속하게 분쇄했다. 1821년 9월 28일 이투르비데는 멕시코의 독립을 선포했고, 8개월 후 그가 소집한 의회는 그를 멕시코의 황제 아구스틴Agustín 1세로 추대했다.

이투르비데의 제국은 외형적으로는 그럴 듯했지만 대중적 기반은 갖고 있지 않았다. 몇 달이 채 지나지 않아 아구스틴 1세는 다시는 돌아오지 말라는 경고와 함께 왕위에서 물러나지 않으면 안 되었다. 그러나 이투르비데는 왕위에 복귀할 생각으로 1824년 소규모 무리를 이끌고 영국에서 귀국해 멕시코 해안에 상륙했으나 얼마 가지 않아 새 공화국 정부의 군대에 체포되어 총살형에 처해졌다.

멕시코의 독립은 라틴아메리카 독립 운동의 역사를 성공적인 결말로 이끌었다. 이 독립 운동에 관한 이야기는 라틴아메리카 여성들의 기여를 언급해야만 완전한 것이 될 것이다. 도냐 호세파 오르티스 데 도밍게스 Doña Josefa Ortiz de Domínquez는 멕시코 독립의 히로인이었다. 그녀는 케레타로의 크리오요 출신 코레히도르의 아내로서, 에스파냐 당국이 미겔 이달고를 비롯한 반군 지도자들을 포박하기 직전에 이를 알려 피하게 했고, 그로써 그들의 독립혁명이 시작도 하기 전에 파괴되는 것을 막아 낸 용감한 여성이었다. 시몬 볼리바르의 지도 하에서 자유를 되찾은 땅들은 총명하고 아름다운 그의 애인 마누엘라 사엔스를 잊을 수 없을 것인데, 그녀는 자신의 평범한 영국인 남편을 떠나 해방자(시몬 볼리바르)의 진영에 합류해 그가 암살자들에 의해 살해되기 직전 그의 목숨을 구했다. "그녀가 그(시몬 볼리바르)의 생각을 공유하고 그를 위로하고 그가 자신의 신념을 위해 싸우도록 고무한 사실은 결코 부인될 수 없다. 많은 점에서 그녀는 많은 사람들이 그녀를 그렇게 불렀던 것처럼 '여성 해방자'La Libertadora였다"라고 해럴드 비에르크Harold Bierck는 쓰고 있다.

AP Photo / Jose Caruci

에스파냐의 귀족의 서녀(庶女) 마누엘라 사엔스(Manuela Saenz)는 가톨릭 수도원에서 쫓겨난 후 정치적 독립과 여권(女權)의 강력한 주창자가 되었다. 그녀는 독립 운동 중에 시몬 볼리바르를 만나 그를 사랑하게 되었고, 1828년에는 그의 목숨을 구하기도 했다.

라틴아메리카의 모든 지역에서 여성들은 무장투쟁에 참여했다(대개 그녀들은 중하급 계층 출신이었다). 볼리바르는 그란콜롬비아의 '아마존들'을 칭찬했다. 영웅적인 폴리카르파 살바리에타Policarpa Salvarrieta도 그중 한 명이었는데, 에스파냐 인에 의해 혁명 동조 혐의로 처형될 당시 그녀의 나이는 고작 23세였다. 브라질에서는 바이아 주에서 가축을 기르고 면화를 지배하는 한 작은 목장에서 태어난 마리아 키테이라 지 헤수스María Quiteira de Jesus가 젊은 남성으로 위장하고 혁명군에 들어갔다. 독립 브라질의 초대 지배자 동 페드루는 그녀의 용기를 가상히 여겨 1823년 훈장을 수여했다. 아이티 독립 운동에서는 여성들이 "도처에서 활약했고" 그 중 몇몇은 부대를 지휘하기도 했다고 프란세스카 밀러Francesca Miller는 말하고 있다.

독립 운동이 끝나고 나서 몇몇 여성은 자신들의 운동 참여의 논리적 결론을 이끌어냈으니, 그것은 여성들이 독립을 위해 싸우고 또 죽었는데도 왜 그들은 투표권과 피선거권을 가질 수 없냐는 것이었다. 바로 이것이 1824년 그녀들이 멕시코 사카테카스 주 정부에 제출한 청원의 메시지였다. "여성들도 시민권을 갖고 싶어 하며, 인구 조사에서 자신들이 '시민 아무개, …… 시민 아무개'로 불려지기를 원한다." 그러나 라틴아메리카의 모든 여성이 그 소원을 이루기까지는 1세기 반이라는 세월이 더 흘러야 했다.

라틴아메리카의 독립 : 정리

엄청난 인명과 재산 손실이 동반된 10년이 넘는 전쟁 끝에 라틴아메리카의 대부분은 정치적 독립을 이루었다. 혁명은 많은 사회적 변화를 이루어냈다. 독립은 종교재판소의 폐지, 인종에 따른 법적 차별의 철폐, 그리고 대부분 지역에서 귀족 칭호의 철폐를 가져다주었다. 독립은 또한 노예제 폐지, 공립학교 설립, 그리고 그와 유사한 개혁을 자극하였다. 그러나 이 모든 변화는 지엽적인 성격을 가졌다. 독립은 기존의 경제적·사회적 구조를 건드리지 않았다. 이는 운동을 주도한 크리오요 엘리트들이 기존 질서를 뒤흔들 생각이 없었으므로 당연한 결과였다. 그들은 권력의 자리에서 반도 출신 에스파냐 인들을 몰아내고 자신들이 그 자리를 차지하려고 했으며, 라틴아메리카의 항구들을 세계무역에 개방하려고는 했지만 노동과 토지 시스템의 변화는 원치 않았다. 사실 유럽과 북아메리카 시장에서 팔아야 하는 원료와 식료품의 생산자로서의 그들의 이해관계는 반半노예 프롤레타리아들의 노동으로 운영되는 대농장제의 존속을 필요로 했다. 독립은 어떤 농업 개혁도 수반하지 않았다. 왕당파에게서 몰수하거나 그들이 포기한 아시엔다들은 크리오요 귀족들의 수중에 들어갔다. 그중 일부는 메스티소나 물라토 관리들의 소유가 되기도 했지만 그들은 크리오요 엘리트층에 동화되었으며, 대개 자신들이 원래 속한 출신 집단의 처지를 곧 망각하였다.

혁명은 라틴아메리카의 토지 소유의 기반을 넓힌 것이 아니라 오히려 그것을 좁히는 데 일조했다. 혁명 정부들의 자유주의적이고 개인주의적인 이데올로기는 몇몇 국가의 경우 원주민 마을의 공유지를 주민들에게 분할할 것을 요구함으로써 마을의 공유지를 훼손하였다. 이 과정은 크리오요 지주의 공유지 점유를 용이하게 하고, 원주민 농민이 에스파냐 아시엔다에서 일하는 페온 혹은 농노 계층으로 전락하는 것을 재촉했다(9~11장 참조). 경제적으로 구조적인 변화가 나타나지 않았기 때문에 공화국 헌법과 법 조항이라는 그럴 듯한 외형에도 불구하고 귀족적 가치는 라틴아메리카 사회를 계속해서 지배했다.

2부 19세기의 라틴아메리카

2부
19세기의 라틴아메리카

독립은 식민지의 사회구조 가운데 많은 것을 건드리지 않고 놔두었다. 독립 이후 시기의 자유주의 지도자들에게 이 사실은 매우 분명했다. 콜롬비아의 자유주의자 라몬 메르카도Ramón Mercado는 1853년, "에스파냐를 상대로 한 전쟁이 혁명은 아니었다. …… 독립은 사회 문제의 겉면만 긁었을 뿐 핵심적인 본질을 바꾸지는 못했다"라고 선언했다. 독립을 이루어 낸 다음 라틴아메리카의 새 국가들은 경제적·정치적 안정을 확보하기 위한 오래고도 힘든 투쟁의 길에 나섰다. 그 과정에서 엄청난 장애물에 부딪혀야 했는데, 그것은 독립이 신속한 진보를 만들어 낼 수 있는 경제적·사회적 변화를 동반하지 않았기 때문이었다. 예를 들어 하층민에 유리한 쪽으로 토지나 수입의 재분배가 이루어지지 않았다. 일반적으로 원시적인 방법과, 노예나 날품팔이 노동자에 의존하는 대규모 농장이 계속해서 경제생활을 지배했다. 토지 귀족의 영향력이 줄어들기는커녕 독립전쟁에서 그들이 수행한 군사적으로 지도적인 역할과 에스파냐 당국의 소멸로 오히려 더 증대되었다. 그러나 실제로 일어난 변화의 중요성을 간과해서도 안 될 것이다. 독립이 사회적으로 중대한 변화를 만들어 내지는 못했을지 모르나 분명 나름의 변화는 있었다. 그것은 옛 사회질서의 귀족 지지자들과 보

Museu Nacional Belas Artes, Rio de Janeiro, Brazil/Index/Bridgeman Art Library, London/New York

커피 플랜테이션, 1935년, by Candido Portinari

다 민주적이고 부르주아적인 질서를 요구하는 사람들을 분열시킴으로써 엘리트 내부의 균열을 넓고 크게 벌여 놓았다. 그들의 갈등은 에스파냐와 포르투갈의 지배가 종식되고 나서 첫 반半세기의 본질적인 측면이다. 독립은 또한 수공업자와 가우초처럼 과거에는 별다른 역할을 하지 못한 집단들이 비록 하위적인 역할이기는 하지만 정치 영역 안에 들어가도록 했고, 심지어 그 중 일부는 엘리트층으로 올라갈 수 있게 해주었다. 또한 라틴아메리카 항구들이 외국 상품에 개방된 것은 적어도 주도州都들과 다른 도시들에서 비교적 자유로운 이념 시장을 만들어 냈다. 유토피아 사회주의, 낭만주의, 실증주의 같은 유럽의 새 이념들도 거의 시차 없이 라틴아메리카에 들어와 이 대륙이 안고 있는 문제의 해결에 적용되었다. 이 새로운 이념의 바람은 얼마 전까지만 해도 먼지만 휘날리던 식민지 복도를 휘감아 돌면서 이 지역의 지적 쇄신에 기여하고, 더 큰 사회 변화를 촉진했다.

1823	독립한 에스파냐령 아메리카에 자유주의 공화국들이 출현하다.
1829-1852	아르헨티나에 후안 마누엘 데 로사스의 보수주의 정부가 수립되다.
1830	디에고 포르탈레스의 영향하에서 칠레에 보수주의자들의 지배가 확립되다.
1835-1837	브라질에서 라가무핀스 혁명이 일어나 귀족 지배와 노예제에 저항하는 민중 운동이 발생하다.
1838	자유주의적인 중아메리카합중국이 붕괴되고, 라파엘 카레라가 이끄는 보수주의자들의 지배가 강화되다.
1839-1852	베네수엘라 전역에 노예들의 봉기가 확산되고, 그로 인해 1854년 노예제의 법적 폐지가 가속화되다.
1844	쿠바 전역에 노예 봉기가 확산되고, 그중 일부는 노예화된 아프리카-쿠바 여성들에 의해 주도되다.
1846-1848	미국의 멕시코 침입, 과달루페이달고 조약 체결로 멕시코 영토의 반 정도를 미국에 넘겨주다.
1854-1862	라 레포르마 전쟁이 일어나, 베니토 후아레스가 이끄는 멕시코 자유주의 세력과 보수주의 세력이 충돌하다.
1860년대	브라질에서 노예제 폐지 운동 확산, 황제에 반대하는 소요 발생.
1862-1868	프랑스, 페르난도 막시밀리아노 황제 치하 멕시코에 개입하고 점령하다.
1864	삼자동맹 전쟁(War of Triple Alliance)이 발발, 호세 가스파르 데 프란시아 박사에 의해 시작된 20년에 걸친 파라과이의 발전이 파괴되다.
1868-1878	10년 전쟁이 일어나고, 쿠바와 푸에르토리코에서 노예제 폐지와 정치적 독립이 추구되다.
1870-1900	외국인 투자의 확대, 베네수엘라의 안토니오 구스만 블랑코(1870~1899), 멕시코의 포르피리오 디아스(1876~1910), 콜롬비아의 라파엘 누녜스(1879~1888), 아르헨티나의 훌리오 로카(1880~1904) 같은 자유주의적 카우디요들이 출현하다.
1871	브라질에서 새로 태어난 노예 자녀의 신분을 해방시키되 21세가 될 때까지 주인집에 머물게 하는 내용의 리우브랑쿠(Rio Branco)법이 통과되다.
1880	쿠바에서 노예제 폐지, 해방 노예에게 8년간 도제 생활을 하게 하는 파트로나토(patronato)제가 실시되다.
1889	동 페드루 2세가 폐위되고 브라질에 공화국이 들어서다.

적어도 이론적으로는 새 공화국 헌법들이 식민 시대의 신분제적 사회의 법적 토대를 파괴하고 만인의 법 앞의 평등을 확립하였다. 그러나 재산 관계에서는 거의 아무런 변화가 나타나지 않았기 때문에 인종적·사회적 계급의 구분선은 본질적으로 변하지 않고 남아 있었다. 부, 권력, 권위는 여전히 식민지의 인종적 구조를 재생산하고, 스스로 '백인'을 자처하는 지배 계급의 수중에 집중되어 있었다. 그러나 베네수엘라 같은 몇몇 국가에서는 지배 계급 중에 전쟁이나 정치에서의 공적을 통해 사회적 신분 상승을 이루어 낸 검은 피부의 사람들도 포함되어 있었다.

과거 카스트 사회를 구성했던 모든 집단들 가운데서 원주민의 지위가 가장 바뀌지 않았다. 멕시코의 역사가 카를로스 마리아 부스타만테Carlos María Bustamante는 독립이 그들을 질곡의 족쇄에서 자유롭게 하지 못했다는 것을 인식한 얼마 되지 않은 크리오요 지도자 가운데 한 명이었다. 그는 "그들은 자유인이라는 이름을 향유하고는 있지만 여전히 똑같은 쇠사슬을 걸치고 있다"라고 말했다. 심지어 독립전쟁 중에 혹은 전후戰後에 폐지된 원주민의 공납과 강제 노동도 여러 나라에서 이름만 바뀐 채 다시 나타났다. 설상가상으로 식민 시대에 에스파냐의 법과 정책이 어느 정도는 보호해 주었던 원주민의 공동체적 토지 보유, 사회 조직, 문화가 전보다 더 강력한 공격을 받게 되었다. 특히 자유주의자들은 이런 공동체적 전통이 에스파냐의 카스트 제도나 특권 못지않게 진보를 가로막는 장애물이라고 믿었다.

그러나 대략 1870년경까지 다수의 밀집한 원주민 인구는 여전히 멕시코, 중아메리카, 안데스 지역에서 전통적인 공동체적 토지 보유 체제 하에서 살았다. 그 후 수출 경제의 급속한 성장, 철도의 도래, 그로 인한 토지 가격 상승과 노동 수요 증대는 '백인'과 메스티소 지주들, 그리고 지주들이 지배하는 정부들로 하여금 원주민 토지에 대해 대대적인 공격에 나서게 만들었다. 이런 토지 징발은 페온제와 소작제의 확장을 수반했다. 고용주들은 채무 노역에서 노골적인 강제에 이르는 다양한 방법을 동원해 노동자들을 자신의 대농장으로 끌어들였다. 일부 지역에서는 유럽의 고전적인 농노제와 흡사한 원주민 농노제가 출현했다. 예를 들어 안데스 지역에서 아이마라Aymara 소작농은 지주의 땅에서 일을 해야 했을 뿐만 아니라 그들의 가정에서, 혹은 가끔은 아시엔다나 도시에서 부역을 바쳐야 했다. 그들의 주인들은 또한 가사 노역 기간 동안 친구들에게 그들을 빌려주거나 매각할 수도 있었다. 이런 농노제 혹은 그와 유사한 강제 노역이 20세기에도 사라지지 않고 존속했다.

농장주 계층은 성직자와 지역 행정관의 도움을 받아 원주민에 대한 정신적 지배와 더불어 경제적 지배를 강화하기 위해 노력했다. 농장주들patrones에게 페온이나 소작인의 생계를 보장하고, 절대적인 복종을 향유하는 대신 비상시 그들을 보호해 주는 자애로운 어른의 역할을 부여하는 그런 관계와 역할 수행이 발전했다. 대규모의 원주민 인구를 가진 나라들에서는 농장주와 페온 간의 관계가 일정한 의식儀式을 포함하기도 했는데, 원주민이 농장주에게 말을 걸 때는 허락을 청해야 했고, 그와 대면할 때는 모자를 벗고 고개를 숙여야 했으며, 혼인을 포함하여 모든 중요한 개인사를 결정할 때는 그의 허락을 구해야 했다.

그러나 모든 원주민들이 이런 복종과 예속의 관계와 태도를 순순히 받아들인 것은 아니었다. 그것은 대체로 상주常住 페온들의 특징이었다. 19세기 후반 안데스 지역, 멕시코, 그리고 그 외 여러 지역에서 잔존하고 있던 원주민 지주 공동체들은 자신들의 토지가 아시엔다에 흡수되는 것을 막고, 무토지 노동자로 전락하지 않기 위해 필사적인 투쟁을 전개했다.

그들은 수중에 가진 수단을 모두 동원하여 싸웠으며, 마지막에는 무장봉기도 마다하지 않았다. 지주와 정부 관리들은 1860년대와 1870년대에 멕시코에서 일어난 봉기들을 "공산주의자들의 반란"이라 부르고 우세한 군대를 동원하여 진압하려고 했다.

독립과 함께 나타난 이동의 자유 확대, 자치적 원주민 공동체의 점진적 소멸, 그리고 원주민과 메스티소가 섞여 있는 아시엔다의 증가는 이미 식민 시기 말기에 시작된 문화변용 추세를 더욱 강화했다. 이 문화변용은 2개 국어 사용bilingualism의 증대로도 나타났다. 원주민들은 점차 자기들끼리 있을 때는 원주민 언어를 사용하고 '백인들'을 상대할 때는 에스파냐어를 사용했다. 공립학교가 그들이 사는 지역에 들어옴에 따라 에스파냐어가 제2의 언어로 채택되거나 원주민 언어가 완전히 포기되는 현상도 나타났다. 멕시코 역사가 에두아르도 루이스Eduardo Ruiz는 어릴 적에는 타라스코 어Tarascan만 사용했지만 학교에서 12년을 공부하는 동안 그 언어를 거의 완전히 잊어버렸다고 회고한 적이 있다. "고백건대, 나는 사람들이 나를 인디오로 여기는 것이 부끄러웠기 때문에 타라스코 어를 기억하고 싶지 않았다." 문화변용은 의복에서도 나타났는데, 많은 원주민이 전통의상을 버리고 유럽인의 옷과 비슷한 옷을 착용했으며, 그런 관행을 법령과 벌금을 통해 강요하기도 했다. 예를 들어 멕시코의 많은 지역에서는 거친 면綿으로 만든 흰색 바지와 셔츠, 그리고 넓은 챙이 있는 모자는 거의 원주민들의 '유니폼'이 되다시피 했다.

그러나 원주민에게 문화변용이나 동화를 수용하라는 압박은 선의를 가진 자유주의자들이 교육과 산업과 무역의 근대 세계로의 통합을 통해 이루어 내려고 한 (원주민의) 크리오요 사회로의 통합을 이루는 데는 결국 실패했다. 19세기 말까지도 문화변용 과정이 가장 많은 원주민 인구를 가진 다섯 개 국가(멕시코, 과테말라, 에콰도르, 페루, 볼리비아)에서 원주민이 차지하는 비중의 크기를 크게 감소시키지 못했다. 거기에는 여러 가지 이유가 있었다. 독립 직후 수십 년 동안의 경제적 침체와 정치적 혼란은 원주민 공동체의 고립과 문화적 고립을 강화하는 경향이 있었다. 수출 확대로 라틴아메리카 경제가 부활하게 되었을 때 이 부활은 대체로 원주민의 희생 위에서 얻어진 것이었으며, 그것은 또한 주로 그들의 빈곤과 후진성을 심화하는 데 기여했다. 그들의 경제적 소외, 정치적 과정으로부터의 거의 완전한 배제, 백인·메스티소 지주·사제·관리들에게 당해야 했던 혹심한 착취, 그리고 그들을 백인 세계와 갈라놓는 불신과 증오의 장벽은 (백인 사회와의) 통합은 물론이고 철저한 문화변용도 불가능하게 만들었다.

원주민 공동체들은 필요하다고 생각하는 만큼 동화를 수용하기는 했지만 자신들의 전통적 주거, 음식, 사회 조직, 종교 등은 포기하지 않으려고 했으며, 그것은 원주민의 고유한 특징과 기독교적 특징을 결합하였다. 몇몇 지역에서는 간헐적인 인신공희를 포함하여 정복 이전의 숭배와 의식儀式이 여전히 존속하였다. 대규모 원주민 인구를 가진 여러 나라에서, 혹심한 착취를 당하고, 당시 유행하던 사회적 다윈주의 이데올로기에 의해 열등하다고 낙인찍힌 사람들의 존재는 그 나라에서 국민의식의 형성을 방해하는 중요한 장애물이 되었다. 당시 멕시코가 유럽적 의미에서 하나의 국가가 아니라 서로 다른 언어, 경제, 사회 조직, 심성을 가진 여러 개의 작은 국가들의 집합체였다고 말한 멕시코 인류학의 선구자 마누엘 감비오Manuel Gambio의 주장은 충분히 일리가 있었다.

독립전쟁은 '재능에 개방된 경력'을 만들어 냄으로써 비천한 신분의 소수 원주민과 상당수 메스티소가 군사적·정치적·사회적 계층에서 높은 자리까지 올라갈 수 있게 했다. 멕시코의 비센테 게레로와 후안 알바레스

Juan Álvarez 같은 자유주의적 카우디요caudillos, 에콰도르의 후안 호세 플로레스Juan José Flores, 볼리비아의 안드레스 산타 크루스Andrés Santa Cruz, 페루의 라몬 카스티야Ramón Castilla 같은 능력 있는 지도자들은 혼혈인도 출세할 수 있음을 보여 주었다.

이런 메스티소나 물라토 지도자의 부상浮上은 볼리바르를 비롯하여 일부 크리오요 엘리트들에게 두려움을 안겨 주었는데, 그들은 그런 상황이 결국 인종 간 전쟁으로, 그리고 가진 자와 가지지 못한 자 간의 분쟁으로 발전하게 될 것으로 생각하고 불안해했다. 볼리바르는 용감하고 관대한 멕시코의 애국자 비센테 게레로에 대해서도 그를 "미개한 인디오와 사나운 아프리카 인 사이에서 태어난 천박한 미숙아"라고 기술함으로써 완고한 인종적 편견을 드러냈다. 그러나 이런 두려움은 근거가 없는 것이었다. 그것은 혼혈인 지도자 가운데 게레로나 알바레스처럼, 얼마간 자신과 뿌리를 같이 하는 비천한 대중의 이익을 대변한 경우도 없지는 않았지만 대부분 얼마 가지 않아 크리오요 지도자들의 협력자가 되고 그들의 이익을 확고하게 수호하려고 했기 때문이다.

다른 한편으로, 포스트 식민 시대 크리오요 정치가들은 혼혈인 중간층이나 하층, 특히 수공업자 집단이 새로 갖게 된 정치적 비중을 고려하지 않으면 안 되었다. 백인 엘리트들은 대중들의 열망을 충족시켜 주겠다고 약속했지만 결국 그들을 정치적으로 이용하고는 약속을 저버렸다. 그런 일이 콜롬비아 자유주의자들이 보수파를 상대로 하는 싸움에서 수공업자들에게 자신들을 지지해 달라고 구애한 보고타에서, 그리고 후안 마누엘 로사스가 귀족적 자유주의자들의 모임인 통합파unitarios에 맞서 싸울 때 혼혈인 가우초들과 도시 수공업자들에게 그들과 자기는 한 편이라면서 도와달라고 선동한 부에노스아이레스에서 나타났다.

세기 중엽 이후 유럽의 인종주의적 이데올로기의 영향력 증대, 특히 스펜서의 생물학적 결정론은 피부색에 대해 매우 민감하게 반응하는 경향을 만들었다. 멕시코에서 칠레에 이르는 남아메리카 전역에서 이른바 백인 엘리트들이나 심지어 중간층까지도 자신들을 원주민이나 메스티소보다 우월한 존재로 간주했다. 검은 피부색은 점차 사회적 출세의 장애물이 되었다. 아르헨티나로 이주한 독일인의 아들 카를로스 분헤Carlos Bunje의 언급은 19세기 말 극성을 부린 사이비 과학적 인종주의의 전형이라 할 수 있겠는데, 그는 메스티소와 물라토에 대해 "그들은 선천적으로 불순하고 반기독교적이다. 그들은 에스파냐령 아메리카라는 아름답고 연약한 처녀를 포위하고, 거대한 소용돌이로 그녀의 목을 옥죄는 전설에 나오는 머리가 두 개인 히드라 같은 존재"라고 주장했다.

대체로 자유주의자도 보수주의자도 당시 널리 확산되어 있던 인종차별주의에서 자유롭지 못했다. 아르헨티나 인 자유주의자 도밍고 사르미엔토Domingo Sarmiento는 스스로 유럽의 부르주아 질서, 백인의 우월성과 동일시 한 '문명'에 대한 열정에 고무된 나머지 다음과 같이 주장했다. "야만인들을 절멸하고 원시적인 문명들을 파괴하고, 솔직히 말해 그들의 것이라 할 수 있는 땅을 점유하고 있던 자들을 정복하는 것은 정의롭지 못한 것으로 보일 수 있다. 그러나 그런 불의不義 덕분에 아메리카는 진보를 이루어 낼 능력이 없는 야만인들에게 방치되지 않고 지구상의 모든 인종들 가운데 가장 완벽하고 지혜롭고 아름답고 진보적인 코카서스 인종에 의해 점유될 수 있었다." 소수의 라틴아메리카 인들은 이런 견해에 반대했다. 그 중 한 명이 칠레 인 프란시스코 빌바오Francisco Bilbao였는데, 그는 "'문명'이라는 이름으로 모든 범죄와 불법행위를 은폐해 버리는 거대한 위선"을 비난하면서, 그런 위선의 예로 콕 집어서 원주민과 가우초들을 상대로 싸우는 사르미엔토의 전쟁을 언급했다. 쿠바 인 호세 마르티José Martí도 그중 한 명이었는데, 그는 "일반적으로 당대 유럽 국가들을 지칭하는 용어인 '문명 세계'는 다른 사람의 토지를 차지하기 위해 혈안이 되어 있는 사람들이 모든 비유럽인 혹은 그들의 후손들에게 부여한 이름인 '야만인'의 토지를 점유할 자연권을 가진다는 주장"을 비난했다.

독립전쟁이 시작되기 전에도 흑인 노예제는 라틴아메리카 여러 지역에서 쇠퇴하고 있었다. 그런 현상이 나타나게 된 이유 중에는 노예제의 수익성을 떨어뜨리고, 노예해방 혹은 소작제로의 전환을 유리하게 만든 경제 발전도 포함되어 있었다. 그러나 그보다 더 중요한 이유는 아마도 노예들이 멀리 떨어진 밀림이나 산지로 도망쳐 거기서 자신들만의 자치적 공동체를 만든 것이었다. 예를 들어, 1800년경 관리들은 베네수엘라에 약 8만 7,000명의 노예와 함께 2만 4,000명의 도망노예가 있었던 것으로 추정했다. 물론 노예제 폐지 운동을 촉발시킨 가장 유력한 세력은 노예가 된 아프리카 인과 그들의 후손들이었다. 그들은 아이티의 투생 루베르튀르와 그 동료들의 예를 따라 자신들의 집단적 자유를 성취해 내기 위해 무기를 들었다.

독립전쟁은 노예해방에 강력한 자극을 제공했다. 볼리바르나 산 마르틴 같은 독립파 사령관이나 왕당파 관리들 모두 자주 노예들에게서 군사적 봉사를 받는 대가로 자유를 허락하겠다고 약속했다. 흑인 노예는 양편 모두에서 병력의 다수를 이루었다. 안데스 전투에서 산 마르틴의 군대의 3분의 1 정도가 흑인이었다. 더욱이 전쟁으로 인한 혼란과 무질서는 자주 플랜테이션의 규율을 붕괴시켜 노예의 도망을 용이하게 만들고, 도망자들을 포획하여 끌고 오는 것은 매우 어렵게 만들었다.

독립 이후 노예제는 더욱 쇠퇴하게 되었는데, 그 이유 가운데 하나는 이 제도가 새로 생겨난 국가들이 천명하는 자유주의적 이상과 어울리지 않았기 때문이다. 그러나 그보다 더 중요한 이유는 이 제도에 대한 영국의 적대적인 태도였다. 영국은 1807년 자신의 모든 영토에서 노예제를 폐지한 다음, 아직도 노예 거래를 계속하고 있는 모든 나라들도 자신들의 예를 따르라며 압력을 가했다. 브라질에 대한 영국의 압박은 브라질의 노예제를 위기에 빠뜨리고 그것이 결국 소멸되는 데 크게 기여했다.

노예해방은 노예가 노동력의 측면에서 그리 큰 비중을 차지하지 않았던 나라들에서 가장 수월하게, 가장 먼저 찾아왔다. 칠레, 멕시코, 중아메리카연방(1823~1839)은 1823년부터 1829년 사이에 노예제를 폐지했다. 다른 나라들에서는 노예 소유주들의 집요한 방해공작이 있었다. 예를 들어, 베네수엘라에서는 1821년 매우 점진적인 노예해방법이 채택되었고, 1854년에 가서야 완전히 철폐될 수 있었다. 라몬 카스티야는 1855년 페루의 노예제를 폐지했다. 에스파냐의 코르테스(의회)는 봉기를 일으킨 노예들을 진압하기 위해 장기적이고도 폭력적인 싸움을 벌인 끝에 1873년에 푸에르토리코, 1880년에 쿠바의 노예제를 폐지했다. 그러나 쿠바에서는 노예제가 그 후로도 위장된 형태(파트로나토; 도제 기간)로 존속하다 1886년에 가서야 마침내 폐지될 수 있었다.

19세기 라틴아메리카 노예제에 대한 기록은 문화적·종교적 이유 때문에 에스파냐계 사회의 노예제가 북아메리카의 노예제보다 본질적으로 온건했다는 일부 역사가들의 주장이 사실과 다름을 말해 준다. 노예 수가 가장 많았던 쿠바와 브라질의 경우, 브라질의 커피와 쿠바의 설탕에 대한 수요 증대, 심각한 노동력 부족이라는 조건 하에서 노예를 더 장시간, 더 철저하게 부려먹기 위해 채찍 사용을 포함하여 다양한 형태의 잔혹행위가 체계적으로 자행되었음을 말해 주는 증거가 많이 남아 있다. 노예들은 태업 혹은 도망에서 노골적인 반란에 이르는 다양한 저항으로 이에 대응했으며, 이 저항은 물론 노예제의 궁극적인 폐지에 기여했다.

가부장적인 가족 구조, 고도로 의식儀式적인 행동, 그리고 여유로운 라이프스타일은 독립 이후로도 토지 귀족과 라틴아메리카 엘리트들의 삶을 특징지었다. 한 가부장에 의해 지배되는 거대한 대가족의 친인척 네트워크는 대부제compadrazgo에 의해 더 확대되었는데, 이 제도는 상층 계급의 대부가 하층 계급의 대자(대녀) 혹은 그(녀)의 부모들을 후원하고 보호하는 관계를 맺어주었다. 반대로 하층 계급의 가족들은 대부의 추종자가 되고, 대부의 이익을 위해 노력했다.

식민 시대와 마찬가지로 대지주들은 일반적으로 자신들의 농장을 농장 감독에게 맡기고 대부분의 시간을 도시에서 보냈다(그렇다고 그들이 회계 장부의 검토를 게을리 한다든지, 이익과 손실에 무관심했다는 것은 결코 아니다). 또한 이 상층 계급에서 전통적인 사회의 농업적 편견에 도전하고, 리처드 그레이엄Richard Graham에 따르면 "자본주의 이념, 산업화에 대한 믿음, 노동과 실용주의에 대한 신뢰에 깊이 몰두한" 소수의 기업가가 출현했다. 브라질의 마우아 후작Viscount Mauá은 이 집단을 대표하는 전형적인 인물이랄 수 있었는데, 그는 1850년부터 1875년 사이에 전통주의자들의 반대를 극복하고 은행업과 제조업으로 이루어진 제국을 건설했다. 그러나 마우아의 제국은 오래 가지 못하고 곧 붕괴되고 말았는데, 그 이유 가운데 하나는 당시 브라질에 자본주의 발전을 위한 조건이 아직 충분히 성숙해 있지 않았다는 점이고, 또 다른 이유는 정부의 무관심(혹은 심지어 방해)이었다. (브라질의 경우) 아직은 기업가들의 시대가 아니었다. 19세기 라틴아메리카의 경제사는 실패로 끝난 제조업 프로젝트의 잔해들로 가득하다. 이 실패들은 또한 자본주의 정신과 가치의 실패이기도 했다.

19세기 중반 이후 라틴아메리카 경제의 국제적 자본주의 체제에의 통합에 기반을 둔 신식민주의 질서의 점진적 출현과 함께 지배층은 비록 몇 가지 점에서 전前자본주의적 특징을 여전히 가지고는 있었지만 부르주아적 가치와 이상을 좀더 수용하는 태도를 갖게 되었다. 1880년대 아르헨티나의 한 문필가는 "라티푼디움 주인들은 이제 더 이상 그런 반半야만적이고 반半봉건적인 면모를 가지고 있지 않다. 그들은 이제 과학적인 농장경영자가 되었고, 대농장에 있는 자신의 집, 부에노스아이레스의 대저택, 그리고 파리에 있는 집을 오간다"라고 말했다. 사실 '과학적인 농장경영자'가 된 에스탄시에로나 아센다도는 거의 없었다. 그들은 대개 대농장 운영을 다른 사람에게 맡겼다. 그러나 이 문필가가 대륙 전역에서 진행 중이던 엘리트들의 점진적인 유럽화를 언급한 것은 정확한 지적이라고 할 수 있다.

그 과정은 독립 직후에 시작되었으나 세기 중엽부터 그 속도가 현저하게 빨라졌다. 독립 이후 채 10년이 지나지 않아 사람들의 매너와 소비 양상에서 뚜렷한 변화가 나타났다. 산타 안나Santa Anna 시대 멕시코 상류층 사회를 기술한 멕시코 주재 에스파냐 공사의 스코틀랜드 출신 아내 파니 칼데론 데 라 바르카Fanny Calderón de la Barca는 "패션이 변하고 있다. 우아한 만티야mantilla가 볼품없는 보닛에 자리를 내주고 있다. 화려하게 장식한 패널에 기도Guido의 아우라Aura가 그려져 있는, 캐러밴처럼 서서히 움직이는 마차coach가 점차 사라지고 런던에서 제작된 4륜마차carriage가 그 자리를 대신하고 있다"라고 썼다.

식민지 도시들 가운데 키토처럼 활기가 없는 도시에서는 훨씬 더디게 그리고 마지못해 옛것이 새것에 자리를 내주었다. 그러나 그런 도시에서도 적어도 외형적으로는 변화가 나타나고 있었다. 1860년대 키토 사회와 그 매너에 대해 매우 비판적인 태도를 가지고 있었던 에콰도르 주재 미국 공사 프리드리히 하소렉Fridrich Hassaureck은 "키토에는 운송상의 어려움에도 불구하고 조음調音상태가 제멋대로인 120대의 피아노가 있다"라고 썼다. 비슷한 시기에 키토를 방문한 또 한 명의 미국인 제임스 오튼James Orton 교수는 "상층 계급은 '파리의 유행'을 따르고, 신사들은 옛날 에스파냐의 고전적인 망토를 걸친다"라고 말했다. 그는 "이 현대적인 토가는 에콰도르 인에게 너무나 근사하게 딱 들어맞아서 팔을 못 움직이게 해 아무 일도 하지 못하게 하고, 수많은 죄, 특히 오만함과 가난함을 은폐해 준다"라고 심술궂게 덧붙이고 있다.

식민 시대와 마찬가지로 공화국하에서도 옷은 사회적 지위의 중요한 표식이었다. 오튼 교수는 "키토 시에서 폰초를 입고 다니는 신사는 아무도 없다. 그러므로 시민들은 폰초를 입는 사람과 망토를 걸치는 사람으로 구분된다"라고 기록했다. 옷은 서로 다른 정치적 당파의 추종자들을 구분해주는 징표이기도 했다. 로사스 지배하 부에노스아이레스에서는 독재자의 대중 기반의 일부를 이루는 수공업자들을 '재킷을 걸친 사람들'gente de chaqueta이라 불렀고, 그들은 코트를 입은 귀족적 성향의 자유주의자들과 좋은 대조를 이루었다. 로사스의 정복자 후스토 호세 데 우르키사Justo José de Urquiza의 가우초 군대에서 유럽인의 옷을 입은 유일한 아르헨티나 장교가 사르미엔토였는데, 창을 들고 폰초를 입은 가우초 병사들 중에 유일하게 프록코트를 입고 케피kepi(프랑스 군인들의 모자)를 쓴 그의 모습은 단연코 두드러졌다. 사르미엔토에게 그 복장은 "원칙의 문제로서 야만성과 로사스와 카우디요들에 대한 저항의 표시였다. …… '우리가 아르헨티나 병사들의 옷을 바꾸지 않는 한 카우디요는 사라지지 않을 것이다'라고 사르미엔토는 말했다"라고 존 린치John Lynch는 쓰고 있다.

Carmelo Fernandez Mestizo Farmers of Anis, Ocana Province Colombia, 1850-1859, watercolor, Biblioteca Nacional de Colombia, Bogota

콜롬비아의 메스티소 농민과 상류층 사람들을 그리고 있는 이 멋진 스케치는 19세기 라틴아메리카에서 의복은 여전히 신분을 말해 주는 징표였음을 생생하게 보여 준다.

19세기 말이면 유럽적 스타일의 옷이 멕시코시티나 부에노스아이레스 같은 대도시들에서, 그리고 원주민을 제외한 모든 사람들 사이에서 지배적이었다. 의복에 대한 태도는 계속해서 귀족적 가치를, 특히 육체노동에 대한 경멸을 반영했다. 예를 들어 세기 말경 부에노스아이레스에서는 노동자들이 주로 착용하는 블라우스를 착용한 사람은 은행이나 의회의 홀에 출입할 수 없었다. 제임스 스코비James Scobie에 따르면, 그 때문에 "사람들은 누구나 다 육체노동과의 관련성을 드러내지 않으려고 했고", 심지어 노동자들도 전통적인 코트와 타이를 즐겨 착용했다.

1880년 이후 아르헨티나, 우루과이, 브라질로 이주자가 대거 몰려들었고, 그보다는 적지만 칠레와 멕시코에도 모여들었다. 이런 현상은 꾸준하게 진행된 도시화, 수출 분야의 지속적인 확대와 함께 사회 변화를 가속화하였다. 이런 발전은 소규모의 근대적인 산업노동자 계층의 형성에 기여하고, 블루칼라 집단과 중간층 화이트칼라 노동자의 규모를 크게 키워놓았다.

그러나 사회주의, 아나키즘 혹은 생디칼리즘을 받아들인 소수의 노동계층을 제외하고는 이민자 가운데 기존의 사회구조나 지배적인 귀족적 이데올로기를 위협하는 사람은 거의 없었다. 오히려 많은 사람이 그 이데올로기에 정복되었다. 그 때문에 상층계급에 편입된 외국인은 이미 교육받은 경영자 계층에 속해 있었다. 이민자 출신의 중간 계층이 상층 계급으로 신분상승하는 것은 극히 어렵고 드물었으며, 하층 이민자들에게 그것은 거의 불가능했다. 소수의 이민자들은 교역이나 투기를 통해 돈을 벌었으며, 그들의 아들이나 손자들은 자신들의 부의 기원을 은폐하고, 그 부를 토지에 투자함으로써 존경받는 부로 만들기 위해 노력했다. 이들 졸부들도 기성의 귀족 동료들과 마찬가지로 원주민이나 노동자들을 경멸감을 가지고 대했다.

독립이 여성의 지위를 개선시켜 주지는 못했다. 여성의 시민적 지위는 아내의 재산에 대한 남편의 지배를 강화하는 부르주아 스타일의 새 법전이 도입됨으로써 오히려 더 악화된 것으로 보인다. 여성들은 가정이라는 울타리 안에 더 갇히게 되고 주부로서의 의무에 더 매달리지 않으면 안 되었다. 교회와 부모들은 여성들에게 순종적이고 상냥해지라고, 그리고 자기 주장을 내세우지 말라고 가르쳤다. 남녀관계와 관련하여 당시 지배적이었던 가부장적 태도의 전형적인 예를 콜롬비아의 마리아노 오스피나 로드리게스Mariano Ospina Rodríguez가 1864년에 딸 마리아를 호세 마리아노 로마 이 바트레스José Mariano Roma y Batres에게 시집보내면서 한 충고에서 찾아볼 수 있다. "너의 행복은 겸손, 인내, 체념, 자제 …… 등의 소소한 덕목을 진지하게 오랫동안 실행할 수 있느냐에, 그리고 그와 같은 기독교적 덕목에 의존하는 가정 내 관계를 적절하게 실행에 옮길 수 있느냐에 달려 있단다." 마리아노 오스피나는 계속해서 딸에게 다음과 같이 주의를 주고 있다.

> 네가 무엇보다도 신경을 써야 될 일 가운데 하나는 네 남편의 성향과 습관 그리고 취향이 무엇인지 잘 살펴 그것을 거스르지 말아야 한다는 것이다. 네 의사를 관철시키려고 하지 말고 네 남편의 습관이나 취향이 아무리 하찮게 여겨져도 그것을 하지 말라고 말하지 말고, 그가 그것을 즐거운 마음으로 할 수 있게 해주어야 한다. …… 너는 자주 너의 습관이나 취향이 남편의 그것과 다르다는 것을 발견하게 될 것이다. 그때는 주저하지 말고 남편을 위해 네 자신을 희생해야 한다.

성적 행동에 대해서는 이중적인 기준이 지배적이었다. 여성은 자신들의 섹슈얼리티를 부정하라고, 그리고 성행위의 유일한 목적은 출산이라고 교육받았다. 그러나 여성들의 실제 행동이 반드시 법이나 이데올로기를 따른 것은 아니었다. 예를 들어 실비아 아롬Silvia Arróm은 19세기 초 멕시코에서 여러 가지 제약에도 불구하고 여성들의 혼외정사가 상당히 빈번하였음을 보여 준다.

그렇더라도 라틴아메리카의 엘리트층 여성 가운데 페미니즘의 선구자이자 사회주의자였던 플로라 트리스탄Flora Tristán(1803~1844)처럼 통상적인 한계의 경계를 지나치게 벗어나는 경우는 극히 드물었다. 페루의 귀족 지주인 아버지와 프랑스 인 어머니 사이에서 태어난 그녀는 생애의 대부분을 프랑스에서 보냈음에도 불구하고 페루의 페미니스트들과 사회주의자들은 그녀를 대체로 페루 인으로 간주한다. 대단한 미모의 소유자였던 그녀는 일찌감치 남편과 이혼하고 프랑스 페미니스트, 사회주의자 집단에 들어가 적극적으로 활동했다. 1835년에는 『메피스』*Méphis*라는 소설을 발표하여 사회주의와 페미니즘 원리에 입각하여 사회를 바꿔야 한다고 주장했다. 1840년에 발표한 『런던에서의 산책』*Promenades in London*이라는 책에서 그녀는 영국 대도시에서 나타나고 있던 엄청난 빈부격차에 대해 기술하였다. 1844년에 발표한 마지막 저서 『노동자 연맹』*The Workers' Union*에서는 "세계의 노동자와 여성"의 단결을 주장하여 4년 후 맑스가 『공산당 선언』에서 하게 될 호소를 미리 보여 주었다. 트리스탄은 또한 성별에 따른 착취를 분명히 언급했다. 그녀는 "가장 혹심하게 억압받는 남성이라도 다른 인간, 즉 자신의 아내를 억압하는 경향이 있다. 여성은 프롤레타리아 가운데서도 프롤레타리아이다"라고 썼다. 그녀는 또한 "여성해방은 인간해방을 위한 필수불가결한 조건이다"라고 주장함으로써 21세기 페미니스트의 논리를 미리 보여 주기도 했다.

해방 이후 첫 반(半)세기 동안 나타난 민주적이고 자유주의적인 운동은 여성들에게 유리한 모종의 발전을 자극했다. 아르헨티나의 사르미엔토는 "한 국민의 문명 수준은 여성의 사회적 지위로 판단될 수 있다"라고 썼고, 그의 교육 프로그램은 초등학교 교사를 여성들로 채우는 등 여성에게 중요한 역할을 부여하는 내용이 포함되어 있었다. 멕시코에서는 '라 레포르마 운동'Reforma('개혁')의 승리에 이어 여성 교육을 위한 중등학교 설립과, 여성들을 초등학교 교사로 양성하기 위한 학교 설립이 포함된 새 학교법이 발표되었다. 1870년 이후 아르헨티나와 멕시코에서는 대개 여교사들이 중심이 된 소규모의 페미니즘 운동이 나타났고, 그들은 협회 구성, 잡지

발간 등을 통해 여성의 문화적·경제적·사회적 지위를 개선하기 위해 노력했다.

심지어 브라질 같은 후진적인 노예제 사회에서도 여권 신장을 지지하는 출간물이 나타났는데, 조아나 파울라 망수 지 노로냐Joana Paula Manso de Noronha는 그 선구자라 할 수 있었다. 『조르나우 다스 시뇨라스』*O Jornal das Senhoras*의 사설에서 그녀는 "여성의 사회적 지위 개선과 여성의 도덕적 해방"을 위해 일하겠다고 말했다. 19세기 말 산업의 발전과 더불어 점점 더 많은 여성이 공장이나 노동착취 작업장에 들어갔는데, 그곳에서 그녀들은 대개 남성 노동자들에 비해 절반 정도의 임금밖에 받지 못하면서 자본가 고용주를 위한 잉여 이익의 원천이 되었다. 부에노스아이레스의 인구조사에 따르면, 1887년경 그 도시 전체 노동자의 39%가 여성이었다.

몇몇 나라에서 독립전쟁 기간 동안 많은 성직자들이 취한 왕당파적 태도 때문에 불신의 대상이 되고 있었던 교회는 바깥 세계와의 접촉이 증대되고, 상대적으로 관용적인 여론 환경이 조성됨에 따라 그 영향력이 더욱 줄어들었다. 여러 나라에서 자유주의자들은 교육, 혼인, 장례 등에 대해 교회가 갖고 있던 독점을 제한하기 위해 노력했고, 이 일에서 각국은 다양한 정도의 성공을 거두었다. 교회는 거의 예외 없이 보수 반대파와 한 편이 되고 있었기 때문에 자유주의자들의 승리는 교회의 축적된 부와 특권에 대한 중대한 타격의 형태로 보복을 낳았다.

단일한 종교로의 통일이라는 식민 시대의 원칙은 유력한 영국 상인들에게 신앙의 자유를 허용하지 않을 수 없었던 사정 때문에 일치감치 포기되었다. 실제로 부에노스아이레스에 첫번째 영국국교회 교회를 지을 부지를 기증한 사람은 바로 외국인들을 싫어하고 예수회 수사들을 아르헨티나에 돌아오도록 허용한 반동적 인물 로사스였다. 대중을 선동하여 외국인 이단들이 자리 잡지 못하게 하려고 한 몇몇 광신적인 성직자들의 노력에도 불구하고 가톨릭교도와 프로테스탄트 간의 평화로운 공존 체제는 상호적 선의善意와 기지를 바탕으로 서서히 확산되어 갔다.

극단적인 행태 때문에 충실한 신자들조차도 증오해 마지않았던 종교재판소는 독립전쟁의 와중에 사라졌다. 그러나 여러 나라에서는 세속 당국이 종교재판소가 가지고 있던 불온서적 혹은 이단서적의 검열과 금지의 권리를 넘겨받았다. 가끔은 각국 정부가 이 권리를 행사하기도 했다. 1820년대에 사제들과 보수적 반대파는 그란콜롬비아의 자유주의적 성향의 부통령 프란시스코 데 파울라 산탄데르에게 압력을 가하여 법학 대학 커리큘럼에서 유물론자 제러미 벤담이 쓴 텍스트를 삭제하게 만들었다. 부에노스아이레스에서는 로사스가 사람들 앞에서 불온서적을 소각하기도 했다. 그러나 툴리오 할페린-동기Tulio Halperin-Donghi에 따르면, 부에노스아이레스 서적상들의 신문광고로 판단컨대 이런 탄압이 그리 효과적이지 않았음을 알 수 있다. 1840년대 산티아고에서는 에스파냐와 가톨릭 종교를 비판하는 프란시스코 빌바오의 신랄한 반론을 담은 책이 교수형 집행인에 의해 화형에 처해졌다. 그러나 사르미엔토에 의하면, 이 탄압을 촉발한 이유는 빌바오의 책이 담고 있는 내용이 아니라 폭력적이고 불쾌한 논조였다고 한다. 사르미엔토는 빌바오가 형편없는 논조 때문에 처벌을 받았고, 그것은 지극히 당연하다고 덧붙였다.

19세기 중엽 이후 진실에 접근하는 방법으로 과학을 찬미하고 신학을 거부하는 실증주의의 득세로 이단적인 혹은 반교회적인 책자를 탄압하려는 시도는 크게 줄거나 몇몇 나라의 경우 완전히 사라지기에 이르렀다. 일반적으로 19세기 후반 동안 라틴아메리카에는 비교적 자유로운 이념 시장이 존재했다고 할 수 있는데, 그러나 그 자유는 그 이념이 이론적인 용어로 표현되고, 주로 (자기 나라에 대한 언급이 아닌) 다른 나라에 대한 언급으로 나타났을 때의 경우이고, 집권중인 정부를 직접 공격하는 자유는 허용되지 않았다. 각국 정부는 신문이나 팸플릿이 자신의 안전을 위협하는 내용을 담고 있다고 판단되면 즉각 개입하여 탄압하거나 몰수했다. 예를 들어 멕시코의 디아스 독재 정권은 체제 반대파 언론인이나 신문은 탄압하되, 맑스나 아나키스트 이론가 표트르 크로포트킨Peter Kropotkin의 책들은 자유로운 판매와 배포를 허용했다.

실증주의의 득세로 교회의 영향력과 힘은 더욱 쇠퇴하게 되었다. 가끔은 보수주의가 자유주의에 승리하여 강력한 친교회적 반동이 나타나기도 했는데, 그 대표적인 예를 1860년부터 1875년까지 에콰도르를 지배한 가브리엘 가르시아 모레노Gabriel García Moreno에게서 발견할 수 있다. 그는 공화국을 성스러운 예수성심께 봉헌할 정도로 광신적인 가톨릭 신자였다. 1880년부터 1894년까지 콜롬비아를 통치한 독재자 라파엘 누녜스Rafael Núñez도 바티칸 교황청과 협약을 체결하고 식민 시대에 교회가 향유하던 내부분의 권리와 특권을 교회에 돌려주었다. 그러나 그런 승리도 식자층 사이에서 교회가 누리던 사회적·지적 영향력의 전반적 감소를 저지하지는 못했다. 반교회주의는 대부분의 라틴아메리카 지식인들과 교회에 잘 다니고, 교회의 외적 형태와 의식을 잘 준수하는 많은 신자들을 포함한 상층 혹은 중간층 남성들의 이데올로기의 필수적인 한 부분이 되었다. 그러나 모든 계층의 여성, 원주민, 그리고 빈곤 집단들 사이에서는 교회의 영향력이 여전히 강하게 남아 있었다.

독립 이후 초창기의 경제는 침체를 면치 못했는데, 그것은 기대했던 대규모의 외자外資 유입이 제대로 이루어지지 않았고, 라틴아메리카의 주요 산물에 대한 유럽의 수요가 기대에 크게 미치지 못했기 때문이다. 자유무역이 해안 지역의 상업활동을 활성화하기는 했지만 그것은 공장에서 만든 값싼 유럽 제품의 수입 때문에 지역 수공업 가운데 상당 부분이 거의 파괴되는 것으로 상쇄되고 말았다. 지지부진한 경제활동, 지역 간 교역과 진정한 의미의 전국적 시장의 상대적 부재는 지역의 자급자족, 고립, 정치적 불안 혹은 혼란을 조장했다.

이런 요인들 때문에 대략 1820년부터 1870년까지는 많은 라틴아메리카 국가들에게 폭력의 시대였고, 식민 시대 이후 집단적 갈등의 와중에서 독재와 혁명을 번갈아 경험하면서 서로 다른 국가적 정체성이 구축되어 간 시기였다. 그 상징은 카우디요caudillos('우두머리')였는데, 그들의 힘은 그 나라가 갖게 된 정치 체제가 어떤 것이든 항상 힘에 기반을 두었다. 카우디요들은 대개 자기들보다는 세력이 약한 그러나 자기 지역에서는 절대적 권력을 행사하는 카우디요들의 연합체의 도움에 힘입어 지배권을 행사했다. 카우디요들은 그 방법이 어떠하든 간에 대개 공화국의 이데올로기와 제도를 선호하는 경향이 있었다. '보수주의자' 혹은 '자유주의자', '통합주의자' 혹은 '연방주의자' 등을 표방하는 정당들은 대부분의 새 국가들에서 적극적이었다. 보수주의는 지지자들 가운데 대부분이 대지주와 그들의 도시 동맹자들이었다. 자유주의 지지자들은 지방의 지주, 전문직업인 그리고 과거에 권력을 소유하지 못하고 기존 질서에 반감을 가진 사람들이었다. 보수주의자들은 식민 시대의 사회적 제도들 가운데 많은 것을 고수하려고 했으며, 고도로 중앙집권화된 정부를 선호했다. 미국의 예를 보고 영감을 얻은 경우가 많았던 자유주의자들은 대개 연방제 정부, 개인적 권리의 보장, 속인의 교육 지배, 그리고 성직자나 군인의 특권 폐지를 지지했다. 그러나 그 어떤 당파도 원주민 농민이나 그 외 다른 하층 계급의 문제에 큰 관심을 두지 않았다.

1870년경부터 유럽의 산업혁명이 가속화함에 따라 라틴아메리카의 경제와 정치에서도 급속한 변화가 나타났다. 유럽의 자본이 밀려 들어와 생산과 무역의 확대 및 근대화에 필요한 시설들을 마련하는 데 사용되었다. 각국의 경제 발전의 속도와 정도는 매우 불균등했으며, 대체로 각국의 지리적인 위치와 천연자원에 따라 달랐다.

새로운 경제 질서의 특징은 극단적인 편향성이었다. 한두 가지의 산물이 각국의 번영의 기반이 되었으며, 그것은 그 나라의 경제를 세계 다른 지역의 수요와 가격 변동에 매우 취약하게 만들었다. 한편, 다른 경제 분야들은 노동과 토지가 다른 산업에 전용轉用됨에 따라 침체 상태에 있거나 쇠퇴했다.

19세기 말의 경제 성장은 두 가지의 또 다른 특징을 가지고 있었다. 하나는 그것이 토지 보유와 노동의 면에서 아시엔다 제도라는 틀 안에서 발생했다는 것이며, 다른 하나는 자연자원 혹은 인공자원에 대한 외국인 지배의 꾸준한 증가를 수반했다는 것이다. 그리하여 1900년경이면 새로운 종속적 구조 혹은 식민주의가 나타났으며 사람들은 이것을 신식민주의라고 불렀다. 처음에는 영국이, 후에는 미국이 에스파냐와 포르투갈을 대신하여 라틴아메리카 지역의 지배적인 강국이 되었다.

새로운 경제 질서는 평화와 통치의 연속성을 요하였고, 1870년 이후 라틴아메리카의 정치상황은 실제로 점차 안정을 찾아갔다. 보수파가 과학과 진보의 실증주의적 도그마를 채택하고, 자유주의자들은 물질적 번영에 대한 관심 때문에 입헌적 방법과 시민적 자유에 대한 전통적 관심을 포기함에 따라 과거의 당 노선은 유명무실한 것이 되었다. 멕시코의 포르피리오 디아스Porfirio Díaz, 콜롬비아의 라파엘 누녜스, 베네수엘라의 안토니오 구스만 블랑코 같은 새로운 유형의 자유주의적인 카우디요는 획득의 정치politics of acquisition를 상징했다. 독재와 혁명의 사이클은 여러 지역에서 계속되었으나, 전에 비해 혁명은 덜 빈번하고 덜 파괴적으로 되어갔다.

1820년부터 1900년까지 라틴아메리카의 정치사 혹은 경제사에서 나타난 이런 주요 추세들과 함께 라틴아메리카의 삶의 방식과 문화에서도 변화가 나타났다. 2부에서는 19세기 멕시코, 아르헨티나, 칠레, 브라질, 페루, 쿠바, 중아메리카합중국, 그란콜롬비아의 역사를 개괄해 볼 것이다. 이 모든 역사들은 이 시기 라틴아메리카 국가들이 함께 공유하는 주제와 문제들을 포함하고 있다. 그러나 각각의 국가들은 각국의 특징을 만들어 나가기 위한 각각의 투쟁을 반영하는 차이들을 보여 주기도 한다.

9장 _ 탈식민화와 국가정체성의 탐색, 1821~1870

독립은 라틴아메리카에 해방자들이 열망한 질서정연한 자유와 번영을 가져다주지 않았다. 새로 생겨난 대부분의 국가들에서 에스파냐, 포르투갈의 식민 지배가 끝나고 나서 수십 년에 걸친 내란이 일어났다. 볼리바르는 1829년에 쓴 다음과 같은 글에서 많은 독립파 지도자들이 느낀 실망감을 대변했다. "아메리카에는 믿음이 없다. 아메리카 국가들 간에도 신뢰가 없다. 협정은 종이쪼가리에 불과하고 헌법은 그저 인쇄물일 뿐이다. 선거는 전쟁이요 자유는 혼란이며 삶은 고통이다." 라틴아메리카의 침체·무질서와, 영국의 옛 식민지(미국)의 급속한 발전 간의 대조적인 양상은 몇몇 라틴아메리카 지도자들과 지식인들의 실망과 회의를 더욱 부추겼다.

이 장의 핵심 문제

- 독립전쟁은 지주 귀족, 군대, 그리고 외국에의 종속에 어떤 영향을 미쳤는가?
- 카우디요주의(caudillismo)의 경제적·사회적 뿌리는 무엇인가?
- 19세기 초 라틴아메리카에서 자유주의자와 보수주의자의 가장 중요한 차이는 무엇인가?
- 멕시코의 라 레포르마 운동(Reforma)의 자유주의적 이념은 어떻게 변했는가?
- 19세기 초 파라과이의 발전은 같은 시기 아르헨티나의 발전과 어떻게 달랐는가?
- 외세의 개입, 계급 갈등과 인종 갈등은 19세기 초 중아메리카합중국에서 나타난 국가정체성의 발전에 어떤 영향을 미쳤는가?

독립의 열매

독립전쟁을 시작할 때 가졌던 원대한 희망이 좌절되는 것은 불가피하였는데, 그것은 독립이 식민 지배의 틀을 깨부술 수 있는 경제적·사회적 변화를 동반하지 못했기 때문이다. 에스파냐와 포르투갈의 무역독점이 사라진 것을 제외하면 식민 시대의 경제적·사회적 구조는 그대로 살아남았다. 낡은 기술과 페온 혹은 노예 노동력을 이용하는 아시엔다, 파젠다, 에스탄시아는 여전히 농업을 지배했다. 대지주들의 경제적·정치적 힘에 도전할 수 있는 유력한 소농 계층의 성장은 나타나지 않았다. 독립전쟁은 오히려 에스파냐 지배의 대리인들(부왕, 아우디엔시아, 지주)을 제거하고, 중앙집권적 권위에 대한 지주들의 뿌리 깊은 복종 습관을 약화시킴으로써 토지 귀족의 힘을 더 강화시켰다. 그와 대조적으로 그외 다른 식민지 엘리트들(왕당파 상인들의 추방과 이주로 약해진 상인 계층, 전시의 파괴 혹은 재산 몰수로 몰락한 광산주들, 에스파냐 편에 가담함으로써 체면을 구긴 교회와 성직자들)은 독립전쟁을 거치면서 그 힘이 많이 약해졌다.

토지 귀족들은 이미 가지고 있던 영향력에다 승리의 월계관을 쓴 군대 엘리트들의 권위를 더하게 되었는데, 그것은 혁명군 장교 가운데 다수가 그들에게서 배출되었기 때문에 가능했다. 수년간의 파괴적인 전쟁과 불안한 전후 상황의 산물인 새 국가들의 군사화軍事化는 이 장교 집단에게 정치적으로 중요한 역할을 안겨주었다. 국가 예산의 반 이상을 잡아먹는 상비군이 출현했다. 장교들은 질서와 국가 안보의 수호자 역할에 만족하지 않고 정치적인 갈등의 중재자가 되었으며, 여기서 그들은 대개 보수 지주층과, 그들과 긴밀하게 연계된 도시 엘리트층에 유리한 쪽으로 개입하였다.

1814~1840	파라과이의 독재자 프란시아, '에스탄시아스 데 라 파트리아'라는 이름의 국유 농장을 만들고, 농업과 산업의 균형 잡힌 발전을 추진하다.
1815~1817	호세 아르티가스, 반다오리엔탈(우루과이)의 독립을 선언하고, 왕당파들의 땅을 몰수하여 무토지 농민들에게 분배해야 한다고 주장하다.
1818~1823	베르나르도 오이긴스, 칠레에 자유주의적 지배를 확립하다.
1821~1823	멕시코에서 이투르비데의 보수주의적 제국이 나타났다 사라지다.
1821~1827	라플라타합중국(아르헨티나)에 베르나르디노 리바다비아의 자유주의 국가가 나타났다 사라지다.
1823~1842	프란시스코 모라산의 자유주의적 지도하에 중아메리카합중국이 출현하다.
1830~1837	칠레에서 디에고 포르탈레스가 이끄는 보수주의적 지배가 나타나다.
1831~1852	후안 마누엘 데 로사스, 라플라타합중국에서 보수주의적 지배를 수립하다.
1834~1854	안토니오 데 산타 안나, 멕시코에서 보수주의적 지배를 시작하다.
1839~1847	유카탄의 카스트 전쟁, 보수주의적 지배에 반대하는 저항 세력을 규합하여 원주민의 자치권과, 조상 대대로 내려오는 땅의 수호를 주장하다.
1842~1865	라파엘 카레라, 모라산을 패퇴시키고 중아메리카합중국을 해체하고 과테말라에 보수주의적 지배를 도입하다.
1846~1848	북아메리카의 침입(멕시코 전쟁)이 과달루페이달고 조약으로 종결되고, 이를 통해 멕시코 영토의 반이 미국에 넘어가다.
1854~1862	후안 알바레스, 아유틀라 플랜을 선언하여, 10년간의 내전과 자유주의적 지배를 가져오게 될 라 레포르마 전쟁을 시작하다.
1862~1868	프랑스의 개입, 그리고 막시밀리안과 카를로타가 지배하는 멕시코 제국이 부활하다. 자유주의자 바르톨로메 미트레의 주도하에 아르헨티나 공화국이 들어서다.
1865~1870	삼자동맹 전쟁, 파라과이의 발전을 파괴하다.
1868~1876	프랑스 점령군이 쫓겨나고, 자유주의자인 베니토 후아레스와 세바스티안 레르도 데 테하다의 주도로 멕시코의 회복된 공화국이 확립되다.

경제 침체

독립의 지도자들은 에스파냐의 무역독점이 끝나고 나면 대외무역이 크게 확대되고 경제 회복이 가속화될 것으로 기대를 했었다. 실제로 몇몇 국가는 자연자원과 유리한 지리적 위치 덕분에 얼마 안 가 혁명의 위기를 극복하고 상당한 경제 발전을 이루기도 했으니, 브라질(커피와 설탕), 아르헨티나(가죽), 칠레(금속과 가죽)가 그런 나라들이었다. 그러나 멕시코, 볼리비아, 페루 등 광산 경제에 결정적인 타격을 입은 다른 나라들은 식민 시대의 생산 수준을 회복하는 데 실패했다.

19세기 전반에 여러 신생국을 괴롭힌 경제 침체에는 몇 가지 원인이 있었다. 우선 독립과 더불어 국내 시장을 활성화하고 생산력을 자극할 수 있었던 토지와 수입의 재분배가 나타나지 않았다. 기대되었던 대규모의 외자 유입은 실현되지 않았는데, 그 이유 가운데는 정치적인 혼란 때문에 외국인의 투자가 적극적으로 이루어지지 않았다는 점, 그리고 유럽과 미국이 자기 나라의 산업혁명에 자금을 대느라 자본 수출의 여력이 없었다는 점 등이 포함되어 있었다. 라틴아메리카 주산물의 수출은 기대에 미치지 못했는데 그것은 무엇보다도 유럽 국가들이 라틴아메리카를 여전히 유럽산 공산품의 배출구로만 생각했기 때문이다(그중에서도 영국의 직물류가 중요했다). 대규모 공장에서 제조된 값싼 유럽 제품의 대량 유입은 라틴아메리카의 수공업에 타격을 가했고, 이 새로운 국가들이 보유한 귀금속(금, 은)을 유출시켰다. 영국인의 라틴아메리카 시장 정복은 지역 상인 계급의 상황을 더욱 어렵게 만들었다. 지역 상인들은 영국인들의 경쟁 상대가 되지 못했다. 19세기 중엽이면 멕시코시티에서 부에노스아이레스, 발파라이소에 이르기까지 가장 부유하고 권위 있는 상인 가문은 대부분 영국인 성姓을 가진 이들이었다. 그러나 지역에 따라서 도시와 지방의 소매업 부문이 이베리아 반도 상인들에 의해 계속 지배되는 경우도 없지는 않았다.

전체적으로 볼 때, 이런 발전은 현지 자본주의와 자본주의적 관계의 발전을 더디게 만들고, 새 국가들의 경제적·정치적 삶에서 아시엔다의 지배적 역할을 더 강화하였다. 이 국가들의 내륙 지방의 깊어가는 침체는 부족한 도로와 소통을 막는 자연적 장애물(밀림이나 산맥) 때문에 더 심화되었고, 지역주의화 경향과 카우디요들(이들은 대개 지역의 대지주들이었다)의 지역 지배를 강화하였다.* 경제활동의 굼뜬 속도는 이들 카우디요들이 전국적 차원에서 페온이나 가신 같은, 자신들의 사적 추종자들을 정치와 혁명의 게임에 볼모로 이용하도록 자극했다. 실제로 몇몇 국가에서 정치와 혁명은 다른 기회의 부재를 보완하는 일종의 경제활동이 되기도 했는데, 그것은 승자가 모든 중요한 세관(수출과 수입에 부과하는 세금을 징수하는 기구)과 그 외 다른 공적 수입원을 장악하면서 그들 자신들이나 추종자들에게 공직, 계약, 공유지 하사 등 여러 가지 혜택을 제공할 수 있었기 때문이다. 엘리트들이 정치적·군사적 활동을 통해 경력을 쌓고, 세관을 정부 수입원으로 삼는 관행은 두 가지 부정적인 결과를 초래했으니, 하나는 재원을 경제 발전이 아닌 다른 쪽에 투입하게 만드는 비대한 군사적·관료적 시설이 증가했다는 것이고, 다른 하나는 종속적 추세를 강화하는 대외무역이 중요해졌다는 것이다.

* 카우디요란 용어는 보통 1870년경 라틴아메리카에서 어느 정도 안정적인 의회 정부가 들어서기 전에 전국적 혹은 지방적 차원에서 권력을 쥐고 있었던 정치적-군사적 지도자들을 지칭한다. 군사적 능력과 카리스마가 자주 카우디요들과 관련된 자질이라고 일컬어지고는 있지만 모든 카우디요들이 그런 자질을 갖고 있지는 않았다.

정치 : 보수주의와 자유주의

새 국가들의 정치 제도는 적어도 형식적으로는 19세기 자유주의 이데올로기를 크게 반영하고 있었다. 브라질을 제외한 모든 새 국가들이 공화국을 정부 형태로 택했고(멕시코는 두 번에 걸쳐 단기간의 제정을 거쳤다), 대의제 의회 정부 방식을 존중했다. 새 국가들의 헌법은 대통령, 의회, 법정을 명시했으며, 대개는 인권에 대한 정교한 보호장치를 포함하고 있었다.

그러나 이런 근대적 외형이 그 이면의 독재 혹은 과두제라는 실제 모습을 완전히 은폐하지는 못했다. 행정 수반은 대개 권력을 무력에 의존하는 카우디요였고, 그는 자신보다는 힘이 약하지만 각 지역에서 거의 무소불위의 권력을 휘두르는 소小카우디요들의 연합체의 도움을 받아 국가를 통치했다. 헌법에 규정된 입법부와 사법부의 독립은 허구에 불과했으며, 선거는 무의미한 요식행위였을 뿐이다. 집권 여당이 늘 표결에서 승리했기 때문에 반대파에게는 반란 외에 다른 대안이 없었다.

일정 수준 이상의 배움과 재산을 가진 사람들에게만 투표권이 주어졌기 때문에 대부분의 원주민과 혼혈인은 투표권을 갖지 못했다. 그들이 투표권을 갖고 있는 경우에는 대개 후견인patrón이 그들을 한꺼번에 투표소에 데리고 가 자신 혹은 자신이 지지하는 후보에게 투표하게 만들었다. 비밀투표의 부재(투표는 대개 공개적으로 이루어졌고, 투표용지는 서로 다른 색깔로 되어 있었다)는 유권자들의 강제를 용이하게 만들었다. 지배층 사람들은 자유주의자건 보수주의자건에 상관없이 모두 다 농민, 가우초, 그리고 그 외 '하층 신분의 사람들'을 정치의 주변부에 머물게 하고, 그들이 집단적 철학과 목표를 가진 집단으로 부상하는 것을 저지하는 데 뜻을 같이했다. 크리오요들의 새 헌법과 법률이 원주민에게 부여한 바로 그 권리(법 앞에 평등, 공유지를 분할하여 처분할 수 있는 '권리' 등)가 원주민들 간의 연대連帶를 약하게 만들고, 크리오요 세계의 경쟁적 개인주의에 맞설 수 있는 저항력을 약화시켰다. 그러나 이들 주변부 집단들 가운데 특별히 재능과 야심을 가지고 있고 운도 좋은 사람들은 간혹 크리오요 엘리트 집단에 들어가기도 했고, 그중에는 최고위 지도자가 되기도 했다. 그 대표적인 사례가 바로 멕시코의 사포테카 족 출신 지도자 베니토 후아레스Benito Juárez와, 볼리비아의 메스티소 출신 대통령 안드레스 산타 크루스이다.

언뜻 보면, 독립 후 처음 반세기 동안 라틴아메리카의 정치사는 독재와 반란이 지루하게 반복되는 무의미하고 보잘것없는 시기처럼 여겨진다. 그러나 이 시기의 정치적 투쟁이 소수 상류층 내 여러 집단이 벌이는 전리품 쟁탈전에 불과한 것만은 아니었다. 진정한 의미의 사회적 혹은 이데올로기적 차이가 그들의 갈등과 그 갈등의 치열함을 만들어 내는 데 일조했다. 여러 당파가 자신들 혹은 서로에게 부여한 '보수주의자'와 '자유주의자', '통합주의자'와 '연방주의자' 같은 칭호가 연극에서 사용되는 가면에 불과한 것만은 아니었다. 비록 기회주의적인 일부 지도자들은 주저 없이 이런 칭호들을 버리거나 취하곤 했지만 말이다.

일반적으로 말해 보수주의는 전통적인 권력과 특권의 소유자들, 그리하여 기존 질서의 수호에 관심이 많은 사람들의 이익을 대변했다. 그러므로 대지주, 고위 성직자, 고위 장교, 고급 관료, 독점 상인 집단이 보수주의자가 되는 경향이 있었다. 반대로 자유주의는 식민 시대에 경제적·정치적 권력에 접근할 수 없었던, 따라서 기존 질서를 바꾸는 데 관심이 많은 사람들에게 호소력을 지녔다. 그러므로 자유주의는 지방의 지주, 법률가 등 전문직업인(이들이 새로운 이념의 가장 열렬한 수용자였다), 가게 주인, 수공업자들로부터 주로 지지자를 끌어들였다. 자유주의는 또한 야심 있고 포부가 큰 원주민과 혼혈인에게도 호소력을 가졌다. 그러나 지역적 갈등과, 부족이나 가문에 대한 충성심 때문에 사회적·직업적 경향성에 상관없이 특정 당파를 지지하는 경우도 많았고, 그것은 정치적 지형도를 매우 복잡하게 만들었다.

자유주의자들은 식민 시대로부터 내려온 계서적 사회구조를 깨뜨리고 싶어 했다. 그들은 자신들의 나라를 미국이나 영국식 모델에 입각하여 역동적인 중간 계급의 국가로 재창조하려는 비전을 가지고 있었다. 미국의 성공에 고무된 그들은 대체로 연방제 정부 형태, 개인 권리의 보장, 속인 지배하의 교육, 성직자와 군인들의 법적 특권 폐지 등을 주장했다. 자유주의자들은 근대화에의 열정에 입각하여 한사상속제(재산을 특정의 자손 혹은 소유주의 후손들에게만 상속하는 권리)의 폐지, 수도원 해산, 교회 재산 몰수, 노예제 폐지 등을 요구했다. 자유주의자들의 연방제 선호는 새 국가들에서 상대적으로 덜 중요한 지역들에 특별한 호소력을 지녔는데, 그 지역들은 이 연방제를 통해 자기네 지역이 가진 자원을 개발하고, 수도首都와 부유하고 가장 강한 지역들의 굴레에서 해방될 수 있기를 바랐다.

보수주의자들은 대체로 강력한 중앙집권적 정부, 로마 가톨릭교회의 종교와 교육에 대한 독점적 지배, 성직자와 군부의 특권 등을 지지했다. 그들은 언론과 출판의 자유, 종교적 관용과 같은 급진적 개혁에 반대했다. 요컨대, 보수주의자들은 새로운 공화국 체제와 양립할 수 있는 식민 시대의 사회질서를 가능한 한 많이 존속시키려고 했다. 사실 보수주의 지도자 중에는 종국에는 자기 나라에서 공화국 체제를 무효화하고 군주제를 도입할 생각을 가진 사람들도 있었다.

보수주의자들이나 자유주의자들이나 대부분의 라틴아메리카 국가들에서 국민의 다수를 차지하는 원주민과 흑인 그리고 혼혈인 대중의 문제에 무관심하기는 모두 마찬가지였다. 세간에서 말하는 원주민의 후진성에 불편한 마음을 가지고 있었던 자유주의자들은 그들(원주민들)의 공동체주의를 자본주의적 기업정신의 발전을 막는 장애물로 간주했으며, 원주민의 공유지를 분할하기 위한 법령 제정에 착수했다. 그런데 이 정책은 원주민 마을들을 희생으로 한 토지의 집중화만 초래하고 말았다. 자유주의자들은 이론상 소토지 보유와 농촌 중간층 육성을 지지하는 것으로 알려져 있었지만 결코 어떠한 종류의 급진적인 토지개혁도 실행에 옮기려하지 않았다. 보수주의자들은 대영지를 바로 그들 자신들의 권력 기반으로 간주했고, 실제로 그것은 사실이었다. 그러나 전통주의자들과 마찬가지로 보수주의자들은 가끔 에스파냐 인들이 취했던 원주민 공동체들에 대한 가부장적인 정책을 계속 추진해야 한다고 주장했고 자주 그들(원주민들)의 지지를 받았다.

여기에서는 독립 후 첫 반세기 동안 라틴아메리카에 나타난 보수주의와 자유주의 프로그램에 대해 간략하게 설명할 수밖에 없기 때문에 자유주의와 보수주의의 이론적 규범에서의 차이라든지 혹은 각국의 특수한 상황과 문제를 반영하는 차이에 대해서는 자세히 언급할 수 없다. 그러나 멕시코, 아르헨티나, 칠레, 중아메리카합중국의 역사를 간략하게 검토하면 라틴아메리카 국가들이 정치적 경험에서 여러 가지 공통점뿐만 아니라 매우 풍부한 다양성도 같이 가지고 있음을 알게 될 것이다.

멕시코

급진적 성향의 두 사제 이달고와 모렐로스에 의해 시작된 멕시코의 독립투쟁은 크리오요와 반도 출신 보수주의자들의 연합 세력을 이끈 아구스틴 데 이투르비데에 의해 종결되었다. 그런데 그들(보수주의자들)은 자유주의적인 1812년 에스파냐 헌법(이 헌법은 1820년에 재확인되었다)에 의해 통치되리라는 예상에 겁을 집어먹은 사람들이었다. 이렇게 보수주의자들의 지원 속에 성취된 독립은 멕시코의 경제적·사회적 양상이 독립 이후에도 크게 변하지 않을 것임을 의미했다. 이달고에 의해 시작된 민중 반란이 적어도 단기적으로는 멕시코 발전의 사회적·경제적·정치적 양상에 영향을 미쳤을 것이라는 점에는 의심의 여지가 없다. 예를 들어, 존 투티노John Tutino는 바히오 지역의 반란이 상업 지향성 아시엔다의 생산을 파괴했고, 그것이 옥수수 가격이 품귀 현상으로 정점에 이를 때까지 치솟게 함으로써 이익을 발생시켰다는 것을 입증한 바 있다. 그것은 또한 소작인 란체로 생산tenant ranchero production으로의 전환을 강요했으며, 그것은 "반세기 동안 바히오 지역 전역의 농촌 옥수수 생산자와 도시 소비자 모두에게 실질적이고 지속적인 수익"을 가져다주기도 했다. 마찬가지로 플로렌시아 마욘Florencia Mallón과 페테르 과르디노Peter Guardino는 19세기 정치투쟁에서 도시와 농촌 민중 집단의 혁명적인 참여를 강조하면서, 그것이 멕시코의 국가 형성과 농민 의식에 장기적인 영향을 미쳤다고 주장하고 있다.

그럼에도 불구하고, 대규모 아시엔다는 계속해서 여러 지역의 농촌 사회를 지배했다. 비록 원주민 마을들이 19세기 중엽까지 상당히 많은 공동체 토지를 보유하고 있었고, 경우에 따라서는 에스파냐의 중앙집권적 권위의 종식으로 그들의 경제적·정치적 지위가 개선되기도 했지만 에스파냐의 보호 입법의 소멸로 원주민이 토지를 강탈당하는 추세는 점점 더 악화되어 갔다. 아시엔다의 페온과 소작인들은 채무 노역, 비참한 임금, 억압적인 지대, 과도한 종교적 성격의 수수료 때문에 많은 고초를 겪어야 했다. 1856~57년 제헌의회에서 자유주의자 폰시아노 아리아가Ponciano Arriaga는 다음과 같이 선언했다.

> 간혹 존경할 만한 예외가 없지는 않지만, 멕시코의 부유한 지주들은 …… 중세시대 봉건영주들과 흡사하다. 그들은 자신의 영지에서 얼마간 정해진 절차에 따라 법을 제정하고 집행하며, 재판을 진행하고 행정을 관장하며, 세금과 벌금을 부과하고 자신의 감옥과 수갑을 소유하며, 징벌과 고문을 명령하고 교역을 독점하며, 어떤 사업도 자신의 허가 없이는 실행할 수 없게 한다.

당대 한 익명의 문필가도 독립의 과실에 대해서 하층 계급이 갖고 있던 실망감을 다음과 같이 표출했다. "독립은 허울뿐이다. 전에는 에스파냐에서 온 사람들이 우리를 지배했다면 지금은 여기에 있는 사람들이 지배한다는 것이 다를 뿐이다. 일, 음식, 옷에서 전과 아무런 차이가 없다."

멕시코 경제

전쟁의 파괴는 수갱竪坑을 황폐화시키고, 아시엔다를 방기放棄되게 만들었으며, 경제를 침체에 빠뜨려 놓았다. 그러나 에스파냐의 무역독점이 종식됨으로써 대외무역이 상당히 늘어나기도 했다. 멕시코의 항구에 입항하는 선박 수가 1823년 148척에서 1826년 639척으로 늘어났다. 그러나 수출이 수입을 따라잡지 못했고, 그로 인해 무역수지는 만성적인 적자를 면치 못했으며, 그 적자분을 귀금속 수출로 충당하지 않으면 안 되었다. 금은의 유출은 새 정부의 문제를 더욱 악화시켰는데, 새 정부는 이미 파탄지경의 재정을 물려받고 있었던 데다가 인원을 줄이거나 수입을 삭감하려고 하는 어떤 정부에 대해서도 저항할 준비가 되어 있었던 대규모 관료 집단과 장교 집단을 유지하지 않으면 안 되었다. 에스파냐 인 상인들과 그들의 자본 유출은 그렇지 않아도 어려운 새 국가의 경제 문제를 더 어렵게 만들었다. 전쟁의 유산인 무질서는 이런 문제들을 더 복잡하게 만들었다. 설쳐대는 도적떼 때문에 도로 여행은 너무나 불안해서 "멕시코시티의 여행가들은 푸에블라나 베라크루스로 가든 아니면 거기에서 오든 도중에서 강도를 만날 각오를 하지 않으면 안 되었다."

오직 외국에서 들어오는 차관만이 이 위기에서 벗어나게 해줄 수 있을 것처럼 보였다. 1824~25년 영국의 은행가들은 멕시코의 관세 수입을 담보로 잡고 3,200만 페소를 대부해 주기로 약속했다. 그러나 이 돈이 다 지불되기 전에 은행가들이 파산해 버렸기 때문에 이 액수 가운데 멕시코인들이 실제로 수령한 돈은 1,100만 페소에 불과했다. 1843년경이면 아직 지불되지 않은 이자와 원금으로 외채는 5,400만 페소를 넘어섰다. 이렇게 늘어나는 외채는 감당하기 어려운 이자 부담을 안겨주었을 뿐만 아니라 멕시코의 독립성과 영토적 통일성을 위협하기도 했으니, 그것은 이 외국인 자본가들 뒤에는 채무 변제를 이행하지 않을 경우 멕시코 국내 문제에 개입할 수도 있는 (외국) 정부들이 도사리고 있었기 때문이다.

그러나 주로 영국에서 유입된 외자 덕분에 가장 중요한 광산업 부문에서 부분적인 회복이 가능해졌다. 전쟁 중에 버려지고 수갱이 물로 가득 차 있던 옛 광산들이 다시 문을 열었다. 그러나 가용자본이 여전히 부족했고, 재건에 필요한 기술적 문제가 생각보다 컸으며, 생산은 비교적 낮은 수준에 머물렀다.

1830년 아비오 은행Banco de Avío의 설립과 함께 멕시코의 산업을 되살리고 근대화하려는 야심찬 노력이 시작되었는데, 이 은행은 산업에 정부 차원의 지원을 제공하기 위한 것이었다. 직물업을 중심으로 제조업이 독립 후 30년 동안 얼마간의 발전을 이루었다. 대표적인 산업 도시로는 멕시코시티, 푸에블라, 과달라하라, 두랑고, 베라크루스 등이 있었다. 그러나 자본 부족, 국내 산업 보호에 필요한 일관된 정책의 결여, 국내 시장을 심각하게 제한하는 사회경제적 구조는 멕시코의 공장제 자본주의의 발전을 방해했다. 1843년에는 아비오 은행이 기금 부족으로 문을 닫았으며, 그로 인해 멕시코 경제는 계속 광산업과 농업에 지나치게 의존해야 했다. 멕시코의 주요 수출품은 귀금속(특히 은), 담배, 커피, 바닐라, 코치닐, 에네켄(섬유질 식물로 로프나 꼰 실의 제조에 이용됨) 등이었다. 수입품은 주로 멕시코 산업이 제공할 수 없는 공산품으로 이루어져 있었다.

정치 : 자유주의자 대 보수주의자

자유주의자와 보수주의자 간의 대립은 독립 후 반세기 동안 멕시코의 정치 무대를 지배했다. 이 갈등은 한때 반란자들(독립군)의 재앙이었던 '해방자' 이투르비데가 1821년 9월 27일 확고한 공화주의자이자 자유주의자였던 두 반란군 장수 비센테 게레로와 과달루페 빅토리아Guadalupe Victoria의 호위를 받으며 말을 타고 멕시코시티로 입성했을 때부터 이미 잠재해 있었다. 1823년 이투르비데의 몰락은 공화국 건설을 위한 길을 활짝 열어주었다. 그러나 공화주의자들이 자유주의자와 보수주의자, 연방주의자와 중앙집권주의자로 분열되리라는 것은 곧 분명해졌다.

1824년의 헌법은 자유주의자들과 보수주의자들의 타협의 산물이었다. 이 헌법은 과세권을 가진 19개의 주를 창설함으로써 지나치게 강한 힘을 가진 중앙 정부를 두려워하는 지방 경제 주체들의 요구를 충족시켜 주었다. 각 주가 한 표씩 행사하는 그들의 입법부는 4년 임기의 대통령과 부통령을 선출했다. 국회는 상원과 하원을 가진 양원제를 채택했다. 연방제적 구조는 또한 지역 관료제를 창설함으로써 정치활동과 관직에 더 많이 참여하기를 바라는 지방 중간층의 요구를 충족시켜 주었다. 그러나 헌법

1830년경의 라틴아메리카

은 보수주의적 색깔을 갖고 있기도 했는데, 교회가 비록 교육에 대한 독점적 지배권을 상실하기는 했지만 가톨릭이 국교로 선언되고, 교회와 군대의 푸에로가 재확인된 것이 바로 그것이었다.

독립전쟁의 영웅이며 자유주의적 성향을 가진 과달루페 빅토리아 장군이 새 헌법하에서 첫번째 대통령으로 선출되었다. 단합을 열망한 빅토리아는 보수주의자 루카스 알라만을 내각에 불러들였다. 그러나 이 자유-보수의 밀월은 오래 가지 못했다. 1825년 알라만은 내각에서 축출되었다. 자유주의와 보수주의 간 분열은 이제 멕시코에서 경제적·정치적 영향력을 두고 벌인 영국과 미국 간 경쟁을 반영하는 라이벌 관계의 형태를 띠었다. 미국의 장관 조엘 로버츠 포인세트Joel Roberts Poinsett에 의해 설립된 요크 라이트 프리메이슨 지부York Rite Masonic lodge는 미국을 자신들의 개혁 프로그램의 모델로 삼았다. 그들의 라이벌이며 영국의 대리대사 헨리 워드Henry Ward의 후원을 받고 있었던 스코티쉬 라이트 지부Scottish Rite lodge는 보수파에 호소했고, 이들은 옛 토지 귀족과 광산 귀족, 교회와 군대의 지도부, 독점 상인, 그리고 일부 제조업자들의 이익을 대변했다. 이들의 지적 대변인이자 조직자는 루카스 알라만으로, 그는 정치가이자 산업의 수호자이며, 보수주의적인 관점에서 훌륭한 멕시코 역사서를 쓴 저술가이기도 했다.

자유당은 크리오요와 메스티소 중간층——지방의 지주, 전문직업인, 수공업자, 하급 성직자와 하급 장교——의 이익을 대변했으며, 특권을 타파하고, 상층 계급에 정치적·경제적 힘이 집중되어 있는 상태를 종식시키려는 열망을 가지고 있었다. 사제이자 경제학자인 호세 마리아 루이스 모라José María Luis Mora는 열정적이고 명료하게 자유주의적인 입장을 대변했다. 그러나 자유당은 온건파와 급진파로 분열되어 있었는데, 온건파

moderados는 점진적인 변화를 지지하고 가끔은 보수주의자들과의 협력도 마다하지 않은데 비해, 급진파puros는 신속하고 철저한 반봉건적·반교회적 개혁을 지지했다.

독립 후 첫 10년 동안은 이 당파들 가운데 어느 쪽도 확고하게 국가를 장악하지 못했다. 그러나 1833년은 자유주의자들의 성취에서 분수령이 되었다. 급진파 대통령 발렌틴 고메스 파리아스Valentín Gómez Farías는 교육부 장관 모라의 도움을 받아 일련의 급진적 개혁안을 의회에서 통과시켰다. 거기에는 장교들과 사제들도 일반 법정의 사법권에 구속되게 만든, 군대와 교회의 특권과 면책권의 폐지, 십일조 철폐, 교회가 세운 멕시코 대학의 민영화, 공교육부 설치, 군대 축소, 시민군 창설 등이 포함되어 있었다. 이 조치들과 더불어 수도首都, 해안 지역과의 연계를 통해 내륙 지방의 번영을 증대시킨다는 내륙 발전 계획이 시행되었다. 교육과 국가 경제 발전을 증진하기 위해 중앙 정부를 이용함에 있어서 자유주의자들은 스스로 자유방임주의의 맹목적인 지지자가 아님을 보여 주었다.

자유주의적 프로그램은 불가피하게 성직자와 보수주의자들의 저항을 불러일으켰다. 장교들은 반란을 모의하기 시작했고, 성직자들은 설교대에서 1833년 대유행한 콜레라가 불경한 자유주의자들의 경거망동을 단죄하기 위해 신이 내린 분노의 징표라고 주장했다. 한편 고전적인 카우디요 출신으로서 전에는 자유주의 운동의 지지자였지만 이제는 보수파의 수장을 자처하고 있었던 안토니오 로페스 데 산타 안나Antonio López de Santa Anna 장군은 수도를 점령하고 고메스 파리아스Valentín Gómez Farías와 모라를 국외 추방했다. 대통령직을 차지한 그는 자신이 엄선한 보수주의자들로 구성된 의회를 소집했고, 이 의회는 1833년의 개혁적인 법들을 폐지하고 1824년 헌법의 효력을 정지시켰다. 1836년 제정된 보수적인 새 헌법은 각 주를 중앙 정부의 지배를 받는 군郡의 지위로 격하시키고, 관직 보유에 상당히 높은 재산과 수입收入 자격을 규정함으로써 상층 계급이 정치를 독점할 수 있게 했으며, 교회와 군대의 푸에로를 복원시켰다.

산타 안나와 보수주의자들은 1834년부터 1854년까지 거의 20년 동안 멕시코를 지배했다. 정치적·경제적으로 보수주의자들의 지배는 지방과 농촌의 이익을 멕시코시티, 푸에블라, 베라크루스를 중심으로 하는 부유하고 인구가 밀집된 핵심지역에 종속시켰다. 1837년의 관세법은 이런 중앙집중적 지배 경향을 반영하였는데, 이 법은 알카발라(판매세), 국내 세관, 정부의 담배 독점을 복원하고, 돈이 지속적으로 멕시코시티로 흘러 들어 가게 했다.

그 후 북부 멕시코나 유카탄 반도 등 수도에서 멀리 떨어진 국경 지역에 대한 보수 정권의 무시와 착취는 1836년 텍사스를 미국에 상실하게 하는 데 한몫을 담당했고, 유카탄을 상실하기 직전까지 가게 만들었다. 산타 안나의 지방자치 파괴는 샘 휴스턴Sam Houston이 이끄는 텍사스의 아메리카 식민자들로 하여금 산타 안나의 폭정에 대항하는 반란에서 자신들을 애국적 연방주의자로 자처할 수 있게 했다. 유카탄에서 1839년에 발생한 '카스트 전쟁'(혹은 사회 전쟁)은 보수주의자들의 중앙집권주의에 맞선 지방들의 전쟁이라는 요소와 봉건적 영주들에 대항한 원주민들의 전쟁이라는 요소를 같이 가지고 있었다. 이 때문에 유카탄은 거의 10년 동안 멕시코의 지배 영역 밖에 놓여 있었다.

1845년 미국이 텍사스를 합병하고 나서 벌어진 미국의 멕시코 침입(멕시코 전쟁이라고도 함, 1846~1848)은 보수주의 정권에 닥친 또 하나의 재난이었다. 이 침입의 직접적인 원인은 텍사스의 경계선을 둘러싼 멕시코와 미국 간의 갈등이었지만 근본적인 요인은 캘리포니아와 뉴멕시코를 차지하고 말겠다는 미국 포크Polk 정권의 결의였다. 전쟁은 멕시코의 참패로 끝났으며, 패배의 주된 원인은 미국에 대한 장기적인 게릴라 전쟁으로 농민 군대가 동원되는 것을 우려한 보수주의자들이 급히 항복을 결정한 것이었다. 멕시코 역사가 레티시아 레이나Reticia Reina는 "멕시코 정부는 지배 계급의 이익을 위험에 빠뜨리기보다는 미국과의 타협을 택했다"라고 말하고 있다. 과달루페이달고 조약(1848)으로 멕시코는 텍사스, 캘리포니아, 뉴멕시코를 미국에 양도하였으며, 이는 국토의 반 정도를 포기하는 것이나 마찬가지였다. 그 대가로 멕시코는 미국에게서 1,500만 달러와 멕시코에 대한 몇 가지 소송의 취하를 받았다.

베니토 후아레스, 멜초르 오캄포Melchor Ocampo, 폰시아노 아리아가를 비롯한 급진파 지도자들은 당연히 조약에 반대하고 저항을 촉구했다. "대중에게 무기를 내주어라. 그러면 그들이 스스로를 지켜 낼 것이다"라고 오캄포는 말했다. 일부 지역에서는 대규모 아시엔다를 농민들에게 분할하라는, 혹은 그 외 다른 개혁에 대한 요구를 침입자들에 대한 필사적인 저항과 결합하고 있는 농민 반란이 나타났다. 의회 내 야당은 조약 인준 반대 운동을 펼쳤으며, 자유주의자 마누엘 레혼Manuel Rejón은 「과달루페이달고 조약에 관한 고찰」이라는 글에서 이 조약이 미국에 의해 멕시코 경제가 지배당하는 결과를 초래할 것이라고 예언했다. 그는 미국의 상업을 멕시코 중심 지역에 더 가깝게 가져다 놓은 새 국경이 결국 멕시코의 (북)아메리카화를 초래할 것이라고 주장했다. 그는 "우리는 멕시코 시장에서 결코 미국 수입품의 경쟁 상대가 되지 못할 것이다. …… 조약은 우리에게 사형선고나 다름없다"라고 주장했다. 마지막으로 그는 미국의 강력한 인종주의를 고려해 볼 때, 할양된 영토에 거주하는 멕시코 시민들이 조약의 합의대로 시민권과 재산권을 제대로 향유할 수 있을지도 의심스럽다고 말했다.

새로 합병된 영토에 거주하는 멕시코 시민들이 받게 될 처우에 대해 레혼이 표명한 우려는 얼마 가지 않아 현실로 나타났다. 캘리포니아를 휩쓴 골드러시는 캘리포니아에 거주하는 주민들에 대한 앵글로-아메리카인 광부들의 공격 사태를 가져왔다. 로스앤젤레스 출신 안토니오 코로넬Antonio Coronel은 자신의 회고록에서 "칼로 찌르기, 강탈, 린치는 미국인들이 캘리포니아 주민들에게 저지르는 일상적인 일이었다. 미국인들은 주민들을 침입자로 간주했다"라고 기술했다. 캘리포니아의 인디오 원주민의 처지는 그보다 더 열악했는데, 1824년의 헌법은 이들을 완전한 멕시코 시민으로 간주했다. 그러나 이들은 미국인들에 의해 과달루페이달고 조약에 명시된 보호를 거부당한 채 "살인, 노예제, 토지 강탈, 기아의 희생물이 되고 말았다." 20년 동안 원주민 수는 10만 명 이상이나 감소했다. 리처드 그리스월드 델 카스티요Richard Griswold del Castillo는 "그때 캘리포니아의 인디오들에게 일어난 일을 기술하는 용어로 '제노사이드'를 사용한다고 해서 결코 지나친 일이 아닐 것이다"라고 말하고 있다. 하나의 주州가 아닌 한 지역region이 된 뉴멕시코에서 히스패닉계 주민들은 1912년 뉴멕시코가 주의 지위를 획득할 때까지 시민권을 갖지 못했고, 뉴멕시코의 원주민은 1953년에 가서야 투표권을 갖게 되었다.

많은 멕시코계 아메리카 인들의 주요 불만사항은 과달루페이달고 조약에 명시된 토지에 대한 그들의 권리가 침해되었다는 것이었으며, 그 불만은 지금도 계속되고 있다. 미국 법정은 할양된 영토에서 멕시코의 토지 양도가 대부분 '불완전'했다고 주장하면서, 미국 정부가 토지 재확인 과정을 완결할 권리를 물려받았다고 판결했다. 캘리포니아와 뉴멕시코에서 멕시코-아메리카 인 지주들에게 엄청난 소송비용과 법률 자문료를 부담하게 만든 이 과정은 과도한 이자율과 가축 가격 하락으로 더욱 악화되었고,

결국 대부분의 목장주들은 토지를 상실하게 되었다. 확인 과정에서 살아남은 얼마 되지 않은 사람들도 대개는 부유하고 영향력 있는 앵글로-아메리카 인들로 이루어진 불법점유자들의 강한 압박에 못 이겨 땅을 넘겨줘야 했다. 뉴멕시코에서는 이른바 '산타페 링'Santa Fe Ring이라 불린 탐욕스러운 법률가와 정치인들의 친목회가 "토지 양도를 둘러싼 기나긴 법정 싸움을 이용하여 수백 만 에이커에 이르는 '제국들'empires을 획득했다"고 역사가 리처드 그리스월드 델 카스티요는 쓰고 있다. 여기에서 미국이 멕시코-아메리카 인들의 시민권과 재산권을 보장하기로 한 과달루페이달고 조약을 위반했다는 주장에 토대를 둔, 잃어버린 조상들의 땅을 되찾으려는 멕시코-아메리카 인들의 투쟁은 21세기에도 계속되고 있다.

라 레포르마(La Reforma), 내전, 프랑스의 개입

보수주의자들의 지배하에서 멕시코가 연이어 당한 재난은 보수주의 정책에 대한 광범하고도 격렬한 불만을 분출시켰고, 급진적 자유주의의 부활을 자극했다. 전쟁 도중인 1846년 오아하카와 미초아칸 주에서 자유주의적 행정부가 집권했다. 미초아칸의 새 주지사는 루소와 프랑스 유토피아 사회주의에 의해 큰 영향을 받은 과학자 멜초르 오캄포였다. 오아하카에서는 사포테카 원주민 법률가 베니토 후아레스가 주지사가 되었으며, 그는 정직함, 효율성, 민주주의적 단순함으로 명성을 얻었다.

오캄포와 후아레스는 이른바 라 레포르마La Reforma('개혁') 운동을 촉발시킨 혁신적 자유주의의 두 리더였다. 1830년대의 과거의 자유주의와 마찬가지로 라 레포르마 운동도 봉건 잔재를 일소하고 멕시코에 자본주의를 이식하는 일에 힘썼다. 그러나 라 레포르마의 이데올로기는 모라의 귀족적·지적 자유주의에 비해 좀더 역동적이었다. 폰시아노 아리아가나 이그나시오 라미레스Ignacio Ramírez 같은 급진적 자유주의자들은 라티푼디움에 대한 공격, 노동자와 여성의 권리 수호 등의 진보적 이념을 주장함으로써 자유주의적 이데올로기를 뛰어넘는 모습을 보여 주었다. 한편 1853년 재집권에 성공하고, 반대자들에 대해 테러 사용을 마다하지 않았던 산타 안나는 스스로 '지엄하신 폐하'를 자처했다. 그의 이런 태도는 반대 세력의 결집을 자극했고, 거기에는 불만을 품은 다수의 온건파와 보수주의자들도 포함되어 있었다. 1854년 초 과거 자유주의적 카우디요였던 후안 알바레스와 온건파 장군 이그나시오 콤포르트Ignacio Comfort는 아유틀라 플랜Plan of Ayutla이라 불린 궐기문을 발표했다. 그들은 이 궐기문에서 독재 종식과 새 헌법 제정을 위한 의회 구성을 요구했다. 산타 안나는 1년이 채 지나지 않아 사태가 심상치 않다는 것을 깨닫고 마지막 망명길에 올랐으며, 급진파 자유주의자들이 지배하는 임시정부가 그를 대신하여 정권을 장악했다. 알바레스가 임시 대통령이 되었으며, 그는 베니토 후아레스를 법무장관으로, 미겔 레르도 데 테하다Miguel Lerdo de Tejada를 재무장관으로 임명했다.

후아레스가 취한 첫 공식 조치 가운데 하나는 후아레스 법Ley Juárez의 공표였는데, 그것은 국가가 교회와 군대의 푸에로를 그들의 내규 문제로 제한할 수 있는 권리의 소유자임을 천명한 것이다. 1856년 레르도 데 테하다에 의해 입안된 레르도 법Ley Lerdo도 교회 권력의 물질적 기반에 중대한 타격을 가했다. 이 법은 교회가 종교적 목적에 사용되지 않는 토지를 보유하지 못하게 하고, 그런 토지가 있으면 모두 소작인들에게 매각할 것을 명령하였다. 그것은 또한 소작되지 않은 부동산을 경매에 붙여 최고입찰자에게 넘기게 하고, 거액의 판매세를 정부에 납부하게 했다.

이 법의 취지는 농촌 중간층의 창출이었다. 그러나 교회 영지의 분할에 관한 규정을 담고 있지 않았기 때문에 토지의 대부분은 멕시코 인과 외국인을 구분하지 않고 대지주, 상인, 자본가의 수중에 들어갔다. 설상가상으로 이 법은 원주민 마을의 토지 소유를 금하였고, 그런 땅이 있으면 오로지 주민들의 '공적 이용'을 위해 마련된 땅과 에히도ejidos(공동 목초지)를 제외하고는 모두 교회 재산과 같은 방식으로 매각하도록 했다. 그 결과, '토지 강탈자들'은 원주민 마을로 내려가 원주민들의 땅을 지역 법원에 고발하고, 그 땅을 얼마 안 되는 가격으로 경매를 통해 매입하는 절차를 진행했다. 법은 원주민 소유자들에게 그 땅을 매입할 수 있는 우선권을 주겠다고 했으나 원주민 중에 그 매입가를 지불하고 매입할 수 있는 사람은 거의 없었다. 원주민들이 저항과 반란으로 대응하자 레르도는 회보를 통해 이 법의 의도가 원주민의 공동체 토지를 다른 사람들에게 매각하려는 것이 아니라 원주민에게 분할하려는 것이라고 설명했다. 그러나 다른 한편으로 그는 "인디오 공동체의 계속적인 존재는 더 이상 용납할 수 없다. …… 이것이 바로 이 법이 제정된 목적 가운데 하나이다"라고 주장했다.

레르도는 또한 원주민의 땅을 임대한 사람이 만약 그렇게 하고 싶다면 그 땅을 매입할 권리를 갖는다고 단호하게 주장했다. 그 결과, 1856년 여름과 가을 동안 많은 마을이 전통적인 종교의식의 거행을 비롯한 공동의 비용 마련을 위해 꼭 필요한 수입을 끌어내 왔던 경작지와 초지를 상실하게 되었다. 원주민의 저항과, 1857~1867년의 10년 동안 자유주의자들이 보수적 반혁명 세력 혹은 프랑스 내정간섭주의자들에 맞서 싸우는 동안 민중의 지지를 끌어내야 하는 필요성 때문에 이 레르도 법이 원주민 마을들에 적용될 때 그 실행이 잠시 늦추어지기도 했다. 그러나 자유주의자들이 견지한 농촌 정책의 장기적 경향은 공유지의 분할을 강요하는 것이었고, 그 땅을 아센다도들 혹은 중소자영농들이 획득하는 것을 용이하게 만드는 것이었다. 이 현상은 라티푼디움을 강화하고 농촌 중간층의 규모를 키워 놓았다.

한편 온건파 자유주의자들에 의해 지배되었던 제헌의회는 1857년 법을 입안했는데, 이 법은 언론·출판·집회의 자유를 주장하고, 푸에로를 제한하였으며, 교회단체와 민간단체의 토지 소유를 금하고, 사유재산의 신성함을 천명했다. 그것은 또한 1824년의 연방제적 구조를 복원하되, 양원제 의회를 단원제로 바꾸고, 부통령직을 폐지했다. 토지 독점, 페온제, 부의 지나친 편중을 비난하는 목소리도 있었다. 급진파 의원 폰시아노 아리아가는 "우리는 이념을 선언하기만 하지 현실은 망각하고 있다. 굶주리고 헐벗고 비참한 처지에 놓인 대중이 어떻게 대중을 위한 통치를 할 수 있단 말인가. 어떻게 우리는 말로는 노예제를 비난하면서 우리의 동료 시민들 가운데 다수가 쿠바나 미국의 흑인 노예보다 더 비참한 처지에 놓인 상황을 방관만 한다는 말인가?"라며 분개했다. 토지 독점에 대한 통렬한 공격에도 불구하고 그에 대한 아리아가의 대책은 상대적으로 온건했다. 국가가 비경작지를 몰수하여 경매를 통해 다른 사람에게 넘겨야 한다는 것이 그의 주장이었다. 이 아리아가의 프로젝트에 대해 보수주의 반대 세력은 즉각 들고 일어나 그것은 "공산주의적" 발상이라며 비난했다. 의회 내 온건 다수파는 이에 대해 침묵으로 일관했다.

새 헌법이 레르도 법과 후아레스 법을 포함시켰으므로 이제 교회는 국가에 대한 충성 선서에 응한 모든 관리를 파문에 처하는 것을 시작으로 노골적으로 정치적 분쟁에 개입했다. 수개월 동안 반혁명 세력이 힘을 결집하고 있었고, 1857년 '3년 전쟁'이 발발했다. 전쟁이 진행되어 가면서 양측 모두 심각한 재정난에 직면하게 되었다. 그러나 보수주의자들은 교회의 관대한 지원을 받을 수 있다는 이점이 있었다. 1859년 7월 후아레스는 교회 건물을 제외한 모든 교회 재산을 보상 없이 국유화한다는 개혁 입법으로 성직자들에 대해 반격을 가했다. 이 법은 또한 모든 수도원을 폐쇄하고 종교의 자유를 선언했으며, 교회와 국가를 분리시켰다.

1860년 중반이면 비록 지방에서는 보수주의자 집단들이 파괴적인 침입을 계속하고 있었지만 전세는 이미 자유주의자들 쪽으로 기울어 있었다. 전쟁은 사실상 종결되었으나 완강한 반동분자들은 이제 외국에서 도움을 구하였다. 영국, 프랑스, 에스파냐의 보수주의 정부는 멕시코의 자유주의자들과 후아레스를 좋아하지 않았다. 게다가 양편 모두(보수주의자들과 자유주의자들)가 보상도 없이 외국인의 재산을 몰수하거나 파괴했으며, 외국인 공채소유자들은 고갈된 멕시코 국고에서 지불을 요구하고 있었기 때문에 개입할 구실은 충분했다. 이 세 유럽 열강은 멕시코 정부에 대해 자국민이 입은 손실의 보상과 정당한 부채에 대한 변제를 요구했다. 이에 대해 후아레스는 이 요구의 수상한 성격을 눈치 채고 재정 궁핍을 내세워 변명을 했지만 소용이 없었다. 세 열강은 1862년 베라크루스를 침공하여 정복했다. 그러나 프랑스의 요구는 부채 상환에 머물지 않았다. 해외에 망명 중인 일단의 멕시코 보수주의자들은 나폴레옹 3세에게 멕시코 국민이 프랑스 해방군과 왕정 수립을 환영할 것이라며 개입을 부추겼다. 나폴레옹 3세는 자신에게 정치적·경제적으로 큰 이득을 가져다줄 '프랑스의 보호를 받는 멕시코 제국'을 고려하게 되었다. 이제 오스트리아 황제 프란츠 요제프Franz Josef의 동생, 합스부르크가의 페르디난드 막시밀리안 대공Archduke Ferdinand Maximilian(멕시코에 와서는 페르난도 막시밀리아노) 같은 아무 직책도 갖고 있지 않은 적당한 인물을 찾는 일만 남아 있었다.

멕시코의 새로운 지배자 도착을 위한 근거지를 마련하기 위해서 프랑스 군대는 베라크루스로부터 푸에블라가 있는 내륙으로 진격해 들어갔다.

그러나 푸에블라에서 침입자들은 해방자로서 환영받기는커녕 빈약한 무장을 한 멕시코 수비대의 결사적인 항전에 부딪혀 상당한 인명 손실을 입었다. 이 날(1862년 5월 5일)은 지금도 멕시코 국경일로 기념되고 있다. 그렇지만 프랑스 인들은 곧 몇몇 주요 도시에 대한 지배권을 장악했다. 그러나 공화국의 게릴라 부대들은 계속해서 국가 영토의 대부분을 장악하고 있었다.

한편, 보수주의 망명자들의 대표단은 막시밀리안을 찾아가 멕시코 왕위를 가납해 줄 것을 정중히 요청했고, 그와 그의 아내 카를로타는 1864년 그 요구를 기꺼이 받아들였다. 이 모의를 주도한 보수주의자들은 막시밀리안이 잃어버린 자신들의 재산과 특권을 되찾는 데 도움이 될 것으로 기대했다. 그러나 현실을 고려하지 않을 수 없었던 황제는 그들의 요구에 쉽사리 동의하지 않았다. 내국인과 외국인 지주들의 교회 토지 구입은 막시밀리안이 쉽게 반대할 수 없는 새로운 이해관계를 만들어 냈다. 이미 보수주의자들의 지지를 수중에 넣었다고 생각한 막시밀리안은 이제 온건파 자유주의자들의 호의를 얻고자 했다.

그러나 보수주의자들의 희망과, 사태 판단을 잘못한 자유주의자들의 바람은 모두 모래 위에 세워져 있었다. 막시밀리안의 부하 장군들의 승리가 자유주의자들의 유연하고도 교묘한 저항을 완전히 분쇄할 수 없었다. 그것은 그들의 저항이 침입자에 대한 민중의 증오심에 뿌리를 내리고 있었고, 멕시코의 험악한 지형의 도움을 받고 있었기 때문이다. 1865년 봄, 미국에서 남부연방Confederacy(남북전쟁 때 북부 지역에 대항해 싸운 남부 지역의 11개 주)에 대해 승리를 거둔 북부연합Union(남북전쟁 때 연방 정부를 지지한 북부의 여러 주) 정부는 프랑스 인들에게 멕시코에서 물러나 줄 것을 요구했는데, 그것은 미 국무장관 윌리엄 수어드William Seward가 멕시코

© The Art Archive/Corbis

멕시코의 호세 클레멘테 오로스코는 '후아레스의 승리'라고 제목이 붙은 이 그림에서 프랑스 식민주의에 맞서 싸우는 멕시코 국민의 저항과, 베니토 후아레스의 영웅적 리더십을 표현하고 있다. 이 그림은 1862년 5월 5일 푸에블라 전투에서 화력의 열세로 곤경에 처한 멕시코 정규군 병사들을 돕기 위해 들고 일어난 멕시코 시민들을 묘사하고 있다.

를 경제적·정치적으로 미국의 지배 영역으로 간주했기 때문이다. 이에 이미 심각한 국내 문제와 외교 문제에 직면해 있었던 나폴레옹 3세는 손실을 줄이기 위해 멕시코에서의 모험을 청산하기로 결심했다. 그렇게 되자 막시말리안과 그의 장군들, 즉 미겔 미라몬Miguel Miramón과 토마스 메히아Tomás Mejía 등은 멕시코와 프랑스 내 동맹 세력으로부터 버림을 받게 되었고, 그들은 결국 반역 혐의로 유죄 판결을 받고 후아레스의 처형대에 의해 형장의 이슬로 사라졌다.

전후 '라 레포르마'의 변화

외국인 약탈자에 대한 멕시코의 저항의 상징인 베니토 후아레스가 1867년 8월 대통령에 취임했다. 후아레스의 정부는 철저하게 파괴된 국가를 물려받고 있었다. 농업과 공업은 황폐화된 상태였으며, 1873년의 멕시코의 수출 총액은 1810년 수준에도 미치지 못했다. 국가의 재정 부담을 줄이고 군부 통치의 위험을 종식시키기 위해서 후아레스는 군 병력 가운데 3분의 2를 해고하는 조치를 단행했다. 이는 불만과 반란을 낳았으나 후아레스의 장군들은 가까스로 이를 평정하였다. 그는 또한 얼마 되지 않는 국가 재원을 공교육 체계의 발전, 특히 초등교육의 활성화를 위해서 투자했다. 그렇게 해서 1874년경이면 약 8,000개의 학교에서 35만 명의 학생이 공부를 하고 있었다.

그러나 후아레스의 농업 정책은 계속해서 자유주의적 프로그램으로 일관하였고, 그것의 목적은 아시엔다가 아닌 원주민 공동체들을 희생시키는 방식으로 농촌에 자본주의를 이식하는 것이었다. 실제로 '복원된 공화국'(1868~1876) 시기에 연방 정부는 원주민들의 공유지를 강제로 해체했고, 아센다도들과 그 밖의 토지 강탈자들이 다시 대규모의 사기 행각과 불법 점유를 자행할 수 있는 길을 열어 줌으로써 레르도 법을 이행하려는 노력이 더 강화되었다. 그 결과 전국적으로 농민 봉기가 일어났으며, 그중에서도 이달고 주에서 일어난 봉기는 가장 심각했다(1869~1870). 이에 대해 아센다도들은 봉기자들을 '공산주의자'로 낙인찍고, 주 정부와 연방 정부의 도움을 받아 전통적인 폭력적 방법으로 질서를 회복했다. 이그나시오 라미레스 같은 몇몇 자유주의자가 이에 항의했지만 무시되었다. 라미레스는 부패한 판사 및 공무원들과 결탁한 아센다도들이 자행하는 사기와 강탈을 비난하며 레르도 법의 중지를 요구했다.

1871년에 재선된 후아레스는 라 레포르마 전쟁the wars of the Reforma의 영웅 포르피리오 디아스 장군이 주도한 반란을 진압했다. 디아스 장군은 후아레스가 독재자가 되려 한다면서 반란을 일으켰다. 그러나 후아레스는 이듬해 심장마비로 죽고, 대법원장 세바스티안 레르도 데 테하다Sebastián Lerdo de Tejada가 뒤를 이어 대통령직을 수행했다. 그는 그 후 수년간 멕시코를 통치하다 1876년 뉴욕 은행들과 강한 연계를 가진 텍사스 자본가 집단의 도움을 등에 업은 디아스에 의해 전복되었다.

디아스는 라 레포르마의 이상을 명분으로 내걸고 권력을 장악했다. 그러나 그 후 그는 지극히 반혁명적인 실증주의 이데올로기를 수용했고, 그것은 자유보다는 질서와 발전을 더 중시했다. 이 이데올로기의 변화는 멕시코의 부르주아지가 혁명적인 계급에서 옛 크리오요 귀족들보다 더 고압적이고 탐욕스런 지배 계급으로 바뀐 물리적 변화를 반영했다. 아직 잔존해 있던 크리오요 귀족들도 재빨리 새 지배 계급의 방식을 인정하고 거기에 빌붙었다. 옛 부자들과 새 부자들의 이해관계는 정치적 안정, 고분고분한 노동자, 내정의 개선, 외자 유치에 유리한 정치적·경제적 환경을 필요로 했다. 이것이 포르피리오를 지지하는 지식인 프란시스코 코스메스가 "고귀한 전제정"honorable tyrrany이라고 부른 포르피리오 디아스 정부의 소임이었다.

아르헨티나

1816년 투쿠만 의회에 참석한 대표들은 '리오데라플라타합중국'United Provinces of the Rio de la Plata의 독립을 선포했다. 그러나 (독립보다는) '분열'이란 말이 라플라타 지역의 정치적 상황을 더 잘 묘사하는 용어였을 것인데,

그것은 1810년 부에노스아이레스에서 크리오요들이 정권을 장악한 것이 방대한 리오데라플라타 부왕령의 해체를 가져왔기 때문이다.

파라과이, 우루과이, 볼리비아의 해방

파라과이는 자신을 '해방'시키려고 한 부에노스아이레스 훈타의 시도를 물리친 첫번째 지역이었다. 파라과이는 크리오요 출신 법률가 호세 가스파르 로드리게스 데 프란시아의 독재 체제하에서 스스로 독립을 선언했다. 그 후 프란시아는 파라과이가 이웃 국가들에 예속되는 것을 막고, 부에노스아이레스(부에노스아이레스는 파라과이의 강들이 바다로 빠져나가는 출구를 장악하고 있었다)에 세금을 지불하지 않기 위해 국경을 봉쇄했다. 프란시아는 브라질을 통한 외부 세계와의 교역을 제한적으로만 허용했는데, 이는 주로 군사적 필요를 만족시키기 위해서였다.

프란시아의 국가 통제 경제는 몇 가지 이득을 가져다주었는데, 그중 하나가 계획화된 농업의 다양화였다. 그것은 마테 차, 담배, 사탕수수 같은 수출 작물의 생산을 줄이고 풍족한 식량 공급을 보다 확실히 하였으며, 원주민 혹은 메스티소 대중의 복지를 증대시켰다. 프란시아 체제의 흥미로운 특징 가운데 하나는 '에스탄시아스 데 라 파트리아'estancias de la patria(국유 농장 혹은 목장)의 설립이었는데, 이것은 목축 특화에 성공함으로써 파라과이가 아르헨티나의 엔트레리오스Entre Ríos 지역에서 가축을 수입해야 하는 상황을 종식시켰다. 프란시아의 독재 체제에서 가장 고통을 받은 사람들은 에스파냐 인들이었는데, 그들 가운데 다수는 추방되거나 여러 가지 방식으로 불이익을 당했다. 크리오요 귀족들도 부단한 감시와 혹독한 탄압의 대상이 되었다.

가우초 출신의 우두머리 호세 아르티가스José Artigas도 그 지역을 지배하려고 하는 부에노스아이레스 훈타의 시도에 저항했고, 우루과이(당시에는 그 지역이 '반다오리엔탈'Banda Oriental[라플라타 강 동쪽]로 불렸다)의 독립을 이끌었다. 1815년 훈타는 이 지배 시도를 포기하고 몬테비데오에서 물러나면서 그곳을 아르티가스에게 넘겼다. 범상치 않은 카우디요였던 아르티가스는 우루과이 국가를 수호했고, 사회개혁을 이루어 내려고 했다. 1815년에 그는 왕당파의 토지를 무토지 농민들에게 분배하겠다는, 그리고 그중에서도 흑인, 원주민, 삼보, 가난한 백인에게 우선권을 부여하겠다는 계획을 발표했다. 그러나 이 급진적인 계획은 1817년에 강력한 브라질 군대가 우루과이에 침입해 반다오리엔탈을 장악해 버리는 바람에 실행에 옮겨지지 못했다. 1828년까지 외국 군대에 점령되어 있었던 우루과이는 이 지역이 브라질이나 아르헨티나의 지배하에 떨어지는 것을 못마땅하게 여긴 영국이 이 지역의 해방을 위한 협상에 개입하고 나서야 독립할 수가 있었다.

과거 라플라타 부왕령의 북쪽 산악 지대에 위치한 알토페루도 1810년 이후 부에노스아이레스의 손아귀에서 벗어났다. 이 고지대에 세 번에 걸쳐 원정대가 파견되었는데 처음에는 승리를 거두었지만 그 후로는 에스파냐 군의 반격으로 격퇴되었다. 병참 문제, 원주민의 무관심, 크리오요 귀족들의 적대적 태도(이 귀족들은 국왕군의 패배가 분명해질 때까지 에스파냐에 충성을 다했다)가 독립파 패배의 원인이었다. 1825년에 가서야 볼리바르의 부관 안토니오 호세 데 수크레 장군에 의해 알토페루가 해방될 수 있었다. 해방자 볼리바르의 이름을 따서 볼리비아로 이름을 바꾼 알토페루는 이듬해 볼리바르 자신이 초안을 만든 복잡하고 대단히 비현실적인 헌법하에서 독립국가로서의 삶을 시작했다.

진보와 국가 통합을 위한 투쟁

라플라타합중국을 구성하기 위해 투쿠만에 모인 주州들 간에 불화가 커져 새 국가가 와해될 위기에 처하게 되었다. 부유한 항구이자 주州인 부에노스아이레스가 내륙 지방에 자신의 헤게모니를 강요하려고 하였으나 완강한 저항에 부딪혔다. 에스파냐의 무역독점의 폐지가 부에노스아이레스에게는 큰 이익을 가져다준 반면에 산타페, 엔트레리오스, 코리엔테스 같은 강 연변에 위치한 주들에는 별 이익을 가져다주지 못했다. 그들의 육류와 가죽 수출이 증가하고 지가地價가 오른 것은 사실이지만 식민지 독점 체제에 의해 보호를 받았던 내륙 지방의 포도주와 직물 산업은 부에노스아이레스 항을 통해 들어오는 값싸고 질 좋은 유럽산 제품에 밀려 큰 피해를 입었다.

내륙에 위치한 주들은 초보 단계에 있던 자신들의 산업을 보호하기 위해 자치 또는 독립 등의 조치를 필요로 했다. 그러나 부에노스아이레스는 자신이 지배하는 정부 안에 단일한 형태의 자유무역 지구를 만들고자 했다. 이것이 아르헨티나의 연방주의자federales와 통합주의자unitarios 간에 벌어진 갈등의 한 원인이었다. 1820년경이면 연방주의자들의 승리가 확실해졌다. 합중국은 사실상 여러 개의 독립적인 공화국들로 분해되어 있었고, 내륙의 주들은 카우디요들에 의해 지배되고 있었으며, 각각의 카우디요는 각 지역의 지배 계급을 대변하면서 배후에 가우초 군대를 가지고 있었다.

영국 철학자 제러미 벤담의 영향을 강하게 받은 열렬한 자유주의자 베르나르디노 리바다비아Bernardino Rivadavia가 교육, 사회, 경제 분야의 야심적인 개혁 프로그램에 착수한 1821년, 통합으로 가는 새로운 여정이 시작되었다. 그는 초등교육을 장려하고 부에노스아이레스 대학을 설립하였으며, 교회가 향유하던 푸에로와 십일조를 폐지하고, 수도원 가운데 일부를 폐쇄했다. 리바다비아는 영국인의 투자와 정주에 많은 역할을 기대하면서 농업과 산업의 균형 잡힌 발전을 꿈꾸었다. 그러나 산업화로 가는 길에 놓인 장애물이 너무나 커서 이 분야에서는 별 성과가 나타나지 않았다. 가장 큰 진전은 목축에서 나타났는데, 이는 남쪽, 즉 전에 원주민들이 소유권을 주장한 영토 쪽으로 급속히 확대되었다. 대규모의 떠돌이 가우초들을 통제하기 위해 리바다비아는 부랑자법을 제정하여 여행을 위해서는 통행증을 소지하게 하고, 목장에서 벗어나 다른 곳으로 이동하기 위해서는 반드시 에스탄시에로(대농장주)가 발행하는 문서로 된 허가서를 소지하게 했다.

1822년 수익을 늘리고 생산을 증대시킬 목적으로 리바다비아는 '엠피테우시스emphyteusis 시스템'을 도입했는데, 이것은 소작인에게 고정 지대를 받고 공유지를 나누어 주는 프로그램이었다. 일부 학자들은 이 제도가 농업개혁을 위한 노력의 일환이라고 생각했다. 그러나 분배 받는 토지의 규모에 제한이 없었고, 그로 인해 이 조치는 오히려 라티푼디움의 증대에 가여했다. 목축을 통해 큰 이익을 거둘 수 있다는 유혹이 많은 국내외 상인, 정치가, 군 장교들로 하여금 이 땅을 서로 차지하기 위해 덤벼들게 만들었다. 이런 현상은 이 제도의 원래 목적이었던 소농 계급의 형성이 아니라 리바다비아의 진보적 이상의 적이었던 전보다 더 유력한 대농장주(에스탄시에로) 계급의 출현을 가져다주었다.

리바다비아의 계획은 부에노스아이레스 주의 범위를 뛰어넘었다. 그는 국가 전체의 균형 잡힌 경제 발전을 증진할 강력한 중앙 정부 하에서 하나로 통합된 아르헨티나라고 하는 비전을 품고 있었다. 1825년에 리오데라플라타합중국을 위한 헌법을 제정해 달라는 리바다비아의 요청을 받고 제헌의회가 부에노스아이레스에서 모임을 가졌다. 새 국가의 대통령으로 선출된 리바다비아는 부에노스아이레스 시와 항구를 연방화하겠다는 극적인 제안을 했다. 그리하여 지금까지 한 주의 수도였던 곳이 이제 국가 전체에 속하게 되었고, 부에노스아이레스 세관의 수입은 국민 전체의 복지 증진에 사용되게 되었다.

리바다비아의 제안은 그의 민족주의와, 우루과이를 두고 브라질과 벌일 전쟁(1825~1828)에 소요될 국가 재원 마련의 필요성을 반영했다. 의회는 리바다비아의 제안을 승인했다. 그러나 연방제를 지지하는 내륙의 카우디요들은 강력한 국가 정부의 출현이 자신들의 권력에 치명적인 결과를 가져다 줄 것으로 생각하고 헌법 인준을 거부했으며, 심지어는 자신들이 파견한 대표를 의회에서 철수시키기까지 했다. 부에노스아이레스에서도 자기네 주의 특권을 넘겨줄 생각이 전혀 없었던 유력한 대농장주(에스탄시에로)들이 비슷한 태도를 취했다. 그들은 리바다비아의 계획이 비싼 대가를 치르게 될 어리석은 짓이라고 생각했다. 리바다비아는 헌법 문제에서 자신의 뜻이 좌절되자 1827년 대통령직을 사임하고 국외 망명을 떠났다. 그렇게 해서 국가 통일을 이루려는 자유주의적 프로그램은 수포로 돌아가고 말았다.

당파 간 갈등에 따른 얼마간의 휴식기가 있고 나서, 부에노스아이레스의 토지 과두 엘리트들이 지지하는 연방주의는 1829년 부에노스아이레스 주의 지사가 된 후안 마누엘 로사스라는 인물을 통해 승리를 거두게 된다. 1831년 그는 하나의 연방제적 계약을 체결했는데, 그것은 외교 문제에서만 부에노스아이레스가 다른 주들을 대표하고, 다른 모든 분야에서는 각 주의 자율적인 결정에 맡긴다는 것이었다. 로사스가 생각하는 연방주의는 부에노스아이레스가 자신의 세관 수입을 차지하여 배타적인 용도에 사용하고, 리오데라플라타 시스템 하에서 부에노스아이레스 상인들을 위해 무역을 장악하는 것을 의미했다. 로사스와 지방 카우디요들의 개인적 동맹 관계는 완고하게 저항하는 카우디요들에 대한 무력 사용에 의해 지지되어 그에게 내륙 지방에 대한 상당한 지배권을 가져다주었다.

Mary Evans Picture Library/Alamy

후안 마누엘 로사스는 비록 포퓰리즘(대중 영합주의)을 지향하는 가우초의 이미지를 가지고 있었으나 사실 그는 부유한 대농장주(에스탄시에로)이자 군벌 카우디요였고, 그의 정책은 불가피하게 아르헨티나 토지 귀족의 이익을 옹호했다.

로사스의 오랜 치세 동안 리바다비아의 정책이 되돌려지는 현상이 나타났다. 로사스와 에스탄시에로 지배계급의 사실상 유일한 경제적 관심은 가죽과 염장육의 수출 그리고 외국 상품 수입이었다. 독재자는 또한 밀 재배와 수공업 생산에 얼마간 호의를 보였다. 그는 이 분야를 1835년의 관세법으로 보호하려고 했다. 그러나 토지를 놓고 벌인 경쟁, 그리고 후에는 목축업자들로부터의 압박, 그리고 초보적 단계를 벗어나지 못한 수공업 등은 이 두 분야가 관세법에서 얻을 수 있는 이익을 제한하였다. 로사스 자신이 거대한 에스탄시아(대농장)의 소유자였으며, 고기와 가죽의 염장에 필요한 염장장saladero의 주인이었다. 그는 원주민 영토의 정복사업을 강력히 추진했으며, 넓은 새 영토를 부에노스아이레스 주에 편입시켰다. 그 후 그의 정부는 이 땅을 에스탄시에로들에게 저렴한 가격으로 매각했고, 리바다비아가 추진한 국가가 토지 소유권을 갖게 하는 정책은 얼마 가지 않아 포기되었다.

로사스가 가우초들을 위한 정책을 펼치겠다고 공언하기는 했지만 그는 오히려 그들을 억압하는 부랑자법을 더욱 강력하게 시행하였고, 이른바 '게으름뱅이들'을 잡아다 목부 혹은 자신의 병사로 만들었다. 로사스가 도시 귀족에 반대하여 농촌 대중의 이익을 대변했다는 일부 역사가들의 주장과는 반대로, 그는 자신이 농촌 대중을 두려워했으며, 가우초들과 도시의 흑인들을 효과적으로 통제할 목적으로 그들을 전술적으로 지지했음을 인정했다. 그는 한 서신에서 "당신도 아다시피 가진 것 없는 사람들은 언제나 부유하고 유력한 사람들에 대항하여 들고 일어나려는 경향을 갖고 있습니다. 그래서 …… 나는 그들을 통제하고 감독하기 위해서는 이 계급에 대해 결정적인 영향력을 확보하는 것이 매우 중요하다고 생각합니다"라고 기술했다. 그러나 로사스의 '포퓰리즘', 즉 그가 가우초들의 매너와 옷을 개발한 것은 가난한 대중의 처지를 개선하는 데 아무런 역할도 하지 못했다. 로사스 치하에서 에스탄시아(대농장)의 규율은 식민 시대로부터 내려오는 징벌에 의존했으며, 그 징벌에는 고문, 채찍질, 차꼬 채우기, 태만한 페온을 '햇볕 속의 가죽'처럼 마당 기둥에 묶어 두기 등이 포함되어 있었다. 그의 정부는 에스탄시에로와 군대 지휘자들(이 둘은 가끔 같은 사람들이었다) 간의 비공식적 동맹에 기반을 둔 봉건 체제였다.

로사스는 점진적으로 언론과 그 밖의 모든 잠재적 반대 세력을 겁박하거나 파괴했다. 독재자의 의지를 관철하기 위해 '마소르카'Mazorca('옥수수의 귀';구성원의 긴밀한 단결을 지칭하는 말)라는 이름의 비밀조직이 생겨났다. 이 테러 조직은 경찰과의 협력 하에 반反로사스 세력을 공격하고 가끔은 살해하기도 했다. 관영 잡지와 모든 관영 신문의 발행인란에는 "야만적이고 더러운 통합주의자들에게 죽음을!"이라는 구호가 실렸다. 심지어는 말馬들도 연방주의를 상징하는 빨간색 리본을 매고 다녀야 했다. 항복하지 않고 살아 도망친 반대자들은 수천 명씩 떼를 지어 몬테비데오, 칠레, 브라질 혹은 다른 피난처로 달아났다.

로사스의 치하에서 부에노스아이레스 시와 주 상인들과 에스탄시에로들은 얼마간의 번영을 구가할 수 있었다. 그러나 이 번영이 그에 합당한 경제적 성장 가능성을 내포하지는 않았다. 뒤떨어진 기술은 목축과 농업의 모든 측면에서 두드러진 현상이었으며, 항구 시설은 형편없었다.

한편 목축과 농업에서 약간의 발전을 경험했던 강변 지역 소재 주들은 점차 로사스의 연방주의가 자신들에게 이롭지 않다는 것을, 그리고 라플라타 강 시스템(라플라타 강과 그 지류들을 포함하는 개념—옮긴이)의 자유로운 운항이 자신들의 번영을 약속해 준다는 것을 알게 되었다. 1852년 반反로사스 세력은 자유주의 망명자들과 엔트레리오스 주 카우디요 후스토 호세 데 우르키사Justo José de Urquiza를 결합하는 동맹을 체결했다. 그들은 힘을 합쳐 로사스의 군대를 패퇴시키고, 로사스를 영국으로 추방했다.

로사스에게 거둔 승리가 부에노스아이레스와 다른 주들 간의, 그리고 연방주의와 통합주의 간의 갈등을 종식시키지는 못했다. 오직 점진적인 경제적 변화 과정만이 바라던 통합을 이루어 낼 것이었다. 얼마 가지 않아 부에노스아이레스의 지도부를 장악한 자유주의 망명객들과, 계속해서 연방주의의 빨간색 리본을 즐기고 있던 엔트레리오스의 카우디요 우르키사 간에 균열이 나타났다. 근대성과 진보라는 복음에 귀의한 우르키사는 모든 주가 부에노스아이레스 세관의 수입을 공유하는, 주들 간의 느슨한 연합을 제안했다. 그러나 부에노스아이레스의 지도자들은 자신의 경제적·정치적 지배권이 우르키사에게 넘어가는 것을 두려워했고, 그들은 그를 로사스와 비슷한 유형의 카우디요로 잘못 판단했다.

우르키사가 무력을 통해 부에노스아이레스에 대해 통합을 수용하도록 요구한 시도가 실패하고 나서 양 진영은 평화로운 결별에 합의했다. 그 결과, 1852년 엔트레리오스 주 산타페에서 열린 제헌의회에는 부에노스아이레스의 대표들이 참석하지 않았다.

1853년의 헌법은 저널리스트 후안 바우티스타 알베르디Juan Bautista Alberdi의 사상이 대표들에게 미친 영향을 반영했다. 그는 자신의 팸플릿 「아르헨티나 공화국의 정치 조직을 위한 토대와 출발점」에서 미국을 아르헨티나가 본받아야 할 모델로 제시했다. 새 헌법은 여러 가지 점에서 미국 헌법과 흡사했다. 과거의 합중국은 연방제 공화국이 되었고, 이 공화국을 다스리게 될 대통령은 상당히 강력한 권력을 갖되, 6년 단임제로 하고 중임을 금하였다. 입법기능은 상원과 하원으로 구성되는 양원제 의회에 귀속되게 했다. 또 그것은 가톨릭을 국교로 하되 비가톨릭교도의 신앙의 자유를 보장했다. 주들은 각각 자신의 지사를 선출하고 입법부를 구성할 수 있었으며, 그들 자신들의 헌법을 제정할 수 있었다. 그러나 주 정부가 헌법을 위반할 시 연방 정부는 주 정부에 개입할 수 있었고, 여기에는 무장 개입도 포함되어 있었다. 우르키사 장군이 아르헨티나 공화국의 초대 대통령으로 선출되었다.

부에노스아이레스의 자유주의 지도자들은 로사스의 확고한 지지자였던 보수적인 에스탄시에로들과 함께 1853년의 헌법을 수용하지 않았다. 그들은 자신들이 통제할 수 없는 국가는 그것이 어떤 것이건 간에 두려워했던 것이다. 그로 인해 두 개의 아르헨티나가 생겨났다. 우르키사를 수반으로 하는 아르헨티나 연방Argentine Confederation과, 부에노스아이레스 주가 그것이었다. 5년 동안 이 두 국가가 따로 존재했다. 아르헨티나 연방의 수도 파라나에서 우르키사는 가우초의 반란을 진압하고, 경제 발전을 자극하고, 교육과 이민 장려를 위해 힘썼다. 여기서도 얼마간의 발전이 있기는 했지만 그 성장 속도가 부유한 부에노스아이레스의 그것에는 크게 못 미쳤다. 부에노스아이레스는 유럽과의 꾸준한 무역 증대로 번영을 구가했으며, 주요 수출 품목은 가죽, 수지獸脂, 염장육, 양모 등이었다.

연방의 부족한 수입을 늘리기 위해 우르키사는 부에노스아이레스를 상대로 관세 전쟁을 시작했는데, 부에노스아이레스를 통과할 때 이미 세금을 지불한 화물에 대해 그 화물이 파라나 강의 로사리오 항에 하역할 때 다시 무거운 세금을 징수함으로써 전쟁을 촉발한 것이다. 이에 대해 부에노스아이레스는 로사리오로 가는 선박들에 대한 제재로 응함과 동시에 파라나 강 전체의 교역을 봉쇄하겠다고 위협했다. 1859년 두 아르헨티나 국가 간에 전쟁이 벌어졌고, 이 전쟁은 부에노스아이레스의 지사 바르톨로메 미트레Bartolomé Mitre가 이끄는 군대의 승리로 끝났다.

부에노스아이레스의 군사적·경제적 우위, 부에노스아이레스 항을 다른 주들도 이용해야만 하는 필요성, 그리고 시급히 국가 통합을 이루어 내야 한다는 양측 모두의 인식 등이 둘 간의 타협을 가능케 했다. 모든 주들이 대표를 파견한 1862년의 의회에서 마침내 부에노스아이레스를 아르헨티나 공화국과 부에노스아이레스 주의 임시 수도로 한다는 데에 동의했고, 5년 동안 아르헨티나 주의 수입을 1859년의 수준보다 적지 않게 보장한다는 전제 하에 부에노스아이레스 세관을 국유화한다는 데 합의했다. 저명한 역사가이자 시인이며 군인이자 정치가인 바르톨로메 미트레가 6년 임기의 통합 아르헨티나의 초대 대통령으로 선출되었다.

미트레는 경제 발전을 추진하고 국가 통합을 공고히하였다. 약속대로 세관은 국유화되었으며, 수도首都의 연방화를 위한 계획도 수립되었다. 부에노스아이레스와 내륙 지역을 긴밀하게 연결해 줄 철도 부설과 전신선 구축도 시작되었으며, 점점 더 많은 수의 유럽 이민자들이 속속 도착했다.

그의 정부는 공교육 체제의 확립에서도 얼마간의 진전을 이루었다. 그러나 해결하기 어려운 난제들도 산적해 있었으니, 그중에서도 가장 어려운 문제는 장기간에 걸쳐 진행되고 심각하게 국력을 고갈시킨 파라과이 전쟁(1865~1870)이었다.

파라과이 전쟁

1840년 독재자 프란시아가 죽고 나서 파라과이의 정치권력은 삼두 체제로 재편되었다가 얼마 가지 않아 그 가운데 카를로스 안토니오 로페스 Carlos Antonio López가 최고 실력자로 대두했다. 로페스의 지배는 입헌주의적 대의제 정부라는 얄팍한 가면을 쓰고 있었을 뿐 본질적으로는 프란시아 독재 체제의 연장이랄 수 있었다. 그러나 로페스는 안정되고 번영한 국가를 물려받고 있었기 때문에 전임자보다는 덜 억압적으로 통치할 수 있었다. 그는 또한 프란시아보다는 외부 세계를 잘 이해하고 있었고, 그래서 좀더 유연한 방식으로 파라과이를 외교적·상업적 고립에서 벗어나게 할 수 있었다. 파라과이의 독립을 완강하게 반대한 로사스가 물러난 후 로페스는 아르헨티나로부터 파라과이의 독립을 인정받았고, 파라나 강은 드디어 파라과이 무역에 개방될 수 있게 되었다. 로페스는 또한 영국, 프랑스, 미국을 포함한 여러 국가들과 외교 관계를 수립했다.

고립 정책의 종식은 파라과이 경제에 중대한 발전을 가져다주었다. 농업(특히 담배나 마테 차 같은 수출 작물의 생산)이 여전히 경제활동의 중심이었지만 로페스는 공업 발전의 중요성을 결코 간과하지 않았다. 공업 분야에서 그가 자랑스럽게 생각한 업적 가운데 하나는 주물 공장의 건설이었는데, 그것은 라틴아메리카 내에서는 그 분야에서 가장 근대적인 사업체에 속했다. 도로와 운하 건설, 상선대 창설과 단거리 철로 건설 등으로 운송도 개선되었다.

로페스는 프란시아의 정책을 이어받아 국가 경제에서 국가의 역할을 더욱 확대했다. 1848년 그는 마테 차와 다른 상업성 목재 제품을 생산하는 삼림 지대와 많은 경작지를 국유화하였다. 마테 차를 비롯하여 수지맞는 수출 품목은 정부의 독점물이 되었고, 국유 목장의 수도 64개로 증가했다. 로페스는 경제 성장 못지않게 교육 발전에도 노력했다. 그가 죽을 때 파라과이에는 435개의 초등학교와 2만 5,000명의 학생이 있었다. 그리하여 파라과이 국민의 문자 해독률은 라틴아메리카의 어떤 다른 나라보다도 높았다.

동시에 로페스는 자신의 지위를 이용해 땅과, 그 외 여러 상업적 기업체의 소유권을 자신과 자녀, 친척 그리고 가까운 동료들의 수중에 집중시켰다. 그리하여 파라과이에서는 국가기구와의 긴밀한 연계에 의해 이익을 얻고, 국가기구가 그들의 이익을 챙겨 주는 부르주아지가 나타났다. 그러나 대규모 사유 농장의 수는 그리 많지 않았으며, 사유 농업은 소유자나 소작농이 직접, 가끔은 몇몇 고용 노동자들의 도움을 받아 경작이 이루어지는 중소 농장들에 의해 지배되었다. 다른 라틴아메리카 국가들과는 달리 파라과이에는 페온이나 채무 노역자가 매우 드물었으며, 노예제는 1842년 노예해방법으로 점진적으로 폐지되었다. 페온제를 비롯한 봉건적 잔재의 상대적 부재는 파라과이의 자본주의 혹은 인구의 다수를 차지하는 원주민과 메스티소 국민의 복지 향상에 기여했다. 1862년 로페스가 세상을 뜰 무렵이면 파라과이는 라틴아메리카에서 가장 발전되고 번영한 나라 중 하나였다.

로페스의 아들 프란시스코 솔라노Francisco Solano가 부친을 이어 역시 독재자가 되었다. 솔라노는 브라질과의 국경 분쟁이라는 전통을 부친에게서 물려받았으며, 그것은 1864년 브라질이 우루과이에서 일어난 내분에서 친-브라질 파의 승리를 돕기 위하여 그곳에 군대를 파견하면서 전쟁으로 비화하게 되었다. 솔라노는 브라질의 이런 조치가 라플라타 강 유역의 민감한 힘의 균형을 위협하는 것이었기 때문에 그냥 좌시할 수만은 없었다. 또한 브라질의 우루과이 장악이 몬테비데오 항에 대한 파라과이의 자유로운 접근을 종식시키게 될 것이고, 그렇게 된다면 파라과이의 무역은 전적으로 부에노스아이레스에 의존하게 될 것으로 생각하고 이를 두려워했다.

솔라노는 브라질 정부가 자신의 항의를 무시하자 전쟁을 선포했고, 이에 브라질은 재빨리 아르헨티나와 우루과이를 끌어들여 삼자동맹을 체결했다. 그리고 브라질과 아르헨티나는 따로 비밀 협약을 체결하여 승전하면 파라과이 영토 가운데 절반 이상을 서로 나눠 갖기로 약속했다. 그리하여 파라과이는 인적 혹은 물적 자원에서 자신보다 엄청나게 우월한, 라틴아메리카에서 가장 큰 두 나라가 포함된 연합 세력과 싸워야 하는 처지가 되었다.

그러나 전쟁은 뜻밖에도 5년이나 끌었는데, 그럴 수 있었던 이유는 전쟁이 시작될 때 파라과이가 약 7만 명에 이르는 잘 무장되고 기강이 선 군대를 보유하고 있었으며, 적군인 연합군의 수는 그에 미치지 못했기 때문이다. 그러나 1870년경이면 이미 삼자동맹은 파라과이의 경제력을 고갈시키고 있었고, 파라과이 군대도 패퇴시키고 있었다. 약 30만 명에 이르렀던 전쟁 전 파라과이 인구 가운데 약 20%가 전투, 기근, 질병, 그리고 브라질의 파괴적인 점령 때문에 사망한 것으로 보인다. 평화협정으로 파라과이는 영토의 상당 부분을 승자들에게 넘겨주어야 했으며, 거기다가 파라과이는 무거운 전쟁배상금을 물어야 했다. 점령국 브라질은 파라과이에

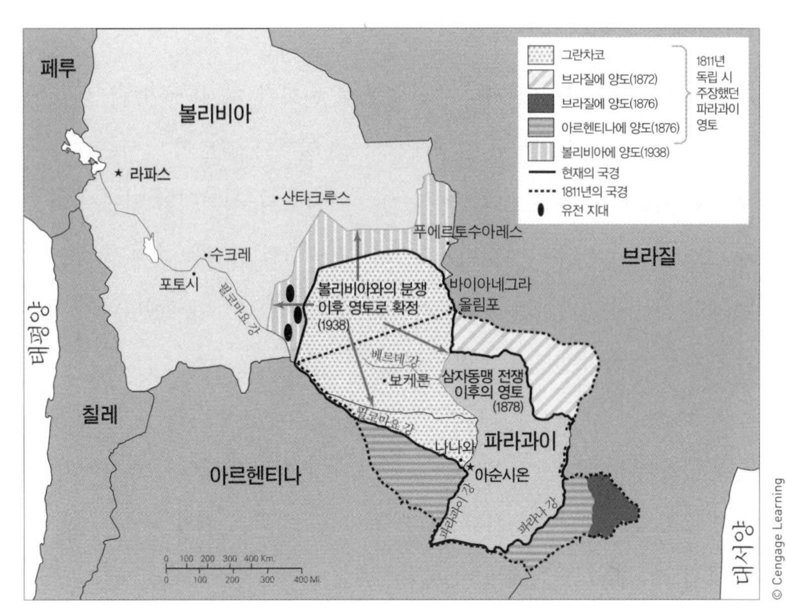

파라과이와 볼리비아에서의 전쟁과 국가 발전, 1864~1938

허수아비 정부를 세웠고, 그 정부는 파라과이 경제와 국가를 철저하게 개조했다.

새 정책의 핵심은 프란시아와 로페스의 체제하에 만들어진 여러 가지 진보적인 개혁을 청산하는 것이었다. 대부분의 국유지는 헐값에 투기꾼과 외국인 사업가들에게 넘어갔으며, 토지 소유 면적의 제한도 폐지되었다. 필요한 서류를 제시하지 못한 소작인은 자신 혹은 조상들이 수십 년간 경작해 온 땅에서 쫓겨났다. 1890년대 초경이면 국유지는 거의 사라졌다. 차관, 양도, 토지구입을 통한 외국인의 경제적 침투로 파라과이는 정치적 독립뿐만 아니라 경제적 독립도 상실하게 되었다.

사르미엔토 치하의 진보와 발전

파라과이 전쟁은 아르헨티나에도 중요한 변화를 가져다주었다. 아르헨티나는 파라과이가 지불한 전쟁배상금 중 일부와 영토의 일부(포르모사Formosa, 차코Chaco, 미시오네스Misiones)를 차지했다. 정치적인 면에서 전쟁은 도밍고 파우스티노 사르미엔토(1868~1874)의 집권을 가져왔는데, 그는 재능 있는 수필가이자 사회학자이고 정치가였으며, 아르헨티나의 통합과 경제적·사회적 발전을 위해 노력했다.

그러나 그보다 더 중요했던 것은 수많은 기술상의 변화가 아르헨티나를 휩쓸기 시작했다는 사실이다. 철도가 내륙 지방까지 침투해 들어가 목축 지역과 경작 지역을 확대시켰다. 가시철조망과 알팔파alfalfa의 점진적인 도입으로 가축의 질에서 비약적인 개선이 가능해졌다. 1876년 냉동육을 실은 선박이 프랑스에서 도착하는 데 성공했고, 그것은 염장육에 대한 냉동육의 승리를 가져다주었으며, 그로 인해 아르헨티나산 소고기에 대한 유럽의 수요는 극적으로 증가했다. 빠르게 확대되어 가는 목초지와 농경지를 효과적으로 이용하기 위해서는 노동력이 필요했으므로 사르미엔토 행정부는 이민을 확대했으며, 약 30만 명의 이민자가 아르헨티나로 쏟아져 들어왔다. 사르미엔토는 민주공화국의 시민들을 교육시킬 필요가 있다고 생각하여 공교육 체제를 확대했으며, 자신의 친구 호레이스 만Horace Mann이 미국에서 창설한 교사양성기구를 아르헨티나에 도입했다. 그러나 사르미엔토의 정책에는 어두운 면도 있었으니, 원주민과 가우초를 '문명'의 발전을 가로막는 장애물로 생각하여 원주민 절멸정책을 취하고, 부랑자법이나 강제 징병대 등의 억압적인 조치를 통해 가우초들을 통제하려고 한 것이 그것이었다.

사르미엔토가 공직에서 물러날 무렵 아르헨티나는 급속히 발전하고 번영해 가는 국가의 면모를 보여 주었다. 그러나 전체적으로 맑게 갠 아르헨티나 하늘에 서서히 검은 먹구름이 몰려오고 있었다. 수출 증가와 지가地價 상승은 의지할 곳이 없게 된 가우초들과 유럽인 이민자 가운데 다수에게 아무런 이익이 되지 못했다. 가우초들은 한때 자유롭게 돌아다니던 땅에서 이제 이방인으로 전락하게 되었으며, 유럽에서 건너온 사람들도 농가農家 제공을 비롯하여 아무런 혜택도 받지 못했다. 농사를 짓고 싶어 했던 이민자들은 대개 지가가 이미 감당할 수 없을 정도로 뛰어 버린 것을 알게 되었고, 그래서 그중 많은 사람은 부에노스아이레스 혹은 해안 도시들에 눌러 앉게 되었으며, 거기서 그들은 대개 상업에 종사하는 도시 중간층을 형성하기 시작했다. 한편 철도, 전신선, 가스공장, 그리고 그 외 필요한 설비 건설에 들어가는 자금을 외국인(특히 영국인)에 의존함에 따라 외국인의 경제적 영향력은 점점 더 커졌다. 점증해 간 토지 소유의 집중화, 시장과 경제적 하부구조에 대한 영국의 지배 강화, 그리고 외국 메트로폴리스에의 의존의 심화(무역의 중심으로 런던이 세비야를 대체했다)는 얼마 가지 않아 식민지적 토지 보유 방식을 다시 출현하게 만들었다. 미트레와 사르미엔토를 비롯한 새 아르헨티나의 건설자들은 국가 건설에서 자신들이 거둔 성공을 자랑스럽게 생각했다. 그러나 그들이 이 번영의 분위기가 영원할 것으로 믿고, 그 건설 과정에서 생겨난 문제의 심각성에 대해 의심해 보지 않은 것, 그리고 미래 세대의 아르헨티나 인들이 직면하게 될 문제의 성격을 생각해 보지 않은 것은 큰 실수였다.

칠레

1817년과 1818년에 차카부코와 마이푸에서 호세 데 산 마르틴의 안데스 군Army of the Andes이 국왕군에 대해 거둔 승리는 칠레 독립의 결정적인 계기를 마련해주었다. 1818년부터 1823년까지 칠레 독립 운동의 영웅이자 계몽사상의 적자였던 베르나르도 오이긴스가 '최고지도자'라는 칭호를 가지고 국가를 지배했다. 오이긴스는 토지 귀족과 교회를 약화시키고, 자본주의 노선에 따라 칠레 경제를 급속히 발전시키기 위해 개혁 프로그램을 강력하게 추진했다. 그의 귀족 작위 폐지와 한사상속제 철폐는 안데스 산맥과 태평양 사이 비옥한 중앙 계곡Central Valley을 지배하고 있던 대지주들의 분노를 샀다. 산티아고 왕당파 주교의 추방, 종교 행렬의 수와 성상 숭배 제한은 교회의 분노를 샀다. 그의 강압적 지배에 분노한 자유주의 반대 세력도 오이긴스에 대한 반대 운동에 합류했다. 1823년 오이긴스는 사임하여 리마로 망명을 떠났다. 그 후 7년 동안 대통령과 헌법이 생겨났다 폐지되기를 반복하는 소란스러운 시기가 이어졌다.

포르탈레스와 경제 성장

라틴아메리카의 다른 국가들과 마찬가지로 칠레에서도 정치적·군사적 갈등이 서서히 보수주의자(대개는 중앙집권주의자들이었다)와 자유주의자(대개는 연방주의자들이었다) 간 대립의 형태를 띠어 갔다. 보수주의-중앙집권주의자들은 중앙 계곡의 대지주들과 산티아고의 부유한 상인들을 대변했고, 자유주의-연방주의자들은 북부와 남부 지방의 지주, 상인, 수공업자들의 이익을 대변했으며, 후자는 부유한 중앙 지역이 국가를 정치적·경제적으로 지배하는 것을 못마땅하게 생각했다. 1830년경이면 호아킨 프리에토Joaquín Prieto와 그의 장관 디에고 포르탈레스Diego Portales가 이끄는 보수파가 이 갈등의 승자로 떠올랐다.

선출직 공직을 맡은 적이 없었던 포르탈레스는 1837년까지 칠레의 정치와 사회에 자신의 이념을 확실히 각인시켰다. 귀족 출신의 사업가이자 성공적인 수입輸入 회사 사주였던 그는 수십 년 동안 칠레 사회를 지배해 온 대지주와 상인으로 이루어진 과두 엘리트 계층의 이익을 충실히 대변했다. 포르탈레스는 사적인 자리에서는 무신론적인 견해를 피력했지만 하층 계급의 통제를 위한 도구로서 교회가 가진 권위를 존중했다. 그는 무역과 산업의 중요성을 이해했고, 내부교역을 방해하는 걸림돌들을 제거함으로써 무역업자와 산업가들의 이익을 증진시켰다. 그는 국가 수입을 증대하기 위해 소득세와 재산세를 도입했으며, 잉여 공무원 감축을 통해 정부 지출을 줄였다. 수입 농산물에 대한 높은 관세 부과는 칠레의 농업을 보호했다. 그의 정부는 항구시설을 개선했으며, 칠레 상선대商船隊를 강화하였다. 1835년에는 칠레 항구들을 오가는 증기선 라인의 구축을 지원했다. 보수주의 정부의 보호 정책과 칠레산 은, 구리, 가죽에 대한 유럽의 수요 증대에 힘입어 국가 경제는 1830년대에 지속적으로 성장했다.

경제 발전을 자극하기 위해 도입된 조치들은 과두 엘리트들의 사회적·정치적 힘을 강화하는 다른 조치들을 수반했다. 포르탈레스는 자유주의자들의 지배기 동안 교회가 상실한 특권을 회복해 주었으며, 난관에 처해 있던 칠레와 교황청 간의 관계를 정상화했다.

1833년 보수파가 지배하는 의회는 과두 엘리트들의 권력을 더욱 강화하는 헌법을 채택했다. 선거는 간선제로 바뀌고, 투표권은 일정 수준의 재산과 문자 해독 능력을 갖춘 25세 이상 성인 남자로 제한되었다. 의회 의원에 피선되기 위해서는 더 높은 재산 자격을 갖추어야 했다. 헌법은 또한 라티푼디움의 항구화를 보장해 줄 한사상속제를 복원했으며, 가톨릭을 국교로 선언하고, 교회에 혼인에 대한 지배권을 부여했다. 대통령은 의회의 입법에 대해 절대적인 거부권을 소유하고, 모든 고위 공직자들을 임명했으며, 계엄령을 선포할 수 있었다. 헌법 개정은 너무나 어렵게 되어 거의 불가능한 것이 되었다. 대통령이 선거기구를 완전히 장악했으므로 선거는 요식행위로 전락했다.

불네스 치하의 경제 발전

1841년 마누엘 불네스Manuel Bulnes 장군이 프리에토에 이어 대통령에 당선되었고, 1846년 5년 임기의 재선에 성공했다. 국내외 모두에서 승리한 보수파 지도부는 이제 포르탈레스 시대의 엄격한 규제를 어느 정도 완화할 때가 되었다고 판단했다. 칠레 경제는 다시 발전하기 시작했다. 상업, 광산업, 농업에서 유례없는 발전이 나타났다. 크림 전쟁과 1850년대 캘리포니아와 오스트레일리아에서 나타난 골드러시는 칠레산 밀에 대한 대규모의 새로운 시장을 만들어 냈으며, 상당한 경작지 면적의 증가를 자극했다. 1840년 미국인 윌리엄 휠라이트William Wheelright는 새로 개발된 무연탄 광산에서 생산되는 석탄을 이용하는 증기선 선박회사를 설립해 칠레 해안에 투입했다. 휠라이트는 또한 1852년 회사를 설립하여 칠레 최초의 기차 철로를 완성했으며, 이 철로는 코피아포Copiapó 광산 지대에서 생산된 화물을 바다로 운반할 출구를 제공해 주었다. 1852년에 공사가 시작된 산티아고-발파라이소 간 철로는 1863년에야 완공되었다. 외국 자본(특히 영국 자본)이 칠레 경제에 침투하기 시작했다. 영국은 칠레의 대외무역을 지배했고, 광산업과 철로 건설에 참여하여 막대한 이익을 챙겼다. 그러나 칠레 자본가들도 중요하고 역동적인 집단을 이루고 있었으며, 합자회사나 은행 설립에서 상당한 주도권을 가지고 있었다.

이런 경제적 발전의 최대 수혜자는 대지주들이었다. 그들의 땅은 자신들의 아무런 노력도 없이 값이 올랐다. 일부 대지주들은 철로, 광산업,

무역에 투자했다. 그러나 지주 귀족들이 가진 본질적인 보수주의와, 페온들에 대한 그들의 반半봉적적 지배욕은 대지주의 자본주의적인 농업가로의 전환을 억제했다. 소토지 보유농들이 남부 칠레에서 생겨났으며, 1840년대와 1850년대에 칠레 식민자(백인 정주자)뿐만 아니라 독일인 식민자들도 이곳에 점점 더 많이 모여들었다. 여전히 라티푼디움에 의해 지배되었던 부유한 중앙 계곡 지역은 비효과적인 기술과 잉킬리노들inquilinos(소작인이면서 지주의 밭에서도 일을 해야 했던 농민들)의 노동에 의존했다. 이처럼 칠레에는 한편으로 광산업, 무역업, 은행업, 집약 농업, 그리고 몇몇 제조업 분야에 기반을 둔 이제 막 형성 중에 있던 자본주의와, 다른 한편으로 라티푼디움, 페온제, 그리고 칠레의 자본주의 발전을 방해하는 귀족에 기반을 둔 반半봉건제가 함께 공존했다.

칠레가 대부분의 라틴아메리카 국가들에 비해서 진보적으로 보이기는 했지만 역사가이자 사회학자이며 자유당 의원이기도 했던 호세 빅토리노 라스타리아José Victorino Lastarria 같은 호전적인 인물들은 새 보수주의자들이 근대화에 제시한 미미한 양보에 결코 만족하지 못했다. 그들은 변화의 가속화, 1833년 헌법의 전면 수정, 과두 엘리트층의 지배의 종식을 요구했다.

라스타리아의 옆에는 『칠레 사회의 본질』*The Nature of Chilean Society*(1844)이라는 저서에서 교회와, 에스파냐로부터 물려받은 유산에 대해 신랄한 공격을 퍼부은 바 있는 선동가 프란시스코 빌바오가 있었다. 후에 그는 여러 해를 프랑스에서 보내면서 유토피아적 사회주의와 급진적 공화주의 사상을 많이 체득했다. 그는 1850년 칠레로 돌아와 산티아고 아르코스Santiago Arcos 등과 함께 '평등협회'The Society of Equality를 설립하여 급진적인 지식인과 수공업자들을 한데 결집했으며, 이 협회는 앞에서 말한 진보

Artists Rights Society (ARS), New York / SOMAAP, Mexico City

다비드 시케이로스의 벽화 '침입자들에게 죽음을!'은 칠레의 원주민 전사 라우타로(Lautaro), 갈바리노(Galvarino), 카우폴리칸(Caupolicán)의 신체들을 전면에 묘사하면서 여기에 19세기 중엽에 활약한 자유와 사회정의의 수호자 프란시스코 빌바오(Francisco Bilbao)의 모습을 더해 놓고 있다. 배경에서는 베르나르도 오이긴스와 호세 마누엘 발마세다가 외국인 침입자에 대항한 싸움에 뜻을 같이하고 있다.

적 이념을 지지한다고 선언했다. 이 협회는 강력한 반정부 운동을 전개했고 몇 달이 지나지 않아 회원 수가 4,000명에 이르렀다.

몬트의 온화한 개혁

평등협회는 1850년의 선거 전날 설립되었는데, 이 선거에서 불네스 대통령은 마누엘 몬트Manuel Montt를 자신의 계승자로 지명한 상태였다. 몬트의 진보적 교육 정책, 예술과 학문에 대한 후원에도 불구하고 자유주의자들은 그를 포르탈레스의 억압적 체제와 1833년 헌법과 동일시했다. 라스타리아 같은 자유주의자들이나 빌바오 같은 급진적 민주주의자들은 임박해 있는 이 선거를 사기라고 주장하면서 개헌을 요구했다. 이에 정부는 계엄령 선포와 평등협회 탄압으로 응답하였다. 이런 정부의 행동을 반대파 숙청을 위한 예비 조치로 생각한 산티아고와 라세레나La Serena의 자유주의자들이 반란을 시도했으나 곧바로 진압되었다. 라스타리아는 추방되고, 빌바오와 아르코스는 아르헨티나로 도망쳐야 했다. 몬트는 대통령이 되었으며, 즉각 다른 자유주의자들의 반란을 진압했다. 그러나 그 후로 그는 반도叛徒들을 사면하고 한사상속제와 십일조를 폐지함으로써 미래의 위기를 해결하기 위한 조치를 취했다.

대농장이 농장주의 아들들에게 분할 상속되게 하려는 의도로 실시된 한사상속제 폐지는 점점 그 수가 줄고 있던 대귀족 집단을 겨냥한 것이었다. 그러나 그것이 가져다준 효과는 그 폐지 조치의 대상이 된 사람들의 외마디 비명보다는 덜 극적이었는데, 왜냐하면 분할된 농장이 거의 예외 없이 다른 대농장주들에게 돌아갔고, 그 땅에서 일하는 잉킬리노들의 상황에도 변함이 없었기 때문이다. 십일조 폐지 그리고 몬트의 예수회 수사 귀환 거부는 보수적인 성직자들을 격노하게 만들었다. 그들의 공격에 대해 몬트는 1857년 새 민법의 포고로 대응했는데, 이 법은 교육을 국가의 통제하에 두고, 성직자들도 국가법의 지배를 받게 하고, 비가톨릭교도에게는 교회 결혼이 아닌 세속 결혼을 할 수 있게 하는 것이었다.

한사상속제와 십일조의 폐지는 자유주의자들과 보수주의자들 간에, 그리고 새 부르주아지와 대지주 간의 타협이라 할 수 있었다. 그 과정에서 부르주아지는 별로 얻은 것이 없었으며, 지주들은 잃은 것이 거의 없었다. 가장 중요한 패자敗者는 교회였다. 비록 몬트의 개혁이 보수주의자들 가운데 가장 반동적인 인물들을 멀어지게 만들기는 했지만 그 개혁은 그에게 온건 자유주의자들의 지지를 가져다주었으니, 그들은 온건 보수주의자들과 더불어 국민당National Party이라는 새 당을 만들었으며, 이 신당의 모토는 '질서 속의 자유'라는 전형적으로 실증주의적인 슬로건이었다.

몬트 대통령은 두번째 임기 말년에 심각한 경제적·정치적 위기에 직면하게 되었다. 1857년의 경기 침체로 구리 가격이 폭락하고, 칠레산 밀에 대한 오스트레일리아와 캘리포니아의 수요가 감소했다. 경제 침체는 정치적 불만을 증폭시켰으며, 그것은 1859년 1월 또 한 번의 대규모 반란으로 분출했다. 반도들 중에는 급진적인 지식인, 북부 지역 광산 자본가와 그들의 노동자들, 수공업자, 소농들이 포함되어 있었는데, 이들은 모두 중앙 계곡의 대상인-지주 동맹 세력의 지배에 불만을 품고 있었다. 반도들의 요구 사항 중에는 민주공화국의 수립, 광산업과 공업에 대한 국가의 지원, 대농장의 분할, 민주주의 원칙에 모순되는 반半봉건적인 페온제의 잉킬리노 제도 폐지 등이 포함되어 있었다. 반란은 5,000명의 인명을 희생시키고 나서야 진압되었다. 그 후로도 몬트는 반란에 참여한 부르주아 지도자 가운데 일부를 투옥하고 일부는 추방시켰다. 그리고 일부는 국외로 도주했다. 그러나 광부, 수공업자, 농민 가운데 다수가 처형되었다. 모리스 자이틀린Maurice Zeitlin은 이 사건을 칠레 역사의 결정적 분기점으로 간주했다. "혁명적 부르주아지의 패배는 칠레의 대안적이고 독립적인 자본주의 발전 방식의 종식을, 즉 부르주아 혁명의 실패 때문에 실현되지 못한 객관적인 역사적 가능성 영역의 압살을 의미하였다."

1861년경이면 경기 침체는 끝나고 다시 호황기가 시작되었다. 새로운 부의 부침浮沈이 나타났으며 지역의 영향력에도 큰 변화가 나타났다. 다수의 독일인을 포함하여 점점 더 많은 수의 이주자들이 남부 칠레로 유입되었으며, 그로 인해 도시가 건설되고 삼림이 농장으로 바뀌었다.

그러나 칠레의 진정한 경제적 중심지는 구리와 초석, 구아노(새의 배설물이 돌처럼 굳어져 만들어진 것으로 비료로 쓰임—옮긴이)가 풍부한 북부 사막이었다. 특히 초석과 구아노는 중요한 비료원으로써 유럽으로부터의 수요가 항상 공급을 초과하는 품목이었다. 그런데 가장 중요한 초석 매장지는 볼리비아의 안토파가스타Antofagasta 주와 페루의 타라파카Tarapacá 주에 있었다. 영국과 독일 자본의 지원을 받은 칠레 자본이 이 지역에 대량으로 유입되기 시작했으며, 그것은 곧 페루와 볼리비아의 초석 산업을 지배하게 되었다. 북쪽에서는 자기들과 자기들 지역에 유리한 지위를 제공해 줄 것을 요구하는 공격적인 광산 자본가 계급이 출현했다. 부유한 광산주였던 페드로 레온 가요Pedro León Gallo는 자유주의 당파를 떠나 '급진당'Radical이라는 새로운 중간 계층의 당을 만들었는데, 이들은 제한적인 헌법 수정, 종교적 관용, 억압적 정책의 철폐 등을 위해 자유주의자들보다 더 전투적으로 싸웠다.

자유주의자들의 지배

칠레의 정치가 자유주의자들의 지배로 전환되는 과정은 몬트 치하에서 시작되어 1871년 최초의 자유주의자 대통령 페데리코 에라수리스 사냐르투Federico Errázuriz Zañartú의 선출로 완결되었다. 1873년부터 1875년 사이에 자유주의자-급진주의자 연합 세력은 의회를 압박하여 일련의 개헌을 만들어 냈다. 상원 의원의 임기를 9년에서 6년으로 단축하고, 상원의원 선출을 직선제로 하였으며, 언론·출판·결사의 자유를 보장했다. 이런 계몽사상의 승리는 또한 그 시작이 식민 시대로 거슬러 올라가는 옛 상인-지주 과두 엘리트들에 대한 새 자본가 집단의 승리이기도 했다. 1880년경이면 100만 페소 이상의 개인 재산을 가진 59명의 칠레 인 가운데 24명만이 식민지적 기원을 가지고 있었으며, 20명만이 농업으로 재산을 모은 사람들이었다. 나머지는 석탄, 초석, 구리, 은 산업에 종사하는 사람들이거나 상인으로서 19세기에 부를 쌓은 사람들이었다. 아놀드 바우어Arnold Bauer는 여기서 더 흥미로운 점은 "단지 20명만이 농업으로 재산을 모았다는 사실이 아니라 나머지 39명(이들은 광산주, 은행가, 자본가들로 분류되었다)이 나중에 자신들의 자금을 농촌 부동산 구입에 투자했다는" 사실이라고 말하고 있다. 이것은 앤드류 카네기Andrew Carnegie가 제철 사업에서 벌어들인 수입을 스칼렛 오하라의 플랜테이션에 투자한 것과 비슷한 것이었다. 바우어의 언급은 칠레의 농촌 과두 엘리트들이 '강력한 사회적 모델'로 여전히 강력한 위력을 떨치고 있었음을 말해 준다. 새로운 부르주아지의 승리가 칠레의 대중, 즉 아시엔다에서 일하는 이주 노동자나 소작농, 그리고 광산과 공장에서 일하는 젊은 노동자 계층에게는 아무런 개선도 가져다 주지 못했다.

칠레의 독립 이후 첫 반세기 동안 신분이 낮은 사람들에 대하여 느낀 집단적 공포가 자유주의 엘리트들과 보수주의 엘리트들이 서로간의 상당한 차이를 극복하고 과두주의자들의 단결, 그리고 외국인 자본가와의 협력을 강조하는 전국적 수준의 정치적 정체성을 만들어 내게 했다. 한편 칠레의 농민, 무산 임금 노동자, 원주민 공동체 등 절대 다수를 차지하는 집단(이들은 모두 대체로 시민의 자격을 갖지 못했다)은 민주주의, 평등, 반反식민주의 등의 이슈를 중심으로 집결하여 좀더 포괄적인 국민국가nation-state라고 하는 대안적 비전을 만들어 나갔다. 부유한 귀족 집안에서 태어난 호세 마누엘 발마세다José Manuel Balmaceda는 역설적으로 곧 이 점증하는 개혁 운동의 전국적 대변자가 되었다.

중아메리카합중국(United Provinces of Central America)

독립 직전까지 다섯 개의 공화국—과테말라, 엘살바도르, 온두라스, 니카라과, 코스타리카*—은 과테말라시티를 수도로 하는 과테말라 사령관령에 속한 주州들이었다. 사령관과 그의 아우디엔시아의 지배하에서 강력한 콘술라도를 중심으로 하는 소규모의 부유한 크리오요 상인 집단이 식민지의 경제, 사회, 정치를 지배했다. 그러나 아메리카 식민지에 대한 에스파냐의 지배는 1800년 이후 에스파냐가 유럽 내 전쟁에 개입하고, 그로 인해 무역이 위기에 처하고 국내 정치가 혼란에 빠지면서 그 힘이 약해졌다. 그 와중에 중아메리카도 독립을 향한 여정을 시작하게 되었다. 1821년 멕시코가 독립을 선언하자 중아메리카도 그 뒤를 따랐다. 도시들이 차례로 에스파냐로부터뿐만 아니라 과테말라와 라이벌 도시들로부터도 독립을 선언했다. 사령관령은 해체되어 여러 개의 자치적 카빌도(시 참사회) 정부가 생겨났다. 독립으로의 이행은 아구스틴 이투르비데가 중아메리카를 자신의 멕시코 제국에 편입시키려 하고, 이것을 중아메리카의 보수파는 지지하고, 자유주의자들 중 다수는 반대하면서 상황이 복잡해졌다. 1822년 카빌도들 가운데 다수가 멕시코와의 합병을 지지했으나 이듬해 이투르비데의 실각은 멕시코와의 합병 가능성을 항구적으로 종식시켰다.

독립과 통합의 실패, 1810~1865

주州들 간의 라이벌 의식과, 과테말라의 지배에 대한 반감에도 불구하고

---

* 편의상 벨리즈와 파나마도 대개 중아메리카에 포함시키지만 정확히 말해 전자는 영국의 식민지이고 후자는 콜롬비아의 한 주였다. 그러므로 두 지역 모두 역사적으로 중아메리카 지역과 연계되지 않는다.

중아메리카의 통합이라는 전통은 아직 남아 있었고, 그것을 강화하려는 시도도 나타났다. 1823년 제헌의회가 소집되어 과거 다섯 개의 주(과테말라, 온두라스, 니카라과, 코스타리카, 엘살바도르)를 하나로 결집한 중아메리카연방공화국을 만들어 냈다. 헌법은 주 정부들에게 폭넓은 자유와 독립을 제공하고, 자유주의 이데올로기를 강하게 반영하는 연방 정부를 만들어냈다. 이 헌법은 노예제와 성직자 특권을 폐지하고, 자유방임을 표방하는 자유무역과 자유로운 노동계약을 천명했다. 이듬해 엘살바도르의 자유주의자 마누엘 호세 아르세Manuel José Arce가 선거에서 승리하여 연방공화국의 초대 대통령으로 선출되었다. 한편 각 주는 각기 자신의 정부를 가지고 있었다. 주 정부와 연방 정부 모두에서 보수주의자와 자유주의자들이 권력 다툼을 벌였다. 독점 상인 집단과 대지주, 교회 등이 표방하는 이데올로기였던 보수주의는 과테말라에 본거지를 두고 있었으며, 자유주의는 다른 주들의 대소大小 지주들과, 수공업자·전문직업인·지식인으로 이루어진 소규모의 중간층 사이에서 지배적이었다. 선거를 통해서 결정이 이루어지고 남성 보통선거를 표방했지만 대지주와 상인 가문들이 지역 전체의 권력을 장악했으며, 그들은 그 지역 혹은 주의 지배권을 두고 벌이는 다툼에서 자신들의 가신이나 소작인으로 이루어진 사병 집단을 동원하곤 했다.

중아메리카의 느슨한 통합은 얼마 가지 않아 각 주들이 자신의 주 정부와 과테말라시티에 자리 잡은 연방 정부에 통치 비용을 제공할 능력도 의지도 갖고 있지 않다는 것이 분명해지면서 해체되었다. 강한 군대와 세금 징수를 통해 자신의 대권을 주장하려고 한 아르세가 이끄는 연방 정부의 노력은 그로 하여금 자유주의를 포기하게 만들었고, 그것은 1826~1829년 파괴적인 내전을 촉발했다. 이 전쟁은 전국(연방) 정부와 보수적인 그 지도부가 프란시스코 모라산Francisco Morazán을 우두머리로 하는 자유주의파 군대에 패하는 것으로 끝이 났다.

연방공화국의 대통령과 그 공화국 군대의 사령관(둘 모두 산살바도르에 본부를 두었다)으로 선출된 모라산은 보수주의자들의 음모와 공격에 맞서 공화국을 수호했다. 동시에 전에 보수주의자였다가 자유주의자로 변신한 과테말라 주지사 마리아노 갈베스Mariano Gálvez는 자기 주의 경제적·사회적 재건 프로그램에 착수했다. 이 프로그램에는 (교회 결혼이 아닌) 세속 결혼과 이혼의 허용, 모든 학교의 세속화, 수녀들의 교단 탈퇴 허용과 교회 공휴일 수 감축 등이 포함된 반교회적 조치가 포함되어 있었다. 그것은 또한 영국 회사들에 대규모의 땅을 하사하여 그 회사들이 외국인 이민자를 이용해 그 땅을 식민화하고 거기에 인프라를 구축케 했다. 심지어는 무단입주자들이 시장가격의 반 정도에 토지를 구입할 수 있게 하고, 빈 땅에 원주민들이 정착할 수 있게 하기도 했다. 갈베스는 또한 배심원단에 의한 재판과 '출정영장제'habeas corpus(자의적인 체포나 구금을 막고, 인신의 자유를 보장하기 위한 사법 제도)를 도입하고, 모든 판사의 임명권을 지사에게 귀속시키는 것 등을 주 내용으로 하는 과테말라 사법 제도의 개혁을 시도했다. 이 마지막 항목은 '정치적 우두머리들'jefes políticos(사법기능과 행정기능을 겸하고, 징수한 세금 가운데 일부를 차지할 권리를 가지고 있었던 지역 관리들)로 봉사한 유력한 지주 계층을 (갈베스 정부에서) 멀어지게 만들었다.

지주 계층의 지지 상실은 1837년 중아메리카 전역을 휩쓴 콜레라의 파괴적인 영향과 더불어 갈베스 체제와 그의 야심적인 개혁 사업을 붕괴시켰다. 전염병을 세속혼이나 이혼 같은 이단적 행위에 대한 신의 징벌이라고 주장하는 지역 성직자들에 의해 선동된 원주민과 혼혈인 대중이 법과 세금에 대한 갈베스의 급진적인 개혁, 원주민과 혼혈인의 토지 보유에 대한 크리오요 지주들의 공격, 질병 확산을 막기 위해 내려진 공중위생 조치 등에 반대하여 반란을 일으켰다. 1838년 2월 메스티소 출신의 라파엘 카레라Rafael Carrera를 지도자로 하여 일어난 대규모 반란은 원주민과 혼혈인으로 구성된 군대를 동원하였는데, 그들은 "종교 만세, 모든 외국인들에게 죽음을!"이라는 구호를 외쳤다.

카레라는 1842년 과테말라시티를 점령하고 모라산에게 패배를 안겨주었으며, 연방공화국을 종식시켰다. 계속해서 그는 과테말라에 보수주의 체제를 수립했으며, 1865년 죽을 때까지 지배했다. 1854년에는 선거를 거치지 않고 의회를 동원하여 대통령에 취임했다. 그후 그는 보수주의 프로그램을 가동하여 교회의 권위를 되살리고, 교회 토지와 원주민의 공유 재산을 원래 주인에게 돌려주었으며, 원주민의 강제 노동을 부활시키고, 심지어 지역 관리의 칭호를 '정치적 우두머리'에서 옛날 식민 시대의 호칭인 코레히도르로 바꾸었다. 그러나 급진적인 개혁과 공유지 강탈에 대한 하층 계급의 저항으로 시작된 이 운동의 주도권은 얼마 가지 않아 카레라가 군대를 유지하고 외채를 지불하는 데 필요한 세금을 납부하는 보수적 상인 과두 계층에게 넘어갔다. 보수적인 각료들은 독재자 주변을 맴도는 엘리트들에서 차출되었다. 전통적인 노동 형태와 더불어 자유노동과 화폐경제 그리고 플랜테이션에서 (가끔은 채무 노역의 형태로) 노동하는 토지를 갖지 못한 원주민 혹은 메스티소도 있었다.

비슷한 추세가 카레라 시대 중아메리카 전역에서도 지배적이었다. 비록 노동이 과테말라 시대에 비해 대부분의 지역에서 좀더 자유롭기는 했지만 말이다. 1850년경이면 세계적인 커피 수요 증대로 커피 경작이 확대되었다. 커피는 1830년대 이후 코스타리카에서 대규모로 경작되었으며,

그것은 원주민 공유지에 대한 공격에 박차를 가하게 만들었다. 코스타리카와 엘살바도르의 커피는 인디고와 함께 두 나라의 상대적인 정치적 안정에 기여했다. 가축 귀족들cattle barons이 서로 싸우고 있었던 니카라과나 온두라스 같은 좀더 후진적인 공화국에는 중앙집권적인 권위체가 존재하지 않았다.

캘리포니아에서 금이 발견됨으로써 대서양 횡단로로서 중아메리카가 갖는 중요성이 새롭게 인식되고, 그것은 이 지역을 둘러싼 미국과 영국의 라이벌 관계를 첨예하게 만들었다. 중아메리카의 주권과 영토상의 통일에 대한 위협은 니카라과의 자유주의자들이 보여 준 멍청한 행동 때문에 더욱 심각한 문제가 되었는데, 그들은 1855년 보수주의 정권을 타도하려는 시도에서 도움을 받기 위해 미국인 모험가 윌리엄 워커William Walker를 끌어들였던 것이다. 자유주의자들이 집권하자 워커는 약 300명의 동포들을 이끌고 쿠데타를 일으켜 대통령이 되었으며, 노예제를 합법화하고, 영어를 공용어로 하였다. 1856년 중반 경 니카라과의 자유주의자와 보수주의자들은 극히 드물게 서로 협력하여(여기에 중아메리카의 다른 모든 공화국들도 합류했다) 양키 침입자들에 대한 범국민적 전쟁National War을 수행했다. 그러나 중아메리카 군대의 주축은 보수주의자들이었다. 워커는 1857년 전쟁에서 패하여 미국으로 돌아갔다. 그럼에도 그는 그 후 두 차례 더 중아메리카 정복에 나섰으며, 마지막 시도는 1860년 그가 온두라스의 처형대에 의해 처형당하는 것으로 끝났다.

니카라과의 범국민적 전쟁은 꺼져 가던 중아메리카 통일 운동을 되살려 놓았다. 엘살바도르의 자유주의자 대통령 헤라르도 바리오스Gerardo Barrios는 대표적인 연방 체제 지지자였다. 모라산의 꿈을 실현하려고 한 그의 노력은 카레라를 자극했고, 카레라는 중아메리카에 대한 보수주의자들의 지배권 유지에, 그리고 엘살바도르와 그 동맹국 온두라스에 대한 파병에 단호한 입장을 고수했다. 전쟁은 바리오스의 패배와 망명으로 끝났다. 이제 모든 중아메리카 공화국에 보수주의 정권이 자리 잡게 되었다. 1865년 바리오스는 복귀를 시도했으나 적들에게 체포되어 처형되었다. 카레라도 같은 해에 죽었다. 그의 죽음과 더불어 폭력으로 가득 찼던 중아메리카 역사의 형성기도 끝나게 되었다.

독립전쟁이 멕시코, 아르헨티나, 칠레, 중아메리카에서 식민지의 경제적·사회적 구조에 중대한 변화를 만들어 내지 못했음은 분명하다. 이 신생 공화국들은 탈식민화라는 어려운 과정에서 지역주의, 경제적 침체, 정치적 불안이라는 어려운 장애물들을 만났고, 그것은 고유한 국가정체성을 만들어 내려는 각국의 노력에 큰 어려움을 가져다주었다. 이들 새 국가들이 채택한 공화국이라는 정치 체제가 현실에서는 그들을 고무한 정치 이론과는 매우 다르게 나타났다. 다양한 엘리트 집단의 상충하는 이해관계와 이상에 뿌리를 둔 보수주의와 자유주의 간의 깊은 골이 이 시기 라틴아메리카의 정치적·경제적·문화적 삶을 지배했다. 비록 이 엘리트들 간의 갈등이 브라질, 쿠바, 페루, 그란콜롬비아의 탈식민화 경험을, 그리고 식민 시기 이후 국가정체성의 재건 과정을 특징짓기는 했지만 대중의 노예제 반대와 자유 요구는 그 과정의 성형成形에 결정적인 영향을 미쳤다.

10장 _ 인종, 민족, 자유의 의미, 1820~1888

독립의 달성과 함께 건설 중에 있던 새 국가들은 곧바로 독립투쟁의 성공이 해결해 주지 못한 문제들에 직면해야만 했다. 누가, 어떻게, 그리고 어떤 제도들을 통해서 국가를 지배할 것인가? 누구를 시민으로 간주할 것이며, 자유롭게 되었다는 것이 무엇을 의미하는가? 국가는 어떻게 개인의 자유를 제한하고, 다양한 사회 계급과 인종 집단 그리고 외국인 이해당사자들의 관계를 어떻게 규정할 것인가? 이런 문제들을 해결하고 식민지배기 이후 국가 이익을 대변하는 제도를 만들어 가는 과정에서 노예제와 인종이라는 식민 시대의 유산은 중요한 역할을 담당했다. 아프리카 인과 그 후

이 장의 핵심 문제

- 노예제 폐지 운동이 브라질, 페루, 쿠바, 그란콜롬비아의 국가정체성의 발전에 어떻게 서로 다른 영향을 미쳤는가?
- 19세기 중엽 이후 브라질에서 나타난 노예제 위기의 원인은 무엇인가?
- 페루의 크리오요 엘리트들은 왜 산 마르틴과 볼리바르가 이끈 국가 해방 운동에 반대했는가?
- 반란 세력(rebel community) 내부에서 나타난 인종과 노예제를 둘러싼 갈등이 19세기 쿠바 민족주의의 발전에 어떤 영향을 미쳤는가?
- 해방을 둘러싼 갈등이 베네수엘라와 콜롬비아에서 자유주의자와 보수주의자 간 라이벌 관계에 어떤 영향을 미쳤는가?

1812	쿠바에서 아폰테 노예 반란이 발발하다.
1821	그란콜롬비아의 쿠쿠타 의회, 노예제를 고수하되, '자유로운 태아'를 선언하고 자발적인 노예해방을 권고하다.
1823~1889	독립적인 브라질 제국, 식민 시대의 가장 중요한 기구들을 없애지 않고 고수하다.
1823~1826	페루에서 볼리바르, 산 마르틴이 폐지한 노예제를 고수하다.
1829	호세 안토니오 파에스, 그란콜롬비아를 해체하고, 독립 베네수엘라 공화국에서 노예제를 고수하다.
1835~1845	카바나젱 봉기, 사비나다 봉기 같은 브라질의 지역 봉기들과 라가무핀스 혁명이 독립, 공화제 정부, 인종 평등, 노예제 철폐를 요구하다.
1844	쿠바의 크리오요 엘리트들과 에스파냐의 식민지 관리들, 에스칼레라 노예 봉기 음모를 분쇄하다.
1851	브라질, 노예무역을 끝내다. 페루의 치카마 계곡에서 일어난 노예 반란, 노예제 폐지 운동을 일으키다. 호세 일라리오 로페스, 콜롬비아에서 노예제를 폐지하다.
1854	라몬 카스티야, 페루에서 노예제를 폐지하고 원주민들의 공납을 철폐하다. 베네수엘라, 노예제를 폐지하다.
1858~1863	베네수엘라 연방전쟁, 부유한 유산가 엘리트들에 대항하여 빈민 대중을 동원하다.
1868~1878	처음에 카를로스 마누엘 데 세스페데스 같은 쿠바 크리오요들이 주도한 10년 전쟁이 안토니오 마세오 같은 아프리카-쿠바 인들을 동원하면서 에스파냐, 노예제, 사회적 불의로부터의 해방을 요구하다.
1871	브라질, 리우브랑쿠 법을 통과시켜 새로 태어난 노예 아이들에게 자유를 허용하고, 자발적인 노예해방을 권고하다.
1878	쿠바의 독립을 성취하지도 못하고, 노예제나 인종차별을 얻어 내지도 못하고 산혼 조약이 체결되다.
1886	쿠바, 공식적으로 노예제를 폐지하다.
1888	브라질, 노예제를 폐지하다.

손들은 지역, 계급, 인종, 성별에 의해 역사적으로 사분오열되어 있던 아메리카 사회들에서 통일된 국민국가를 만들어 내기 위해 벌인 식민지배기 이후의 투쟁에 적극적으로 참여했다. 노예 주인에게서 자유를 쟁취하려는 민중의 열망은 어렵지 않게 가부장적 구조, 외국의 지배, 귀족의 지배에서 자유로워지려는 외침으로 전환되었다. 이 갈등이 자유주의자 대 보수주의자 간의 엘리트들의 갈등과 더불어 시민의 의미를, 그리고 브라질·쿠바·페루·그란콜롬비아에서 나타나고 있던 새로운 내셔널리티(국민)의 윤곽을 형성했다. 흑인노예, 자유 유색인, 농민, 도시 노동자, 상인, 급진적 지식인, 그리고 그 외 여러 부류의 사람들이 비록 동기는 달랐지만 모두가 힘을 합쳐 노예제 폐지를 요구했다. 그러나 그들은 노예 주인들의 단호한 저항에 직면해야 했다. 이 갈등에서 인종은 시민과 국가state 간 제도적 관계를 구축하는 협상에서 중요한 영향을 미쳤고, 19세기와 그 이후 이 새 국가들의 성격을 상당 부분 규정하였다.

먼저, 프랑크 탄넨바움Frank Tannenbaum 같은 역사가들은 미국의 노예해방 경험과는 대조적으로 시몬 볼리바르 같은 크리오요 출신 독립 운동 지도자들이 노예제 폐지를 열렬히 지지했고, 그 노예제는 대부분 "폭력과 희생과 전쟁 없이 성취되었다"고 주장했다. 그 이후의 역사가들은 식민지배기 이후 엘리트들의 의사결정 과정의 추적을 통해 라틴아메리카에서 노예제 폐지론은 대체로 도덕적 열정보다는 정치적·군사적 고려에 의해 추동되었다고 결론을 내렸다. 그러니까 이 견해에 따르면, 공화국 엘리트들은 대개 흑인 병사들을 전쟁에 끌어들이기 위해, 국왕군의 징모 전술에 대응하기 위해, 혹은 1816년 모든 노예를 해방시키겠다는 볼리바르의 약속에 대한 대가로 식량과 탄약을 제공한 아이티의 알렉상드르 페시옹의 예에서 볼 수 있듯이 외국인의 호의를 얻어 내기 위해 노예제 폐지론을 채택했다는 것이다. 이 해석이 비록 탄넨바움의 그것보다는 더 예리하고 합리적이기는 하지만 이 역시 엘리트들의 생각과 행동에 초점을 맞추고 있으며, 정작 노예로 전락해 있었던 아프리카 인과 그 후손들의 목소리는 사실상 간과하고 있다는 문제점을 안고 있다.

그러나 보다 최근에는 점차 이 상실된 (아프리카 인들의) 목소리들을 발견하는 일에 관심을 가져 온 새로운 세대의 역사가들이 새로운 질문을 제기하고 새로운 사료더미들을 조사해 왔다. 그들은 대부분의 엘리트들이 노예제는 잘못된 것이라는 도덕적 확신을 갖지 않았고, 혹은 그들이 그 확신에 입각해 독립적으로 행동하지 않았다는 데는 동의하지만, 노예들과 자유 유색인들이 노예제에 반대하고, 주저하는 엘리트들로 하여금 노예제 철폐 운동에 나서도록 추동하는 데 중요한 역할을 수행했다는 것을 강조한다. 아프리카-라티노들(아프리카 출신 라틴아메리카 인들)의 문화, 종교, 가족생활에 대한 그들의 연구에 따르면 노예들과 자유 유색인들은 합법적·초법적 전술을 모두 동원해 열정적으로 자신들의 자유를 주장했다. 예를 들어, 법정 기록은 노예들이 공화국의 법에 호소하는 방식으로 정부를 상대로 끊임없이 자신들의 자유를 주장하고 청원했음을 보여 준다. 그러나 노예들이 더 즐겨 이용했던 전술은 뒤보이스W. E. B. Du Bois가 '총파업'이라고 기술한 것이었다. 즉 그들은 법적인 제재를 무시해 버리는가 하면 노동을 거부하기도 했고, 그런가 하면 도망을 쳐 팔렝케 혹은 킬롱부라 불린 도망노예들의 공동체에 합류하기도 했다. 사회질서를 어지럽히는 비적단에 들어가는가 하면, 드물게는 노예제 폐지를 위해 노골적인 봉기를 일으키기도 했다. 종합적으로 판단컨대, 이 민중의 저항의 역사가 새로 발전해 간 나라들의 정부 제도와 시민 참여를 형성하는 결정적 요인으로 작용했다.

대체로 노예해방의 기원과 의미에 대해서는 새로운 합의가 나타난 상태이다. 첫째, 독립이 곧바로 노예제 폐지를 가져온 것은 아니었다. 둘째, 크리오요 독립 운동 지도자들은 노예제의 도덕성에 대해 격렬한 토론을 벌였고, 궁극적으로 사실상 노예제의 존속을 수십 년 더 연장하게 될 타협을 추구했다. 이것은 일반적으로 '자유로운 태아법'Free Womb laws의 통과를 포함하였는데, 이 법은 노예 여성이 낳은 아이의 신분을 자유롭게 해 주되, 노예 주인으로 하여금 그 아이가 성인이 될 때까지 부양을 책임지게 하고, 그 후에는 그 아이를 해방시키되, 노예 주인들에게는 그에 상응한 대가를 지불한다는 것이었다. 셋째, 노예 주인들은 노예들과 자유 유색인들이 (대개 폭력적인) 반란을 일으킨 후에야, 그리고 새 공화국들에서 그들(노예와 자유 유색인들)이 사유재산권의 장기적 안전을 위협하고 나서야 노예제 폐지를 받아들였다. 하층민들이 일으키는 사회 혁명에 대한 엘리트들의 두려움이 서서히 노예제 폐지로 가게 될 개혁 프로그램을 자극했다. 그러나 동시에 그것은 일정액 이상의 수입과 일정 수준 이상의 배움이라는 자격을 두어 일반 국민의 정치 참여를 제한했다. 마지막으로, 수십 년간의 내분과 크리오요 계급의 정치적 동원, 그리고 여러 인종의 연합은 궁극적으로 노예해방의 길을 열어 주었다. 그러나 경험은 인종적 정의racial justice를 위한 투쟁을 효과적으로 잠재웠고, 시민행동가들은 국가 통합unifying language of nation를 위해 분열적 인종 이념을 포기했다. 그 결과 노예해방은 대개 노예 주인에게 그들이 입게 된 손실을 보전해 주었고, 새로 생겨난 나라들은 인종 간 불평등에 관해 언급하지 않으려 했으며, 그 불평등은 그 후 수세대 동안 흑인과 혼혈인들 사이에서 살아 남아 있게 된다.

당연히 이들 국가들의 특수한 역사적 경험은 각 지역의 전통, 토지 획득 가능성, 대서양 횡단 시장에의 접근성, 노예 노동에의 의존도, 자유신분

유색인의 규모, 외국 국가들의 영향력 등에 따라 달랐다. 그러므로 이 복잡한 역사에 대한 주의 깊은 연구를 위해서는 페루, 그란콜롬비아, 쿠바, 브라질 등 노예 인구가 가장 많고, 이 사악한 제도가 가장 오래 유지된 나라들에서 일어난 구체적 상황에 대한 면밀한 검토가 필요하다.

브라질

브라질은 1808년 프랑스가 포르투갈에 침입하기 직전 거기서 도망쳐 나온 포르투갈 왕실과 궁정이 리우데자네이루로 옮겨와 그곳을 포르투갈 제국의 새 수도로 삼으면서 독립을 향한 첫발을 내딛게 되었다. 형식적인 국가 독립은 부왕父王 주앙João 4세의 대리 국왕 자격으로 브라질을 다스린 동 페드루가 포르투갈로 돌아오라는 요구를 거절하고, "독립이 아니면 죽음을 달라!"라는 유명한 '이피랑가 선언'Cry of Ipiranga을 발표했을 때 찾아왔다.

황제 동 페드루

동 페드루는 브라질 귀족들의 충고와 지지를 바탕으로 국가를 지배했으며, 그 귀족들은 1808년 이후 브라질이 향유해 온 독립을 수호하려는 강한 의지를 가지고 있었다. 그들은 또한 그 독립을 다른 에스파냐령 아메리카 지역들의 해방 운동을 특징지은 폭력사태를 겪지 않고 이루려는 강한 열망을 갖고 있었다. 그리하여 브라질은 독립으로의 이행을 비교적 평화롭고 지나친 유혈 없이 이루어낼 수 있었다. 그러나 다른 한편으로 이것은 독립 이후의 브라질이 식민지적 사회구조를 청산하지 못하고 그대로 유지하게 됨을 의미했는데, 왕정·노예제·대규모 장원·단일경작·비효율적인 농업 체계·고도로 계서화된 사회·자유민 중에서도 90%에 이르는 문맹률 등이 그것이었다.

동 페드루는 자신의 백성들에게 헌법을 제공하겠다고 약속한 바 있었다. 그러나 1823년 그가 소집한 제헌의회가 황제권을 지나치게 제한하는 헌법 초안을 만들자 이 의회를 해산하고 자신이 직접 선임한 위원회에 새 헌법 초안 마련의 임무를 맡겼으며, 이를 '황제 성명서' 형식으로 공표했다. 1889년 왕정이 붕괴될 때까지 브라질을 지배하게 되는 이 새 헌법은 권력을 군주의 수중에 집중시켰다. 그것은 또한 국가평의회Council of State 외에 양원제 의회를 두었는데, 상원의원은 황제가 임명하고 임기는 종신제로 하고, 하원의원은 재산과 수입收入 자격을 갖춘 유권자들이 선출하는 것으로 하였으며, 그것은 국민 대부분이 투표권을 갖지 못하게 됨을 의미했다. 황제는 장관을 임면할 수 있었고, 자의적으로 의회를 소집·해산할 수 있었으며, 주지사를 임명할 수도 있었다.

동 페드루의 강압적인 제헌의회 해산과 고도로 중앙집권적인 1824년 헌법에 대한 반발은 공화주의 혹은 연방주의 세력의 중심이었던 페르남부쿠에서 특히 강하게 나타났다. 1824년 이곳에서는 상인 마누에우 지 카르발류Manoel de Carvalho가 이끄는 일단의 반도들이 '적도연맹'confederation of the Equator의 창설을 선언했는데, 이것은 북부 지역 6개 주를 공화국 체제 하에서 통합한 기구였다. 몇몇 지도자들이 노예들의 목소리를 대변하기는 했지만 노예제 폐지를 위해서는 아무 일도 하지 않았는데, 그 이유 가운데 하나는 그런 주장이 노예들과 자유 유색인들을 자극하여 아이티에서처럼 혁명적인 결과를 만들어 내지 않을까 하는 두려움 때문이었다. 이는 이 운동에서 대규모 노예들의 잠재적 지지를 포기하는 결과를 가져왔으며, 봉기는 1년이 채 지나지 않아 황제의 군대에 의해 진압되었다.

동 페드루는 승리를 거두었으나 그의 독재정치에 대한 반감은 계속 쌓여 갔고, 인기는 계속 하락했다. 다시 한 번 노예제 문제가 불안하게 모습을 드러냈다. 황제의 외교 정책은 이 점증하는 불만을 증폭시켰다. 1826년 동 페드루는 영국과 조약을 체결했는데, 여기서 그는 브라질의 독립을 인정받고 무역협약 체결을 약속받는 대신 1830년까지 노예무역을 중단하겠다고 약속했다. 이 약속과 불법 노예무역선을 나포하려는 영국 해군의 노력에도 불구하고 노예무역은 브라질 정부의 묵인하에 계속되었다. 그러나 영국의 해안 경비 강화는 노예 가격의 폭등을 가져왔다. 리우데자네이루, 상파울루, 미나스제라이스의 번영일로에 있던 커피 재배업자들은 높은 노예 가격을 감당할 수 있었지만 경제 사정이 여의치 못한 북쪽의 면화, 사탕수수 재배업자들은 노동력 구입을 두고 벌인 경쟁에서 북쪽 커피 생산자들의 상대가 되지 못했다. 그들은 자신들의 경제적 어려움의 이유가 동 페드루 때문이라고 생각하고 비난을 퍼부었다.

1830년 프랑스에서 일어난 7월 혁명(인기도 없고 독재적인 왕을 무너뜨린 혁명)의 소식은 브라질의 도시들에서 열렬한 환호와 폭력적 시위를 촉발했다. '엑살타도들'exaltados(급진적 자유주의자들)이 선두에 서서 군주제 폐지와 연방공화국 체제 도입을 주장했다. 농촌에서는 노예와 자유 유색인들이 이를 이용하여 노예제 폐지를 요구했다. 노예제는 오랫동안 취약한 지방 엘리트들의 단결의 기반이 되어 오고 있었다. 위기가 점점 심각한 상황으로 치닫자 동 페드루는 다섯 살 난 아들 페드루에게 왕위를 넘기고, 2주 후 포르투갈로 출국하여 끝내 브라질로 돌아오지 않았다. 이런 상황은 황제 페드루 1세 하에서 지배적인 영향력을 행사해 왔던 포르투갈 상인들과 포르투갈 출신 정신廷臣들을 무력화시켰고, 브라질의 완전한 독립으로의 이행을 완성하였다.

섭정, 반란, 그리고 소년 황제

혁명은 급진적인 자유주의자들의 과업이었고, 그들은 동 페드루의 몰락을 연방공화국 수립으로 가는 첫걸음으로 간주했다. 그러나 그 과실을 향유한 것은 온건파였다. 사실 왕당파 자유주의자들을 상대로 한 판 대결을 벌인 쪽은 급진파였고, 그들이 포르투갈로부터의 분리를 이끌었으나 후에 그들은 동 페드루가 보수적인 파젠데이루(파젠다의 주인들)들을 끌어들임으로써 궁정에서 영향력을 상실했다. 동 페드루의 출국은 이들 온건파의 승리였으며, 그들은 서둘러 중앙 정부에 대한 지배권을 회복하고 혁명의 과실이 자신들의 수중에서 빠져나가지 못하게 하는 일에 착수했다.

그 첫 단계로 의회는 소년 황제가 열여덟 살이 될 때까지 그를 대신해 국가를 다스릴 섭정단에 세 명의 온건파 자유주의자들을 임명했다. 또 한 가지 조치로 도시 군중과 노예들의 반란을 진압하기 위해 유산 계급으로 구성된 군대를 창설했다. 동시에 새 정부는 강렬한 연방주의적 열망을 달래기 위해 헌법 개정 작업에 나섰다. 3년간의 논란 끝에 의회는 1834년 부가 법령Additional Act을 통과시켰는데, 그것은 각 주州에 선출직 입법부를 허용하고, 그 입법부가 지역 예산과 세금에 대한 지배를 포함해 폭넓은 권한을 갖게 했다. 이 법령은 대지주들이 그들의 거주 지역에 대해 상당 정도의 지배권을 갖게 했으며, 동 페드루의 보수주의적 지배와 한 몸처럼 여겨졌던 국가평의회를 폐지했다. 그러나 국가 정부가 계속해서 주 의회의 행동에 대해 부분적인 거부권을 가진 주지사를 임명했기 때문에 중앙집권주의가 폐지된 것은 아니었다.

섭정 정부는 거의 즉각적으로 대개 북쪽 주들에서 발생한 여러 차례의 반란에 맞서 싸워야 했는데, 그 북쪽 주들은 자신들의 주요 작물, 즉 설탕과 면화를 판매할 시장을 상실하여 어려운 처지에 있었다. 커피 경제가 번영하고, 플랜테이션 귀족들이 중앙 정부를 확고하게 장악하고 있던 중남부 지역(리우데자네이루, 상파울루, 미나스제리아스)에서는 아무런 반란도 일어나지 않았다. 이 반란들에는 여러 가지 지역적 이유가 있었다. 어떤 반란은 지역 상업을 독점한 부유한 포르투갈 상인들에 대해 소상인, 농민, 하층 계급이 가진 불만에서 비롯된, 소위 파라Pará의 카바나젱cabanagem('오두막 집'을 의미하는 '카바나'cabana에서 유래한 말)들의 반란 같은, 소박하고 대중적인 반란이 있었는가 하면, 바이아에서 공화주의자이자 분리주의자인 사비나다Sabinada가 일으킨 것과 같은, 한때는 번영했으나 이제 경제적·정치적 힘을 상실한 것에 대해 플랜테이션 귀족들이 갖게 된 좌절감을 반영하는 반란도 있었다. 그러나 그것은 오랫동안 노예제 폐지를 주장해 온 흑인과 혼혈인 다수의 참여를 유발하기도 했다. 노예 소유주들의 청원은 플랜테이션에서 일어나고 있는 '불복종'에 대한 불만을 토로하고 있었는데, 여기에서 그들은 "노예들이 무기를 휴대하고 돌아다니고, 그런 행위를 통해 이웃 파젠다들에 나쁜 예를 제공하는 것 외에도, 특히 바이아 사건 때문에 노예들이 전체적으로 (주인들에 대해) 마땅히 가져야 할 존경심을 갖고 있지 않아 공포의 대상이 되고 있다"고 말하고 있다. 이런 노예제 폐지를 주장하는 봉기에 대한 섭정 정부의 두려움을 반영하는 또 하나의 조치는 봉기에 참여한 노예들을 사형에 처한다는 1834년의 법이다.

많은 봉기들 가운데 가장 심각한 것은 1835년 히우그란지두술Rio Grande do Sul 주에서 일어난 봉기였다. 이 봉기는 하층민들이 주축을 이루고 있다는 의미로 경멸적인 의미로 '거지들의 혁명'Revolução Farroupilha이라고 불리기도 했지만 실제로 이 봉기를 이끈 것은 봉기 세력의 주축을 이룬 가우슈들을 지배하고 있던 가축 귀족들이었다. 강렬한 지역주의, 중앙 정부가 임명한 인기 없는 주지사와 세금에 대한 불만, 강한 공화주의 지지 정서, 이 모든 것이 봉기 발발의 원인이 되었고, 봉기자들은 1836년 독립적인 히우그란지 공화국을 건설했다. 주세페 가리발디Giuseppe Garibaldi를 비롯한 상당수의 이탈리아인 망명객들(이들은 노예제를 반대하는 열정적인 공화주의자들이었다)의 존재는 이 봉기에 급진적인 색채를 더해 주었다. 거의 10년 동안 브라질에는 두 개의 국가—하나의 공화국과 하나의 제국—가 공존했다.

히우그란지의 봉기를 진압하지 못한 제국 군대의 무능함은 섭정 정부를 더욱 약화시켰으며, 1838년에는 발라이아다Balaiada 반란이 마라냥Maranhão, 피아우이Piauí, 세아라Ceará 등 북부 지역을 휩쓸었다. 가장 많은 노예를 가지고 있었던(전체 노예의 약 55%를 차지했다) 마라냥 주에서 시작된 이 봉기는 징집에 대한 하층 계급의 저항으로 시작하여 흑인 노예, 원주민, 자유 유색인, 확실하게 자리 잡은 도망노예 공동체들이 참여하는 대규모 봉기로 발전했다. 도망노예들의 지도자 코스메 벤투 차가스Cosme Bento Chagas는 2천 명에 이르는 노예로 이루어진 군대를 창설하고, 지역 내 농장주들을 위협하여 그들이 데리고 있는 노예들을 해방시키게 했다. 역사가 마티아스 뢰리그 아수상Matthias Röhrig Assução에 따르면, 또 한 명의 혼혈인 봉기지도자 라이문두 고메스Raimundo Gomes는 "모든 유색인, 카브라(흑인 물라토), 그리고 카보클루caboclo(브라질 인디언과 유럽인 간의 혼혈)의 평등한 권리"를 선언하기도 했다.

점점 급진적·평등주의적으로 되어 간 봉기자들의 주장은 그들의 광범한 범凡계급적, 다인종적 성격을 반영했다. 정부 관리들도 이 점을 확인해 주고 있는데, 예를 들어 정부군 사령관 루이스 알베스 지 리마Luis Alves de Lima는 고메스를 "자신은 봉기를 일으킨 흑인들과 제휴하려고 한 것이

The Art Gallery Collection/Alamy

장 밥티스트 드브리가 그린 '브라질의 노예제'는 브라질 노예제를 특징짓고, 발라이아다 봉기를 촉발시킨 노예제의 잔인성을 묘사하고 있다. 이 봉기의 이름은 아프리카-브라질 인 바구니 제작자 마누엘 프란시스쿠 두스 안후스 페레이라(Manuel Francisco dos Anjos Ferreira)를 기리는 의미로 붙여졌는데, 그는 노예제 폐지와 독립 공화국 수립을 요구하는 운동에 수천 명의 아프리카-브라질 인을 이끌었다.

아니라 이제 아무 재원도 없고, 항상 쫓기는 상태에서 그들을 자신에게 끌어들이려고 했다고 주장한" 봉기 지도자로 기술했다. 이처럼 점차 증대되어간 하층민들의 동맹은 분명 군주정과 플랜테이션 과두지배자들, 그리고 그들을 지탱해 준 사유재산권을 위협했다. 이들 엘리트들은 자신들의 권력과 특권을 수호할 목적으로 인종 문제를 이용해 봉기 세력의 분열을 획책했는데, 그 방법은 모든 자유신분의 봉기자들에게 만약 도망노예를 추포하는 일에 협력한다면 봉기 가담의 죄를 용서해주겠다고 약속하는 것이었다. 리마에 따르면, 그의 사면 제안은 "더 이상의 봉기를 막기 위한 방법의 일환으로 노예들과 자유신분의 봉기자 간에 적대감을 부추기려고 고안된 것"이었다.

군대가 전장에서 질서 회복을 위해 노력하는 동안 (연방제에의 양보를 지지한) 보수적인 자유주의자들은 중앙 정부의 강화를 요구하는 보수당과의 정치적 타협을 모색했다. 군주제, 노예제, 현상유지 같은 핵심적인 문제와 관련하여 이들 자유주의자들과 보수주의자들은 견해가 별로 다르지 않았다. 그들은 또한 히우그란지의 반란과 그 외 북부 지역의 봉기를 진압해야 한다는 데도 의견을 같이 했다. 공화 정부에서의 히우그란지의 경험과, 공화국 군대에 합류하는 모든 노예들에게 자유를 허용하겠다는 봉기자들의 제의는 특히 군주제와 노예제를 심각하게 위협했다. 체제전복적이고 분리주의적인 이런 봉기를 상대로 하는 싸움에서 자유주의자들과 보수주의자들은 중앙 정부의 힘을 강화하기 위해 페드루가 아직 법적으로 성인이 되지 않았음에도 그를 전면에 내세우기로 결정했다. 1840년 두 당은 서로 공모하여 의회 쿠데타를 획책하고 열네 살에 불과한 페드루를 황제로 추대했다. 황제는 1834년의 부가 법령이 표방하는 연방제적 개혁을 와해시킨 보수 정부에 권력을 위임하고 주의회의 권한을 대폭 축소했으며, 지역의 선출직 판사들이 가진 사법권과 경찰권을 박탈했다.

그 후 정부는 히우그란지의 봉기자들을 상대로 묵은 빚을 청산하는 작업에 착수했다. 공화국 쪽의 상황은 내분에다가, 1843년 2월 아르헨티나의 침입에 이어 우호적인 우루과이마저 지지를 철회하자 극히 어려워졌다. 군사적 패배가 분명해지자 공화국 지도자들은 평화조약을 체결하자는 리우데자네이루의 제안을 받아들여 1845년 2월 조약을 체결했다. 평화조약은 모든 봉기자에게 사면을 제공하되, 공화국에서 제정된 모든 법은 폐지되었다. 가축 귀족들은 주지사직에 도전할 자신들의 후보를 지명할 권리, 그리고 자신들의 군사적 직책을 그대로 유지할 권리 등 몇 가지 양보를 얻어 냈다.

1830년대와 1840년대 브라질을 휩쓴 일련의 봉기 가운데 마지막으로 일어난 대규모 봉기는 1848년의 페르남부쿠의 봉기였다. 헤시피 시가 중심이 된 이 봉기의 원인 가운데는 지역 상업을 독점한 포르투갈 상인들에 대한 적대감, 보수주의 정부가 임명한 인기 없는 지사, 그리고 그 지역의 가장 부유한 지주인 유력한 카발칸치Cavalcanti 가문에 대한 증오심 등이 포함되어 있었다. 봉기자들은 모든 포르투갈 상인들을 헤시피에서 추방할 것, 지역 자치를 확대할 것, 실업자에게 일자리를 제공할 것, 카발칸치 가문의 토지를 분배할 것 등을 주장했다. 그러나 이 급진적인 프로그램에도 노예제 폐지에 대한 언급은 없었다. 이 봉기는 1849년 제국 군대의 헤시피 점령과 함께 진압되었다. 이때 포로가 된 많은 봉기 지도자가 종신형을 선고받았으나 1852년 전원 사면되었다.

이 봉기들과 1830년대, 1840년대의 여러 무장 갈등의 배경에는 브라질의 전통적인 수출품에 대한 외국 시장의 약화가 가져다 준 경제 침체가 자리 잡고 있었다. 1830년대에도 이미 중요했지만 1850년대 이후 더욱 번성한 커피가 중남부 지역으로 확대되었고, 그것은 증대된 수입으로 중앙 정부의 힘을 강화하였으며, 지역 엘리트들과 국가 정부 간의 새 협력의 시대를 위한 토대를 놓았다. 커피의 새로운 번영은 수출 농업에 대한 신식민지적 강조neocolonial emphasis가 갖는 타당성과 합리성을 분명히 확인해 주었고, 더불어 브라질의 자치 발전이라는 더 지속적이지만 어려운 경로를 취하려는 생각을 약화시켰다.

정치 게임과 노예제의 위기

1850년경이면 브라질은 평화를 되찾은 것처럼 보였다. 황제는 유사 의회

체제를 지배했고, 소수 지배층의 이익을 위해 자신의 권력을 행사했다. 그는 자의적으로 보수주의자와 자유주의자를 교대로 수상에 임명하는 것으로 의회제라는 외형을 존중하는 척했다. 새 정부가 의회에서 다수 의석을 획득하지 못하면 부정한 방법으로 조작한 선거를 통해 이를 획득하게 했다. 동 페드루의 숭배자였던 조아킴 나부쿠Joaquim Nabuco는 자신의 책 『노예제 폐지론』*O abolicionismo*에서 이 체제가 작동하는 방식을 다음과 같이 기술했다.

> 대의제는 가부장적인 정부에 의회제를 덧붙인 것이다. 상원의원들과 하원의원들은 자신들이 취할 개인적 이익이 있을 때만 이 민주주의의 패러디에서 진지하게 자신의 역할을 받아들인다. 국가 보조금을 폐지하고, 그들이 자신의 직위를 남용하여 자신과 가족의 이익을 취하는 행태를 중단시키면 다른 할 일을 가진 사람이라면 누구도 그런 섀도우복싱에 시간을 낭비하려 하지 않을 것이다.

1850년 이후 몇 십 년 동안 브라질 정치를 지배한 표면상의 안정은 리우데자네이루, 상파울루, 미나스제라이스의 커피 재배 지역의 번영을 바탕으로 하고 있었고, 그 번영은 브라질 커피의 수요 증대와 좋은 가격이 가져다준 것이었다. 그러나 북동부 설탕 생산 지역과 그곳의 플랜테이션 사회는 고갈된 토양, 낙후된 기술, 외국 설탕과의 경쟁으로 계속 쇠퇴일로를 걸었다.

북동부 지역의 위기는 영국이 1831년 11월 7일 브라질에 대해 노예 수입 금지를 강요하는 내용의 영국-브라질 간 조약을 체결하게 하면서 더 심화되었다. 1850년 이전에는 이 조약이 효과적으로 작동되지 않았다.

1840년대에도 1년에 5만 명 이상의 노예가 브라질에 수입되었다. 그러나 1849년과 1850년 영국 정부는 브라질을 압박하여 케이로즈Queiroz 반反노예무역법을 통과시켰고, 자국 전함들에게는 필요하다면 브라질 해역 안에 들어가서라도 브라질의 노예수송선을 파괴하라는 지시를 내렸다. 그리하여 1850년대 중반경이면 노예수입은 사실상 중단되었다.

노예무역의 폐지는 중대한 결과를 가져왔다. 형편없는 음식과 중노동과, 그 외 여러 가지 부정적 요인들 때문에 노예 사망률은 매우 높았으며, 그 때문에 자연적 재생산만으로는 노예 인구를 안정적으로 유지할 수 없었고, 그것은 노예제가 언젠가는 사라지게 될 것임을 의미했다. 노예무역의 종식은 심각한 노동력 부족 사태를 낳았고, 남쪽 커피 플랜테이션 농장주들이 북쪽 사탕수수 농장주들보다 노예 노동에 대해 더 큰 경쟁력을 가졌기 때문에 다수의 노예가 북쪽에서 남쪽으로 이동했다. 이 이동은 쇠퇴하는 북부 지역과 번영하는 남·중부 지역 간의 불균형을 더욱 심화시켰다. 1860년대경이면 점점 더 많은 브라질 인이 노예제로 인해 브라질에 대한 세간의 평판이 악화되었다는, 그리고 노예제는 폐지되어 마땅하다는 생각을 하게 되었다. 미국 내전으로 미국에서 노예제가 폐지된 것(그로 인해 이제 브라질과, 에스파냐령 쿠바와 푸에르토리코만이 서반구에서 유일하게 노예를 보유한 지역이 되었다)도 이 문제에 대한 민감성을 더해 주었다. 파라과이 전쟁 또한 노예해방의 명분을 강화해 주었다. 전선에서 많은 인명 손실이 생기자 이를 충원하기 위해 황제는 군 입대에 동의한 정부 소유 노예들에게 자유를 허용하는 법령을 발표했고, 일부 사유 노예 소유자들도 그 뒤를 따랐다.

노예제에 대한 비판은 점차 노예제에 대한 신중한 태도 때문에 비난의 대상이 되고 있던 황제에 대한 비판과 합쳐졌다. 황제는 노예제가 폐지되어도 자신은 살아남을 수 있으리라고 생각은 했지만 노예제 폐지가 수반하게 될 '흑인, 물라토, 카보클루들'의 독립적인 단체들이 점점 증가해 가는 추세를 크게 두려워했다. 국왕평의회 위원인 피멘타 부에누Pimenta Bueno에 따르면,

> 정치적 경험상 이 문제에 대해 언급하지 않는 것이 최선의 방책이다. 원칙이 존재하게 허용하면 그것이 발전할 것이고 결과를 만들어 내게 될 것이다. 카스트에 따라 구별하고 차별하는 것은 언제나 나쁘다. 평등은 비록 그것이 현실적이지는 않지만 모든 국가들의 목표였다.

이런 생각은 19세기 브라질의 갈등을 요약하고 있으며, 궁극적으로 시드니 샬로브Sidney Chalhoub 같은 역사가로 하여금 브라질 인들은 아프리카계 주민들의 정치적 소외라는 유산을 상속받고 있다는 결론을 내리게 만들었다.

노예제 반대 운동과 더불어 초기 형태의 공화주의 운동이 나타났다. 1869년 호전적인 자유주의자들의 모임인 '개혁 클럽'Reform Club이 황제의 권한을 제한하고 새로 태어난 노예의 자녀들에게 자유를 부여할 것을 요구하는 선언문을 발표했다. 노예제의 위기는 빠르게 브라질 제국의 위기가 되어 가고 있었다.

노예제 반대 운동

파라과이 전쟁(1870)이 끝나고 나서 노예제 문제가 브라질 정계의 전면에 부각되었으며 가장 중요한 문제가 되었다. 개인적으로 노예제를 반대했던 동 페드루는 이 불가피한 노예제 폐지를 가능한 한 최대한 늦추려는 강

한 결의를 가지고 있던 노예 소유주들과, (노예 자신들은 물론이고) 시간이 갈수록 수가 늘어나는 노예해방 지지자들(즉, 자유주의 지도자, 지식인, 도시 중간 계층, 그리고 자유 유색인) 사이에 끼어 난감한 처지에 놓여 있었다. 1870년 에스파냐가 쿠바와 푸에르토리코의 새로 태어나거나 혹은 늙은 노예, 모두를 해방시킴으로써 브라질은 아메리카에서 노예제를 식민지 원형의 모습으로 유지하는 유일한 나라가 되었다. 노예제에 대한 노예들의 저항이 가져다 줄 항구적인 사회적 불안을 두려워 한 보수주의 내각은 얼마 안 가 압력에 굴복하여 1871년 의회에서 리우브랑쿠Rio Branco 법을 통과시켰는데, 이 법은 노예 여성에게서 태어난 모든 아이들을 해방시키되, 여덟 살까지 노예 주인이 그 아이들을 돌보게 하는 것이었다. 그리고 아이들이 여덟 살이 되면 노예 소유주는 일정액의 보상금을 받고 그 아이들을 정부에 넘기거나 아니면 스물한 살까지 임금 노동자로 데리고 있을 수 있었다. 이 법은 또한 국가나 국왕이 소유한 모든 노예들을 해방시켰고, 노예 주인들이 데리고 있던 노예들을 해방하는 대가로 그들에게 지불하는 데 사용할 기금을 창설했다.

리우브랑쿠 법은 노예제 문제의 최종적 해결을 뒤로 미루기 위해 고안된 전술적 후퇴였다. 1884년까지도 브라질에는 100만 명이 넘는 노예가 있었고, 브라질의 '자유로운 태아법'은 고작 113명의 노예를 해방시켰을 뿐이다.

노예제 반대 운동의 지도자들은 이 법을 속임수요 기만이라고 강하게 비난하면서, 즉각적이고 전면적인 노예해방을 강력히 요구했다. 1880년 이후 노예제 반대 운동은 강력한 추동력을 얻게 되었는데, 도시들을 중심으로 이루어지고 있던 이 운동이 당시 도시들에서 힘을 얻고 있던 경제적·사회적·지적 근대화 과정으로부터 힘을 이끌어냈던 것이다. 이 새로운 도시 집단들이 볼 때 노예제는 시대착오적인 것이었고, 근대성近代性과는 명백하게 공존이 불가능한 것이었다.

노예 소유주들 간에도 분열이 나타났다. 노예제가 이미 경제적으로 그리 중요하지 않았던 북쪽에서는 점점 더 많은 플랜테이션 주인들이 임금 노동으로 옮겨간 상태였고, 그들은 주로 세르타네주sertanejo(내륙 지방 원주민)들과, 플랜테이션 경제의 외곽에 살고 있던 가난한 백인과 혼혈인에게서 노동력을 구하고 있었다. 북쪽 지방의 노예 인구를 감소시킨 또 하나의 요인은 1877~1879년에 나타난 극심한 가뭄이었는데, 이 가뭄으로 그 지역 부자들 가운데 다수가 자신의 노예를 매각하거나, 노예들을 데리고 그곳을 떠났다. 아마조나스Amazonas와 세아라 같은 원주민 혹은 혼혈인 노동자가 흑인 노예보다 훨씬 많은 곳에서는 1884년 영역 내 노예제를 철폐했다. 이와는 대조적으로 리우데자네이루, 상파울루, 미나스제라이스의 커피 플랜테이션 주인들은 노예무역에 종사하거나 커피 재배 지역에 노예를 공급하는 북쪽 플랜테이션 주인들과 더불어 노예제 폐지에 가장 완강하게 저항했다.

노예제 폐지 운동은 놀라운 지적 혹은 도덕적 능력을 가진 지도자들을 낳았다. 그 가운데 한 사람이 브라질 제국의 유명한 자유주의 정치가의 아들이었던 조아킴 나부쿠였다. 노예제에 대한 그의 설득력 있는 분석이자 고발인 『노예제 폐지론』은 독자들에게 큰 반향을 불러일으켰다. 또 한 명의 지도자로 물라토 출신의 언론인 주제 두 파트우시니우José do Patrocinio가 있었는데, 그는 맹렬하고 통렬한 문체로 유명한 선전의 대가였다. 또 한 명의 물라토 지도자 안드레 레부사스André Rebouças는 엔지니어이자 교사로서 노예해방 운동의 지도적인 조직자였으며, 황제는 그의 지적 능력을 높이 사 그와 개인적 친교를 맺기도 했다. 나부쿠와 그의 무장 동료들에게

Hack Hoffenburg

1882년경 리우데자네이루 주 테레이로스에 있는 플랜테이션에서 커피를 말리고 있는 노예들

는 노예제 반대투쟁이 브라질 사회의 변화를 위한 더 큰 투쟁의 중요한 일부이기도 했는데, 그들은 노예제 폐지가 토지개혁, 공교육, 정치적 민주주의 같은 다른 목표를 달성하는 데 필요한 길을 닦아 줄 것으로 기대했다.

의회는 점증하는 압박에 굴복하여 1885년 9월 28일 또 하나의 조치를 취했는데, 그것은 60세 이상의 모든 노예를 해방시키되, 다만 그에 앞서 3년 동안 노예 주인에게 봉사하게 하고, 5년 동안 그들의 거주지를 떠나지 못하게 하는 것으로 되어 있었다. 이런 조건은 60세 이상을 넘긴 노예들이 별로 없었다는 사실과 함께 대부분의 노예들의 신분에 별 변화가 나타나지 않게 됨을 의미했다. 제국 정부는 또한 14년 내에 남아 있는 노예들의 자유를 노예 소유주들로부터 매입하겠다고 약속했는데, 리우브랑쿠 법의 경험에 비추어 이 약속을 의미 있는 것으로 생각한 사람은 거의 없었던 것으로 보인다. 노예제 폐지론자들은 새 법이 또 하나의 전술적 책략일 뿐이라고 확신하여 모든 타협적 해결을 일축하고 즉각적이고 무조건적인 해방을 촉구했다. 1880년대 중반경 노예제 반대 운동은 더욱 힘을 얻게 되었으며 좀더 호전적인 성격을 띠게 되었다. 다수의 노예들이 자신들의 자유를 위해 발로 뛰었다. 그들은 상파울루에서 세아라(이곳에서는 이미 노예제가 폐지된 상태였다)로 도망갈 수 있게 도와준 '지하 철도'underground railroad를 조직한 노예제 폐지론자들의 도움을 받았다. '군인 클럽'Club Militar이라는 모임으로 조직화되어 있었던 군 장교들은 도망노예 추적에 군 병력이 사용되는 것에 반대하고 나섰다.

1887년 상파울루는 시민들의 기부금으로 조성된 기금으로 도시 내 모든 노예를 해방시켰다. 많은 노예 소유주들이 담벼락에 쓰여진 글을 읽고는 일정 기간 동안 장원에 남아서 일을 더 해준다는 조건 하에, 데리고 있던 노예들을 해방시켜 주었다. 1887년경이면 상파울루의 완고한 커피 농장 주인들도 노예들에게 임금을 제공한다든지 그들의 노동 조건이나 생활 조건을 개선해 주는 등의 방식으로 새로운 상황에 적응할 준비가 되어 있었다. 그들은 또한 유럽 이민자들을 상파울루로 끌어들이기 위한 노력을 강화했고, 이 노력은 매우 성공적이어서 1885년에 6,600명에 불과하던 상파울루의 유입 이주민 수가 1887년에는 3만 2,000명, 1888년에는 9만 명에 이르렀으며, 그 결과 커피 생산은 기록적인 수준에 이르게 되었다. 이렇게 해서 노동 문제가 해결되자 상파울루는 노예제 철폐에 대한 지금까지의 완강한 태도를 포기하고, 오히려 노예제 폐지를 위한 성전에 동참하는 사람까지 생겨났다.

1888년 5월 13일, 브라질은 마침내 노예제를 폐지했다. 그러나 전통적인 해석과 달리 이 결정이 점진적인 노예제 쇠퇴 과정의 정점이거나 노예 주인들의 평화로운 노예제 폐지 수용 과정의 절정은 아니었다. 전체 노예의 수는 1885년 이후 요란한 폐지 운동, 수많은 노예들의 도망, 무장 충돌, 그리고 무정부 상태로 치달을 것 같아 보였던 다른 여러 혼란 등의 결과로 이미 급속하게 감소해 있었다. 요컨대 노예제 폐지는 개혁이 아닌 혁명을 통해 찾아온 것이었다.

노예제 폐지의 영향은 그 폐지를 결사적으로 반대한 사람들의 험악한 예언이 틀렸음을 분명히 보여 주었다. 노예제의 부담에서 자유로워지고, 세계적으로 커피 가격이 계속 높게 유지된 상황(대략 1896년까지)의 도움을 받아 브라질은 폐지 이후 수년 동안 거의 70년에 걸친 제국 지배기 동안보다 더 많은 경제 발전을 이루었다. 파젠데이루들은 자신들의 커피 농장에 해방 노예 대신 이민자를 고용했다. 도시들에서 흑인 수공업자들은 이민자들에게 일자리를 빼겼다. 그러나 노예 신분에서 해방된 사람들의 입장에서 볼 때 변한 것은 별로 없었다. 새로 자유를 찾게 된 사람들에게 땅을 제공하라는 노예제 폐지론자들의 요구는 받아들여지지 않았다. 여러 지역에서 전前 노예 주인들과 자유신분이 된 과거 노예들 간의 관계는 대체로 변한 것이 없었다. 인종주의적 전통과 파젠데이루들의 정치적 힘은 전 노예들에 대해 거의 절대적인 지배권을 그들에게 부여해 주었다. 토지를 갖지 못하고 교육도 제대로 받지 못한 해방 노예들은 이제 "굶주림이라는 채찍"에 의해 가장 힘들고 가장 급료도 적은 직업에 종사해야 했다. 더욱이 시민권을 행사하기 위해서는 일정액 이상의 수입이 있어야 하고 읽고 쓸 줄을 알아야 한다는 조건을 규정해 놓고 있었던 정치개혁은 이제 새롭게 자유신분이 된 사람들의 참정권을 대부분 박탈했다. 그 개혁은 또한 자유 유색인들과 가난한 백인들의 투표권도 극적으로 감소시켜 놓았다. 1872년의 인구조사에 의하면 전체 국민 가운데 16%만이 글을 읽을 수 있었던 사회에서 이 법은 글을 읽을 수 있는 유권자 가운데 99%의 투표권을 박탈했으며, 인종에 따른 은밀한 차별의 토대를 마련해 놓았다.

페루

페루가 에스파냐의 지배로부터 독립하게 된 것은 외부로부터 온 것이었다. 크리오요 귀족들은 광산, 작업장, 아시엔다에서 원주민과 아프리카 인 노예의 강제 노동으로부터 부를 끌어내고 있었으며, 오히려 혁명이 이 휘발성 강한 재료(원주민과 노예)에 불을 붙이게 되지 않을까 두려워했다. 호세 데 산 마르틴, 시몬 볼리바르 같은 해방자들은 새로 탄생한 페루 국가의 사회적·경제적 개혁을 시도했다. 볼리바르를 만나기 위해 과야킬로 떠나기 전 산 마르틴은 노예 수입 금지, 페루에서 태어난 모든 노예 자식들의 자동적인 신분해방, 원주민 공납 철폐, 모든 형태의 원주민 강제 노동 폐지 등을 포함하는 법령을 발표했다. 또한 그는 원주민이건 크리오요건 상관없이 페루에 거주하는 모든 주민은 페루 인이라고 선언했다.

그러나 이런 개혁은 크리오요 엘리트들의 이익에 배치되었기 때문에 산 마르틴이 과야킬에서 볼리바르를 만나기 위해 리마를 떠나자 실행에 옮겨지지 않고 유명무실한 것이 되고 말았다. 볼리바르는 1823년 페루에서 집권하자 산 마르틴의 그것과 비슷한 자유주의적 이데올로기에 입각한 개혁을 추진했다. 독립적인 소토지 보유농 계급을 만들어 내기 위해 그는 원주민 공동체의 해체와, 공유지를 여러 개의 작은 땅뙈기로 분할하라는 명령을 내렸다. 각 가구에는 작은 땅뙈기를 사유재산의 형태로 제공하고, 남은 부분은 공유지로 편입시켰다. 볼리바르는 공유 재산을 공격하는 한편으로, 야나코나 혹은 콜로노들colonos(원주민 소작인 혹은 농노들)의 부역으로 운영되는 대규모 아시엔다great haciendas라는 봉건적 재산은 그대로 남겨 두었으며, 콜로노들은 자신이 수확한 산물의 50~90%에 이르는 높은 지대를 지주에게 바쳐야 했다.

볼리바르의 토지개혁은 선의를 가지고 추진되었으나 결국 아센다도, 관리, 상인들의 배만 불리는 결과를 만들어 냈으니, 그들은 해체된 원주민들의 공유지를 차지하여 거대한 대농장을 만들었던 것이다. 그 과정은 서서히 시작되었으나 세기가 진행되어 가면서 점차 추동력을 얻었다. 원주민 공납을 폐지하려고 한 볼리바르의 시도는 별로 성공하지 못했다. 그가 1826년 페루를 떠나자 페루의 크리오요 정부는 '원주민의 분담금' contribución de indígenas(원주민들에게 부과하는 인두세)이라는 이름으로 세라노serrano('산악 지대 사람')들에 대한 공납을 다시 도입했다. 그리고 크리오요 정부는 해안 지역 메스티소들에 대해서도 '카스타들의 분담금' contribución de castas을 재도입했다.

새 정부가 주요 수입원으로 그와 같은 공납에 지나칠 정도로 의존해야 하는 상황은 페루의 경제적 침체를 반영하는 것이었다. 혁명은 광산업과 해안 지역 플랜테이션 농업(이 두 가지는 이미 18세기 말부터 쇠퇴의 길을 걸어오고 있었다)의 파괴를 완결지었고, 빈약한 수준의 수출로는 영국에서 그보다 훨씬 대규모로 유입되는 수입 공산품 가격 지불을 위한 돈을 마련할 수 없었다. 그 결과 이미 영국 자본가들에게 상당액의 전시戰時 부채를 지고 있었던 새 국가는 가장 중요한 무역 상대국인 영국에 대해 막대한 규모의 무역 적자를 감수해야만 했다. 1836년 이후 양모 수출이 늘어나고, 1840년에는 해안 지역에서 구아노 개발에 따른 새로운 경제 시대가 열렸다. 그러나 그 첫 단계에서는 구아노 주기guano cycle가 해안 경제의 부활에 필요한 자본 축적을 가져다주지 못했다.

페루의 정치와 경제

페루의 후진적이고 침체한 경제, 산지와 해안 지역 간의 깊은 괴리, 칠레에서 나타난 것과 같은 믿을 만하고 지적인 리더십을 국가에 제공해 줄 수 있는 지배 계급의 부재 등은 만성적 정치 불안과 내전 상태를 낳았다. 이는 노예들에게 자기 해방을 실현할 수 있는 충분한 기회를 제공해 주었다. 첫째, 해안 농업과 고지대 광산업의 쇠퇴해 가는 생산성에 대한 대안으로 도시 노예의 중요성이 커졌다. 농촌의 노예 소유주들은 자기 노예들을 리마나 다른 도시에 임대함으로써 수익을 얻을 수 있었으며, 그 노예들은 도시에서 다양한 형태의 숙련 노동에 종사하여 번 수입을 자기 주인들에게 바치거나 자신들의 자유를 매입하는 데 사용했다. 둘째, 도시 노예제는 흑인 노예들에게 상당한 이동성을 제공해 주었고, 노예 소유주의 직접적인 지배를 약화시켰다. 도시 노예들은 이를 이용해 법정에서 자기 주인들에게 도전하기도 했는데, 주인들이 공화국의 법을 어기고 자신들을 육체적으로 학대했다고 주장하는 것이 그것이었다. 심지어 한 노예는 자신의 주인이 영국인이고 프로테스탄트이기 때문에 자신은 해방되어야 한다고 주장했는데, 이는 리마의 가톨릭 크리오요 행정관들의 종교적 편견에 호소하려는 것이었다. 셋째, 도시 노예들은 또한 "리마에 있는 정부를 타도하고 백인들을 살해하기 위해" 다양한 음모에 가담하기도 했는데, 그 대표적인 예가 후안 데 디오스 알고르타Juan de Dios Algorta가 주도한 1835년의 모의이다. 마지막으로, 카리브 해의 노예 반란과 비교하면 매우 드물었지만 흑인 노예들이 무장 봉기에서 지도적인 역할을 수행하기도 했는데, 1851년에 일어난 치카마Chicama 봉기가 그 대표적인 예이다. 노예제에 대한 이런 '일상적인 저항'이라는 배경 속에서 이 폭력적인 무장 봉기는 페루의 '독특한 제도'의 운명을 결정지었다. 엘리트 유산자들은 노예제로 인해 발생하는 것으로 보이는 사회적 불안을 더 이상 좌시할 수 없었다. 특히 노예제의 경제적 이점이 오래전부터 사라져 왔기에 더욱 그러했다.

이런 상황 하에서 군벌 카우디요들(이중에는 독립전쟁 동안 평민 출신으로서 일반 사병에서 고위직에 오른 사람도 있었다)은 새 국가의 정치 생활에서 결정적인 역할을 수행하게 되었다. 그중에는 이기적 출세주의자나 귀족적인 크리오요 도당들의 도구에 지나지만은 않은 인물들도 있었다. 군벌 카우디요 가운데 가장 유능하고 계몽된 사람이 메스티소 출신의 라몬 카스티야Ramón Castilla였는데, 그는 1845년부터 1851년까지, 그리고 다시 1855년부터 1862년까지 페루 대통령으로 재직했다. 카스티야는 구아노 수출의 급증에 기반을 둔 페루의 경제 발전을 이끌었다. 이 수출무역을 지배한 것은 영국의 자본가들이었는데, 그들은 페루 정부에 차관을 제공하는 대가로(이 차관은 구아노의 출하를 담보로 한 것이었다) 세계 특정 지역에 대한 구아노 판매권을 획득했다. 터무니없이 높은 이자율과 수수료율은 그들의 이익을 크게 높여 주었다. 카스티야가 구아노 광산 가운데 일부를 정부가 직접 개발하고, 구아노 생산량과 가격을 정부가 통제하고, 구아노에서 얻어지는 수입을 국가 발전 계획에 투자하는 것을 고려해 보지 않은 것은 아니지만 그 생각을 끝내 실행에 옮기지는 못했다. 그러나 구아노 경기의 호황은 페루 국내 상업과 은행업의 성장을 자극하고, 국내 자본가 계급의 핵심을 창출해 냈다. 구아노 산업의 번영은 또한 근대적 하부구조의 구축 작업을 시작하는 데 필요한 자본을 제공해 주었다. 그리하여 1851년 리마와 그 외항 카야오Callao 간을 오가는 첫 기차가 개통되었다.

구아노 수입收入의 증대는 라몬 카스티야가 일련의 사회개혁을 단행할 수 있게 해주었으며, 국가 건설 과정에 기여하기도 했다. 1854년 그는 노예제와 원주민 공납을 폐지하여 원주민들을 과중한 재정 부담에서 자유롭게 하고, 2만 명에 달하는 아프리카계 노예의 해방을 단행하였다. 노예제 폐지는 대농장주 귀족들에게 매우 유리했는데, 그들은 당시 노예 시세의 40% 정도를 보상받을 수 있었다. 이 보상금을 가지고 농장주들은 종자와 묘목, 그리고 계약에 따라 페루에 들어 온 중국인 쿨리들을 살 수 있었다(그 쿨리들을 사실상 노예나 다를 바 없었다). 한편, 노예 신분에서 해방된 흑인들은 대개 아시엔다 주변부에서 거주하는 분익소작농sharecroppers이 되었으며, 또 그들은 편리한 무임無賃 노동력과 지대원地代源이 되어 주었다. 이런 발전들에 자극을 받아 해안 지역에서 면화, 사탕수수, 곡물 생산이 증가했다. 고지대의 경제 또한 비록 규모는 작았지만 아레키파와 리마를 통한 양모와 가죽 수출을 위한 광범위한 목축업의 발전과 더불어 활성화 되었다.

1850년 이후 페루 경제의 전반적인 상승 기류는 미국 남부 지방 면화 산업의 일시적인 혼란과 대규모 외자 유입 같은 유리한 요인의 덕을 보았다. 그로 인해 면화와 설탕 수출이 급증했다. 해안 지역 라티푼디움은 원주민 공동체, 분익소작농, 소작인의 희생 위에서(이들은 모두 자기 땅에서 쫓겨났다) 계속 확대되었다. 이런 과정은 소면기梳綿機, 보일러, 설탕 정제 장비, 증기기관을 장착한 트랙터의 도입을 통한 해안 지역 농업의 근대화를 수반하였다.

리마의 상업 귀족과 토지 귀족은 농업 부문에서 얻어지는 수익으로 사치스런 생활을 하게 되었지만 페루 국가는 빚더미에 더 깊숙이 빠지게 되었다. 페루의 외자 유치를 위한 저당물이었던 구아노 광산은 유례없는 속도로 고갈되어 가고 있었으며, 차관에서 얻어지는 수익금 가운데 상당 부분이 옛 부채 혹은 새 부채의 이자 지불에 충당되었다. 군벌 카우디요 호세 발타José Balta의 지배기 동안 재무부 장관 니콜라스 데 피에롤라Nicolás de Piérola는 어려운 상황에서 페루를 구하고, 발전에 필요한 기금을 제공해 줄 계획을 입안했다. 이 프로젝트는 구아노를 매입하는 다수의 위탁인을 없애고, 유럽 내 구아노 판매의 독점권을 프랑스 회사 '드레퓌스와 콤파니'Dreyfus and Company에 주었다. 그 대신 드레퓌스 사는 차관에 대해 지불할 이자를 제공하고, 페루가 당면한 난관을 극복하는 데 큰 도움을 줄 수 있는 대부 제공에 동의했다. 이 계약을 계기로 다시 일련의 차관이 유입되었으며, 그것은 국가 미래와 관련하여 깨지지 않는 강력한 낙관론을 만들어 냈다.

칠레 철도 건설로 이름을 날린 미국 출신의 모험가이자 기업가인 헨리 마이그스Henry Maiggs는 어렵지 않게 발타와 피에롤라를 설득하여 산악지대 광산자원 개발을 위한 철도 체계 구축을 지원하게 만들었다. 그 결과, 드레퓌스 사와의 계약하에 들어온 자금의 상당 부분과, 감소해 가는 구아노 비축분에서 얻어진 수익의 대부분이 가까운 미래에 수익을 창출하기 어려운 철도 건설 사업에 투입되었다.

파르도와 문민당(Civilianist Party)

리마에서 성장한 국내 상업 부르주아지와 금융 부르주아지는 드레퓌스 사의 성공을 대단히 못마땅하게 생각했다. 백만장자 사업가 마누엘 파르도Manuel Pardo가 이끌고, 드레퓌스 사의 계약으로 구아노 판매위탁인직에서 배제된 사람들이 포함된 일단의 이런 부르주아들은 이 계약이 불법이라며 대법원에 제소했다. 그들은 구아노 판매위탁을 내국인 회사에 맡기는 것이 페루 경제 발전에 더 도움이 될 것이라고 주장했다. 그러나 이 법정 싸움에서 내국인 부르주아들은 패했다. 하지만 1871년에 그들은 '시빌리스타'Civilista, 즉 문민당(군벌 카우디요들과 반대된다는 의미로 붙여진 이름)을 조직하고, 파르도를 자신들을 대표하는 대통령 후보로 선출했다. '옛 귀족과 새로 부상한 자본가 계급'이 뒤섞여 있었던 이 문민당은 성직자와 군인들이 정치에 영향력을 행사하는 것을 반대하고, 경제에서 국가가 지도적인 역할을 떠맡아야 한다고 주장했다. 파르도는 1872년 어렵지 않게 두 명의 다른 후보를 물리치고 대통령에 당선되었다.

파르도의 재임 중 농업 붐이 일어났고, 1876년에 수출은 정점에 이르렀다. 외국 자본이 국내로 쏟아져 들어왔다. 이 무렵 아일랜드 인 이민자 그레이스W. R. Grace가 산업 제국 하나를 만들기 시작했는데, 여기에는 여러 개의 직물 공장, 조선소, 광대한 사탕수수 농장, 페루 최초의 대규모 제당소가 포함되어 있었다. 이처럼 민간 산업은 번영해 갔지만 정부는 부채와 적자의 수렁에 점점 더 깊이 빠져들었다. 구아노 주기는 파국으로 치닫고 있었으며, 거기서 얻어지는 수입은 구아노 가격 하락, 구아노 자원 고갈, 새로 대두한 중요한 비료원(즉 남부 페루 타라파카Tarapacá 주에서 영국-칠레 자본가들에 의해 개발된 초석)과의 경쟁 등으로 계속 감소했다. 파르도는 초석 산업을 장악하고 그것을 안정적인 정부 수입원으로 삼기 위해 타라파카의 외국인 회사들을 강제 수용하고 초석의 생산과 판매를 국가 독점 체제로 만들었다. 이 조치는 당연히 그로 인해 자기 재산을 국가에 수용당하고 가치가 심히 의심스런 채권으로 보상받아야 했던 영국계 칠레 인 기업가들의 분노를 샀다. 한편 여의치 않은 유럽 내 시장 상황 때문에 이 국유화 조치는 기대한 만큼의 경제적 수익을 창출해 내지도 못했다.

1876년 페루는 세계적인 경제 침체의 위력을 실감해야 했다. 불과 몇 달 만에 리마의 모든 은행이 문을 닫았다. 이듬해 정부는 외국 차관에 대한 원금과 이자 지불을 중지하고 아무 가치도 없는 지폐를 발행해야 했다. 경제적 붕괴에 이어 군사적 재난이 찾아왔는데, 태평양 전쟁이 그것이었다. 여기에서 페루 인들은 영웅적인 저항에도 불구하고 보다 발전된 경제 조직과 정치적 안정, 그리고 영국인 자본가들의 지지를 받은 칠레에 참패를 당했다. 전쟁은 경체 침체로 시작된 경제적 파괴를 완결시켰다. 칠레인들은 경제적으로 발전된 해안 지역을 점령하고 파괴했다. 그들은 아센다도들에게 세금을 거두고, 아센다도들이 갖고 있던 장비를 탈취하여 칠레로 가지고 갔다. 군대를 산지로 파견하여 아센다도, 도시와 마을들로부터 강제로 돈을 받아냈다. 그들의 강탈 행위는 현지 농민들을 분노케 했다. 안드레스 카세레스Andrés Cáceres 장군의 지휘 하에 농민들은 칠레 점령군을 상대로 효과적인 게릴라 소모전을 전개했다. 1883년 앙콘 조약Treaty of Ancón의 체결로 전쟁은 마침내 끝나게 되었다.

쿠바

19세기 쿠바의 발전은 다른 지역들과는 다른 식민 시대 경험 때문에 대부분의 라틴아메리카 국가들과는 상당히 달랐다. 콜럼버스가 1492년에 상륙하고 나서 3세기 동안 쿠바 섬은 주로 에스파냐 보물 함대의 전술적인 중간경유지 역할을 해왔다. 확대되어 간 대서양 횡단 시장에서 소외되고, 그렇다고 귀금속이 생산되는 것도 아니고, 착취할 대규모의 원주민을 갖고 있지도 않았던 쿠바는 대체로 경제적으로도 중요하지 않고 인구도 희박한 제국의 전초기지로 남아 있었다. 쿠바 섬의 주민들은 대부분 내수를 위한 소규모 농업에 종사했다. 17세기 말 쿠바는 카리브 해의 설탕 생산 섬들과는 달리 많은 수의 노예를 갖고 있지도 않았으며(아프리카계 인구는 4만 명 정도로, 아이티에 비하면 10분의 1에 불과했다), 그들 가운데 대부분은 비농업 분야에 종사했고, 숙련된 기술자들이 많았다.

경제적·사회적 변화 : 작물의 왕 설탕의 흥작

그러나 18세기 후반 쿠바가 단일경작 지역(단일 작물의 생산과 수출에 경제를 의존하는 지역)의 고전적인 사례로 바뀌면서 경제적·사회적으로 큰 변화가 나타났다. 쿠바 섬은 1762년 단기간에 걸친 영국의 아바나 점령 때 자극을 받고, 1783년 미국 독립으로 나타난 시장 확대로 또 한 번의 큰 자극을 받아 상업적으로 눈을 뜨게 되었다. 그러나 무엇보다도 중요한 것은 쿠바가 1790년대의 아이티혁명 이후 가장 중요한 설탕 생산 지역이자 노예 수입 지역 가운데 하나가 되었다는 사실이었다. 혁명 이전 아이티 섬은 세계 최대의 설탕 생산지였으나 혁명은 설탕 생산지로서의 아이티 섬을 거의 파괴했다. 그 후 반세기 동안 쿠바의 설탕 생산이 급증했으며 거의 60만 명에 이르는 아프리카 인 노예가 쿠바에 유입되었다. 1774년부터 1861년까지 쿠바 인구는 17만 1,620명에서 139만 6,530명으로 급증했고, 그중 30%가 아프리카계 주민이었다.

처음에는 설탕 경제로의 전환이 라티푼디움의 증가를 자극하지는 않았는데, 그것은 사탕수수 생산지로 전환된 땅이 대부분 대규모 목축 아시엔다들의 황무지였기 때문이다. 더욱이 많은 농민이 사탕수수 생산으로 전환하지 않고 당시 국왕 독점 체제 철폐로 좋은 가격을 유지하고 있던 커피나 담배 생산에 종사했다. 또한 늘어나는 제당소들은 그것들을 가동하는 데 필요한 가축, 그리고 노예들에게 먹일 식품에 대한 수요를 자극했다. 19세기 첫 몇 십 년 동안 농장주 수가 급증했고, 그들 가운데서 다음 세기 쿠바 사회를 이끌 지도자들이 나타났다.

19세기로 넘어가는 전환기에 아이티 설탕 생산의 몰락으로 나타난 경제적 붐은 카리브 해의 다른 섬들이 (쿠바가 받은 것과) 같은 자극에 반응하여 생산을 확대하거나 시작하게 되고, 그로 인해 엄청난 공급과잉이 초래되면서 끝나게 되었다. 이로 인한 경제 침체에서 산업이 회복되자마자 이번에는 나폴레옹 전쟁 기간 중에 나타난 외교 조치로 미국의 항구들이 봉쇄되는 사태가 벌어졌다. 그 직후 쿠바 경제에 또 다시 두 가지 새로운 도전이 나타났으니, 사탕무에서 추출한 설탕이 유럽에 도입된 것과, 노예무역을 종식시키려는 영국의 단호한 태도가 그것이었다. 영국은 1821년 에스파냐에 대해 노예무역의 중단을 요구했다. 또 다른 장애물은 에스파냐의 지배에 따른 제약이었는데, 높은 관세, 쉽게 구할 수도 없고 비싸기도 한 차관, 에스파냐령 아메리카의 독립전쟁에 따른 혼란이 그것이었다.

1820년경 일련의 기술 혁신 가운데 최초의 것이 쿠바 설탕 산업의 성격을 바꾸기 시작했다. 제당소 주인들은 사탕무에서 추출한 설탕과 경쟁하기 위해 사업 규모를 확대하고 증기기관을 장착한 기계 구입에 거액을 투자해야 했다. 제당소의 규모가 크면 클수록 더 많은 설탕을 정제할 수 있었고 더 많은 연료를 소비하고 더 많은 노동력을 필요로 했다. 규모가 작고 효율성이 떨어지는 제당소는 경쟁력에서 매우 불리했다. 근대적인 기계는 제당소의 크기를 키워 놓았다. 그러나 제한된 운송 시설 때문에 그 과정은 매우 서서히 이루어졌다. 철도 건설에는 엄청난 자금이 필요했고, 그리고 어쨌거나 쿠바에도 에스파냐에도 그런 대규모 사업에 필요한 충분한 자본이 없었기 때문에 대규모 제당소가 중요한 의미를 갖게 되는 것은 한참이 지나고 나서였다. 제당소들은 대개 특정 기간에만 운영되었기 때문에 거액의 유지비용이 들었다. 사탕수수 수확이 끝나고 나서도 노예와 가축들에게 숙식이 제공되어야 했다. 제당소 가동을 위한 연료 문제도 대규모 제당소의 확산을 더디게 만들었다. 제당소 부근의 숲은 일찌감치 고갈되었고, 다른 지역의 목재를 제당소로 운송하는 데에는 엄청난 돈이 들었다.

대규모 제당소(이것을 센트랄centrales이라 불렀다)의 필요성은 쿠바에서 대규모 플랜테이션의 발전을 가져왔다. 사탕수수 생산은 전통적으로 두 가지 방식 중 하나로 이루어졌는데, 하나는 현지 거주 노동력 혹은 임시 노동력에 의해 경작되는 것이고, 다른 하나는 콜로노라는 이름의 농민들에게 땅이 분할되어 분배되는 것이었는데, 이들 콜로노들은 사탕수수를 경작, 수확하고 그것을 센트랄에 가져와 정제를 의뢰하였으며, 그 비용을 설탕으로 지불했다. 성공적인 농장주들은 시장의 수요를 충당하기 위해 경작지를 확대하고 다수의 아프리카 인 노예를 장시간 동안 부려먹었다. 노예들은 대개 하루 16시간 이상 개간, 사탕수수 심기와 베기, 수확한 사탕수수를 센트랄에 운반하기 등의 일을 해야 했다. 이들에 대한 강도 높은 착취를 고려할 때 대부분의 노예가 이 일을 시작하고 나서 8년을 채 살지 못하고 죽었다는 사실은 결코 놀랍지 않다. 이런 토지 소유의 집중화 경향과 사탕수수 플랜테이션의 증대된 자본화는 설탕 산업에서 시장이 야기한 변화의 직접적인 결과였다.

그 결과, 설탕 생산은 19세기 초반 플랜테이션 규모의 확대, 센트랄 수의 증가, 아프리카 노예 증가에 힘입어 크게 발전했다. 1827년에 1,000개이던 센트랄이 1846년에는 1,442개, 1860년에는 2,000개로 늘어났다. 19세기 초 수십 년 동안 다시 활성화된 아프리카 노예무역은 노예 인구를 1788년 1만 8,000명에서 1810년 12만 5,000명으로 늘려 놓았다. 에스파냐 인 노예무역업자들은 1811년부터 1820년 사이 쿠바에 16만 1,000명의 아프리카 인을 노예로 들여 왔으며, 그 후로도 약 20만 명의 새 노예가 쿠바의 사탕수수 플랜테이션에 투입되었다.

무역의 확대와 대규모 설탕 생산의 도입은 환상적인 경제 호황을 촉발하고, 에스파냐령 아메리카 나머지 전역을 휩쓴 에스파냐 지배에 대항

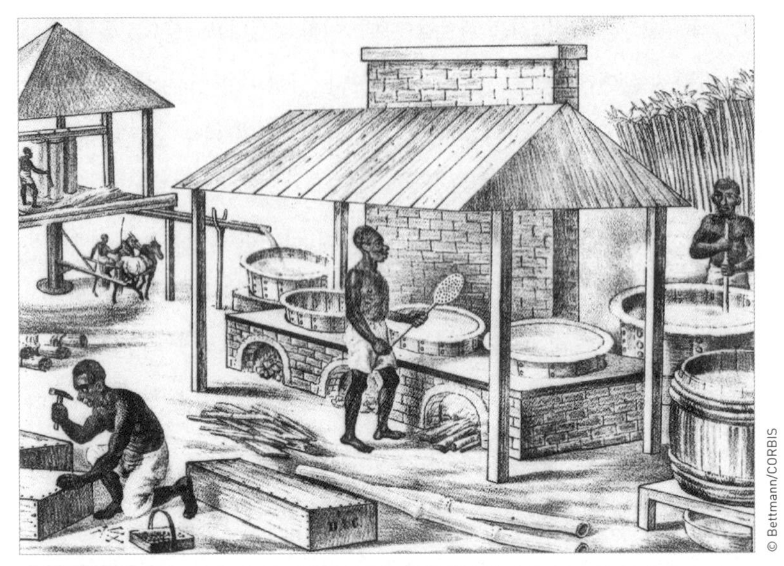

검은 카를로타(Black Carlota)라는 이름을 가진 한 아프리카-쿠바 인 여성은 1843년 대규모 노예 반란을 일으켜 에스파냐 인 관리들과 크리오요 플랜테이션 소유주들을 공포에 떨게 만들었다. 플랜테이션 소유주들은 아프리카 인 노예 노동력에 의존하여 1830년에 그려진 이 그림에서 묘사되고 있는 것 같은 설탕 플랜테이션을 운영했다.

한 크리오요들의 봉기가 쿠바에서도 나타나는 것을 지연시켰다. 에스파냐령 아메리카가 독립전쟁을 하는 동안 쿠바는 에스파냐에 대한 충성을 그대로 유지했는데, 그것은 쿠바의 크리오요 지도자들이 노예 반란을 두려워하기도 했고, 새로 자신들이 누리게 된 경제적 번영을 굳이 혼란에 빠뜨릴 이유가 없었기 때문이기도 했다. 반면에 점차 가혹해져 간 플랜테이션의 발전으로 노예나 자유 흑인들 사이에서는 불만이 증대되었다. 아프리카 인 노예들은 태업, 꾀병, 기계 파괴, 낙태와 같은 일상적인 저항 행위 외에도 1812년의 아폰테Aponte 봉기, 1844년의 라에스칼레라La Escalera 봉기 같은 대규모 봉기로 노예제에 대한 반감을 주기적으로 표출했다. 이 봉기들은 아이티혁명과 그 외 다른 노예 봉기들의 영향을 강하게 받아 아프리카 인 노예, 쿠바에서 태어난 흑인 노예, 자유 흑인, 자유 유색인들을 단결시켜 노예제 폐지와 플랜테이션 농업 폐지 운동에 나서게 했다.

그러나 19세기 후반이 되면 부유한 크리오요들은 점차 에스파냐가 신세계에서 소유한 최후의 그리고 가장 부유한 식민지(쿠바)에 대해 계속 복종을 강요하려고 하는 부패한 에스파냐 관료들에 대해 심히 못마땅하게 생각하게 되었다. 식민지는 억압적인 에스파냐의 지배를 점점 불만스럽게 생각하게 되었고, 경제적으로도 모국에 대한 의존도가 감소해 갔다. 쿠바의 생산물에 대한 시장으로서 혹은 쿠바에 필요한 수입품의 원천으로서 미국 의존도가 점차 커지면서 쿠바와 북아메리카 모두에서 쿠바를 미국에 합병하려는 움직임이 나타났다. 쿠바에서는 보수적인 크리오요 플랜테이션 주인들이 합병을 노예제 폐지에 대한 일종의 보험과 같은 정책으로 보았다. 미국에서도 일부 친-노예제 집단들이 쿠바 합병을 플랜테이션 노예제 확대에 필요한 방대한 새 영토 획득 수단으로 간주했다. 심지어 일부는 쿠바를 3~5개의 주로 나누어 미국에 합병하면 미국 남부 지방이 미국 내에서 갖게 되는 힘이 커질 것으로 생각하기도 했다. 그러나 이 프로젝트는 미국 내전(남북전쟁)의 발발로 없었던 일로 되었다.

1860년대 동안 크리오요들의 불만은 국민의식과 계급의식의 발전으로 증대되고 고조되었다. 크리오요 엘리트들은 내적인 불화와 경제적 어려움으로 심각한 난관에 직면해 있던 허약한 에스파냐 정부가 제시한 여러 가지 개혁안을 거부했다. 크리오요들은 에스파냐의 경제 정책과 정치 정책이 쿠바의 발전을 심각하게 제한하고 있다는 것을 점점 분명하게 인식하게 되었으며, 그 인식은 심각한 경제 침체로 더욱 날카로워졌다.

한편, 쿠바의 설탕 경제는 지역적 특화를 발전시켰다. 동쪽 지역에서는 자유신분의 '백인들'과 상대적으로 소수의 흑인 노예로 이루어진 비교적 희박한 인구가 소牛 목장에서 일했는데, 여기서 그들은 대개 쿠바 서부 지역에서 지배적이었던 사탕수수 플랜테이션에서 일하는 노예들에게 먹일 고기를 생산했다. 노예 노동 의존도가 훨씬 덜했던 동쪽의 크리오요 지주들은 노예들의 봉기보다는 에스파냐의 지배를 더 두려워했다. 그래서 1868년 10월 10일 오리엔테Oriente 주 야라Yara라는 작은 도시에서 크리오요 지주 카를로스 마누엘 데 세스페데스Carlos Manuel de Céspedes가 자발적으로 자신의 노예들을 해방시키고, 쿠바에서는 처음으로 에스파냐의 식민 지배로부터 독립하려는 운동을 시작했다. 그에 이은 '10년 전쟁' 기간 동안 안토니오 마세오Antonio Maceo 같은 자유신분의 흑인과 혼혈인 리더들이 봉기를 주도하게 되면서 인종에 따른 분열이 봉기에서 나타나기도 했다. 그들의 요구는 단순하고 직선적이었다. 그들이 원한 것은 독립, 노예제 폐지, 독립 이후 인종적 평등이었다.

에스파냐 인들이 크리오요 농장주들이 갖고 있는 인종적 두려움을 이용하여 봉기의 분열을 획책하자 점차 흑인들이 주도해 가고 있던 봉기 지도부는 인종보다 국가가 우선이라는 개념을 갖게 되었다. 1869년 봉기 지도부는 "공화국의 모든 주민은 자유롭다"고 선언하고, "해방군의 모든 병사들"(그들 가운데 다수는 아프리카-쿠바 인이었다)에게 시민권을 부여한다는 내용의 법안을 입안했다. 그러나 에스파냐로부터뿐만 아니라 노예 주인으로부터의 자유도 함께 요구하는 아프리카-쿠바 인들의 급진주의를 두려워한 일부 크리오요 봉기 지도자들은 쿠바 시민들에게 각자의 "소질과 재능에 따라 사회에 '기여'할 것을 요구하는" 것으로 헌법을 수정하려고 하였으니, 이는 명백히 아프리카-쿠바 인들을 차별하려는 것이었다. 그들은 또한 '해방 노예에 관한 규정'을 만들어 해방 노예들을 '친親쿠바 노예 주인들' 혹은 '그 외 다른 주인들'에게 '할당했다'. 이런 조치는 자연히 아프리카-쿠바 인 봉기자들을 봉기에서 멀어지게 만들었다. 그들은 노예제 폐지, 독립, 그리고 인종적 평등의 문제에 있어서는 타협을 거부했다. 그들은 쿠바성cubanidad —쿠바의 국민적 정체성—이 인종을 초월하는 것으로 생각했다. 그들에게 쿠바 인이 되는 것은 그것이 에스파냐 인이 되었든 크리오요 노예 주인이 되었든, 아니면 자칭 백인이 되었든 간에 평등과, 압제로부터의 해방을 의미했다.

10년 전쟁

10년 전쟁은 장기적이고 참혹하고 파괴적인 게릴라 전쟁이었으며, 그것은 쿠바의 크리오요 지도자들이 얼마간의 자치는 허락받되 독립은 허락받지 못하는 평화조약을 수용한 1878년 불명예스러운 모습으로 끝났다. 산혼Zanjón 조약으로 싸움은 이제 끝났다. 그러나 '구리빛의 타이탄'이라는 별명을 가진 흑인 혁명가 안토니오 마세오 같은 몇몇 봉기 지도자들은 그것이 봉기에 참여하여 싸운 노예들에게만 자유를 허용한다는 이유로 평화조약을 거부했다. 이 조약은 혁명의 가장 중요한 목적, 즉 완전한 독립과 노예제 폐지를 이끌어내지 못했다. 때문에 아프리카-쿠바 인들은 무기를 넘겨주지 않았고, 많은 노예들이 도망을 가 도망노예 공동체에 합류했으며, 도망가지 않고 남은 노예들도 노동을 거부하거나 플랜테이션 주인에 대한 복종을 거부했다. 새로 제정된 에스파냐 식민지 법은 노예들의 이동을 제한하고, 외부인과 소통하는 노예들을 처벌하고, 노예들이 마체테(벌채용 칼)를 소유하는 것을 금하고, 노예 매매를 규제하는 것으로 산혼 조약 이후에 나타난 노예들의 저항을 억압하려는 것이었다.

그러나 이런 노력에도 불구하고 아프리카-쿠바 인들의 저항은 결국 새로운 전쟁, 즉 1879년의 치키타 전쟁Guerra Chiquita을 촉발하였다. 이 전쟁은 크리오요들의 참여는 거의 없이, 흑인들이 군사적으로나 정치적으로 지도부를 이끌었다는 점이 특징이었으며, 그들은 노예제 폐지와 모든 시민의 동등한 권리를 요구했다. 에스파냐 정부는 쿠바의 상황을 안정시키고, 에스파냐 정부의 권위를 수호하고, 카리브 지역에서 제2의 흑인 공화국이 출현하는 것을 막기 위해 1880년 노예제를 폐지함으로써(다만 해방된 노예들은 8년간의 파트로나토patronato, 즉 도제 기간을 거쳐야 한다는 단서를 두었다) 자유로워진 아프리카-쿠바 인들의 충성을 확보하려고 했다. 그런데 역설적으로 노예제 폐지는 크리오요 농장주들을 에스파냐에 충성하게 만든 마지막 주요 요인을 제거하는 것이 되었다. 그 후 독립에 대한 전망은 그것이 미국과의 자유롭고 무제한적인 교역을 제공할 수 있는 것이어서 점점 더 매력적인 것으로 되어 갔다.

10년 전쟁과 치키타 전쟁은 쿠바 사회의 발전에 중대한 영향을 미쳤다. 첫째, 이 전쟁들은 이 섬에서 전통적인 라틴아메리카 토지 엘리트층의 형성을 방해함으로써 크리오요 지주 계층을 종식시켰다. 둘째, 이 전쟁들은 독립 운동의 성공을 위해서는 '인종'을 폐지하고, 대신 국민적 정체성을 강조해야만 한다는 것을 미래의 쿠바 독립 지도자들(흑인과 백인 모두)에게 확신시켰다. 이를 위해 호세 마르티, 아프리카-쿠바 인 언론인 후안 괄베르토 고메스Juan Gualberto Gómez 같은 쿠바의 국가주의자들은 10년 전쟁에서 활약한 흑인 봉기자들을 탈인종화하고, 대신 그들을 '국민적 영웅'으로 칭송하는 전쟁 비망록을 저술했다. 역사가 아다 페레르Ada Ferrer에 의하면, 이런 반헤게모니적인 담론은 미래의 '흑인 공화국'에 관한 에스파냐인들의 선전과 대조되었고, '백인들의 관대함'을 '고마워하는' 충실한 흑인의 이미지를 만들어 내는 것이었다.

이런 수동적인 흑인 봉기자의 이미지는 물론 1886년부터 1895년까지 정치적으로 활발한 활동을 펼친 흑인들의 실제 모습과 뚜렷한 대조를 이룬다. 아프리카-쿠바 인들은 그 이전 10년 동안의 정치적 경험을 바탕으로 '유색인계급제단체중앙본부'Directorio Central de las Sociedades de las Clases de Color를 설립했는데, 이 기구의 주요 목표는 쿠바의 인종적 평등을 강화하는 것이었다. 그들은 무료 공립학교 설립, 분리되어 있는 주민등록부와 특권적 칭호 폐지, 공적인 도로와 운송·공공 시설물에 대한 평등한 접근권 보장 등을 추구했다.

셋째, 전쟁 중에 일어난 센트랄(대규모 제당소)들의 파괴, 1885~1890년의 재정 위기, 철도망 확장 등은 쿠바에서 라티푼디움의 확산을 자극했다. 센트랄의 규모가 커지면서 그것들은 점점 더 많은 사탕수수를 필요로 했고, 전보다 더 넓은 농업 지역에서 사탕수수가 유입되게 되었다. 동시에 값싼 철로의 도입은 쿠바의(그리고 세계 전역의) 철도 건설에 박차를 가했다. 센트랄들은 보다 많은 사탕수수를 확보하기 위해 자신들의 철로를 깔기 시작했고, 센트랄 사이에 사탕수수 확보를 위한 경쟁이 나타났다(과거에는 운송의 제약 때문에 이런 현상이 나타나지 않았다).

센트랄 주인들은 가능한 한 싼 값에 충분한 사탕수수를 확보해야만 하는 도전에 직면하게 되었고, 이 도전을 그들은 콜로노들의 독립성을 약화시키는 방법으로, 혹은 그들 자신들의 사탕수수밭을 확보하는 방법으로 극복해 낼 수 있었다. 이중 첫번째 방법은 한때 자유농이었던 사람들을 센트랄에 예속된 종자從者들로 바꾸어 놓았다. 두번째 방법은 라티푼디움을 출현케 했다. 중소 규모의 경작자들은 차츰 도태되었고, 소작인 혹은 일일 노동자들이 그들을 대체했다. 콜로노들은 독립 이전에는 자신들의 지위를 그럭저럭 유지할 수 있었으나 독립 이후에는 대규모의 외국 자본이 센트랄에 유입되어 그들을 압도했다. 점점 줄어드는 재원 때문에 그들은 도태

될 수밖에 없었다.

크리오요 귀족들의 몰락과 전쟁으로 인한 에스파냐 인 사업가들의 파산이 초래한 공백을 메운 사람들은 미국인 기업가들이었다. 수천 명의 북아메리카 인이 달러를 들고 쿠바로 들어와 센트랄과 상가를 인수했다. 원당原糖과 당밀糖蜜에 대한 수입 관세를 철폐한 1890년의 맥킨리 관세법McKinley Tariff Act은 북아메리카 인들의 대쿠바 무역과 그들의 경제적 영향력을 크게 증대시켰다. 1896년경이면 미국 회사들은 쿠바에 5,000만 달러를 투자하고 있었으며, 설탕 산업을 지배하고 있었다. 쿠바 수출품의 87%를 미국이 구입했다. 미국의 대쿠바 투자 증가는 설탕 생산의 집중화를 강화하기도 했는데, 이 추세를 상징적으로 보여 주는 것이 1888년 '설탕 트러스트'(헨리 하베마이어Henry Q. Havemeyer의 아메리카 설탕 정제 회사)가 쿠바에 도입된 것이었다.

10년 전쟁이 쿠바를 북아메리카 인들에게 천국으로 바꾸어 놓았지만 인종 간 분리와 차별의 제거에는 아무것도 한 것이 없었으며, 그것은 노예해방 이후에도 마찬가지였다. 에스파냐 인 혹은 크리오요 출신의 엘리트 인종우월주의자들이 19세기 말 쿠바를 지배했으며, 그들은 쿠바의 모든 사회적 악폐의 뿌리가 아프리카-쿠바 인에게 있다고 비난했고, 그들이 교육과 적절한 건강관리에 접근하는 것을 차단했으며, 직업적인 차별을 두었고, 완전한 시민권을 부여하지도 않았다. 법으로 금지되어 있던 이異인종 간 결혼이 1881년에 허용되기는 했지만 그 후로도 그것은 사회적 낙인으로 남아 있었다.

이런 인종차별 정책은 두 개의 쿠바를 만들어 냈으니, 하나는 에스파냐의 문화적 전통과 가톨릭 신앙 혹은 프리메이슨주의 같은 의식儀式적 관행에 물들어 있는 쿠바이고, 다른 하나는 아프리카 인들의 산테리아santería

(제설혼합적 민중종교)나 냐니고ñáñigos(비밀 상조회) 등을 중시하는 쿠바였다. 역사가 앨린 헬그Aline Helg에 따르면, 여러 가지 제약 때문에 에스파냐 인들의 사회로 신분상승할 기회를 차단당한 아프리카-쿠바 인들은 점차 자신들의 아프리카적 유산에 의존하여 스스로를 보호하려고 했으며, 사회적 저항 운동을 조직하여 자신들의 '정당한 몫'을 주장하려고 했다.

그란콜롬비아

베네수엘라와 콜롬비아의 초기 역사는 해방자 시몬 볼리바르의 이름과 불가분의 관계로 연계되어 있다. 베네수엘라는 그의 고향이기도 했고, 콜롬비아(당시는 누에바그라나다로 불렸다)와 베네수엘라는 라틴아메리카 독립전쟁에서 그가 처음으로 결정적인 승리를 거둔 곳이기도 했다. 볼리바르는 베네수엘라와 누에바그라나다를 크고 강력한 하나의 국가로 통합하려고 했으며, 나아가 멕시코에서 케이프혼에 이르는 에스파냐령 아메리카의 모든 공화국들을 포함하는 방대한 연방체 창설을 구상하기도 했다. 1819년 앙고스투라(베네수엘라 소재) 의회는 베네수엘라, 누에바그라나다, 에콰도르(그때까지도 에스파냐 인의 수중에 있었다)를 포함하는 콜롬비아 국가(후에 그란콜롬비아로 불렸다) 수립을 승인했다. 1812년 베네수엘라와 콜롬비아 경계에 위치한 쿠쿠타Cúcuta에서 열린 혁명의회는 통합을 공식화하고, 자유주의적 개혁 프로그램을 발표했는데, 이 프로그램에는 노예제의 점진적 폐지, 원주민 공납의 철폐, 원주민 공유지의 소규모 사유지로의 분할(그러나 이는 토지 강탈의 문을 연 '개혁'이 되었다), 소규모 남성 수도원의 탄압, 공적인 중등교육 지원 자금 마련을 위한 수도원 재산 몰수 등이 포함되어 있었다. 이 혁명의회는 또한 성별과 인종에 상관없이 모든 인민에게 시민권을 보장하는 중앙집권적인 헌법을 채택했다.

볼리바르의 열망을 바탕으로 제정된 헌법은 에스파냐의 식민 지배에 대한 그의 비난을 반영하는 국민국가를 만들어 냈다. 그가 볼 때 에스파냐는 자신의 이익을 위해 자기 자식들을 노예로 만들고, 그 자녀들이 성인으로 자라는 것을 허용하지 않은 전제적인 아버지 같은 존재였다. 그래서 그는 계몽된 '건국의 시조들'에 의해 지배될 새 공화국이 반항하는 자녀들에게 완전하고 동등한 시민권을 부여하기 전에 자치에 따른 책임을 감당할 수 있게 훈련을 시켜야 한다고 주장했다. 자유와 평등 그리고 재산과 안전이라는 서로 모순되는 이념에 사로 잡혀 있었던 볼리바르 세대의 부유한 유산 계층 크리오요들은 여성, 가난한 백인, 아프리카계 주민들(이들 모두는 자유와 평등을 열망했다)의 무질서한 저항에 맞서 재산과 질서를 보호해 줄 가부장적인 국가 건설을 자신들의 목표로 삼았다.

이 신생 공화국이 맞서야 했던 가장 시급한 문제는 노예제였다. 노예로 전락한 아프리카 인과 그 후손들은 초기 식민 시대에 노예제가 도입된 이후 다양한 모습으로 거기에 적응하거나 저항해 왔다. 저항에는 노예들의 반란, 쿰베cumbes(멀리 떨어져 있는 자치적인 마을 공동체) 또는 팔렝케palenques로의 도망, 그리고 그 외 일상적인 저항 행위 등이 있었다. 독립전쟁 동안 볼리바르와 그의 동료들은 노예들을 독립군으로 복무케 하는 것으로 노예해방을 장려했다. 자유신분의 흑인들과 파르도(혼혈인)들이 대거 독립군으로 몰려들었다. 그러나 독립 직후 여성, 노예, 자유신분의 흑인, 그리고 파르도 등 모두가 공화국 법과 국가 해방의 수사修辭를 이용하여 정부에 자신들의 해방을 요청했다. 평등한 시민권에 대한 이런 보편적 요구에 대한 응답으로 크리오요 지도자들은 사유재산과 가부장적 정치를 보호해 줄 법과 정치 제도들을 만드는 데 그들의 목표를 두었다.

Mural by Ian Pierce/Courtesy of Encontrarte

노예 반란은 그란콜롬비아가 식민지에서 공화국으로 이행하는 과정에서 나타난 특징적 현상이었으며, 19세기 콜롬비아와 베네수엘라에서 시민권을 두고 벌어진 논쟁의 성격을 결정짓는 요인이기도 했다. 자유신분의 삼보(zambo) 호세 레오나르도 치리노스가 이끈 봉기가 1795년에 일어났고, 칠레의 화가 얀 피에르스는 이 봉기를 벽화로 불후화했다. 카라카스 소재 안드레스 베요 초등학교(Colegio Andrés Bello)에 있는 이 벽화는 그 사건을 묘사하고 있다.

노예제 폐지 운동은 크리오요 엘리트들 간에, 혹은 크리오요 엘리트들과 하층 계급들 간에 이루어진 타협의 좋은 예를 제공한다. 1820년 볼리바르는 군사적 필요와, "어떤 사람도 다른 사람의 재산이 될 수는 없다"라는 의회의 선언에 근거하여 휘하 주요 장군 가운데 한 사람인 프란시스코 데 파울라 산탄데르에게 안티오키아Antioquía와 초코Chocó 주에서 신분을 해방시켜 준다는 조건 하에 5,000명 규모의 노예로 구성된 부대를 만들라고 명령했다. 이 발표는 당연히 노예들 사이에서 큰 반향을 불러 일으켰다. 그러나 이 조치는 노예 노동력에 의존해야 하는 노예 소유주들과 그 밖의 재산가들을 독립 운동에서 떨어져 나가게 했다. 이 상충하는 이해관계를 조정하기 위해 산탄데르는 노예 징집병 수를 3,000명으로 제한하고, 남은 노예들은 주인에게 돌려보냈다.

쿠쿠타 의회Congress of Cúcuta에서 체결된 그와 비슷한 타협도 사실상 노예제의 수명을 연장시켰을 뿐이다. 이 의회는 복잡한 과정을 통한 점진적인 방식의 노예제 폐지를 요구하는 법을 통과시켰다. 즉 노예 여성에게서 태어난 아이들을 모두 노예 신분에서 해방시켜 주되, 그 아이들은 18세가 될 때까지 어머니의 주인에게 일을 해주어야 한다는 것이었다. 또한 이 법에 따라 각 지역에 일련의 노예해방특별위원회juntas de manumisión가 만들어졌는데, 지역 유지들로 구성된 이 기구의 역할은 노예해방으로 노예를 잃게 될 주인들에게 지불할 보상금 마련에 필요한 세금의 징수를 책임지는 것이었다. 비효과적이고 대개는 노예 소유주들의 이익을 대변하는 것으로 악명이 높았던 이 위원회가 많은 노예들을 해방시키지는 못했다.

그럼에도 불구하고 노예들은 1824~1827년 공화국 전역을 휩쓴 봉기들을 조직함으로써 볼리바르와 그의 크리오요 국가를 계속 압박했다. 국가가 곧 붕괴될지도 모른다는 생각에 두려움을 느낀 볼리바르는 1828년 특별위원회들에 대한 통제를 중앙집권화하고, 역할을 제대로 수행하지 못하는 위원들에게는 벌금을 물리는 법령을 공포했다. 이 조치는 엘리트들과 호세 안토니오 파에스José Antonio Páez 같은, 지역의 군벌 카우디요들의 거센 비판을 불러일으켰다. 안토니오 파에스는 파르도 출신의 지도자로서 볼리바르의 '독재적' 행동을 비난하고, 1829년에는 그란콜롬비아의 해체를 요구했다. 노예제를 둘러싼 갈등 외에도 그란콜롬비아의 존속은 그것이 가진 지리적·경제적·사회적 현실 때문에 미래가 그리 밝지 못했다. 우선 상호간의 엄청난 거리가 각 지역 간 소통을 단절시켰고, 거기다 험준한 산악 지형은 지역 간 교통을 어렵게 만들어 놓았다. 카라카스에서 보낸 편지가 보고타에 도착하기까지 약 한 달이 걸렸다. 이런 조건은 또한 베네수엘라와 누에바그라나다, 그리고 에콰도르 간 경제적 유대의 발전을 가로막았다. 카라카스와 다른 베네수엘라 해안 도시들이 안데스 산맥을 넘어 보고타와 소통하는 것보다 유럽과 소통하는 것이 오히려 더 쉬웠다. 마지막으로, 카카오 농장주들과 상인들로 이루어진 베네수엘라 엘리트층, 그리고 군사 지도자와 카우디요로 이루어진 새 엘리트층은 에스파냐령 아메리카의 여러 독립국가들을 통합해 하나로 만들겠다는 볼리바르의 생각을 지지하지 않았으며, 게다가 모든 에스파냐령 아메리카 국가들을 포함하는 하나의 연방체를 창설하려는 그의 비전에는 더더욱 관심이 없었다.

파에스, 보수주의와 자유주의의 분열, 베네수엘라에서의 연방전쟁, 1850~1863

1830년 5월 6일 베네수엘라 독립국가의 헌법을 제정하기 위해(이는 짧은 베네수엘라 역사에서 세번째의 헌법이었다) 발렌시아에서 의회가 소집되었다. 이 헌법은 글을 읽을 수 있고 일정 수준 이상의 수입을 가진 21세 이상의 남성들만 투표할 수 있다고 제한했다. 이 규정 때문에 90만 명에 이르는 전체 인구 가운데 대부분이 정치 참여에서 배제되었다. 그 가운데 약 60%가 아프리카계 사람들이었고, 15% 정도가 원주민이었으며, 4분의 1이 백인이었다. 전체 인구 가운데 소수, 즉 약 10,000명만이 부유한 상인, 대지주, 고위 관리, 군 장교로 이루어진 지배층에 속했으며, 이들은 대개 지주이기도 했다. 지배층의 구성원들은 대개 가족관계를 통해 서로 연계되어 있었으며, 정치를 지배했다.

전쟁 영웅이자 오랫동안 베네수엘라 독립의 수호자였으며, 한때는 대목장의 인부이기도 했던 호세 안토니오 파에스가 대통령으로 당선되었고,

그는 거기에다 최고사령관직을 겸하였다. 그의 출세는 비천한 신분에서 유래한 군벌 카우디요 엘리트들의 합류로 지배 계층의 쇄신이 있었음을 입증한다. 파에스가 지배한 베네수엘라의 사회와 경제는 본질적으로 식민 시대의 사회적·경제적 질서와 비슷했다. 경제활동의 기본 단위는 여전히 라티푼디움이었다. 독립 이후 소수의 군벌 카우디요 집단이 왕령지와 공유지를 급속하게 매입함으로써 토지 소유의 집중화는 오히려 강화되었다. 소위 '경작에 이용되지 않은 원주민 토지'의 강제 매각을 규정한 1830년 10월 15일의 법령은 라티푼디움 주인들에게 보유 토지를 확대할 수 있는 더 많은 기회를 제공해 주었다. 농촌의 노동관계는 계속해서 노예제, 페온제, 그리고 분익소작제sharecropping와 강제 부역을 포함하는 다양한 형태의 소작제에 기반을 두었다.

라틴아메리카의 다른 나라들과 마찬가지로 베네수엘라의 노예제도 오래전부터 쇠퇴일로에 있었다. 노예가 된 아프리카 인들이 소극적인 저항, 반란 혹은 쿰베(도망노예들의 집단 주거지)로의 도주 등을 통해 노예제에 대해 끈질기게 저항을 계속했기 때문에 노예제는 사회적으로 불안 요소가 되고 있었으며, 경제적으로도 비효율적인 제도가 되고 있었다. 그럼에도 불구하고 노예 주인들은 여전히 자신들의 재산권 보호를 주장했으며, 그 재산권은 1821년 법에 의거하여 1839년에 자유롭게 태어난 흑인 첫 세대의 해방을 요구하였다. 그리하여 1830년 베네수엘라의 제헌의회는 노예가 21살이 될 때까지 노예 주인이 그들을 통제할 수 있게 그 기간을 연장하는 노예해방법을 채택했다. 그 이후 또 다른 법령이 그 나이를 21세에서 25세로 연장하고, 자신의 노동자들에 대한 후견인으로서의 지배를 보장하는 강제적인 '도제' 프로그램을 도입했다. 그러나 식민지배기 말기에 시작된 경향의 연장선상에서 많은 노예 주인들은 노예를 자발적으로 해방시키는 것이 오히려 더 유리하다는 것을 알게 되었는데, 그것은 해방된 노예들이 대개 채무나 다른 의무에 묶여 소작인 혹은 페온 신분으로 옛 주인의 땅에 머물러 있었기 때문이다. 이런 방법을 통해 1841년까지 약 1만 4,000명이 노예 신분에서 해방되었다(그중에서 나이가 차서 해방된 사람은 150명에 불과했다). 그러나 1844년에도 약 4만 명의 노예가 아직 남아 있었다.

장기간의 혁명전쟁은 엄청난 물질적 타격과 인명 소실을 초래했고(인구는 26만 2,000명이 감소했다), 또 국내 서로 다른 지역들 간의 허약한 경제적 연계를 파괴했다. 그러나 1830년대에 베네수엘라는 주요 수출 작물이 카카오에서 커피로 바뀌고, 국가가 세계 자본주의 시장에 편입된 것을 계기로(세계 시장은 커피, 카카오, 인디고, 담배, 가죽 등 베네수엘라 수출 작물의 80% 가량을 흡수했다) 경제 붐이 나타났다.

1830년대의 경제 붐에 수반된 높은 커피 가격은 농장주들이 생산 확대에 나서게 만들었고, 이에 필요한 새 토지 구입을 위해 앞 다투어 돈 빌리기에 나서게 만들었다. 외국의 상업자본가들과, 그들의 대리인이었던 베네수엘라 인 수출입 상인들, 그리고 국내 대금업자들은 커피 수확물과 농장주들의 농장을 담보로 잡고 기꺼이 돈을 빌려주었다. 그러나 이자율을 일정 수준으로 규제하고 고리대금 행위에 대해서는 처벌도 불사했던 식민 시대의 법이 걸림돌이 되었다. 베네수엘라 의회는 1834년 계약에 관하여 에스파냐 인들이 만들어 놓은 모든 전통적인 제약을 철폐하는 내용의 대부貸付법을 통과시킴으로써 이 걸림돌을 제거했다. 이어 정부는 합법적으로 체결된 계약은 이자율이 아무리 높아도 유효하며 따라서 이행되어야 한다고 강력히 주장했다. 1830년대 말 세계 커피 가격의 하락과 함께 베네수엘라 경제는 심각한 어려움에 빠지게 되었다. 채권자들은 채무자들에게 더 이상 자금을 대부할 수 없었고, 베네수엘라는 심각한 경제 침체에 빠졌다.

경제위기는 엘리트층의 균열을, 그리고 상이한 이해관계를 가진 파당들을 만들어 냈으며, 그 파당들이 1840년대에 정당政黨으로 발전했다. 그중 한 정당은 스스로를 보수당이라고 불렀으나 그 반대파는 그들을 인기 없는 에스파냐의 지배와 동일시하는 의미에서 '고도스'godos('고트인들')라고 불렀다. 자타가 공인하는 그들의 지도자는 파에스였으며, 이 당은 수출입 상인과 그들의 외국인 파트너들, 대금업자, 고위 관리와 군 장교, 그리고 일부 대지주의 입장과 이익을 대변했다. 이에 비해서 자유당은 안토니오 레오카디오 구스만Antonio Leocadio Guzmán을 지도자로 하고 있었으며, 빚에 쪼들린 농장주, 도시 중간층, 수공업자, 개혁적인 지식인, 그리고 파에스의 장기 집권에 불만을 가진 카우디요들이 느슨하게 연합한 모습이었다.

보수당의 경제 정책에 대한 구스만의 날카로운 공격은 점증하는 사회적 갈등의 한 원인이 되었다. 1839~1852년에 일어난 일련의 민중 봉기와 노예 반란(파에스는 이를 사유재산에 반대하는 노골적인 전쟁으로 규정했다)은 보수당을 두려움에 떨게 했는데, 이들은 이 반란들에서 파르도와 노예들이 주도하는 보편적이고 사회적인 인종 전쟁의 망령을 떠올렸다. 보수당이 구스만의 선동적인 선전을 맹렬히 비난하기는 했지만 사실 자유당도 그들 못지않게 사회혁명을 두려워했으며, 앞에서 말한 민중 반란과 그들 간에는 아무 관계도 없었다. 그러나 정부는 이 반란의 뿌리를 발본색원하겠다는 결심에 구스만을 법정에 세웠으며, 혁명을 선동했다는 혐의를 씌워 그를 사형에 처했다.

1854년경 대중 소요, 노예 반란, 그리고 노예제에 대한 소극적 저항은 노예제 유지비용을 극적으로 증가시켰으며, 그것은 세계 커피 가격의 하락과 더불어 농장주들의 수익을 위협하였다. 그 후 보수당은 어려움에 처한 농장주들에게 도움을 줄 수 있는 다양한 법을 제정하여 동맹자들을 도우려고 했다. 그중 하나가 노예 주인들에게 보상금 지불을 약속하고 베네수엘라의 노예제를 폐지하는 것이었는데, 당시 노예 주인들 가운데 일부는 이미 노예 유지비용을 아끼기 위해 데리고 있던 노예들을 자발적으로 해방시키고 있던 중이었다.

노예제 폐지는 사실 경제적으로 비싼 값을 치러야 하고 사회적으로도 국민들에게 불안감을 조성하는 민중 저항 운동을 종식시키기 위한 것이었다. 그러나 노예해방은 대부분의 해방 노예들의 삶에 별 변화를 가져다주지 않았다. 대체代替적 고용을 제공해 줄 근대적 공장도 없고, 그들에게 토지를 재분배할 프로그램도 갖고 있지 않은 상황에서 대부분의 해방 노예들은 무거운 부담을 짊어진 소작인 신분으로 전前 주인의 농장에 그대로 머물러 있을 수밖에 없었다. 그중 일부는 발레vales라는 대용 화폐로 지불되는 얼마 되지 않는 임금을 받기도 했는데, 그것으로는 오로지 농장 안의 가게tienda de raya에서 부풀려진 독점 가격으로 팔리는 물건만 구입할 수 있었다.

어려운 시절은 1850년대 말에도 계속되었다. 커피 가격 하락과 사회적 불만 폭발에 대한 엘리트층의 두려움이 보수당과 자유당을 당분간 협력하게 만들었다. 그러나 그 동맹은 오래가지 못했다. 일단一團의 극우 세력이 정권을 잡고 억압적인 정부를 수립했으며, 많은 자유주의자들이 투옥되거나 추방되었다. 이에 자유당 사람들은 반란으로 응하였고, 그것은 '연방전쟁'Federal War(1858~1863)으로 이어졌다.

여기에서 사용된 '연방'이라는 말이 자유주의 엘리트들과 그들의 일반인 지지자들(그들 중 대부분은 파르도 혹은 흑인들이었고, "백인들에게 죽음을"이라는 연방주의자들의 전쟁 구호를 중심으로 결집하고 있었다)에게는 다른 의미를 가지고 있었다. 그러나 보수당은 자유주의 엘리트들이 '인종 전쟁'을 사주하고 있다면서 비난한 반면에 '유색인들'은 그것을 부유한 엘리트들에 대항한 다수 빈곤층의 전쟁으로 보았다. 자유당 지도자들은 이 전쟁에서 승리한 후 새 헌법을 제정했는데(1864), 여기에는 남성 보통선거, 20개 주의 자치권 확대를 비롯하여 여러 가지 개혁적인 내용이 포함되어 있었다. 그러나 내실 있는 사회개혁을 동반하지 않는 이런 권리들은 사실 의미가 없었다. 이런 상황에서 연방주의는 단지 지역 카우디요(이들은 대개 대지주였다)들의 계속적인 지배를 의미할 뿐이었다.

그러나 보수당 정부에 반대하여 자발적으로 반란에 참여하고, 자유당 지도자들의 연방주의 슬로건을 중심으로 집결한 농민과 수공업자들에게 '연방'이라는 말은 다른 의미를 가졌다. 베테랑 게릴라 전사 에세키엘 사모라Ezequiel Zamora의 성명서는 혁명적 변화에 대한 그들의 막연한 희망을 분명하게 표현했다. 사모라는 전前 페온과 소작인들의 대농장 점유, 주州들이 연방의 형태로 집결한 국가 창설, 시민들에 의한 지역 정부 선출 등을 지지했다. 1860년 한 암살자에 의해 사모라가 살해된 것은 '연방전쟁'에서 진정한 의미의 민주주의적 사회주의 혁명을 대변하는 지도자가 살해된 것을 의미했다.

점차 확대되어 가는 농민 혁명의 힘을 두려워 한 보수당과 자유당은 협상을 통한 평화조약에 합의했다. 전쟁은 1863년 코체Coche 조약으로 종결되었는데, 이 전쟁은 약 5,000명의 인명을 희생시켰으며 경제적으로도 엄청난 피해를 초래했다. 많은 아시엔다들이 파괴되었고, 전시의 약탈과 방기로 야노(평원)의 소떼들은 거의 사라지다시피 했다. 독립전쟁과 마찬가지로 연방전쟁도 큰 사회적 변화를 초래하지는 않았다. 보수적인 옛 과두 엘리트들은 해체되고, 전쟁에서 승리한 자유주의 계열의 장교들(그중 일부는 평민 출신이었다)이 그들의 농장을 차지했다. 그러나 혁명적인 일반 사병들에게 전쟁의 종결은 자신들이 점유하고 있던 얼마 되지 않은 땅을 넘겨주고 다시 페온이 되어 한때 자신들이 장악했던 대농장으로 돌아가게 만들었다.

산탄데르와 콜롬비아 양당제의 탄생, 1830~1850

1830년 그란콜롬비아에서 베네수엘라와 에콰도르가 떨어져 나가고 난 뒤 나머지 영토는 누에바그라나다공화국(지금의 콜롬비아와 파나마)이라는 이름을 가지고 독자적인 길을 걸어갔다. 볼리바르의 옛 동지 프란시스코 데 파울라 산탄데르가 이끈 누에바그라나다는 4년 임기의 선출직 대통령, 양원제 의회, 지방의회 등을 규정한 헌법을 채택했다. 헌법은 21세 이상에, 기혼에, 자유로운 신분의 남성들 가운데 하인이나 일일노동자들이 아닌 자들에게 투표권을 부여했다. 그러나 실제로는 소규모의 귀족 계급이 정치를 지배했다.

새 국가의 지리적·경제적·사회적 조건은 진정한 의미의 국민적 사회national society 건설에 더 큰 장애물이 되었다. 높이 치솟은 안데스 산맥(이 산맥의 산지, 계곡, 고원은 수많은 사람들의 고향이었다)이 지배하는 이 나라의 험준한 지형은 교통과 통신을 방해하는 거대한 장애물이 되었다.

누에바그라나다의 산업은 여러 가지로 전前자본주의적 특징을 가지고 있었다. 대부분의 산업활동(직조와 방적, 도기 제작, 신발 제작)은 주로 집안에서 여성들에 의해 이루어졌다. 주로 보고타를 중심으로 비누, 유리제품, 직물류, 철기류를 생산하는 공장을 설립하려는 노력이 국가의 지원하에 시도되기는 했지만 대부분 실패로 끝났다. 1840년대쯤이면 상당수의 수공업자 집단이 보고타, 메데인, 칼리 같은 대도시들을 중심으로 생겨났다. 그러나 지역 산업에 대한 온건한 관세 보호에도 불구하고 수공업자들은 외국산 수입 제품과의 경쟁에서 고전을 면치 못했다. 경제의 후진성은 교통과 운송에서 가장 분명하게 드러났다. 시골에서는 짐꾼과 노새가 20세기 들어 한참이 지나고 나서도 주요 운송 수단으로 이용되고 있었다. 마그달레나 강에서 증기선 항해가 정규적으로 되고 나서도 대서양 항구들에서 배를 타고 보고타까지 가는 데 4주에서 6주가 걸렸다. 생산력의 제한된 발전과 경제활동의 더딘 속도 때문에 엘리트들도 큰 부를 쌓을 수 없었다. 19세기 전반 보고타의 상층 계급의 수입은 대략 1인당 5,000달러 정도였으며, 10만 달러가 넘는 자본을 소유한 사람의 수는 손가락으로 꼽을 수 있을 정도였다.

경제 발전을 자극하고, 강력한 국민국가를 위한 재원을 마련해 줄 역동적인 수출 기반이 없다는 것이 19세기 전반 콜롬비아가 직면한 경제적·정치적 어려움의 가장 중요한 요인이었다. 감소해 가는 금 생산을 담배와 면화를 비롯한 수출품 생산으로 대체하려는 노력으로 여러 차례 단기적인 경제 붐이 나타나기도 했지만 그것은 얼마 가지 못하고 시장 위축, 가격 하락, 외국 제품과의 경쟁으로 사그러들었다. 수출 기반의 부재와 전국적 차원의 엘리트들이 부재한 상황은 콜롬비아에서 나타난 '경제적 군도群島 현상' 혹은 지역적 고립 현상, 그리고 자급자족적 경제를 설명하는 데 도움을 준다. 이 경제적 자급자족의 필연적 결과는 정치적 자급자족이었으며, 빈번한 내전과 전쟁 위협, 그리고 아센다도 겸 장군들(이들은 페온들로 구성된 사병 집단을 동원하여 다른 라이벌 카우디요들 혹은 허약한 중앙 정부와의 문제를 해결하곤 했다)의 반란에 따른 항구적인 불안정이었다.

주로 밀, 보리, 감자를 생산하거나 가축을 기르는 데 이용된 대규모 아시엔다 혹은 플랜테이션이 콜롬비아의 농업을 지배했고, 농업은 경제의 중심이었다. 아시엔다나 플랜테이션의 노동력은 대개 메스티소 출신의 페온들 혹은 작은 땅뙈기를 빌려 농사지어 먹고 사는 대가로 노동이나 현물로 지대를 지불해야 했던 소작인들이었다. 부채는 그들의 이동의 자유를 제한하였으며, 지주patron에게 인신적인 부역을 제공해야 하는 경우도 많았다.

이런 아시엔다들의 인근 지역이나 변두리 지역 혹은 산지山地에는 자급적 농업을 영위하고 인근 도시에 식량을 공급하는 것으로 불안한 독립을 유지하며 살아가는 다른 농민들이 있었다. 지형이 험하고 인구가 희박했던 북서쪽 안티오키아Antioquia 지역에는 아시엔다가 드물고 중소 규모의 토지 보유가 많았다. 이웃 산탄데르 지역에도 보다 독립적인 농민들이 나타났다. 에스파냐 인들은 수많은 아프리카 인과 그들의 후손들을 노예로 만들어 서쪽 주들의 플랜테이션과 금광 지역, 그리고 카리브 해안에서 일하게 했다. 그러나 독립전쟁, 노예들의 저항, '자유로운 태아법'으로 크게 약화된 노예제는 쇠퇴일로에 있었다. 그렇지만 노예 소유주들은 자신들의 재산권을 쉽게 포기하지 않았으며, 어떻게든 노예제 폐지의 속도를 늦추려고 했고, 1821년 이후 노예 어머니에게서 태어난 리베르토들libertos(해방 노예들)의 권리를 어떻게든 제한하려고 했다. 1840년대 동안 해방 노예들의 어머니의 주인들에게 값싸고 풍부한 노동력 제공을 보장하기 위해 해방 노예들의 이동의 자유를 제한하고 부랑자법을 위반한 자들을 구속하는 법들이 만들어졌다. 콘세르타헤concertaje(강제적인 '도제' 프로그램)가 승인되기도 했는데, 그것은 해방 노예들이 25세가 될 때까지 그들을 '상업 관련 직업 혹은 유용한 직업'에 종사케 하는 것이었다.

당연히 노예들과 해방 노예들은 자신들의 노동을 통제하려는 이러한 노력에 무장 봉기나 도주 등으로 저항했다. 더욱이 그들은 상인, 수공업자, 농민, 해방된 노예들과 함께 초계급적이고 다인종적인 연합체를 구성하여 즉각적인 노예해방을 요구하기도 했다. 일부 흑인 해방 노예들은 심지어 인류학자 미카엘 타우시크Michael Taussig가 "무정부주의적이고 만민평등주의적인 급진적 가톨릭 유토피아"라고 부른 것을 주장함으로써 자유당과 보수당 모두의 분노를 사기도 했다. '민주주의 단체들'로 조직된 이 대중운동은 노예제를 빨리 폐지하라며 호세 일라리오 로페스José Hilario López의 자유주의 정부를 거세게 압박했다. 결국 로페스는 1851년 노예제를 폐지했다. 그러나 노예 주인들에게 완전한 보상을 약속함으로써 그들이 일으킨 반란을 잠재우고 나서야 그렇게 했다. 이 조치로 약 2만 5,000명의 노예가 해방되었으며, 그것은 노예 노동력에 크게 의존하고 있던 금광 지역에 가장 심각한 타격을 입혔다.

그러나 자유주의자들은 항상 노예해방을 아프리카 인이나 원주민의 인종적 정체성을 희생시키고 하나로 통일된 국민적인 히스패닉 문화의 창출을 주장하는 메스티사헤mestizaje(동질화된 혼혈 문화)와 동일시했는데, 아마도 그들의 그런 생각은 "하나의 신, 하나의 인종, 하나의 언어"one God, one race, one tongue라는 콜롬비아의 모토에 가장 잘 표현되었던 것으로 생각된다. 이 신념은 자유주의적 엘리트들의 권력과 재산을 안전하게 보장해 주었지만 원주민 혹은 아프리카 인들의 공유지와 그들의 자치적인 정치 전통은 희생시키는 결과를 가져왔다. 그 후 자유주의자들은 '레스과르도'resguardos(원주민의 공유지)와, 합법적 혹은 불법적 수단으로 강제 분할되어 이웃 아센다도들의 수중에 들어간 '자유로워진' 토지에 대한 공격을 강화했다. 이런 조치들로 토지를 잃게 된 원주민들은 대개 아센다도들을 위해 일해야 하는 페온이 되었다.

자유당은 하나로 통일된 '메스티소'적인 국가정체성을 창출하기 위해 라이벌 보수당과 자신들을 분명히 구분하려고 했다. 1840년대 말까지만 해도 두 당의 이데올로기나 프로그램의 차이가 분명치 않았다. 실제로 두 당은 상층 계급의 이익을 대변했으며, 형식적인 대의제 민주주의, 공화제 정부를 수용했다. 두 당 모두 사회적·기술적 진보에 대한 신뢰를 가지고 있었고, 다른 시민적 자유와 함께 언론과 출판의 자유를 지지했으며, 경제 정책에서는 자유방임주의와 자유주의 경제를 주장했다. 어느 당도 농업 문제나 그 외 도시나 농촌 대중의 문제에 관심을 두지 않았다. 두 집단을 구분하는 유일한 문젯거리는 교회와 국가의 관계, 그리고 교회가 교육에서 수행할 역할이었다. 이제 막 출현한 자유당은 분명히 반교회적 태도를 취하여 교회를 진보에 걸림돌이 되는 존재로 간주했다. 그래서 그들은 신앙의 자유, 교회와 국가의 분리를 지지했다. 이에 비해 역시 막 생겨나고 있던 보수당은 종교적 관용을 주장하되, 종교가 도덕과 사회적 평화를 증진할 것으로 생각하여 교회와 국가의 협력을 주장했다.

그러나 노예해방을 둘러싼 갈등을 거치면서 자유당과 보수당 간의 이데올로기적 간극이 더 벌어지고 새로운 정치 당파들이 생겨났는데, 도시 수공업자들을 중심으로 하는 골고타 파Gólgotas와, 하급 장교들이 중심이 되고 후에는 수공업자들과 연합하게 되는 엄격파Draconianos가 그것들이었다. 담배 경작의 급속한 확산, 커피 주기의 시작, 그리고 그로 인해 나타난 대내외 교역의 확대 등에 의해 형성된 골고타파는 1850년경 200만 명 정도로 증가한 상인 계급의 아들들이었다. 좋은 교육을 받고, 반노예제 운동·프랑스 낭만주의·유토피아적 사회주의·1848년의 프랑스혁명 등의 영향을 받은 이들은 기독교에 대한 낭만주의적 해석(여기에서 그리스도는 '골고타의 순교자'로 기술되며 19세기 세속적 개혁주의의 선구자로 간주된다)에 기반을 둔 독특한 감상주의적인 자유주의를 발전시켰다. 이 이데올로기의 실천적 본질은 노예제, 교회와 군대의 푸에로, 강제적 성격의 십일조, 자유 기업에 대한 모든 제약의 철폐를 요구하는 것이었다.

도시 수공업자들(그 수는 그 이전 10년 동안 크게 증가했다)은 외국에서 들어오는 수입품과의 점점 치열해져 가는 가격 경쟁에 직면하게 되었으며, 그것은 심각한 실업 사태를 낳았다. 자신들의 경제적 어려움이 보수적인 노예 소유주들과 그들의 플랜테이션에게만 유리하게 책정된 낮은 관세 때문이라고 생각한 이들 수공업자들은 자연스럽게 노예제에 반대하는 정치 투쟁을 이끌어 온 자유와 평등의 개념에 공감했다. 1847년 그들은 보고타의 '민주협회'Democratic Society(약 4,000명의 회원을 가지고 있었다)를 필두로 하여 여러 '민주협회들'로 구성된 네트워크를 구축했다. 상호부조적 성격을 가진 이 협회들은 주로 교육활동 혹은 자선활동을 수행했다. 그러나 이 협회들은 자유당 지도부에 중요한 정치적 수단을 제공하기도 했는데, 그들은 이 협회들을 이용하여 새로운 상인 엘리트들이 지역 과두 엘리트들의 도움을 받아 자유방임주의와 근대성의 승리를 추구하도록 만들었다.

노예제 반대투쟁이 브라질, 쿠바, 페루, 콜롬비아, 베네수엘라가 각각 자신들의 국민적 정체성을 규정한 역사적 맥락을 제공했다는 데에는 의심의 여지가 없다. 그러나 서로 밀접하게 연관된 인종과 재산의 문제도 마찬가지로 중요한 역할을 수행했다. 궁극적으로 자유주의자들은 모든 지역의 노예제 폐지 운동에서 항상 분명했던 자유와 평등이라는 용어를 자신들의 것으로 만들고 노예해방을 주장했다. 그러나 그들은 또한 외세 지배와 국가 통제로부터의 자유를 요구하는 국가적 담론national discourse을 만들어 내기도 했는데, 이는 그들 자신들의 계급적 특권과 재산을 보호하는 데 필요한 조건이기도 했다. 이 국가nation라는 용어는 인종적 평등과 대중의 민주주의적 참여를 요구하는 급진적인 요구를 침묵케 하려는 노력의 표현이었다.

11장 _ 신식민주의의 승리와 자유주의 국가, 1870~1900

1870년경부터 유럽 산업혁명의 빨라진 속도가 라틴아메리카의 경제와 정치에 보다 급속한 변화를 가져다주었다. 원료와 식량에 대한 수요가 늘어남에 따라 라틴아메리카의 생산자들은 제품 생산을 늘렸다. 정치적 안정의 증대(그것 자체는 자유주의 국가의 공고화의 산물이다)는 라틴아메리카와 유럽-미국 간 무역 증대에 일조했다.

정치적 안정과 자유주의적 경제 정책에 힘입어 유럽 자본이 라틴아메

이 장의 핵심 문제

- 신식민주의란 무엇이며, 그것의 경제적·정치적 특징은 무엇인가? 1870~1900년 국가의 경제 성장에서 자유주의 국가가 수행한 역할은 무엇인가?
- 원주민 공동체, 토지, 노동, 무역, 외국인 투자와 관련하여 멕시코의 포르피리오 디아스가 추구한 정책은 무엇인가?
- 원주민 공동체, 토지, 노동, 외국인 투자와 관련하여 아르헨티나의 훌리오 로카가 추구한 정책은 무엇인가?
- 과테말라에서 후스토 루피노 바리오스의 자유주의 개혁안의 핵심 내용은 무엇인가?
- 베네수엘라의 안토니오 구스만 블랑코의 계획안과 콜롬비아의 라파엘 누녜스의 계획안은 어떻게 다르며, 두 개혁안이 국가 경제 발전에 미친 영향은 무엇인가?
- 이 자유주의 개혁안들은 칠레의 호세 마누엘 발마세다의 발전 정책과 어떻게 대조를 이루는가?
- 자유주의적 발전 프로그램이 하층 계급, 특히 농민과 노동자들에게 어떠한 영향을 미쳤는가?

리카로 유입되었으며, 그것은 철도·항만·가공 공장, 그리고 그 외 생산과 무역 증대에 필요한 여러 가지 시설물을 만들어 냈다. 라틴아메리카는 국제 경제 시스템 속에 편입되고, 그 안에서 원자재와 식량을 수출하고 대신 유럽과 미국 상품을 수입했다. 여러 라틴아메리카 국가가 점진적으로 자유무역 정책을 채택한 것(그것은 국내 공장제 자본주의를 창출하려는 노력의 포기로 나타났다)은 라틴아메리카 지역이 국제 노동분업 체제로 편입되는 과정을 가속화했다.

신식민주의

새로운 경제 시스템은 라틴아메리카에 새로운 종속을 가져다주었는데, 처음에는 영국이, 나중에는 미국이 에스파냐와 포르투갈을 대신하여 지배자 역할을 맡았다. 이것을 '신식민주의'라고 부를 수 있을 것인데, 이 신식민주의적 질서는 고유의 결점과 부분적 붕괴에도 불구하고 1914년 제1차 세계대전 이전까지 상당히 안정된 모습을 보여 주었다. 그러나 제1차 세계대전은 라틴아메리카의 수출 시장을 혼란에 빠뜨리고, 라틴아메리카가 필요로 하는 제조업 제품의 수입을 어렵게 함으로써 신식민주의와 자유주의 국가가 보편적 위기에 빠지게 되는 출발점이 되었다.

1870년부터 1914년까지 라틴아메리카 경제가 전반적으로 급속히 성장은 했으나 발전 속도와 정도는 지역에 따라 불균등하게 나타났다. 볼리비아나 파라과이 같은 몇몇 국가는 다른 나라들에 비해 훨씬 늦게 성장 대열에 합류했다. 신식민주의 질서의 두드러진 특징은 그것이 가진 일방성(단일경작)이었다. 한두 가지 주요 산물이 국가 번영의 기반이 되었고, 그것은 그 나라를 세계 시장의 수요 변동이나 가격 변동에 매우 취약하게 만

1873~1885	과테말라의 후스토 루피노 바리오스, 자유주의적 독재를 시작하다.
1876~1885	엘살바도르의 라파엘 살디바르, 자유주의적 독재 정권을 수립하다.
1879~1883	칠레, 태평양 전쟁에서 승리하고, 페루와 볼리비아에게서 광물이 풍부한 땅을 수용하다. 볼리비아는 그로 인해 육지로 둘러싸인 나라가 되다.
1881	니카라과에서 코무네로스 반란이 발발하여 원주민들의 공유지를 사유화하는 조치에 저항하다. 살디바르, 엘살바도르에서 공동체적 토지 보유를 폐지하다.
1883	구획정리법, 멕시코에서 공유지를 사유화하다. 칠레, 아라우코족의 세습 토지를 수용하다.
1886~1891	칠레의 발마세다 대통령, 라티푼디스타들과 해외투자자들의 반대를 무릅쓰고 국가의 산업과 농업 발전을 추진하다.
1889	브라질의 벤자민 콘스탄트, 동 페드루 2세 정부를 무너뜨리고 제1공화국을 세우다.
1891	칠레의 과두주의자들과 외국 자본가들, 발마세다 정부를 무너뜨리다.
1893~1910	니카라과의 호세 산토스 셀라야, 자유주의 독재 정부를 수립하다.
1894	미개간 국유지법, 멕시코의 공유지를 사유화하다.
1896	카누두스 봉기, 브라질의 과두주의적 공화국에 저항하고 사유재산을 철폐하다.
1899~1908	베네수엘라의 시프리아노 카스트로, 독재권력을 장악하다.
1906	멕시코 카나네아 구리회사에서 대규모 노동 파업이 일어나다. 브라질의 노동자연맹, 과두주의적 공화국에 저항하다.
1909	멕시코의 리오블랑코 스트라이크, 직물 생산을 중단시키다. 루이스 에밀리오 레카바렌, 칠레노동자연맹을 창설하다.
1912	아르헨티나의 과두정, 사엔스 페냐법을 통과시키다.

들었다. 아르헨티나와 우루과이는 밀과 육류, 브라질은 커피와 설탕(그리고 한때는 고무), 칠레는 구리와 초석, 온두라스는 바나나, 쿠바는 설탕에 의존했다.

각국의 근대적 수출 지역은 그 나라의 다른 경제 지역으로부터 고립된 지역enclave이 되었고, 전자는 후자의 노동과 자본을 유출시킴으로써 후자의 후진성을 더욱 촉진시켰다. 근대적 지역의 수출지향적 성격은 국가 철도 체계의 양상에도 반영되었는데, 대체로 그 철도 체계는 그 나라의 여러 지역들을 통합하려는 의도를 가지고 만들어진 것이 아니라 수출 산업의 교통상의 필요를 충족시키려는 목적을 가지고 만들어졌다. 게다가 근대적 수출 지역은 자주 극히 불안한 토대에 기반을 두고 있었다. 급속하고 뜨겁게 달아오르는 성장과, 간헐적으로 나타나는 침체에 의한 갑작스런 성장의 중단(그것은 간혹 완전한 붕괴로 끝나기도 했다)은 신식민주의 양상의 일부를 이루었다. 그런 갑작스런 발전과 몰락의 스토리를 잘 보여 주는 것이 페루의 구아노, 칠레의 초석, 브라질의 고무 산업이다.

19세기 후반 라틴아메리카에서 신식민주의가 승리한 것이 경제적 선발주자로서 유럽이 가진 유리함이나, 라틴아메리카 지역이 가진 종속이라는 과거의 역사가 만들어 낸 불가피한 혹은 필연적인 현상은 아니었다. 봉건적 혹은 반半봉건적 경제 혹은 사회에서 자치적인 자본주의 체제로의 도약이 물론 어렵기는 하지만 불가능한 것은 아니라는 것은 일본의 경우가 잘 보여 준다. 독립 이후 새 국가들은 자치와 종속 가운데 하나를, 혹은 역사가 플로렌시아 마욘의 표현에 따르면, “국내 생산과 자본 형성에 집중하든지 아니면 수출 생산, 외국 시장, 그리고 궁극적으로는 외국 자본에 의존하든지” 둘 중 하나를 택해야 했다. 그러나 자치적인 자본주의가 필요로 하는 역동적인 기업가 계층과 대규모 국내 시장의 형성은 대농장의 파괴,

페온제를 비롯한 강제 노동 제도의 폐지, 그리고 국내 산업을 지원하는 일관된 정책이 없이는 불가능했다. 그러나 이런 개혁은 시장 요인의 규제와 물적 자원material resources의 재분배에 끈질기게 달려드는 강력하고 적극적인 국민국가를 필요로 했다. 그러나 대부분의 엘리트 집단들은 그것을 지나치게 비용이 많이 들고 자신들의 이익을 위협한다고 생각했다. 그들은 대신 공적 재원을 사유화하고, 정부 지출을 줄이고, 국가 관료제를 해체하고, 외국 투자자에게 인센티브를 제공하고, 수출무역 장려의 필요성을 강조하는 자유주의적 발전 신조를 받아들였다. 그러므로 대부분의 라틴아메리카 엘리트들은 계속적인 종속이라는 쉬운 길을 택했는데, 독립 전에는 에스파냐가 메트로폴리스였다면 독립 후에는 영국이, 좀더 나중에는 미국이 에스파냐의 역할을 대신하게 된다.

그러나 19세기 라틴아메리카에서는 이런 종속의 양상을 깨뜨리기 위한 얼마간의 진지한 노력이 나타나기도 했다. 우리는 이미 그런 노력 가운데 두 가지를 기술한 바 있다. 주목할 만하고 잠시나마 성공을 거두기도 한 독자적 발전을 위한 프로젝트가 프란시아 박사와 로페스 부자父子 지배하의 파라과이에서 실시되었다. 국가 주도의 형태로 진행된 그들의 농업 개혁과 산업 다양화 프로그램은 파라과이를 후진국에서 비교적 번영하고 선진된 국가로 바꾸어 놓았다. 그러나 파괴적인 파라과이 전쟁으로 이 발전은 중단되었고, 파라과이는 다시 후진적이고 종속적인 국가가 되었다. 칠레에서는 1850년대에 광산자본가, 소농, 수공업자로 이루어진 동맹 세력이 토지 귀족과 상인 과두 엘리트들을 타도하고 급진적인 정치적·사회적 개혁 프로그램을 실행하려고 했다. 그들의 '좌절된 부르주아지 혁명'도 참혹한 유혈사태로 끝나고 말았다. 이 장章에서는 "칠레는 칠레 인에게"라는 슬로건하에 자치적인 발전을 이루기 위해 칠레 인들이 펼친 두번째 시도에 대해 살펴볼 것인데, 이 역시 패배로, 그리고 그 운동을 이끈 대통령의 죽음으로 끝나고 말았다.

아시엔다 체제의 확대

신식민주의 질서는 전통적인 토지 보유와 노동 관계 시스템의 틀 안에서 전개되고 발전했다. 실제로 그것은 아시엔다 체제를 식민 시대 때보다 훨씬 큰 규모로 확대시켜 놓았다. 라틴아메리카 생산물에 대한 유럽의 수요 증대와 국내 시장의 성장은 토지 가격을 급등시켜 놓았고, 각국 대지주들은 아직 남아 있는 원주민들의 공유지에 대한 공격에 나섰다. 이런 경향은 부분적으로는 막 생겨나고 있던 시장 경제에서 예상되는 원주민들과의 경쟁을 미리 제거하려는 것이었다. 멕시코에서는 라 레포르마 운동이 1850년대와 1860년대에 이 공격을 위한 법적 토대를 마련해 주었으며, 포르피리오 디아스 시대에 정점에 이르렀다. 안데스 지역에서는 그와 비슷한 입법이 모든 공동체적 재산을 사유私有의 형태로 만들어 놓았고, 그것은 원주민들의 봉기와 정부의 참혹한 진압이라는 순환을 만들어 놓았다. 그러나 모든 원주민이 고래의 공동체적 토지 보유의 해체라는 19세기적 경향에 반대한 것은 아니었다. 시장 관계로 인해 마을 안에서 상당한 사회경제적 차별화가 나타났던 멕시코와 안데스 지역에서는 원주민 지도자들이 공동체 토지의 사유화가 사적인 부를 증대시킬 수 있는 길이라 판단하여 그것을 기꺼이 받아들이기도 했다.

자유주의 정부들의 교회 토지 수용도 라티푼디움 증가에 기여했다. 멕시코는 이와 관련하여 다시 한 번 레르도 법과, 후아레스 반교회 법으로 모델을 제공해 주었다. 멕시코의 예를 따라 콜롬비아의 자유주의 정부들도 1860년대에 교회 토지를 몰수했으며, 베네수엘라에서도 1870년대에 자유주의 독재자 안토니오 구스만 블랑코Antonio Guzmán Blanco가 다수의 교회 대농장을 수용했다. 에콰도르의 자유주의자들도 1895년에 교회 토지를 몰수했다.

철도 건설과 전쟁을 통한 국유지public domain의 확대도 대농장의 증가에 기여했다. 자유주의 국가들은 대개 교회 혹은 원주민 공동체들로부터 땅을 수용하여 대규모 단위로 헐값에 매각했다. 토지의 집중화는 원주민이나 메스티소 소지주들에게 돌아갈 경작지의 규모를 줄여 놓았으며, 더불어 미니푼디움(원시적인 기술로 경작되는 비경제적인 소규모 땅뙈기)의 수도 함께 증가시켰다.

원주민의 공유지를 차지하는 것은 그것을 직접 이용하기 위해서든 아니면 가격 상승을 기다려 매각하기 위해서든 노동에 대한 수요가 증대되고 있던 시기에 대지주들에게 해당 지역의 노동력을 장악할 수 있게 하는 또 다른 이익을 가져다주었다. 토지를 상실한 원주민들이 급료의 전부를 현금으로 받는 진정한 의미의 임금 노동자가 되는 경우는 많지 않았는데, 그것은 대지주들이 그런 노동자는 너무 비싸고 독립적이라고 생각했기 때문이다. 보다 일반적인 노동 형태는 채무 페온제debt peonage였다. 이 제도하에서 노동자들은 임금의 전부 혹은 일부를 농장 내 가게에서만 물건을 구입할 수 있는 상품권으로 받았으며, 그 가게의 터무니없는 가격과 부정한 장부 정리는 대를 이은 부채를 낳기 일쑤였다. 법정들은 빚을 완전히 청산할 때까지 페온이 농장을 떠날 수 없다는 판결을 내려주었다. 새 질서가 강요하는 낮은 임금과 강도 높은 노동에 항의하는 페온들은 지주들이 거느린 무장 가신家臣들이나 지역 경찰 혹은 군대에 끌려가 경을 치기 일쑤였다.

몇몇 국가에서는 이 시기에 식민지배기에 유행했던 레파르티미엔토 제도, 즉 원주민 징집 노동 제도가 부활했다. 과테말라에서 이 제도는 노동이 가능한 모든 원주민이 정해진 기간 동안 아시엔다에서 일을 하게 했다. 자유주의자 대통령 후스토 루피노 바리오스Justo Rufino Barrios는 지역 관리들에게 "자신의 의무를 회피하려는 인디오가 있으면 누구든 법의 허용 범위 안에서 최고 수준의 징벌을 가할 것, 농민들에게 완전한 보호를 제공할 것, 각 인디오가 자신의 부역 날에 하루 종일 일하게 할 것"을 지시했다.

앞에서도 보았듯이, 일부 지역에서는 노예제가 19세기 중반 이후까지도 존속했다. 예를 들어 페루에서는 1855년까지, 쿠바에서는 1886년까지, 브라질에서는 1888년까지 노예제가 남아 있었다. 노예제와 비슷한 제도로 천역제賤役制가 있었는데, 이 제도 하에서 약 9만 명의 중국인 쿨리가 1849년과 1875년 사이에 페루로 수입되어 구아노 섬들과 철도 부설에 투입되었다. 노예제라는 용어는 멕시코 정부가 정치적 유형자流刑者나 체포된 원주민 봉기자들을 남부 멕시코의 커피·담배·에네켄 플랜테이션에 보내 이루 말할 수 없이 열악한 조건 속에서 일을 하게 하는 시스템에도 적용된다.

보다 근대적인 농업 노동 제도 혹은 농장소작 제도는 브라질 남부와 아르헨티나 같은 지역에서만 나타났는데, 이 지역의 심각한 노동력 부족이 1870년부터 1910년 사이에 이곳에 들어온 수백만 명의 유럽인 이주자에게 중대한 인센티브를 제시하게 만들었던 것이다.

광산업과 1890년 이후 몇몇 나라에서 생겨난 공장의 노동 조건도 그에 못지않게 열악했다. 하루 12~14시간 노동, 대개 회사 가게에서만 사용할 수 있는 상품권으로 지불되는 보잘것없는 급료, 고용주나 십장들의 학대 등은 작업장에서 거의 일상적으로 나타나는 모습이었다. 라틴아메리카의 법률들은 대개 노동자의 파업이나, 노동 조건 개선을 위한 다른 조직적인 노력을 금하였고, 파업을 분쇄하기 위해 경찰이나 군대가 동원되었으며, 그 경우 상당한 인명 손실이 발생하는 것이 일반적이었다.

외국의 자원 지배

신식민주의 질서의 성장과 더불어 라틴아메리카 대륙의 자연자원 및 인공자원에 대한 외국인의 공동 지배corporate control가 지속적으로 증가했다. 이 과정은 단계적으로 진행되었다. 1870년 외국인 투자는 여전히 무역, 해운, 철도, 공공시설, 그리고 정부 차원의 차관에 집중되어 있었다. 그리고 영국 자본은 라틴아메리카 투자 분야에서 확실한 주도권을 장악하고 있었다. 1914년경이면 외국인의 공동 소유corporate ownership는 더욱 확대되어 광산업의 대부분을 포함하게 되었고, 부동산·목축·플랜테이션 농업·매뉴팩처 등에도 깊숙이 침투해 있었다. 그리고 그 무렵이면 라틴아메리카에서 영국의 라이벌들의 도전이 효과적으로 전개되고 있었으며, 이 라이벌들 가운데 가장 괄목할 만한 발전을 이룬 나라가 미국이었다. 미국의 대라틴아메리카 투자는 1870년경만 해도 미미한 수준이었으나 1914년 말이면 16억 달러에 이를 정도로 급증했다(그러나 거의 50억 달러에 이르고 있던 영국에 비하면 아직도 한참 뒤져 있었다).

외국의 경제적 침투는 정치적 영향력의 증가, 심지어는 간헐적인 무장 개입과 병행해서 이루어졌다. 그중에서도 이제 막 출현한 미국의 제국주의가 가장 공격적이었다. 1898년 이후 미국의 '달러 외교'는 무장 개입과 결합하여 카리브 해를 '미국의 호수'로 바꾸어 놓았으며, 쿠바와 도미니카공화국, 그리고 중아메리카 여러 나라들을 미국의 속령 혹은 보호령으로 만들어 놓았다.

획득(Acquisition)의 정치

새로운 경제는 새로운 정치를 필요로 했다. 수출 붐, 지가 상승, 대규모의 외자 유입, 정부 수입 증가에 고무된 보수주의자와 자유주의자들은 이념적 차이를 제쳐 두고 부의 추구를 위해서 하나가 되었다. '질서와 진보'라는 실증주의적 슬로건이 라틴아메리카 지배계급의 구호가 되었다. 적자생존이라는 다윈의 이념과, 원주민·흑인·메스티소·물라토 대중은 본질적으로 열등하다고 생각하는 인종주의자들의 이론을 뒷받침하기 위해서 자주 사용된 허버트 스펜서의 '열등인종론'도 상층 계급의 무기고 안에 들어왔다.

국가 경제를 점점 수출 지역들이 지배하고, 구舊토지 귀족과 보다 자본주의적 성향을 가진 집단들 간의 합의의 발전으로 연방주의 대 중앙집권주의 간의 갈등 혹은 자유주의 대 보수주의 간의 괴리 같은 정치적 이슈들이 갖는 힘이 상당히 약해졌다. 몇몇 나라에서는 구래의 당파 간 경계선이 허물어지거나 무의미하게 되었다. 멕시코의 포르피리오 디아스, 콜롬비아의 라파엘 누녜스, 과테말라의 후스토 루피노 바리오스, 베네수엘라의 안토니오 구스만 블랑코 같은 새로운 유형의 자유주의적 카우디요들이 '획득의 정치'를 상징했다.

19세기 말이 되자 몇몇 국가에서 불만을 품은 중산층, 이민자, 기업가 집단이 힘을 합쳐 급진당Radical 혹은 민주당Democratic이라 불리는 정당을 만들어 크리오요 토지 귀족들이 주도하는 전통적인 정치적 지배에 도전했다. 그들은 새 중간 계층에 좀더 큰 힘을 실어 줄 정치적·사회적·교육적 개혁을 주장했다. 그러나 이들 중간층—제조업자, 상점주, 전문직업인 등등—은 대개 신식민주의적 질서의 산물이었고, 생계를 거기에 의존하는 사람들이었다. 그러므로 대개 그들은 그 질서의 생존력에 의심을 품지 않았다. 1890년대 라틴아메리카 여러 나라에서 출현한 소규모의 민족주의자, 사회주의자, 아나키스트, 생디칼리스트 집단이 자본주의, 신식민주의, 자유주의 국가에 도전하기는 했지만 그 운동들이 완전한 의미를 갖기 위해서는 한참을 더 기다려야 했다.

지금까지 기술한 경향은 1870년부터 1914년 사이 멕시코, 아르헨티나, 칠레, 브라질, 중아메리카, 베네수엘라, 콜롬비아의 역사에 모종의 통일성을 부여해 주었다. 그러나 각국은 공통의 문제에 대해 중요한 차이를 보였으며, 그 차이는 서로 다른 역사적 배경과 조건에 기인하였다.

멕시코의 정치와 경제

디아스 정권의 독재

포르피리오 디아스 장군은 1876년 불만을 품은 지역 카우디요와 군 장교들, 구체제의 후견patronage 정치를 못마땅하게 생각하는 자유주의자들, 디아스가 자신들을 보호해 줄 것이라고 생각한 원주민·메스티소·소농의 지지에 힘입어 권력을 장악했다. 그의 성공은 또한 미국인 자본가, 군 장교, 전임자들을 반反미국적이라고 생각하고 디아스에게 무기와 현금을 제공한 텍사스 대지주들의 적극적 지원에 힘입은 것이기도 했다. 그 후 디아스는 라틴아메리카 역사에서 가장 강력한 개인 독재 체제 가운데 하나인 포르피리오 체제porfiriato를 수립했다.

그러나 독재 체제의 수립은 점진적으로 이루어졌다. 그의 첫번째 임기 동안에는 의회와 사법부가 얼마간 독립을 누렸고, 급진적인 노동신문을 포함한 언론도 자유로운 편이었다. 그러나 얼마 가지 않아 디아스의 경제 사회 정책은 분명해졌다. 재정이 고갈되고 위아래로부터의 압력에 직면하게 되자 디아스는 대지주, 대금업자, 외국인 자본가의 편에 서기로 결심했다. 그는 그들의 도움이 자신의 정치적 생존을 보장해 줄 수 있을 것으로 생각한 것이다. 대신 그는 이 집단들에게 그들의 재산을 비롯한 제반 이익을 보호해 주겠다고 약속했다. 한때 민중과 아시엔다 간의 오랜 갈등에서 자신은 민중의 편이라고 선언하기도 했던 디아스는 이제 군대를 파견해 토지 점유에 저항하는 농민들을 진압했다. 집권 전에는 영국인 자본가에게 베푼 관대한 양보를 맹렬히 비난하기도 했던 디아스였지만 1880년경이면 철도 건설을 위해 미국 회사들에게 그보다 더 관대한 지원을 기꺼이 승인해 주었다. 경제 성장은 디아스에게 중요한 목표가 되었으며, 그는 그것을 자신의 문제와 국가의 문제를 해결하는 열쇠로 생각했다.

경제 성장은 정치적 안정을 필요로 했다. 그래서 디아스는 화해정책 policy of conciliation을 추진했고, 그것은 '빵 아니면 몽둥이'pan o palo라는 공식으로 표현되었다. 이것은 과거의 정치적 입장이나 신념에 상관없이 모든 영향력 있는 반대자들에게 올리브 가지(화해의 제스처) 하나와 전리품 중 한몫을 떼어 주는 것이었다. 뼈다귀를 입에 문 개는 누구를 죽이지도 않고 훔치지도 않는다고 디아스는 생각했다. 실제로 디아스는 모든 분야의 상류층 사람들과, 유명 지식인이나 언론인을 포함하여 일부 중간층 사람들을 거대한 멕시코 바비큐 파티에 초대했으며, 여기에 초대받지 못한 사람들은 가난하고 비천한 사람들뿐이었다. 디아스의 뇌물(정치적 관직, 독점권 등등)을 거부한 반대자들은 곧바로 보복의 대상이 되었다. 그들은 끌려가 두들겨 맞고 살해되거나 아니면 체포되어 산후안데우유아San Juan de Ullua 지하 감옥 혹은 멕시코판 바스티유라 불렸던 음울하기 그지없는 벨렌Belén 감옥으로 보내졌다. 이 '빵 아니면 몽둥이' 정책의 중요한 도구는 '루랄레스'rurales(경찰기병대)였는데, 이들은 처음에는 산적이나 비적 출신들로 구성되었다가 점차 포르피리오 시대의 거대한 사회 변화에 치여 몰락한 수공업자 혹은 농민 출신으로 대체되었다. 이들 루랄레스의 주요 임무는 산적의 추적이 아니라 농민 소요를 진압하고 스트라이크를 분쇄하는 것이었다.

그런 수단을 통해서 디아스는 사실상 모든 반대 세력을 제거했다. 1857년의 헌법과 그것이 보장한 자유는 이제 오직 문서로만 존재하게 되었다. 이론상 최고 통치기구였던 의회의 의원선거는 우스꽝스런 코미디에 지나지 않았다. 디아스가 자신이 선임한 후보자 명단을 지역 관리들에게 돌리면 그들은 그것을 인준할 뿐이었다. 독재자는 경멸적인 의미로 의회를 자신의 '카바야다' caballada(마굿간)라고 불렀다. 주지사들도 대개 지역 대지주 혹은 자신이 신임하는 장군들 중에서 디아스가 임명했다. 디아스는 충성을 받는 대가로 그들에게 부를 쌓고 지역 주민들을 겁박할 수 있는 재량권을 주었다. 주지사 밑에는 '정치적 우두머리들' jefes políticos이 있었는데, 이들은 주지사에 의해 임명되고 디아스에 의해 승인 받는 작은 독재자들이었다. 그들 밑에는 지역 행정구를 책임지는 자치 시장들 municipal presidents이 있었다. 우후죽순처럼 생겨난 강압적인 기구들은 디아스 시대의 특징 가운데 하나였다. 이 시기 동안 정부의 통치 비용은 무려 900%나 증가했다.

군대는 당연히 특별한 총애를 누렸다. 고급 장교들은 높은 급료를 받았고, 부임한 지역을 희생시켜 개인적으로 큰 부를 쌓을 수 있는 기회를 가질 수 있었다. 디아스의 군대는 국방이라는 본연의 임무 수행에는 참담할 정도로 부적절했다. 장군을 비롯한 고급 장교를 임명하는 기준은 능력이 아니라 독재자에 대한 충성이었다. 규율, 사기, 훈련 수준은 한마디로 형편없었다. 사병 가운데 상당 부분은 사회의 쓰레기들 중에서 징모되었

1920년대부터 멕시코에서는 국가의 상당한 지원 하에 사회적 의식을 가진 예술가 집단이 나타났는데, 그들은 비참한 과거와 혁명적인 현재의 약속에 관하여 대중의 의식을 깨우려고 했다. 이 예술가들 가운데 가장 위대한 사람 가운데 하나가 다비드 알파로 시케이로스(David Alfaro Siqueiros)였다. 그가 그린 이 그림은 전 대통령 포르피리오 디아스를 풍자적으로 묘사하고 있다. 여기에서 독재자는 무희들을 통해 자신의 부유한 지지자들을 즐겁게 해주고 있고, 자신은 1857년의 헌법을 발로 짓밟고 있다.

으며, 나머지는 젊은 원주민 징집병이었다. 노동자 파업이나 농민 봉기를 야만적으로 진압하는 데 자주 동원된 이들 하급 병사들이 받는 대우와 급료는 형편없었다. 하사관 이하 병사들의 월급은 50센트에 불과했다.

교회는 독재 체제를 지탱하는 기둥들 가운데 하나였으며, 디아스가 반교회적인 라 레포르마 법을 무력화해 주는 대신 그를 지지하는 데 동의했다. 수도원과 수녀원이 다시 문을 열고, 교회가 운영하는 학교가 부활했다. 독재자와의 협상에 충실했던 교회 지도부는 하층 계급의 고통에는 나몰라라 했으며, 정권에 대한 완전한 복종을 그들에게 가르쳤다.

디아스의 화해정책은 부유하고 권력 있는 사람들 못지않게 저명한 지식인들을 향한 것이기도 했다. 그런 지식인, 전문직업인, 사업가들로 이루어진 집단이 서로 밀접한 연계를 가진 채 디아스의 조언자 집단을 이루었다. '과학자'라 불렸던 이 사람들은 국가의 '과학적' 운영을 주장한 데서 그 명칭이 유래하였고, 특히 1892년 이후 큰 영향력을 가졌다. 대략 열다섯 명 정도가 이 집단의 핵심을 이루었는데, 그들의 지도자는 디아스의 전지전능한 장인丈人 마누엘 로메로 루비오Manuel Romero Rubio였다. 그가 1895년에 죽은 후로는 새 재무부 장관 호세 이베스 리만토우르José Yves Limantour가 그 자리를 차지했다.

'과학자'들에게 경제 발전은 거의 전부였다. 대부분의 과학자들이 원주민과 메스티소들은 본질적으로 열등하다는, 그러므로 멕시코를 후진 상태에서 빠져나오게 하기 위해서는 백인 엘리트와 외국인, 그리고 그들의 자본에 의존해야 한다는 명제를 받아들였다. 언론인 프란시스코 코스메스Francisco G. Cosmes의 말에 따르면, "인디오들은 열등한 인종의 수동적 힘만 가지고 있으며, 문명의 목표를 적극적으로 추구할 능력은 가지고 있지" 않았다.

토지 소유의 집중화

20세기 초까지도 멕시코는 여전히 농업 중심의 국가였다. 1,500만 명의 인구 가운데 77%가 토지에 의존해 살고 있었다. 라 레포르마 법은 이미 토지 소유의 집중화를 촉진하였으며, 그 경향은 디아스 치세에 더욱 강화되었다. 철도 건설의 급속한 진전은 수출 지향 생산의 기회를 증대시켰으며, 그것은 다시 디아스 치세에 지가 상승과 토지 강탈의 증가를 자극했다.

토지에 관한 법들 가운데 가장 중요한 것이 공유지 조사를 위해 입안된 1883년 구획정리법Ley de Deslindes인데, 이 법은 부동산 회사들이 공유지를 조사하고, 조사된 땅의 3분의 1을 보유할 수 있게 해주었다. 나머지 3

분의 2는 대단위 필지들로 나뉘어 낮은 고정 가격에 매각되었는데, 매입자는 대개 디아스가 총애하는 사람들이나 그들의 외국인 친구들이었다. 1883년 법은 또한 개인이 방대한 규모의 땅을 획득할 기회를 제공해 주었다. 어떤 사람은 혼자서 바하칼리포르니아Baja California와 북부 다른 주들에서 거의 1,200만 에이커의 땅을 획득하기도 했다. 그러나 토지 회사들은 그런 척박한 땅의 획득에 만족하지 않았다. 1894년 '미개간 국유지 법'Ley de Terrenos Baldíos은 법적 소유권이 없는 땅은 주인 없는 땅이라고 선언함으로써 까마득한 옛날부터 원주민 마을 주민들 혹은 소토지 보유농들이 경작해 왔지만 소유권이 불분명한 땅을 강탈할 수 있는 길을 열어 주었다. 그리고 그로 인해 피해를 입은 사람들이 무장 저항을 할라치면 디아스는 군대를 보내 진압했고, 저항하다 진압된 자들을 노예로 만들어 유카탄의 에네켄 플랜테이션 혹은 쿠바의 사탕수수 플랜테이션에 매각했다. 장기간의 용감한 투쟁 끝에 결국 무릎을 꿇은 북서쪽의 원주민 야키 족Yaquis의 운명이 바로 그런 것이었다.

토지 수용의 또 다른 수단이 되어 준 것이 1890년의 법인데, 이 법은 원주민 마을의 공유지를 마을 주민들에게 분배하도록 한 그 이전 라 레포르마 법을 실행에 옮기도록 한 것이었다. 이 법은 엄청난 혼란을 불러일으켰다. 많은 경우 땅 투기업자들과 아센다도들은 무지한 마을 사람들을 감언이설로 속여 소유권을 터무니없이 낮은 가격에 사들였다. 아센다도들은 또한 마을의 물 공급을 끊는다든지, 야만적인 무력을 동원하는 등의 수단을 통해 탐욕스런 자신들의 목적을 달성하기도 했다. 1910년경이면 토지 수용 과정은 대체로 완료되었다. 멕시코에서 최대 인구 밀집 지역인 중앙고원 지대 원주민 마을들 가운데 90% 이상이 가지고 있던 공유지를 상실했다. 가장 완강하게 저항한 마을들만이 대지주들의 공격으로부터 토지를 지킬 수 있었다. 1,200만 명의 전체 인구 가운데 토지를 갖지 못한 페온과 그 가족들이 950만 명이나 되었다.

대체로 새 땅주인들은 원주민 마을이나 소토지 보유자들로부터 수용한 땅을 그 전에 비해 효과적으로 이용하지 못했다. 아센다도들은 수용한 땅 가운데 많은 부분을 경작하지 않고 방치하면서 땅값이 오르기만을, 혹은 미국인들이 구입해 주기만을 기다렸다. 그들이 이 땅을 생산에 이용하지 않음으로써 옥수수를 비롯한 주요 산물의 가격은 인위적으로 높게 유지되었다. 아시엔다 농업의 기술수준은 대개 극히 낮았다. 관개도 기계도 인공비료도 이용되지 않았다. 일부 새 지주 집단, 즉 북쪽의 목축업자와 면화 재배업자, 치아파스의 커피 혹은 고무 생산자, 유카탄의 에네켄 생산자들은 상대적으로 좀더 근대적인 장비와 기술을 사용하는 편이었다.

식량 생산은 침체하여 인구 증가 속도를 따라잡을 수 없었고, 옥수수나 콩 같은 기본 식량의 1인당 생산량은 19세기 말이면 사실상 줄어들었다. 이런 감소는 1907년부터 1910년까지 무엇보다도 가뭄에 따른 3년간의 흉작 때 절정에 이르렀다. 그 결과 미국으로부터 옥수수를 비롯한 식료품의 수입이 디아스 체제 말기에 꾸준히 증가했다. 목축업이 발전하기는 했지만 가축의 상당 부분이 외국 시장에 수출되었기 때문에 1인당 가축 소비량은 오히려 감소했다.

인구 증가보다 더 크게 증가한 유일한 식품 생산물은 술이었다. 주류 소비의 증가는 멕시코시티의 주점 수가 1894년 51개에서 1900년 1,400개로 늘어난 사실로도 알 수 있다. 19세기 말 멕시코에서 알코올에 의한 사망률은 동 시기 프랑스에 비해 6배나 되었으니, 그것은 견딜 수 없을 정도로 힘든 삶과 노동에 대해 원주민들이 보인 일반적인 반응이었을 것이다. 한편 특히 디아스 체제 말기에 극성을 부린 인플레이션은 원주민 대다수가 의존하고 있던 곡물의 가격을 크게 올려놓았으며, 그에 상응한 임금 인상은 없는 상태에서 급속한 인플레이션은 농업노동자와 산업 노동자의 상황을 급속하게 악화시켰다.

경제 발전

내수용 식량 생산은 감소했으나 수출용 곡물과 공업 원료 생산은 크게 증가했다. 1910년 멕시코는 세계 시장에서 수요가 매우 큰 섬유 원료였던 에네켄의 최대 생산국이었다. 멕시코의 수출용 생산은 점차 미국의 수요와 긴밀하게 연계되었는데, 미국은 외국인 소유의 플랜테이션에서 생산되는 바나나, 고무, 담배의 가장 중요한 시장이었다. 광산업도 미국인들이 지배했으니, 1890년 이후 구리, 금, 납, 아연의 생산이 급증했다. 미국과 영국 회사에 의해 지배되었던 석유 생산은 비약적으로 발전하여 1911년경 멕시코의 석유 생산량은 세계 3위를 자랑했다. 프랑스와 에스파냐 자본가들은 직물업을 비롯한 소비재 산업을 거의 독점했고, 그것은 1890년 비교적 급속한 발전을 보였다.

경제 주요 분야에 대한 외국의 지배, 외국인들에 대한 디아스 체제의 아첨하는 태도는 "멕시코는 외국인들에게는 친모親母요 멕시코인들에게는 계모다"라는 속담을 만들어 놓았다. '과학자' 지배 집단은 이 외국인에 대한 특혜를 멕시코의 자연자원을 신속히 개발하고 멕시코의 정치적 독립과 영토적 통일성을 지킬 수 있는 강력한 국가를 만들기 위해 불가피하다며 정당화했다. 외자 도입으로 대외무역은 급증했고, 근대적인 은행 제도가 생겨났으며, 국가는 내륙 지역과 해외 시장을 연결하는 비교적 촘촘한 철도망을 갖게 되었다. 그러나 멕시코는 이런 성공을 위해 값비싼 대가를 치러야 했으니 야만적인 독재 체제, 인구 대다수의 빈곤화, 식량 생산의 침체, 비효율적인 라티푼디움의 강화, 여러 가지 봉건적 혹은 유사봉건적 잔재가 멕시코의 경제와 사회생활에 존속하게 된 것 등이 그것이었다.

노동 분쟁, 농업 분쟁, 중간층의 소요

봉건적 잔재의 존속은 특히 노동관계 분야에서 두드러졌다. 노동자들의 상황은 지역에 따라 달랐다. 1910년 강제 노동과 노골적인 노예제, 그리고 구식의 채무 노역제는 남부 지역의 주들, 즉 유카탄, 타바스코, 치아파스와 오아하카와 베라크루스 주 일부 지역의 특징적인 현상이었다. 이 지역들의 고무, 커피, 담배, 에네켄, 사탕수수 플랜테이션은 정치적 이유로 추방당한 자, 반란에 참여했다가 체포된 원주민, 여러 가지 방법으로 열대 지방에서 납치되거나 꾐에 빠져 잡혀 온 계약노동자들의 강제 노동에 크게 의존했다.

마을 공유지가 대규모로 수용됨으로써 토지를 소유하지 못한 다수의 원주민 프롤레타리아가 생겨난 중부 멕시코에서는 소작제와 분익소작제, 그리고 이주 노동의 이용이 급증하고 생활수준이 하락했다. 이 지역의 대규모 노동 잉여는 아센다도들이 그들의 노동자들을 채무 페온제로 농장에 묶어 둘 필요성을 감소시켰다. 북쪽에서는 높은 임금을 받는 미국과의 인접성, 아센다도들이 노동력을 두고 광산주들과 경쟁해야 하는 상황이 임금 조정과 분익소작 조정을 얼마간 선호하게 만들고, 채무 페온제를 약화시켰다. 그러나 국가 전 지역에서 농업노동자들은 온갖 고난과 권력 남용을 감내해야 했다.

광산과 공장의 노동 조건도 농촌과 별반 다를 것이 없었다. 직물 공장 노동자들은 하루 12~15시간 일을 하고, 비숙련 여성노동자 혹은 소년이 받는 11센트로부터 고도로 숙련된 노동자가 받는 75센트에 이르는 다양한 수준의 임금을 지급받았다. 고용주들은 여러 방법을 동원하여 이런 형편없는 임금조차도 삭감하려고 했다. 노동자들의 임금은 노동자들이 도구나 기계 사용에 '부주의'했다는 이유로, 혹은 그들이 생산한 물건이 '불량품'이라는 이유로 삭감되었다. 어떤 노동자들은 임금의 전체 혹은 일부를 회사 내 가게(이곳의 가격은 다른 가게들에 비해 비쌌다)에서만 사용할 수 있는 상품권으로 받았다. 연방법 혹은 주州 법은 물론 노조 설립과 파업을 금했다. 1909년 오리사바(베라크루스)에서 일어난 대규모 직물노동자들의 파업은 진압 과정에서 수십 명의 남녀 노동자가 군대에 의해 살해되는 결과를 낳았다. 1906년 카나네아(소노라)에 있는 미국인 소유 구리 회사의 광산에서 일어난 파업을 진압하는 과정에서도 수십 명의 사상자가 났다. 그 같은 탄압에도 불구하고 노조 운동은 디아스 정권 말기에 꾸준히 성장했으며, 사회주의·아나키즘·생디칼리즘도 아직은 소규모에 불과한 노동 계급에 영향을 미치기 시작했다.

디아스 시대 말기 몰락기에 점증하는 파업과 농촌 소요의 물결은 멕시코 인들의 보다 광범한 계층에서 표출된 점증하는 불온 분위기로도 나타났다. 교사, 법률가, 언론인 등 전문직업인들 사이에서도 소외감이 확산되었는데, 그것은 '과학자들'과 그들의 외국인 동맹자들, 그리고 지역 과두 엘리트들의 경제적·정치적·사회적 삶의 획일적인 지배 때문에 출세할 기회가 심각하게 제한되었기 때문이다. 1905년 미국에서는 리카르도 플로레스 마곤Ricardo Flores Magón을 중심으로 일단의 중간층 지식인들이 디아스 체제의 타도를 주장하고, 급진적인 경제와 사회 개혁 프로그램을 추진했다.

지배층 일부도 곧 이 대열에 합류했다. 이 상류층 비판자들 중에는 부유한 아센다도이자 사업가였던 프란시스코 마데로Francisco Madero 같은 민

Brown Brothers, Inc.

1909년 멕시코 리오블랑코 직물 공장에서 파업을 벌이고 있는 노동자들. 이 사업체 주인은 프랑스인이었다. 정부는 이 파업을 분쇄하기 위해 군대를 동원했고, 그 과정에서 다수의 사상자가 났다.

족주의적 자본가도 포함되어 있었는데, 이들은 멕시코에서 외국 회사들이 누리는 경쟁에서의 우위를 못마땅하게 생각했다. 혁명이 발생하지 않을까 두려워했던 이들 상류층 비판자들은 디아스에게 독재 체제를 끝내고 체제를 개혁하고 민중의 저항을 완화하고 기존의 경제적·사회적 질서를 수호하기 위해 필요한 온건한 개혁을 촉구했다. 자신들의 호소가 먹히지 않자 이들 부르주아 개혁가들 가운데 일부는 마지못해 혁명의 길에 나설 준비를 하기 시작했다.

같은 시기에 일어난 경제 침체와 식량 위기는 이 점증하는 불만을 더욱 첨예하게 만들었다. 미국에서 시작되어 멕시코로 퍼진 1906~1907년의 경기 침체는 파산, 일시적 해고, 임금 삭감의 물결을 불러일으켰다. 동시에 1907~1910년의 흉작은 옥수수나 콩 같은 곡물 가격의 급등을 가져왔다. 1910년경 멕시코 내부의 갈등은 폭발 일보 직전에 이르렀다. 노동자들의 파업, 농민들의 소요, 중간층 개혁가들의 선동적 공세, 일부 대주주와 자본가들의 불만, 이 모든 것은 독재 체제의 사회적 기반이 이미 붕괴되었음을 말해 주었다. 피상적인 안정과 우아하고 빛나는 외형에도 불구하고 디아스의 집은 머리끝부터 발끝까지 썩어 있었다. 그것을 흔들어 쓰러뜨리는 데는 가볍게 밀치는 것만으로도 충분했다.

아르헨티나의 정치와 경제

아르헨티나에서 갈등의 주요 원천은 여전히 지방 카우디요들과 부에노스아이레스 간의 라이벌 의식이었지만 훌리오 로카를 비롯한 과두 엘리트들은 항구 도시(부에노스아이레스)와 내륙 지방들 간의 경제적 연계의 강화를 통한 국가 통합을 위해 노력했다. 아르헨티나에서는 포르피리오의 멕시코와 마찬가지로 자유주의 국가의 공고화가 신식민주의적 경제 발전의 핵심이었다.

국가의 공고화

훌리오 로카는 부에노스아이레스 시를 연방화하겠다는 오래된 약속을 실천함으로써 이 새 통합을 제도화하였다. 부에노스아이레스는 이제 국가의 수도가 되었고, 한편 라플라타는 부에노스아이레스 주의 새 수도가 되었다. 내륙 지역이 부에노스아이레스에 대해 승리를 거둔 것처럼 보였다. 그러나 겉으로는 그렇게 보였지만 그 승리는 환상에 불과했다. 1880년에 승리를 거둔 지방의 법률가와 정치인들은 대도시(부에노스아이레스)의 상업적·문화적 가치를 흡수했고, 부에노스아이레스가 가진 힘을 위축시키려고 한 것이 아니라 거기에서 한몫 차지하려고 했다. 부에노스아이레스는 영향력을 상실하기는커녕 다른 지역에 대해 압도적인 우위를 확보할 때까지 부와 권력을 꾸준히 증대시켜 나갔다.

부에노스아이레스의 연방화는 아르헨티나 국가의 공고화를 완성하였고, 아르헨티나의 새 지도자들은 대지주와 부유한 상인 지배계급과 밀접하게 연계되었으며, 대개는 그 계층 출신 중에서 충원되었다. 이들 과두 엘리트층 혹은 '1880년 세대'(새 지배자들은 보통 그렇게 불렸다)는 경제 발전에 대한 신념과, 미국과 유럽적 모델의 가치를 함께 공유했다. 그러나 그들은 또한 냉소주의, 이기주의, 민중 계층에 대한 불신에 깊이 물들어 있었다. 이들 독재적 자유주의자들은 자유보다는 질서와 진보progress를 더 중시했다. 그들은 가우초, 원주민, 아르헨티나로 몰려드는 무식한 유럽인 이민자 대중을 시민적civic 권한 행사에 부적합한 자들로 간주했다. 지도적인 과두주의자 중 한 명인 에두아르도 윌데Eduardo Wilde는 보통선거권이란 무엇인가라는 질문을 받고, "그것은 보편적 무지의 승리에 다름 아니다"라고 답했다.

새 지도자들은 국가의 이익을 대지주, 부유한 상인, 외국인 자본가들의 이익과 동일시했다. 국가기구를 사적인 재산 혹은 자기네 계층의 재산으로 간주한 그들은 자신들이 가진 공적 커넥션을 이용하여 부를 쌓았다. 그들은 비록 대의제 정부 형태를 유지하기는 했지만 수단과 방법을 가리지 않고 권력을 독점하려고 했고, 자신들이 새로 만든 국민자치당National Autonomist Party에서 정권을 독점하기 위해 '우니카토'unicato(일당 지배)를 조직했다. 권력이 행정부에 극단적으로 집중되는 현상, 부정행위, 폭력, 뇌물의 체계적 사용은 이 체제의 기본 특징이었다.

경제 부흥과 인플레이션

로카는 과두 엘리트층의 낙관론을 정당화시켜 주는 것으로 보이는 대단한 경제 붐의 시작을 이끌었다. 그 전에 로카는 1879~1880년 남쪽 팜파 원주민에 대한 군사 원정 — 이른바 '사막의 정복'Conquest of the Desert — 을 지휘한 적이 있었다. 이 정복은 부에노스아이레스 주에, 그리고 국유지에 방대한 새 영토를 더해 주었다. 이 원정은 그 지역 원주민 공동체를 궤멸시키기는 했지만 아르헨티나 소농 계층의 출현을 지향하는 민주주의적 토지 정책을 실현할 기회를 제공하는 것이기도 했다. 그러나 로카 행정부는 그렇게 하는 대신 이 지역 땅을 대단위로 분할하여 터무니없는 헐값에 고위 장교, 정치가, 외국인 자본가들에게 매각해 버렸다.

아르헨티나산 육류와 밀에 대한 유럽의 지속적인 수요 증가와 맞아떨어져 '사막의 정복'은 땅 투기 열풍을 낳았고, 그것은 꾸준한 지가 상승, 목축과 농업의 놀라운 팽창을 낳았다. 이 팽창은 라티푼디움의 징후와 함께 나타났다. 이 시기에 아르헨티나로 이주한 수백만 명의 이탈리아 인과 에스파냐 인 가운데 독립적인 소지주가 되려는 꿈을 실현한 사람은 소수에 불과했다. 1870년대와 1880년대에 산타페와 엔트레리오스 주에 몇몇 이민자 농업식민지가 건설되기는 했지만 밀 가격 하락과 함께 소규모 경작으로부터 광범한 소작 농업으로의 이행이 나타났다. 토지를 매각하지 않으려는 에스탄시에로(대농장주)들의 전통적인 경향으로 독립적인 농민이 되고자 했던 사람들 가운데 대부분은 대목장의 인부나 소작농이 되어야 했으며 그들의 토지 보유는 매우 불안정했다. 토지 임대 기간이 보통 몇 년으로 제한되었기 때문에 이민자들은 처녀지를 개간하고, 거친 팜파의 초원을 가축을 살찌우는 데 필요한 알팔파 목초지로 만들고, 밀을 생산할 수 있게 되고, 그러고 나면 이런 모든 개선에 따르는 이익은 지주에게 넘겨주고 그들은 다시 새로운 곳으로 옮겨가야 했다.

그로 인해서 새로 도착한 사람들 가운데 대부분은 부에노스아이레스에 정착했는데, 이 도시에서는 육류 염장과 육류 포장 작업장, 철도, 공공 시설물 그리고 많은 작은 공장들이 있어서 노동 수요가 계속 늘고 있었다. 이민 노동자들의 임금은 매우 낮고, 노동 시간은 길었으며, 그들의 가족은 비참한 슬럼가의 단칸방 아파트에서 비좁게 살아야 했다. 그러나 그곳에서 그들은 팜파의 외로움이나 대지주의 자의적인 지배에서 벗어나 자기들끼리 공동체를 이루고 살 수 있었으며, 경제적·사회적 지위를 약간은 상승시킬 수 있는 기회를 가질 수 있었다. 그 결과 부에노스아이레스의 인구는 1889년 50만 명에서 1909년 124만 4,000명으로 급격하게 증가했다. 국가의 부, 인구, 문화의 압도적인 부분을 차지하는 부에노스아이레스의 성장은 내륙 지방의 희생 위에서 가능했는데, 북서부 지역을 비롯한 내륙 지방은 가난하고 침체되고 인구가 희박한 지역이 되었다. 한 유명한 비유에 따르면 아르헨티나는 거대한 머리와 난장이의 몸을 가진 기형아가 되었다.

외국 자본과 외국인에 의한 경영이 이 시기 아르헨티나의 경제 성장에 결정적인 역할을 했다. 크리오요 엘리트들은 지가 상승과 수출 증대로 막대한 이익을 보았지만 이 이익의 산업에의 재투자나 수출 경제에 필요한 하부구조 구축에는 관심을 보이지 않았다. 그들은 골치 아픈 기업활동보다는 사치스럽고 여유로운 삶을 선호했다. 농장 관리는 영국인과 아일랜드 인 지배인들에게 맡겼고, 육류 포장 공장, 철도, 공공 시설물, 부두 그리고 다른 시설물들에 필요한 자본 조달은 영국인에 의존했다. 그로 인해 이 자산의 대부분이 영국인들의 수중에 들어갔다. 이처럼 국가 경제를 외국인에게 맡겨 버리는 정책의 전형적인 예가 1889년 아르헨티나에서 가장 수익이 많이 남고 가장 잘 운영되고 있던 페로카릴 오에스테Ferrocarril Oeste('서부 철도회사')라는 국유 사업체를 한 영국인 회사에 매각키로 한 의회의 결정이었다. 정부 수입 지출 항목 가운데 늘어나는 외채에 대한 이자 지불이 점점 더 많은 부분을 차지해 갔다.

한편 철, 석탄, 기계류, 소비재의 수입은 수출보다 훨씬 빠른 속도로 증가했다. 원료를 수출하고 완제품을 수입했기 때문에 지속적인 무역 적자가 발생했고, 막대한 양의 금이 국외로 유출되어 고갈 상태에 이르렀다. 부담스런 조건이 붙은 신규 차관이 일시적으로는 고통을 경감시켜 주었지만 장기적으로는 문제를 더 악화시켰다. 금의 고갈과, 무슨 수를 써서라도 경제 붐을 지속시키려 한 정부의 결의는 보증되지 않은 지폐의 남발과 대규모 인플레이션을 낳았다.

이에 대해 대지주들은 별 걱정이 없었는데, 왜냐하면 그들이 출하하는 수출품의 결제 대금으로 받는 화폐는 프랑스의 프랑화 혹은 영국의 파운드화였고, 그들은 그것을 값싼 아르헨티나 페소화로 바꾸어 비용을 지불했기 때문이다. 뿐만 아니라 인플레이션은 그들이 가진 토지의 가격을 올려주었다. 인플레이션의 희생자는 실질임금이 줄어든 도시 중간층과 노동자들이었다.

급진당의 출현

1889~1890년, 경제 호황이 침체로 바뀌어 가고 있을 때 재앙과도 같은 인플레이션, 일당 지배, 관리들의 부패에 대한 도시 중간 계층과 일부 소외된 엘리트 집단들의 누적된 분노가 '시민연합'Unión Cívica이라는 이름의 저항 운동으로 분출했다. 이 새 단체는 중간층에 기반을 두고는 있었지만 운동 지도부는 레안드로 알렘Leandro Além(이 사람은 이 단체의 초대 의장이었다)

같은 불만을 가진 도시 정치인, 관직 진출을 거부당한 새 지주와 옛 귀족의 후손, 그리고 정부의 반교회 입법에 분노한 가톨릭교도 등 이질적인 여러 집단들의 집합체였다. 실질적인 투표권 보장 요구 외에 이들 이질적인 집단들을 하나로 결합시킨 유일한 것은 정부를 타도하겠다는 공동의 결의였다.

1890년 새 정당의 출현은 거대한 재정 위기와 맞물려 나타났다. 주식시장은 붕괴되고 파산은 급증했으며 4월에는 내각이 사퇴했다. 이 같은 사태에 고무되고, 군대의 지지를 등에 업은 '시민연합' 지도자들이 반란을 일으켰다. 그러나 그것은 실패로 끝나고 말았다.

이 당시 과두 엘리트층은 정적들을 분열시키고 교묘하게 조종하는 능력을 발휘했다. 그들은 공직 임명 체계를 고쳐 불만을 품은 엘리트 집단들을 달랬으며, 인플레이션의 개선·페소화의 안정화·국가 대외 신용의 회복을 지향하는 경비 절감 정책을 통해 경제 상황을 개선하기 위해 노력했다. 이런 조치들과, 경제 침체로부터의 점진적 회복으로 대중들의 불만은 서서히 수그러들기 시작했다.

이 개혁으로 레안드로 알렘과 그 외 다른 반항 세력은 고립되었고, 이에 그들은 '급진시민연합'Unión Cívica Radical이라는, '급진적' 민주주의를 지향하는 새 정당을 창설했다. 이 당은 부정선거가 판치는 당시 상황에서 선거를 통한 승리는 불가능하다고 판단하고 또 한 차례의 반란을 시도했으나 이번에도 그것은 알렘과 그 외 다른 급진당 지도자들을 국외 추방키로 한 정부의 결정으로 얼마 안 가 진압되었다.

망명에서 돌아온 알렘은 1893년 7월, 세번째 반란을 획책했다. 반군은 잠시 동안 산타페와 그 외 몇몇 도시를 점령하기도 했으나 다수 대중의 지지를 얻지 못해 2개월 반의 전투 끝에 진압되었다. 거듭된 실패와, 급진당을 장악하려고 한 조카 이폴리토 이리고옌Hipólito Yrigoyen의 음모에 상심한 알렘은 1896년 스스로 목숨을 끊는 길을 택했다. 이제 이리고옌이 급진당을 이끌게 되었고, 이 당은 1910년까지 평화적인 방법으로도 혁명적인 방법으로도 정치개혁을 이루어내지 못했으며, 다시 힘을 모은 과두 엘리트들이 자신들의 힘을 공고히 했다.

그러나 급진당은 이리고옌이라는 카리스마 넘치고 탁월한 조직력을 가진 인물을 가지고 있었으며, 그는 결코 패배를 인정하지 않았다. 이리고옌은 한때 부에노스아이레스에서 경찰 고위직을 역임한 바 있었고, 그리 중요치 않은 정치가로 활동하면서 당 커넥션을 이용해 상당한 부를 쌓았으며, 그것을 토지와 가축에 투자하기도 한 사람이었다. 급진당의 수장으로서 이리고옌은 당이 여러 이질적인 집단들에게 호소력을 가져야 하고, 경제적 현상現狀을 진심으로 받아들여야 하는 상황 때문에 애매모호한 정책을 입안해야만 했다. '기권'(즉 부정 선거에 참여하기를 거부하는 것)과 '혁명적 비타협'(즉 자유선거가 이루어질 때까지는 혁명에 호소하겠다는 결의)은 급진당의 기본 슬로건이었다.

급진당은 부르주아지를 대변했다. 그러나 그들은 산업화, 경제적 다원화, 외국인 소유 산업체의 국유화를 지지하지 않는 종속적인 부르주아지였다. 급진당은 신식민주의 질서를 공격하기는커녕 토지 귀족과 도시 집단들(이들은 크리오요 엘리트들의 정권 독점에 도전하고 있었다) 간의 협력을 증대시킴으로써 그것을 오히려 더 강화하려고 했다. 급진당은 1890년과 1893년의 선거에서 완패한 이후 거의 붕괴될 지경에 이르렀으나 1900년 이후 서서히 부활했는데, 그것은 부분적으로는 이리고옌의 카리스마 넘치는 성품과 그의 조직 능력 덕분이었다. 그러나 급진당 부활의 가장 중요한 요인은 대개 이민자 후손으로 이루어진 도시 중간층의 꾸준한 증가였다. 산업의 발전과 기업활동에 참여할 기회를 제한한 수출 분야의 지배적 추세는 중간 계층이 그들의 야심을 점점 정부에의 참여와 전문 직종에 집중케 했다(이 두 분야는 크리오요 엘리트들에 의해 지배되었다). 중간층의 증대되어 간 불안감과 좌절감의 징후는 대학생들의 빈번한 시위로 나타나기도 했는데, 이들의 시위는 크리오요 지배 당국이 이민자 후손 출신 학생들의 등록을 제한하려고 한 시도 때문에 촉발되었다.

선거개혁과 노동 운동의 성장

한편, 과두 엘리트들 중 일부가 전부터 선거개혁을 요구해 오고 있었다. 이들 귀족 개혁가들은 기존의 상황이 항구적인 긴장과 불안을 야기하고 있다고 주장했다. 그들은 급진당의 혁명 노력이 조만간 성공할지도 모른다고 생각하고 두려워했다. 그들은 급진당의 요구 사항을 일부 허용하고, 정치 시스템을 개방함으로써 집권당—이제 보통 '보수당'이라 불렸다—이 계속해서 집권하기 위해 필요한 대중의 지지와 정당성을 획득하는 것이 더 낫다고 생각했다. 더욱이 노동 운동과, 특히 그 운동의 전위인 사회주의자, 아나키스트, 생디칼리스트들이 제기하는 새로운 위협을 의식하지 않을 수 없었던 보수주의 개혁가들은 혁명적 노동 계급에 맞서 부르주아지와 연합하기를 원했다. 그러므로 그들은 일괄하여 사엔스 페냐법 Sáenz Peña Law(1912)으로 알려진 일련의 조치를 지지했다. 이 새 법은 18세 이상의 성인 남성의 보통선거와 비밀선거를 약속했다. 데이비드 록David Rock이 "지배 계층의 계산된 후퇴"라고 부른 이 법은 종속적인 부르주아지가 토지 귀족들과 권력과 관직을 공유할 수 있는 길을 열어 놓았다.

노동 계급의 요구를 대변하는 가장 중요한 정치적 수단은 사회당 Socialist Party이었다. 이 당은 '급진시민연합'에서 갈라져 나왔으며, 1894년

부에노스아이레스의 의사이며 지식인이었던 후안 후스토Juan B. Justo에 의해 창당되었다. 이 당의 사회주의는 맑스주의를 표방하기는 했지만 사실 의회개혁주의 노선에 기울어 있었으며, 주로 아메리카에서 태어난 숙련 기술자들과 중간층을 지지 세력으로 가지고 있었다. 노동자들 대부분, 언젠가 자신의 고국으로 돌아갈 생각을 가지고 있었던 외국 출신의 비시민들noncitizens은 선거 정치와는 거리를 유지했지만 악화되어 가는 임금과 노동 조건에 용감하게 저항하는 노조 가입에는 주저하지 않았다. 몇 차례 대규모 파업은 정부의 야만적인 탄압과 이른바 '외국인 선동자들'의 추방으로 분쇄되었다. 이런 실패에도 불구하고 노동 운동은 계속 성장하고 투쟁했다. 그리고 그 결과 하루 10시간 이상의 노동을 금한다든지 아니면 일요일에 쉬는 것을 강제 사항으로 규정하는 등 몇 가지 주목할 만한 성과를 얻어 내기도 했다.

칠레의 정치와 경제

초석과 전쟁

1876년 자유당 출신의 대통령 아니발 핀토Aníbal Pinto는 심각한 경제위기를 전임 대통령에게서 물려받고 있었다. 밀과 구리 가격은 떨어지고, 수출은 감소하고, 실업은 늘어났다. 이런 불리한 발전을 상쇄할 수 있는 가장 중요한 요소가 1865~1875년 사이에 초석 생산이 두 배로 증가함에 따라 아타카마 사막으로부터의 초석 수출이 지속적으로 늘어난 것이었다. 그러나 칠레 경제 발전의 기반이었던 초석은 칠레와 두 라이벌 국가, 즉 볼리비아와 페루에 극적인 결과를 가져다 줄 중요한 전쟁의 원인이 되었다.

영국-칠레 회사들이 개발한 초석 광산은 볼리비아(안토파가스타

Antofagasta 주)와 페루(타라파카Tarapacá 주) 영토에 속한 지역에 있었다. 1866년 칠레와 볼리비아 간에 체결된 조약은 아타카마 사막에서 양국 간 경계를 남위 24도로 하고, 칠레와 볼리비아의 회사들에게는 남위 23도와 25도 사이의 땅에 대한 동등한 개발권을 부여했다. 그리고 두 나라 정부에게 이 곳 전 지역에서 출하되는 광물 수출로 얻어지는 세수稅收의 반을 각각 보장해 주었다. 영국-칠레의 자본이 곧 이 지역으로 대거 투입되었으며, 그곳에 고도로 효율적인 광산 산업단지가 조성되었다. 1874년 제2차 조약으로 칠레의 볼리비아와의 북쪽 경계선이 남위 24도로 조정되었다. 칠레는 남위 24도 북쪽 지역의 수출로 얻어지는 세수를 공유할 권리를 포기하는 대신 볼리비아의 안토파가스타 주에서 운영 중인 칠레 사업체들에 대해 25년 동안 세금을 인상하지 않는다는 약속을 받아냈다.

칠레는 페루와 국경을 둘러싼 분쟁이 없었다. 그런데 영국 자본의 도움을 받은 칠레의 광산회사들이 곧 사업 영역을 안토파가스타로부터 페루의 타라파카 주로 확장하였다. 1875년경이면 페루의 초석 현장에서 활약 중인 칠레의 사업체들이 1만 명 이상의 노동자, 기술자, 감독관 등을 고용하고 있었다. 이때 돈이 많이 드는 공공사업, 유럽에서 들어온 엄청난 규모의 차관, 이 차관에 대한 이자 지불 재원으로 이용되던 구아노 광산의 고갈 등으로 파산 직전에 있던 페루 정부는 타라파카에 있는 외국인 회사들을 강제 수용하고, 초석 생산과 판매를 국가가 독점하겠다고 선언했다. 한편 페루와 볼리비아는 1874년 두 나라 가운데 하나가 칠레와 전쟁을 하게 될 경우 군사 원조를 제공한다는 비밀조약을 체결해 두고 있었다.

타라파카에서 쫓겨난 영국-칠레 회사들은 안토파가스타 초석 광산 개발에 박차를 가했다. 1878년 볼리비아가 페루와의 군사동맹을 등에 업고 1874년의 조약을 위반하면서 안토파가스타의 초석 수출에 고율의 세금을 부과함으로써 칠레에 도전했다. 안타파가스타에서 활동 중이던 칠레 회사들이 이 새 세금을 거부하자 볼리비아 정부는 회사를 몰수하겠다며 위협했다. 1874년의 조약은 분쟁이 발생할 경우 조정을 통해 해결할 것을 규정하고 있었으나 볼리비아 인들은 두 번에 걸친 칠레 인들의 조정 시도를 거부했다.

1879년 2월 칠레 회사들을 몰수하는 것은 1874년의 조약을 정면으로 위반하는 것이라는 칠레의 경고에도 불구하고 볼리비아 정부는 몰수를 실행에 옮기려는 행동에 돌입했다. 칠레 인들의 재산을 수용하고 매각을 개시하기로 한 2월 14일 칠레의 군대가 안토파가스타 항을 점령했고, 그 과정에서 그들은 아무런 저항도 만나지 않았다. 계속해서 칠레는 점령지역을 안토파가스타 주 전체로 확대했다. 이때 전쟁 준비가 되어 있지 않았던 페루는 칠레와 볼리비아를 중재해 보려고 했으나 성공하지 못했다. 페루와 볼리비아의 비밀동맹 체결을 알게 된 칠레는 페루의 이중성을 비난하며 1879년 4월 5일 페루와 볼리비아 모두에 전쟁을 선포했다.

'태평양 전쟁'War of the Pacific이라고 불린 이 전쟁에서 칠레는 합치면 칠레 인구의 2배가 넘는 두 나라를 상대로 싸워야 했다. 두 나라 가운데 하나인 페루는 상당히 강력한 해군을 보유하고 있었다. 그러나 칠레는 두 나라가 가지지 못한 이점을 가지고 있었는데, 이웃 국가들과 달리 칠레는 안정되고 중앙집권적인 정부, 강력한 국가적 정체성을 가진 국민, 규율이 서고 훈련이 잘된 육군과 해군을 가지고 있다는 점이었다. 칠레는 또한 전투현장에 더 가깝게 위치해 있다는 이점을 누리기도 했는데 볼리비아 군대는 안데스 산맥을 넘어와야 했고, 페루의 육군은 아타카마 사막을 건너와야 했다.

세 나라 모두 경제적으로 심각한 문제들은 안고 있었으나 칠레의 상황은 다른 두 나라만큼 심각하지는 않았다. 그에 못지않게 중요한 요인으로, 칠레는 유력한 영국 자본가 집단의 지지를 받고 있었는데, 그들은 칠레에 투자된 대규모 영국 자본의 미래가 상당 부분 이 전쟁 결과에 달려 있다는 것을 잘 알고 있었다. 그들은 안토파가스타와 타라파카의 가치 있는 초석 지대가 칠레의 수중에 있는 것이 영국인 자본가들에게 유리하다고 생각했다. 영국인들은 볼리비아와 페루에도 자본을 투자하고 있었다. 그러나 칠레 정부가 차관에 대한 이자 지불을 성실하게 수행한 반면에 볼리비아와 페루는 이자 지불을 거부하고 있었다. 그 외에도 페루 정부의 타라파카 초석 산업에 대한 국유화 조치는 영국의 이익에 막대한 손실을 가져다주었다.

칠레는 영국의 지원을 등에 업고 1883년 전쟁을 승리로 이끌었으며, 패전국들에 자신의 요구 사항을 강요했다. 앙콘Ancón조약(1883년 10월 20일)에 의해 페루는 타라파카 주를 칠레에 항구적으로 양도해야 했다. 타크나Tacna와 아리카Arica 주는 10년 동안 칠레 영토로 하되, 10년째 되는 해에 주민 투표를 통해 궁극적인 운명을 결정하기로 했다. 그러나 주민 투표는 결국 이루어지지 않았고, 두 주는 계속해서 칠레에 의해 지배되다가 1929년 타크나는 페루에 돌아가고, 아리카는 칠레에 귀속되었다. 1884년 4월에 체결된 볼리비아-칠레 간 휴전조약은 과거에 볼리비아의 영토였던 안토파가스타 주를 칠레에 넘겨 주기로 약속했다. 그러나 여러 해 동안 볼리비아 정부는 그 영토 상실을 인정하는 공식 조약에 서명하기를 거부했으며, 결국 1904년 볼리비아가 칠레에게서 보상금을 받고, 더불어 볼리비아의 수도 라파스와 아리카 항을 연결하는 철도 부설을 약속 받고 난 후에야 조약에 서명했다. 그 철도는 1913년에 완공되었다.

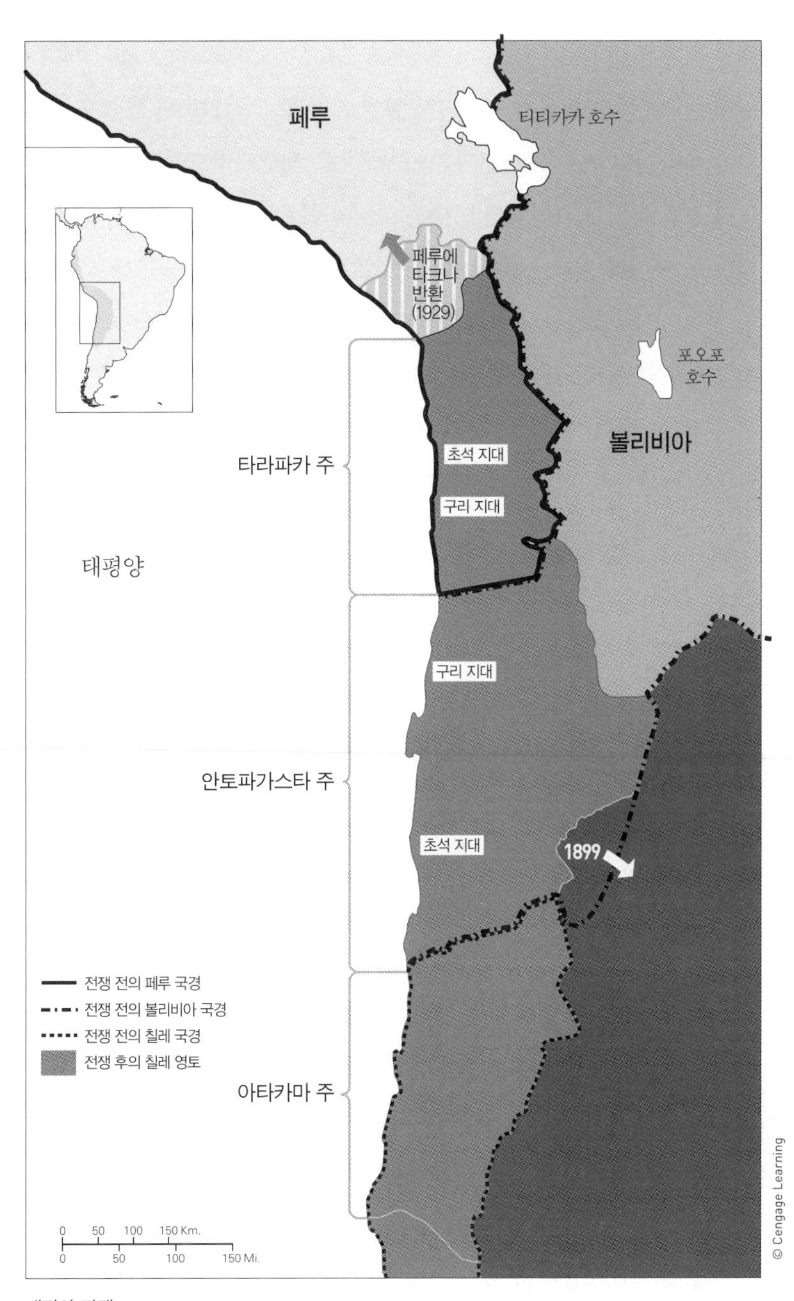
페루
티티카카 호수
페루에
타크나
반환
(1929)
포오포
호수
볼리비아
타라파카 주
초석 지대
구리 지대
태평양
구리 지대
안토파가스타 주
초석 지대
1899
전쟁 전의 페루 국경
전쟁 전의 볼리비아 국경
전쟁 전의 칠레 국경
전쟁 후의 칠레 영토
아타카마 주
0 50 100 150 Km.
0 50 100 150 Mi.
© Cengage Learning

태평양 전쟁

태평양 전쟁 이후

칠레는 페루와의 협상이 진행되는 동안 계속적인 군대 동원 협박을 이용하여 아라우코 족 원주민들과의 구원舊怨을 해결하려고 시도했다. 백인들의 침입에 맞서 자신들의 영토를 수호하려는 아라우코 족의 불굴의 투쟁은 식민 시대 이래 계속되어 오고 있었다. 자신들보다 월등한 힘을 가진 적을 상대로 2년간의 힘겨운 저항 끝에 아라우코 족은 결국 패배를 인정하고 조약을 체결해야 했으며(1883), 그로써 그들은 원주민 보호구역에 정착하되 자신들의 자치 정부와 법은 유지할 수 있게 되었다. 칠레의 남쪽 국경선을 산악과 삼림 지역으로 확대시킨 1880~1882년 아라우코 전투는 이 지역에 대한 땅 투기와 식민화 열풍을 불러일으켰다.

태평양 전쟁은 페루를 경제적·심리적으로 파괴했고, 또한 그것은 볼리비아를 외부 세계로부터 전보다 더 고립시켰다. 그러나 서부 해안 지역의 최강자로 등장하게 된 칠레는 이 지역 경제의 중추인 방대한 규모의 초석과 구리 광산을 지배하게 되었다. 그러나 이 부富의 대부분은 얼마 가지 않아 외국인들의 수중에 들어가게 된다. 1881년 칠레 정부는 중요한 결정을 내렸는데, 타라파카의 초석 재산을 사적인 소유권자들, 즉 페루 정부가 국유화한 재산에 대한 보상의 형태로 발행한 증명서를 소지한 사람들에게 돌려주기로 한 결정이 그것이었다.

전쟁 기간 동안 칠레가 이 재산을 어떻게 처리할 것인가를 둘러싸고 나타난 불확실성은 페루 정부가 발행한 증명서의 시장 가격을 액면 가격보다 훨씬 낮게 만들어 놓았다. 그리고 대부분 영국인으로 이루어진 투기업자들이 이 평가절하된 증명서의 대부분을 구입했다. 1878년 영국 자본은 타라파카 초석 산업의 13%를 지배한 데 반해 1890년이 되면 그 비율이 최소 70%에 이르렀다. 초석 지역에 대한 영국의 침투는 초석 광산의 직접 개발을 위한 회사 설립을 통해서뿐만 아니라 초석 지역의 기업활동에 필요한 자금을 지원하는 은행 설립, 철도 건설 혹은 핵심 초석 산업과 다소간 긴밀한 연계를 가진 다른 회사 설립을 통해서도 이루어졌다. 타라파카에서 운송 독점권을 가지고 있던 '초석철도회사'Nitrate Railway Company라는 이름의 한 영국인 소유 철도회사(존 토머스 노스John Thomas North가 소유주였다)는 남아메리카의 다른 철도회사들이 7~14%의 배당금을 받을 때 20~25%의 높은 배당금을 수취했다.

이런 외국인의 지배에 대해 아타카마에서 광업-산업-철도 단지 건설을 선도했던 칠레의 내국인 부르주아지는 이렇다 할 저항을 하지 못했다. 자유주의적 국가의 강력한 지원의 결여, 상대적으로 취약한 칠레 인 부르주아지의 재정 상태, 칠레의 과두 엘리트들과 영국인 회사 간 우호 관계는 칠레의 초석 재산과 철도 재산이 영국인의 수중에 신속하게 이전되게 만들었다. 이는 칠레 광산주들을 영국인 회사의 이익을 공유하는 데 만족하는 종속적 부르주아지로 만들어 놓았다.

그러나 칠레 다른 지역에서는 전쟁이 국가 경제를 활성화하고 지역 제조업자들과 노동자들을 결집케 했는데, 그들은 선거개혁을 주장하며 압박을 가했다. 1884년 재산을 기준으로 하는 투표권 부여는 문자 해독 능력 테스트로 대체되었다. 칠레 남성의 대다수가 글을 모르는 로토rotos(계절 농장노동자) 혹은 잉킬리노(소작인이면서 지주의 밭에서도 일을 해야 했던 농민—옮긴이)였기 때문에 이 조치로 유권자 수가 크게 늘어나지는 않았다. 1915년에도 350만에 이르는 전체 인구 가운데 투표권을 가진 사람은 15만 명에 불과했다. 그러나 그것은 1886년의 대통령 선거에서 호세 마누엘 발마세다José Manuel Balmaceda에게 승리를 가져다주었고, 그는 국가 주도의 경제적 근대화를 위한 잘 준비된 프로그램을 가지고 직무를 시작했다. 1880년경이면 태평양 전쟁의 자극을 받아 공장제 자본주의가 칠레에서 뿌리내렸다. 소비재 산업 ―제분소, 양조장, 가죽 공장, 가구 공장 등―외에 주물 공장과 제철 공장도 나타났으며, 이 사업체들은 광산업, 철도업, 농업에 기여했다. 발마세다는 국내 산업 자본주의의 강화와 확대를 위해서도 노력을 기울였다.

발마세다의 민족주의적 정책

발마세다는 정부 수입이 유례없이 증대된 시기에 집권했다. 태평양 전쟁 전만 해도 1,500만 페소이던 정부 수입이 1887년 4,500만 페소로 급증했다. 이 정부 수입의 주요 원천은 초석에 부과하는 수출세였다. 이 초석에서 얻어지는 수입이 언젠가는 매장량 감소로 사라질 것임을 알고 있었던 발마세다는 이 기금을 지혜롭게 사용하여 초석이 사라지고 난 뒤에도 살아남을 경제적 하부구조를 발전시키는 데 투자할 계획을 세웠다. 그리하여 공공사업은 그의 프로그램에서 중요한 부분을 차지하게 되었다. 1887년 그는 '산업과 공공사업부'라는 새로운 부처를 신설했고, 이 부처는 전신과 철도의 확충과 개선, 그리고 교량·도로·부두 건설에 거금을 쏟아 부었다. 발마세다는 또한 칠레의 산업 발전에 필수적인 숙련 노동자 양성에 필요한 공교육의 발전에도 거금을 투자했다. 그가 대통령으로 재직한 4년 동안 칠레의 학생 수는 1886년 7만 9,000명에서 1890년 15만 명으로 증가했다. 그는 또한 노동자들의 임금 인상을 지지했다. 그러나 그의 노동 정책이 일관되지는 않았는데, 외국인 혹은 내국인 고용주들의 압력에 굴복하여 여러 차례 군대를 파견해 노동자 파업을 분쇄하기도 했다.

발마세다의 프로그램의 핵심은 초석 산업의 '칠레화'였다. 의회에서 한 취임 연설에서 그는 자신의 정부가 "현재로서는 주로 외국인들에게 이익이 돌아가고 있는 산업을 국유화하기 위해" 어떤 조치가 필요한지 고려하고 있다고 선언했는데, 그가 말한 산업이 초석 산업이었음은 두말 할 필요가 없다. 그러나 후에 발마세다의 전략은 바뀌었다. 그는 외국인들이 지배하는 초석 카르텔(이들은 자신들의 이익을 위해 초석 생산을 제한하려고 했고, 그것은 더 많은 수출세를 징수하기 위해 높은 수준의 생산을 유지하려고 한 칠레 정부의 이해관계와 충돌했다)의 형성을 막기 위해 초석 생산과 수출에 칠레의 민간 자본이 참여해야 한다고 주장했다. 1888년 11월 그는 칠레 엘리트들의 기업가 정신의 부족을 다음과 같이 질책했다.

> 왜 우리나라 대도시들에서 온갖 종류의 투기에 이용되고 있는 대부貸付와 자본은 투자에 망설이는 것입니까? 왜 외국인들이 이키케Iquique에 은행을 설립하는 것을 보고만 있는 것입니까? 왜 외국인들에게 타라파카 초석 광산 개발을 내주는 것입니까? …… 외국인들은 이런 부원富源을 개발하고, 국내의 부로부터 이익을 취하여 다른 곳으로 가져가고 있습니다. 저들은 우리 땅에서 생산되는 귀금속, 우리의 재산, 우리가 필요로 하는 부를 우리가 알지도 못하는 사람들에게 넘기고 있습니다.

발마세다는 또한 영국인 소유의 초석철도회사Nitrate Railway Company의 독점을 깨뜨리기 위해서 결연한 투쟁을 감행했다. 당시 이 회사의 지나친 화물 운송료는 초석의 생산과 수출에 상당한 걸림돌이 되고 있었다. 그의 이런 민족주의적 정책은 불가피하게 노스를 비롯한 영국인 초석 '왕들'의 저항을 촉발했는데, 그들은 칠레 엘리트들과 긴밀한 유대를 가지고 있었으며, 유명한 자유주의 정치가들을 자신들의 법적 조언자로 고용하고 있었다.

그러나 발마세다에 반대하는 세력은 외국뿐 아니라 국내에도 적지 않았다. 교회는 교회의 힘을 더욱 제어하려고 하는 그의 계획에 반대했다. 토지 귀족은 농업 부문에서 노동력을 빼내 가고 농촌 노동자들의 임금을 올려놓게 될 그의 공공사업 프로그램을 못마땅하게 생각했다. 무제한적인 수표 발행을 통해서 이익을 취해 온(그것은 인플레이션을 가져오고 재산을 저당 잡힌 지주와 수출업자들의 배를 불려 주었다) 은행들은 수표 발행을 독점하게 될 국립은행을 설립하겠다는 그의 계획에 반감을 표출했다. 자유주의자와 보수주의자를 막론하고 과두 엘리트들은 모두 중앙 정부를 진보적인 경제적·사회적 변화의 도구로 이용하려는 그의 정책을 반대하고 나섰다.

한편, 정부의 경제적 문제는 증폭되어 발마세다의 대중적 지지기반을 훼손했고, 그것은 그의 정치적 어려움을 가중시켰다. 1890년경 구리와 초석에 대한 외국의 수요가 감소했고, 과잉 공급된 세계 시장에서의 가격이 하락했으며, 영국 초석 회사들은 카르텔을 구성하여 생산을 줄이는 것으로 이에 대응했다. 초석과 구리의 생산과 수출이 줄자 수출세 또한 급감하고 실업이 늘었으며, 인플레이션으로 이미 실질임금이 줄어든 상태에서 명목임금마저 감소했다. 그 결과 1890년 발파라이소와 초석 생산 지역에서 일련의 대규모 파업이 발생했다. 노동자들의 요구에 동정적이고, 그들에 대해 무력을 사용하는 것을 꺼려했던 발마세다였지만 그도 내외국인 고용주들의 압박에 못 이겨 군대를 파견해 파업을 진압하지 않으면 안 되었다. 이 때문에 많은 노동 계급이 발마세다가 궁극적으로 적들과 맞서게 되었을 때 그에게 무관심하거나 적대적인 태도를 취하였다.

사실, 발마세다는 위기가 닥쳤을 때 자신을 도와줄 확실한 동맹 세력을 옆에 갖고 있지 않았다. 그의 열렬한 지원을 받았던 산업 자본가들은 여전히 취약한 상태에 머물러 있었다. 점점 더 영국 자본에 지배되거나 통합되어 간 광산업자들은 은행가, 성직자, 토지 귀족과 함께 경제 발전과 독립에 대한 그의 민족주의적 프로그램에 반대했다. 반대 세력은 의회 내 지지 세력을 동원했고, 발마세다는 의회에 믿을 만한 다수 세력을 자기편으로 갖고 있지 않았기 때문에 결국 의회정부제를 철폐하고, 1833년 헌법에 의해 만들어진 전통적인 대통령 지배 체제로 돌아가야 했다. 민중 세력을 동원하려는 진지한 노력도 없이 성급하게 이루어진 그의 무모한 행동은 결국 적들만 이롭게 했으며 그 적들은 이미 내전을 준비하고 있었다.

1891년 1월 7일, 의회지도자들은 합법성과 헌법의 이름으로 대통령에 대해 반란을 선언했다. 그때나 지금이나 귀족 집안 자제들로 이루어진 장교들이 이끌고 있었던 해군은 즉각 반도叛徒들을 지지하고 나섰다. 그들은 북쪽의 항구들과 세관들을 장악하고, 타라파카의 주항主港 이키케에 자신들의 수도를 세웠다.

영국인 소유의 기업들 또한 적극적으로 반군을 지원했다. 실제로 영국인 공사의 산티아고 입성을 허락함으로써 "우리 해군 장교들과 발파라이소와 해안 지역 전역의 영국인 공동체들은 반란 세력에게 물질적 지원을 제공하고 여러 번의 중립 불이행을 저질렀다". 발마세다의 파업 탄압으로 그에게서 멀어져 있었던 많은 초석 노동자들은 중립을 지키거나 독일인 육군 장군 에밀 코너Emil Korner가 조직한 반군에 가담했다. 정치적으로 소외되고 군사적으로 패배한 발마세다는 아르헨티나 대사관으로 피신했고, 1891년 9월 19일 대통령직의 법적 임기가 끝나는 날 스스로 자신의 머리에 총을 쏴 생을 마감했다.

반제국주의적 성향을 가진 최초의 칠레 대통령의 죽음으로 지주, 은행가, 상인, 영국 자본과 밀접한 관계를 가진 광산업자들의 동맹체인 과두 엘리트층의 지배가 부활했다. 새로운 시대, 즉 이른바 의회공화국의 시대가 시작되었다. 과두 엘리트층은 경험에서 교훈을 얻어 강력한 행정부가 아니라 여러 분파로 나뉜 의회를 통한 지배를 선호했다. 이 같은 통치의 탈중앙집권화는 농촌 귀족과 그 동맹 세력의 이익에 부합했다. 지역 정부에 지역과 전국적 차원의 관리 선출 감독권을 부여한 1892년의 새 법은 발마세다의 진보적 정책에 저항해 온 지주, 성직자, 정치적 보스들의 힘을 강화해 주었다.

의회공화국, 외국인의 경제 지배, 노동 계급의 성장

의회공화국 시대는 칠레 경제의 외국 자본에의 종속을 심화시켰으며, 그것은 외채 증가와, 꾸준히 증가해 간 국가 재원에 대한 외국인 소유에도 반영이 되었다. 1890년 2,400만 파운드이던 영국인의 칠레 투자액이 1913년에는 6,400만 파운드로 증가했다. 이 중 3,460만 파운드는 공채에 투자된 것이었다. 같은 시기에 미국과 독일 자본이 칠레에 대한 영국의 주도에 도전하기 시작했다. 영국은 여전히 칠레의 가장 중요한 무역 상대국이었지만 미국과 독일의 대칠레 무역이 점점 더 급속도로 증가했다. 독일인 교관들instructors은 칠레 군대에서 강력한 영향력을 갖게 되었으며, 독일인 이민자의 남부 칠레 지역으로의 유입은 계속되어 이 지역에 범-게르만적 이데올로기에 의해 지배되는 독일인 식민지들이 형성되기도 했다. 1890년대 초 칠레 경제의 회복이 초석, 구리, 농업 수출의 증가를 가져왔으며, 지배 계층을 더욱 부유하게 만들었다. 그러나 그것이 잉킬리노, 광부, 공장노동자들에게는 별 도움이 되지 못했고, 그들은 전과 마찬가지로 절망적인 상태에서 벗어나지 못했다. 한편 노동 계층은 1890년부터 1900년 사이에 12만 명에서 25만 명으로 증가했으며, 이들 노동자들 사이에서 노동조합,

사회주의, 아나키즘 이론은 점점 많은 지지자를 얻어 갔다.

칠레 사회주의와 공산주의의 아버지인 루이스 에밀리오 레카바렌Luis Emilio Recabarren(1876~1924)은 칠레 프롤레타리아의 사회적·정치적 각성 과정에서 결정적인 역할을 했다. 1906년 그는 광산 지역에서 국회의원으로 당선되었으나 국가 관리들은 그가 성경에 손을 얹고 하는 선서를 거부했다는 이유로 의원활동을 하지 못하게 했다. 1909년에는 칠레 최초의 전국 노동조합 운동인 칠레노동자연맹Workers Federation of Chile을 조직했다. 3년 후 그는 혁명적 맑스주의 운동인 사회당을 창당했고, 초대 당 서기장이 되었다.

칠레 노동 계급의 점증해 간 자의식과 호전성은 점점 고조되어 간 파업 물결로 표출되었다. 1911년과 1920년 사이에 거의 300건의 파업이 일어났고, 30만 명 이상의 노동자가 파업에 참여했다. 대부분의 파업은 전통적인 잔인한 방법으로 진압되었으며, 그로 인해 수천 명의 노동자가 사망했다.

브라질의 정치와 경제

군주정의 몰락

1888년의 노예제 폐지는 노예제의 자매 기구인 군주정에 중대한 타격을 가했는데, 군주정은 농장주 계층, 특히 군주정을 노예제 존속의 보증으로 간주한 북부 지역 농장주들의 지지에 오랫동안 의존해 오고 있었다. 1888년 이전에는 공화당의 주요 지지 기반이 커피 생산자들이었다. 그들은 제국 정부가 설탕 생산자들에게 보인 호의를 못마땅하게 생각했고, 자신들의 경제적 위상에 어울리는 정치권력을 갖고 싶어 했다. 이제 노예제 폐지에 분노하고, 노예 상실에 따른 손실을 보상해 주지도 않는 국왕에게 앙심을 품은, 노예제 폐지에 반대해 온 농장주들이 공화주의 운동에 합류했다. 지난 60~70년 동안 지역 엘리트들의 이익에 봉사해 온 군주정은 이제 자신의 존재이유를 상실하게 되었다.

공화주의와 그리고 그와 밀접하게 관련된 이데올로기인 실증주의는 제국 정부의 무시와 푸대접에 불만을 품은 다수의 장교들을 공화주의자로 만들었다. 젊은 장교들 가운데 다수는 도시의 새로운 중간층에 속하거나 아니면 귀족의 후손이었지만 아버지들의 삶의 방식에는 동의하지 않는 이들이었다. 실증주의는 '군사 학교의 복음'이 되었으며, 그곳에서 실증주의는 인기 있는 수학 교수이며, 실증주의의 창시자인 오귀스트 콩트Agust Comte의 열렬한 추종자였던 벤자민 콘스탄트 보텔류 데 마갈량이스Benjamin Constant Botelho de Magalhães에 의해 명쾌하게 설명되었다고 알려져 있다. 과학을 중시하고, 독재적 공화주의를 이상으로 하며, 대중을 불신하는 실증주의 이론은 근대화는 원하지만 토지 보유나 계급 관계의 급진적 변화는 원하지 않는 도시 중간 계층, 진보적인 장교들, 사업가-파젠데이루들의 성향과 맞아떨어졌다. 1889년 11월 15일 벤자민 콘스탄트와 플로리아누 페이쇼투 원수Marshal Floriano Peixoto가 이끄는 군사 반란은 군주정을 붕괴시키고 데오도루 다 폰세카Deodoro da Fonseca를 임시 국가수반으로 하는 공화국을 선언했다. 페드루 2세는 프랑스로 망명을 떠났다.

브라질에 독립을 가져다 준 혁명과 마찬가지로 공화국 혁명도 위로부터 내려왔다. 쿠데타는 별다른 저항에 부딪히지도 않았으며, 대중의 열정을 고무하지도 않았다. 사업가, 토지 엘리트, 군사 엘리트의 대표들이 정치적·경제적·사회적 권력을 확고하게 장악했다.

새 지배자들은 서둘러 일련의 개혁을 발표했으며, 거기에는 군대 내

Fundação Maria Luisa e Oscar Americano, São Paulo

「공화국이 선언되고 난 후 유럽을 향해 떠나는 동 페드루 2세에 관한 우의화」. 이 낭만적인 그림은 공화국 지지자를 포함하여 많은 브라질 인들이 쫓겨 가는 황제에 대해 존경심과 애정을 가지고 있었음을 시사한다.

체벌을 금하고, 투표권과 관련하여 재산에 따른 자격을 문자 해독 능력으로 대체하고(재산과 문자 해독 능력은 보통 함께 가는 것이었기 때문에 이 조치로 유권자의 수가 크게 늘어나지는 않았다), 세속 국가와 세속결혼제civic marriage를 확립한 법령 등 일련의 법령이 포함되었다.

새 공화국

반란이 일어난 지 2년 후 리우데자네이루에서 제헌의회가 소집되어 새 공화국이 필요로 하는 헌법을 제정했다. 이 헌법은 전통적인 3부, 즉 입법부, 행정부, 사법부를 갖춘 대통령제에 연방제 정부 형태를 제공했다. 헌법 제정 과정에서 주요 쟁점이 되었던 것은 주州들에게 더 많은 자치권을 주자는 쪽과 극단적 연방제가 가져올 분열을 염려한 쪽 간의 갈등이었다. 부유한 남중부 지역을 지배하는 커피 재배업자들은 중앙 정부를 약화시키고 자신들의 권한을 강화하려고 했으며, 도시 사업가들과 법률가들은 산업을 증진하고 국내 시장 창출을 돕고 영국과의 경쟁에서 자신들을 보호해 줄 강력한 중앙 정부를 선호했다.

결과는 연방제에 무게가 쏠린 타협이었다. 20개 지역이 주민들이 선출하는 주지사, 수출품에 과세할 수 있는 독점적 권리(이는 상파울루나 미나스제라이스 같이 부유한 주들에게는 대단히 유리한 특권이었다), 시민군을 유지할 권리를 가진 자치적인 주가 되었다. 중앙 정부는 관세와, 수입세輸入稅로부터 얻어지는 수입收入에 대한 지배권을 가졌다. 반면 대통령은 매우 강력한 권한을 획득했는데, 자신의 내각과 그 외 고위 관리들을 임명할 수 있었고, 계엄령을 선포할 수 있었으며, 연방 군대를 동원하여 주州 문제에 개입할 수도 있었다. 헌법은 또한 사유재산의 신성함을 선언하고, 언론과 출판, 집회의 자유를 보장했다.

이 같은 자유가 근대화 운동의 여파가 미치는 도시와 그 주변 지역에는 어느 정도 해당되었으나 국가 영토 대부분에서는 별 의미가 없었다. 과거에 노예 소유주였던 파젠데이루들은 국가의 가장 중요한 부원富源인 토지를 사실상 독점하고 있었으며, 이를 통해 농촌 인구를 절대적으로 지배할 수 있었다. 봉건적 혹은 반半봉건적 형태의 토지 보유는 소작인들의 인신적 혹은 군사적 봉사 의무와 함께 오지, 특히 북동부 지역에서 그대로 살아남았다. 강력한 코로네이coronéis('도시와 농촌의 보스들')들은 자군수jagunço(상비사병常備私兵)들을 유지했고, 서로를 상대로 전쟁을 벌였다.

이 끊임없는 불안과 사회 해체의 중세적 분위기 속에서 평화와 정의를 바라는 '억압받는 세르타네주sertanejo(내륙 지방의 원주민)들'의 열망을 반영하는 메시아적 운동들이 일어났다. 그런 운동 가운데 가장 중요한 것이 목축업을 주업으로 삼고 있던 바이아 내륙 지방에서 나타났는데, 여기에서 조언자 안토니우Antônio Conselheiro는 카누두스Canudos의 버려진 목장에 정착촌을 세웠다. 그는 사유재산을 부정하고, 자신의 신성한 무리에 합류한 모든 사람들에게 재산의 포기를 요구했다. 그러나 그는 자신의 메시아적 왕국에서 번영의 미래를 약속했다. 모든 이가 적대적인 지주들의 재산 분배에서 한몫을 차지하고, '사라진 세바스티안'(1478년 아프리카에서 행방불명되었으나 언젠가 구세주로 돌아올 것으로 믿어졌던 포르투갈의 왕)의 보물을 공유하게 될 것이라고 했다.

비록 종교적인 색깔을 띠기는 했지만 그와 같은 사회적·정치적 불안 요소의 존재를 파젠데이루들과 국가 당국은 결코 용납할 수 없었다. 1896년 세르타네주들을 타도하기 위해 파견된 주州 군대가 오히려 허망하게 격퇴당하자 주지사는 연방 정부에 도움을 요청했다. 네 번에 걸친 야만적인 군사작전은 카누두스의 남녀노소 모든 주민들이 들고 일어난 영웅적인 저항을 분쇄했으며, 카누두스 주민들 가운데 거의 전부가 국가 군대의 마지막 공격에서 살해되었다. 에우클리지스 다 쿠냐Euclides da Cunha(1856~1909)의 걸작 『오지에서의 반란』Os sertões은 이 저항자들의 영웅적 투쟁과, 승자들의 범죄를 불후화했다. 이 작품은 도시 엘리트들에게 브라질이 처한 현실의 잘 알려지지 않은 또 하나의 단면을 드러내 주었다.

경제 혁명

카누두스의 비극의 무대이기도 했던 황량한 세르탕sertão(내륙의 오지)과, 은행·주식거래소·주식회사 등이 우후죽순처럼 생겨나고 있던 도시들 간에는 엄청난 역사적 괴리가 존재했다. 페드루 칼몬Pedro Calmon에 의하면, 리우데자네이루에는 "최근에 부자가 된 여러 명의 벼락부자, 즉 상업 대리인, 분주한 법률가, 각종 프로모터, 새 정치가들 …… 이 있었다." 대도시들의 외양에도 변화가 나타났다. 연방 정부의 수도 리우데자네이루에서 가장 두드러진 변화가 나타났는데, 이 도시에서는 지사Prefect 페레이라 파수스Pereira Passos가 1902~1906년 좁고 오래된 거리들을 과감하게 철거하고 넓고 근대적인 대로들을 건설했다. 동시에 오스왈두 크루스Oswaldo Cruz라는 유명한 과학자가 습지를 메우고 적절한 상하수도 체계를 확립하여 모기로 인한 질병을 정복하기 위한 성공적인 투쟁을 감행함으로써 아름답고 건강한 도시로 바꾸었다. 그리하여 리우는 1902년과 1906년 사이에 아름답고 건강한 도시가 되었다.

신생 브라질 공화국의 경제 정책은 농장주, 도시 자본가, 군부 등 여러 집단이 제기하는 압력을 반영했다. 노예제 폐지로 어려운 처지에 놓인 많은 농장주들은 새로운 임금 노동제에 적응할 수 있도록 보조금과 신용 대부를 요구했다. 신흥 산업 부르주아지는 브라질이 후진 상태에서 벗어나기 위해서는 산업 기반을 발전시켜야 한다는 확신하에 보호 관세, 경제적 하부구조 구축, 자본 형성에 유리한 정책을 요구했다. 임시정부 내에서 이런 열망은 재무부 장관 루이 바르보자Ruy Barbosa에게서 열렬한 지지자를 발견했는데, 그는 브라질에서 공장은 '지적·독립적 민주주의'가 단련되는 용광로라고 믿었다. 마지막으로 공화국 수립 과정에서 수행한 결정적인 역할로 막강한 권위와 영향력을 갖게 된 군대는 군사 부분에 대한 예산 증액을 요구했다. 이런 다양한 요구는 연방 정부 혹은 주 정부가 쓸 수 있는 수입을 크게 초과했다.

연방 정부는 이런 다양한 요구를 처음에는 인쇄기(지폐 발행)에 의존하고, 민간 은행에 수표 발행을 허용하는 것으로(그것을 뒷받침하는 것은 브라질의 미래에 대한 신뢰밖에 없었다) 만족시키려고 했다. 이로 인해 2년이 채 지나지 않아 지폐의 양이 2배로 늘어났고, 밀헤이스milréis(브라질의 화폐 단위)의 가치는 재난이라 할 수 있을 정도로 급속히 하락했다. 객관적인 경제적 조건(크지 않은 국내 시장, 적절한 기술적 기반의 부재 등)은 브라질의 경제 성장을 위한 실질적 잠재력을 제한하였으며, 새 자본 가운데 상당 부분은 유령회사 설립 등 투기성 강한 용처에 사용되었다.

이로 인한 경제적 붕괴는 많은 투자가들에게는 파산을, 노동자들에게는 실업과 저임금을 안겨주었으며, 대통령 폰세카Fonseca를 몰아내고 부통령 플로리아누 페이쇼투 원수Marshal Floriano Peixoto를 대통령으로 옹립하는 군사 쿠데타를 촉발하기도 하였다. 그 후 도시 중간층이 잠깐 동안 큰 영향력을 획득했으며, 인플레이션은 억제되지 않고 계속되었다. 천정부지로 치솟는 수입품 가격은 브라질 제조업 부문의 성장을 자극하여 1890년부터 1895년 사이에 사업체 수가 두 배로 증가했다.

그러나 귀족적이고 군주정적 색깔을 강하게 가진 새로운 반란의 진압은 페이쇼투가 상파울루 주의 재정적·군사적 지원에 의존하는 정도를 더욱 높여 놓았으며, 상파울루 주의 커피 농장 과두층이 자신들의 영향력을 이용하여 도시 중간층의 우위를 종식시킬 결심을 하게 만들었다. 과두 엘리트들은 도시 중간층의 급속한 산업화 정책을 불신했으며, 초기 수년 동안 공화국을 괴롭힌 재정 불안의 책임이 그들에게 있다며 비난했다. 1893년 옛 농장주 과두 엘리트들(그들의 분열이 잠시 동안 중간 계층으로 하여금 군부와 협력하여 우위를 점하게 만들었다)은 다시 힘을 합쳐 연방공화당 Federal Republican Party을 창당했는데, 이 당은 연방제, 재정적 책임, 제한적 정부를 지지하는 자유주의적인 정책을 표방했다. 그들은 선거기구를 장악하고 있어서 어렵지 않게 대통령직을 차지할 수 있었고, 다시 커피 사업자들의 지배권을 제도화하고, 도시 자본가 집단을 정계의 2선으로 물러나게 했다.

그 후로 일련의 자유주의 정부들은 수출 지향 농업을 중시하고, 노동의 국제 분업을 적극 지지했다(이는 브라질을 외국산 수입 제조업 제품에 의존하게 만들었다). 대통령 마누엘 페라스 지 캄푸스 살리스Manuel Ferraz de Campos Sales(1898~1902)는 "이제 올바른 길을 선택할 때가 되었다. 우리는 우리가 다른 나라보다 더 잘 생산할 수 있는 모든 것을 수출해야 하고, 다른 나라들이 우리보다 더 잘 생산할 수 있는 모든 것을 수입해야 한다"고 선언했다. 이 공식은 제국 시대 때부터 내려온 신식민주의가 공화국 초기에도 여전히 효력을 잃지 않고 있었음을 확인해 준다. 인플레이션을 억제해야겠다고 생각한 자유주의자들은 공공사업에 대한 지출을 대폭 줄이고 세금을 올리고 브라질의 대외신용도를 높이기 위해 지폐를 회수하는 데 진력했으며, 정부 수입의 부족분을 메우기 위해 새로운 차관을 확보하기 위해 노력했다.

커피는 왕이었다. 1880~1889년 브라질의 커피 생산량은 세계 총 생산량의 56%에 머물렀으나 1900~1904년에는 76%로 증가했다. 커피 다음으로 중요한 수출 품목인 고무는 1901년 브라질의 수출품 가운데 28%를 차지하는 데 그쳤다. 한때 브라질 경제의 지배자였던 설탕의 비중은 이제 수출품 가운데 5%가 채 되지 않았다. 미나스제라이스와, 특히 상파울루가 가장 중요한 커피 재배 지역이 되었으며, 반면에 리우데자네이루의 중요성은 많이 약화되었다. 테하 로샤terra roxa(적토)라는 비옥한 토양과 풍부한 이민노동력, 그리고 산투스Santos라는 주요 항구와의 근접성이라는 커다란 이점을 가지고 있었던 파울리스타들Paulistas(상파울루 사람들)은 브라질 커피의 60%를 생산했다.

1880년대 말부터 1890년대 중반까지 이어진 커피 호황은 과잉 생산과 그로 인한 가격 하락을 낳았고, 1896년 이후에는 다량의 재고가 쌓이게 되었다. 커피나무는 묘목을 심고 4년이 지나야 생산이 시작되었기 때문에 생산 지역이 상파울루 서쪽 변경으로 대폭 확대됨으로서 나타난 효과는 가격이 하락하고 나서도 계속해서 느껴졌다. 1896년부터 1900년까지 상파울루 한 곳에서만 생산 가능한 커피나무의 수는 1억 5천만 그루에서 5억 7천만 그루로 증가했다. 대규모 국제 커피 무역 회사들이 세계 시장을 장악하고 있었으며, 그들은 수확된 커피가 싼 값에 출하될 때 사들여 창고에 보관하고 있다가 커피가 부족해져 가격이 회복될 때 내다 팖으로써 브라질 농장주들의 어려움을 가중시켰다.

커피 농장주들의 지원 요청에 응하여 상파울루 정부는 1902년 커피 '방어'를 위한 첫번째 조치를 취했는데, 5년간 새 커피나무 식수를 금지한 것이 그것이었다. 그러나 곧 다른 조치가 필요했다. 1906년 풍작이 들자 상파울루 주는 주의 경제적 생명줄인 커피 가격 유지를 위한 정책을 내놓았다. 영국, 프랑스, 독일, 미국 은행들의 재정 지원과 연방 정부의 협조하에, 상파울루 주는 수백 만 부대의 커피를 수매 보관하여 커피 가격을 적정 수준으로 유지하려고 했다. 커피 수매는 1907년에도 계속되었다. 이때부터 제1차 세계대전 때까지 보관된 커피는 시간을 두고 시장을 교란시키지 않는 수준에서 출하되었다. 커피 가격 유지 정책의 주요 수혜자는 외국 상인과 은행가들이었는데, 그들은 사들인 커피를 처분하기 위해 구성된 '커피위원회'Coffee Commission를 장악하고 있었기 때문에 시간을 두고 큰 이문을 남기면서 커피를 출하할 수 있었다. 이로써 커피 문제는 일시적으로 해결되었으나 후에 그것은 더 심각한 모습으로 다시 나타나게 된다.

다른 주들을 희생시키고 커피 재배 주州들에게만 유리했던 커피 가격 안정화 정책은 커피 재배자들의 정치적 지배를 반영했다. 캄푸스 살리스 대통령은 이 우위를 이른바 '주지사들의 정치'política dos gobernadores로 제도화되었다. 이 정치의 핵심은 가장 부유하고 인구가 많은 두 주(상파울루와 미나스제라이스)에 연방 정치에 대한 사실상의 독점권과 대통령 선출권을 부여하는 것이었다. 그리하여 1894~1906년에 취임한 세 명의 민간인 대통령은 상파울루 출신이었고, 1906~1910년에 취임한 두 명의 대통령은 각각 미나스제라이스와 리우데자네이루 출신이었다.

한편, 다른 주의 과두 엘리트들은 자신들의 사법권 내에서 거의 완전한 활동의 자유를 누렸으며, 중앙 정부는 오직 지역 과두 엘리트들의 이익에 부합할 때만 지역 문제에 개입했다. 주지사들의 비공식적 논의로 대통령 선출이 결정되는 것이 보통이었으며, 전체 인구 가운데 투표권을 가진 사람이 2%도 되지 않았기 때문에 대통령 선거는 요식 행위나 다름없었다. 1930년까지 공식 후보가 대통령에 당선되지 않은 경우는 한 번도 없었다. 그와 비슷한 상호 조정이 주지사들과 코로네이들, 즉 도시와 농촌의 보스들 간에도 존재했는데, 그들은 주지사 선출에서 특정 후보에게 표를 몰아주고, 대신 그들로부터 각자의 지배 영역에서 무소불위의 지배권을 보장받았다.

농업에 편중된 정부 정책에도 불구하고 산업은 꾸준히 성장했다. 1908년 브라질에는 3,000개 이상의 기업체가 있었다. 은행업, 토목공사, 공익사업, 교통, 수출입 부문은 외국인에 의해 지배된 반면, 제조업은 거의 독점적으로 브라질 인들과 항구적 정착민들에 의해 운영되었다. 국내 산업은 상파울루, 미나스제라이스, 리우데자네이루, 히우그란지두술의 4개 주에 집중되었다. 중공업은 아직 존재하지 않았다. 기업의 절반 이상이 섬유 공장이나 식품가공 공장이었다. 이들 '기업체' 가운데 다수가 소규모 작업장이었고, 고용 노동자는 단 몇 명에 불과했으며, 낡은 기술을 바탕으로 운영되었다. 브라질 인들은 시장 경제에서 계속 양질의 상품들을 수입에 의존해야 했다. 농촌에서 지배적이었던 반半봉건적인 상황, 대중의 극단적인 빈곤(그것은 내수를 크게 제약했다), 숙련되고 글을 읽을 줄 아는 노동력의 부족, 그리고 산업에 적대적인 대부분의 파젠데이루와 외국인 투자가들, 이 모든 것이 산업의 양적·질적 발전을 방해했다.

산업과 함께 국가의 삶에서 중요한 역할을 수행하게 될 노동 계급이 출현했다. 브라질의 프롤레타리아는 참혹한 빈곤과 코로네이들의 전제적인 지배에서 도망쳐 도시로 들어온 분익소작인들과 미니푼디움 농민 출신도 있었지만, 그보다는 유럽에서 홍수처럼 쏟아져 들어오는 이민자가 다수를 이루었다. 해마다 10만에서 15만 명가량의 유럽 이민이 브라질로 몰려들었다. 노동자들의 노동 조건과 생활 조건은 대개 이루 말할 수 없을 정도로 열악했다. 아동 노동도 일반적이었는데, 12세 이상의 아이들은 합법적으로 고용될 수 있었다. 노동 시간은 일부 숙련 노동자의 하루 9시간에서 비숙련 노동자의 16시간 이상에 이르기까지 다양했다. 임금은 참담할 정도로 낮았고, 회사 내 상점에서만 통용되는 상품권으로 지불되기도 했다. 실업, 고령, 산업상의 재해로부터 노동자들을 보호할 법령은 전혀 없었다.

유럽 이민자 중에는 사회주의, 생디칼리즘, 사회민주주의의 배경을 가진 투사들도 많았는데, 그들은 브라질의 노동 운동을 조직하고, 그 운동에 급진적인 정치적 지향을 제공해 주었다. 노동자들의 국적 혹은 종교적 차이, 광범위한 문맹, 사회주의자와 아나르코-생디칼리스트들의 갈등 등이 노동조합 운동과 노동자 정당의 활성화를 방해했다.

그러나 1900년 이후 노동조합은 급속히 성장했고, 브라질 내 노동조합들의 대부분을 대변하는 최초의 전국 노동자회의가 1906년, '하루 8시간 노동'을 쟁취해 내기 위해 소집되었다. 이 회의의 결과물 가운데 한 가지가 브라질 최초의 전국적 노동조합 조직인 '브라질노동자연맹'Brazilian Labor Confederation의 구성이었으며, 이 조직은 수많은 파업을 주도했다. 당국과 고용주들은 노동 운동가들을 체포하고 이민자들을 추방하고 파업 가담자들을 멀리 떨어진 마투그로수Mato Grosso의 철도 건설 현장에 보내 강제 노동을 시키는 등의 방법으로 탄압하려고 했다. "사회 문제는 경찰의 문제다"라는 구절이 브라질 자유주의 국가의 노동정책을 정의하는 데 종종 사용되었다.

중아메리카의 정치와 경제

19세기 마지막 3분의 1 동안 여기에서 특별히 연구 대상으로 선택된 중아메리카Central America의 세 나라—과테말라, 니카라과, 엘살바도르—는 이 지역에서 대량 생산되는 두 가지 산물—커피와 바나나—에 대한 세계적 수요 증가로 중요한 경제적 변화를 경험하게 된다. 이 변화 가운데는 경제 성장은 추구하되 기존의 계급 관계 혹은 재산 관계는 손대지 않는 자유주의 개혁이 포함되어 있었다. 이 자유주의적 프로그램은 또한 한두 가지 생산물의 수출, 핵심 자연자원에 대한 외국인의 지배, 미국의 정치적 지배의 수용을 토대로 하는 새로운 종속을 가져다주었다. 그리고 이 변화는 중아메리카 전체에서 토지 소유의 집중화, 노동 착취의 강화, 빈부격차의 심화를 수반했다.

과테말라, 1865~1898

1865년 라파엘 카레라가 죽고 나서 과테말라에서는 자유주의자들이 6년 동안 보수주의자들의 지배에 대항하여 정치적·군사적 도전을 감행했다. 세계 경제의 변화, 특히 커피에 대한 해외의 수요 증대와, 이것이 과테말라의 경제적·사회적 구조에 요구하는 조정調整에 대해 자유주의자들은 대응했다. 1871년 자유주의자들은 권력을 장악했고, 2년 후에는 열정적인 후스토 루피노 바리오스Justo Rufino Barrios가 대통령이 되었다. 바리오스와 그의 승계자들은 강력한 의지로 국가 권력을 강화하고, 비교적 자치적이던 원주민 공동체들을 국가에 복속시켰으며, 토지·노동·생필품에 대한 전국적으로 통일된 시장을 창출하기 위해 노력했다.

그들의 자유주의적 개혁 프로그램은 중요한 경제적·사회적·이데올로기적 변화를 포함하였다. 이데올로기적 개혁은 과테말라 인들을 '백인화'하려는 인종주의적 이민정책을 정당화하기 위해 유럽과 미국에서 유행하고 있던 백인우월주의 논리를 도입했다. 그것은 또한 과학과 물질적 진보에 대한 확고한 믿음을 지지하여 종교적·형이상학적 교리를 거부했다. 이는 교육의 세속화와 확대를 요구했다. 그러나 공적 기금의 부족은 공교육을 심각하게 제한했다. 1921년에도 과테말라의 문맹률은 86%에 이르렀다. 교회의 권력과 권위를 약화시키기 위해 자유주의 정부들은 교회 토지를 국유화하고 교회의 특권을 폐지하였으며 종교의 자유와 세속결혼제를 도입했다.

경제개혁은 세 가지 주요 영역을 포함하였으니 토지 보유, 노동, 사회 하부구조가 그것이다. 새로운 경제 질서 확립을 위해서는 토지 보유의 변화가 필요했다. 수많은 중소 생산자들이 인디고나 코치닐 같은 과테말라 농업의 오래된 주요 품목들을 생산했다. 그러나 커피는 소수에 집중된 대단위 토지를 필요로 했다. 바리오스는 커피 생산자들이 이용할 수 있는 토지를 만들어 내기 위한 '농업개혁'을 시작했다. 바리오스에 의해 몰수된 교회와 수도원의 토지가 첫번째 목표물이 되었다. 이어 경작에 이용되지 않는 국유지(이 땅은 분할된 다음 개인 사업자들에게 싼값에 팔리거나 혹은 무료로 제공되었다)와 원주민들의 공유지가 그 다음 목표물이 되었다. 사유재산에 소유권 증명을 요구하는 법령이 이 강탈의 법적 기반을 제공해 주었다. 이 과정의 가장 중요한 내국인 수혜자는 정부로부터 이 땅을 구입하거나 아니면 다른 방법으로 획득할 수 있었던 중소 커피 생산자들이었다. 그러나 자유주의 정부들에 의해 환영받았던 외국인 이주자들도 새 법령으로부터 이익을 보았다. 1914년경 외국인 소유(주로 독일인)의 땅이 과테말라 커피의 약 절반을 생산했다. 1926년경이면 토지 소유의 집중화가 심화되어 전체 인구 가운데 토지를 소유한 사람의 비율이 7.3%에 불과할 정도였다.

토지개혁은 자유주의 정부가 추진한 프로그램의 또 다른 목적, 즉 내·외국인 커피 생산자에게 싼값의 노동력을 제공하는 것을 도와주었다. 토지를 상실한 고원 지대 원주민 가운데 다수가 새로 생겨난 해안 인근 커피 재배 지역으로 이주해 왔다. 가장 일반적인 노동 시스템은 채무 페온제였는데(과테말라에서는 이것이 합법이었다), 이 제도하에서 원주민들은 대대로 이어지는 부채 때문에 핀카fincas(플랜테이션)에서 떠날 수가 없었다. 이 채무 페온제를 보완해 주는 것이 자신의 작은 땅뙈기에서 얻는 쥐꼬리만 한 수입을 보완하기 위해 아시엔다나 플랜테이션에서 계절노동자로 일하기 위해 산에서 내려온 원주민의 노동이었다. 바리오스는 만다미엔토mandamientos(강제적인 원주민 노동 제도)라는 식민 시대의 체제를 부활시키기도 했는데, 이 제도하에서 원주민들은 농장주가 제시하는 노동 제공

요구에 응해야만 했다. 이 제도의 시행을 위해 지역 관리들이 관리하는 원주민 명부는 군복무 혹은 공공사업을 위해 그들을 징집할 때도 이용되었다. 2페소의 인두세를 지불할 수 없는 사람(대부분에 해당했다)은 1년에 2주씩 도로 건설 등의 부역에 동원되었다.

19세기 말 전체 인구 100만 명 가운데 70%를 차지한 원주민들은 당연히 이런 자유주의 정부의 공세에 저항했고, 가끔은 그것이 공공연한 지역적 봉기로 나타나기도 했다. 그러나 원주민의 씨를 말려 버리겠다고 협박하는 무자비한 국가의 공세 앞에서 살아남기 위해 그들이 택한 좀더 일반적인 저항 방법은 이른바 '약자들의 무기'를 사용하는 것이었다. 농촌 지역에서 원주민 공동체들은 '과치발'guachibales, 즉 식민 시대 가톨릭적 전통에 뿌리를 둔 독립적인 신도회를 이용해 제약制約에서 해방된 자유주의 시장의 획일적인 힘에 맞서 자신들의 문화적 정체성을 보존하고 자치를 수호하고 공동체적 관습·조상들의 언어·종교 의식을 보존하려고 했다.

니카라과, 1870~1909

자유주의자와 보수주의자 간의 싸움은 1838년 중아메리카연방이 붕괴되고 나서 20년 동안 니카라과의 역사를 지배하기도 했다. 자유주의자들은 자신들을 도와달라며 윌리엄 워커를 끌어들였고(그 후 워커는 중아메리카에 자신의 개인 제국을 세우려고 했다), 이 무분별한 행위로 자유주의자들에 대한 신뢰가 땅에 떨어졌기 때문에 보수주의자들은 30년 이상 동안(1857~1893) 거의 어떠한 반대도 없이 니카라과를 지배할 수 있었다.

이미 1848년부터 커피가 상업적으로 재배되기는 했지만 1870년경까지 니카라과의 가장 중요한 경제활동은 목축과 자급적 농업이었다. 원주민 공동체들은 여전히 상당한 토지를 소유하고 있었고, 공유지에서 농사를 지으며 살아가는 독립적인 소농 계급도 있었으며, 페온제는 드문 현상이었다. 그러나 대서양 해안에는 1678년부터 영국인의 통제를 받는 자치적인 모스키티아 왕국Kingdom of Mosquitia이 있었는데, 여기에는 영국인이나 미국인 소유의 번창한 바나나 농장, 삼림, 금광, 상업적 항구시설에서 낮은 임금을 받고 일하는 전통적인 미스키토Miskito(칩차 족 출신의 중아메리카 지역 인디오 집단—옮긴이), 수무Sumu, 아프리카-크리오요들이 살고 있었다. 그러나 세계 커피 시장의 급성장은 니카라과 엘리트들로 하여금 커피 재배에 적절한 더 많은 땅과 값싼 노동력의 확대된 공급을 요구하게 했다.

1877년부터 일련의 법이 제정되어 이들 원주민 마을들은 자신들의 공유지를 매각해야 했고, 원주민과 메스티소 농민들은 살고 있던 땅에서 쫓겨나야 했으며, 그들은 점차 페온 혹은 종속적인 분익소작농이 되어 갔다. 원주민이 농업 노동 혹은 공공 노동에 징집되는 것을 허용한 부랑자법 또한 커피 생산자들이 원하는 값싼 노동력을 제공해 주었다. 이런 법들은 결국 '코무네로들의 전쟁'War of the Comuneros(1881)을 촉발하기도 했는데, 이 전쟁은 원주민들의 패배로 끝났고, 5,000명의 목숨을 앗아간 야만적인 탄압이 그 뒤를 이었다.

커피 농장주들로 이루어진 새 계급은 1857년 이래 니카라과를 지배해 온 보수주의적인 목장주들의 전통적인 방식을 못마땅하게 생각했다. 1893년 농장주들은 반란을 일으켜 자유주의자 호세 산토스 셀라야José Santos Zelaya를 대통령에 추대했다. 근대화주의자였던 셀라야는 그 후 17년 동안 독재자-대통령으로 니카라과를 통치했다. 그는 도로, 철도, 항만, 전신電信시설 건설을 통해 새로운 경제 질서에 필요한 하부구조를 제공하기 위해 노력했다. 그는 군대를 재편하고 교회와 국가를 분리했으며 공교육을 장려했다. 당대 다른 라틴아메리카 국가들의 자유주의 지도자들과 마찬가지로 그 역시 급속한 경제 성장을 위해서는 외국인 투자가 필요하다고 생각하여 외국 자본가들, 특히 미국 회사들에게 많은 특권을 부여하여 끌어들였다. 1909년경이면 북아메리카 인들이 니카라과의 주요 부원富源인 커피, 금, 목재, 바나나의 상당 부분을 지배했다.

엘살바도르, 1876~1911

19세기 중엽 엘살바도르는 이미 두 개의 경제 주기를 통과하고 있었다. 첫 번째 주기는 카카오에 의해 지배되었는데, 그 주기의 번영은 17세기에 끝났다. 두번째 주기는 인디고에 의해 지배되었는데, 이 인디고가 처음에는 다른 생산 지역과의 경쟁 때문에, 후에는 인공 염료의 발전 때문에 19세기 후반 급속히 몰락했다. 그 후 새로운 수출 작물이 모색되었으며, 결국 커피가 새로운 왕으로 떠올랐다. 커피는 대략 독립과 비슷한 시기에 경작이 시작되었으나 급속히 확산된 것은 1860년대에 이르러서였다. 중아메리카 다른 지역과 마찬가지로 커피의 부상浮上은 사유재산과 물질적 진보의 이름으로 행해진 원주민 토지의 수용과 약탈을 수반하였으니, 그것은 커피 경작에 가장 적합한 땅의 대부분이 원주민 공동체들의 소유지였기 때문이었다.

매년 식수하고 수확하는 작물인 인디고와 달리 커피나무는 묘목을 심고 나서 3~4년이 지나야 수확할 수 있었다. 그러므로 커피 생산자들은 자기 자본을 가지고 있거나 신용 대부를 해야 했으며, 그것이 가능했던 사람들은 인디고 농사로 재미를 본 아센다도들이었다. 아센다도들의 토지와 노동 확보를 지원하기 위해 1856년 정부는 법령을 발표하여 마을 토지의 3분의 2 이상에 커피가 심어져 있지 않으면 그 땅의 소유권은 국가에 귀속된다고 선언했다. 후에 자유주의자 대통령이자 군사적 강경파였던 라파엘 살디바르Rafael Zaldívar는 1881년 법을 통과시켜 원주민의 보유지를 직접 공격했는데, 그것은 모든 공유지를 공동소유자들에게 강제로 분할하게 하는 것이었다. 이 토지 분할은 늘어나는 커피 생산자들이 불법 혹은 합법적으로 토지를 획득할 수 있는 길을 열어 놓았다. 13개월 후 살디비르는 모든 공유지 보유의 폐지를 선언했다. 이 새 법령은 원주민 공동체들에게뿐만 아니라 라디노ladino(메스티소) 소농들에게도 피해를 주었는데, 이 소농들은 생계의 주요 부분을 도시 공유지(누구나 자신의 가축을 자유롭게 방목할 수 있는 목초지 혹은 숲)에 의존하고 있었다. 1879년 전체 인구의 60%가 공동 재산에 의존하고 있었고, 이 공동 재산은 경작지 면적의 40%에 이르렀다.

이 새 법령으로 토지 소유는 급속하게 자주 '열네 가문'이라 언급되는 토지 과두 엘리트들의 수중에 집중되어 갔다. '열네 가문'이라는 숫자는 비록 정확한 것은 아니었지만 엘살바도르의 경제와 국가가 소수 엘리트에 의해 지배되고 있었음을 상징적으로 말해 준다. 19세기 내내 대지주들은 완강하게 저항하는 농민들과의 문제를 자신들의 사병을 이용하여 해결하곤 했다. 1884년과 1889년 정부가 발표한 법령은 이 사병 집단을 공적인 성격을 가진 농촌 경찰Rural Police(나중에 이 농촌 경찰은 '국가 경찰' National Police로 이름을 바꾸었다)의 기반으로 만들었다. 1912년에는 에스파냐의 국가방위대를 본 따 국가방위대Guardia Nacional를 창설했다. 국가 경찰과 마찬가지로 국가방위대는 농촌 지역을 순찰하면서 아센다도들을 보호해 주었다.

농촌의 빈농들에게 커피 붐의 사회적 결과는 비참했다. 토지를 빼앗긴 농민 가운데 일부는 콜로노, 즉 거주할 작은 공간과 밀파milpa, 즉 노동을 제공한 대가로 생존 작물을 경작할 수 있는 작은 채마밭을 허락받은 페온의 신분으로 핀카fincas(새 농장)에 머물 수 있었다. 그러나 과거 인디고나 사탕수수 라티푼디움(이 농장들은 대규모의 항구적인 노동력을 필요로 했다)과 달리 커피 플랜테이션이 필요로 하는 노동은 계절적이었고, 그러므로 대부분의 경우 농장주들은 고용 노동에 의존했다. 이러한 상황이 엘살바도르 농민 대부분의 삶의 형태를 결정했다. 그들은 플랜테이션의 불법점유자squatters 혹은 콜로노의 신분으로 작은 땅뙈기를 경작하며 살 수 있었다. 하지만 대부분의 경우 그런 작은 땅뙈기로는 가족들의 생계를 해결할 수 없었다. 그러므로 그들은 커피 수확기에는 커피 농장에서 일하고, 8~9월에는 사탕수수 밭으로 가 사탕수수를 베거나 목화밭에서 목화를 수확한 다음, 다시 옥수수가 익어 있기를 바라면서 자신들의 밀파로 돌아왔다. 이 불안정한 이주 양상은 많은 사회 문제를 낳았다.

베네수엘라의 정치와 경제

연방전쟁Federal War 이후에 나타난 혼란은 1870년, 19세기 베네수엘라 지배자 가운데 가장 유능한 인물이었던 안토니오 구스만 블랑코Antonio Guzmán Blanco의 집권과 함께 사라졌다. 자신의 부친과 마찬가지로 구스만 블랑코는 선동적인 연설의 달인이었다. 그는 자유주의자, 과두 엘리트들의 원수, 반反교회주의자, 과학과 진보의 경건한 신자를 자처했으며, 그의 야심은 '개명된 국민'의 '실용적인 공화국'을 건설하는 것이었다. 이 목표를 달성하기 위해서 그는 카라카스의 보수적 상인들, 지역의 카우디요들, 그의 야심적인 도로·철도·전신 시스템 건설 계획에서 한몫 잡으려는 외국인 사업가들과 계약을 체결했다. 결국 발전되고 자본주의적인 베네수엘라를 건설하려고 한 구스만 블랑코의 꿈은 한낱 망상이 되고 말았다. 20년에 걸친 그의 치세가 끝나고 나서도 베네수엘라는 여전히 농촌적인 사회, 단일 재배 지역, 종속적 국가로 남아 있었으며, 카우디요들은 다시 권력을 장악하기 위해 설쳐대고 있었다.

구스만 혹은 '계몽된 아메리카 인'(구스만에게 아첨을 아끼지 않은 의회와 언론이 그에게 붙여준 별명)은 베네수엘라 역사가들이 자주 "전국 카우디요들의 연합체"라고 부른 통치 시스템을 지배했다. 이 지상至上의 카우디요는 1864년의 헌법을 중앙집권적 권력을 강화하는 내용의 새 헌법들로 대체했다. 구스만의 독재가 베네수엘라 역사에서 비록 다른 독재자들과 비교하면 온건한 편이었지만 그 역시 정적에 대해 탄압 조치를 취하고자 할 때 결코 주저하지 않았다.

구스만은 비록 1870~1888년에 그에게 대항하는 여러 번의 대규모 반란이 있었고, 지역 반란도 여러 차례 일어났지만 카우디요들과의 계약을 통해 비교적 안정된 평화를 확보할 수 있었다. 그는 집권하자마자 유력한 카라카스 상인 집단과 함께 대부 회사compañía de crédito를 설립했는데, 이 회사는 그에게 운송과 통신의 개선을 위한 공공사업 프로그램에 필요한 자금을 제공해 주었다. 1870년과 1874년 사이에 그는 51개의 도로 건설 프로젝트를 시작했다. 그러나 지역 기금이 충분치 않았다. 구스만은 외국 자본과의 협력을 원했으나 외국 자본은 근래 빈번한 내전으로 큰 혼란을 경험한 이 나라에 투자할 생각이 별로 없었다. 1879년 그는 처음으로 외국인과 계약을 체결할 수 있었는데, 카라카스와 그 주요 항인 라과이라La Guaira를 연결하는 철도 건설을 위해 영국인 투자자 집단과 맺은 계약이 그것이었다. 베네수엘라의 불리한 무역 조건 ―장기적으로 베네수엘라의 수출품 가격은 떨어지고 수입해 들어오는 제조업 제품 가격은 올라가는 경향이 있었다——을 고려할 때 대외무역의 결과는 베네수엘라의 경제적 종속의 심화, 탈자본화decapitalization의 진행, 그리고 언젠가는 외세 개입과 주권 상실의 위험을 가져다 줄 대규모의 미지불 외채를 국가에 유산으로 남기는 것이었다.

구스만 블랑코의 반교회 정책은 교회를 더욱 약화시키는 결과를 가져왔다. 십일조 징수는 시민들에 대한 '과도한 세 부담'이라는 이유로 폐지된 지 이미 오래였다. 구스만 블랑코 치하에서 성직자들의 푸에로(자치적 특권)가 폐지되고, 세속결혼제와, 출생과 사망의 등록을 교회가 아닌 시청에 하는 관행이 확립되었으며, 수도원과 가톨릭 신학교들이 폐쇄되었다. 교회의 부동산 상속이 금지되고, 교회 부동산 가운데 많은 부분이 정부에 의해 수용되었다. 구스만 블랑코는 또한 유럽인 이민자들은 보조금을 지급하면서까지 유치하려고 한 데 비해 흑인과 아시아 인 이민은 금지하려고 했다. 그러나 이 정책은 궁극적으로 실패로 돌아갔고, 베네수엘라는 여전히 소수의 부유한 자칭 '백인들'이 다수 '흑인들'을 지배하는 사회로 남게 되었다.

다른 집단들에게는 구스만 블랑코의 발전 계획이 국가의 경제적·사회적 구조에 별다른 변화를 가져다주지 않았다. 1894년 약 250만 명의 전체 인구 가운데 압도적 다수는 농민이었다. 1만 명이 넘는 인구를 가진 도시는 단지 세 개에 불과했다. 노동 인구의 대부분은 농업에 종사하고 있었다. 얼마 되지 않은 근대적 산업은 식품 가공이나 섬유류 등 경공업 분야가 대부분이었다. 그보다는 약 5만 명의 노동자를 고용하고 있었던 수공업 작업장들이 경제적으로 훨씬 더 중요했다.

구스만 블랑코가 죽고 나서 10년에 걸친 혼란기가 있은 다음 안데스 지역 타치라Táchira 주 출신의 정력적인 젊은 카우디요 시프리아노 카스트로Cipriano Castro가 자신의 친구이자 부유한 목축업자이며 커피 생산자이기도 한 후안 비센테 고메스Juan Vicente Gómez와 손잡고 권력을 장악했다. 카스트로의 집권은 안데스 커피 재배 지역의 경제적 중요성이 증대되었음을 의미했다. 그는 강력한 국가 군대를 창설하여 과거의 개인적인 국가 수비대를 대체하는 것으로 구스만 블랑코의 중앙집권화 정책을 계승하려고 했지만 그의 군사개혁은 커피 가격 하락과 그에 따른 국가 수입 감소로 난관에 부딪혔다. 커피 가격 하락은 일련의 카우디요 반란(이 반란들은 비싼 대가를 치르고 나서야 진압되었다)과, 외국 열강과의 대규모 갈등(외국 열강의 베네수엘라 항구 봉쇄로 정부는 관세라는 주요 수입원을 상실하게 되었다)을 촉발하였다.

카스트로가 통치한 베네수엘라는 파괴적인 내전과 장기간의 경기 침체로 폐허화된 국가였다. 독일과 영국 정부는 미지불 부채를 지불하라는 자국민들의 요구를 즉각 해결할 것, 내전 때 입은 손실을 즉각 배상할 것을 베네수엘라 정부에 요구했다. 그러나 베네수엘라 정부는 이 요구를 들어 줄 능력이 없었다. 1902년 카스트로가 협상을 제시했음에도 불구하고 두 열강은 베네수엘라 함대를 나포 혹은 파괴하고 베네수엘라의 항구들을 봉쇄하라는 명령과 함께 열두 척의 전함으로 구성된 영국-독일 연합 함대를 베네수엘라 해역에 파견했다. 강력한 영국-독일 연합 함대가 내뿜는 함포는 곧 베네수엘라 해안 포대의 대응 사격을 무력화시켰으며, 베네수엘라의 여러 항구들을 점령했다. 상대가 되지 않은 양측의 싸움, 영국-독일군의 해상 봉쇄가 가져 온 파괴적인 경제적 영향, 일부 지역에서 끊임없이 계속되는 반란으로 베네수엘라 정부는 어쩔 수 없이 협상에 나서지 않으면 안 되었다. 카스트로는 미국 대사에게 협상의 중재자가 되어 줄 것을 요청했다. 협상 조건은 베네수엘라가 관세 수입의 30%를 영국, 독일 인들에 대한 부채 지불에 할당하며, 독일과 영국 양국은 해상 봉쇄를 해제하고, 당사국들 간에 외교 관계를 수립한다는 것 등이었다. 그러나 베네수엘라가 입은 손실에 대한 보상은 타협안에서 언급되지 않았다.

카스트로의 집권 말년은 외국들—프랑스, 네덜란드, 미국—과의 새로운 분쟁으로 어려운 상황에 직면했는데, 이 분쟁은 대체로 외국인도 베네수엘라의 법정과 법률에 구속된다는 카스트로의 주장 때문에 발생한 것이었다. 카스트로의 건강이 악화되자 후안 비센테 고메스가 외세, 그중에서도 특히 미국의 지원 하에 카스트로 체제를 종식시키고 새로운 자유주의 독재를 시작했다.

콜롬비아의 정치와 경제

1853년, 대통령직과 의회를 지배하고 있던 콜롬비아의 자유주의자들은 성인 남성 보통선거를 규정한 새 헌법을 제정했다. 이 보통선거 규정은 일부 자유주의자들에게 불안감을 안겨다주었는데, 그것은 무식한 친교회적 성향의 농민들이 보수주의자들에게 표를 던지지 않을까 하는 우려에서였다. 그런데 사실은 대부분의 지역에서 유권자들이 변함없이 지역 가모날들gamonales(보스들)의 바람대로 투표를 했기 때문에 새 선거법이 별다른 변화를 가져다주지는 않았다.

경제 부문에서 자유주의자들은 제한과 독점이라는 식민 시대 전통과의 완전한 결별을 추구했다. 그들은 담배 전매를 폐지하고 타이유 수입(지금까지는 국가가 징수하되 교회에 대한 지원에 사용되었다), 금을 비롯한 귀금속에 대한 2할세, 그리고 그 외 여러 가지 전통적인 국가 수입원을 지방에 넘겼다. 지방들은 이런 세금들을 폐지할 권한까지 넘겨받았다. 의회는 이로 인한 국가 수입의 손실을 보전하기 위해 인두세를 도입했다.

자유주의 엘리트들은 수공업자들의 도움을 받아 이런 목적들을 달성하고 나자 동맹자들(수공업자)이 요구해 온 관세 보호를 나 몰라라 했으며, 그들의 그런 태도는 1854년 새로운 정치적 위기를 촉발했다. 이 해에 혁명 수호를 위해 노동자들의 부대를 형성하고 있던 수공업자들의 지원을 받은 한 집단이 잠시 동안 호세 마리아 멜로José María Melo를 권좌에 앉히는 데 성공한 것이다. 그러나 자유주의파 장군들과 보수주의파 장군들은 이에 맞서 자신들 간의 불화는 일단 제쳐 두고 사병을 소집하여 단기간의 전투에서 멜로의 군대를 격파했다. 멜로의 수공업자 동맹군은 투옥되고, 그중 300여 명은 파나마로 추방되었다. 이로 인해 수공업자들의 경제적·정치적·군사적 패배가 완결되었다.

1860년 자유주의자들은 자신들의 종교적·정치적 개혁을 극단적·논리적 결론으로 몰고 갔다. 그들은 의무 사항으로 되어 있던 타이유와 교회의 푸에로를 폐지하고, 모든 수도 교단을 해체했으며, 모든 수도원과 수녀원을 폐쇄하고, 교회 재산을 몰수했다. 그러나 그로 인한 대규모 교회 토지의 사유화가 토지 소유 시스템에 별 다른 변화를 가져오지는 않았다. 다만 교회의 라티푼디움이 세속의 라티푼디움으로 바뀌고, 토지 소유가 더욱 집중화되었을 뿐이었다. 이 토지의 주요 구매자는 자유주의적 상인, 지주, 정치가들이었다. 그러나 보수주의자들 역시 교회 토지 약탈에 동참했다.

1863년 자유주의자들의 정치개혁은 새 헌법이 연방제 원칙을 강력히 밀고 나간 것과 함께 절정에 이르렀다. 주권을 가진 9개 주는 군대와 완전한 입법권을 가진 사실상의 독립국가가 되었으며, 중앙 정부는 완전히 무기력한 존재가 되었다. 자유주의자들은 제도화된 무정부 상태와 다름없는 정치적 환경 속에서 1885년까지 집권했는데, 이때 중앙 정부는 주 정부들을 뒤흔들고 세우기를 반복하는 지역 혁명들에 맞서 개입할 힘을 갖고 있지 못했다.

콜롬비아를 자본주의적 세계 경제에 확실하게 편입시킬 경제 운동과 그를 위한 수출 기반의 탐색은 계속되었다. 1870년대 들어 담배 수출이 급감했다. 그러나 이 감소를 커피와 키니네를 비롯한 다른 산물의 수출로 만회했다. 커피가 콜롬비아의 주요 수출품으로 부상하고는 있었지만 그 발전이 브라질에 비하면 더딘 편이었다(브라질의 커피 생산은 유럽에서 들어온 자유인 노동자에 의존하는 비율이 점차 높아 갔다). 당시 콜롬비아의 주요 커피 생산 지역인 산탄데르와 쿤디나마르카Cundinamarca는 억압적 조건 하에서 살고 일하는 페온들 혹은 소작인들에 의해 경작되는 전통적인 아시엔다에 기반을 두고 있었다. 그에 비해 안티오키아Antioquia와 칼다스Caldas 등지의 상황은 그보다 나은 편이었는데, 이 지역들은 보다 계몽된 형태의 분익소작에 의존하는 아시엔다와 소토지 보유농이 뒤섞여 있었고, 생산성이 비교적 높은 편이었다. 바로 이 주들에서 20세기 콜롬비아 커피 산업의 이륙離陸이 나타났다.

주요 수출 작물로서의 커피의 발전, 내외국인 상인과 커피 농장주들 간의 증대된 유대감, 교회 토지 몰수가 무역과 투기에 가한 자극은 새로운 정치 모델을 요하였고, 그것의 가장 중요한 특징은 커피 산업의 확대를 위해 필요한 질서를 부여하고, 철도를 부설해 내고, 재정 인프라를 창출할 수 있는 강한 국가였다. 자유주의자들의 개혁은 자본주의 발전을 저해하는 많은 장애물을 제거했으나 다른 한 편으로 그들이 추구한 과도한 연방주의적 정책federalist excesses은 또 다른 장애물들을 만들어 냈다. 1880년대 초가 되면 보수주의자뿐 아니라 온건 자유주의자들 가운데 다수도 정치적·사회적 안정을 위해서는 중앙집권적 국민국가의 공고화가 필요하다는 확신을 갖게 되었으며, 1879년 라파엘 누녜스에 의해 시작된 프로젝트는 바로 그 확신과 맥락을 같이 하는 것이었다.

라파엘 누녜스, '혁신', 천일전쟁, 1880~1903

누녜스는 급진적 자유주의자로 정계에 발을 내디뎠고, 유럽에서 13년간 영사로 근무한 적이 있었다. 1875년 귀국하여 1879년에 대통령에 당선되었으며, 자유당-보수당 연합을 통해 통치했다. 1884년 재선에 성공한 그는 급진 자유주의자들의 반란을 신속하게 진압했으며, '1863년 헌법'이 "더 이상 존재하지 않음"을 선언했다. 1886년 그는 국민들에게 새 헌법을 제시했는데, 그것은 주권을 가진 주州들을 대통령이 임명하는 주지사들이 다스리는 주로 바꾸어 놓았고, 대통령의 임기를 6년으로 연장했으며, 하원의원 선거권을 문자 해독 능력이 있는 일정 수준 이상의 재산 소유자로 제한하였고, 상원의원 선거를 간접선거로 하였다.

누녜스의 권위주의적 공화국의 기반은 강력한 상비군과 국가 경찰이었다. 이전 체제들은 정규군을 사실상 해체했었다. 대지주들이 자신의 소작인이나 페온들을 동원해 만든 사적인 군대가 연방 체제기에 일어난 반란의 진압 혹은 내전에 동원되었다. 이런 사적인 지역 군대와 수비대들의 존재는 누녜스의 통일화 프로젝트와 양립할 수 없었다. 1886년의 헌법은 항구적인 군대를 창설하고, 무기와 탄약 소지권을 중앙 정부가 갖게 했다. 1891년 창설된 국가 경찰은 정치적으로 의심스러운 사람들에 대해 경계의 눈길을 늦추지 않았으며, 정부에 반대하는 대부분의 음모를 분쇄했다.

누녜스는 두 가지 중요한 경제적 쇄신을 단행했다. 그는 자유무역 혹은 낮은 관세가 경제적 쇠퇴(그것은 내전을 촉발하곤 했다)와 빈곤의 원인이라고 주장하면서 보호 관세를 통해 몇몇 산업의 발전을 자극할 것을 제안했다. 그는 이것이 지배층과 무지한 대중 간의 완충제 역할을 하게 될 새로운 중간층을 만들어 낼 것으로 믿었다. 그러나 그가 이 프로그램을 수행한 방식은 소심했고 일관되지도 않았다. 그렇지만 이 새 정책은 국내 산업에 온건한 보호를 제공하는 데는 성공했다.

누녜스의 또 다른 쇄신안은 1881년 국립은행을 창설하여 만성적 파산 위기에 몰려 있었던 정부의 재정적 어려움을 완화하는 것이었다. 이 은행은 화폐 발행에 대한 독점권을 가졌고, 이 독점은 1890년까지 신중하게 운영되어 국가가 필요로 하는 것을 제공해 줄 수 있었다. 그러나 그 후 지폐를 무분별하게 발행했고, 그로 인해 급속한 인플레이션이 나타났다. 1899년 엄청난 돈을 잡아먹는 내전의 발발은 인쇄기가 수요를 따라잡을 수 없을 정도로 대량의 지폐를 찍어 내게 만들었으며, 그로 인해 평가절하된 엄청난 규모의 폐소화가 전국에 넘쳐나게 되었다.

누녜스의 시대를 지칭하는 '쇄신'이라는 용어는 국가를 위로부터 통일하려는 노력을 대변했다. 그것은 독일의 국가 통일을 위해 추진된 비스마르크의 프로젝트에 비유되기도 했는데, 봉건적 요소와 자본주의적 요소의 합성물이었다. 누녜스 치하에서 콜롬비아가 근대적이고 자본주의적인 국가로 부상할 조건이 마련되기 시작했다. 이 방향으로 가는 중요한 발걸음은 항구적인 군대 창설과 국가의 독점적 무력 행사였다. 국내 교역을 방해하는 장애물의 제거와 그의 관세보호 정책은 온건하기는 하지만 국내 시장 형성에 기여했다. 그가 설립한 국립은행은 비록 후에 형편없는 운영으로 많은 문제점이 노출되기는 했지만 국가 신용체계를 만들어 내려는 초창기의 노력을 대변했다. 그는 또한 내적 개선, 특히 철도 건설을 자극했다. 마지막으로 그는 인종적인 아프리카-콜롬비아 인 혹은 원주민 공동체의 존재를 공식적으로 부정하고, 그들의 재산 소유권을 무효화함으로써 사기업들이 변경 지역의 땅을 쉽게 차지할 수 있게 만들어 주었다. 이 정책들은 커피 붐과 더불어 토지, 노동, 상품에서 전국적 시장을 만들어 냈으며, 콜롬비아의 자본주의 성장에 공헌했다.

그가 숨을 거두자 부패, 명백한 부정선거, 출판의 자유와 선거개혁을 둘러싼 분쟁, 커피 가격 급락이 가져다준 경제 침체는 정치적 위기를 낳았고, 그것은 곧 무력충돌로 이어졌다. 자유주의자들은 인기가 땅에 떨어진 정부에 대해 어렵지 않게 승리를 거둘 수 있을 것으로 확신하고 1899년 반란을 일으켰으며, 그것은 곧 파괴적인 1,000일 전쟁War of a Thousand Days으로 이어졌다. 이 전쟁은 3년 동안 콜롬비아를 사납게 몰아쳤으며, 10만 명 가량의 인명 희생을 초래했고, 엄청난 물질적 피해를 낳았다. 이 전쟁은 결국 정부측의 승리로 끝났다.

19세기 마지막 3분의 1 동안 자유주의적 경제 정책은 여러 라틴아메리카 국가들의 발전을 이끌었다. 이것은 전형적으로 수출과 외국인 투자의 장려, 토지나 심토subsoil에 대한 권리 등 공적 재원의 사유화 등을 포함했다. 그러나 그것은 또한 자신들의 국가 권력 독점을 이용하여 통일된 국내 시장을 만들어 내고 노동을 통제하고 지역 카우디요들을 제어하고 원주민 토지를 정복하는 강제적인(가끔은 야만적인) 독재의 강화에 의존하기도 했다. 자유주의적 독재 체제는 정치적 권위를 강화하고 경제 발전을 추진했다. 그러나 그들은 인구 대다수에게 이익이 돌아가는 진정한 국가 발전에는 성공하지 못했다. 그러므로 그들은 사회적 불안과 정치적 불만이라는 유산을 남기게 되었으며, 그 둘은 자주 하나가 되어 폭력적인 사회개혁 운동을 낳았다.

찾아보기

【ㄱ】

【ㄴ】

【ㄷ】

【ㄹ】

【ㅁ】

【ㅂ】

【ㅅ】

【ㅇ】

【ㅋ】

【ㅌ】

【ㅍ】

【ㅎ】

트랜스라틴 총서 12
라틴아메리카의 역사(상)

초판1쇄 펴냄 2014년 5월 30일
초판4쇄 펴냄 2023년 11월 3일

지은이 벤자민 킨·키스 헤인즈
옮긴이 김원중·이성훈
펴낸이 유재건
펴낸곳 (주)그린비출판사
주소 서울시 마포구 와우산로 180, 4층
대표전화 02-702-2717 | **팩스** 02-703-0272
홈페이지 www.greenbee.co.kr
원고투고 및 문의 editor@greenbee.co.kr

편집 이진희, 구세주, 송예진, 김아영 | **디자인** 이은솔
마케팅 육소연 | **물류유통** 유재영, 류경희 | **경영관리** 유수진

ISBN 978-89-7682-531-5 04950

독자의 학문사변행學問思辨行을 돕는 든든한 가이드 _(주)그린비출판사

이 책은 2008년도 정부(교육부)의 재원으로 한국연구재단의 지원을 받아 번역되었음.(NRF-2008-362-B00015)